上海新金融研究院
SHANGHAI FINANCE INSTITUTE

探索国际金融发展新趋势，求解国内金融发展新问题，支持上海国际金融中心建设。

新金融书系
NEW FINANCE BOOKS

个人信息保护
国际比较研究
（第二版）

个人信息保护课题组　著

中国金融出版社

责任编辑：黄　羽
责任校对：刘　明
责任印制：丁淮宾

图书在版编目（CIP）数据

个人信息保护国际比较研究/个人信息保护课题组著 . —2 版 .
—北京：中国金融出版社，2021.2
（新金融书系）
ISBN 978 - 7 - 5220 - 1022 - 9

Ⅰ.①个…　Ⅱ.①个…　Ⅲ.①个人信息—法律保护—对比
研究—中国、外国　Ⅳ.①D913.04

中国版本图书馆 CIP 数据核字（2021）第 026777 号

个人信息保护国际比较研究（第二版）
GEREN XINXI BAOHU GUOJI BIJIAO YANJIU（DI-ER BAN）

出版
发行　　**中国金融出版社**

社址　　北京市丰台区益泽路 2 号
市场开发部　　（010）66024766，63805472，63439533（传真）
网 上 书 店　www. cfph. cn
　　　　　　　（010）66024766，63372837（传真）
读者服务部　　（010）66070833，62568380
邮编　　100071
经销　　新华书店
印刷　　保利达印务有限公司
尺寸　　170 毫米 × 230 毫米
印张　　34
字数　　500 千
版次　　2017 年 7 月第 1 版　2021 年 3 月第 2 版
印次　　2021 年 3 月第 1 次印刷
定价　　88.00 元
ISBN 978 - 7 - 5220 - 1022 - 9
如出现印装错误本社负责调换　联系电话（010）63263947

个人信息保护课题组成员

（按姓氏拼音排序）

曹亚廷　中国人民银行征信中心
丁安平　中国人民银行征信中心
董　潇　北京市君合律师事务所
葛　鑫　中国信息通信研究院
李　铭　北京大数据研究院
王　融　腾讯研究院
王晓蕾　中国人民银行征信中心原副主任
王新锐　北京市安理律师事务所
杨　渊　中国人民银行征信中心
朱宣烨　北京市天元律师事务所
朱芸阳　中央民族大学

中国的金融发展史就是一部"新金融"的历史，金融业的版图无时无刻不在演变、重塑。不断革新的金融工具、运行机制和参与主体塑造了不断变化的金融业态和格局。理念与技术的创新在推动金融结构演进、金融改革深化的同时，也为整个金融业的发展带来了机遇与挑战。

"新金融书系"是由上海新金融研究院（Shanghai Finance Institute，SFI）创设的书系，立足于创新的理念、前瞻的视角，追踪新金融发展足迹，探索金融发展新趋势，求解金融发展新问题，力图打造高端、权威、新锐的书系品牌，传递思想，启迪新知。

上海新金融研究院是一家非官方、非营利性的专业智库，致力于新金融领域和国际金融的政策研究。研究院成立于2011年7月14日，由中国金融四十人论坛（China Finance 40 Forum，CF40）举办，与上海市黄浦区人民政府战略合作。研究院的宗旨是：探索国际金融发展新趋势，求解国内金融发展新问题，支持上海国际金融中心建设。

上海新金融研究院努力提供一流的研究产品和高层次、有实效的研讨活动，包括举办闭门研讨会、上海新金融年会、外滩金融峰会，开展课题研究，出版《新金融评论》、"新金融书系"等。

中国金融四十人论坛是中国最具影响力的非官方、非营利性金融专业智库平台，专注于经济金融领域的政策研究与交流。论坛正式成员由40位40岁上下的金融精锐组成。CF40致力于以前瞻视野和探索精神，夯实中国金融学术基础，研究金融领域前沿课题，推动中国金融业改革与发展。

再版序

《个人信息保护国际比较研究》于 2017 年 7 月首次出版。三年多来，社会经济生活数字化、线上化趋势日益明显，数字经济进一步发展，数据逐渐成为新的生产要素。与此同时，世界各国继续加强个人信息保护立法和监管：2018 年 5 月，欧盟《通用数据保护条例》正式生效；2018 年 6 月，美国加利福尼亚州通过了《加利福尼亚州消费者隐私法案》（CCPA）；2018 年 7 月印度公布了《个人数据保护法（草案）》。2020 年，中国发布《民法典》和《个人信息保护法（草案）》，日本、韩国等也修订了个人信息保护相关法律。

在应对 2020 年突如其来的新冠肺炎疫情中，采集和使用公民出行、健康等信息进行大数据防控成效显著，但如何在公共卫生安全领域明晰个人信息保护和使用的边界，如何平衡好保护和应用间的关系，越来越成为社会各界广泛关注的问题。

承蒙读者厚爱，本书首次出版后很快售罄。为了更好地满足读者了解世界各国的变化，相互借鉴从而制定出更适合我国个人信息保护法及相关法律法规，促进数字时代数字经济更好发展，我们尝试更新了本书的相关内容。

在个人信息保护概述、原则和各国（地区）立法实践部分，结合新的保护原则的引入和美国、欧盟、日本、新加坡、韩国等国家和地区个人信息保护进展，更新了各国（地区）保护的立法实践部分内容；在个人征信领域部分，更新了 2017 年以后全球征信业发展变化、一些新出台征信业条例的国家情况、欧盟《通用数据保护条例》对征信行业带来的变化等；在数据跨境流动部分，更新了数字经济中跨境数据流动对经济的影响和美欧跨境数据流动机制的最新情况，特别是最新的隐私盾失效判决；在我国个人信息保护现状及建议部分，增加了《个人信息保护法（草案）》《民法典》《儿童个人信息网络保护规定》等相关立法内容，个人信息安全规范等标准、执法案例、媒体报道和数据，以及数据爬取、人脸识别等新型问题。

当然，尽管我们努力全面准确反映三年多来的变化，但难免会有认识上的不足，本次内容更新可能存在不全面、不准确之处，文责自负。同时，欢迎读者批评指正。

个人信息保护课题组
2020 年 12 月

前言

大数据时代，如何在保护个人隐私和权利的情况下，充分利用大数据发展生产力，提高人类福祉，不仅关系到当下每个人的切身利益和安全，也关系到国家的未来和发展。为此，近年来世界各国在制定大数据发展战略的同时，亦从促进互联网、信息行业发展和整体竞争力等角度，进一步加强对个人信息的保护，力求在制度、技术和监管等方面创新保护手段、完善保护框架、提升保护效力。在此背景下，从国际视角审视个人信息保护问题和进展，从源头、实践和理论上进一步加强个人信息保护问题研究，对于我们这一正在崛起的大国而言显得非常必要。为此，2015 年 4 月起，我们承担了上海新金融研究院的个人信息保护问题研究课题。在一年多时间里，我们组建了专门的研究团队，邀请了立法、监管、学界、业界等专家共同研究。经过课题组反复研讨、修改，形成目前呈现在读者面前的课题研究报告。

一、本书的主要研究内容和结论

当前，个人信息不仅仅是个人隐私的载体，还塑造了个人的虚拟形象，更带有明显的财产和资源属性，在个人隐私、信息安全、财产利益和经济发展等诸多方面都产生了深刻的影响。作为互联网大国，面对我们个人信息保护落后的现实，要站在促进经济发展、提高国际竞争力的高度，深刻认识个人信息保护在促进个人信息有序利用、互联网和信息产业发展等方面的重要性，在理念培育、原则落地、立法立规、强化监管、宣传教育等方面，尽快构建个人信息保护的综合治理体系。

（一）个人信息广泛使用已经冲击个人隐私和安全

在信息技术和互联网大数据快速发展的今天，通过数据挖掘手段，可以借助个人信息对用户的各种行为表现进行评价和预测，形成客户在不同场景下数字化的虚拟形象，即"虚拟我"。商家和企业可据此研究消费者行为、优化商品和服务。虚拟形象的存在有利于克服市场中的信息不对称问题，在信贷、就业、经商和公共服务等各个方面给人们带来了诸多便捷。

但是，目前对个人信息的广泛使用已经冲击到个人隐私和安全。首先，个人信息不规范采集、不安全处理和无约束使用，导致公众的个人信息满天飞，营销性短信、邮件和电话骚扰越来越多，更有根据用户特征设计实施类似徐玉玉案件的精准诈骗，威胁公众的财产和人身安全。在 2016 年，仅公安机关侦破的侵犯公民个人信息犯罪的案件达 1800 余起，抓获犯罪嫌疑人 4200 余人，查获各类公民个人信息 300 余亿条。

其次，由于目前法律对个人信息的财产属性尚未界定，互联网企业和商家利用服务客户过程中积累的用户数据，在客户不知情的情况下进行了数据交易和转让，也侵害了个人财产权益。此外，个人对其虚拟形象的存在不完全知情或不知情，因此，对虚拟形象在多大程度上影响诸如信贷、就业、经商、享受社会福利的机会等重大事项，个人亦不完全知情或不知情，当然也就无法谈及个人权益的保护了。

（二）个人信息保护不足也会给企业和国家带来不利影响

对于互联网和信息行业而言，个人信息保护不力会影响该行业的健康可持续发展。分散的个人信息保护法规规定不清晰、不统一，缺乏确定的个人信息权属、流动和使用规则，导致个人信息孤岛和信息滥用并存，个人信息和大数据流通暗流涌动、秘而不宣，既冲击公众对互联网及信息行业的信任和信心，还阻碍了政府和商业领域个人信息的开放流通。相反，那些没有底线的企业打着改革创新的旗号行"倒卖数据"之实，因"劣币驱逐良币"而获得了竞争优势，这对信息行业的健康发展实际上是有百害而无一利。

进一步来看，个人信息保护不足还会对国家经济发展和国家安全带来不利影响。一方面，由于我国个人信息保护力度不及欧美等国，在国际经贸往来中我国公司不得在境内处理欧美个人客户信息，在华外资金融机构选择将境内客户的个人信息转移到新加坡、欧盟处理已成惯例，甚至至今也没有一家外国大型互联网企业将服务器设在中国境内。同时，一国落后的个人信息保护，将成为他国对其实行贸易壁垒的新依据，该国企业在"走出去"过程中会受到歧视性对待，个人信息流动的"逆差"状态会影响其国际竞争力和国际地位。另一方面，在个人信息保护不健全的情况下，与国内机构一样，国外机构也通过合法或不合法的渠道获得规模化的个人信息，对我国网民进行心理和行为特征分析，并基于此进行精准的政治营销和意识形态渗透，操控我国网民认知，威胁政治稳定和国家安全。媒体报道的大数据分析助力英国脱欧和 2016 年特朗普赢得美国大选即是大数据干预政治的两个例子。

（三）全球已经形成个人信息保护的通用原则

自 20 世纪 70 年代初个人信息保护问题提出以来，经过 40 余年的发展演变，目前基本形成了以下五大国际原则，作为各国和国际组织制定个人信息保护政策的基础：一是公开性原则，即个人信息处理机构应公开关于个人信息处理的一切政策、流程和处理实践，禁止个人信息被秘密地处理；二是限制性原则，包括个人信息的所有处理行为要坚持合法原则，个人信息数据库要坚持服务特定目的，在最少必须原则下收集和处理个人信息，个人信息的收集和使用范围、保存期限和销毁应受到限制；三是数据质量原则，即个人信息应当准确、完整和适时更新，作为信息控制者的机构对此责无旁贷；四是责任与安全原则，信息控制机构必须承担个人信息保护的主要责任，要将个人信息保护内化于其业务流程和技术设计中，同时采取必要的安全防范措施保护个人信息，防止数据丢失或未经授权的访问、销毁、使用、修改或泄露，并承担相应的责任；五是个人信息权利保护原则，充分保障信息主体的知情权、查询权、异议权与纠错权，甚至是可携带权等。

进入 21 世纪，大数据时代个人信息的内涵、处理方式、技术手段和侵权形式已发生巨大的变化，对个人信息保护的基本原则带来了诸多挑战，但是，无论是从欧盟 2016 年新制定的《通用数据保护条例》①（以下简称《欧盟条例》）、2013 年经合组织（OECD）对《1980 年个人信息保护指南》②（以下简称《经合组织指南》）的修改，还是近年来美国对个人信息保护的立法和监管实践来看，以上个人信息保护的基本原则不但没有任何放松，相反，在一些原则的具体落实措施和监管手段上还有所加强。

（四）在立法和监管中落实保护原则是有益的国际实践

从全球来看，从 1973 年全球第一部个人信息保护国内法律《瑞典个人信息法》出现到 2015 年末，全球共有 111 个立法体建立了个人信息保护法律、法规，且呈加速趋势。在地域分布上，欧洲国家和地区 53 个，非洲 17 个，亚洲 18 个，美洲 19 个，大洋洲 2 个。在剩余的国家和地区中，21 个已经形成了相关的法律草案，91 个尚无相关的法律或草案。总体上，各立法体已经建立和正在建立的个人信息保护法律、法规，基本上都贯彻了以上保护原则。以欧美、亚洲和金砖国家为例，这些国家和地区正结合各自的文化、历史、社会和经济等方面的特征，选择不同的方法和路径因地制宜地践行个人信息保护的五大国际原则。

欧盟作为全球个人信息保护的重要参照系，对包括政府部门、各商业领域个人信息处理实施统一的信息保护和监管标准。例如，20 世纪 70 年代的瑞典、德国，以及后来的其他欧洲国家，都建立了同时适用于本国政府与非政府机构、适用于各行业统一的个人信息保护法律。在欧盟层面，从 1995 年欧盟《个人信息保护指令》③（以下简称《欧盟指令》）阶段各成员国在个人信息保护上求同存异，发展到 2009 年在欧盟宪法中确立个人信息

---

① 全称为 "Regulation（EU）2016/679 of the European Parliament and of the Council of 27 April 2016 on the protection of natural persons with regard to the processing of personal data and on the free movement of such data"，2016 年《欧洲个人信息保护和自由流动条例》，简称欧盟《通用数据保护条例》或《欧盟条例》。

② 全称为 "OECD Guidelines on the Protection of Privacy and Transborder Flows of Personal Data"，即 1980 年经合组织《关于隐私保护和个人数据跨境流动指南》。

③ 全称为 "Directive 95/46/EC of the European Parliament and of the Council of 24 October 1995 on the protection of individuals with regard to the processing of personal data and on the free movement of such data"，即 1995 年《欧洲个人数据保护和自由流动指令》，简称《欧洲个人数据保护指令》或《欧盟指令》。

保护的基本人权地位，再到 2016 年出台、2018 年在欧盟成员国强制实施的《欧盟条例》，均体现了欧洲国家在个人信息保护领域统一化、标准化和一体化的立法和执法特点，已将个人信息保护原则落实到立法和监管实践中。

美国则针对政府部门和商业领域个人信息分别立法，并建立强有力的监督执法机制。例如，针对联邦政府机构有《隐私法案》（1974 年），针对征信医疗金融电信等若干行业，有以《公平信用报告法》（1970 年）为代表的数十部信息保护特别法。相关法律在各自领域贯彻"目的特定、公开透明、保障权益"等基本保护原则，借助其发达的司法救济系统，特别是以联邦贸易委员会、联邦通信委员会、证券交易委员会、消费者金融保护局等为代表的监管机构强力执法，从督促机构守法、保障个人权益、规范个人信息处理等方面，有效地实现了对个人信息的保护。

亚洲国家和地区、新兴市场国家的统一立法和统一保护也日渐完善。出于对个人隐私诉求进行保护的客观需要，以及融入经济全球化的战略考虑，加强个人信息保护是亚洲国家和地区与印度、巴西等新兴市场国家的一致性选择。以日本、韩国、新加坡等为代表的发达国家，紧跟欧美步伐逐步完善本国的保护体系，统一立法、统一监管的个人信息保护框架已经非常成熟，印度、巴西等新兴市场国家，也已经形成或正在形成专门的个人信息保护法，设置统一的个人信息监管机构，加紧推动个人信息保护国际原则在本国落地，并紧跟欧美步伐不断完善本国的法律和监管。

（五）个人信息保护事关大局，推动国际通用原则落地尤为迫切

横向比较，当前我国在个人信息保护领域的理念、原则、立法和实践，较欧盟、美国、日本、韩国、加拿大等落后。概括而言，导致我国个人信息保护严重不足的原因主要有：一是社会各界对个人信息保护有意识无认识，对为何要保护、要保护到什么程度和如何保护等没有概念，错误地认为只要"本人同意"就行，对机构处理个人信息没有"在什么时间内、为何目的、要最小化处理"等约束。二是在 2020 年 10 月《个人信息保护法（草案）》公开征求意见之前相关法律以宣示性条款散落在《民法典》（2020 年）、《民法总则》（2017 年）、《全国人大关于加强网络信息保护的决定》《刑法修正案（九）》《国家网络安全法》等中，缺乏专门的个人信

息保护法对保护理念、原则、各方权责等做一致性约定，高度分散的法律文本停留在纸面上难以落实。三是分散监管下各部门职责未定、个人权利不明、机构责任不清，主要依赖公检法部门针对侵害公民个人信息犯罪不定期专项打击行动，没有专门的个人信息保护部门实施常规性行政执法、处罚和保护。为此，完善我国个人信息保护的政策和立法十分迫切。

一是个人信息保护问题事关互联网行业的健康发展和国家竞争力，我们要站在促进经济发展和国家间竞争的高度看待个人信息保护问题，深刻认识个人信息保护对国家发展战略和占领全球制高点的战略意义，从对个人信息保护的研究、认识、理念、立法和监管等方面奋勇直追，紧跟个人信息保护全球步伐不掉队。

二是要推动"以人为本"的个人信息保护理念落地。数据由人而产生，如果个人的权利得不到恰当的保护，就会动摇大数据产生和价值挖掘的基础。建立个人信息保护理念，根本目的就是要让个人信息有序流动起来。在这个过程中，企业不仅需要确立相应的保护理念，作为信息保护监管主体和个人信息处理机构的政府部门，更应带头凝聚尊重和保护个人信息的理念。

三是要确立"我的信息我做主"原则，强化机构责任，建立国际通行规则。要强化网络运营者主体责任，将个人信息保护架构建立在机构责任基础上。除落实"本人同意"规则之外，还要制定明确的信息采集、加工和使用规则，严格规范企业、机构在我国境内收集用户数据活动，让国际社会已经普遍接受的个人信息处理公开原则、限制性原则、数据质量原则、安全与责任原则、个人权益保护原则等，尽快在我国落到实处。

四是出台统一的《个人信息保护法》和配套立法，建立专门的个人信息保护机构，加强对公众的宣传教育和对信息主体的司法救济。要建立统一、专门的个人信息保护机构，集中担负个人信息保护的立法落地、督促相关机构落实执法监管责任，采取切实有效的技术和管理措施，防止泄露、损害、违法使用个人信息。同时，提高对信息处理违规行为的处罚和赔偿标准，严厉打击非法窃取、收集、买卖、转移个人信息的行为。此外，利用市场机制鼓励大型互联网企业间建立信息保护联盟和行业自律机制，推动企业从保护商业利益、企业商誉和竞争力角度加强个人信息保护，形成竞争性隐私保护和信息安全商业环境。

二、本书的内容安排

本书分为两大部分，第一部分为本书正文，即主报告，共八章，第二部分为附录，即副报告，共七章。其中，主报告主要研究了个人信息保护问题的渊源、个人信息保护相关原则的演进，当前世界主要经济体个人信息保护的立法与监管实践，并选择了与个人信息保护关系密切的个人征信和跨境数据流动两个专题进行研究，分析了当前我国个人信息保护的现状、不利影响和原因，并结合国际经验提出我们的政策和立法建议。副报告则比较研究了美国、欧盟、日本、韩国、新加坡和我国台湾、香港地区的个人信息保护的基本情况，特别是立法、监管实践和最新趋势等。

（一）主报告各章节内容简介

什么是个人信息？个人信息为何要保护？个人信息保护问题因何而起、在大数据时代如何发展？对此，主报告第一章探讨了个人信息保护的起源和大数据时代个人信息保护问题的紧迫性和国际趋势，对比研究了个人信息、数据和隐私等基础性概念，发现个人信息保护不仅是个人隐私安全层面的问题，还事关公民的财产利益、发展机会和互联网行业发展与国家竞争力。国际上，面对个人信息这一新型资源，世界各国不但没有放松，而是进一步强化了以人为本的个人信息保护制度，这既是个人全面发展的需要，更是保护互联网行业发展和国家经济发展的战略考量。

在认识个人信息保护的迫切、重要性的基础上，我们在第二章中从个人信息的基本原则发展演变出发，研究近四十年来欧美等国如何凝聚个人信息保护的共识，形成个人信息保护的基本原则。分为原则的初次提出、信息社会和大数据时代三个阶段，从欧洲和美国两条线出发，系统梳理了个人信息保护基本原则的国际演进和变化，总结形成了当前关于个人信息保护五大国际底线原则。发现即使在大数据的今天，这些原则也被世界各国普遍使用，并在保护个人权益方面得到进一步加强。

个人信息保护原则的落地首先体现在各国个人信息保护立法中，为此，在第三章中，我们对比研究了美国和欧盟个人信息保护的立法实践情况，以及部分亚洲国家、地区和新兴市场国家个人信息保护立法进程。发现各国、地区尽管路径和方法有所不同，既有以美国为代表的各领域分散立法保护，也有欧盟、日本、韩国、我国台湾地区，以及部分新兴市场国家逐渐形成的统一的个人信息保护立法，但是总体上都在各自的框架内让个人信息保护国际原则成为法律条文和基本制度。

紧接着，在主报告第四章中，我们从各个国家、地区的监管实践中研究个人信息保护原则的落地情况。总体上，在各自的立法模式下各个国家、地区逐渐形成了或专门统一或各领域分散的个人信息保护监管格局，重视信息服务行业自律和司法诉讼下个人信息保护法律实施，特别是加强面向公众、信息处理机构工作人员的个人信息保护宣传教育和培训工作。总体上，完善的个人信息保护立法、设置专门的个人信息保护监管部门，确保严格的侵权究责与个人信息主体有效的维权与救济渠道等，越来越成为个人信息保护的国际趋势。

第五章为征信与个人信息保护的专题研究。从本质功能上讲，征信是为缓解信贷市场的信息不对称问题而产生的。对此，为获得信贷融资机会，借款人必须让渡部分个人信息，供放贷人评估其还款能力、意愿和风险定价。同时，由于借款人未来履约与否，间接影响他人的信贷消费机会和金融稳定这一公共利益，所以强制采集、共享借款人负债信息已成为世界征信业的普遍做法。但即便如此，从个人信息保护的角度来看，个人借款人也并非完全放弃个人信息权利，征信业在评价信用风险时仍要遵循基本的公平和个人信息保护原则，个人对其征信数据拥有知情权、查阅访问权、异议权和纠错权，这也是世界各国发展征信业时的共识和普遍做法。

第六章为数据跨境流动规则，主要介绍了经合组织（OECD）、亚太经合组织（APEC）、欧盟以及美欧间的数据跨境流动政策，并特别补充了近年来部分国家数据本地化的政策趋势。总体上，目前数据的国际流动规则还没有相应的国际协调机制，这已经不适应以互联网为基础的世界经济的发展，为此，在形成跨境数据流动政策的国际共识和协调中需要各国的共同努力。在此过程中，对于个人信息保护不足的国家而言，及时跟上个人信息保护的国际步伐，补齐个人信息保护的短板，避免因个人信息保护不力而在国际服务贸易中成为他国对其实行贸易壁垒的新依据，是其首要解决的问题。

在国际个人信息保护的竞技场上，我国个人信息保护现状如何、原因何在等是第七章研究的重点。该章结合实际案例分析指出，虽然我国的一些法律规范也零星涉及了国际个人信息保护领域普遍接受的基本原则，但是认识不到位、立法不完善、保护框架失衡、行政监管缺位、违法惩戒不足等，导致我国个人信息保护严重不足、落后于全球步伐：个人信息不规范采集、不安全处理和无约束使用，导致公众的个人信息满天飞，营销性短信、邮件、骚扰电话和精准诈骗越来越多，严重威胁个人的隐私、安全、财产和发展机会，并对我国互联网行业发展和国家经济发展与国际竞争力都带来了不利的影响。

第八章为我国个人信息保护的立法和政策建议。该章综合我国个人信息保护领域的问题和国际经验，研究认为个人信息保护与大数据价值挖掘并不冲突，清晰的个人信息、隐私监管规则和基于此的公众信任，有助于互联网行业和信息科技的蓬勃发展。为此，我国应树立"以人为本"的个人信息保护理念，尽快推动出台统一的个人信息保护法律，明确个人信息保护的执法监管机制并成立专门的监管机构，加强对个人信息保护的日常监管，同时，加强司法救济和公众教育，形成个人信息保护的综合治理体系。

（二）副报告各章节内容简介

在国际比较研究报告中，我们系统研究了美国、欧盟、日本、韩国、新加坡和我国台湾、香港等在个人信息保护上的立法和监管实践，分析大数据时代各经济体个人信息保护最新进展情况。

第一章从美国个人信息保护的立法、监管实施和最新趋势的角度介绍美国个人信息保护的情况。总体上，美国采取分散的立法和监管模式，在公法领域以成文法建立了政府机构数据保护标准，在私法领域对涉及金融、医疗、电子通信、儿童隐私、背景调查以及征信等领域，对个人信息的处理进行了立法规范。在个人信息保护监管和执法上，主要是联邦贸易委员会、联邦通信委员会、消费者金融保护局等监管机构，以及司法系统和隐私权诉讼的原告来推动实施。整体上，美国对个人信息隐私的保护，更依赖监管部门的执法以及私人诉讼，以威慑"不公正或欺骗性的"商业行为或者侵犯隐私权的行为。

在第二章中，我们以德国为例研究个人信息保护在欧盟成员国的发展，并梳理欧盟层面个人信息保护的历史发展和最新进展情况。总体上，欧洲将个人信息视为公民人格和人权的一部分，认为人格的自由发展要求个人有权对抗其个人信息无限制地被收集、存储、使用和传送。在实践中，欧洲对包括政府部门、各商业领域的所有个人信息处理，制定了统一的个人信息保护立法，实施统一的个人信息保护标准，并在监管机构和公民救助上，形成了一套独特的个人信息保护体系。2016 年欧盟个人信息保护的最新条例，更是在加强对信息主体保护、强化机构的责任等方面又向前迈出了一大步。

第三章是对日本情况的介绍。日本借鉴了欧盟个人信息保护立法经验和法律外壳，以保障公民隐私权在内的人格权和财产权为核心，最终形成了一部规制政府部门、私营企业个人信息处理行为的综合性个人信息保护基本法。与此同时，日本也采用美国实用主义的立法方式，在个人信息保护基本法基础上，更加重视重点行业的特别立法、行业自律和第三方监督等，以追求个人信息权益保护和信息应用之间的平衡。

在第四章的韩国研究中，我们梳理了韩国个人信息保护的历史演变和最新进展情况。总体上，韩国以"保障每个人都有权决定是否将个人信息交付并提供给他人利用的权利"为核心，确保信息主体对其个人信息及产生影响的知情、控制。目前形成了以《个人信息保护法》为核心，以《信息通信促进法》《信用信息使用与保护法》等法律为补充的完整法律体系，搭建了以个人信息保护委员会为指导、韩国内政部牵头的个人信息保护综合执法体系，建立了被称为"亚洲最严厉的个人信息保护制度"。

第五章是对新加坡个人信息保护法律情况的介绍。目前在个人信息保护领域，新加坡逐步发展出了国家机构和商业机构分治，仅对商业机构的个人信息处理建立了统一立法的法律保护体系。在法律实施中，设置了个人信息保护委员会作为个人信息保护法律的执行机构，通过制定具体标准进行立法实施。总体上，新加坡有针对性地选择不同领域适用个人信息保护法律，体现了新加坡个人信息保护规范体系务实、兼顾个人利益保护和数据经济利用的特点。

第六章介绍了我国台湾地区个人信息保护的基本情况。台湾地区的个人信息保护立法经历了从专门规范特定产业的部门立法到全面统一立法的两大阶段，目前统一的"个人信息保护法"同时规范公务机关和非公务机关的个人信息处理行为。台湾地区的各行业监管部门担负个人信息保护监管职责，对违规行为苛以民事责任、刑事责任和行政责任。针对公务机关的违规行为采取无过错原则承担损害赔偿责任，针对非公务机关的违规行为则采取过错推定原则承担损害赔偿责任，是台湾地区损害赔偿的一大特点。

在第七章我国香港地区的情况介绍中，梳理了英国个人信息保护制度的发展历程以及对香港地区个人信息保护制度的影响，总结了香港个人信息保护的法律制度和监管框架，介绍了大数据背景下网络技术对个人信息保护的挑战及香港的应对措施。总体上，香港个人信息保护的"欧洲特征"明显，欧洲个人信息保护的基本原则、对信息主体的权益保护在香港得到有效实践，统一的个人信息保护法律和特设的隐私保护专员公署，负责对政府机关和私营机关个人信息处理行为的规范。近年来，我国香港还在互联网渠道和公共渠道个人信息采集、应用程序、网上追踪、直接促销等领域，对个人信息处理行为制定了针对性监管指引。

三、致谢与说明

参加此次课题研究的同志主要包括：课题执行负责人、中国人民银行征信中心原副主任王晓蕾（总撰稿、统稿工作和报告审阅），中国人民银行征信中心曹亚廷（第一章、第三章、第四章，附录第四章），北京大数据研究院李铭（第二章），中国人民银行征信中心杨渊（第五章），腾讯研究院王融（第六章、第八章），北京市安理律师事务所王新锐（第七章和附录第七章），北京市君合律师事务所董潇（附录第一章），中国信息通信研究院葛鑫（附录第二章），中国人民银行征信中心丁安平（附录第三章），北京市天元律师事务所朱宣烨（附录第五章），中央民族大学朱芸阳（附录第六章）。中国人民大学法学院杨东、中国人民银行中关村中心支行夏楠和北京理工大学孟兆平亦有贡献。

同时，要特别感谢在中期评审会上，全国人大财经委副主任委员吴晓灵、中国工商银行原行长杨凯生、中国人民银行征信管理局局长万存知对本课题的评审，为本课题的进一步完善提供了有力的指导。同时，在课题研究中，各界专家学者为我们提供了真知灼见，主要有全国人大法工委杨合庆、最高人民法院姜强、中国人民银行金融消费权益保护局孙天琦、中国人民银行条法司张念念、工信部石玉春、中信银行袁东宁、中国联通范济安、瑞银中国彭彦杰等。此外，中国金融四十人论坛秘书长王海明、廉薇等对课题的申请、写作、讨论和评审都给予了很多关心和支持，中国人民银行征信中心前后三任领导王晓明、王煜和陈建华同志对课题研究给予了大力支持和指导，在此表示衷心的感谢。

需要特别指出，在课题的研究过程中，我们虽然尽了最大的努力，尽可能全地搜集文献、报告，与国内外相关领域的专家进行各种专题研讨、交流，但是由于当前信息科技快速发展，大数据时代个人信息处理和应用日新月异，在汗牛充栋的个人信息保护研究中，本书只是一家之言，受时间和能力限制，疏漏和不足之处在所难免。欢迎各位专家、读者批评指正，通过共同探讨和多方交流，使相关研究更加深入、成果更加丰硕。

个人信息保护课题组
2020 年 12 月

目 录

1

附录

部分国家和地区个人信息保护研究

第一章　个人信息保护概述

个人信息事关个人隐私，个人信息的滥用会侵犯个人隐私，给个人带来经济精神上、人格上的伤害，如名誉受损等，个人信息保护问题由此而生。大数据时代，信息不但是隐私的载体，更塑造了个人的数字人格或虚拟形象，即"虚拟我"，"虚拟我"越来越多地在就业、信贷、商务等经济领域影响着现实中的每个人。同时，在互联网生态环境中，个人信息越来越带有明显的经济属性，正被应用在经济、社会活动中，成为企业的营利点。因此，个人信息保护问题不仅事关个人，也事关网络空间生态维护、数字经济健康发展和国家经济竞争力，我们要站在促进经济发展和国际竞争的高度，认识个人信息保护对于国家发展前途和占领经济发展制高点的战略意义。

一、个人信息与隐私安全、财产利益和发展机会

（一）个人信息保护问题的渊源

安全自由是人类与生俱来的需要，对安全自由的追求是人类发展史上一个永恒的主题。按照美国心理学家马斯洛（A. H. Maslow）的需求层次理论，人类的需求依次为生理上的需求、安全上的需求、感情上的需求、被尊重的需求和自我实现的需求。其中，安全需求是仅高于生理需求的人类基本需要。

何谓安全？安全从何而来？

美国第32任总统富兰克林·罗斯福（Franklin D. Roosevelt）提出，人类有四大自由，即言论自由、信仰自由、免于匮乏的自由和免于恐惧的自由[1]。其中，免于匮乏和免于恐惧的自由，被后继学者统称为人类的安全需

---

[1]　Freedom of Speech、Freedom to Worship、Freedom from Want、Freedom from Fear，见1941年1月6日发表的致77届国会咨文。

求。一般而言，免于匮乏的自由多指满足人类最基本的生理需求，而免于恐惧的自由内涵则更为丰富，其中非常重要的一点就是隐私保护的需求。当亚当、夏娃睁开慧眼用树叶遮羞时，人类就有了隐私的意识。作为一种人类自然情感，隐私需求源于人类的羞耻本能①：希望能够独处，希望将某些事情只留给自己和家人，不为外界所知，也不为外界所打扰，更不希望外界利用自己在独处时的所作所为对自己采取进一步的行动，有时甚至是不利的行动。这种需求，在人类进入信息化时代之前，基本上是通过建筑、墙壁、距离等物理形式，以及社会公序良俗、文明礼仪等文化栅栏得以保护。相对而言，缓慢的人员和信息流动，使这种保护机制基本满足了人类隐私保护和安全的需求。

但是，到 19 世纪末期，大众新闻传媒迅速发展，部分传媒明显逾越社会礼仪的边界登载大量桃色新闻侵入他人私生活，给他人带来极大的精神痛苦。换句话讲，信息社会的到来，使原本口口或书信相传才能传播的信息，面对面才能一睹的芳容，借助媒体可以迅速传播，坚固的屋顶虽然依然可以遮风避雨，但对隐私保护则有些力不从心了，人类需要建立新的规则和秩序。

美国法律最先从侵权法的角度，承认托马斯·库利（Thomas Cooley）法官提出的"个人独处的权利"（1888 年）②，保障个人的"思想、情绪和感受"不受外界干扰。同时期，塞缪尔·瓦伦（Samuel D. Warren）教授等（1890 年）在《论隐私权》③一文中，系统提出了"关于个人私生活不公开之自由，及属于私事领域不受他人侵入之自由"④的隐私定义，其内涵包括个人居住的安宁以及私人生活的免受打扰，保障个人从公共生活和公众视线退出，在日益扩张的公权力和日益紧张的社会生活中仍然享有独处的

---

① 卡尔·斯科内德. 羞耻、曝光和隐私 [M]. 剑桥：剑桥大学出版社，2000. 转引自：杜博妮. 英语世界隐私概念综述 [J]. 南开学报（哲学社会科学版），2005（1）.

② Thornton, John V. 2013. Selected Topics on the Law of Torts. The Thomas M. Cooley Lectures, Fourth Series（Book Review）. St. John's Law Review：Vol. 29：Iss. 1, Article 19. Available at：http：//scholarship. law. stjohns. edu/lawreview/vol29/iss1/19.

③ Warren and Brandeis. The Right to Privacy, 4 HARV. L. REV. 193, 1890.

④ 转引自：范江真微. 政府资讯公开与个人隐私之保护 [J]. 法令月刊，2008（5）.

时空，个人可以真实地生活、发展个性而不受他人支配和操纵①。此后，在 1905 年帕瓦斯奇（Pavesich）诉新英格兰生命公司（New England Life）的判决中，美国正式确立"个人有独处的权利"（the right to be let alone）——隐私权②，并在 1939 年《侵权法重述》中承认隐私权受侵权法的保护。在 1960 年，普罗瑟（Prosser）教授进一步将个人隐私权的破坏归纳为个人独处的入侵、姓名的冒用、私生活的公开和公众因信息对个人形象的误解四种情况③，经过 1965 年沃伦（Whale）诉罗伊（Roe）一案后，美国法上的隐私权观念实现了逐步扩张。总体上，美国最高法院从宪法的权利法案中推理出个人隐私权，国会通过零散的立法，将隐私权延伸到了政府和企业对个人信息的收集、使用及传播上④，在当时主要以政府处理个人信息为主和新闻媒体力量不断扩大的背景下，通过隐私权保护个人的基本权利，保障个人有权对抗政府的监视、电子追踪等非物理侵入方式收集、处理个人信息，避免对个人形象扭曲后散布、披露，保护个人保留其个人思想、情感、情绪以及私生活不对公众公开的权利，从而为 20 世纪 60 年代美国进入了信息化时代前的早期个人人格尊严和基本人权保护发挥了基础性作用。

但是，即便这种侧重个人私生活不被侵扰、披露的消极性抵抗权，仍然无法在事前预防个人信息的收集、处理和滥用对个人人格尊严和安全的侵害，特别是当大范围商业性质的个人信息处理，日益成为侵害个人隐私和基本权利的主因时。为此，美国在 1967 年又提出积极性质的信息自我控制权——信息隐私权（Information Privacy）的理念，即自然人对其个人信息的保密、公开和支配控制享有的隐私权，主要涉及对个人信息的保密、公开和利用的利益，以及支配、控制已公开的个人信息的利益⑤，通过在民事

---

① 张新宝. 从隐私到个人信息：利益再衡量的理论与制度安排 [J]. 中国法学，2015（3）.

② Samuel D. Warren, Louis D. Brandeis. The Right of Privacy, Harvard Law Review 4 (1890)：193.

③ William L. Prosser, Law of Torts (47th ED.), West Publishing Company (1971), pp. 804 - 814.

④ Jonathan P. Cody , Protecting Privacy Over the Internet：Has the Time Come to Abandon Self - Regulation? 48 Cath. U. L. Rev. 1183 (Summer 1999).

⑤ 齐爱民. 大数据时代个人信息保护法国际比较研究 [M]. 北京：法律出版社，2015：180.

主体之间建立公平、透明的信息处理原则——公平信息实践原则（FIPs）①，确保个人对其个人信息积极参与、控制、支配的权利。在包含消极隐私和积极隐私的广义的隐私观念下，无论在立法上还是在学理上，利用隐私权保护基本人权在美国都逐渐成为主流，并延续至今。应该讲，英美法系选择个人隐私作为保护对象，一方面是因为隐私在英美法系中是一个宽泛的概念，另一方面是在保护涉及个人隐私的个人信息和使用不涉及个人隐私的个人信息之间进行平衡的一种现实需要。

欧洲的做法不同。欧洲对个人隐私的保护是从保护个人信息入手，主要源于第二次世界大战期间惨痛的教训。第二次世界大战期间，由于希特勒政府掌握了公民的居住地址、种族等信息，所以在很短的时间内就可以对犹太人实施精准抓捕和迫害。为此，第二次世界大战后，社会公众对与人口普查相关的立法和做法非常敏感，有强烈的个人信息保护诉求。为了吸取历史教训，1957年，德国联邦法院根据《联邦德国基本法》第1条人格尊严和第2条人格自由发展，创设一般人格权和个人安全保护的"领域理论"②，根据个人信息对人格、安全影响的远近，进行个人信息和自由安全的分层保护。在此基础上，欧盟从保护基本人权出发，强调本人对个人信息的自决和控制，通过建立一套通用的保护标准，强化一体、统一的监管体系，加强政府领域和私营领域各行业个人信息的保护。其中，德国1969年③、1983年先后爆发的两个"人口普查案"宪法申诉，在德国甚至整个欧洲个人信息保护史上都具有里程碑意义。

---

① 公平信息实践原则为"Fair Information Practice Principles"的直译，在很多地方也称为信息正当使用原则，在本书中信息正当使用原则即为公平信息实践原则。

② 将私人生活放置于一个同心圆上，依其接近中心核心部分的远近，分不同层次加以保护。转引自：王泽鉴. 人格权的具体化及其保护范围：隐私权篇（上）[J]. 比较法学研究，2008（6）.

③ 1969年德国"人口普查第一案"中，一住户因未按照《德国联邦人口调查法》的规定提供其休假旅行的信息而被判罚100马克，于是提起宪法诉愿，认为为了统计目的而强制其披露其私人信息违反了其受宪法保护的人性尊严。对此，联邦宪法法院在该案判决中指出，每个人都应当作为主体而不是手段，记录并保存个人人格的每一方面都是对个人尊严的侵害，国家必须为个人保留内在空间，以使其个性能够以自由与负责的方式发展，但是，在匿名并且获得合适保护的条件下，国家为统计目的收集的个人信息并不违反基本法人性尊严的侵犯。转引自张千帆. 西方宪政体系（下册·欧洲宪法）[M]. 北京：中国政法大学出版社，2001：372.

　　当时，由于担心德国议会通过的人口普查法授权政府收集全国的人口、职业等信息可能侵害个人信息和安全，德国公民请求德国宪法法院就该人口普查法案的违宪性进行审理。在判决中，宪法法院从基本法对一般人格权的保护出发认为，国家必须为个人保留内在空间，以使其个性能够以自由、可靠的方式发展。除了特别的人格自由保障之外，在现代化信息技术处理条件下，个人信息是自然人人格的勾画，是人格尊严的一部分，人格的自由发展应当使得个人有权对抗其个人信息被无限制地收集、存储、使用和传送，因此基本法上的人格权还应当进一步具体化，也即"个人信息自主决定的价值与尊严，自行决定何时及于何种范围内公开其个人的生活事实"①，提出了以信息自决权②为理论基础的信息保护理念，推动了以德国为代表的大陆法系国家对个人信息隐私、自由和安全保护的实践。在此之后，欧洲各国及欧洲层面上，基本都将个人信息保护问题视为一项基本人权与自由问题。其基本观点是，为了保护个人的安全自由，信息主体应拥有控制自己个人信息的自由③。人人享有对事关本人信息的受保护权，信息完全归个人所有，其处置等应完全由本人支配，要求个人信息应为特定目的进行公平的处理，处理的基础必须是信息主体的同意或其他法律的授权规定④。

　　总之，欧洲认为个人信息被他人收集、使用会导致个人的言行被掌控，造成个人精神上的压力、自我活动和表现空间的压缩，影响个人人格自主性、完整性，为此，往往基于保护人性尊严、人格自主与完整的理念保护信息主体的个人权，并最终演变为个人对本人信息的信息自决权，即个人对本人信息是否披露（Whether）、于何时（When）、以何种方式（How）、在何种范围内（Where）、向何人（Whom）披露有自主决定权。而美国则从

---

① 王泽鉴. 人格权的具体化及其保护范围：隐私权篇（上）[J]. 比较法学研究，2008（6）.

② 信息自决权或称为信息自主权的德文为 Informationelles Selbstbestimmungsrecht。

③ Joel R. Reidenberg. Resolving Conflicting International Data Privacy Rules in Cyberspace. Stanford Law Review52，2000：1315. http：//reidenberg. home. sprynet. com/international _ rules. pdf.

④ 2000 年欧洲议会在《欧盟基本人权宪章》（*Charter of Fundamental Rights of the European Union*）第 8 条款规定。

"关于个人私生活不公开之自由，属于私事领域不受他人侵入之自由"① 的个人隐私出发，通过保护个人有权对抗政府的监视、电子追踪等非物理侵入方式收集、处理个人信息，以及为民事主体之间建立公平、透明的信息处理原则，保障个人的信息隐私权和人格不受侵犯。

从比较法上，无论是以美国为代表的隐私权保护思路下的"信息隐私权"，还是以德国为代表的一般人格权保护思路下的"信息自主权或信息自决权"，不难发现二者本质是趋同的，都是在信息时代因为个人信息被处理或个人隐私被侵犯的背景下，保护个人的安全感、自由和自我选择权②。这也是为什么在 20 世纪 70 年代面对计算机大规模使用，政府收集管理个人信息引起公众对隐私和安全担忧时，各国政府在纷纷开展独立研究基础上，能于 1980 年在经合组织（OECD）的框架性下，形成了国际范围内个人信息保护的共识性框架——《关于隐私保护和个人数据跨境流动指南》，并在首条明确提出"尽管各成员国法律、法规迥异，但是在保护隐私、个人自由上是相同的，在调和隐私等基本权利与信息流动价值这一矛盾体间的诉求上是相同的"③。

（二）大数据时代个人信息保护的紧迫性

到了 21 世纪，随着个人生产生活日益线上化、数据化，人类加速步入大数据时代。在信息技术和互联网大数据快速发展的今天，通过数据挖掘手段，可以借助个人信息对用户的各种行为表现进行评价和预测，商家和企业可据此研究消费者行为、优化商品和服务。与个人相关的各种信息不断增加，有利于克服市场中的信息不对称问题，在信贷、就业、经商和公共服务等各个方面给人们带来了诸多便捷。但是，目前对个人信息的广泛使用已经冲击到个人隐私和安全等，给个人信息保护问题带来了许多新的挑战。

---

① 转引自：范江真微. 政府资讯公开与个人隐私之保护［J］. 法令月刊，2008（5）.

② 理论上，对信息利益的保护实际上都是在隐私权的内涵下展开的，尽管有美国信息隐私权和德国信息自决权两种表述方式，但王泽鉴教授（2009 年）认为二者属同义，留德学者多使用后者，留美学者偏好前者。

③ 见 Guidelines governing the Protection of Privacy and Transborder Flows of Personal Data.

首当其冲的是，个人隐私保护又受到了新的挑战。互联网、可穿戴设备、物联网技术、云计算和云存储的发展，不仅可以瞬间完成海量个人数据的传播，保护个人独处和安全的屋顶也不存在了：你以为你躲开了世人的眼光独自在家，但打车软件会清楚地记录你是几点几分到的家；手机及各种应用软件的定位功能会清楚地记录你的家在什么位置；你打开冰箱的时间频率、你锻炼的时间频率强度心跳速度、你看电视的时间频道……更不用说你在网上给自己买了什么不健康的食品、浏览了什么网页、读了什么书，等等。总之，大数据云计算时代的个人，从技术上讲，已经完全可以是一个由各种各样的数据构成的"裸体"人。

其次，这些个人信息在使用的时候会影响个人的财产权利。借助个人的海量线上、线下信息，可以对用户的各种行为表现进行评价和预测，形成不同场景下各种各样的"虚拟我"。对个人而言，"虚拟我"对"现实我"的影响也越来越大。例如，个人信息不规范采集、不安全处理和无约束使用，导致公众的个人信息满天飞，在商业利益驱使下，轻则导致营销性短信、邮件和电话骚扰不断，浪费时间、信息和设备资源；重则窥视公众隐私、360度监控公众，根据用户特征设计"方案"，实施"精准式"诈骗，威胁公众的财产和人身安全，甚至发生徐玉玉式诈骗案件。根据中国互联网协会2016年发布的报告，逾七成网民个人身份信息和网上活动信息遭泄露，网民2015年因为垃圾信息、诈骗信息和个人信息泄露等导致人均损失124元、共计805亿元。

更有甚者，除了铺天盖地的各类精准商品推销广告会扑向你，你的健康保险费可能还会提高，因为保险公司掌握了你的饮食习惯从而认为你属于一个心血管病的高危人群；因为你的通话记录或朋友圈表明你的密友欠钱不还，你可能会接到讨债公司的讨债电话；你还会成为精准欺诈的对象，告诉你即将乘坐的航班超卖，为保证位置，你必须多付钱……

此外，这些个人信息在使用的时候甚至会影响个人的发展权利，其潜在影响超越了以上财产和精神上的影响。如"虚拟我"在多大程度上影响"现实我"获得信贷、就业、经商和享受社会福利等人生重大事项的机会，社会公众一般是不知情的，起码是不完全知情的，特别是对于因原始数据

错误、用户评价和分析方法错误等构建出失真的"虚拟我"对"现实我"在信贷、就业、经商等重大事项上产生负面影响时，社会公众的不知情和被操控的风险和损害更大。在大数据时代，"虚拟我"对"现实我"的广泛影响详见图1-1。

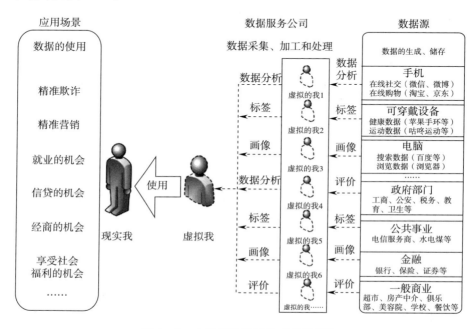

图1-1　大数据世界里的"虚拟我"

例如，在科技金融领域，一些新型科技企业利用格式条款、一揽子授权方式，在电商、社交、支付等线上线下渠道收集个人信息，分析、评价客户的行为特征，为客户打上所谓的"新房奴、喜当爹、单身狗"等标签并对外兜售，服务于所谓的精准式信贷、保险、信托、理财营销。其结果可能是，一方面，客户为获得千百元的小额信贷等金融服务，被迫向机构作出不对等、不公平的个人信息让渡，一旦信贷违约，甚至要面对信息技术下个人位置跟踪，逾期借款人信息无限度曝光于公共网络等情况；另一方面，"现实我"可能因为有深夜买游戏币、工作时间有游戏在线记录，而被贴上"无稳定工作""单身""夜猫族"等负面标签，而在申请房贷、工作时被拒之门外，更可悲的是这些线上活动甚至是他人使用其手机、电脑所为。换言之，当其他机构利用关于本人的信息对其进行营销、放贷、核保、雇用等决策，特别是作出了不利于个人的决策时，本人往往既不知情又无可奈何。在关于个人的信息被秘密收集、处理和使用的当下，没有对数据控制机构在数据质量上的保障机制和迅速及时的本人申诉和救济渠道，个人信息使用带来的负面影响大而未知。

特别需要提到的是，在大数据技术推动下，个人信息的应用已经由商业和经济生活领域，逐步扩大到政治、社会治理和公共政策等领域，并对公民的政治生活和国家的网络安全与主权等带来越来越大的影响。例如，在2016年底有德国媒体报道①称，在2016年英国"脱欧"的全民公投和美国总统选举中，有大数据科技公司通过个人信息对选民进行所谓的"心理测量"（Psychometrics）和定向政治营销，以影响公投和选举。据称，这些大数据公司通过社交、数据公司、互联网和公共渠道购买大量个人信息，对公民在亲和力、外向性、情绪特征等方面进行"心理建模"，以定量刻画一个人的性格特征和政治倾向，并基于此进行精准的政治营销、选举信息投放和选民情绪管理。可见，如果对个人信息的保护不到位，对个人信息的采集、处理和使用等不加以控制，一个人、一个群体甚至一个国家被大数据技术干预的可能性会越来越大。如果说，在信息社会，个人信息保护问题只是一个涉及信息主体个人安全与利益的微观层面的问题，那么到了大数据时代，个人信息保护已经发展成为影响国家网络主权、安全、政治生态和社会治理问题。

更可怕的是，随着普遍联系的大数据理论、技术和自动化处理决策应用到极致，大数据时代，计算机比自己还了解自己，自己的一个行为会影响到自己其他的行为，也会影响到与自己相关的其他人的行为……自己已不再能按自己的意愿去生活和选择，大数据分析会时刻提醒下一步你该做什么，人类的价值观、世界观正发生着翻天覆地的变化，人类离思想被控

---

① 本文最初以德语刊发于2016年12月3日出版的《杂志》，后以英文于2017年1月28日刊发于美国网络媒体VICE，题为"The Data That Turned the World Upside Down"。

制也仅仅是一步之遥。如此发展下去，将会远远背离技术服务于人类的初衷。

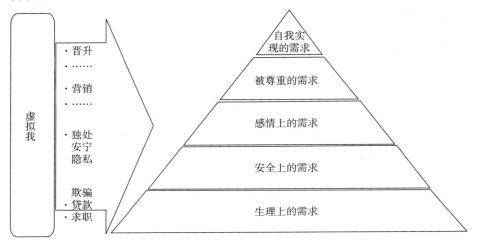

图1-2 "虚拟我"对"现实我"的全方位影响

面对以上现实，有一种观点认为，人类步入了大数据时代，人类的隐私观念不得不屈服于技术的进步，特别是年轻一代不再像其父辈或更上一辈那样抱有同样的隐私观念，他们热衷于将个人的生活、隐私在社交媒体、个人网络空间进行分享，他们以实用主义的态度对待技术进步①。甚至有人认为，正是放弃了自己的部分隐私，才能在互联网的"免费"生态环境里换来便利。人类真的不再追求隐私和安全了吗？

对此，美国加州大学伯克利分校胡夫纳格尔（Chris Jay Hoofnagle）教授带领的研究团队，从2009年开始，针对美国民众的隐私态度进行了一系列调查研究。研究团队从在线隐私保护态度、是否采取具体的隐私保护措施、对隐私有关的公共政策倾向以及隐私法律知识储备等方面，将美国年轻一代（18～24周岁）与其父母一代进行定量比较后发现，两代人的隐私

---

① Ariel Maislos, chief executive of Pudding Media, quoted in Louise Story, Company Will Monitor PhoneCalls to Tailor Ads, New York Times, Sept. 24, 2007, available at: http://www.nytimes.com/2007/09/24/business/media/24adcol.html.

观念并未发生大的变化，特别是当面对如下网络隐私及其政策时，绝大多数年轻人往往采取和其父辈一致的措施：当他们认为信息过于私人或不必要时，都拒绝提供相关信息；他们都认为只有取得同意方可将他们的照片（即便是公共场合的）上传到网络，都希望法律授权他们对网站掌握的本人信息享有知情权，网站必须按照信息主体意愿删除其个人信息。研究发现，之所以年轻一代更愿意在网络空间分享个人信息，根本原因是他们高估了隐私法律及其保护力度，而不是其隐私态度较其父辈放松了。

在我国，中国信息通信研究院 2015 年就互联网用户个人信息保护状况调查发现，超过30%的用户最担心互联网服务中的个人信息泄露，近80%用户认为隐私泄露严重，七成以上用户因个人信息泄露遭遇过短信、电话诈骗骚扰，15%的用户甚至因为个人信息泄露遭受财产损失。七成用户认为监管跟不上是导致目前信息泄露日趋严重的重要原因，呼吁政府通过完善立法、严格执法等方式加大对个人信息的保护力度①。中国互联网协会发布的《中国网民权益保护调查报告（2015）》显示，近一年来，网民因个人信息泄露、垃圾信息、诈骗信息等现象导致总体损失约 805 亿元，人均 124元。在权益认知方面，网民普遍认为在网络上隐私权是最重要的权益②。

二、个人信息保护的对象

在进一步研究如何保护个人信息问题时，首先要厘清一些常见的概念，包括什么是数据、什么是信息、什么是个人数据、什么是个人信息、什么是隐私。搞清这些问题和概念，对于在保护个人利益的同时充分利用技术进步造福人类至关重要。

（一）数据与信息

从技术角度来看，数据（Data）是原始的事实或观察的结果，是对客

---

① 王晓蕾. 个人信息保护的相关法律问题——专访中国信息通信研究院王融［J］. 中国征信，2015（5）.

② 中国互联网协会. 中国网民权益保护调查报告（2015）［EB/OL］. http：//www.scio.gov.cn/zhzc/8/5/Document/1441916/1441916.htm.

观事物的逻辑归纳，是用于表示客观事物未经加工的原始素材①。在计算机科学中，数据是指所有能输入计算机并被计算机程序处理的符号的介质的总称，是以二进制信息单元 0 和 1 的形式表示、用于输入电子计算机进行处理的数字、字母、符号、语音、图形、图像和模拟量等的通称②。信息（Information）是为一定目的经加工、解释后的数据③，数据本身没有意义，只有对数据进行加工处理后的结果且对人类具有一定意义时才成为信息。

在数据和信息的关系上，数据和信息是不可分离的，数据是信息的表达形式和载体，信息是数据的内涵。英国计算机专家保罗·贝农·戴维斯（Paul Beynon-Davies，2002，2009）在区分数据和信息时指出，数据是一系列符号，而这些符号用于指代某些事物时信息就出现了④。同时，美国国防部防务技术信息中心（2013年）从情报决策实务角度总结数据、信息和知识间的关系认为，数据收集和分析的目的是为决策提供合适的信息，而知识则是就某个主体的信息处理经验的结晶，来自传感器等收集的原始数据（基本无用），以可以理解的形式被处理、挖掘后就成为信息（有用），经过与决策环境中的其他信息和经验结合提炼后信息进一步转化为知识（非常有用）和智慧⑤。相应地，建立了一个"数据—智慧"（Data，Information，Knowledge，Wisdom，DIKW）的金字塔，详见图 1-3⑥。

例如，在第一层，我有一个物品，数据显示为 1 而不是 0，这是数据层

---

① 从词源上来看，data 一词来源于拉丁语中的 datum——表示给定的某些事（Something Given），为 datum 的复数形式；而 information 的旧法语和中世纪英语的词源，含义为"教育、告知或其他知识交流"。

② 童应学，吴燕. 计算机应用基础教程 [M]. 武汉：华中师范大学出版社，2010：211.

③ Akash Mitra（2011），"Classifying data for successful modeling".

④ "data is a series of symbols，while information occurs when the symbols are used to refer to something"，见 P. Beynon-Davies. 2002. Information Systems：An introduction to Informatics in Organizations. Basingstoke，UK：Palgrave Macmillan. ISBN 0-333-96390-3 和 P. Beynon-Davies（2009）. Business information systems. Basingstoke，UK：Palgrave. ISBN 978-0-230-20368-6.

⑤ 见美国国防部防务技术信息中心（Defense Technical Information Center（DTIC）. Department of Defense）2013 年的报告，Joint Publication 2-0，Joint Intelligence（PDF）. Defense Technical Information Center（DTIC）. Department of Defense. 22 June 2007. pp. GL-11. Retrieved February 22，2013。

⑥ 见 http：//www. business2community. com/strategy/difference-data-information-0967136。

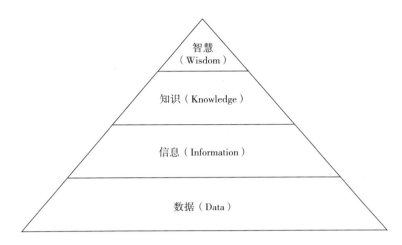

图1-3　数据、信息、知识等构成的"数据—智慧"金字塔

面。第二层，这是一个西红柿，这是一条信息，基于此我们可以理解物品及其特征。第三层，西红柿是水果，这是一条知识，基于此我们可以对相关信息进行归类。第四层，西红柿不要加到水果沙拉中去，这是一条智慧，这是一条事关该物品的潜在、普遍接受的原则。

　　由此可见，作为信息的一种表现形式和载体的数据，一直以客观化、匿名化的方式记录和储存在那里，人类将数据指代特定的人或事后就可以从数据中找出有意义的信息了。为什么目的、针对谁或何时去处理数据和提取信息，一定程度上决定了数据的处理方式、处理流程和处理结论。为了了解特定人、特定主体的目的进行的数据处理，和为了研究某一个现象、群体、规律进行的匿名化大数据处理，二者有着本质上的区别。

　　（二）个人数据、个人信息和隐私

　　第一，个人数据、个人信息指与"个人"相关的数据和信息。以上数据和信息的定义，我们可以进一步延伸到个人数据和个人信息的定义。尽管各国在立法和保护实践中，欧盟成员国采用个人数据的概念，亚太地区的日本、韩国等则采用个人信息的概念，但本质上都强调个人数据、信息是与已识别或可识别的自然人相关的所有数据和信息。例如，1980年《经合组织指南》、1995年《欧盟指令》和2016年《欧盟条例》中，都将个人数据（Personal Data）定义为与已识别或可识别的自然人相关的任何信息，其中，可识别自然人是指通过身份证号或与其独特的身体、生理、精神、经济、文化和社会身份中的一个或若干因素可以直接或间接识别的人①。另外，韩国《个人信息保护法》将个人信息（Personal Information）定义为关于某个自然人的信息，包括姓名、居民身份证号码、影像等能够识别个人（包括即使根据相应信息不能识别特定个人但与其他信息结合后易于识别的信息）的信息②，也指与特定人相关联的、反映个体特征的具有可识别性的符号系统，包括个人身份、工作、家庭、财产、健康等各方面的信息③。

第二，特定到某个具体的"个人"的数据就是"这个特定个人"的个人信息了，个人数据近似等于个人信息。根据上文关于数据和信息的定义，个人数据和个人信息中"个人"的含义即与某个特定的个人相关。按照保罗·贝农·戴维斯"若这些符号（数据）用于指代某些事物时信息就出现了"的标准，由于原本客观、无指代性的"数据"，一旦特定到与某个人相关了，个人数据就出现了信息的含义，个人数据就是信息了，个人数据和个人信息的概念内涵也就趋同了。这也是为何诸如英国等国家的立法中，交叉并用个人数据和个人信息两个概念。如1990年《联合国个人资料保护指南》中，规章名称为"个人数据"，而第一部分第一条确定各国立法原则时则使用"个人信息"概念。《英国个人数据保护法》也在立法目的中指出是对个人信息的保护。美国商务部2000年公布的《美国—欧盟的隐私安全港原则与常见问题》中也将"个人数据"和"个人信息"混用。

---

① Personal data means any information relating to an identified or identifiable natural person（"data subject"）; an identifiable natural person is one who can be identified, directly or indirectly, in particular by reference to an identifier such as a name, an identification number, location data, an online identifier or to one or more factors specific to the physical, physiological, genetic, mental, economic, cultural or social identity of that natural person. , 详见2016年欧盟《个人信息保护条例》第4条第一款定义。

② The term "personal information" means information that pertains to a living person, including the fullname, resident registration number, images, etc. , by which the individual in question can be identified, （including information by which the individual in question cannot be identified but can be identified through simple combination with other information）.

③ 王利明. 个人信息权与隐私权有何区别 [J]. 政府法制，2014（14）.

　　为了了解在"个人"的语境下"数据"和"信息"的本质特征，我们通过一个例子可以看出个人数据和个人信息的侧重点略有不同。比如，"张三，35 岁，男，交通银行，上海，50 万元，10 年"这是一些数据。而这些数据反映到人脑，人脑得到的内容是信息，大概是"张三是 35 岁男性，在上海从交通银行借款 50 万元，还款期限为 10 年"。尽管可以将以上数据中的"男"替换为"M"，"上海"替换为"SH"，"交通银行"替换为"BOCOM"，但表述的信息和第一个数据是一模一样的。从这个角度来看，个人数据侧重于客观的形式，不以数据反映的内容与人的互动为着眼点，而个人信息则侧重人的大脑形成的认识。"无数客观事物的信息，正是通过人的眼、耳、鼻、舌、身这五个器官传递给人们，经过人们的大脑进行去伪存真、去粗取精的加工"①。结合以上关于个人隐私、人格权的基础性分析，我们不难发现，这些不同形式的信息正是对个人（信息主体）进行形象塑造（Profiling）并影响个人的关键因素。

　　第三，大数据时代，个人隐私基本上以个人数据和信息的形式表示，保护个人隐私，必须保护个人信息，保护个人信息就是保护个人隐私与安全。在大数据时代，由于人类的社会生产、生活越来越线上化，计算机系统记录和储存了人们的身份、轨迹、行为、活动、特征等信息，许多是公民不愿公开或让他人知悉的个人秘密和个人隐私。我们之所以要保护个人信息（数据），正是由于以上关于个人的信息能对个人产生形象塑造的作用，通过信息社会（既可以是报纸等新闻传媒，也可以是互联网、物联网等信息科技领域）种种有关信息主体细枝末节的信息进行拼接和使用，可以勾勒出信息主体的剖面图②，在信息空间塑造一个人的信息形象③，构成与实际人格相似的数字人格，形成他人对个体人格的塑造④。但是，现实

---

①　转引自：郑成思. 信息、信息产权与个人信息保护立法［M］. 北京：法律出版社，2004：3-24.

②　刘静怡. 从 Cookies 以及类似信息科技的使用浅论国际网络上的个人信息隐私保护问题［J］. 资讯法务透析，1997（10）.

③　信息形象：individual information image。

④　阿丽塔·L. 艾伦，理查德·C. 托克音顿. 美国隐私法——学说、判例与立法［M］. 冯建妹，等译. 北京：中国民主法制出版社，2004.

中，这种信息形象，可能与信息网络使用者的真实情况一致，也可能大相径庭，甚至是黑白颠倒，正是由于这些基于信息系统形成的对信息主体正面或负面的评价，既影响个人隐私、安全和形象，又通过影响外界对个人的判断和决策，反过来影响现实中个人的信息权利和行为，导致其交易的机会、人格的自由发展受到干扰，催生了信息社会保护个人信息这一核心议题。因此，信息时代信息的传播，意味着个人的隐私突破房屋等自然屏障可以传播，所以从保护自由和安全这一人类基本权利来看，保护隐私，即意味着保护个人信息。

第四，本书选择个人信息为研究对象。为建立统一的比较研究标杆，鉴于以下原因，在本书研究中，我们尝试以个人信息为一个通用型概念贯穿本书始终：一是指关于某个个人的所有数据，即个人信息都是我们的研究和保护对象，我们以信息为保护标的，并不是说数据不用保护了，只是为叙述方便，只要是关于个人的，无论数据还是信息，都必须保护。二是个人信息是一个上位概念，它在技术和载体上具有中立性，它包括但不限于以电子介质在内的各种媒介为载体和各种符合所表示的各种形式的个人信息，既包括诸如以文字、图像或照片等为符号或载体所包含的视觉信息，也包括听觉信息——人特有的声音，还包括各种嗅觉信息——特定气味，基因信息、指纹信息等，一切可以间接识别某一特定自然人身份的信息。三是个人信息的概念因通信和互联网技术的发展而起，特别是进入20世纪90年代，随着互联网技术的发展，人类社会进入信息时代后，个人信息概念和理念逐步深入人心。作为一个较为中性的概念，个人信息往往有很强的商业价值，大多数国家采取保护与利用并重的原则，平衡协调信息权利主体与信息收集、使用主体之间的关系。

（三）保护与特定个人相关的信息

第一，保护与某个可识别个人相关的信息。由于个人信息保护的是个人的自由与安全，所以，只有信息处理涉及或针对某个个人时才有针对个人的保护必要，为此，本书约定以下定义：个人信息是指可以识别到某个特定的自然人及与特定或可特定的自然人相关的信息。根据此定义，个人信息可以分为两大类：一类是可以识别或推断到某个人的信息，即标识信息，如姓名、身份证号、手机号、虹膜、指纹等、移动设备号、网络协议（IP）地址等；另一类是关于这个人的信息，例如这个人的身体特征、家庭、财务状况以及行为等。这一定义具有一般性。例如，我国《电信和互联网用户个人信息保护规定》中关于个人信息的定义，包括自然人用户的姓名、出生日期、身份证件号码、住址、电话号码、账号和密码等能够单独或者与其他信息结合识别个人的信息，以及用户使用服务的时间、地点等信息[①]。例如，欧盟[②]将个人数据（个人信息）定义为指任何与一个明确自然人或可识别自然人（数据主体）身份有关的信息[③]。经合组织在1980年的《关于隐私保护和个人数据跨境流动指南》中，定义个人数据为任何与可以或能够辨别出来某一个人有关的信息。《美国—欧盟的隐私安全港原则与常见问题》规定，个人信息是指关于某一特定人的数据或用于确定某个特定人的数据[④]。

第二，可识别身份（可特定到个人）是认定个人信息的关键。在界定个人信息时，无论是可以识别个人的信息，还是与特定人相关的信息，都强调信息对特定人的可识别性，包括可以直接识别（也称已经识别[⑤]）和间接识别（也称可以识别）。一般而言，其中，能单独直接识别信息主体的有肖像、姓名、身份证号、社会保险号、电子邮件地址等身份识别信息，其他不能单独识别但可与其他信息结合才能间接识别身份的信息，如移动终端号、网络协议（IP）地址等。此外，以下关于这个人的信息，如性别、爱好、习惯、职业、收入、学历等行为信息也是个人信息，但是如果不"关于"某人时，就不是个人信息，尽管它可能产生于某个特定的个人。当

---

① 中国《电信和互联网用户个人信息保护规定》第四条、《关于审理使用信息网络侵害人身权益民事纠纷案件适用法律若干问题的规定》第十二条和1995年欧盟《个人信息保护指令》。

② 见1995年颁发的欧盟《个人信息保护指令》和2016年《欧盟数据保护总规》。

③ Personal Data is any information relating to an identified or identifiable natural person, i. e., the "Data Subject".

④ 杨晓娇. 关于个人实名信息的财产权属性问题［J］. 情报科学，2015（2）.

⑤ 已识别的信息（Identified Information）和可识别的信息（Identifiable Information）。

然，个人信息的可识别要结合业务场景来确定[①]。例如，一般不具有识别性的员工编号、电脑编号、工位号、去身份匿名化后的代码（号）等，对于数据控制者而言，往往因具有可识别、可特定到个人的技术和信息条件而被认定为个人信息，但是对其他机构而言可能就不属个人信息的保护范畴。

需要特别指出的是，可以特定的对象不仅限于某个唯一的人，当可特定或联系到某个唯一的计算机等设备时，这些信息也属个人信息保护的范围，因为所有设备后面对应的仍然是一个或几个特定的人。这方面，美国联邦贸易委员会早在 2012 年的报告中就指出，（保护的）个人信息是指"所有商业机构收集的、可以合理关联到一个具体的消费者、计算机和其他设备的信息"[②]。

在这里，我们以一笔借款合同"2015 年张三在北京向工商银行借款 30 万元用于购车并按期还款"为例，详细来看哪部分信息在什么情况下是关于谁的个人信息。

一方面，张三会通过申请表、提供借款材料等向银行提交以下几类信息：一是带有本人唯一或接近唯一标识的信息，如姓名、证件类型、证件号码、电话号码、家庭地址、电子邮箱、设备号等标识类信息。由于这些信息单独可以标识或联合可以标识某个具体的人，或者虽不指向具体的谁，但是指向唯一一个人，与这些标识串联起来的一系列特征、隐私、秘密、敏感性信息，以及针对该身份的信息处理与应用行为，是个人信息保护的核心。二是特征类信息，包括张三个人留下的其行为习惯（线上和线下）、社会属性等信息，如出生日期、性别、籍贯、学历、学位、职业、职务、身高、体重、血型、外形、婚姻状况。由于这些信息尽管是对张三的特征类信息，但是在一般情况下单独或联合在一起无法特定到张三身上，故而不应作为个人信息加以保护，但是一旦与标识类信息相联系后，或者在一定的环境下可特定到某张三或张三常用的计算机等设备时，就属于个人信

---

① Paul M. Schwartz and Daniel J. Solove［R］. Guide to Protecting the Confidentiality of Personally Identifiable Information（PII），2011.

② FTC. Protecting Consumer Privacy in an Era of Rapid Change［R］. FTC, 2012.

息。极端的例子是，若不能指向或识别到某一个唯一的一个人，即便是"同性恋、犹太人、有精神病史"等敏感信息，因为不威胁一个人的安全和自由可以暂不作为个人信息保护之列。

同理，作为个人交易对象的机构身份标识类信息，如在本例中即工商银行的标识信息，包括机构名称、机构代码、税务登记号、工商注册号、法人代表、注册地址等，现实中这些信息一般作为机构的商业秘密。关于工商银行特征类信息，包括机构所属的行业、机构类型、地域、规模、业务类别、股东人数等。

另一方面，是个人和机构因为本次交易共同形成的信息，如张三和在工商银行借款形成的借款合同、借款用途、时间、金额、利息、到期日，以及应还款金额、实还款金额，逾期信息、账户状态、五级分类状况等交易类信息。从信息保护角度出发，尽管这些信息是因张三和工商银行而起，但是如果单独将这些信息拿出来，从利益侵害角度来看，并不会对张三的人格利益和工商银行的商业秘密等产生影响，为此，可以作为社会公共资源和财富进行开放利用，这是通常意义上的"匿名化"的信息，也是大数据为人类谋福祉的关键所在。但是，如果这些"匿名化"的交易信息与身份标识类信息关联，或者通过与特征类信息和其他内外部的信息相关联后，可以特定到某个人、计算机或其他设备上时，则这些信息必须受到个人信息和商业秘密的严格保护。

（四）确立"谁的信息谁做主"的保护理念

纵览欧美个人信息保护历史及现状我们不难发现，为了保护个人隐私、安全和自由，确保个人对本人信息的自决、自治和自由，建立"关于谁的信息归谁所有的"权属划分标准是个人信息保护的认识基础，并由此衍生出"谁的信息谁做主"的保护和处置理念，即凡是"谁"的——关于一个主体（包括自然人和法人）的信息归谁所有。如关于这个自然人的身份、特征、财产、行为、健康状况、爱好等信息，均归这个主体所有；关于多个主体的信息则为共同所有；无关任何主体的信息为社会共同财产。这里的"关于"既包括以身份标识等直接指向某一信息主体，也包括以各种方法分析后可近似指向某一主体的信息。结合上文例子，如果甲方为张三、

个人信息保护国际比较研究（第二版）

乙方为工商银行，相关信息权属划分详见表1-1。

表1-1 甲乙两方交易中形成的信息属性分析

属性	甲方（以个人为例）		无主体指向数据	乙方（以机构为例）	
	标识类数据A块	特征类数据B块	交易类数据C块	特征类数据D块	标识类数据E块
信息类别与数据项	姓名、证件号码、电话号码、家庭住址、电子邮箱	出生日期、性别、籍贯、学历、学位、职业、职务、身高、体重、血型、外形、婚姻状况	借款用途、时间、金额、利息、到期日，应还款金额、实还款金额，逾期信息、账户状态、五级分类状况	行业、类型、地域、规模、业务类别	机构名称、机构代码、税务登记号、工商注册号、法人代表、注册地址
与甲方有关	A	B	C	D	
与乙方有关		B	C	D	E
甲乙共同相关	A	B	C	D	E
与甲乙均无关		B	C	D	

三、个人信息保护与行业发展、国家竞争力

保护个人信息的落脚点是个人信息，但是并不妨碍大数据的应用，挖掘大数据价值和保护个人信息二者并不矛盾。恰恰相反，正是充分认识到信息时代大数据对促进我国科技发展、占领经济发展制高点的战略意义，我们要研究和完善我国个人信息保护这一基础性制度，从根本上遏制目前我国信息服务业乱象，重塑个人对信息服务业和科技公司的信任，改善我国目前在国际服务贸易中因个人信息保护不力所处的歧视性地位，促进我国互联网行业的健康发展和国际竞争力提升。

（一）大数据时代的数据资源

随着互联网、移动互联网、可穿戴设备和物联网技术的发展，人类越来越多的线上线下行为、位置甚至是身体信息可记录、被记录，有关个人、

20

设备和终端的各类信息呈几何级数增长。在计算机信息技术快速发展的技术背景下，对这些海量数据的储存、处理和应用的成本越来越低，效率也越来越高，人类似乎找到了认识每一个个体、研究自然现象和社会发展规律的一把钥匙。个人可以借助个人信息这面镜子深刻地了解自己，改进自己的生活、工作效率和方式；商家也可以分析消费者的行为特征，优化商品和服务，提高生产和服务能力。

除了促进商业服务之外，大数据也有利于提高社会管理的效率。通过对数据的收集和整理，管理部门能够"摸清家底"，有利于提升政府效率和公共服务水平。如在医疗、交通、就业、气象等公共服务领域，电子病历能减少医用检验的重复和浪费，以数据为基础的远程医疗可以解决偏远地区的医疗问题，交通大数据运用让实时路况监控、公交线路优化、交通设施规划、紧急情况处理更高效。气象大数据可以提供更精准的预测，服务于灾难预警和农产品、消费品、物流等相关的商业决策。所以，世界各国政府高度关注大数据开发战略，把大数据开发作为未来世界竞争的主战场。

从数据和信息角度来看，各种各样的客观记录的数据，一直以匿名化、客观的方式留存和储存在那里，人类为了各种各样的目的，往往从海量的所谓大数据中找出有意义的信息和结论。本质上，为了什么目的、针对谁去提取信息，决定了数据的处理方式。例如，为了研究群类特征、流行趋势等宏观目的，可以采用匿名化的方式进行，这是对大数据挖掘和使用的立足点；而为了深入分析特定个人的行为特征进行营销等针对性微观决策，就必须以可以识别到某个人、某个终端的方式进行数据处理，本质上是处理个人信息（数据）。从保护个人权益的角度出发，人类对于大数据的使用应确立以下基本原则：不能以针对个人、以研究特定个人为目的，而实名化地从数据中提取"信息"，即人类可以以不针对特定个人的任何方式，挖掘大数据宝藏中的黄金，但是不得以研究特定个人为目的触碰个人信息（数据）的土壤，除非得到本人的明确同意和授权且按一定的规则进行。总之，从人类福祉的角度来看，大数据的价值更多在于大数据，不在于大数据中隐藏的关于某个具体个人的信息（数据），大数据时代挖掘大数据价值和保护个人信息可以并行不悖。

（二）个人信息保护是互联网行业发展的基础

在科技领域，目前有一种似是而非的观点非常盛行：相比于欧盟，美国的个人信息保护规则更加宽松，因此其互联网产业获得了蓬勃发展。而受制于严格的个人信息保护法，欧洲几乎没有大型的互联网企业。对此，我们认为，且不说将特定产业的发展好坏简单归因于法律制度的逻辑是否站得住脚，单就国际互联网行业发展而言，该观点也违背基本事实。

美国与欧盟尽管在法律保护路径上有所差异，但其保护个人信息的价值内核基本一致，均给予了充分的法律制度保障。美国针对于政府部门处理个人信息，早在 1974 年就制定了《隐私法》，对联邦政府机构收集、持有、存储以及传输公民个人信息的相关原则与具体程序作出详细规定，此外，在金融信息、儿童信息、医疗健康信息、教育信息等领域还有特别法规定。而在法律执行层面，除了发达的司法救济系统外，在行政监管领域，美国也建立了高效权威的执法机制。截至目前，美国联邦贸易委员会（FTC）已经发起的隐私和个人数据保护执法案例已有上千起，通过具体执法推动个人信息保护的抽象原则落实到企业具体运营行为中。所谓的"宽松的个人信息保护法律规则"促进产业发展的观点既缺乏论证，也并不符合全球个人信息保护加紧立法的客观趋势。事实上，截至 2015 年底，全球已有 111 个国家及地区制定了个人信息保护法，超过全球具有独立司法管辖权领域的一半以上，且这一数字仍在快速增长。而在后期跟进的国家和地区中，绝大部分选择了制定统一的个人信息保护法，既包括我国的近邻日本、韩国、新加坡和我国台湾地区、香港地区，也包括印度、巴西、俄罗斯等金砖国家。

国际发展经验表明，通过个人信息保护的专门立法，处理好公民个人信息基本权利、行政监管体制、司法救济途径等核心问题，建立起政府、企业及其他主体收集、使用个人信息的基本规范，是互联网行业健康发展的根本保证。仅以我国为例，目前我国个人信息领域的法律规则不清晰、不统一，缺乏一个确定的数据权属、流动和使用规则，导致目前个人信息孤岛和个人信息滥用并存，个人信息和大数据流通暗流涌动，但又遮遮掩掩，对政府部门如此，对商业企业更是如此，严重阻碍了政府和商业领域数据的开放、流通。

对于互联网行业来讲，由于缺乏明确的规则指引，企业经营行为更多地取决于其自律程度，没有行为底线的企业反而获得了竞争优势，"劣币驱逐良币"现象正在浮现，这一点在大数据产业体现得尤为明显，有多少企业打着技术创新旗号，行"倒卖数据"之实。在合法与非法之间没有明确的法律边界，对数据产业的从业者来说，也将面临着很高的法律风险。特别是，针对我国个人信息的监管，目前主要通过公安部门的个人信息刑事犯罪的专项整治，缺乏常规的、穿透式行政监管，对于信息服务行业的商业环境会产生不良影响。

漫天飞舞的一定不是个人信息，但是在清晰的规则下个人信息可以有序地流动起来，发挥其应有的价值。从这个角度上讲，完善的个人信息保护制度和监管框架的建立，不但不会影响大数据的应用，反而在建立公众对个人信息服务业的信任、确立行业规则、构建政府和商业数据开放共享框架等方面，有利于促进个人信息的安全、有序使用和行业的健康发展。

（三）个人信息保护有利于我国占领全球经济制高点

当前，我国由于个人信息保护不足，在跨境信息流动和国际服务贸易中处于劣势地位。从个人信息跨境流动角度，由于欧盟、美国、新加坡等均实行严格的个人信息保护制度，如欧盟明确禁止企业将信息传输到不符合欧盟信息保护标准的国家，导致在目前国际经贸往来中，中国公司不得在境内处理欧盟、美国的个人客户信息，在华外资金融机构选择将境内客户的个人信息转移到新加坡、欧盟处理已成惯例，甚至至今也没有一家外国大型互联网企业将服务器设在中国境内。因此，如果我国维持个人信息保护现状，会导致国际社会对我国互联网公司和信息服务行业产生提防心理和不信任感，会削弱国际市场对我国科技企业的信心，制约我国大型互联网企业面向全球的战略布局。

同时，个人信息保护事关国家的经济发展潜力和国家信息安全。一国的个人信息保护水平如果与国际脱节，这将成为他国对该国实行贸易壁垒的最主要依据，该国的企业在"走出去"过程中将受到歧视性对待，该国将长期处个人信息"流动"的逆差状态，影响一国的国际竞争力和国际地位。同时，在大数据背景下，基于规模化个体数据的加工分析，可形成对安全态势的细微洞察。换言之，每一个公民个体的个人信息失去保护屏障，国家网络安全也难以得到切实保障。

为此，在大数据时代背景下，世界各国非常明确地认识到，建立一个有利于保证各方互信、公平、可靠的个人信息生态环境非常重要。因为只有继续坚持保障人的安全、自由，坚持个人信息保护的基本理念、原则，明确"谁的信息、信息在哪、信息怎么用"等一些基本问题，一以贯之地加强信息主体个人权益的保障，建立社会公众（信息主体）对个人信息处理的信任，才有个人信息产业、国家信息经济的长期健康发展，对此，2014年，世界经济论坛①提出了"公开透明、流程可靠、信息主体自决"三大努力方向②，欧美等国也在进一步强化对个人信息的保护力度。

在欧洲，为应对大数据时代个人信息保护的挑战，欧盟早在2012年就着手对1995年《欧盟指令》进行改革升级，在2016年5月正式发布了更为严格、一体化的《欧盟条例》，并作为欧盟数据保护的统一强制标准，在2018年5月25日起直接适用于各成员国。《欧盟条例》秉承保护人权、自由和技术为人类服务的原则，不仅坚持了《欧盟指令》中制定的个人数据保护的基本原则，还进一步强化了部分个人数据权利，特别是在个人数据权利的落实上，要求成员国统一建立数据保护署，提供一站式信息保护与监管，确保信息主体的知情和转移流程的安全；同时，开创性引入数据可携权、被遗忘权和反对权，同步建立数据保护违规通告、数据最小化和匿名化处理制度，将处罚限额统一提高到信息处理机构全球营业额的2%和4%两档，旨在将欧盟个人数据保护的理念，深度嵌入相关机构的运营和业务实践中。在此基础上，《欧盟条例》还授权各成员国在涉及儿童个人数据、基因健康数据、雇用领域的数据作出进一步的保护规定，并对数据处理机构在违法处罚力度、数据保护官设置等方面，要求成员国作出补充性规定。

---

① Rethinking Personal Data：A New Lens for Strengthening Trust，2014.

② World Economic Forum，Rethinking Personal Data：A New Lens for Strengthening Trust，2014.

在美国，2014年5月，美国白宫提出大数据发展初期应坚持的五大隐私原则：一是进一步强化而非削弱美国的隐私保护法律框架；二是积极、负责地教育公众知晓大数据带来的裨益与风险；三是预防利用大数据的歧视行为；四是确保大数据技术在执法、公共安全和国家安全中负责地利用；五是推动政府数据向私营部门的开放和使用。作为个人信息的主要保护部门，美国联邦贸易委员会（FTC）也分别在2012年、2016年两篇针对大数据的报告中①，清晰地表达了加强对大数据背景下的个人隐私保护和公平信息原则的坚持。

在亚洲，日本、韩国、新加坡和我国台湾、香港、澳门地区，积极借鉴欧美经验提高个人信息保护力度。例如，日本在2003年通过了一系列个人信息保护法案，并在2015年朝着趋严的方向进行了法律调整，并借助行业的共治规范和机构自身的自律，加强对个人信息的保护。韩国则采取欧盟"本人控制本人信息"的理念，形成了以《个人信息保护法》为核心，以通讯领域、征信领域和位置信息保护相关法律为补充的完整法律体系，建立了被学者称为"亚洲最严厉"的个人信息保护制度②。我国台湾地区借鉴经合组织和欧盟的经验，在1995年进行了个人信息保护立法，并在2012年做了进一步完善，从扩大规制和保护范围、提高机构责任、加大处罚力度等方面，进一步提高了个人信息保护的程度。

综上所述，个人信息保护因信息时代自动化处理个人信息而起，在大数据时代，个人信息保护问题不仅是个人隐私安全和自由层面的问题，还事关公民的财产利益、发展机会和选择。不同于早期人类的隐私、安全很大程度上通过建筑物等物理形式进行保护，大数据时代将个人信息和隐私置于更易暴露和泄露的境地。在新的环境下，从各国应对大数据的实践看，人类对自由安全、财产利益和发展机会的追求不打折扣。对于信息社会中可以反映个人信息形象和信息隐私的个人信息，如果不通过建立一个无形

---

① FTC. Big Data, A Tool for Inclusion or Exclusion? Understanding the Issues, Federal Trade Commission [R]. FTC Report, 2016 (11).

② Graham Greenleaf. Korea's new Act：Asia's Toughest Data Privacy Law [EB/OL]. http：//papers. ssrn. com/sol3/papers. cfm? abstract _ id = 2120983.

的屋顶来保护，确保个人有权知悉、自决其由信息构成的"虚拟我"及其使用，公众的人格尊严、安全、财产利益和发展机会越来越受到威胁。信息化世界建立以人为本的个人信息保护制度是个人全面发展的需要。

同时，个人信息保护问题事关互联网及信息行业的健康发展和国家竞争力，也是数字经济发展的基础，我们要站在促进经济发展和国家间竞争的高度，深刻认识个人信息保护对于国家发展前途和占领经济发展制高点的战略意义。对此，欧美等国和部分亚洲国家和地区，在个人信息保护问题的认识、保护理念、法律实践和治理框架等方面已经走在世界前列，在坚持原有个人信息保护理念和原则基础上，进一步强化而非削弱保护法律框架，为此，我国在个人信息保护领域要奋勇直追，通过加强对社会各界进行信息保护问题的研究、理念的宣传和教育，确立"谁的信息谁做主"的保护原则，加速个人信息保护理念、立法和监管实践落地，推动我国个人信息保护跟上互联网行业发展和信息全球化的步伐。

第二章　个人信息公平实践和保护原则

随着社会的发展和技术的进步，以信息化形式表现的不仅是"个人隐私"，也包括"虚拟我"，即"人"本身。因此，保护信息不仅是保护个人的隐私和隐私权，也是保护每个人自身的其他权利。如何保护个人信息，同时又能满足商业和公众对信息的需要，一直是世界各国研究探讨和实践的焦点。欧美从各自实际情况出发，形成了各自的个人信息实践和保护原则，经合组织（OECD）、亚太经合组织（APEC）和西非国家经济共同体（ECOWAS）等地区性和国际合作组织，也制定和发布了其成员国和经济体共同认可和接受的个人隐私保护框架。正是在这些原则和框架的指导下，世界各国制定了各自的个人数据保护法律。研究欧美及世界其他国家和经济体个人信息公平实践和保护原则及其演变，能够帮助我们较好地理解个人信息保护问题的实质和逻辑，对制定我国个人信息保护政策和法规将起到积极作用。

个人信息公平实践和保护基本原则是国际上广泛认可的、处理个人信息解决个人信息隐私保护问题的做法[1]，包括保护内容、保护程度、保护条件以及在平衡各方面利益时的判断准则和决策依据，是各国制定个人数据和隐私保护政策和法律制度的基础。

从历史文献看，美国将个人数据保护原则称为"公平信息实践原则"（FIPs），而欧洲则称为"个人数据保护原则"[2]。1980 年经合组织制定的

---

① 见 Robert Gellman. Fair Information Practices：A Basic History，2015。
② "个人数据保护原则"：Principles of Personal Data Protection。欧盟法律中的为个人数据即本书中的个人信息，为此，若无特别指出，后文中个人数据即个人信息，此处个人数据保护原则也称个人信息保护原则。

《关于隐私保护和个人数据跨境流动指南》称为"基本原则"。虽然称谓不同，但涉及的是同样两个问题：个人信息应当如何处理以及本人和其他相关机构在个人信息处理过程中的权利和义务是什么。在本书中，我们称为"个人信息公平实践和保护的基本原则"，简称"个人信息保护基本原则"。

欧美对个人隐私保护称谓上的不同，反映了欧美对个人信息保护问题的不同认识和路径，同时也反映了二者之间的妥协。美国更多关注在信息主体和信息控制者之间的利益平衡，强调交易的公平性，保证任何交易一方都不具有绝对的控制权；而欧洲和美国之外的其他一些国家和地区则将个人信息视为本人所有，从保护个人财产和人格的角度更多关注对信息主体权利的保护问题。尽管如此，在保护个人权利的同时，所有国家都关注个人自由表达意见的权利，关注信息的自由流动，也关注如何从生来便具有"全球化"特征的数字经济中获益。自 20 世纪 70 年代以来，这些原则历经演变，各国立法和实践对基本原则的贯彻也各有侧重，但总体趋势是越来越趋同①。

一、个人信息保护基本原则的演变

在欧洲，个人信息保护问题在第二次世界大战后即得到了高度重视，美国对隐私的保护也由来已久，但信息和隐私保护真正作为一个"问题"引起社会广泛关注仅是 20 世纪 70 年代以后的事情。究其原因，主要归结为计算机技术的快速发展增强了信息的处理和传播的效率，于是大大增加了信息的影响力。自 20 世纪 70 年代初欧美分别提出各自的个人信息保护基本原则后，围绕个人信息保护原则的讨论就一直没停止过，先后演变出很多不同的版本。本书尝试将个人数据保护基本原则的演变大致划分为"初次提出""信息化社会"和"大数据时代"三个阶段来分析。

（一）个人数据保护基本原则的初次提出

运用计算机收集和自动化处理个人信息，建立有关公民各种信息的资料库，引起了公众对自动化资料处理所涉及个人隐私、安全和自由的担心，

---

① 见 Robert Gellman. Fair Information Practices: A Basic History，2015。

为此，美国、英国、德国等着手开展了个人信息保护问题的研究，问题包括政府、非政府机构个人信息数据库的建设和维护过程中应坚持的基本原则，以及是否采用立法等形式加强对公民个人信息处理行为的约束等。在此阶段，1970 年 10 月 7 日，德国黑森州为规范州政府机关的个人资料自动化处理行为而率先立法。之后的几年里，相继有瑞典、联邦德国、奥地利、丹麦、法国、挪威等欧洲国家针对个人数据保护立法，使 20 世纪 70 年代成了欧洲国家个人数据保护立法的黄金十年。美国个人信息隐私保护历史上的几个里程碑事件也都发生在 20 世纪 70 年代。这包括发布于 1970 年的《公平信用报告法》、发布于 1973 年的美国健康教育和福利部 "'修'（HEW）报告"、发布于 1974 年的《联邦隐私法案》以及发布于 1977 年的隐私保护研究委员会研究报告。这些早期的个人数据保护法案及研究文章系统地归纳和总结了个人信息保护的许多核心原则，对之后近半个世纪的全球个人信息保护立法产生了深远的影响。

我们以美国 "'修'报告" 中提出的 "公平信息实践原则" 和英国以肯尼斯·杨格（Kenneth Younger）为首的隐私委员会于 1972 年 7 月发布的 "关于个人数据自动处理的安全建议"（以下简称 "杨格报告"）① 为对象，研究当人类第一次面对计算机技术进步带来的个人数据和隐私威胁时，是如何考虑和应对的。由于种种原因，杨格报告对欧洲各国后续隐私立法的直接影响并不大，但报告提出的信息隐私保护措施相对全面地概括了这一时期欧洲各国在个人数据保护立法方面的主要关注，有较大的研究价值。

公平信息实践原则由美国健康教育和福利部②成立的 "关于个人数据自动处理顾问委员会③" 于 1973 年提出，要求处理个人数据的机构遵守以下五条 "公平信息实践的基本原则"④：不允许存在秘密的个人数据系统；个

---

① 关于个人数据自动处理的安全建议：Specific Safeguards for Automated Personal Data Systems，见 Robert Gellman. Fair Information Practices：A Basic History，2015。

② 健康教育和福利部：Department of Health，Education and Welfare，简称 HEW。

③ 关于个人数据自动处理顾问委员会：The Secretary's Advisory Committee on Automated Personal Data Systems。

④ 见 Robert Gellman. Fair Information Practices：A Basic History，2015。

人应当有渠道了解到系统中保存了关于他本人的哪些信息以及这些信息如何被使用；个人应当有渠道防止为某个目的采集的个人信息在未经其本人同意的情况下用于另一目的；个人应当有渠道发现和纠正可识别其个人身份的信息中存在的错误；任何产生、保存、使用或传播可识别出个人身份的数据的机构必须确保数据对于拟使用的目的是可靠的，并采取合理的措施预防数据的不当使用。

上述五条原则中的第一条和第五条涉及个人数据处理原则，第二条、第三条、第四条涉及个人在其数据处理过程中的权利。这些原则可概括为以下几点：一是对个人信息的采集未设条件和限制，只要求采集和使用的过程公开透明、可以为社会公众所知悉；二是必须让本人知情，即个人不仅要了解到相关信息处理的一般情况，还要了解关于其本人具体采集了哪些信息、这些信息如何被使用以及发现信息有错误时要求纠正错误，但个人对其信息的采集和使用基本上没有控制的权利；三是数据控制机构要确保个人数据的合理和正当地使用，并确保数据的安全。

再看看欧洲。"杨格报告"中将欧洲的个人信息保护原则概括为以下九条：目的性原则，即信息的访问和使用必须与信息采集的目的一致，未经授权不可改变信息的使用目的；同意原则，即信息的采集和使用以及信息使用目的的改变必须得到授权；最小必要原则，即为某个目的所采集信息的种类和数量应当是达到该目的所最小必要的；技术保护原则，即在为不需要识别个人身份的某些应用场景（例如服务于统计目的）建立计算机系统时，应在系统设计和实现时就将身份信息和其他信息加以隔离；个人权利原则，即应当采取具体措施确保个人享有关于其本人信息的知情权、访问权、纠错权和及时更新信息的权利；安全原则，即系统使用者应预先说明系统应当达到的安全防护水平，采取适当措施避免信息被误用或滥用，并应当建立监测系统、及时发现违反安全要求的问题；保存期限原则，即预先确定信息可以保存的最长期限、超出此期限的信息不再继续保存；数据质量原则，即应当确保数据准确并提供纠正错误和信息更新的机制；客观性原则，指在信息中涉及价值判断时应当格外谨慎。

有学者指出，上述两组原则几乎在同一时间提出，一些研究认为没有证据表明究竟是谁影响了谁①。分析这两组原则，我们可以看出，当个人数据保护问题初次提出来时，美、英两国学者认为要研究解决的问题大体上是一致的：一是个人信息如何采集、加工和使用，二是个人在信息处理过程中的权利，三是数据控制机构在信息处理过程中的责任。然而对于这三个问题，欧洲（以英国为代表）和美国的回答既有相同之处，也存在较大不同。

首先，欧美的相同之处包括以下几点：一是欧美都认为采集处理个人信息应当"公开透明"，不应当存在秘密数据库；二是个人都有查询权、异议权和纠错权；三是数据控制机构都必须确保信息的安全性和恰当使用。

但欧美之间的差异则主要体现在对数据处理过程本身的约束上。如果把个人信息处理分为"采集、加工和使用"三个主要环节的话，美国原则重点关注数据的使用，而欧洲原则则贯穿了采集、加工和使用全部三个环节。

第一，欧洲实行限制性数据处理原则，即只能为明确的目的采集信息、采集信息必须得到本人同意、采集的信息相对于采集目的必须是相关的、必要的和最小的；类似的意思在美国的保护原则中读不到。

第二，欧洲强调个人对其数据的绝对控制权，即要求只有得到授权，才可获得数据；美国虽然要求信息用作其他用途必须得到本人同意，但整体而言，在信息的采集和使用中并未强调必须得到本人同意。

第三，欧洲强调信息的客观性，如要求谨慎采集价值判断类的信息；美国并没有这样的要求。

第四，欧洲关注数据处理过程中的一些具体环节，例如技术保护原则要求在服务于统计目的的计算机系统中将身份信息和其他信息分开存储，安全原则要求建立安全监测系统以及时发现安全问题等；美国的版本中不涉及这样的细节。

另外，欧洲的个人数据保护基本原则既适用于政府部门，也适用于私人部门，而在 20 世纪 70 年代的美国，个人数据保护原则主要关注政府部门

---

① 见 Robert Gellman. Fair Information Practices：A Basic History，2015。

的行为。

（二）信息社会的个人信息保护基本原则

20 世纪 80 年代至 90 年代，通讯化、计算机化、自动控制、多媒体技术和高速信息网络快速发展，给人们社会生活带来很大变化，特别是拥有覆盖面极广的计算机网络系统以及各类存取便捷的数据中心的存在，给个人信息保护也带来了新的挑战。这期间，关于个人信息保护原则问题的讨论一直没有中断，比较有代表性的保护原则有三组：一是由美国国会授权组织的"隐私研究委员会"在其 1977 年发表的研究报告《信息社会的隐私保护》中提出的个人信息公平实践八原则[①]；二是欧洲议会和欧洲理事会 1995 年颁布的《欧盟指令》中提出的九节共 16 个条款的保护原则；三是经合组织在 1980 年制定并颁布的《经合组织指南》中提出的经合组织个人数据保护八原则。以下将对这三组原则做简单介绍。

1. 美国个人信息公平实践八原则

美国个人信息公平实践八原则包括：公开性原则，声明不允许存在秘密的个人数据系统，并且应当公开各机构个人数据的管理政策、操作实践及系统；个人访问原则，声明个人应当有权利查看和复印个人数据保存机构保存的可识别其本人身份的任何信息；个人参与原则，声明个人应当有权利修改和增补数据保存机构保存的关于他本人的信息；采集限制原则，声明任何一个机构可以采集的个人信息的种类及采集方式要有所限制的；使用限制原则，声明任何数据保存机构对个人数据的内部使用应当有所限制；披露限制原则，声明任何数据保存机构对外披露个人数据应当有所限制；信息管理原则，声明任何个人数据保存机构都应当制定合理、适当的信息管理政策和操作实践，以确保其个人信息采集、存储、使用及对外提供的必要性和合法性，同时确保信息的准确性和及时性；责任担当原则，声明数据保存机构必须对其个人数据的保存的政策、操作实践及系统负责。

与美国最初提出的五原则相比，上述八原则一方面进一步明确了五原

---

① The Privacy Protection Study Commission（PPSC）．Protecting Privacy in an Information Society。见 Robert Gellman．Fair Information Practices：A Basic History，2015．

则中已经提出的个人信息处理的"公开透明"、个人对其本人信息的"访问及纠错"原则,另一方面又明确提出了个人信息处理的"限制性原则",从信息的采集、内部使用、对外披露以及管理多方面提出了限制性的要求,要求在"采集、存储、使用及对外提供"等方面,都应当具有"必要性和合法性",其实质要求与欧洲的限制性原则类似,其覆盖的内容也从早期的重"使用"环节,扩展到采集和加工环节。同时,该原则还强化了数据控制机构对个人数据处理的必要性、合法性及数据的准确性和及时性的责任。

2. 《欧盟指令》确立的保护原则

1995 年《欧盟指令》第二章给出了"合法处理个人数据的通用规则"①,该规则中既包括关于数据处理的原则,也包括个人权利保护的原则,特别是明确提出了"合法处理个人数据"的合法标准,对特别数据的处理等也提出了明确要求。《欧盟指令》要求各成员国根据这些规则在本国立法。本课题组将这些规则概括为"《欧盟指令》七原则"。

原则一:个人数据处理必须公平和合法。

首先要目的明确,数据采集必须为了预先明确说明的合法的目的,数据处理不得与上述目的相背离;数据采集和处理目的必须是适当、相关且不过度的;数据必须准确并及时更新,必须采取一切合理措施纠正或删除就数据采集和处理的目的而言不正确或不完整的数据;以可辨认数据主体身份的方式保存数据的时间不应超出采集和处理数据目的所必需。

关于数据处理的合法性方面,只有满足以下六个条件之一的个人数据处理才是合法的:一是得到了数据主体的明确同意;二是履行或达成合同所需,其中数据主体为合同一方或合同是数据主体要求签署;三是数据控制者为了履行法律义务;四是为了保护数据主体的重要利益;五是为了完成服务于公众利益的工作任务或履行其所承担的官方职责;六是为了数据控制者、第三方或数据披露对象的合法权利,且这些权利不影响到数据主体自身的基本权利或自由。

除特殊情况外,禁止采集有关民族、种族、政见、宗教或哲学信仰、

---

① General Rules on the Lawfulness of the Processing of Personal Data.

工会会员资格以及健康或性生活的数据。各成员国自行决定处理个人身份识别码的条件。

原则二：个人数据处理必须公开和透明。

向数据主体本人采集信息时，必须告知以下信息：数据控制者或其代表的身份；采集和处理数据的目的；其他必要的信息，包括数据的接收者或接收者的类别；采集数据时要求回答的问题是自愿还是强制以及未能回答问题的可能后果；个人对本人数据拥有访问权和修改权。

如果数据不是从数据主体处直接获得，则数据控制者在采集或首次向第三方披露数据时，必须告知数据主体以下信息：数据控制者或其代表的身份；数据处理的目的；其他必要的信息，包括数据的类别；数据的接收者或接收者的类别；个人对本人数据的访问权和修改权利等。

原则三：个人权利原则。

数据主体对其数据具有访问权、修改权、删除权和冻结权。数据主体有权从数据控制者处以合理的频度、适当的回应时间及费用得到以下信息：该数据控制者是否处理了关于该数据主体的数据，以及数据处理的目的、处理的数据类别、数据接收者或接收者的类别；以读得懂的方式向其提供数据内容及其来源；如果涉及自动化决策，则应告知数据自动化处理的逻辑；修改、删除或封堵与《欧盟指令》不符的数据处理，特别是不完整或不准确的数据；在可能或可行的情况下，向获得过该数据的第三方告知上述修改、删除或冻结情况。

数据主体对处理其数据拥有反对权。信息主体有权在存在合法理由的任何时候提出拒绝处理其数据的要求，而只要理由成立数据控制者必须遵从；数据主体有权反对数据控制者为直销的目的向第三方披露其数据，数据控制者需要在数据披露前告知数据主体并明确说明后者可以免费行使反对权。

数据主体有权拒绝被自动化决策，如果这些自动化决策可能对其本人产生法律后果或重大影响。自动化决策是指仅基于自动化的数据处理作出的决策，其目的在于评估某一个人的工作表现、可信度、可靠性或行为举止等。然而自动化决策可以被接受，如果决策满足《欧盟指令》其他条款要求，且是为了达成或履行由数据主体发起的合同并有必要的措施保护数据主体权益，如允许数据主体发表本人意见，或者是法律明确授权并有措施保护数据主体利益。

原则四：数据保密和安全原则。

数据控制者或处理者的工作人员，包括处理者自己，除非法律要求，否则只有在得到数据控制者指令的情况下，才可以处理数据。数据控制者必须采取适当的技术和制度措施保护个人数据，使其免受意外或非法破坏或毁损、篡改，非授权披露或查询，特别是如果这种处理涉及数据的网络传播，还可能受到其他形式的非法处理。该原则的实施，应当确保采取措施所能达到的安全水平与其可能涉及的风险及所保护的数据的性质相匹配。数据控制者只有在采取了充分的技术安全措施和制度安排管理数据处理后，才可选择数据处理商处理数据。数据控制者和数据处理商之间必须签订合同，且合同必须明确规定数据处理商必须完全按照数据控制者的指示处理数据；适用于数据控制者的安全原则同样适用于数据处理者；合同及数据安全措施必须以书面形式加以明确。

原则五：个人信息处理的告知和事前检查原则。

该原则要求数据控制者在为某一个或某几个目的而开始对数据进行自动或部分自动处理前，必须告知其监管部门。告知的内容包括数据控制者或其代表的名称地址、数据处理的目的、数据主体的类别以及拟处理的数据或数据类别；拟披露的数据接收者或接收者的类别；拟向第三国转移数据的打算；对拟采取的安全措施的一般描述和初步评估。上述信息发生若变化必须及时告知监管部门。在以下情况下，可以简化或免除告知义务：一是所处理的数据不会对数据主体的权利和自由产生不利影响时可仅告知数据处理的目的、拟要处理的数据或数据类别、数据主体或数据主体的类别、数据接收者或接收者的类别；二是数据控制者指定了个人数据保护专职人员，独立负责内部数据处理与本指令合规的问题，确保数据主体的权利和自由不受损害；三是遵从依据《欧盟指令》制定的国内法要求；四是数据控制者提供了关于数据处理操作的登记信息。此外，告知义务不适用为公共目的而建立并向公众或任何存在合法利益者开放查询的登记系统；

个人数据处理处于基金会、协会或其他非营利机构所适当担保的服务于政治、哲学、宗教或工会目的的合法活动进程中时可豁免或简化告知责任。

同时要求各成员国必须明确哪些数据处理可能会对个人权利和自由带来风险。监管当局在收到数据控制者或个人数据保护专职人员的通知后，必须在数据处理开始前对其进行检查；如果个人数据保护专职人员对数据处理产生质疑时，必须咨询监管当局。成员国议会在起草本国数据保护措施时也可进行上述检查，以确定相关数据处理过程的性质及适当的保护措施。

监管部门应当建立登记系统，对通知的数据处理进行登记；该登记系统必须包括通知的所有内容，任何人都可以访问并检查该登记系统；对于不需要通知的数据处理过程，在被问到时，数据控制者必须提供相关信息。

原则六：司法救济、法律责任和惩罚原则。

如果数据主体的相关权利遭到破坏，数据主体可以诉诸法律，以保护自己的权利和自由。任何由于数据的违规处理和使用而给遭受损失和伤害的数据主体都有权从数据控制者处得到赔偿。对于违反根据《欧盟指令》制定的国内法规的任何机构和个人，应当给予处罚。

原则七：个人信息保护的例外原则。

在以下情况下可以不遵守个人数据保护原则中关于处理合法性、公开性以及数据主体对数据的访问权要求：涉及国家安全；国防；公共安全；犯罪活动预防、调查、侦查、起诉以及可能涉及违反被监管的专业人员的职业道德；成员国或欧盟重要的经济和金融利益，包括货币、预算和税收；官方权威机构为了上述目的所进行，包括偶然进行的监测、检查或监管活动；保护数据主体或其他人的权利或自由；已经有适当的法律保护，特别是当数据使用目的不是对某个特定数据主体采取措施或做决策、没有隐私泄露的风险、仅服务于科学研究或统计的目的、数据维持在个人身份可识别状态的时间不超过科研或统计所必要的时限。

上述指令原则与上一节欧洲初次提出个人信息保护时的原则相比，虽然没有实质性变化，但在以下几个方面大大加强了个人对其数据的控制力度。

　　一是将对个人数据处理的限制性原则上升为个人信息的"公平与合法"的处理原则，并明确规定只有在特定的五种情形下才可以采集和处理个人信息，从而从个人数据产生的源头加强规范，加强个人对其数据的控制。分析欧洲的五种合法情形可以看出，欧洲依然强调个人对其本人数据的绝对控制，"获得数据主体许可"是数据处理合法性五条依据中的第一条。在《欧盟指令》中，数据主体许可除了用作数据处理合法性的一般基础之外，还在敏感数据处理等其他上、下文中使用。二是增加了个人的反对权，个人有权反对处理本人的信息，也有权反对对本人实行自动化决策。反对权，实际上就是"现实我"有权拒绝产生"虚拟我"，也有权拒绝根据"虚拟我"对待"现实我"，特别是在一些事关本人重大利益的事件上。三是设立了处理个人信息的事前监督制度。四是明确了个人信息保护的例外原则。

　　基于以上两个文件对比欧美个人信息保护基本原则的差异，有以下几个方面的变化。

　　一是在个人信息处理的实践上欧美差距在缩小。美国也明确了个人信息处理的限制性原则，明确规定处理个人信息要具有合法性和正当性，并且贯穿个人信息处理的全流程。二是个人权利保护上的差距在拉大。欧洲从个人数据归其本人所有的角度出发，强制个人对其数据的控制，增加了个人对处理其数据和自动决策的反对权，美国没有类似的要求。三是在某些具体领域美国法律吸纳了欧洲法律中的某些保护原则。例如，美国虽然一直未将"本人许可"作为私营机构处理个人信息的前提条件之一，但有几部法律要求必须得到数据主体许可才能进行相关数据处理活动。例如，1974年《家庭教育权利和隐私法案》规定，没有信息主体许可不可访问教育记录（法律规定的几个目的除外）；1988年《有线电视通讯政策法案》规定，未经信息主体许可，有线电视运营商在合法目的之外不得从有线电视系统中采集任何可识别出信息主体的信息；1994年《机动车驾驶员隐私保护法案》允许将驾驶执照信息用于信息主体许可的任意用途。四是欧洲引入了政府机构事前监督原则，美国没有类似的要求。

　　3. 经合组织个人数据保护八原则

　　《经合组织指南》由经合组织在1980年制定并颁布，该指南代表了当时欧美对信息社会个人隐私保护问题的一致意见。《经合组织指南》中定义的个人信息保护基本原则，有时被称为"弱欧洲标准"或者"全球标准"。之所以称《经合组织指南》为全球标准恰源于《经合组织指南》的"弱"本质。许多美国及欧洲之外的国家后来在本国的个人数据保护立法时，借鉴了《经合组织指南》而并非"强欧洲标准"中的内容，因为《经合组织指南》对个人数据的处理提供了较高的宽容度和较大的灵活性，尽管其自身并没有任何法律约束力。

《经合组织指南》中确立的个人数据保护基本原则有八条，它们分别是：

原则一：采集限制性原则。应当限制个人数据采集，任何个人数据的采集必须通过合法公正的手段，但凡可能，应该得到数据主体的许可。

原则二：关于数据质量原则。个人数据与其使用目的应当相关并在某种程度上为这些目的所必需，数据应当是准确、完整和及时的。

原则三：目的说明原则。应当在采集个人数据之时或之前说明采集数据的目的，之后的使用应当限于先前说明的采集目的；如果之后的使用与先前说明的目的不一致，则每次变化时均应予以说明。

原则四：限制使用原则。不得主动或被动披露个人数据或将个人数据用于与目的说明原则不兼容的其他目的，除非得到数据主体或法庭授权。

原则五：安全性原则。应当采取合理的安全措施对个人数据加以保护，以便应对数据丢失或未经授权而被获取、毁损、使用、修改或披露的风险。

原则六：公开性原则。个人数据的开发、实践和政策应当公开，涉及个人数据的存在、性质、主要用途以及数据控制者的身份及住所等信息应可方便地得到。

原则七：个人参与原则。个人应当有权从数据控制者处得到或确认该数据控制者是否拥有其数据；个人应当有权从数据控制者处以不过分的成本、适当的方式以及适合于他的可读的形式得到关于他的数据；如果上述两项权利遭到拒绝，个人应当有权提出质疑，并有权得到解释；个人有权对其数据提出异议，如果异议成立，则有权删除、修改或完善该数据。

原则八：责任担当原则。数据控制者应该对落实上述原则的具体措施的实施负责。

《经合组织指南》同时还明确指出，上述原则同时适用于公共部门和私人部门对个人数据的处理，同时适用于对个人数据的自动化处理及其他形式的处理，无论是否存在危害个人隐私和自由的风险。

经合组织关注个人数据保护问题，与其说是重视对数据主体基础权利的保障，还不如说是担忧形式和内容各不相同的各个国家的隐私立法可能会阻碍信息在成员国之间自由流动。全球化的发展已经使个人信息的跨境转移成为必需。为了在信息跨境流动中保护本国公民信息，欧洲许多国家要求公民信息的接收地对个人信息保护的程度不能低于本国。另外，为吸引跨国公司将其数据留存在本国，这些国家也纷纷标榜自己国家对个人信息的保护力度不亚于信息的原属国。这就引出了如何评估一个国家的个人信息保护程度的问题，《经合组织指南》于是应运而生。

从《经合组织指南》中确立的个人信息保护基本原则看，欧美都认为处理个人信息的活动必须是有所限制，必须公开透明、合法公正。是否需要得到个人同意，可视不同情况而定，但个人必须有查询权、异议权和纠错权，即至少要保证对本人可能产生影响的数据是准确的。数据控制机构是保护个人数据的主要机构，必须对数据处理的合法性、公正性、数据质量和安全负责。

（三）大数据时代个人信息保护基本原则

大数据时代，由于移动通信、可穿戴设备、物联网、云计算和云存储的快速发展，已经完全可以做到对个人信息的全天候记录、处理和传播，记录和传播的个人信息的数量呈几何级数增长。与此同时，掌握个人信息的机构越来越多。对个人数据的深入分析，为我们了解某个人或某类人群的特征、趋势、兴趣和行为提供了条件。毫不夸张地说，技术已经完全有能力将人们变成透明的裸体人，创造了一个数字化的"虚拟我"，导致个人不仅对其数据和隐私的控制能力大大下降，对自身经济和社会活动的控制力也在逐渐降低。对数据的分析使用，提高了我们对社会和人类的认知程度，促进了技术创新和经济增长，也提高了人类的福利。初步分析下不难看出，至少在表面上，对个人数据保护较宽松的国家，互联网、创新和经济的发展似乎要快于管制较严的国家和地区。今天，"大数据"的产生和使用似乎已经成为不可逆转的趋势。在这种情况下，一些人质疑已有的个人信息保护理念和措施是不是已经过时了，并提出应该重新审视和检讨个人信息保护原则，既顺应技术进步的要求，又能够切实保护个人的信息隐私权利。

呼应这一要求，在经合组织个人数据保护指导原则出台 30 年之际，经合组织于 2010 年开始对 1980 年颁布的《经合组织指南》进行修订。经过近 4 年的讨论，2013 年，经合组织颁布了修改后的《经合组织指南》，该指南不仅未对个人数据保护原则做任何"回调"，反而还引入了"国家隐私战略"①"隐私管理计划""公众教育"和"数据泄露通知"等加强个人数据保护的新措施。

负责修订该《经合组织指南》的专家们认为，"虽然个人隐私和数据跨境流动的环境发生了很大变化，但对《经合组织指南》的修订不倾向于对 1980 年制定的数据保护原则进行根本性的调整"。专家小组认为，"1980 年《经合组织指南》的原则所达到的平衡依然有效，应该持续下去"。因此，2013 年《经合组织指南》第二章关于数据保护的基本原则章节全文照搬 1980 年《经合组织指南》第二部分，个人数据保护的基本原则依旧是"采集限制性原则、数据质量原则、目的说明原则、限制使用原则、安全性原则、公开性原则、个人参与原则和责任担当原则"八大原则。

欧盟自 2011 年 1 月 25 日开始讨论对 1995 年的《欧盟指令》进行修改的问题，历时 5 年多时间，于 2016 年 4 月 27 日正式通过了《欧盟条例》。该条例未对个人信息保护的原则做修改，但在一些细节特别是具体措施上，更加强调个人对其数据的控制权利，更加强调数据控制机构的责任和义务。主要表现在以下几个方面。

第一，关于"本人同意"。"本人同意"是欧洲一直以来坚持的合法处理个人信息的条件之一，也为目前各国普遍接受。《欧盟条例》则在坚持此

---

① 国家隐私战略（National Privacy Strategies），制定有效的个人隐私保护法只是基础，当今个人隐私保护工作的重要性要求将其作为国家战略来抓，以实现政府最高层面的协调和配合。

原则的基础上，进一步明确规定信息采集的"本人同意"只能是自愿、具体、知情、无二义性的语言陈述或者清楚的确认行动，而且要求满足以下条件：一是如果个人信息处理的前提是"本人同意"，则数据控制机构必须清楚地展示同意事项；二是书面同意如果是对多事项的一揽子同意，则需要使所关注的同意能够与其他同意事项明确区分开；三是数据主体有权在任何时间撤销同意，但撤销前的处理仍然有效。撤销同意的难度不应该高于给予同意的难度。同时，《欧盟条例》同时规定了"同意"不生效的一些情况，例如当控制者合法利益被数据主体的基础权利、自由和利益否决时，"尤其是当数据主体为儿童时"，"同意"将不具有足够的合法性依据。

　　另外，欧盟29条工作委员会①之前在关于"同意"的意见中还强调：一是数据主体给予同意不意味着不可行使"反对权"；二是数据主体给予同意并非解除数据控制者其他责任，例如适度采集或安全处理的责任；三是有效同意的前提是数据主体具备表示同意的能力；四是给予同意的个人应能够撤销同意，防止数据做进一步的处理；五是同意应在数据处理开始之前给予，但也可以在数据处理进程中给予，例如在处理目的的改变时；六是重要处理活动要求给予明确的同意，意味着数据主体对于获取同意的行为要有明确响应（如要求提供书面同意）。默认的同意不被认为是有效的明确同意。

　　第二，关于对数据采集的限制。《欧盟条例》对数据采集实行"最小必要原则"做了进一步的明确。《欧盟指令》第6条第1款C规定："为某一目的采集或后续加工的数据应当是适当的、相关的并且是不过度的。"② 而对应的《欧盟条例》第5条第1款C规定："为某一目的处理的数据应当是适当的、相关的且是必要的（数据最小化）。"③ 从先前的"不过度"，到现

---

① 欧盟负责个人数据保护问题研究的工作小组，是由28个成员国个人数据保护署首脑、欧盟数据保护监督局（EDPS）和欧盟委员会的代表组成的。

② Article 6. 1（c）adequate, relevant and not excessive in relation to the purposes for which they are collected and/or further processed, 95/46/EC.

③ Article 5. 1（c）adequate, relevant and limited to what is necessary in relation to the purposed for which they are processed（"data minimization"）, GDPR.

在的"必要"，在语义上明显有所加强。

第三，加强了个人对其数据的控制权，增加了个人对其数据的"可携带权"，强化了"删除权"（被遗忘权）和"反对权"。"可携带权"指数据主体有权以自动化的方式从其数据控制者处接收并将其数据以结构化的、通用的、可机读的形式无障碍地转移给另一个数据控制者，在技术可行的情况下，数据主体还可将其数据直接从一个数据控制者转移到另一个数据控制者。①《欧盟条例》同时规定，数据可携带权适用于"由自动化手段进行的数据处理"，受商业合同的约束，且不得对他人的权利和自由产生不利影响。数据可携带权在《欧盟指令》中未提出，故该权利的出现可看作是《欧盟条例》强化个人数据财产属性的具体表现。

"删除权"又称"被遗忘权"，指数据主体有权要求数据控制者在下列情形下无拖延地删除其数据：一是个人数据对于当初采集和加工数据的目的而言已无必要；二是数据主体撤回了"同意"授权并且不存在其他合法理由；三是数据主体对处理其数据行使"反对权"；四是数据处理非法；五是欧盟或所在成员国存在相关法律要求；六是数据处理涉及未成年人。对于删除的数据，如果数据控制者已经向公众提供，则在技术允许和成本可控的情况下，该控制者应当采取必要的措施通知使用过已删除数据的控制者。行使删除权的诉求对于以下场合进行的数据处理活动的可以不予考虑：一是行使信息公开和表达自由的权利时；二是依法、行政履职或服务于公众利益时；三是在公共健康领域服务于公众利益时；四是面向涉及公众利益的信息归档目的、科学及历史研究目的或统计目的，而行使前述之删除权将使为这些目的进行的数据处理无法实现时；五是进行起诉、审判及辩护等司法活动时。

"反对权"虽然在1995年《欧盟指令》中已经存在，但2016年《欧盟条例》将不接受反对的举证责任主体由数据主体调整为数据控制机构。如果数据控制机构不接受反对，则它要"证明进行处理数据的合法理由能够压倒数据主体的利益、权利和自由"，而《欧盟指令》规定数据主体要证明

---

① GDPR, Article 20: Right to data portability.

其"反对合理"。从目前的语义分析看，对建立在"合法利益"基础上的数据采集，数据主体显然有了更强的反对权利。

此外，就个人的查询权而言，《欧盟条例》在《欧盟指令》的基础上，增加了"对数据保存时间的说明以及明确列举了数据主体可行使的权利"，并规定"仅当需要向数据主体提供'附加'信息时方可收取费用"。此外，《欧盟条例》还增加了"限制处理权"，适用于当数据主体对数据的使用有异议但选择不将数据从系统中删除的情况，此时数据主体有权要求对该数据的使用加以限制，以避免使数据主体受到负面影响。被限制处理的数据仍可以适用于法律豁免的许多用途，例如用于司法诉讼、用于保护他人的权利和自由以及服务于公众利益的用途等。

扩大不被自动化决策的权利的范围，将用户"画像"纳入自动化决策的范畴，成为数据主体有权"不接受"的数据处理内容之一。在扩大数据主体权利范围的同时也增加了一条豁免条款，即如果对个人数据的处理基于数据主体的明确同意，则反对权不成立。尽管《欧盟指令》和《欧盟条例》都提供了豁免条款，但二者同时又都规定，在引用豁免条款的时候数据控制机构仍然需要采取措施保护数据主体的权利、自由和合法利益。《欧盟指令》要求，在引用豁免条款的时候应"给予数据主体发表见解的机会"。《欧盟条例》声明，数据主体至少有权要求数据控制者对决策过程给予人工干预，有权发表见解以及对决策结果提出异议。

总之，尽管"大数据"时代个人数据随处可见，从《欧盟条例》的出台和经合组织对《经合组织指南》的修改看，个人数据保护的基本原则没有任何放松，相反，在一些原则的具体落实措施上还有所加强。

（四）美国加州的个人数据保护立法

《欧盟条例》的正式生效揭开了国际个人数据保护立法的新篇章。之后的相关研究和实践大体集中于该条例要求的落实上，而不是提出新的保护原则。其中值得特别关注的是美国加利福尼亚州（以下简称"加州"）的个人数据保护立法。加州立法被关注有两个特别的原因：其一，由于加州经济的体量巨大，加州的个人数据保护立法有相当大的可能会影响美国其他州的立法，甚至最终影响美国的联邦立法；其二，在个人数据保护的立法方面，欧洲和美国一向代表了两条不同的路线。此次加州的个人数据保护法案在《欧盟条例》之后问世。考虑到众多的加州企业受到《欧盟条例》的影响，许多看法认为，此次的加州法案是美国理念向欧洲理念靠拢的表现。

美国加州的个人数据保护法案的名称是《加州消费者隐私法案》（CCPA）（以下简称《加州法案》）。这个名称毫不隐讳地表述了此项立法的一个重要原则，就是说法案的保护对象不是欧洲立法者口中的"个人"，而是"消费者"，即参与社会经济活动的个体。于是赋予法案浓重的"市场"味，即法案的目的是平衡参与市场活动各方的利益并保护消费者经济权益不受损害，包括允许企业向消费者提供经济补偿以换取后者让渡一部分隐私权益。《加州法案》从名称开始便浓浓地渗透出个人数据保护立法的美国风格。

与《欧盟条例》只做原则性地规定而将具体实施方法留给各成员国不同，《加州法案》的一大特点是有很强的可操作性。《加州法案》没有传统个人数据保护立法的那种"保护原则—权利—义务和责任—责任人"的框架，而专注于三个具体的执行环节：怎样针对消费者履行告知义务、怎样处理消费者的维权请求，以及怎样验证请求维权消费者的身份。此外，法案设置专门章节覆盖儿童的隐私保护问题，以及在隐私保护方面的反歧视问题。

在消费者的隐私权利方面，《加州法案》关注三个方面的权利：知情权、删除权和交易方面的"不参与权"（类似"被遗忘权"）。三个方面的权利表述都以具体、详细和便利企业操作的方式阐述，并规定了一系列的豁免条件。

在履行告知义务方面，如果企业不直接向消费者采集信息且不出售信息，不需要告知消费者；如果企业已经在州总检察长处注册，登记了企业的隐私政策并包含消费者行使"不参与权"的机制，企业在采集信息时不需要告知消费者；在采集与雇用相关的个人信息时，不需要在告知信息中说明企业隐私政策，也不需要向消费者提供阻止企业销售该信息的途径。

在消费者行使知情权要求查询本人信息时，在信息处于不可查询形式、该信息不会被出售等条件下，可不予查询。

在处理删除信息请求时，可以用去标识或生成汇总信息的方式免除对信息的删除。同时，只需删除操作数据库中的信息。如果归档或备份的信息今后再次使用，只需在使用时实施删除。

《加州法案》还提供专门章节，帮助企业估算信息的价值，允许企业使用向消费者提供补偿、产品或服务等方式换取消费者让渡部分隐私权利，为企业的数据采集和处理提供方便。另外，《加州法案》仅在儿童隐私信息保护方面提及"授权"，也不要求在隐私信息泄露后履行告知义务。

总体而言，《加州法案》中的规定具体、明确、可操作性强，在维护消费者的主要隐私权利的同时，也大大降低了企业的合规成本，在隐私保护与他人宪法权利之间、在消费者利益和企业经营者利益之间寻求平衡，是一部非常"美国式"的法律。至于在个人数据保护力度方面孰强孰弱，是需要进一步讨论的问题。

二、大数据时代对个人信息保护原则的再思考

尽管经合组织和欧盟坚持在大数据时代个人数据保护不放松的原则，但现实的挑战是，大数据时代个人对其数据的有效控制能力大大下降。数据控制机构与政府掌握和使用的个人数据大大超出了个人对其数据的控制和使用范围，不仅引起了社会公众的不安，也失去了社会公众对个人数据保护体系的信任，因而影响了数据的自由流动和使用。而大数据时代数据经济潜力的发挥，必须依靠数据的自由流动、融合以及进一步的创新。因此，"社会公众失去对数据保护体系的信任"是一个非常危险的信号。如何在大数据时代切实落实个人数据保护原则，切实保护个人权利，是摆在所有国家和经济体面前的挑战。为此，世界经济论坛（World Economic Forum）进行了长时间的研究并于 2014 年 5 月发表了两篇报告[①]：《对个人数据的再思考：以人为本的数据生态中的信任和场景》和《对个人数据的再

---

① Rethinking Personal Data: A New Lens for Strengthening Trust, Rethinking Personal Data: Trust and Context in User – Centred Data Ecosystems.

思考：强化信任的新视角》。这两篇报告分析了大数据给个人数据保护带来的挑战，同时提出了在大数据时代下如何切实保护个人数据的建议。

《对个人数据的再思考：以人为本的数据生态中的信任和场景》指出，由于个人数据的使用大大超出了个人的预期和偏好，个人和数据控制机构之间存在的严重信息不对称产生了严重的信任危机。这种信任危机会影响数据的真实产生和自由流动，从而阻碍创新和大数据潜力的发挥。"基于场景"① 的数据应用应当是恢复信任的重要措施。

何谓"基于场景"？报告认为目前很难也不宜对"基于场景"下一个明确的抽象的定义，以免过时或过于具体阻碍创新。该报告认为，以下七个因素可能会影响到个人对使用其数据的态度和敏感性，所以，可以考虑用这七个因素来描述"场景"：一是"数据类型"，即涉及哪类数据的使用，例如区分是财务数据、医疗数据还是位置数据；二是"机构类型"，即是哪类机构在使用数据，例如区分是商家、雇主还是政府；三是"设备类型"，即数据交易是通过哪类设备进行的，例如区分是移动设备还是台式电脑；四是"采集方式"，即数据是如何采集的。例如区分是由本人提供，还是在本人不知情的情况被采集或被产生；五是"使用方式"，即使用数据时本人的参与程度，例如区分是主动参与的明示同意，还是毫不知情的自动处理；六是"信任程度"，即个人与数据服务机构之间的关系及对该机构的信任程度；七是"价值交换"，即使用个人数据交换来的对其本人或社会的好处有多大。七个因素当中，前五个因素是客观的，后两个是主观的。除此之外，该研究还考虑了以下三个因素：一是个人对技术的态度和接受程度，二是对个人数据生态圈的认知，三是如何看待政府的保护。根据该报告对澳大利亚、加拿大、美国、德国、英国、瑞典、中国和印度八个国家问卷调查结果的分析发现，上述七个因素中对不同国家影响的大小、排序不同，但影响最大的四个因素是"采集方式、使用方式、信任程度和价值交换"，这一点对亚洲和西方国家都是一样的。其中"采集方式"和"使用方式"与

① Context – aware data usage。见 Rethinking Personal Data：Trust and Context in User – Centred Data Ecosystems。

公平数据实践中的采集"告知"和使用时的"本人同意"原则近似。在差异方面，以个人与服务提供商之间的关系来举例说明："信任程度"在除瑞士之外的所有西方国家均位居第三且呈正相关关系，而服务机构提供免费服务在中国是正相关因素，而在德国则是负相关因素。再如"价值交换"之"对社会或社区有利"这一因素，在中国是正相关因素且位居第二，在印度也是正相关因素，但对西方国家则是负相关因素。这一结果似乎反映了东西方国家在文化上的差异：亚洲国家强调社区和社会利益并忽略个人控制，而西方国家则强调个人价值和个人控制。再如"数据类型"，对亚洲国家的重要性远远大于西方国家，特别是印度。就中国而言，个人对技术的接受程度，以及认为政府能比较好地保护个人数据两个因素对数据使用接受程度的影响，在八个国家中是最高的。

为什么要从"基于场景"的角度分析个人数据保护问题？该报告认为主要原因在于世界的复杂和多样性。一方面在当今的数字世界，控制和产生数据的机构往往不是数据的最终使用者，数据要与其他机构分享。另一方面，数据的应用已经从广告和金融扩展到了其他领域，也从最初的采集目的扩大到其他应用目的。对于"我的数据"可以如何使用的问题，不同的人有不同的答案，如果继续简单地以非此即彼的方式来处理个人数据保护问题，而不考虑具体应用和不同的文化地域背景，难免流于简单和形式，达不到实际保护的目的。

该报告进而建议，应当建立"基于场景"的保护系统，采取技术措施，根据个人过往的经历以及普遍接受的做法，预测个人对其自身数据的敏感程度，并根据敏感程度不同，要求提供或披露不同的信息，从而加强个人的参与程度，尊重个人的预期和偏好，避免采取简单的非此即彼的方法对待所有数据。只有这样，才有利于切实加强个人对其数据的控制能力，从而有利于恢复个人对数据控制机构的信心。

《对个人数据的再思考：强化信任的新视角》一文认为，我们对当前的大数据世界实际上是知之甚少，但是，无论是行业、政府、社会公众还是学界，一般认为应该建立一个"以人为本的均衡的个人数据生态体系"，尽管对如何建立一个灵活的、可靠可信和公正的个人数据生态圈，行业、政府、社会公众和学术界均不确定。面对万物互联的"大数据"时代带来的日益失控的个人数据现实，一方面引发了深刻的信任危机，另一方面又提出了一个非常现实和迫切的需要：我们需要重新设计适合当下情况的可以切实落实个人数据保护原则的具体措施。尽管任务艰巨复杂，但也不可不为，因此，报告在广泛调研深入分析的基础上，提出了以下三个观点以及实际可操作的建议。

一是关于"公开透明原则"。报告认为，目前关于"公开透明"的原则侧重于"披露"，并且常常会导致数据披露机构用一些过于复杂的细节对个人狂轰滥炸，未能真正实现该原则让个人知情的目的。因此，该报告建议在落实"公开透明"原则时要加强个人的参与和反馈，真正让个人在"知情"的基础上实现对本人数据的控制。具体而言，报告建议重新设计具体实施公开透明原则的措施，使其对个人而言更有意义、更可操作同时也更相关。新措施的重点应当放在用可懂的和相关的语言向个人讲清楚在何种场景下数据是如何被使用的。数据控制机构应当简化与个人的沟通方式，切实让个人明白数据是如何处理和使用的。如果数据生态圈中数据的流动既复杂又不透明，则只会带来不确定性和怀疑心理，对重建信任没有任何好处。

二是关于个人数据保护的责任，该报告认为，目前的做法侧重于个人数据生态链的前端，风险和责任主要集中在个人身上，因此建议将数据保护的责任后移，将风险平均分摊，强化数据控制机构的责任。目前个人数据的生态链存在很多薄弱点，只有建立了可信任的、全面激励的网络，才能确保个人数据的有序使用。

三是赋予个人更多的可实施的权利。一方面，要让个人在其数据被使用时有更多的发言权；另一方面，要加强个人使用其本人数据的能力。另外，随着各种算法预测性的增强，个人应当更多地参与到"理解数据应用可能带来的影响"中去。

本课题组认为，世界经济论坛的两份报告虽然清楚地指出了在大数据条件下个人数据保护面临的难题，也提出了一些有可取之处的解决措施，但本课题组对其中的根据个人对个人信息不同的敏感程度设计定制化的

"因人而异"的保护措施的观点持保留意见。例如,《对个人数据的再思考:以人为本的数据生态中的信任和场景》中举例说,如果一个应用程序需要验证用户的个人身份但该用户拒绝提供官方的身份证件号码,应用程序则可以请该用户上传一张本人照片。本书认为,这样的做法类似于以某人对残次商品有较高的容忍度为理由将残次商品发送给一个工作繁忙的人,然而该人对残次商品有较高的忍耐度仅仅因为他没有足够的时间去处理退货。但是,这两份报告提出的采取技术手段落实个人数据保护原则,并且将个人数据保护原则的责任放在控制数据的机构身上的建议,则应当是近期及未来各国努力的方向。

2018 年 5 月 25 日生效的《欧盟条例》为个人数据保护设立了新的标杆。然而一些学者认为,条例定义的个人数据保护原则在大数据时代很难落实。例如,欧盟赞助的 Lemo 项目的研究人员在 2019 年的一篇文章[1]中指出,在《欧盟条例》5 (1) 款定义的个人数据保护的六项原则中,多数与大数据技术的基本特性相冲突。

例如,保护原则的第一条要求数据处理必须是"合法、公平和透明"的。《欧盟条例》6 (1) 款进一步定义了判断合法性的六项标准。在大数据和智能分析中,说明数据处理过程的"合法、公平和透明"极具挑战性,许多时候是不实际的,甚至是不可能的。

同样,保护原则第二条定义的"目的限制"原则要求在数据采集、处理和存储时说明具体、直接和合法的目的。这在大数据中很难实现,因为在数据采集时往往无法得知未来数据可能被使用于何种目的。

又如,保护原则的第三条"数据最小化原则"要求对于处理目的是适当、相关和最少量的。与之相比,大数据的潜在利益恰恰在于要为某个尚未知悉的目的搜集尽可能多的数据和保存尽可能长的时间。

再如,保护原则的第四条"数据准确性"要求个人数据必须是准确的,如必要必须是及时更新的。大数据的特性之一则是依靠多来源、大数量的

---

① Julien Debussche et al. Big Data & Issues & Opportunities: Cybersecurity [R]. Bird & Bird, 2019.

数据进行多方面印证、实现统计意义上的数据准确性，而不去对每一项具体数据的准确性和相关性做调查。

最后，保护原则的第五条"数据存储限制"原则在大数据情况下同样很难落实。数据使用目的多重性和不确定性导致无法判断什么是为处理目的必需的数据保存时限，且用于预测建模的数据常常需要保存比执行传统数据处理任务更长的时间。

应该指出，在信息技术快速发展的今天，个人数据处理的基本原则并不过时，但一些法律或法规受传统数据处理模式和技术的限制，在原则的陈述上或显过于具体及苛刻，导致落实上的困难。这同时也说明，个人数据保护方面的立法，需要更多新兴技术领域专家的参与，以顺应信息技术发展的现实。

三、关于个人信息公平实践和保护原则的最低要求

从前两节的分析看，欧美在个人信息实践和个人信息权利保护方面既有相同的认识和相同的做法，也有不同的观点和措施。"大数据"时代虽然对个人数据保护原则的具体落实带来了很大挑战，但是各国及业内讨论的重点是如何采取技术手段保证原则的落实，而不是放弃这些原则。对于一个尚未建立完整的个人信息保护立法的国家而言，在倡导"大数据"使用的社会，只有保护好个人在其数据处理中的权利，才会有数据的有序流动。本节我们拟通过分析欧美的个人数据保护原则在其他一些国家的应用情况，总结出个人信息公平实践和个人数据保护的"最低原则"，为我国个人数据保护立法提供参考。

（一）个人信息保护原则的国际应用

澳大利亚学者格林里夫（Greenleaf）对欧美的个人数据保护原则在世界其他国家的应用进行过一系列的研究。在 2013 年的一篇研究文章①中，格林里夫从 1980 年《经合组织指南》和 1981 年欧洲理事会《数据保护公约》中抽取了 15 条原则，考察这些原则在 10 个亚洲国家和地区的应用情况。抽

---

① 见 https：//papers. ssrn. com/sol3/Data _ Integrity _ Notice. cfm？abid = 2280877。

取出的 15 条原则包括采集限制、采集基于合法手段、采集基于公平手段、采集时说明采集目的、在向数据主体采集数据时得到知晓或许可、数据质量应该相关、准确、完全和更新及时、使用限于数据主体许可或法律准许的采集目的、披露限于数据主体许可或法律准许的采集目的（或施加更严格的限制）、采集目的之外的使用或披露仅限于兼容目的（或施加更严格的限制）、采集目的之外的使用或披露在目的改变时要予以说明（或施加更严格的限制）、合理的安全防范措施、个人数据处理的政策及机制应公开和透明、可问责的数据控制者、个人的数据访问权利以及个人的数据纠错权利。

格林里夫的调查结果显示，在 10 个被考察对象中，每个国家都采纳了上述 15 条原则中的至少 11 条原则，平均数是 13.4 条，而有 4 个国家采纳了全部 15 条原则。可见上述 15 条保护原则在个人数据保护法律中确实存在一定的代表性。

格林里夫在 2012 年的一项研究①中尝试将各种个人数据保护法案中常见的保护原则分为两组：第一组是《欧盟指令》和《经合组织指南》中都出现的原则；第二组是出现在《欧盟指令》中但不出现在《经合组织指南》中的原则。

被格林里夫纳入第一组的原则，一是采集限制，即公平及合法采集、得到数据主体的知悉或许可；二是数据质量，即相关、准确、完全和及时更新；三是采集时对目的加以说明；四是告知，即采集时向数据主体告知采集的目的和数据主体的权利；五是使用限制，即与采集时说明的目的一致或兼容；六是通过合理的防范手段实现数据安全；七是公开，即使个人数据处理的政策和实践高度透明；八是个人的查询权，即给予数据主体访问数据的权利；九是更改权，即给予数据主体纠正数据错误的权利；十是可问责，即数据控制者为保护原则的实施担责。

格林里夫认为上述十条原则中，除第七条公开原则外，其他几条均出现在几乎所有国家的隐私法中（虽然有时其具体描述方式有所改变），于是这些原则构成了世界范围内隐私法案的"共同内核"。

---

① 参见 http：//papers. ssrn. com/sol3/papers. cfm？abstract_id=1960299，第 9 页。

格林里夫的第二组原则显示出"欧洲标准"与"全球标准"的主要差异，虽然这些原则或许只能起到一定程度的指示作用，称不上全面或完整地反映了两个标准体系间的差异之所在。这些原则包括：建立一个独立的个人数据保护权威机构；求助于法庭去保障数据主体权利；限制个人数据输出到没有充分的隐私保护标准的国家；个人数据采集就采集目的而言应是最小必需而不只是"受限制的"；一般性地要求"公平与合法地处理"而不仅仅是"公平与合法地采集"；对于特定类型的处理系统要求告知（监管机构），有时需要预先对该系统的个人数据保护情况进行检查；一段时间之后要销毁或"匿名化"个人数据；对特殊范畴的敏感数据要给予附加的保护；限制自动化决策并有权知道自动化决策使用的逻辑；个人数据用于直销时需要提供退出（Opt-out）机制。

2016年《欧盟条例》颁布后，第二组"欧洲标准"中还应增加以下四条：一是给予数据主体删除数据的权利，二是给予数据主体反对数据处理的权利，三是给予数据主体停止数据处理的权利，四是给予数据主体携带或转移数据的权利。

从格林里夫的研究看，欧洲的保护原则将"我的数据我做主"的理念贯穿于个人信息处理的各个环节。数据是我的，如何处理，以我的意见为主，这是第一重要的，其次才是你可以如何用的问题。这与有重商传统的美国不强调数据所有权而强调交易的公平合理性的理念相比，存在较大差距。但从欧美和亚洲国家对数据保护原则的接受情况来看，至少从公平公正的角度讲，公开透明、规范限制和个人参与，强调数据质量和安全则是全世界普遍接受的原则。

（二）个人信息保护最低原则

总结个人信息保护的最低原则，一要综合考虑各原则在世界各国的采纳情况，二要综合考虑具体国家的具体国情。例如，将个人数据作为基础人权加以保护离不开相应的法律体系的支撑，这一点并不是每个国家都有能力仿效；再如，尽管很多人认为美国在个人信息保护方面存在严重问题，但如果将美国与欧洲在数据跨境流动方面的矛盾和冲突放在一边不谈，迄今为止在美国似乎并没有出现过信息隐私保护方面的灾难性危机。这在很大程度上归功于美国独特的法律环境、政治生态以及经济、科技和社会发展情况。同样的"经验"用到其他国家恐怕很难行得通。仍然以美国的情况为例，就个人信息在金融信贷领域的应用而言，落入我们研究视野的主要是《公平信用报告法》，但实际上，对金融机构、征信机构和其他数据服务机构的行为具有规范作用的还包括《平等信贷机会法》《商账催收法》等多达十七部法律。以征信为例，《公平信用报告法》只规定了信息采集的目的是"用于评估个人的信用风险"，但对征信机构可以采集哪些信息未做具体要求，似乎一切由市场决定，只要市场需要，征信机构可以采集对信用风险评估有用的任何信息。但实际情况是，《平等信贷机会法》中明确规定征信机构不得采集性别、婚姻状态、种族、宗教信仰等信息；《公平债务催收行为法》中关于催收债务时可联系的第三方的规定①，也使得所谓的"人际关系"数据没有市场，没有了收集和交易的动力。因此，如果仅仅从涉及隐私和信息保护的法律分析美国实际上对个人信息的保护程度是不够的。虽然从法律上讲，美国的商业机构可以在信息主体不知情的情况下采集、加工、处理和对外提供个人数据，但其他法律从其他角度约束了个人信息的恣意使用，达到了保护个人隐私的目的。这样的情况在其他国家是少见的。因此，尽管迄今为止在美国似乎没有出现过信息隐私保护方面的灾难性危机，世界上其他国家在为本国的个人数据保护立法时，很少真正援引"美国标准"。

因此，综合考虑各种个人数据保护原则在国际上的认可度以及我国的国情，顾及历史、政治制度、法律框架、文化、社会、经济及科技发展水平诸多方面因素，我们认为，为顺应经济全球化和贸易领域国际合作进程，在欧美个人信息保护基本原则共识下，寻求一个相互适应、具备现实可行性的个人信息保护最小集合，是最终确立我国个人信息保护原则的一项有价值的工作。

为此，本课题组认为，以下五大原则应当是我国应该考虑的个人信息

---

① 美国《公平债务催收行为法》规定："与第三方的沟通：债务催收人在尝试收回债务时，唯一可以联系的第三方是：消费者、消费者的律师、征信机构（如果当地法律允许）、债权人、债权人的律师、债务催收人的律师。但是，消费者或者有管辖权的法院可以给收债人特别许可，允许其联系其他第三方。"

保护的最低原则。

原则一：公开透明原则。公开透明原则要求数据控制者公开关于个人数据的处理政策和处理实践，包括但不限于处理个人数据的主要目的、来源、处理方式、保存期限、对外披露条件、披露对象、安全措施以及数据控制者的身份、常用住所或机构地址。在自动化决策的情况下，数据控制者还有义务披露数据处理逻辑和数据处理结果等。数据控制者在采集个人信息时，无论直接从本人处采集，还是间接从第三方或各类设备上提取，都应通过合适的方式、采用易懂的语言事前或事中告知信息主体上述信息。需要特别指明的是，这里的公开性是指数据主体对数据控制者个人数据处理实践活动的一般了解，不是指公开个人数据的内容。

原则二：限制处理原则。数据控制机构处理个人数据的行为应当受到限制。这一原则应当贯穿个人数据处理的每个环节。具体包括以下几个方面的内容。

一是合法性原则。数据控制机构处理个人信息，必须得到法律授权或本人明确同意。

二是目的性原则。个人数据的采集是为了某个特定目的而进行的。这个目的应当是合法的、明确的和具体的。

三是最小适当性原则。在数据采集目的明确的前提下，具体采集的数据相对于"目的"而言，应当是适当的、相关的、呈比例且最小化的。其中，适当性包含合法性和公平性，兼顾各方利益平衡，包括社会公众与私人机构之间利益的平衡，以及权利和自由之间的平衡。

四是使用限制。只有得到信息主体授权的主体才可以使用个人数据，且其使用仅限于为了采集时明确的目的或其他兼容或相关的目的。如果用途与采集时的目的不相符合，则必须向信息主体明示且得到信息主体的明确同意。

五是期限限制。为某个特定目的采集的个人信息，其保存时间不应超过其使用目的所必需的时间。如果对相关信息进行了匿名化处理，即不可辨认信息主体身份，这样的信息可不受保存期限的限制。

六是限制敏感数据处理。例如对宗教信仰、基因、指纹、血型、疾病和病史信息以及法律规定的其他信息以区别于一般数据的方式进行管理。

原则三：数据质量原则。数据质量原则即为某个目的采集的个人数据应当准确、完整和适时更新。应当建立有效机制，确保在可能的情况下数据错误能够得到尽早发现和纠正。

原则四：安全责任原则。安全原则要求数据控制者应采取合理的安全防范措施保护个人数据，以防止数据丢失或未经授权的访问、销毁、使用、修改或泄露。其中，"合理的安全防范措施"既包括技术上的措施，也包括制度和组织上的措施。应当通过技术手段保护个人权利，数据控制者应遵循风险最小化的原则设计数据处理系统，个人数据的处理应实行匿名化、分类存储和加密等。同时，应采取必要的手段加强计算机系统的安全、加强安全事件应急响应能力以及定期对系统安全进行测试及评估。考虑到能力和实现的成本，保护措施应该与所防范的风险和所保护的数据的性质相称。此外，责任原则要求个人数据控制机构采取必要的技术和制度措施，确保个人数据保护原则及相关法律法规要求的落实，并且，数据控制机构应当证明其满足了相关安全原则和法律法规的要求。

原则五：主体权益原则。主体权益原则，即个人关于其本人数据的权利应当得到保护。具体来讲，个人在以下几个方面的权利应当得到保护。

一是同意权。任何数据控制机构处理个人数据，包括采集、加工及对外提供，均应得到数据主体明确的或默示的同意。

二是知情权。个人有权利知道数据控制机构处理个人信息的政策和程序，也有权知道为何种目的、在何种情况下其信息以何种方式被收集、保存和处理，以及该信息在何种情况下会被披露或曾经向哪些人披露过。

三是查询权。数据主体拥有访问或以电子或纸质形式复制数据控制者保存的自己个人数据的权利。

四是异议和更改权。如果数据控制机构保存的个人数据不准确、不完整或更新不及时，该数据主体有权利要求数据控制机构在合理的时间内对相关数据进行修改、增补或更新。

五是可携带权。个人有权利要求数据控制机构将其持有的关于自己的数据，以电子或纸质形式提供给本人指定的任何一家机构。

第三章 各国（地区）
个人信息保护的立法实践

上一章主要讨论了个人信息保护和公平实践的原则及其演变，接下来的两章将分别从立法、执法与宣传教育三个方面，探讨这些原则在部分国家和地区的落地实施。从全球来看，从 1973 年瑞典发布全球第一部个人信息保护国内法律——《瑞典个人信息法》，到 2015 年底，全球共有 111 个国家和地区建立了针对个人信息的保护法律、法规[①]。从时间轴来看，如果将 1970 年作为起点、以 10 年为一个时间段，则 10 年中新增个人信息保护立法的国家和地区数分别为 9 个（1970—1979 年），12 个（1980—1989年），20 个（1990—1999 年）和 39 个（2000—2009 年），在 2010 年到 2015 年的 5 年间，就有 31 个立法体制定了个人信息保护法，为 40 年来增长最快的时期。在地域分布上，欧洲国家和地区 53 个，非洲 17 个，亚洲 18 个，美洲 19 个，大洋洲 2 个。在剩余的国家和地区中，21 个已经形成了相关的法律草案，91 个尚无相关的法律或草案。总体而言，个人信息保护相关法律法规已经越来越成为世界各国的法律标配。

总体上，综观全球个人信息保护实践，延续上一章节个人信息保护的理念与原则，全球个人信息保护的立法分为以下两大类。一是以欧盟为代表的大陆法系国家和地区，建立关于个人信息"保护"的立法：以个人信息为保护对象（基础概念），以个人信息自决权和人格权为权利基础，制定了统领政府部门和所有商业领域涉及个人信息保护的统一法律，统一规范个人信息采集、加工、处理和使用的标准和流程，设立单一的个人信息保

---

① Graham Greenleaf，Global data privacy laws 2015，http：//ssrn. com/abstract = 2603529.

护机构对个人信息实行统一监管和保护。二是以美国为代表的英美法系国家，建立个人信息"公平实践"的立法：以个人隐私为保护对象（基础概念），以个人隐私权为宪法权利基础，针对政府等公共领域，以及征信、金融、通讯等不同商业领域，以尊重信息主体隐私权为前提，提倡信息的合理正当使用，不伤害信息主体利益，形成了分门别类的个人信息"公平实践"法律规范。欧洲和美国在个人信息（隐私）保护上的立法、执法等保护实践，紧紧围绕各自确立的保护原则展开，相关原则详见表3-1。

表 3-1 　　　　　　　　　　 欧美个人信息保护原则对比

基本原则	原则内涵	美国		欧盟	
		1970年（公平信息实践原则）	美国联邦贸易委员会2000年报告	1995年《欧盟指令》	2016年《欧盟条例》
公开透明	对信息系统存在知情	✓	✓	✓	✓
	哪些信息被采集知情	✓	✓	✓	✓
	如何收集信息知情			✓	✓
	如何被使用知情	✓	✓	✓	✓
主体权益	信息采集本人授权			✓	✓
	信息使用本人授权			✓	✓
	二次使用要本人授权	✓	✓	✓	✓
	查阅本人的信息	✓	✓	✓	✓
数据质量	可以修改本人信息	✓	✓	✓	✓
	机构要保持数据质量			✓	✓
限制处理	要在初始目的内使用	✓			
	采集必要、最少信息				✓
	匿名化处理				✓
安全责任	保障数据安全	✓	✓	✓	✓

注：其中，在个人信息处理基础上，欧盟规定了六大合法基础，美国则坚持法无禁止即可为；在统分关系上，美国的联邦法律为地板法，作为底线，各州在此基础上进行补充，提高标准；而在欧洲，2018年前，《欧盟指令》为各国个人信息保护的参考标准，2018年后，《欧盟条例》为各国个人信息保护的统一标准。

资料来源：课题组根据相关信息整理。

相比而言，美国人在立法方面通常采用实用主义态度，认为法律是要遵守的，违法的代价应该是昂贵的，但不大关心崇高的原则和法律的纯粹性。于是美国人会满足于充满妥协并承认现实的一组规则。而欧洲人则会制定完美但难以执行的法律并容忍立法与执法之间存在的不一致性。同时，欧洲由于立法者较少被大企业游说、法庭较少受科技公司的影响而更容易持客观立场，欧洲法律会更加强调个人权利和鼓励竞争。① 在比较欧洲和美国在个人数据保护立法方面的优劣时，切不可忽略背后大环境的区别。② 除此之外，其他国家和地区则在欧美实践的基础上，正在进行本国和本地区个人信息保护领域的立法实践探索，并结合信息技术发展和欧美进展不断地进行自我完善。

一、美国：个人信息保护的分散立法实践

美国没有一部综合性的隐私保护法，也没有一部综合性的个人信息保护法。为保护隐私不受来自公权力的侵害，美国联邦最高法院于 20 世纪初认定隐私权是宪法上未列明的基本权利，在防止对个人（物理的、通讯的）非法入侵和防止个人信息的有害泄露两大阶段，逐步确立了个人信息"公平信息实践原则"（FIPs）供立法和业界参考，有关美国个人信息隐私保护简史详见表 3 - 2。

表 3 - 2 美国个人信息隐私保护立法简史

时间	主要学说、法案和判例	隐私内涵
1792 年	宪法起源——《宪法第四修正案》规定"人民的人身、住宅、文件和财产不受无理搜查和扣押的权利，不得侵犯"。	第一阶段：防止对个人（物理的、通讯的）非法入侵
1890 年	普通法认可隐私权概念及其应受法律保护——瓦伦教授等发表《隐私的权利》③，提出个人应具有"独处的权利"。	

---

① Why big tech should fear Europe [J]. The Economist, 2019 - 03 - 23.

② Daniel Solove. On Privacy, Why Is the EU So Different from the US? [EB/OL]. [2012 - 10 - 23]. https：//www. linkedin. com/pulse/20121023040724 - 2259773 - on - privacy - why - is - the - eu - so - different - from - the - us.

③ Warren and Brandeis, The Right to Privacy, 4 HARV. L. REV. 193 (1890).

时间	主要学说、法案和判例	隐私内涵
1960 年	隐私权内涵的提炼——普罗瑟教授概括为：一是个人独处的入侵，二是姓名的冒用，三是私生活的公开，四是公众因信息对个人形象的误解。《宪法第四修正案》的适用要件——政府的搜查行为；该行为必须构成与"公民合理的隐私期待"概念相关的"搜查"。	第一阶段：防止对个人（物理的、通讯的）非法入侵
1966 年	《信息自由法》出台——要求政府机构应尽量向公众公开信息，不公开举证责任在政府。	
1967 年	卡兹状告美国案中，美国最高法院认为，政府对通信的窃听也可以构成不合理的搜查与没收，承认《宪法第四修正案》隐含的隐私权及其在政府侵犯个人隐私中应受到保护。	
1968 年	隐私权扩大到保护个人不受政府不合理的搜查与没收，保护个人关于避孕、堕胎、婚姻、生育、儿童抚养、教育的决定，自由集会的权利，色情邮件的权利等。但均与信息的隐私权无关，保护力度受言论自由影响。	第二阶段：防止个人信息的有害泄露
1970 年	商业领域第一部特别法——《公平信用报告法》赋予消费者纠错权，保障消费者报告中的错误不会被用于伤害消费者的行为。	
1973 年	提出"公平信息实践原则"（FIPs）供各界参考：不允许有秘密数据库的存在，个人有权知悉其个人信息的收集和使用目的、范围和内容纠错，有权避免初目的之外使用。	
1974 年	约束政府部门的《隐私法案》（FIPs 的具体化）：授予个人查阅权，保证个人信息档案准确，信息收集目的的确定，不得保留秘密档案，个人有民事诉讼补救。	
1977 年	最高法院首次肯定宪法上信息隐私权：沃伦诉罗伊一案，纽约州政府因集中储存特殊处方信息，受到病人、医生诉讼。	
1980 年	约束政府部门的两部法：《财务隐私权法》规范联邦政府财政机构查询银行记录；《隐私权保护法》确立了执法机构使用报纸和其他媒体记录的信息标准。	
1984 年	商业领域特别法：《电报通信政策法》延续个人信息收集告知、本人有权查阅、有权拒绝提供不相关信息。	
1986 年	商业领域特别法：《电子通讯隐私法案》规定了通过截获或泄露保存的通信信息侵害个人隐私权的情况及责任。	

续表

时间	主要学说、法案和判例	隐私内涵
1988 年	商业领域特别法：《录像隐私保护法》对购买和租借录像提供安全的隐私保护。	
1994 年	约束政府部门的法律：《驾驶员隐私保护法》，该法对州交通部门使用和披露个人的车辆记录做了限制。	
1996 年	商业领域特别法：《健康保险携带和责任法》保障个人的健康隐私信息的机密性，防止未经授权的使用和泄露。	
1999 年	商业领域特别法：《金融服务现代化法案》要求金融机构保护消费者的个人信息的隐私。	第二阶段：防止个人信息的有害泄露
2000 年	商业领域特别法：《儿童网上隐私保护法》保护由网络和互联网的在线服务所处理的个人信息，没有父母的同意，联邦法律和法规限制搜集和使用儿童的个人信息。	
2000 年后	州立法：1. 2020 年《加利福尼亚州消费者隐私法案》中个人信息不仅包括直接或间接标识、设计、描述、能够与特定消费者直接关联或合理连接的信息，还包括能够与家庭直接关联，或合理连接的信息；个人信息处理以通知为原则，以选择退出同意为例外。 2. 2020 年《缅因州公共法 2016》使缅因州成为第一个要求互联网服务提供商在获取顾客的数据之前先征得其许可的州，此法律以顾客的选择加入权为原则。	

资料来源：课题组根据相关信息整理。

在此基础上，美国制定了部分领域信息隐私保护的成文法，最终形成美国隐私权分散存在于宪法、侵权法和各类成文法的现状，总体分为以下三个层次：一是在宪法和普通法体系下对信息隐私权的一般性保护，如规范政府部门个人信息处理行为的《隐私法案》（1974 年），以及依托宪法和侵权法（主要以州层面的判例为主）保护个人四大隐私①。二是对敏感个人信息和隐私权易受侵害的高风险人群制定了隐私权特别法，如在联邦层面有对金融、保险与医疗信息、儿童与学生信息、电话、网络与其他电信交

① 侵犯隐私、向公众揭露隐私、导致个人暴露于不恰当的公众视野的披露行为，以及擅自使用姓名与肖像。

流和记录，以及征信领域制定的特别成文法，对信息收集、利用和控制者，设置了数据保护义务并限制其收集和使用行为；在州层面，针对特定领域制定了特别法和补充性规定，增加了许多隐私权要求。三是《联邦贸易委员会法案》从"不正当或欺骗性行为"角度进行个人信息的"兜底式"保护，对商业领域信息隐私、数据安全、网络广告、行动跟踪和其他数据密集型商业行为进行监管。

（一）美国个人信息保护目标与原则

第一，没有个人信息就没有隐私权的侵害，从什么角度保护个人信息隐私的问题，1977 年首先由美国隐私权保护研究委员会①提出。该委员会认为，计算机的信息索引、处理和再加工能力，使得信息隐私与个人联系起来不再局限于名字或肖像。隐私与个人相关联方式的多样化，使得从什么角度去保护个人信息隐私成为立法首先要解决的问题，对此，在 20 世纪 70 年代，美国的立法策略是将信息记录的类型作为触发法律保护的因素。例如，《公平信用报告法》作为首部对数据化信息记录进行回应的联邦隐私法，它适用于所有提供"消费者报告"② 这类信息的个人征信机构，"消费者报告"定义中所包含的各类信息③是决定该隐私法案所保护的个人信息范围，类似地，同期的《隐私法案》适用于联邦政府信息系统收集的那些信息。直到 1984 年的《电报通信政策法》④，才首次将个人可识别信息当做法律适用条件。不同于仅当某些信息在消费者报告中或在政府信息系统中，而分别适用《公平信用报告法》和《隐私法案》，《电报通信政策法》的适用条件是操作者收集了个人可识别的信息。之后，美国隐私保护法律坚持把"可识别个人信息"（英语中的 Identifiable 个人信息，当然也包括已识别的 Identified 的个人信息）作为法律适用的触发条件，一直沿用至今，并深刻影响其他国家和地区的个人信息保护立法实践。

---

① 美国私权保护研究委员会：Privacy Protection Study Commission。

② 消费者报告：Customer Report。

③ 有关消费者信用价值、信用状况、信用能力、信用品格、一般名誉、个人消费特点或生活方式的任何书面、口头及其他联系方式的信息。

④ 《电报通信政策法》：Cable Communication Policy Act。

　　第二，确认个人可识别信息是个人信息隐私的保护对象之后，如何界定个人可识别信息的范围是确定保护对象的第二大问题。历史上，美国立法对个人可识别信息的定义主要分为三种方法：同义反复法①、非公开法②和具体列举法③。其中，同义反复法下"个人可识别信息"意味着任何"能够识别个人的"信息，《录像隐私保护法》采取了这一方法。这种开放式方法能对新发展作出灵活的回应，但未能真正定义个人可识别信息。非公开法聚焦于非公开信息，通过界定什么不是个人可识别信息来划分个人可识别信息的边界，即公开场合可获得的信息以及纯粹的数据不属于受保护的信息范围，《金融隐私法案》采取了这一方法，将"个人可识别金融信息"定义为"非公开的个人信息"。具体列举法将受保护的个人可识别信息的具体类型进行了列举，各州关于数据泄露通知的法律采取了这一模式④。2010年联邦贸易委员会与美国标准技术研究院在落实《联邦信息安全管理法》的《个人身份信息保护指南》⑤ 中，对个人信息的定义采取了开放性定义加列举的模式，指出个人信息"包括任何可以识别个人或提供识别个人线索的信息，如名字、社保号码、出生地、母亲姓氏、出生记录等；也包括任何跟个人有关联或者可能关联的信息，如医疗、教育和就业信息等"⑥。尽管《个人身份信息保护指南》只适用于美国联邦政府，但是这一个人信息定义对美国的个人信息保护具有重要意义。至此，美国个人信息的界定与当前欧盟的个人信息基本保持一致。

---

　　① 同义反复法：the tautological approach。

　　② 非公开法：the "non - public" approach。

　　③ 具体列举法：the "specific - types" approach。

　　④ Paul M. Schwartz, Daniel J. Solove: Defining "personal data" in the European Union and U. S. Privacy and Security Law Report.

　　⑤ 《个人身份信息保护指南》[Guide to Protecting the Confidentiality of Personally Identifiable Information (PII)]。

　　⑥ 《个人身份信息保护指南》进行了如下列举：（1）姓名，如全名、姓氏、母亲姓氏或其他别名；（2）个人身份号码，如社保号、护照号、驾驶证号、税务号、医保号和信用卡号等；（3）地址信息，如街道地址或邮箱地址；（4）电话号码，包括工作号码和私人号码；（5）个人性格，包括照片（特别是能够识别的人脸照片）、指纹或其他生理信息（如视网膜、声音及脸型）；（6）个人财产信息，如车辆登记信息、权利信息和相关信息；（7）与上述任何相关联的个人信息，如生日、出生地、种族、宗教、体重、就业信息、教育信息等。

第三，什么样的原则才能保障个人的信息隐私？美国对个人信息的保护不是从财产权保护的角度进行，没有法律承认个人对他们个人信息的所有权，客户个人信息的数据库一般被认为是持有这些数据库的公司和机构的财产，信息主体对个人信息的权利主要体现在"公平信息实践原则"中①。

1973 年美国提出的"公平信息实践五大原则"中，涉及个人数据处理原则的包括：一是不得有个人信息记录系统秘密存在；二是任何产生、保存、使用或对外提供可识别个人数据的机构必须确保数据对于拟使用的目的是可靠的，并采取合理的措施预防数据的不当使用。涉及信息主体个人权利的原则包括：一是个人应当有渠道了解到系统中保存了关于他本人的哪些信息以及这些信息是如何被使用的；二是个人应当有渠道防止在未经他本人同意的情况下，为某个目的采集的信息用于其他目的；三是个人应当有渠道纠正关于他本人的信息②。尽管公平信息实践原则本身没有强制效力，但它作为个人信息保护理念提供了一种立法建议、指导。例如，在2000 年一篇报告中③，联邦贸易委员会重申了公平信息实践原则是网络隐私权立法的理想政策原则④，认为该原则已经逐渐成为衡量隐私权立法的一个标准⑤，塑造了美国隐私法的基本样貌，对美国 20 世纪 90 年代及之后的法律都产生过影响⑥。同时，公平信息实践原则还是许多联邦贸易委员会执法案件合意令的基础，并希望公平信息实践原则能够成为公司自律的合理标

---

① David A. DeMarco, Note, Understanding Consumer Information Privacy in the Realm of Internet Commerce：Personhood and Pragmatism, Pop – Tarts and Six – Packs, 84 TEX. L. REV. 1013, 1035 – 1036（2006）.

② Alan Charles Raul, The Privacy, Data Protection and Cybersecurity Law Review, p. 370.

③ 《网络隐私权：电子商务中的信息正当运用，致国会的报告》（*Privacy Online*：*Fair Information tion Practices in the Electronic Marketplace*, *A Report to Congress*）。

④ Privacy and Data Security Law Deskbook, 1 – 10.

⑤ David Annecharico, Online Transactions：Squaring the Gramm – Leach – Bliley Act Privacy Provisions with the Ftc Fair Information Practice Principles, 6 N. C. Banking Inst. 637, 637 – 638 (2002).

⑥ Privacy and Data Security Law Deskbook, 1 – 10.

准，为行业自律及公司实践提供指导①。

（二）公平信息实践原则在立法实践中的体现

1. 对政府部门个人隐私的保护立法

20 世纪中期，美国政府行政管理、许可及福利的扩大导致政府收集、储存的公共记录（Public Record）大量增加。政府掌握的个人信息主要包括：出生证明，婚姻、离婚及死亡记录，个人与政府机构的联系记录，个人在获得驾驶执照时提供的姓名、地址、电话号码、社保号码、医疗信息、身高、体重、性别、眼睛颜色、照片、出生日期等信息，事故报告，个人在注册投票时提供的党派从属信息，医生、律师、工程师、保险代理等需要政府执照的职业产生的记录，征收财产税时记录的家庭及财产信息，政府执法部门记录的执法信息以及法庭记录，等等②。可以说，美国政府是世界上最早的个人信息采集者和使用者，对美国政府采集和传播个人信息行为所施加的约束和规范也由来已久。特别是，"水门事件"的曝光，触动了美国社会对于警察政府的敏感神经，催生了 1974 年《隐私法案》。

《隐私法案》要求联邦机构收集个人信息时，仅可收集与任务目的相关且必需的信息，保持信息的准确性，且采取措施保护信息的安全性。在个人信息使用上，除执法和保护个人的健康与安全之外，禁止在没有个人书面同意的情况下披露包含个人信息的政府记录。该法强调联邦政府对个人信息收集和利用的公平性和正当性，也促进联邦政府为公民个人信息提供积极保护，避免不当披露或滥用侵害个人隐私。同时，《隐私法案》规定，个人有权知道行政机关是否保有本人记录以及记录的内容，并要求查看记录并得到复制品，行政机关不得拒绝个人的请求。个人认为关于自己的记录不准确、不完整或已过时，可以请求行政机关修改或删除，在此要求的十天内，行政机关必须作出回应，进行修改、删除或者说明拒绝的理由③。

---

① Michael D. Scott, The FTC, the Unfairness Doctrine, and Data Security Breach Litigation: Has the Commission Gone Too Far? 60 Admin. L. Rev. 127 (2008).

② Daniel J. Solove, Access and Aggregation: Public Records, Privacy and the Constitution, 86 Minn. L. Rev. 1137 (2002).

③ 5 USCS § 552a (d).

此外，1978 年《金融隐私权法》也保护个人的金融信息免受来自政府的侵害，禁止金融机构在未通知客户并获得客户允许的情况下随意向联邦政府披露客户的金融记录，联邦政府要获得客户的金融记录必须遵循一定的程序并提供相应的证明文件。

不能否认，个人隐私的保护与政府信息公开的价值存在紧张关系，为平衡这两种价值，适用于政府机构持有的所有信息记录的《信息自由法》，一方面允许个人查阅联邦机构的信息记录，但另一方面为保护隐私权，它排除公众对某些记录的查阅，如公开后会明显地不正当侵犯公民隐私权的人事、医疗档案或类似的个人信息①。相应地，《隐私法案》规定：除非出于个人请求或事先获得个人同意，任何联邦行政机构不得将个人的信息记录透露给其他个人或机构，除非是为了法律执行的目的，或者为了保护个人的健康与安全②。

2. 特殊商业领域个人隐私的保护立法

出于对市场调节的信奉和支持信息技术发展的考虑，美国在商业领域采取了"零售式"分散立法模式，针对特定行业或领域的个人信息收集和利用，美国通过联邦立法予以相应的规制和单独立法，从不同程度体现了个人隐私的公平实践原则③。

在金融领域，最为重要的隐私保护和个人信息安全法律是 1999 年颁布的《金融服务现代化法案》④。该法要求金融机构在处理消费者及客户的非公开个人信息时，应遵守隐私保护规则和数据安全保护规则。该法建立在

---

① Jonathan P. Cody, Protecting Privacy Over the Internet: Has the Time Come to Abandon Self - Regulation? 48 Cath. U. L. Rev. 1183 (Summer 1999). 美国《信息自由法》共有 9 条豁免条款，除了涉及个人隐私的条款外，另外 8 条为：一是根据总统行政命令明确划定的国防或外交秘密；二是纯属于行政机关内部的规章和工作制度；三是其他法律明确规定不得公开的信息；四是第三方的商业秘密以及第三方向政府机构提供的含有特惠或机密情况的金融、商务与科技信息；五是除了正与该机构进行诉讼的机构之外，其他当事人依法不能利用的机构之间的或机构内部的备忘录或函件；六是为执法而生成的某些记录和信息；七是金融管理部门为控制金融机构而使用的信息；八是油井的地址和地球物理的信息。
② 5 U. S. C. 552a (b) (2000).
③ 张新宝. 从隐私到个人信息：利益再衡量的理论与制度安排 [J]. 中国法学，2015 (3).
④ The Gramm - Leach - Bliley Act, GLB.

"非公开的个人信息"概念上，即保护可识别性的个人金融信息，包括消费者向金融机构提供的，消费者参与的交易或服务中形成的，以及由金融机构获得的其他信息①。为了保障知情权和选择权，法律要求金融机构每年书面告知客户其隐私政策。除了允许金融机构将消费者信息与关联机构分享（包括征信机构）之外，金融机构若要向非关联机构分享消费者的信息，必须履行向消费者的告知义务，明示哪些个人信息将向谁披露，并确保消费者得到金融机构关于如何行使此项退出权（Opt – out）的说明②。在安全保障上，该法要求金融机构根据本机构的规模、机构行为的性质和范围，以及机构客户非公开个人信息的敏感程度等情况，开发、实施并维护一个全面的信息安全程序，重点关注雇员的管理培训、信息系统和系统漏洞风险。除了《金融服务现代化法案》之外，1978 年的《金融隐私法案》③对于联邦立法机构获得个人金融记录的方式作出了限制，禁止金融机构在未通知客户并获得客户允许的情况下随意向联邦政府披露客户的金融记录④。此外，2010 年《消费者保护法》⑤，授权消费者金融保护局对金融隐私领域进行监管和保护。

在健康信息领域个人隐私保护最重要的立法是《健康保险携带和责任法》⑥。在该法中，受保护的健康信息⑦是其核心概念，具体是指用电子媒介或其他方式传输或保存的个人可识别健康信息，包括一个人过去、现在或者未来的身体或心理健康或疾病信息，以及对一个人提供的医疗和一个人过去、现在或者未来的医疗付费信息⑧。在知情同意原则上，一方面，该法要求被监管机构对信息主体提供关于其隐私政策的说明，以及提供信息主

① 15 USCA § 6809（4）.

② 15 U. S. C. Sec. 6802（b）.

③ 《金融隐私法案》：Right to Financial Privacy Act。

④ 姚朝兵. 个人信息信用隐私保护的制度构建——欧盟及美国立法对我国的启示［J］. 理论与探索，2013（3）.

⑤ 《消费者保护法》：Consumer Protection Act。

⑥ 《健康保险携带和责任法》：The Health Insurance Portability and Accountability Act of 1996，HIPAA。

⑦ 受保护的健康信息：Protected Health Information。

⑧ 45 CFR § 160. 103.

体在该法下拥有的权利的说明。另一方面，依据信息性质的不同及信息应用场景的不同，该法的实施细则对受保护的个人信息的使用与披露规定了不同的通知、授权义务。例如，对心理治疗记录的使用或披露需事先取得信息主体的书面授权，对部分受保护的健康信息用于医疗设备指南，则仅需给予个人同意或反对的机会；对应法律要求特定情况下的使用和披露则既不需要书面授权，也不需要给他们同意或反对的机会①。在安全原则上，该法通过建立电子传输健康信息标准，保障个人的健康隐私信息的完整性和机密性，防止任何来自可预见的威胁、未经授权的使用和泄露，其隐私保护标准在全球同业中被视为金标准。此外，由于国会认为基因信息需要更强的隐私和安全保护，因此 2008 年颁布了《基因信息反歧视法》②。

在通信领域，对个人信息提供保护的法律有《电子通讯隐私法》③《计算机欺诈与滥用法》④ 和《电信法案》⑤，主要的监管方向是为消费者保密。例如，1986 年颁布的《电子通讯隐私法》涵盖了声音通讯、文本和数字化传输等所有形式的数字化通讯，它不仅禁止政府部门未经授权的窃听，而且禁止所有个人和企业对通讯内容的窃听，禁止对存储于电脑系统中通讯信息未经授权的访问及对传输中信息未经授权的拦截。⑥ 而 1996 年的《电信法案》下的保密、通知义务，体现在对所有的运营商施加了对消费者专有信息进行保密的义务。该法案将消费者信息按敏感度由低到高分为消费者集合信息、用户名单信息和消费者专属的网络信息三大类。其中，消费者专属的网络信息受到最大的保护，消费者集合信息是指剔除消费者身份及特征后的汇总信息，居于两者中间的用户名单信息是指公布于电话簿里的信息。

此外，针对征信行业，1970 年《公平信用报告法》赋予个人对信用报

---

① 45 CFR § 164.

② 《基因信息反歧视法》：Genetic Information Nondiscrimination Act of 2008。

③ 《电子通讯隐私法》：The Electronic Communication Privacy Act，简称 ECPA。

④ 《计算机欺诈与滥用法》：Computer Fraud and Abuse Act。

⑤ 《电信法案》：Telecommunications Act。

⑥ 王昊昱. 论网络隐私权的保护 [D]. 北京：对外经济贸易大学硕士学位论文，2010.

告的查阅权、异议权和救济权等，承认并采取相应的措施保护消费者的隐私权，即要求征信机构或其他类似的组织采取合理的程序在个人信息的商业需求与隐私保护之间予以适当的平衡①。在儿童隐私方面，《儿童在线隐私保护法》（COPPA）则针对 13 岁以下的儿童的在线数据涉及的隐私保护作出了专门的规定，该法案是针对家长的大量投诉作出的回应。在电子商务方面，1986 年，时任美国总统克林顿批准的《全球电子商务框架报告》，其中很大篇幅用于强调保护网民隐私，强调个人信息搜集者应当告知消费者他们搜集了消费者什么样的个人信息，以及将做何种程度和范围的使用，消费者有权选择是否将个人信息被他人利用以及再利用，父母有权决定他人是否可以搜集其子女的个人信息，如果因不当使用或发布个人信息，或基于不正确、过失、不完整个人信息基础而作出的判断，造成消费者精神和财产损失时，消费者应该受到补偿，等等②。

3. 一般性商业领域的个人隐私的保护立法

对于敏感领域之外的大量个人信息，《联邦贸易委员会法》③ 第五条可用于提供笼统、兜底式保护④。尽管该法未针对性强调隐私或者信息安全，但该法被业界广泛地适用于信息隐私、数据安全、网络广告、行动跟踪和其他数据密集型商业行为的立法监管中。

根据第五条关于禁止"商业中或者影响商业的不正当或欺骗性的行为或实践"的规定，如果商家的隐私政策可能会误导消费者，实质性影响消费者对产品服务的决定，导致其行为不能理性，则该行为或实践是有"欺骗性"的。"欺骗性"规定主要从要求相关机构遵守自身的隐私政策，不得欺骗消费者的知情权、查阅和修改权等方面，体现信息正当使用原则的精神。同时，根据第五条规定，如果商家的一个行为很可能对消费者产生无

---

① Poach S R, et al, Privacy year in review: recent development in the Gramm – Leach Bliley Act, Fair Credit Reporting Act, and other act affecting financial privacy: A Journal of Law and Policy for the Information Society, 2005 (1).

② 严茜. 论互联网行为定位广告与个人隐私权的保护 [J]. 新闻界，2013 (24).

③ 《联邦贸易委员会法》：Federal Trade Commission Act, FTC Act.

④ Justin Brookman, Protecting Privacy in an Era of Weakening Regulation, 9 Harv. L. & Pol'y Rev. 355, 356 (2015).

法回避的重大伤害，且不能给消费者或竞争带来相应的好处时，该行为或实践是"不正当"的①。"不正当"规定主要从要求相关机构采取合理安全措施保障个人信息安全角度，体现信息正当使用原则。在下一节的执法部分，我们可以看到联邦贸易委员会依据这该条款的执法和命令体现了公平信息实践原则的要求。

当然，除了以上联邦层面的立法之外，各州的立法机关在隐私保护的立法方面也非常活跃，仅在网上隐私权保护和信息安全保护方面，各州通过了大量的立法，涉及隐私、虚拟侵害、数据处置、隐私政策、数据泄露通知等②，其中，加利福尼亚州是个人数据隐私州立法保护的代表。例如，加利福尼亚州早在 2003 年就提出，当个人信息受到损害或者被不正当处理时，公司需通知消费者，此举在此之后被其他约 47 个州及联邦政府效仿。加州还在 2014 年通过一项立法③，赋予未成年人"被遗忘权"，即未满 18 岁的网络用户有权请求删除其发布在网上的信息。

4. 美国隐私保护议案的新进展

奥巴马政府期间积极推动几项涉及特定领域隐私保护的法案。第一个是《个人数据通知和保护法案》④，在 2015 年 4 月被引入立法程序，旨在制定全国统一的个人数据保护标准。第二个是 2015 年 1 月奥巴马提出一项立法建议，旨在保证出于教育教学目的而收集的学生信息仅能用于教育教学之目的。第三个是 2014 年，美国能源部和联邦智能电网工作组正在推动一项《数据隐私和智能电网：自愿行为守则》的出台，其将作为该领域的行业规范。第四个是 2014 年 5 月，美国白宫提出大数据发展初期应坚持的五大隐私原则：一是进一步强化而非削弱美国的隐私保护法律框架；二是积极、负责地教育公众知晓大数据带来的裨益与风险；三是预防利用大数据

---

① Consumer Compliance Handbook，http：//www.federalreserve.gov/boarddocs/supmanual/cch/ft-ca.pdf.

② Alan Charles Raul，The Privacy，Data Protection and Cybersecurity Law Review，p.371.

③ Business and Professions Code，Chapter 22.1. Privacy Rights for California Minors in the Digital World.

④ 《个人数据通知和保护法案》：The Personal Data Notification and Protection Act。

的歧视行为；四是确保大数据技术在执法、公共安全和国家安全中负责地利用；五是推动政府数据向私营部门的开放和使用。

特别值得一提的是，白宫在 2012 年 2 月公布其在信息保护方面的建议——《消费者隐私权法案》①，并在 2015 年正式向国会推出。《消费者隐私权法案》从七个方面保护消费者隐私权，除了以上提到的信息正当使用原则之外，在以下两个方面该法案更进一步：一是提出对于企业可收集哪些人的数据，消费者拥有控制权；对于企业所收集和持有的个人数据，消费者有权设置合理限制。这实际上包含了采集信息需要本人授权的含义，打破了美国"收集信息默示同意"的惯例（目前，仅加利福尼亚州对个人信息的采集设置了取得本人授权的门槛）。二是消费者有权期望企业按照与自己提供数据时背景相符的形式对个人信息进行收集、使用和披露，这蕴含了有将目前仅健康医疗信息领域实行的个人信息最小化收集、适当程度上处理的原则②，向所有个人信息隐私领域扩大的趋势。尽管《消费者隐私权法案》在 2015 年未获得国会通过，但是不难发现，受限于特殊领域特别立法的狭小保护，以及公众对侵犯隐私的担忧，美国隐私政策原则有向更严格的欧盟标准靠近的趋势。

二、欧盟：个人信息保护的统一立法实践

个人信息保护法以保护个人信息上的人格利益为目的，对此，美国以个人隐私权作为个人信息保护的权利基础，采用分门别类、分散式立法模式，体现平衡信息流通和隐私保护关系的立法思路，而大陆法系国家（以德国为代表）则以信息自决权和一般人格权为权利基础，倡导"本人信息本人做主"的保护理念，采取对各领域（包括政府部门、私营领域各行业）所有个人信息制定统一的保护标准和信息处理原则，采用一揽子保护的统一立法模式。

历史上，欧洲各国一贯主张不区分政府机构和私营机构，对所有机构

---

① White House, Consumer Data Privacy in a Networked World: A Framework for Protecting Privacy and Promoting Innovation in the Global Digital Economy, https://www.whitehouse.gov/sites/default/files/privacy - final.pdf.

② 详见本章中关于《健康保险携带和责任法》在美国的监管实践部分。

掌握的个人信息实行统一的立法保护，通过统一立法将自然人对其个人信息上的权利作为一项基本权利加以明确规定。在个人信息保护方面上欧洲大致经历如下四个发展阶段：一是在 20 世纪 70 年代欧盟成员国国内立法阶段，瑞典、德国等国建立了本国统一的个人信息保护立法。二是在 1995 年《欧盟指令》阶段，各成员国在个人信息保护上求同存异，并在保护的标准上不断调和、折中。三是在 2009 年，欧盟基本人权宪章写入欧盟宪法，在欧盟层面确立个人信息保护的基本人权地位。四是 2016 年 5 月出台《欧盟条例》和 2018 年实施阶段，确立了欧盟范围内个人信息保护的统一标准、基本原则和法律制度，实现欧盟范围内个人信息保护标准的统一化、标准化和个人信息一站式监管。

（一）对涉及个人信息的所有领域统一立法

统一立法国家一般通过制定一部专门的个人信息保护法律，对政府机关、各行业私营企业涉及个人信息进行统一的规范，制定统一的监管标准进行统一保护，法律适用主体包括各类别"信息控制者"①及受其委托的"信息处理者"②。例如，在体例上，德国《个人信息保护法》（正式名称为《防止个人信息处理滥用法》）第一部分为总则——"一般条款"，分则包括"国家机关的资料处理""非国家机关和参与竞争的公法上的企业的资料处理""特别规定"等。其他统一立法也采用类似的立法处理方式。

第一，确立个人信息保护的统一规则和框架。作为全球个人信息保护的重要参照系，欧盟个人信息保护模式被称为一套监管标准下的"原则驱动体系"③，无论是在 1995 年的《欧盟指令》，还是 2016 年的《欧盟条例》，一以贯之的是信息处理合法、对信息主体救助、透明公开与信息控制者担责四大核心框架。其中，信息处理合法规则要求，一切信息处理行为是基

---

① 信息控制者是决定所收集的个人信息的处理和利用，故也称个人信息"管理者""控制者"。《英国个人信息保护法》和规定"资料控制者"是根据第 4 款规定，能单独、联合或与其他人共同决定当前或未来处理个人信息的处理目的和方法的人，2015 年《欧盟数据保护条例》也延续该定义。

② 受信息控制者委托、以信息控制者名义处理个人信息的任何人（信息控制者的雇员除外）则为个人信息处理者。

③ The Data Protection Regime in China, European Parliament, 2015.

于法律起点的，如信息主体同意、法律授权或许可，信息处理要公平、合法，处理目的和时效要明确，信息要坚持最小化处理、安全和保密。主体救助规则要求授予信息主体有效、及时和行之有效的行政、司法救济权。透明规则要求一切信息处理及基于处理结果的任何决策，对于公共而言都是公开的、可查询的。责任规则要求信息控制者采取各种措施确保本机构满足个人信息保护的一切监管标准。

同时，在统一的监管框架下确立个人信息保护的基本原则。例如，在欧洲层面，1981年欧洲理事会制定了《关于个人信息自动化处理公约》[①]，1990年欧共体借鉴各国个人信息保护法的经验，又推出关于个人信息保护的指令框架草案，并于1995年颁布了《欧盟指令》。《欧盟指令》将隐私与信息保护问题视为一项基本人权与自由问题，保护的是强大而不可剥夺的个人权利。基本人权对于经济发展和机会选择具有绝对优先地位，其基本观点是主体拥有控制自己个人信息的自由[②]。《欧盟指令》确立的主要原则包括合法原则、特定目的原则、透明原则、正当原则、安全保密原则和监控原则。

第二，授予信息主体统一的信息权益。在以上保护原则之下欧盟等统一立法国家建立了一套相应的监管机制，包括界定一些基础性概念，建立信息保护的执法机制，授权信息主体一系列信息权利，建立信息转移的标准。如在概念上，界定个人信息、信息主体、信息控制者、数据库、信息处理等核心概念的含义；在执法机制上，要求各国建立独立的信息保护机构，在法律授权下专司个人信息保护职责；通过授予信息主体的知情权、查询权、反对权和纠错权等，保障信息主体对本人信息流转的控制。

一般而言，个人信息决定权，即个人信息主体有权决定其个人信息是否被收集、在何时、何地、采用何种方式进行处理以及对外提供给谁，是个人信息主体的一项根本性权利。大多数国家要求个人信息控制者应为用

---

① Council of Europe Convention for the Protection of Individuals with regard to Automatic Processing of Personal Data.

② Joel R. Reidenberg, "Resolving Conflicting International Data Privacy Rules in Cyberspace," Stanford Law Review52 (2000): 1315, http://reidenberg.home.sprynet.com/international_rules.pdf.

户提供独立操作机制，实现用户对个人信息的控制。同时，应为用户提供个人信息查询、修改的渠道，为用户提供注销账号或号码的渠道。

例如，1990 年联邦德国《个人信息保护法》将个人资料的使用分为收集、处理和利用三大阶段，并赋予个人信息主体四种核心权利：个人资料处理时的被告知权——当事人有权就收集机关、个人资料内容、收集目的向资料收集机关请求告知；个人资料更正权——信息主体有权对有无、过时的资料享有请求更正；个人资料冻结权——对有争议的个人资料享有请求冻结以暂时限制使用的权利；个人资料删除权——有处理和使用后的个人资料有权要求删除。

1995 年《欧盟指令》规定了信息主体的基本权利包括知情权、查阅权、反对权等。2016 年《欧盟条例》在《欧盟指令》的基础上，进一步赋予了信息主体的对本人信息的可携带权，对错误信息的删除权和本人信息被遗忘权。2000 年欧洲议会在《欧盟基本人权宪章》① 第 8 条款规定确立了个人的信息权益。一是人人享有对事关本人信息的受保护权；二是个人信息应为特定目的进行公平的处理，处理的基础必须是信息主体的同意或其他法律的授权规定，人人有权查询（Access）机构收集的其个人信息，并享有对错误信息的纠错权。"人人享有对事关本人信息的受保护权"。

此外，英国《个人资料保护法》在第 7 条至第 14 条中规定信息主体的主要权利分别为：被告知权——有权要求信息处理者告知本人个人信息是否正在被处理；拒绝权——拒绝可能引起损害的个人信息处理，拒绝以直接营销为目的的个人信息处理；损害赔偿请求权——信息主体对个人信息处理中遭受的损害有权要求获得赔偿；更正、封锁和删除的权利——有权请求更改、封锁和删除其错误的个人信息。

（二）建立统一的个人信息处理标准

对个人信息权益的保护落实在对个人信息处理的流程监管当中。其中，个人信息处理是指个人信息控制者对用户个人信息的收集、加工、使用、

---

① Charter of Fundamental Rights of the European Union.

转移行为的总称①。各国和国际组织对"处理"的界定不同。例如，1990年德国《个人信息保护法》将其分为"收集""处理"和"利用"三个环节，而2016年《欧盟条例》将任何与信息有关的行为均视为处理行为。

在欧盟等统一立法国家的法律中，一般不加区分不同的监管对象，对个人信息的所有"处理"行为进行统一的监管，要求包括信息的收集、记录、使用、组织、存储、传输、更新、更改、销毁、检索、传播和披露等，都得有合法的法律依据，确保对信息主体的知情、同意权益保障位居核心地位。例如，在2016年《欧盟条例》中，个人信息处理的六条特定法律条件包括：一是获得个人信息主体的自愿、知情同意（Informed Consent）；二是为执行合同需要，或为信息主体谋利之需；三是为履行欧盟成员国的法律义务之需；四是为保护信息主体的重大利益（医疗急救等）；五是政府公共部门（或代为履行公共职能的私营部门）为保护公共利益之需；六是信息控制者的合法利益需要。除此之外，禁止信息控制方处理任何个人信息的。其中，合法权益允许信息控制方出于自身合法权益处理相关信息，但为避免合法权益这一基础被信息控制者滥用而危害信息主体权益，《欧盟条例》特别规定，此项权益须与信息当事人的个人权益保持平衡。

除了针对个人的信息处理行为要有合法基础，《欧盟条例》对个人信息处理提出了统一的法律要求：一是公平和合法处理，即向信息主体告知控制者欲所为，遵照事先承诺进行信息处理，处理个人信息的方式应符合法律规定。二是个人信息控制者仅处理为实现正当商业目的和提供服务所必需的个人信息。三是个人信息控制者要根据一个特定、明确的法律目的收集特定的信息，不得超越该目的对信息进行再处理。四是个人信息控制者应保障个人信息的准确、完整、及时。五是个人信息不得在满足初始目的期限外超限保存。这些要求体现了"个人信息本人做主"的欧盟个人信息保护理念，是欧盟个人信息保护原则在立法上的落实。

总体而言，无论是最早的1973年《瑞典个人信息保护法》，还是大陆

---

① 中国科学技术法学会，北京大学互联网法律中心．互联网企业个人信息保护测评标准［EB/OL］．http：//www. pkunetlaw. cn/news _ info. aspx？ id =2441.

法系国家的个人信息保护专法代表——《德国联邦个人信息保护法》的不断修改后完善，欧洲国家对于个人信息保护的原则、个人信息权益、执法监督检查和损害赔偿等个人信息保护制度，均已日臻完善、统一，这一统一立法模式在发展到1995年《欧盟指令》和2016年《欧盟条例》的阶段时，基本成为其他大陆法系国家、亚洲国家的立法参考，对包括美国在内的其他国家立法实践产生了深刻的影响。

三、亚洲：个人信息保护立法实践

（一）亚洲国家和地区的统一立法保护日渐完善

总体上，尽管亚洲国家和地区个人信息保护立法进程参差不齐，但是选择进行统一的立法保护已经越来越成为共识，以日本、韩国、新加坡等为代表的发达国家的个人信息保护立法已经非常成熟，其他国家和地区也日渐完善。例如，日本、韩国、新加坡等国，正在紧跟欧美步伐逐步完善本国的保护体系，但也有一些阿拉伯国家处在个人信息保护理念萌芽阶段，甚至还有完全没意识到需要进行个人信息保护的国家，这些国家的政府控制着大部分个人信息，不仅包括因行政执法产生的公共信息，也包括国家或酋长们控制的商业企业拥有的个人信息。总结亚洲个人信息保护发达国家和地区的立法，有以下特点。

第一，加强个人信息保护立法是亚洲部分国家和地区在特定的内外部因素作用下的一致性选择。从内部因素来看，各国家和地区均面临个人信息的大范围使用下信息泄露等侵权事件频发的压力，都有对个人隐私、人格和公众安全等诉求进行保护的现实需要。在这样的背景下，各立法体纷纷从规范个人信息处理机构的行为、强化机构的责任和赋予信息主体一定的权利等方面，渐渐形成了各自立法体系内有关个人信息保护的理念、原则和法律条文。从外部因素来看，随着1980年经合组织公布《关于隐私保护和个人数据跨境流动指南》，各国纷纷制定了个人信息（数据）保护相应的法律法规，特别是1995年欧盟颁布了《欧盟指令》，对个人信息的跨境流通作出了一定的限制，亚洲各国家、地区纷纷意识到，如果自身在个人信息保护方面措施不力的局势得不到改变，将会被欧美制定的规则排除在外，如果自身与其他国家之间个人信息的交流被限制，将给本经济体发展带来巨大的负面影响。因此，日本、韩国、新加坡、我国台湾和香港地区，纷纷将个人信息保护相关法律的制定提上日程，正是在以上内外部因素的共同作用下，个人信息保护的相关立法进程上步调较为一致，详见表3-3。

表3-3　　　　亚洲部分国家（地区）个人信息保护立法进程

发展阶段	韩国	日本	中国台湾
起步期：目标是经合组织1980年《关于隐私保护和个人数据跨境流动指南》落地	1994年，《政府机关个人信息保护法》《信息通讯网络利用和信息保护法》《信用信息利用和保护法》	1988年日本《行政机关持有的电子计算机处理个人信息保护法》	1995年7月通过"电脑处理个人资料保护法"
成长期：共同的问题，一是个人资料外泄事件频发，二是原有法律适用范围过窄、层级过低	2002年开始统一的《个人信息保护法》立法	2003年5月通过了《个人信息保护法》《行政机关个人信息保护法》《信息公开与个人信息保护审查会设置法》等	2001年开始个人资料保护综合立法
成熟期：立法进一步完善，但面临大数据的共同挑战	《个人信息保护法》2012年开始实施	2015年通过《个人信息保护法》及《个人号码法》修正案	"个人资料保护法"2012年正式实施

资料来源：课题组根据相关信息整理。

　　第二，统一立法正成为越来越多国家和地区的共同模式。统一立法的其内在原因，是政府和私营法人在对个人信息的处理、保护本质上并无二致，统一立法有利于兼顾不同领域个人信息处理间的联系，确保司法执行上的一致性。以统一的法律规范有关个人信息的收集、处理、使用的条件和程序，可以更有效地实现保护个人信息的目的。特别是对于隐私和人格法律保护滞后的亚洲而言，统一立法还有一个优势就是利于个人信息保护的宣传教育，唤起包括政府、企业等组织及其工作人员在内的社会公众对保护个人信息的重视，推动个人信息保护理念、国际通行原则和最佳实践等在本经济体落地。此外，针对美国分散立法模式下，"不同领域的立法冲突和重复、保护标准的不一致"等弊端，招致来自欧盟及其他一些主张统一立法模式的国家和学者的批评，世界其他国家和地区，特别是日本、韩国、澳大利亚、新加坡以及中国台湾、香港等，逐渐选择个人信息保护的统一立法模式。例如，在体例上，日本《个人信息保护法》在结构上是由六章59条以及附则7条构成：第一章规定了制定本法的目的、基本理念，第二章规定了国家和地方公共团体的责任和义务，第三章是有关个人信息保护对策的规定，第四章规定了个人信息处理机构的义务，第五章是法律适用的例外，第六章是罚则。在一部法律中分别对公共部门和私人部门的个人信息"控制者"及其"处理者"进行统一规制，体现个人信息保护综合立法的思想。

第三，亚洲各国、地区基本经历了由分散立法到统一立法的渐进过程。例如，韩国于1994年制定的《政府机关个人信息保护法》，适用主体仅包括国家行政机关、地方自治团体、各级公私立学校，以及依据特别法设立的特别法人（金融机构除外），而法院和宪法法院、国会以及选举委员会排除在规制对象以外。针对私营部门，主要有规范信息通讯服务商的《信息通讯网络利用和信息保护法》，规范信用信息服务领域的《信用信息利用和保护法》，以及对金融业的《金融实名往来和秘密保障法》等。由于需要保护的其他领域没有相应的个人信息保护法律，针对私营部门和政府部门个人信息保护标准不统一、保护力度弱等弊端，韩国便在2002年提出、在2012年正式实施统一的《个人信息保护法》，最终形成了综合政府部门和商业领域统一规制的个人信息保护立法体系。类似地，日本个人信息保护始于20世纪70年代以来的一些地方性、行业性法规，以及专门针对行政机关持有个人信息的保护法律。即便在2003年，日本出台全国范围内的《个人信息保护法》，也仅限于国家机关，不包括立法、司法等其他公共机关。只有经过2015年的修订后，日本才实现全国范围个人信息保护的统一立法。又譬如，我国台湾地区，在商业领域的个人信息保护立法中，1995年的"电脑处理个人信息保护法"对商业领域的使用范围，也仅限于"八大行业"，在2010年修订版后才扩大到所有商业领域。

第四，兼顾个人信息隐私保护和信息自由流动与使用是各国立法的平衡点。以美国为代表的多元立法国家认为，统一立法模式没有兼顾不同行业、不同领域的实际情况，不但会带来监管对象的合规成本，"一刀切"地保护标准和行为规范也会阻碍个人信息的自由流动和价值挖掘①。美国等分散立法模式的内在动机是避免立法权力过度膨胀，干预政府行政和正常的商业活动，其最大优势在于立法目的明确、针对性强，有利于根据不同的领域和场景下的个人信息侵权行为，进行有针对性的保护，避免统一立法"一刀切"的武断性。为此，越来越多的国家和地区在立法过程中，更多地体现在个人信息保护和商业利用之间进行平衡的思想。例如，新加坡2012年的《个人信息保护法》是一部一般法，确立了个人信息处理的"获得同意、限制目的、通知到人、提供查询与更正、保障安全、限制保存"等原则，适用于所有的商业机构的个人信息处理行为，而且对于专门性立法具有指引的作用。但是，其设立的一系列除外适用附表，如"无需同意即可收集个人信息（的情况）"的附表二，"无需同意即可使用个人信息（的情况）"的附表三，"无需同意即可披露个人信息（的情况）"的附表四，"可访问原则的例外"的附表五，"可更正原则的例外"的附表六，"特定信息的例外"的附表八，等等，以及允许国家其他法律规定特定情况排除《个人资料保护法》的适用都表明，新加坡个人信息保护规范体系体现出了务实、兼顾个人利益保护和信息经济利用的特点。

（二）韩国：信息自决下的个人信息保护立法

韩国以个人信息为立法保护对象，基本延续欧盟"个人信息自决权"的理念，以"保障每个人都有权决定是否将个人数据信息交付并提供给他人、社会组织和国家利用的权力"为核心，确保信息主体对其个人信息及产生影响的知情、控制。但在历史上，韩国首先借鉴了美国的模式，形成了区分政府部门和私营部门的个人信息保护"二元化立法体系"②，针对政府部门于1994年制定了《政府机关个人信息保护法》，针对私营部门，分别制定了《信息通讯网络利用和信息保护法》《信用信息利用和保护法》和

---

① 转引自：戴恩·罗兰德、伊丽莎白·麦克唐纳. 信息技术法［M］. 宋连斌，林一飞，吕国民，译. 武汉：武汉大学出版社，2004：308.

② 康贞花. 韩国《个人信息保护法》的主要特色及对中国的立法启示［J］. 延边大学学报（社会科学版），2012（4）.

《金融实名往来和秘密保障法》等。但是，随着个人信息应用范围的扩大，原有分散的法律体系难以做到面面俱到，个人信息事件的频繁爆发，侵犯个人信息的事件频繁发生，给国民的财产权、隐私权等造成了很大的侵害，为此，韩国从 2002 年开始，历经十年搭建了一体化的个人信息保护立法体系，形成了以《个人信息保护法》[①] 为核心，以《信息通信促进法》《信用信息使用与保护法》[②] 《位置信息使用与保护法》[③] 等法律为补充的完整法律体系，建立了被称为"亚洲最严厉的个人信息保护制度"[④]。

2020 年 1 月，在新冠肺炎疫情冲击下，全球经济下行压力增大。特别是，第四次工业革命浪潮下，人工智能、语音识别等数字经济发展对数据提出了新的需求，为了平衡好个人数据保护和使用间的关系，建立一套可信的个人数据法律框架和一站式个人数据保护运行机制，韩国适时修订与个人信息保护有关的"数据三法"（Three Data Laws）——《个人信息保护法》《信息和通信网络法》和《信用信息法》：建立一个更为集中统一的个人信息保护体制，在强化企业数据保护责任的同时，也为匿名化处理后的个人数据挖掘使用铺平了法律道路。但在整体上，本次法律修订，并未改变韩国个人信息保护法律的基本框架和本质特征，概括而言，韩国个人信息保护立法内容主要体现在以下几个方面。

第一，建立了严格的个人信息保护原则。一方面，对所有个人信息控制者[⑤]而言，要求事前坚持以机关履职、企业履约等特定目的下的"最小必需"原则，在取得信息主体书面授权情况下收集个人信息；在事中坚持仅为约定目的、适当程度上管理个人信息，确保数据准确、安全和规则透明，

---

① 1999 年开始实施的《公共机关个人信息保护法》（约束政府部门的个人信息）已在 2012 年《个人信息保护法》实施时废止。

② Use and Protection of Credit Information Act, 1995–2013.

③ Act on the Protection, Use etc of Location Information, 2005–2012.

④ Graham Greenleaf, Korea's New Act: Asia's Toughest Data Privacy Law, http://ssrn.com/abstract=2120983.

⑤ 个人信息控制者在韩国个人信息保护法中英文表述为 Personal Information Managers，即以直接管理个人信息或通过第三方间接管理个人档案为其责任的政府机关、企业、组织和个人。此处的公共机关包括国民议会、法院、全国选举委员会机关、中央行政机关（受总统和总理直接领导的机关）及其附属机关、地方政府，以及总统法令规定的其他机关。

尽可能以匿名化、隐私损害最小方式管理个人信息（这一保护原则，在2020年的修订中进一步强化和明确）；在事后，要求在达到约定目的和期限后应销毁个人信息。另一方面，对个人信息主体的赋权上，法律规定信息主体有权决定是否同意对其个人信息的管理及范围，有权检查个人信息是否被管理，有权调阅个人信息（复印件），有权中止、更正、删除和灭失个人信息，并在造成损害时有权以迅速合理的程序获得救济。

第二，法律规定了明确的授权和广泛的告知义务。一是在取得书面授权上，从本人处收集信息需要取得信息主体的书面授权，并履行向信息主体的告知义务（采集和使用目的、内容，信息管理的期限，信息主体拒绝的权利）。信息披露给第三方时需要取得信息主体的明确同意，且第三方要明确、特定。个人信息的跨境流出要首先取得信息主体的同意，信息控制者不得违反《个人信息保护法》之规定签订信息流出合同。管理敏感信息前需要取得信息主体对敏感信息的单独授权同意，对单独可识别个人身份的信息实行特许处理和特别监管。此外，在履行告知义务上，即便根据法律规定可以无需授权而采集个人信息的例外情况，或者从第三方机构采集个人信息，也需履行以上告知义务。

第三，借鉴欧盟"最少化采集"和"匿名化处理"两大理念。一方面，信息采集坚持"最少、必需"的原则，且个人信息控制者有责任证明其采集行为坚持了该原则。另一方面，个人信息控制者应确保个人信息尽可能以匿名方式处理。特别规定，不得因为信息主体不提供法律规定不必需的信息而拒绝向其提供服务，任何信息控制者（服务方）的此举均被视为违反本法，这一条款被认为切中目前个人信息保护领域"无授权、无服务"现象的要害。

第四，建立了个人退出和信息删除制度。韩国法律规定，个人信息控制者应建立制度，明确告知信息主体如何退出个人信息的自动收集程序。在个人信息达到收集之目的或信息控制到期时，必须及时删除。信息控制到期的一个例子是个人信息在多长时间内未被使用，信息通信服务商应删除个人信息。此外，信息主体有权随时中止对本人信息的处理。同时，对于公司使用内部客户信息进行营销，需要取得客户的明示同意。

第五，举证责任倒置和侧重对个人的保护。对于信息收集的授权取得条款，法律要求个人信息控制者应严格区分需取得授权和例外情况，对于无需授权即可收集个人信息的例外，法律要求个人信息控制者有举证的责任。当个人信息控制者有违反本法的行为导致信息主体遭受损失的，后者有权从个人信息控制者处获得索赔，此时个人信息控制者不得免于赔偿责任，除非个人信息控制者可以证明其无意或无过失。当个人信息控制者建立的隐私政策和信息主体签订协议有任何不一致时，以对信息主体更为有利的政策为准。

第六，强化信息控制者的内控和责任。要求信息控制者建立具体、详尽的信息安全措施。一是个人信息控制者应设立责任明确的隐私专员，这是欧盟"责任原则"（Accountability Principle）在韩国的应用。二是要求信息的再处理时应告知信息主体，再处理方①要明确、特定，并公开个人隐私政策便于信息主体获知相关情况。在法律上，再处理方视作与信息处理方（个人信息控制者）雇员同等的个人信息保护职责。三是针对大范围的侵权事件建立争议集体仲裁制度，当发生信息泄露事故时，被强制要求对信息主体公告，达到一定规模时还要向安全与行政部及其监管部门报告，此外，信息通信服务商还需要向韩国通信委员会②（KCC）汇报。

（三）日本：保障个人权利的个人信息保护立法

在个人信息保护上，日本借鉴了欧盟个人信息保护立法经验和法律外壳，以保障公民隐私权在内的人格权和财产权为核心，最终形成了一部规制政府部门、私营企业个人信息处理行为的综合性个人信息保护基本法。与此同时，日本也采用美国实用主义的立法方式，在个人信息保护基本法基础上，更加重视重点行业的特别立法、行业自律和第三方监督等，以追求个人信息权益保护和信息应用之间的平衡。

历史上，日本走过了地方自治探索、行业自律规章跟进和统一个人信

---

①　sub - processor：个人信息的再处理方，如委托第三方处理个人信息。

②　Korea Communication Commission，KCC：韩国通信委员会，韩国通信行业及个人信息的主要监管部门。

息保护立法形成与修订几大阶段。首先，在 20 世纪 70 年代，各地方政府自治行为下，出于对政府处理个人信息时涉及的个人隐私权益的尊重进行了立法探索，如最早在 1973 年德岛市颁布的《关于保护电子计算机处理的个人信息的条例》。在此基础上，对于中央政府部门涉及个人信息处理的立法条款逐渐形成，散落在《电信事业法》《邮政法》《残疾人福利法》《消费保护法》《电子商务法》《户籍法》等中。其次，随着银行、保险等商业领域个人信息广泛应用，特别是客户个人信息泄露、非法取得或交易等行为猖獗，非政府商业领域的个人信息指南逐步形成，如日本信息处理开发协会（JIPDEC）制定了《关于民间部门个人信息保护指导方针》，为企业提供行动指南，通商产业省于 1997 年修订的《关于民间部门电子计算机处理和保护个人信息的指南》，向保护措施得力的企业颁发隐私认证标识（P-MARK 认证）等。最后，行业自治和强制性法律的缺失，频繁发生的商业企业泄露或滥用用户个人信息的事件，使得日本国民逐步丧失对行业自律的个人信息保护模式的信任。

特别是，随着国际个人信息保护运动的发展和国内社会的反思，日本国会在 2003 年 5 月通过了统领各领域个人信息保护基本法——《个人信息保护法》，颁布了配套的《关于保护行政机关所持有之个人信息的法律》《关于保护独立行政法人等所持有之个人信息的法律》《信息公开与个人信息保护审查会设置法》，以及《对〈关于保护行政机关所持有之个人信息的法律〉等的实施所涉及的相关法律进行完善等的法律》在内的系列个人信息保护法律，通称"个人信息保护五联法"。在 2015 年，日本进一步从扩大个人信息保护范围、法律适用范围、促进匿名化个人信息应用等方面，对《个人信息保护法》做了进一步的调整。2020 年，日本再次修订《个人信息保护法》，从赋予信息主体个人信息拒绝处理权上进一步扩大了个人权利，进一步提高了违法企业罚金以强化企业个人信息违法责任。总之，作为保护个人信息的基本法，日本《个人信息保护法》适用于公共部门和私人部门，详细规定了包括个人信息保护的基本原则、个人信息主体的权利、监管框架、救济途径、罚则和例外事项等个人信息保护的基本事项。

第一，日本个人信息保护立法基本延续了 1980 年经合组织的原则。例如，确立利用限制原则，规定个人信息获得者除了在法律规定的几种情况下，在事先没有取得本人同意情况下禁止将个人信息提供给第三方；收集限制原则要求个人信息获得者不能用欺骗或者其他方式取得个人信息。对个人信息收集目的事先确定、向信息主体明示，变更用途时需要再次取得明确授权等规定，都是目的明确、公开原则的体现。同时，在个人信息处理机构的责任上，要求确保个人信息的准确完整、安全保障和及时纠错。此外，在个人信息主体的参与权利上，授予了其对本人信息的查询权、异议权和纠错权。

第二，在技术发展的背景下个人信息保护的力度不但没有降低反而是进一步强化了。例如，相比与2003年版的《个人信息保护法》，2015年日本修订后的《个人信息保护法》将保护的"个人信息"由原来"有生命的人的信息"，即主要限定在"能够识别特定个人"的层面①，新加入了个人身体的特征（如指纹、面部等）和商品的符号（如移动电话号码等）、会员卡卡号、互联网服务的用户身份标识号（ID）等个人信息。同时，新增了对"特殊信息"——包括人种、宗教信仰、病史、犯罪前科等可能导致歧视等问题发生的需要特别注意信息的规定，法律要求对于这些"特殊信息"，要严格遵循非经本人同意、不得向第三人提供的原则，并且没有例外原则。另外，根据2003年《个人信息保护法》，5000人以下小规模的个人信息处理业者被排除在个人信息处理业者之外，新《个人信息保护法》对此作出了修改，认为无论规模大小，个人信息处理业者对个人信息处理不当的行为造成个人信息泄露等问题，都应当受到该法律的规制。

第三，更严格的个人信息保护与促进大数据的有效利用二者之间的矛盾在不断调和。由于日本修改之前的法律对个人信息的使用做出了诸多的限制，如明示同意等，降低了个人信息的有效利用，为此，新《个人信息保护法》增加了匿名化信息处理的规定。要求对个人信息进行处理，在无法进行特定个人的识别，并且处理后的个人信息无法再还原到可识别特定个人的状态下，可以在未取得本人同意的情况下加以使用匿名个人信息。

---

①　李欣欣.论个人信息保护与合理利用［D］.北京：中国人民大学硕士学位论文，2005.

当然，对个人信息的匿名化处理，要遵循个人信息保护委员会制定的规则，要对匿名化处理的信息进行妥善的安全保管，要将包含匿名化信息处理的项目进行公示；向第三方提供匿名化处理的信息时，将该项目进行公示，并且向第三方明示该信息为匿名化处理后的信息；不能根据该匿名化处理的信息与其他信息对照和比对，通过最新的技术手段和方法等对该信息进行再次识别。

（四）中国台湾：以保障人格权为核心的个人信息保护立法

我国台湾地区个人信息的保护法律精神就是把个人资料①的权利还给每一个人，其理念源于对个人人格权的两方面保护，一是保护个人信息（台湾称"个人资料"）中所体现的隐私不受侵犯；二是保护社会公众的信息隐私权或信息自决权，实质上为"个人自主控制个人信息"。在立法思路上，始终贯穿了个人权利保护和公共利益间、信息隐私和新闻自由间的平衡，实现既"避免侵害自然人的人格权"，又"促进个人资料的合理利用"的立法目的。立法成果主要体现在1995年7月通过的"电脑处理个人资料保护法"和2010年升级后的"个人资料保护法"上。总体上，台湾地区针对个人信息保护的立法，是从专门规范特定产业的部门式立法过渡到全面式统一化的基本法立法。

当前，作为同时规范公务机关和非公务机关个人信息处理行为的"个人资料保护法"，在很大程度上借鉴了其他国家地区的立法，例如参考了经合组织1980年个人信息保护八大原则、亚太经合组织隐私权保护九项原则，以及1995年《欧盟指令》理念。法律规制范围扩大到适用于包括电子、纸质等一切形式储存的个人信息，一切处理个人信息的各种法人、自然人和机构。其中，个人信息借鉴欧盟的定义，凡是"能够直接或者间接识别该人的资料"，就是法律保护的"个人资料"范畴，并分为一般资料、特种资料和其他个人资料三大类进行不同程度的保护。

在个人权利保障上，为了实现当事人对个人资料的自决权，即维护当

---

① 在台湾地区，无论是立法还是学者都是采用"个人资料"或"个人资讯"的用语，下文中所提及的"个人资料""个人资讯"等同于"个人信息"。

事人的信息隐私权，根据"个人资料保护法"第 3 条规定，个人资料的当事人可以行使的权利包括五项：可以申请查询或者请求阅览，可以请求复制，有错误可以补充或更正，可以请求停止收集、处理和利用，可以请求删除收集的个人资料。为了保障个人资料主体的人格权利，台湾地区参考了德国、英国、日本等国家的经验，明确规定这些请求权是不能事先用契约加以抛弃或者特别约定加以限制，如果事先约定对此类权利进行抛弃或者特别限制，则此类约定是无效的。

为了防止个人资料收集处理者巧立名目对个人资料进行收集处理，台湾地区"个人资料保护法"明确规定无论是公务机关还是非公务机关收集处理个人资料，都不得逾越特定目的加以收集。而为了将收集个人资料的行为限定在基于特定目的的利用，对个人资料主体的权益保护确立了以下基本原则：第一，诚信原则。尊重当事人之权益，以最有利及损害性最小的方法搜集、处理或利用个人资料。第二，必要性原则。判断是否收集该类资料是否具有必要性的标准在于，不搜集或提供该类资料的情形下，是否仍能完成业务。不得假借名目任意搜集或利用个人资料。第三，关联性或选择性原则，即不必要的个人资料之搜集或利用，由当事人自行决定。

为保障本人的信息自决权，台湾地区法律要求一切个人信息处理行为必须以非概括方式取得当事人同意，明确告知当事人收集者名称、收集目的、资料类别、利用方式等相关事项。对于有关医疗、基因、性生活、健康检查和犯罪前科五类特种信息，原则上不可以收集、处理和利用，若要处理必须经当事人的书面单独同意授权。此外，该法对于违反规定从事收集、处理和利用个人信息的行为规定了不同的法律责任，形成了包括民事责任、刑事责任、行政责任在内的法律责任体系。

四、部分金砖国家个人信息保护立法实践

对个人隐私和个人信息的立法，在欧盟、美国有长达几十年的发展历史，但在新兴市场国家，特别是印度、巴西等金砖国家，目前还是一个因互联网技术发展而兴起的新事物。即便如此，面对其国内不断升温的个人信息保护诉求，以及国际个人信息保护立法大趋势对本国互联网产业和经

济发展的潜在影响，加强本国个人信息领域的立法和监管实践探索，正成为新兴市场国家的共同选择。仅以印度和巴西为例，印度已经形成了专门的网络个人信息保护法和各领域行业法律相结合的综合性法律体系，通过监管实践，加紧推动国际上共识性的个人信息保护原则在印度互联网业界落地，并紧跟欧美的立法趋势不断完善本国的法律和监管。在巴西，自2014 年开始的互联网立法行动正加速变为现实，涉及互联网空间个人隐私保护的互联网行业综合性法律——巴西《网络治理法》法律草案，目前正在广泛征集各方意见、步入立法快车道，并正在搭建专门的个人信息保护机构，对包括互联网服务商（ISP）、电信公司等机构的用户信息处理行为进行监管。

（一）印度个人信息保护法律框架

在印度，目前已经形成了一般性法律和部分法律共同构成的个人信息保护体系。对于个人信息的收集和使用，主要依靠 2000 年开始实施的《信息技术法》进行规制。印度《信息技术法》规定，在保护敏感个人数据或信息（SPDI）上未采取合理安全措施和流程（RSPPs）的任何机构和个人，需要对过失导致的损失或不当得利作出赔偿。其中，印度 2011 年《关于保护个人敏感数据或信息的合理安全举措的规定》，进一步明确了"敏感个人数据或信息"和"合理安全措施与流程"的内涵，据此，违规的商业机构、个人、政府组织将受到刑事追责和民事赔偿。2018 年和 2019 年，印度先后两次发布了《个人数据保护法（草案）》，提交印度联合议会委员会进行审议。总体上看，法律草案对个人信息保护的一般性规则和处理全流程进行了规范，对于敏感个人数据、数据本地化与跨境数据传输、关键个人数据处理、匿名数据和非个人数据处理、数据主体的删除权和基于合理目的的处理数据的范围等重要问题，也一一进行了规定。

除此之外，在部门法律中，特别是在健康、通信、银行和证券等行业，相关的部门法会从信息保密角度涉及个人信息保护问题。例如，《医生职业操守》法案要求，医生得为病人信息保密，特别是当披露这些信息对于个人或社区会带来严重的安全隐患时。在电信业法规要求下，消费者账单和用户信息不得跨境转移或跨境查询访问。在银行领域，法律对于银行的服务外包设置了明确的基础性原则要求，特别是关于客户信息的跨境处理、储存和访问上，要求：离岸监管当局不得在这些方面为印度储备银行（印度中央银行）的监管设置障碍，印度储备银行对于相关客户信息的获取能力不受海外服务外包商和印度境内银行的影响，离岸监管当局不得随意访问这些客户信息，离岸司法权限不得延伸到相关的印度银行上。有关服务外包的监管要求，客户的信息必须单独保存，易于识别并禁止合并。此外，作为征信行业的监管对象，征信机构和放贷机构（如银行）还需要遵守2005 年的印度《征信公司法》（*Credit Information Companies Act*）在信息收集、处理、保护和查询上的监管要求。

在规制的范围上，《信息技术法》仅约束在印度的个人信息，而不包括印度本土机构处理的非印度公民的个人信息。同时，也只适用于个人与企业间的个人信息行为，不适用于企业间（如信息收集者和处理者）的个人信息处理行为。依照国际惯例，印度对于个人信息处理机构并未设置事前审批和备案制度。

在保护对象上印度侧重于敏感个人信息。尽管印度《信息技术法》保护的是一般意义上个人信息，即与一个特定自然人直接、间接相关的所有信息，特定自然人是机构可以利用其可获得的信息进行身份识别的个人（第 72 条第一款），但是，《信息技术法》（第 43 条第一款）主要的着力点落在对敏感个人数据或信息（SPDI）的保护上，这些信息包括：密码、银行账户（含信用卡）等财务信息，身体、心理和心智健康信息，以及性取向、医疗历史记录和生物信息。例如，《信息技术法》明确指出，其规制的行为包括：敏感个人数据或信息的收集、接收、持有、使用、存储和处理行为，敏感个人数据或信息的转让和披露，敏感个人数据或信息的安保、跨境转移、向政府披露，以及敏感个人数据或信息的校对、纠错和根据信息主体授权的删除等行为。

监管和执法上侧重于机构的个人信息保护责任，并在个人信息保护实践中体现了个人信息保护的国际惯例和基本原则。例如，《信息技术法》要求信息处理机构（数据控制者）在以下方面，需要尽到个人信息保护责任：一是隐私政策上，所有处理敏感个人数据或信息的信息机构必须在其互联网上公开其隐私政策，详细披露其收集的信息种类、信息的使用目的、信息的披露对象和披露方式，以及其为保护信息安全必要采取的安全措施和管理制度。同时，机构内部应设立数据客服员（Grievance Officer），接收并在30天完成来自信息主体的数据异议，数据客服员的姓名、联系方式需公布在公司互联网网站上。二是在收集授权和告知义务上，信息控制者未取得信息主体授权不得采集其敏感个人数据或信息，并在取得授权时为信息主体提供退出收集的选择。当然，如果信息主体不授权，机构有权停止为其提供商品和服务。在获取授权时，信息控制者要确保信息主体知晓个人信息将被收集、信息的使用条件，以及信息控制者的名称、地址等基本信息。在授权的方式上，在线授权是有效授权。三是在使用和留置义务上，信息控制者只能在初始约定目的范围内使用个人信息，不得履行初始目的后信息控制者不得继续储存和持有敏感个人数据或信息。对此，信息主体有查询权、异议权、纠错权，以及撤销对其个人信息收集和使用的授权。四是在信息披露上，仅当取得信息主体的书面授权、履行法定义务或预先取得信息主体授权的情况下，信息控制者方可对外披露个人信息。五是在信息转移上，当前仅当信息接受者采取了同等程度的个人信息保护，信息控制者方可将其敏感个人数据和信息转移给第三方（包括印度境外机构）。此外，信息的转移是为满足第三方履行其与信息主体法律合同的需要，或取得信息主体的事先授权。

当然，印度个人信息保护在一些细节上尚与欧美等国存在一定的差距，如对于取得信息主体授权的具体要求并未明确，需要满足什么样标准的授权为有效授权，法律法规并未细化。对于发生个人信息安全事故，法律并未要求信息控制者及时告知受害信息主体，并向监管部门汇报。在用户小型文本文件（Cookies）的收集和互联网营销等行为的监管上，印度也未出台相关的针对性规定。敏感个人数据或信息的跨境转移条件是，信息接收方承诺其进行了个人信息的同等程度保护，并无其他附加性条件，总体上，印度对于个人信息的跨境转移基本上无法律监管。

（二）巴西个人信息保护立法进展

近年来，个人隐私权逐渐成为巴西社会公众特别是网民新的权利诉求，为此，巴西正加速本国个人信息保护立法，其核心就是对网络空间个人隐私权的确立和保护。

特别是，2018 年 4 月，巴西《通用数据保护法》（LGPD）正式通过，并于 2020 年 2 月正式生效，宣告巴西个人信息保护进入新的阶段。作为巴西首部个人信息保护的综合性立法，LGPD 就个人信息的收集、使用、处理和储存制定了详细的规定，法律适用巴西所有涉及个人信息的私营和公共部门。就内容而言，LGPD 大量借鉴了欧盟《通用数据保护条例》的基本原则和诸多规定，特别是增强个人对个人信息控制、加大个人信息违法领域的惩罚等，成为欧盟个人信息保护原则在巴西落地的真实写照。

早在 2014 年，巴西发起了被称为"Macro Civil Da Internet"的互联网立法行动，负责巴西个人信息立法的巴西司法部（Ministry of Justice）带头起草了巴西《网络治理法》（*Internet Governance Law*），涉及互联网空间的个人隐私保护。当然，该法律草案是一部监管整个互联网行业的综合性法律，包括互联网服务商（ISP）、电信公司对互联网上用户信息的收集和使用，特别是明确互联网服务商在什么情况下可以运用和挖掘这些用户信息，总体上，可为互联网时代个人信息保护提供基本的监管框架。这部法律草案在 2015 年 1 月公开征求社会公众的意见，并在 2015 年 10 月中旬又发布了第二稿征求社会意见。乐观预期，巴西的个人信息保护立法最终落地尚需要几年时间。

在保护理念上，巴西的个人信息立法，贯彻始终的个人隐私理念主要是消费者对个人信息的知情，个人信息处理不对个人保密。通俗来讲，就是如果有机构掌握了某个人的个人信息，那么机构要告诉信息主体机构拥有个人的什么信息，机构如何得到这些信息，机构如何使用这些信息并确保这个信息是正确的，机构将在什么情况下使用这些信息。特别是在个人征信领域，当征信系统收集了个人的负面信息时，一定要告知信息主体这一事实。

在立法模式上，该法律草案理念与欧盟类似，旨在为个人信息保护建立一个综合性的制度框架，设置专门的监管机构，最大限度接近欧盟立法中的隐私概念和隐私保护力度。例如，对从事个人信息经营的公司，法律草案规定：一是要获得信息主体明确、具体和充分的授权；二是禁止处理类似种族、政党派别、健康、性取向和生物等敏感个人信息；三是个人信息主体对信息有权使用并更正个人信息；四是在无充分证明其他国家也采取相同的个人信息保护的情况下，禁止本国个人信息的跨境流出；五是对个人信息的处理要确保信息安全；六是个人信息泄露等事故发生时，要向监管部门、社会和信息主体及时报告。此外，对于违法行为的处罚措施，包括巨额罚款和长达 10 年的业务中止等。在机构设置上，巴西将成立类似个人信息保护办公室的一个中央机构，隶属司法部，负责个人信息保护、立法实施和监管等工作。

从目前的立法草案来看，巴西个人信息保护立法有以下几个特点：一是法律草案的适用范围上，不区分信息处理商（Data Processors）和信息控制商（Data Controllers）而一并纳入监管。二是在监管对象上，对于去身份标示（De-identified）和匿名的信息，都纳入个人信息的范畴接受同等程度的监管，对此是否应排除在个人信息的范围之外，巴西各界争论较大。三是在法案草稿中有关信息主体同意的标准上，对于所有个人信息的收集和使用都要求得到信息主体肯定（Affirmative）、明示（Express）同意的原则。由于征信机构不是总可以取得信息主体（借款人）的明示同意，为平衡个人信息保护和负责任信贷之间的关系，最大限度降低审慎风险，在欧盟、美国、巴西等国家的征信业，"正当利益"（Legitimate Interest）和"特许用途"（Permissible Purpose）原则，正取代了"肯定同意"（Affirmative Consent），为此，商界特别是征信业界对此项规定反应强烈。四是在跨境信息流动的机制上，巴西立法草案并未采用欧盟实行的"企业约束规则"（BCRs）进行信息跨境流动，以及亚太经合组织（APEC）的"认证标准"（Trustmarks）作为替代原则，特别是在法律草案中要求信息流入巴西需要遵循同样的同意原则，释放出巴西对个人信息跨境流动的严格监管和控制的信号。

总之，综观全球，2018 年是个人信息保护历史上具有里程碑意义的一年：欧盟《通用数据保护条例》正式生效、美国加州通过了《加州消费者隐私法案》（CCPA），印度公布了《个人数据保护法（草案）》。更为明显的是，美洲、亚洲、欧洲三大洲的三部重要个人信息保护法律，在保护原则、法律宗旨、立法重点等方面都非常接近，在增强信息主体对个人信息的控制、加大信息处理者责任和违法惩罚力度等方面都如出一辙。尽管在具体实施上，因文化、历史、社会和经济等方面存在的差异性，各经济体在落实上述原则的具体方法和路径上还是有所不同，如，欧盟选择的是统一立法、统一监管的保护模式，而美国则走行业分散立法、分散监管的保护模式。但是，国际上就个人信息保护的基本原则基本是一致的，欧美、亚洲和金砖国家正在因地制宜地践行个人信息保护的五大国际原则。

特别需要指出的是，出于对个人隐私诉求进行保护的客观需要，以及融入经济全球化的战略考虑，亚洲国家（地区）和印度、巴西等新兴市场国家都纷纷加强了个人信息保护。一方面，以日本、韩国、新加坡等为代表的发达国家，紧跟欧美步伐逐步完善本国的保护体系，统一立法、统一监管的个人信息保护框架已经非常成熟；另一方面，印度、巴西等新兴市场国家，也已经形成了或正在形成专门的个人信息保护法，设置统一的个人信息监管机构，加紧推动国际个人信息保护原则在本国落地，并紧跟欧美步伐不断完善本国的法律和监管。

第四章　各国（地区）
个人信息保护的监管实践

当前，各国从强化信息控制机构的责任，保障信息处理的公平、透明，加强对信息主体的宣传教育，保障主体的权益等方面，形成本国个人信息保护的监管实践。特别是，通过确立清晰的立法和规则，落实严格的执法和监管实践，促进信息行业和信息控制机构的自律，基本形成了目前"以欧盟个人信息自决为高线、以美国公平信息实践为底线"的"走廊式"全球个人信息保护格局。相应地，其他国家受到欧美的影响正在折中借鉴、因地制宜地进行个人信息保护的实践和探索，大部分国家和地区处于欧美的"保护走廊"中。近年来，在经济全球化的推动下，从美国个人信息保护的实践来看，其"底线"正不断向欧盟"高线"标准靠近、上抬的趋势。同时，欧盟的"高线"标准也有不断趋严和抬高的趋势，所以总体上，各国保护的认识、需求和实践越来越类似，个人信息保护的"走廊"框架在向上收窄。

一、全球个人信息保护监管概况

具体而言，在实践中，欧盟建立了一套通用型的保护标准，设立了专门的个人信息保护机构，强化一体、统一的监管体系和执法标准，加强政府部门和私营领域各行业个人信息的保护，且标准越来越高、保护越来越严。例如，2016年5月出台的《欧盟条例》取代了1995年的《欧盟指令》，将作为所有成员国统一的个人信息保护标准，强制、无条件在各成员国同步实施，大大提升法律效力同时，进一步将个人信息保护的监管范围扩张到一切在欧盟境内的数据处理行为，以及为欧盟居民提供产品和服务而进行的一切数据处理行为。在实践个人信息处理的合法、必要、适当的原则基础上，进一步强调数据采集"最小化"原则，赋予个人对其数据的"可携带权""被遗忘权"和"反对权"，限制对个人进行"画像"和"自动化决策"。此外，从责令机构提供监管信息、开放数据接口、删除违法数据等，加强了监管机构的执法权，统一提高到两档的行政处罚标准：1000 万欧元或上年度全球营收的 2%（两者取其高）和 2000 万欧元或上年度全球营收的 4%（两者取其高），加大违规处罚力度，促使其将监管标准内化到产品设计、业务流程、系统设计甚至是战略规则中。

而美国则从隐私保护出发，采取实用主义原则，先从与个人关系比较密切的一些领域（如征信）、特殊信息（如医疗、儿童）等出发，分门别类地设置针对性的隐私标准进行保护，强调个人知情、交易公平、机会平等，信息主体对个人信息的权利主要体现在公平信息实践原则中，避免个人因错误信息对自身重要事务产生不利影响。所以，美国并没有一部综合性的隐私保护法，也没有一部综合性的个人信息保护法。在公法领域，以成文法建立了政府机构数据保护标准——1974 年的《隐私法案》。在私法领域，在联邦层面，针对不同的行业和领域，比如涉及财务、医疗、电子通信、儿童隐私、征信等领域，对信息收集、利用进行了规范，对信息控制主体设置了数据保护义务，并限制其收集和使用行为；在州层面，各州法亦在联邦法律的基础上增加了许多隐私权要求。在执法上，由于没有一个统一的隐私保护监管机构，隐私保护法律体系主要是由联邦贸易委员会、联邦通信委员会（FCC）、消费者金融保护局（CFPB）等推动实施[①]。

同时，因为在科技发展的今天，从技术上讲，一切信息都可得，仅靠外部监管不够，所以近年来，各国越来越重视机构和行业自律在个人信息保护中的作用。例如，在 2016 年《欧盟条例》之前，欧盟对于信息处理机构的信息处理行为（非机构设立）是有事前审批（或备案），但是《欧盟条例》取消了事前审批的监管要求，侧重通过信息侵权发生后对信息主体的救济、对违法主体的罚款等手段，促使信息处理机构的自律。在美国，在

---

① Alan Charles Raul, The Privacy, Data Protection and Cybersecurity Law Review.

行业自律方面，一直以来是通过建议性行业指引①和网络隐私认证计划②，以及依赖于事后政府执法部门的执法与私人诉讼，威慑"不公正或欺骗性的"商业活动中侵害个人隐私的行为。

欧美之外的新兴市场国家个人信息保护进展不一，宣传教育和保护执法双管齐下。其中，既有部分国家在内部自发和外部力量促使下，正在紧跟欧美步伐逐步完善本国的保护体系，如日本、韩国、澳大利亚、新加坡等，也有阿拉伯国家处在个人信息保护理念萌芽阶段，还有完全没意识到需要进行个人信息保护的国家。对后两者而言，这些国家，政府控制着大部分个人信息，不仅包括因行政执法产生的公共信息，也包括国家或酋长们控制的商业企业拥有的个人经济活动信息。总体而言，无论相关国家处于何种阶段，个人信息保护都是一个长期的实践过程，其中一项长期而艰巨的工作是对社会公众的宣传教育，提高社会各界（信息主体、监管部门、业界）对信息保护重要性的认识，在此基础上形成清晰的立法和规则，并通过严格的执法和监管发展，促进个人信息保护的不断推进。

二、个人信息保护法律的实施

个人信息保护的法律的实施分为行政和司法两大部分。综观各国个人信息保护执法的情况，基本上是以行政执法为主、司法为辅。在行政执法上，各国在个人信息（隐私）保护理念、原则和立法上的差异，决定了个人信息（隐私）保护在法律实施和政策监管上存在明显的不同，这种差异突出地表现在监管机构的设立和监管权限、手段和保障机制上。

例如，对于是否设立个人信息保护的监督机构，以德国为代表的大陆法系国家和以美国为代表的普通法系国家延续截然不同的模式。在美国分散立法的模式下，美国主张通过信息控制者的自律、行业主管部门的监管和消费者保护机构监督，实现对个人信息保护的监管，而不设定统一的个人信息保护机构。反之，德国则采取设置联邦层面的信息保护委员会、国

---

① 建议性行业指引：Suggestive Industry Guidelines。
② 网络隐私认证计划：Online Privacy Seal Program。

家数据保护监督局（DPA）等类似机构，分别对国家机关和商业领域处理的个人信息进行统一监督，并在信息处理者内设资料保护官等进行监管对接，搭建较为完善的个人信息保护监管和执法主体。从全球范围来看，其他国家基本上在美国和德国的监管机构设置上二者取其一，推动个人信息（隐私）保护法律在本国的实施，如亚洲国家基本延续欧盟的统一监管框架。需要特别指出的是，没有设置统一的个人信息保护的国家，如美国，其行业主管部门对个人信息的行政执法和监管一样十分严格，在落实完善、清晰的个人信息保护原则下，对个人信息主体的保护、行政与司法救济一样有效。

（一）专门统一监管下的个人信息法律实施

1. 欧盟成员国均建立统一的监管部门进行执法监管

在德国，根据《个人信息保护法》，一直以来，个人信息保护委员会负责对国家机关处理个人数据进行监管，非国家机关的个人数据处理行为则由本机构内设的数据保护官（DPO）[1] 和国家数据保护监督局（DPA）[2] 负责监管。第一，个人信息保护委员会作为一个法定的独立机构，独立行使对联邦和各州政府个人信息处理行为的监管职权。委员会成员有联邦政府提名，经联邦议会过半数议员选举产生，联邦总统任命，5 年一任期，依法执行研究和咨询的、一般性监督和日常监督等任务[3]。第二，对联邦铁路局、联邦邮政事业等一些特殊的国家机关处理的个人信息，德国要求该类机构设置内部数据保护官，由其负责机关内部的资料保护监察工作，并向个人信息保护委员会负责。第三，对于非国家机关个人信息的处理，德国要求相关的信息处理者内设资料保护官，负责本机构一切个人信息保护、监督和宣传教育职责，对接国家数据保护监督局的监管，接受后者的业务和监管指导。

在欧盟层面，首先，对于政府领域的个人信息，欧盟设立统一规范、

---

① 数据保护官：Data Protection Officers。

② 国家数据保护监督局：National Data Protection Authorities。

③ 转引自：国家保密局法规处. 德国荷兰保密法律制度［M］. 北京：金城出版社，2001：11.

独立的数据保护机构——欧盟数据保护监督局（EDPS）①，主司三大职责：一是负责监督数据保护规则在欧盟相关机构的实施；二是向欧洲议会、欧洲理事会、欧盟委员会进行个人信息保护的决策咨询；三是对外交流与合作，如在第29条款工作组②框架下与成员国间的交流。

其次，在非政府领域的个人信息保护上，欧洲数据保护委员会（ED-PB），即原29条款工作组，在原来作为欧盟个人数据保护咨询和研究机构，有权向欧盟委员会提出监管改进建议的基础上，被赋予了欧盟境内个人信息保护的终极裁决权和监督权，与欧盟各成员国的数据保护监督局（DPA）进行监管对接。欧洲数据保护委员会（EDPB）设在每一个成员国的分支机构——成员国国家数据保护监督局（DPA），行使包括数据泄露案件、现场检查在内的数据处理业务的监督权。在执法监督之外，还接受公众就数据相关的投诉业务，提供一站式数据保护和监督服务——任何欧盟境内的被监管对象，在欧盟境内的任何数据处理业务，可仅需与一个成员国的数据保护监管机构打交道。

在数据处理机构内部，负责与数据保护监督局进行监管对接的，是欧盟境内所有被监管对象在本机构内部设立的数据保护官（DPO），各机构的数据保护官根据专业知识、品行自行任命和撤换，负责对本单位个人信息处理行为进行监督，制定本单位个人信息处理的政策和人员配置，加强面向本单位人员的个人信息宣传教育，欧盟各成员国的国家数据保护监督局（DPA）有权撤换数据处理机构的数据保护官③。此外，对于跨境泄露案件等监管，欧洲数据保护委员会（EDPB）设在数据控制方总部所在国的下属分支机构，即成员国的保护监督局，将成为相关数据泄露案件调查取证的牵头人。

2. 亚洲国家和地区纷纷设立了统一的个人信息保护机构

韩国逐步建立了更趋集中、统一的个人信息保护委员会。该委员会在

---

① 欧盟数据保护监督局：The European Data Protection Supervisor，EDPS。

② 第29条款工作组：Article 29 Data Protection Working Party。欧盟第29条工作组（Working Party）由欧盟成员国的个人信息保护监管部门、欧盟数据保护监管机构和欧盟委员会的代表组成。

③ 数据保护官：Data Protection Officer。

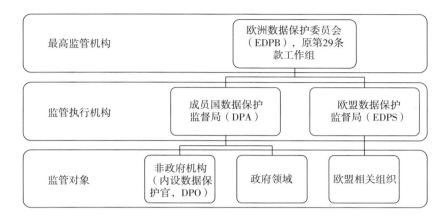

图 4 - 1　欧盟当前个人隐私保护的法律实施框架

2020 年之前作为由总统授权组建并接受总统直接领导的行政机构①，负责制定和督促落实韩国公共部门和私营部门个人信息保护纲要、制度及法令的解释、完善等政策事项。在其指导下，韩国内政部是各级政府部门、各领域个人信息保护的实权监管部门，统领本国除议会、法院等政府部门个人信息保护的全局工作，并依托各中央机关全权负责各行业各类个人信息控制者的个人信息保护和监管工作。2020 年《个人信息保护法》修订后，韩国在建立更为集中统一的个人信息保护体制的道路上迈出了坚实的一步：将原先分散在各部门的个人信息保护相关职责全部划归个人信息保护委员会（PIPC）。例如，原先负责协调个人信息保护一般事务的韩国内务与安全部（MIS），负责线上个人信息保护的韩国通讯委员会（KCC），负责商业企业个人信息保护的金融服务委员会（FSC）等，全部统一到新的个人信息保护委员会中。

　　日本也设立了专门的机构——个人信息保护委员会，专司日本个人信息保护法律的解释、执法和法律完善职责，向国会负责。该委员会是根据 2015 年修订的《个人信息保护法》设定，将之前由各中央部门主管大臣在各领域的个人信息监管责任、发布劝告和命令等权力，统一收归到个人信

---

① 2015 Annual Report on Personal Information Protection in Korea.

息保护委员会，通过将个人信息保护的监管特定化，以降低日本各级政府在个人信息保护中的干预。根据法律授权，该委员会有权判定信息处理机构的信息收集、处理和对外提供行为是否合规，个人信息的匿名化处理是否符合足以保护个人隐私的标准等，并对违反法律规定故意泄露个人信息等违法行为有处罚权。

新加坡也成立了专门的"个人信息保护委员会"，该委员会根据《个人资料保护法》（以下简称《个资法》）设立，作为《个资法》的实施主体和监管机关。具体而言，该委员会有以下职权：实施调查并决定机构是否遵守《个资法》；要求申诉人及被申诉的机构按照其确定的方式解决争议；决定要求机构停止收集、使用、披露个人信息等行为；决定要求机构销毁违反《个资法》的规定收集的个人信息；单处或并处最高限额为100万新元的罚金；发布、修改、废除用以解释《个资法》条款的适用指引；根据通信部部长的同意及在公报上发布命令，对个别机构、或特定类别的机构免予适用《个资法》的规定。由于《个资法》是与其他特别法在新加坡的法律体系中同时适用，该委员会也需要和特定监管部门一起行使其职权。在特定情况下，可以不暂停、终止或拒绝进行调查：一是申诉人未按照该委员会的要求去解决争议；二是双方已经就争议达成了解决方案；三是已经移送至其他监管机关；四是事件相关人员已经启动了相应的程序的；五是该委员会认为举报的事项是显著轻微的、恶意的，或者其他情况，采取暂停、终止或拒绝调查是公正的。该委员会的决定一旦在地方法院登记，则和地方法院判决具有同等的效力，地方法院有权力采取措施加以执行。

3. 就统一的个人信息监管标准进行监管执法

在统一的个人信息监管机构的基础上，各国监管部门主要根据法律的授权，在个人信息保护法的框架下进行监管执法，各国在个人信息处理各流程、各环节上的保护标准，是监管部门督促法律落地和实施的核心。在这里就一些常见的监管标准进行汇总介绍，从中发现，各国针对每一个环节的监管非常细化。

第一，在获取并保存个人信息行为的收集监管上，一般遵循两个原则。一是目的性原则，个人信息控制者收集个人信息应有合法、正当、明确的目的，不得超出目的范围收集个人信息。二是知情、同意原则，即个人信息控制者应充分告知用户有关个人信息处理的重要事项，并在告知的基础上获得用户的明示同意或默示同意。其中，知情是同意的前提要件。为落实知情原则，监管部门要求个人信息控制者在收集个人信息前应以个人信息保护政策如实告知用户个人信息处理相关事项，包括但不限于：一是收集个人信息的目的、方式、范围；二是加工、使用、转移个人信息的目的、方式、范围；三是个人信息控制者的名称、地址、联系方式和用户投诉机制；四是用户查询、修改个人信息的渠道；五是用户拒绝提供个人信息可能出现的后果；六是企业个人信息安全管理制度和个人信息安全保护措施。

例如，根据韩国《个人信息保护法》，监管部门要求个人信息控制者在取得信息主体授权时需要同时告知信息主体：个人信息采集和使用之目的、个人信息采集的内容、个人信息持有和使用的期限，信息主体有权拒绝授权，以及信息主体因不授权对此造成的不利影响的详细情况。同时，为了避免"一次授权多次有效"给信息主体权益造成侵害，韩国特别要求需要重新获得授权并告知的情况。例如，《个人信息保护法》第 15 条、第 17 条分别要求在以下情况发生时，需要重新获得信息主体的授权，并再次履行以上告知义务：一是在以上告知信息主体的四个要件（信息收集和使用目的、信息收集内容、信息保存和使用期限等）任何一条变化发生时；二是个人信息控制者向第三方提供（共享）个人信息时。此时告知内容还包括个人信息接收方的有关情况，接收个人信息的第三方机构仅可根据约定目的使用个人信息，约定目的之外的个人信息使用和对外提供，需要重新获得信息主体的独立授权，并再次履行相应的告知义务。此外，对于个人信息控制者从本人之外渠道收集，韩国《个人信息保护法》第 20 条要求，经信息主体请求应向其告知：个人信息收集的来源，个人信息处理的目的，信息主体有权中止信息的处理。

在告知的方式上，监管部门要求个人信息控制者应在网站、软件或服务的适当位置公开其个人信息保护政策，并以适当方式提醒用户注意相关政策并告知不同意个人信息保护政策的可能后果。在默示同意原则下，在个人信息控制者履行其告知义务后，用户开始或持续使用技术服务或内容服务的行为视为同意个人信息控制者处理其个人信息。

此外，个人信息控制者应根据规范性法律文件和企业实践及时更新其个人信息保护政策。控制者实质性修改其个人信息保护政策，应以显著方式告知用户修改的内容，并告知用户不接受的后果及相应的解决机制。个人信息控制者非实质性修改其个人信息保护政策，应以适当方式告知用户修改的内容。

第二，信息收集时的授权一般要求特定同意。在确保信息主体知情的基础上，取得信息主体的同意包括明示同意或默示同意，是许多国家和地区的信息控制者进行信息采集和转移的监管要求。其中，明示同意是指用户以其积极、肯定的意思表示认可个人信息控制者处理其个人信息。而默示同意是指用户以其自愿使用服务的行为认可个人信息控制者处理其个人信息。无论是采取何种方式，授权时的同意必须基于知情的且是针对特定目的和行为的同意，不能搞一揽子、泛目的化的假授权同意。

美国和欧盟都要求，凡处理数据需征得本人同意，相关同意书必须做到清晰明确，不能存在误导。其中，美国并未针对个人数据使用规定一般性同意需求。例如，政府公共事业机关相关记录中的隐私数据，可以在无需征得本人同意的情况下，用于任意合法目的。其中包括房地产交易记录、破产记录、婚姻登记记录、离婚与出生证明记录以及刑事犯罪记录等①。

凡公司有意使用直接从数据当事人所获取的个人信息的，往往会就数据计划用途征求数据当事人的同意，尤其是在相关用途与消费者服务之间并不存在直接关联的情况下（或用于消费者可能无法预见的其他用途时）。依照美国法律，本人同意书可在不以误导方式出具的前提下，采用具体明示或暗示内容。

相比而言，欧盟、韩国等建立更严格的信息主体同意制度。例如，《欧盟条例》要求在信息采集时需要取得信息主体的明示同意、独立的同意。针对同意之构成要件，欧盟第 29 条工作组指出同意必须符合以下四项标准：一是同意必须清楚不含糊、明确地指出其意愿；二是同意必须出于自由意

---

① 王融. 数据保护三大核心问题与合规建议［EB/OL］. http：//www.cbdio.com/.

志；三是同意必须特定，即针对特定目的和行为的同意；四是同意必须是基于知情基础上的。在 2011 年 7 月的《同意定义之意见》[①] 中，工作组对以上四项标准的内涵做了进一步解释。

在获取同意处理其本人信息的个人同意书时，一概适用以下规则：同意书必须免费提供，内容详尽、具体且不得含糊不清；本人表示同意时，必须作出明确确认行为（默许或无需任何操作是不够的）；必须就数据保护条款出具单独的同意书，与其他同意书区分开来、不得混淆，且每一笔单独数据处理业务，均必须单独出具同意书；如个人和数据控制方之间存在明显不均衡（例如雇员与雇主之间），不得出具同意书；一概不得将同意数据的另一类用途，作为签约条件；同意书可以随时撤销；以及数据控制方应承担已经获取明确同意书的举证义务。同意书新规还要求，在消费者出具同意书之时，须进行广泛、详尽的披露，并将此作为同意书有效的前提。部分披露事项可能涉及数据控制方在获取同意书之时的未知事项。

韩国《个人信息保护法》要求，除有以下特殊情况，个人信息控制者收集个人信息的行为超出告知的目的、方式、范围，应以合理形式告知用户并获得用户的明示同意：一是法律法规特别要求，如维护公共安全、紧急避险等；二是行政机关依据法律作出的强制行为；三是司法机关依据法律作出的决定、裁定或判决。对于取得授权的细节，法律第 22 条单独进行了约定。例如，个人信息控制者在取得信息主体授权时，应分门别类列举需要取得授权的事项，对信息主体的告知要清楚、易于理解，且按照一事一授权的原则逐项取得授权。《个人信息保护法》第 19 条要求，任何从个人信息控制者处获得个人信息的机构和个人，不得在约定目的之外使用或向第三方，除非就此目的再一次取得信息主体的单独授权，或有特别法律授权，这基本杜绝了个人信息的违规流通和滥用。同时，个人信息控制者应建立制度，明确告知信息主体如何退出个人信息的自动收集程序（第 30

---

① Opinion 15/2011 on the Definition of Consent, 2011 年 7 月，资料链接为：http://ec. europa. eu/justice/policies/privacy/docs/wpdocs/2011/wp187 _ en. pdf，最后访问日期为 2016 年 4 月 20 日。

条）。信息主体有权随时中止对本人信息的处理（第37条）。同时，对于公司使用内部客户数据进行营销，需要取得客户的明示同意（Opt – in）。

对于约定目的外的处理，除有以下特殊情况，个人信息控制者超出收集时所告知的目的和范围加工个人信息，应以合理形式告知用户并获得用户的明示同意：一是法律法规特别要求，如维护公共安全、紧急避险等；二是行政机关依据法律作出的强制行为；三是司法机关依据法律作出的决定、裁定或判决。

第三，信息处理上要求承担安全责任。处理是指将收集的个人信息进行自动化系统操作以满足使用、转移需要的行为。个人信息控制者应在收集前告知的目的和范围内加工个人信息，并采取必要的措施和手段保障个人信息在加工过程中的安全。其中，信息加工上的安全责任原则，即个人信息控制者应采取必要的管理措施和技术手段，如通过设计保障隐私①、隐私增强技术②等，保护个人信息安全，防止未经授权检索、公开、丢失、泄露、损毁和篡改个人信息，是各国个人信息保护的共同原则。

例如《欧盟条例》要求，个人信息控制者应建立个人信息管理责任制度，落实个人信息管理责任，加强个人信息安全管理，规范个人信息处理活动。个人信息控制者应采取必要的技术措施和手段保护个人信息安全，包括但不限于：建立完善的内部合规管理部门，设立并任命首席隐私官或相关管理人员；采用法律强制或业界通行的技术手段对用户个人信息进行加密；采取法律强制或业界通行的技术手段对用户个人信息进行匿名化或去身份化处理，并使处理后的信息不可逆及不能用于识别个人身份；在提供服务过程中，以技术手段保证用户对他人未经授权实施的个人信息侵害行为采取防御行为。

例如，韩国《个人信息保护法》第3条要求，在处理程度上，个人信息控制者要坚持仅为满足处理个人信息之目的、在适当的程度上处理个人信息，且不得另做他用。在数据质量上，个人信息控制者要确保个人信息

---

① 设计保障隐私：Privacy by Design。
② 隐私增强技术：Privacy – enhancing technologies，PETs。

处理之目的的程度内个人信息的准确、完整和及时性。在信息安全上，个人信息控制者要安全地处理个人信息，防范信息主体权益受到侵害的风险，以及个人信息处理方法、手段对信息主体权益的潜在侵害。在公开透明上，个人信息控制者要及时公开个人信息处理的政策、保障信息主体权利等方面的情况。在方式上，个人信息控制者要以尽可能小的侵害信息主体隐私的方式处理个人信息。个人信息控制者要保证个人信息在任何情况下都是尽可能匿名化处理的。个人信息控制者有责任通过充分履职赢得信息主体的信任。

第四，个人信息仅限于特定期限内有效使用。使用是指利用个人信息提供技术服务或信息服务，依据个人信息作出决策，以及向公众公开或向特定群体披露个人信息的行为。个人信息控制者应在收集前告知的目的和范围内使用个人信息，并采取必要的措施和手段保障个人信息在使用过程中的安全。除有以下特殊情况，个人信息控制者超出收集时所明确告知的目的和范围使用个人信息，应以合理形式告知用户并获得用户的明示同意：一是法律法规特别要求，如维护公共安全、紧急避险等；二是行政机关依据法律作出的强制行为；三是司法机关依据法律作出的决定、裁定或判决。

对个人信息到期后的删除条件，韩国《个人信息保护法》第 21 条要求，当个人信息持有到期、信息处理的目的达到之后，个人信息控制者应第一时间销毁个人信息，法律要求需要保存的情况除外。同时，个人信息控制者需要应采取措施，避免销毁后的个人信息被恢复或再利用。

第五，统一要求个人信息的转移条件。转移是指将个人信息传输给关联方或第三方的行为。个人信息控制者向关联方转移个人信息，应列举关联方具体情况并告知用户关联方处理个人信息的情况。除有以下特殊情况，个人信息控制者向第三方转移个人信息，应告知用户并征得用户的明示同意：一是法律法规特别要求，如维护公共安全、紧急避险等；二是行政机关依据法律作出的强制行为；三是司法机关依据法律作出的决定、裁定或判决。

对于信息控制者向信息处理者转移信息时，韩国《个人信息保护法》

要求，个人信息控制者需要向信息主体披露受托方身份的详细信息，便于信息主体知情。如果委托第三方进行产品销售和推广，个人信息控制者应告知信息主体有关受托方和委托事项的详细情况。受托方和委托事项的任何变化，个人信息控制者的以上告知责任需要重新履行。在安全管理上，个人信息控制者应督促受托方采取必要的措施，保护个人信息免予因委托而丢失、被盗、篡改或毁坏，并对受托方进行跟踪监督。受托方不得违反委托约定将个人信息提供给任何第三方。受托方在个人信息委托处理中存在过失行为，在法律上，视受托方为委托方的雇员追究委托、受托方之责。

由于业务的并购等原因导致个人信息转移给第三方时，韩国《个人信息保护法》要求，个人信息控制者在将个人信息转移给任何第三方之前，应通知信息主体如下事项：个人信息被转移的事实；有关个人信息转入方的姓名（企业名）、地址、电话等其他联系方式；个人信息主体如何拒绝个人信息转移的方法和程序。同时，个人信息仅授权同意转让后，转入方需立即通知信息主体信息转入的事实。转入方对个人信息的应用、再转出给第三方时的目的，应严格限制在个人信息采集时约定的初始目的。法律上，转入方的任何违约责任视转出方的雇员追究转出方责任。

第六，对特殊个人信息的特别规定。这里的特殊个人信息包括敏感信息、未成年人信息、位置信息等。其中，敏感信息一般是指反映信息主体的种族、血统、政治倾向、民族或信仰、公会成员身份的信息，以及处理有关健康、性生活的数据。对于这类特别数据，欧盟要求个人数据控制者（及其处理者）不得处理，除非：一是取得信息主体的书面许可，且同意该许可可以随时收回；二是数据由专业的医疗卫生机构在保障职业秘密，且为医疗目的所必需时进行处理；三是为保障信息主体的重大利益所必需时（如医疗救护等）；四是由公会、宗教组织等进行处理；五是这些数据已被明确公开的情况下。[①]

韩国要求，个人信息控制者只有在取得对一般性个人信息的授权同意之外，取得对这类敏感信息、唯一识别信息的独立授权同意后，方可处理

---

① 欧盟《通用数据保护条例》（*General Data Protection Regulation*，GDPR）。

敏感信息、唯一识别信息。在处理过程中，个人信息控制者要为保障敏感信息安全而采取必要的安全措施。韩国对个人信息中唯一可识别信息实行严格管理和特许处理制度。韩国《个人信息保护法》第 32 条要求，只有在安全行政部完成以下事项注册后的公共机关，方有权管理个人信息档案。对于管理个人信息档案机关的注册信息，安全行政部应逐项审查，提出必要的改进建议，并及时向社会公众披露以上注册信息，便于社会公众的监督（2013 年修订）。

对于未成年人信息，个人信息控制者应要求对未成年人个人信息处理采取特殊措施，如仅在征得其监护人的明示同意前提下处理其个人信息，或一旦明知其为未成年人，在未征得监护人明示同意时停止处理其个人信息。

在位置信息上，个人信息控制者处理用户精确地理位置信息，应对用户作出明确告知，并在第一次收集用户精确地理位置信息前，以合理方式对用户作出即时通知及征得用户的明示同意，并为用户提供终止处理其精准地理位置信息的选择机制。精确地理位置信息是指通过用户所使用的设备获取的，用于及时识别或描述用户在某一特定时间点误差小于 1 公里的实际物理位置的信息。

第七，对个人信息保护的事后救济制度。一旦发生侵害信息主体权益的情况，个人信息主体是否有权对个人信息控制者提出诉讼和赔偿，相应的举证义务落在谁身上，事后如何追究和赔偿制度上，各国（地区）的要求和做法也有所不同。一般而言，欧盟等大陆法系国家和地区，侧重对信息控制者的行政处罚，为信息主体提供包括行政救济、司法救济和民事救济在内的综合性救济渠道，而美国则侧重在司法救济和民事赔偿上。

例如，韩国主要通过集体争议仲裁制度、集体诉讼制度、泄露通报制度和责任追究制度，建立强有力的个人信息保护事后救济制度。例如，韩国网络振兴院[①]下属的个人信息保护中心（PDPC），承担了个人信息的异议受理、调查和对轻度争议调解等作用，并为信息异议主体向争议仲裁委员

[①]　韩国网络振兴院：Korea Internet & Security Agency，KISA。

会提出的仲裁提供支持。当个人信息侵害事故发生后，信息主体可以向个人信息纷争仲裁委员会（PICO）申请调解。韩国《个人信息保护法》第 49 条要求，受害的信息主体向个人信息争议仲裁委员会提出集体争议仲裁请求，即便在部分原告与被告对簿公堂时，该仲裁程序仍然可以继续进行。在个人信息控制者拒绝集体仲裁时，各类非政府组织（NGO）可依法在被告的业务开展地，或者是外资业务代表处所在地的地方法院提出集体诉讼。韩国《个人信息保护法》第 7 章专门要求了个人信息的团体诉讼制度。同时，韩国法律要求，当个人信息发生泄露时，个人信息控制者应告知相关信息主体泄露的数据内容、何时及如何泄露的、减轻数据泄露危害的方法、采取的补救措施等善后事项。同时要求了信息控制者对信息泄露的补救责任。此外，韩国《个人信息保护法》对从事个人信息采集、披露和处理的个人的不法行为，追究行政责任、民事责任和刑事责任。例如，对于未经授权向第三方提供个人信息，超越约定目的使用个人信息，违规处理敏感信息，违规处理唯一身份信息等行为，处以 5 年以下有期徒刑和 5000 万韩元罚款。对于通过欺骗和不合规的方法从信息主体处取得个人信息处理的授权，违规披露业务经营中的个人信息等违法情况，处以 3 年以下有期徒刑和 3000 万韩元罚款。而对于个人信息处理未尽责，或违规提供给第三方等情况，将处以 2 年以下有期徒刑和 1000 万韩元罚款。

长期以来，欧盟仅限于针对特定行业的数据被盗案例，有着数据泄露通知程序的强制性法律规定，例如电信公司或互联网业务服务商等。新的《欧盟条例》于 2018 年生效后，将开始执行通用数据泄露条款。《欧盟条例》要求，凡任意类型个人信息泄露后，可能对本人权益与自由带来侵害风险的，数据控制方一律应向上级监管机关通报。仅在可能给本人造成侵害的"风险较高"时需通知已泄露数据的相关当事人。《欧盟条例》授权数据保护监督局提供一站式监管，负责个人信息保护领域的投诉，建立数据保护违规通告制度。

美国没有独立的专门机构监督企业数据泄露案件，但美国联邦贸易委员会与各州司法部均有权对数据泄露案件展开调查。同时，美国已将数据泄露告知机制纳入各类法律法规，几乎每个州都已颁布此类法律。虽然各州法律有所不同，但所有此类法律都规定有必须履行告知义务的个人信息类型，通常局限于使消费者可能面临账号被盗或欺诈风险的相关数据，例如消费者网银账户资料或信用卡信息和密码、社保号、驾驶证号等。此外，联邦法律和州法都要求，泄露数据包含有可以追溯至个人的健康数据时，数据控制方所必须履行的告知义务。

在美国，一旦大量消费者共同沦为隐私权侵权案或数据泄露案的被侵害方，完全可以通过集体诉讼程序维护自身权益。但在许多情况下，侵权泄密案件所造成的潜在损失往往难以举证，或只是未来预期损失，因此在缺乏人身伤害证据或只有预期损失的情况下，美国法院通常不会受理此类集体诉讼案。

在欧盟，《欧盟条例》新增条款允许数据保护监督局（DPA）针对违反《欧盟条例》的违法行为处以巨额罚金，同时还存在允许消费者集体委托法律代表提出诉讼的相关规定。实际执行过程中，欧盟法律代表诉讼程序的运作方式不甚明朗，尤其是对于数据当事人并未集体蒙受任何经济损失的情况更是如此。

在对信息主体的损失赔偿制度上，实施统一立法模式的国家对"私企业"和"公机关"的侵权行为和损失赔偿上进行了区分。例如，德国《个人信息保护法》要求，对"公共机关"基于行政侵权行为发生的损害赔偿适用无过错责任原则，即没有过错造成他人损害的国家机关仍要承担无过错责任，在赔偿范围上针对行政侵权行为设定了明确的最高限额，并特别要求了行政侵权行为的"一般赔偿责任"。而基于民事侵权行为发生的损害赔偿则适用过错责任原则，并施行举证责任倒置，在赔偿范围上实行全额赔偿，不设最高限额。

（二）各领域分散监管下的个人信息法律实施

美国没有一部综合性隐私保护法，也没有统一的信息保护监管、执法机构。美国的隐私保护法律主要是由联邦贸易委员会、联邦通信委员会、证券交易委员会（SEC）、消费者金融保护局（CFPB）、卫生和公共服务部（HHS）、教育部（DE）、司法系统，以及隐私权诉讼推动实施，行业主管部门是消费者隐私权益保护部门，其中，联邦贸易委员会承担了保护消费者隐私的大部分职责①。应该讲，美国隐私权体系中不特别依赖事先的立法，也没有统一的监管机构，但仍然没有发生致命的个人隐私侵害事件，在某种程度上取决于其深厚的政治、经济和监管生态，特别是强有力的政府执法、私人诉讼和行业自律，威慑"不公正或欺骗性"的商业行为②，保障公平信息实践精神渗透到个人信息相关的行业中去。相关情况详见表4－1。

表4－1　　　　美国当前个人隐私保护的法律实施概况

领域		联邦层面	原则	执法机构
商业领域	特殊商业领域	征信 《公平信用报告法》《公平信用交易法》	通知/知情原则；选择权/同意原则；查阅/参与原则；完整性/安全原则；实施/纠正原则	消费者金融保护局（CFPB）等
		金融 《金融隐私法案》《金融服务现代化法案》		消费者金融保护局（CFPB）等
		电信 《电子通信隐私法》《通信法案》等		联邦通信委员会
		医疗 《健康保险携带和责任法》		卫生和公共服务部
	一般商业领域	利用《联邦贸易委员会法》第五条"不公正"和"或欺骗性"，执行公平信息实践原则		联邦贸易委员会
政府领域		《信息自由法》《隐私法案》《财务隐私权法》《驾驶员隐私保护法》等		联邦法院和诉讼

资料来源：课题组根据相关信息整理。

1. 特殊领域监管部门职能延伸到个人信息上

在特殊敏感的商业领域，相关特别成文法授权该领域的监管部门牵头个人信息监管职责，主要基于以下几个方面：一是基于这些信息的使用途径，如《公平信用报告法》（FCRA）监管用于给予或拒绝信贷、制定保险费率及就业背景调查等个人数据，监管机构为联邦贸易委员会，以及金融

---

① Alan Charles Raul, The Privacy, Data Protection and Cybersecurity Law Review.
② Alan Charles Raul, The Privacy, Data Protection and Cybersecurity Law Review.

危机后成立的消费者金融保护局。二是基于这些数据的特性，即数据本身的敏感性质，如《健康保险流通与责任法》（HIPAA）监管健康信息，监管机构为联邦卫生和公共服务部（HHS）。三是基于与所提供机构的特殊关系，如《金融服务现代化法案》监管消费者提供给金融机构的个人信息，如社保号、收入和财务信息等。

（1）健康医疗领域个人隐私保护的法律实施情况

我们以健康医疗领域来看美国特殊领域个人隐私保护的法律实施情况。在健康医疗领域，《健康保险携带和责任法》适用主体为团体健康计划、医疗结算中心，以及在医疗服务交易中用电子形式传输医疗信息的医疗服务提供者①，主要执法机构是美国卫生和公共服务部。按照《健康保险携带和责任法》的授权，卫生和公共服务部提出两套实施细则来落实法律的要求，第一套是隐私保护规则，包含使用和披露受保护的健康信息的详细要求。第二套是信息安全保护规则，对以电子形式保存健康信息提出了具体的安全要求②。

首先，在隐私保护监管上，卫生和公共服务部根据 2003 年 4 月生效的规则，对使用和披露受保护的健康信息进行监管。为帮助被监管的主体更好地落实隐私保护规则，卫生和公共服务部发布了指导文件、一系列常见问题及回答以提供指导。根据隐私保护规则，只有给信息主体本人，或为了给这个主体进行治疗、支付医疗费以及进行健康护理③时，才允许被监管的主体使用和披露受保护的健康信息。

除此之外，其他受保护的健康信息的使用和披露分三种情况监管：一是需要信息主体进行书面授权才可使用和披露的，包括心理治疗记录、受保护的健康信息用于市场营销目的和对外出售。④ 二是在使用和披露之前需给予个人同意或反对的机会，使用和披露的通知可以口头作出，个人可口

---

① HIPAA §1172（a），42 USCA § 1320d – 1（a）（1）–（3）.
② Privacy and Data Security Law Deskbook，4 – 4.
③ 45 CFR § 164. 502（a）（1）.
④ 45 CFR § 164. 508（a）（1）.

头同意或反对①。比如，当受保护健康信息的特定部分被用于医疗设备指南时，机构需给予个人同意或反对的机会。再如，当机构为了通知或医疗护理的目的对信息进行使用和披露时，个人需给予同意或反对的机会。例如，医疗机构或许需要向个人的亲属、好朋友或其他由病人指定的人披露一定的健康信息，但仅以促使其参与对病人的护理为限，或者为了通知病人的地点、病情或死亡②。三是不需个人书面授权，或提供同意或反对机会就可以进行适用与披露③的包括：应法律要求为公共健康活动，当被监管的机构认为信息主体是虐待、忽视或者家庭暴力的受害者并向政府机构报告，或为了尸体器官、眼睛等器官捐赠目的，以及医学研究目的等。

特别需要指出的是，在医疗信息领域，卫生和公共服务部在隐私保护规则中，对所有的使用和披露提出了"最小必要"标准。被监管的主体必须作出合理努力，将使用、披露或要求披露的受保护健康信息限定于最小的、必要的范围。此外，隐私保护规则还要求受监管的机构为个人提供机构隐私政策的说明。

其次，在信息安全保护规则上，不同于隐私保护规则适用于任何形式的受保护健康信息，信息安全保护规则仅适用于电子版的受保护健康信息④。总体而言，卫生和公共服务部的监管目标是确保电子版受保护健康信息的保密性、完整性和可用性，预防任何可合理预见的对保护信息的威胁或危害，预防任何可合理预见的对保护信息的适用或披露，以及确保员工遵守信息安全保护规则⑤。

安全保护规则规定了三类被监管对象，需在管理上、物理上和技术上，建立一系列标准和执行规范。比如，名为"安全突发事件程序"的标准，包含"回应与报告"的执行规范。所有的标准都是必须被实施的，但执行规范被划分为必须实施的执行规范与可选择的执行规范。机构可以依据自

---

① 45 CFR § 164.510.

② 45 CFR § 164.510（b）（1）.

③ Privacy and Data Security Law Deskbook, 4–6.

④ Privacy and Data Security Law Deskbook, 4–25.

⑤ Privacy and Data Security Law Deskbook, 4–25.

身环境、执行规范的保护效果来选择是否执行可选择的执行规范。如果被监管机构决定不去执行某一可选择的执行规范，它必须实施一个与其相当的其他措施，并记录决定的原因①。

（2）通信领域隐私保护的法律实践

通信领域的个人隐私保护，主要体现在《电信法案》下的保密、通知义务，即所有的运营商有对消费者专有信息进行保密的义务。该法案将消费者信息按敏感度由低到高分为消费者集合信息、用户名单信息和消费者专属的网络信息三大类。其中，消费者专属的网络信息受到最大的保护，消费者集合信息是指消费者的身份及特征被移除了的集合信息，居于两者中间的用户名单信息是指公布于电话簿里的信息。

其中，消费者专属的网络信息监管是与消费者使用服务的数额、技术构造、类型、目的地、所在地以及数量的信息，且这些信息是运营商基于运营商与消费者关系才能获得的，如消费者账单里的信息就是消费者专属的网络信息②。根据通信领域隐私保护最重要的执法机构——联邦通信委员会发布的消费者专属网络信息实施细则，消费者对专属网络信息使用和披露必须以尊重消费者同意权为前提：在一些情况下，运营商可以提供通过同意退出（Opt – out）的方式获得消费者的同意，但在另一些情形下，运营商必须为消费者提供同意进入（Opt – in）的选择，而在以下情况下运营商可以在两种方式中二选一以获得消费者的同意：如使用消费者的个人可识别专属网络信息向消费者做有关通信的市场推广，或者为市场推广的目的向运营商与通信有关的代理商或者附属机构披露消费者个人可识别专属网络信息。除此之外的使用、披露都需获得消费者同意进入的明示同意③。由以上规定可以看出，是否是"运营商的代理商或者附属机构"对运营商需要向消费者获得同意的类型有不同影响，道理很简单，与非附属机构分享信息会使信息离开运营商的实际控制，这给信息安全造成更大的风险，并

---

① Privacy and Data Security Law Deskbook，4 – 25.

② Privacy and Data Security Law Deskbook，6 – 5.

③ 47 CFR §64. 2007（b）.

且许多非附属第三方机构并不受《电信法案》的保密义务约束，因为它们本身不是运营商①。

可见，在美国，对于信息主体同意原则包括需要个人明示同意的选择加入（Opt‐in），以及需要消费者暗示同意（表示反对）的选择退出（Opt‐out）两大机制。例如，在金融领域，《金融服务现代化法案》对选择加入权和退出权都有规定，要求金融机构首次向非关联第三方披露非公开个人信息时，应当将该信息的范围清楚、明确地告知消费者，取得消费者的明示同意；在此之后的类似操作，金融机构应当给消费者有权终止这些信息披露给第三方的机会，以及如何行使此项退出权的说明②。

此外，在以下领域有关于选择加入权的规定。通常来说，《健康保险携带和责任法》要求被监管主体在透露信息之前获得信息主体的书面同意，例外只适用于特殊情况，如为了提供治疗行为③。加利福尼亚州法要求，在处理个人信息之前获得个人明确的同意，例如加利福尼亚州的医疗隐私法禁止为市场推广目的，在未获个人同意的情况下使用个人医疗信息④。联邦贸易委员会的定向广告原则建议，网站管理人员在使用消费者敏感信息前需获得消费者的明确肯定同意，这些敏感信息包括金融信息、关于儿童的信息、健康信息、准确的地理定位信息和社保号码⑤。

2. 一般领域联邦贸易委员会等监管部门的执法实践

美国还通过建立关于个人数据的一般性规范进行监管，其中，联邦贸易委员会消费者保护局，主要通过执法、规则制定、政策发展、消费者和商业延伸等方式，解决不断出现的消费者隐私事件，是一般领域美国隐私保护的执法代表。依据《美国联邦贸易委员会法》，联邦贸易委员会具有发布规则（Rules）、发布指南（Guides），以及对违反《美国联邦贸易委员会

---

① Privacy and Data Security Law Deskbook，6‐7.

② 15 U. S. C. Sec. 6802 (b).

③ 45 CFR § 164. 502.

④ Civil Code §1798. 91.

⑤ FTC Staff, FTC Staff Report：Self‐Regulatory Principles for Online Behavioral Advertising（2009）[hereinafter OBA Report]，http：//www. ftc. gov/os/2009/02/P0085400behavadreport. pdf.

法》第 5 条或联邦贸易委员会规则的不正当或欺骗性行为进行调查、执法的职权。其中，根据第 5 条禁止"商业中或者影响商业的不正当或欺骗性行为或实践"，美国联邦贸易委员会从监管公司履行其隐私政策作出的承诺角度，而对个人信息保护具有管辖权，形成以"承诺为导向"的隐私执法实践，联邦贸易委员会成为美国在信息隐私、数据安全、网络广告、行动跟踪和其他数据密集型商业行为的兜底式监管的范本。

　　联邦贸易委员会有调查、执行与诉讼三项主要的职权①，为此，在实践中，当联邦贸易委员会在对监管对象调查的基础上，"有理由相信"一个行为或实践是有"欺骗性"的，或是"不正当"，相关法律已被违反或者正在被违反，并且认为诉讼程序符合公共利益时，那么联邦贸易委员会就会提起指控。联邦贸易委员会的指控不是被指控方违反法律的最终裁决，其指控可以通过以下方式解决：一是通过合意令（Consent Decree）来寻求违法方的主动合作。合意令指两方通过和解协议来解决争端，而不付诸诉讼。并且法院被要求进入和解协议，对两方进行监督。一般而言，联邦贸易委员会的合意令通常包括以下措施：相关公司被禁止参与联邦贸易委员会投诉涉及的活动，罚款或其他金钱惩罚，通知消费者与补救措施，删除数据或限制数据使用，更改隐私政策，建立全面的安全、隐私或者数据整合计划，接受独立专业机构的评估，保留记录与合规报告，通报对影响合规的任何实质性更改，等等。合意令要求公司明确同意顺从联邦贸易委员会持续的监管，联邦贸易委员会会在数十年间对其实施控制、审计及其他增强隐私保护的措施。由于在实践中，联邦贸易委员会会及时公开其合意令，并且新的投诉、和解协议都不会与之前的有太大的差异，所以实践者一般都认为联邦贸易委员会和解协议有着先例性的力量，即与普通法具有功能上的等价性。

　　二是进行行政诉讼或进行联邦诉讼。对有关隐私权的错误或不正当行

----

① 　Generally Fed. Trade Comm'n, Office of the General Counsel, A Brief Overview of the Federal Trade Commission's Investigative and Law Enforcement Authority, FEDERAL TRADE COMMISSION（July 2008），http：//www. ftc. gov/ogc/brfovrvw. shtm.

为，联邦贸易委员会寻求并获得了多种法院救济，包括禁止令、损害赔偿金等①。这些措施影响了隐私法的普通法发展，指导了公司在隐私法领域的实践。联邦贸易委员会一般是以和解协议、缺席判决（Default Judgments）的形式解决案件，或者在调查阶段就已经放弃了行动，因此在这个领域就很少出现司法裁决②。例如，2019 年，联邦贸易委员会对剑桥分析公司及其前首席执行和应用程序开发人员提起了诉讼，指控剑桥分析公司使用虚假和欺骗性手段收集数百万 Facebook 用户个人信息以进行选民分析，并欺骗用户其不会收集用户 ID 或其他可识别信息。此后，剑桥分析公司申请破产，同意与联邦贸易委员会达成和解协议。除此之外，联邦贸易委员会还会以指导方针、新闻稿、研讨会、白皮书等方式制定一些软性法（Soft Law），供业界参考③。依据第 5 条，联邦贸易委员会实施过许多成功的执法行动，包括针对未能适当地披露信息搜集行为，未能遵守自己隐私政策，未能遵守信息安全承诺的公司，以及未能为消费者提供合理程度的信息安全保障的公司④。

例如，联邦贸易委员会利用"欺骗性"条款起诉了许多隐私侵犯案件，症结在于这些公司明确无误地做了关于隐私政策的错误陈述⑤。第一个与网络隐私权有关的联邦贸易委员会执法案件是"地理城市（GeoCities）公司案"，联邦贸易委员会的控告集中于两个被联邦贸易委员会识别为具有欺骗性的交易行为。第一，控告声称"地理城市公司"对从消费者那里收集的信息的使用以及对信息的隐私政策进行了错误陈述，也就是说，网站出卖、租赁或者以其他方式向第三方推销并披露了消费者个人信息，并且第三方对信息使用目的不同于消费者之前同意的目的。这样的行为违反了网站声

---

① 见维基百科，如 https：//en. wikipedia. org/wiki/Federal _ Trade _ Commission#Activities _ of _ the _ FTC.

② FTC 对超过 150 个公司提起过与隐私相关的投诉，除了 FTC v. Accusearch 一案通过司法程序解决外，其他都通过和解协议解决。

③ Commission and Staff Reports, FTC. GOV, http：//www. ftc. gov/reports/index. shtm.

④ Alan Charles Raul, The Privacy, Data Protection and Cybersecurity Law Review, p. 369.

⑤ Justin Brookman, Protecting Privacy in an Era of Weakening Regulation, 9 Harv. L. & Pol'y Rev. 355, 356 (2015).

称的隐私政策。第二，控告声称"地理城市公司"对关于赞助者的事实进行了错误陈述，网站声称他们为了一个网上俱乐部亲自收集和维持儿童的个人信息，而实际上控告声称是由第三方对儿童的个人信息进行收集和维持。联邦贸易委员会声称"地理城市公司"的行为构成了违反第五条的不正当或欺骗性行为或实践①。最终这个案子通过合意令得到解决，体现了公平信息实践原则的要求。该案之后，联邦贸易委员会对许多违反自身隐私政策的公司提起诉讼，解决这些案件的合意令要求公司遵守自身的隐私政策，并实施合理的安全措施保障消费者个人信息不被侵犯②。

从 2005 年开始，联邦贸易委员会开始在"不正当"条款下对未能采取合理安全措施来保护个人信息的公司采取行动，对许多遭受了信息泄露并有不正当商业行为嫌疑的公司进行了起诉，其中包括对"DSW"公司的指控。联邦贸易委员会称该公司使用计算机网络获得对信用卡、借记卡的授权，在利用信用卡、借记卡来购物的交易中，该公司通过卡片背后的磁条收集消费者的姓名、卡号、终止日期等信息。磁条的信息里还包括一个安全码，盗窃者可以利用这个安全码制作假冒的银行卡等③。联邦贸易委员会指控该公司：一是在没有商业需要时储存这些信息，将敏感信息储存于其多个档案中，因此对敏感信息造成了不必要的风险；二是未能采取安全措施来限制对电脑网络的访问；三是将信息储存于未加密的档案里；四是未能对店内及其他公司网络的电脑的能力进行限制；五是未能采取有效措施阻止非授权访问。④ 最终，联邦贸易委员会与该公司迅速达成和解，该公司同意遵守联邦贸易委员会开出的有效期为 20 年的一系列命令要求：必须派遣员工协助、负责信息安全计划；识别内部外部对信息的安全、保密、完

---

① Michael D. Scott, The FTC, the Unfairness Doctrine, and Data Security Breach Litigation: Has the Commission Gone Too Far? 60 Admin. L. Rev. 127 (2008).

② Michael D. Scott, The FTC, the Unfairness Doctrine, and Data Security Breach Litigation: Has the Commission Gone Too Far? 60 Admin. L. Rev. 127 (2008).

③ Michael D. Scott, The FTC, the Unfairness Doctrine, and Data Security Breach Litigation: Has the Commission Gone Too Far? 60 Admin. L. Rev. 127 (2008).

④ Michael D. Scott, The FTC, the Unfairness Doctrine, and Data Security Breach Litigation: Has the Commission Gone Too Far? 60 Admin. L. Rev. 127 (2008).

整性构成重大威胁的风险；通过风险评估、定期测试及监控设计、实施合理的安全措施来控制风险；依据测试、监控的结果以及生意安排的重大变化评估、调整信息安全计划①。

当然，联邦贸易委员会根据第 5 条的执法权不可能落实公平信息实践原则的所有内容。例如，未能提供查阅和修改权的行为很难被论证为构成欺骗性行为（因为没有人被欺骗），也很难论证未能使用户对它们的信息进行控制是不正当的行为（因为没有造成实质性的伤害，并且消费者能够通过不使用这一服务来避免任何可能伤害）。因此，尽管联邦贸易委员会加强了警戒，但联邦贸易委员会本身没有能力将公平信息实践原则的所有内容落实为法律。②

同时，在监管隐私政策上，联邦贸易委员会的执法限于《联邦贸易委员会法》与特别法的授权，其自身不能颁布实质性隐私规则，如果一家公司不受带有隐私政策的条例管辖，联邦贸易委员会就不能针对该公司开展执法。由于大部分公司并没有义务作出限制个人信息的收集和使用的承诺，因此，联邦贸易委员会的执法是受限制的，联邦贸易委员会只限于保证公司履行其隐私政策作出的承诺，是"以承诺为导向"的隐私执法。

（三）行业自律下的个人信息法律实施

在欧洲倾向于通过统一立法来保护个人信息时，美国的公司和行业强烈支持通过机构和行业自律来保护个人隐私。在克林顿政府时期，政府建议通过非政府管制的手段来保护网络隐私权。为回应克林顿政府对行业自律的号召，许多行业群体的网络业者、网络服务商、网站、网站广告商都发布了指南和行为规范，通过这些行为规范来约束网络从业者的行为，实现对网络用户个人隐私的保护③。早在 1998 年，美国商务部就曾发表《有效隐私保护自律规范的基本要件》，要求美国网站从业者制定保护网络个人

---

① Michael D. Scott, The FTC, the Unfairness Doctrine, and Data Security Breach Litigation: Has the Commission Gone Too Far? 60 Admin. L. Rev. 127 (2008).

② Justin Brookman, Protecting Privacy in an Era of Weakening Regulation, 9 Harv. L. & Pol'y Rev. 355, 356 (2015).

③ 严茜. 论互联网行为定位广告与个人隐私权的保护 [J]. 新闻界，2013 (24).

信息与隐私权的自律规范。为保障消费者的个人隐私，规定网站从业者的自律性规范必须满足：一是完全落实美国公平信息实践原则（FIPs），该原则的所有内涵和消费者权益必须包括在自律规范中；二是必须建立有效的保障机制落实该自律规范，确保消费者以便捷的方式履行个人隐私权益，确保发生侵权事故后能及时对受害人进行各种救济。

1. 机构自律

数据处理机构的自律起源于美国，更早的源头是 20 世纪 70 年代的公平信息实践原则。我们知道，该原则最显著的两大特点是个人有获得关于其数据被收集及数据如何被利用的通知的权利，以及个人有决定其个人数据不被收集、利用的权利，这也成为美国隐私行业自律的核心，表现为网站纷纷使用隐私政策。特别是在 20 世纪 90 年代中后期，随着互联网的发展，人们开始使用网络并参与在线商业活动，由于大量的个人数据可以被收集，隐私和数据安全成为人们关注的话题。由于传统侵权法中隐私侵权诉讼不调整线上隐私和数据安全而无法适用于新兴的网络隐私，早期将成文法运用于在线数据收集实践的尝试都失败了。因此，行业内部开始支持一种自我监管体系，这种监管体系主要由公司的隐私政策体现。

一方面，公司在其网站上公布隐私政策①，描述网站收集、使用、共享访客个人信息以及保护个人信息的各种方式②，履行面向用户的告知或通知义务。另一方面，向用户提供有关于其数据如何被收集和使用的各种选项，一般是以"选择退出权"的形式存在，即除非用户明确说明其不同意，公司可以以隐私政策中声明的方式使用个人数据。隐私政策在很大程度上是公司在其网站上促进隐私实践的自愿措施，在一定程度上也是为了防止更进一步的隐私监管，其目标在于让监管部门相信自我监管是有作用的。之所以制定隐私政策的方法是成功的，关键在于每个公司的隐私政策都可以被联邦贸易委员会强制执行。联邦贸易委员会可以对违反隐私政策中的承

---

① Michael Scott, The FTC, the Unfairness Doctrine, and Data Security Breach Litigation: Has the Commission Gone Too Far? 60 ADMIN. L. REV. 127 (2008).

② Allyson W. Haynes, Online Privacy Policies: Contracting Away Control over Personal Information? 111 PENN ST. L. REV. 587, 594 (2007).

诺的公司采取行动，对于欺诈性或者不公平的行为或者实践，甚至可以采取更广泛的行为。这也是为什么当今世界各国，无论是针对线上或者线下活动，各行各业的大部分公司都有隐私政策。但是，对于隐私政策有效的前提是要有相关监管部门的强制执行，在各国推行隐私机构自律政策时，这往往是容易忽略的一个重要前提。

同时，欧盟要求企业对其信息处理的合法性、正当性及其后果负责，也是加强机构自律的一个有效的途径。在欧洲，促使机构自律是个人信息保护的新趋势，通过统一监管标准、加大违约惩罚力度等措施，强化信息处理机构的内在责任和企业自律，从注重事前审批到更加注重事后追责。在欧洲，20 世纪 70 年代至 80 年代，欧洲部分国家，如瑞典、法国和挪威，对信息控制者的信息处理行为实行牌照管理制度①，但此举徒增了数据保护机构和信息控制者的日常负担，消耗了有限的监管资源，弱化了数据保护机构在信息处理监督和执法等方面的作用，个人信息保护收效甚微②。此后，1995 年《欧盟指令》将牌照管理调整为备案制度，即根据其他法律条款可进行信息处理的信息控制者，在进行信息处理之前要向数据保护机构备案。同时，《欧盟指令》规定数据保护机构有权就信息处理业务中对"信息主体权益和自由有潜在风险"的事项进行"事先核查"（Prior Checking）。2016 年《欧盟条例》更进一步取消了备案制度，在信息主体自治理念下促进信息控制者的自律：信息控制者要对其信息处理的合法性、正当性及其后果负责。其监管逻辑是欧盟法律不再要求信息控制者按照监管部门具体要求开展具体业务，而是假定信息控制者足够成熟，有能力采取措施遵守新的监管要求且公开其守法情况，一旦出现任何侵害信息主体权利的行为，将受到严厉的行政处罚和罚款。

2. 行业自律

在行业自律方面，美国保护个人隐私行业自律模式主要是建议性行业

---

① 如瑞典 1973 年《数据保护法》、法国《数据处理、数据档案和个人自由第 78 – 17 号法》、挪威 1978 年《个人数据登记法》。更多有关信息控制者的牌照管理介绍详见 Bygrave（2002）第 4 章和第 18 章。

② Lee A. Bygrave and Dag Wiese Schartum, Consent, Proportionality and Collective Power, 2009.

指引①和网络隐私认证计划②，类似的行业自律方法也影响了日本和我国台湾地区等。

其中，建议性行业指引是为个人信息保护提供广为接受和执行的规范，用以监督行业成员的行为。例如，美国在线隐私联盟（OPA）于 1998 年公布的在线隐私指引，要求联盟成员采纳、执行联盟的隐私政策，网站要全面告知手机网络用户的信息处理行为，包括收集信息的种类、用途和是否向第三方透露所收集的信息等。在银行业，银行家圆桌会议制定的指南，提出了八个隐私原则供成员参考，这些原则有承认消费者的隐私需求，明示使用、收集和保存的消费者信息，确保信息的准确性，减少雇员取得信息的机会，通过确定的安全程序保护信息，限制账户信息的披露，在银行与第三方的业务中确保消费者隐私，以及将隐私政策披露给消费者。由于类似圆桌会议的指南没有强制执行措施，只能依靠银行内部措施来执行③，所以这种建议性的行业指引实质上是提供一种网络隐私权保护范本。

除了行业指南建议外，实现网络隐私权保护的自律形式还有网络隐私认证计划。该计划要求那些被许可在网站上张贴隐私认证标志的网站必须遵守它的行为规则，并且服从于多种形式的监督和管理。这种认证标志具有商业信誉的意义，便于消费者识别那些遵守行为规则的网站，也便于网络服务商显示自身遵守规则的情况。目前，美国有多种形式的网络隐私认证组织，最有名的是"信任"（TRUSTe）组织和"3B 在线"（BBB Online）组织。其中，"信任"组织是由微软、国际商业机器公司（IBM）、美国电话电报公司（AT&T）等共同设立的非营利性组织，它对它的成员进行监控，保证它们都遵守了自己发布的隐私政策。各行业潜在加入者需要事先与"信任"组织签订协议，依据其所要求的网络隐私保护的基本原则制定隐私政策，并发布在自己的网站上。在隐私声明中，"信任"组织要求成员必须公布公司的信息采集行为，并为网站访问者提供选择来禁止网站将个

---

① 行业指引：Suggestive Industry Guidelines。

② 网络隐私认证计划：Online Privacy Seal Program。

③ Jonathan P. Cody，Protecting Privacy Over the Internet: Has the Time Come to Abandon Self - Regulation? 48 Cath. U. L. Rev. 1183（Summer 1999）。

人信息传输给第三方。"信任"组织成员取得在自己的网站上粘贴短的认证标志的许可，从而向消费者表明自己是对消费者网络隐私负责的网站。对各网站执行协议的情况进行随机抽查，发现违反者将取消其使用"信任"组织认证标识的权利，并将其列入"不守规矩的网站"的名单中，严重违规的网站也可能以欺诈罪被推上法庭[①]。

此外，技术保护模式把保护隐私权的希望寄托于消费者自身。在消费者进入某个网站之前，保护隐私的技术软件会自动提醒消费者哪些信息将被收集，由消费者决定是否继续浏览该网站，或者让消费者在软件中先行设定只允许收集特定信息，除此之外的信息则不能收集。例如2000年7月，万维网提出了可使因特网用户有效控制和保护个人信息的软件"隐私倾向平台"（P3P），它是以软件为基础的、自动的隐私监控机制，可使用户更好地了解网站的隐私政策，使用户访问网站时能够知悉网站如何收集利用个人信息，并能通过浏览器选择隐私保护参数和同网站进行对话，从而就网站隐私声明是否符合自己的意愿作出决定。目前已有美国在线（American Online）、国际商业机器公司（IBM）、美国电话电报公司（AT&T）以及微软等公司宣布其网站支持该平台的技术标准。

应该说，以美国为代表的政府引导下行业自律模式，体现了政府在商业发展和个人权利保护的平衡上促进商业发展的着眼点[②]，寄希望在行业的自治性规范下借助技术和程序公平，在促进商业发展过程中实现个人权利的最小化牺牲。该模式有利于避免政府对私领域的过度干预，通过不同行业建立有针对性的行业自律标准，规范本行业个人信息的收集和处理，对于信息行业的发展起到了一定的保护作用。

在美国的影响下，历史上，日本、新加坡、澳大利亚等也积极主张或借鉴行业自律保护方式。如日本通商产业省在1999年出台了日本工业标准《个人信息保护管理体系要求事项》，向保护措施得力的企业颁发隐私认证

---

① TRUSTe, The TRUSTe Program: How it Protects Your Privacy (visited Mar. 30, 1999), http://www.etrust.org/users/users_how.html.

② 齐爱民. 大数据时代个人信息保护法国际比较研究 [M]. 北京：法律出版社，2015：161.

标识（P–MARK认证），便于消费者判断该部门的个人信息保护水平。2001年又出台了"安全管理系统评估制度（ISMS）"，并配合国际标准［ISO/IEC17799–1（BS7799），也称第三者认证制度］加强信息管理。2003年日本选择对个人信息保护进行统一立法，基本上宣告了对原来仅仅依靠行业自律的个人信息保护路径的一次修正。

不可否认，政府引导下的行业自律弊端明显：一是软监管下的政府和行业利益冲突难以调和，如美国联邦贸易委员会的监管构想遭到了以美国在线隐私联盟为代表的业界的强烈反对就是明证。二是信息主体的保护措施不力，投诉和异议争端解决机制缺乏强制力，使得个人信息保护难以落实。世界隐私论坛针对美国的研究也发现，由各行业自发形成的绝大多数个人信息保护自律性安排最终证明是失败的，且不了了之①。法律之外的一些个人信息保护手段，无论是竞争性企业间的"最佳隐私实践""企业主动自律"，还是信息主体的自助性保护技术，只有在与个人信息保护法律协同作用，特别是要有强有力的监管执法倒逼下，才能取得个人信息保护的成功②。为此，"主要依靠"行业自律模式的局限性和在实践中表现的先天性缺陷，使美国国内越来越多的人倾向采用统一立法方式保护个人信息及隐私③。

（四）司法诉讼下的个人信息保护法律实施

除了行政执法、行业自律之外，司法诉讼特别是集体诉讼，是个人信息保护监管的一个新手段。在这方面，近年来，美国商业隐私权集体诉讼热情高涨，许多公司在遭受黑客袭击或者遭受信息泄露事件后被控滥用消费者信息。

例如，2013年12月19日，美国"目标"（Target）公司宣布其计算机

---

① Robert Gellman and Pam Dixon, Many Failures: A Brief History of Privacy Self–Regulation (World Privacy Forum, 14October 2011), http://www.worldprivacyforum.org/2011/10/report–many–failures–a–brief–history–ofprivacy–self–regulation/.

② 转引自：Colin Bennett and Charles Raab, The Governance of Privacy (2nd Edn., MIT Press, 2006), chs. 6 and 7。

③ 郎庆斌. 国外个人信息保护模式研究［J］. 信息技术与标准化，2012（Z1）.

网络遭到了黑客袭击，导致 420 万消费者的信用卡、借记卡信息被盗劫，610 万人的个人信息被盗窃。消费者基于该公司不充分的安全措施及袭击后延迟通知在明尼苏达州地区法庭提起集体诉讼。2014 年 4 月 2 日，原告们最终与公司达成 1000 万美元和解协议。能证明损失的消费者每人能够获得高达 1 万美元的赔偿。为获得赔偿，消费者需证明他们因信息泄露遭受了以下损失之一：信用卡或借记卡产生了未经授权且未补偿的费用，为解决费用问题花费了时间，为修改消费者信息调查报告花钱雇用了人员，账户产生更高的利率或费用，与信用有关的花费，如购买消费者信用报告，为重新办理社保卡或电话号码而产生的费用①。除了赔偿之外，和解协议要求该公司在保护消费者信息安全方面付出更多努力并要求，如任命一名信息安全主管，制定实施一个信息安全计划，记录潜在的安全风险并设计衡量系统安全性的标准，对相关工作人员进行信息安全的教育②。

尽管消费者与该公司达成和解并获得赔偿，但彼特诉圣约瑟夫公司（Peters v. St Joseph Servs Corp）案体现了消费者因其信息被泄露而提起诉讼时可能会面临的举证难问题。圣约瑟夫公司是一家医疗服务提供者，总部设在得克萨斯州。彼特是得克萨斯州公民，曾是圣约瑟夫公司的患者。彼特在接受其医疗服务时将个人信息提供给了圣约瑟夫公司，后者在 2013 年 12 月 16 日到 18 日之间遭受了黑客袭击，包括彼特在内的患者及雇员的个人信息被盗窃。彼特声称，黑客将其个人信息置于公共领域，信息被未授权的第三方滥用。有人曾试图用其发现（Discover）信用卡买东西，但因信用卡的欺诈预警，交易未能完成。还有人试图用其儿子的名字进入其亚马逊账户。彼特还称，因为信息泄露事件，每天收到电话推销，邮箱和邮寄地址也受到损害③。

---

① Target Offers $10 Million Settlement In Data Breach Lawsuit，如 http：//www. npr. org/sections/thetwo－way/2015/03/19/394039055/target－offers－10－million－settlement－in－data－breach－law-suit。

② Target Offers $10 Million Settlement In Data Breach Lawsuit，如 http：//www. npr. org/sections/thetwo－way/2015/03/19/394039055/target－offers－10－million－settlement－in－data－breach－law-suit。

③ 2015 WL 589561 (S. D. Tex).

得克萨斯州地区法院认为，案件当事人负有以下举证义务：第一，证明侵害的存在是实在的、具体的、已实际发生或即将发生，本案中尽管彼特声称信息的泄露会提高其未来受到身份盗窃或欺诈的风险，但仅仅是风险的提高本身不能达到"必然将发生的"或"实质性的"风险。第二，原告没有证明试图使用信用卡的行为与数据泄露有关。第三，原告无法证明若诉讼请求被支持其受到的损害可弥补①。

这方面，德国、我国台湾地区则引入举证责任倒置原则，加强对民事责任的赔偿。在个人信息保护领域，如果要由个人来负责举证个人损失数额，往往由于面对大企业个体受害者常常显得势单力薄，而难以判定企业承担民事责任，作出民事赔偿。但在台湾，针对公务机关违法，导致个人资料遭不法收集、处理、利用或其他侵害当事人权利的，采取无过错原则承担损害赔偿责任，即公务机关违反个人资料保护法的规定，无论主观上是否有过错，只要导致当事人权利受到侵害，都应当负担损害赔偿责任。对非公务机关违反"个资法"规定，致使个人资料遭不法收集、处理、利用或其他侵害当事人权利的，采取过错推定原则承担损害赔偿责任，即采取举证责任倒置的方式，将举证责任归属非公务机关，由非公务机关来证明其无故意或者过失。这一点与德国非常相似。如果无法拿出证据证明自己没有故意或者过失泄露用户个人资料，就负有损害赔偿责任，在集体诉讼中最高可能会被处以2亿新台币的赔偿金。另外，如果原告受害人无法证明实际损失额的情形下，仍可按照每人每一事件500元以上2万元以下计算赔偿。

三、个人信息保护的宣传教育实践

对公众的教育是贯彻法律精神的重要渠道，为此，在个人信息保护的实践上，对公众的宣传教育是各国信息保护机构的重要职责之一，目的是提高信息主体、监管部门、业界等对信息保护重要性的认识，培育个人信息主体自我维权的意识和能力。

---

① 2015 WL 589561（S. D. Tex）.

（一）面向公众的宣传教育实践

第一，唤醒公众的个人信息意识是个人信息保护宣传的第一要务。欧美等国家和地区通过各种形式，进行个人信息保护领域法律法规的宣传教育。例如，在欧盟，作为欧盟层面的个人信息保护机构，欧盟数据保护监督局（EDPS）根据2001年欧盟第45号《条例》①的授权，负责欧盟境内个人信息领域的监管、咨询和合作工作，确保欧盟境内所有机构在处理个人数据和产品开发过程中尊重隐私权：一是负责监督欧盟辖内的个人数据处理行为，以确保遵循个人数据保护法规，包括对有潜在风险隐患的处理行为进行事前评估，以及处理投诉和执行调查；二是就对个人数据保护产生影响的相关立法，向欧洲理事会、欧洲委员会和欧洲议会提出意见和建议；三是借助第29条款工作组的平台与欧盟其他数据保护机构进行协调，以提高欧洲范围内数据保护政策的一致性。其中，在面向公众的个人信息保护宣传上，欧盟数据保护监督局借助新闻传媒、新型媒体、举办公众宣传活动等方式，做了大量富有成效的公众教育工作。

一是利用欧盟数据保护监督局的互联网站、社交媒体，如博客、推特、领英和应用程序（APP）等，宣传个人信息保护的法律、公众个人信息权益等。例如，在2015年，欧盟数据保护监督局以新闻稿、广播、视频等方式，对外发布关于《欧盟条例》的政策意见、解读的文章400余篇。

二是举办大型的个人信息保护宣传活动，进行个人信息保护的体验式宣传。例如，欧盟数据保护监督局借助每年5月9日的"欧洲日"（Europe Day）庆祝节、年度"数字节"（Digital Festival）等大型节日，会在布鲁塞尔等地举办个人信息保护宣传教育活动，为公众提供人脸识别、在线身份跟踪等软件工作流程的介绍，提高公众在新科技应用中的个人信息保护意识。

三是设立"数据保护日"（Data Protection Day）进行个人信息保护专题宣传活动。"数据保护日"是为了庆祝作为第一个具有法律约束力的个人数据保护协议——《欧洲理事会第108号协议》生效而设立的。在每年的

---

① 欧盟2001年第45号《条例》：Regulation（EC）No 45/2001。

"数据保护日"，47个欧洲理事会成员国及欧盟相关组织，会举办一系列的个人数据保护庆祝活动。例如，由于2016年是"数据保护日"设立十周年，1月28日，欧盟数据保护监督局与欧洲议会、网络安全联盟（National Cyber Security Alliance）联合举办了个人信息保护研讨会，以及面向公众的个人信息保护宣传教育活动。

在我国台湾地区，为了保障"个资法"的实施，无论是在法律修订的过程中还是在新法通过之后，台湾地区都致力于通过官方网站、媒体报道、企业宣传等多种途径来加强"个资法"的宣传教育工作。例如，在"个资法"通过之后，在台湾地区"法务部"官方网站上，针对新法专门开辟的问答区域第一个问题就是："请问，出于平时社交礼仪，我想要跟朋友交换名片，这样可以吗？"而"法务部"也一本正经地解答："个资法"所称非公务机关虽包括自然人，唯有关自然人为单纯个人社交活动而搜集、处理或利用个人资料，系属于单纯个人活动之私生活目的行为，依"个资法"第51条第1项第1款规定，并不适用"个资法"。

第二，提高公众个人信息保护本领是个人信息保护宣传的目标。在美国，包括联邦贸易委员会、联邦通信委员会、消费者金融保护局在内主要个人隐私保护政府部门，都通过互联网、电话、新闻媒体等渠道，为个人提供广泛的隐私保护政策宣传和救助服务，配合个人隐私保护领域的立法宣传和司法实践宣传，是保障公民的知情权、促进个人隐私保护的基础性实践。

对公众的个人信息保护工作直观而具体，仅在网站上面向个人的隐私保护服务形式多样，既有通俗易懂的文字解答，又有法律专家录制的专业解答和知识普及视频。仅以"国家谢绝来电登记处"（National Do Not Call Registry）的互联网服务为例，在该网站上（donotcall.gov）以一问一答的形式，详细介绍了公民如何通过在线或拨打电话进行谢绝来电登记，说明谢绝登记对于预防广告电话的作用，告诉公众如何进行个人隐私侵权发生后的投诉和救助程序：我如何登记？登记多久生效？登记后是否可以拒绝所有的广告推销电话？为什么以及登记了仍然接到骚扰电话？联邦贸易委员会对这些非法呼叫电话如何监管？如何惩罚非法呼叫电话？如何向联邦贸易委员会就非法呼叫电话进行投诉？等等。

在此仅举一个例子。对于非法广告呼叫电话中的新问题——预录电话（Robocalls），即那些提前录制语音、以自动拨号方式呼叫公众的广告电话，联邦贸易委员会不但在网站上详细普及如何识别预录电话、怎么投诉等知识，还在全美范围内，通过举办相关的打击预录电话科技竞赛和专题宣传，及时公布对相关违法案件的惩罚等，手把手地教会公众如何面对预录电话、如何保障公民的个人隐私和数据权益。例如，联邦贸易委员会每年都会举办"制止自动呼叫电话解决方案"设计大赛，向全美科技公司征集预防预录电话方法，并进行评选和物质奖励。在违法行为的惩戒和宣传上，联邦通信委员会对名为"拨号服务"（Dialing Services）的一家通信公司作出严厉惩罚，每个非法呼叫处以1.6万美元的罚款，目前这家通信公司已经被查出184起非法拨打案例，随着调查的深入，这个数字还在不断地扩大。针对这个问题及案例，在联邦贸易委员会的网站上，录制的面向消费者的宣传教育视频有十个以上，如"接到预录电话我该怎么办？预录电话错在哪里？如何识别预录电话？如何投诉预录电话？"等等。

在我国台湾地区，在2012年"个资法"开始实施前，当地媒体在电视屏幕上用大号字体和感叹号打出"'个资法'上路"，反复播报：从今往后，要是再接到烦人的推销电话，对策简单直接——告他！电视台还详细教授了整个过程。第一步，先在手机上安装录音设备；第二步，当接到诸如保险公司或者地产中介打来的推销电话时，按下录音键；第三步，你就有权利用截取的电话录音拿去起诉，要求赔偿。当然，各家企业例如安利公司等也制作了简洁形象、清晰明了的宣传短片供用户来学习。

这种多途径、全方面的宣传教育工作确实在"个资法"的推广和普及中起到了作用，普通民众越来越意识到个人资料保护的重要性。据媒体报道，连在台湾网络上传播的一则邻里吵架纠纷的视频里，一个卖菜老板都会气呼呼地冲着镜头大声喊："拍什么拍，这是我的个资，我要去告你①"。

---

① 台湾"个人资料保护法"：给普通民众带来底气［N/OL］. 中国青年报，http：//tech. 163. com/12/1212/04/8IGEGRVJ00094MOK. html.

（二）面向信息处理机构和工作人员的培训

一是通过培训以提高相关机构和人员的保护意识。在韩国，作为个人信息保护的牵头部门，韩国内政部非常重视个人信息保护领域的培训工作。仅以 2015 年为例，韩国内政部针对个人信息保护的培训超过 110 万人次，政府部门和相关企业分别为 70 万人次和 40 万人次，培训的内容涉及在个人信息保护法，特别是在法律实施过程中相关机构和个人的责任、政策、措施等。韩国内政部同时要求，受《个人信息保护法》监管的相关机构和组织，必须在本机构内部进行个人信息保护的相关再培训，培训工作纳入内政部对个人信息保护的监管考察中去。

除面向个人信息保护机构和工作人员之外，韩国内政部还与地方政府合作，将个人信息保护的培训工作向学校、社区和行业协会等深入，通过与外部培训组织、各行业协会、各级学校合作，面向学生、社区居民、企事业单位工作人员等进行专题讲座、授课等，提高社会公众的个人信息保护意识。

二是通过签署备忘录、举办博览会等强化个人信息处理机构和相关工作人员的个人信息保护意识。例如，韩国个人信息保护委员会和内政部通过和大型数据处理机构、协会签署备忘录，举办"个人信息保护展览会"（Personal Information Protection Fair）等形式，进行相关的宣传教育活动。仅在 2015 年，韩国个人信息保护委员会就召集 4100 余名个人信息保护工作人员参与"个人信息保护展览会"，就个人信息泄露、个人信息侵权等典型案例进行专题研讨和培训，举办"我是个人信息保护专家"的主题讨论，总结个人信息保护工作的有益实践，提高个人信息保护的责任意识。

总之，在世界各国关于个人信息保护的立法实践中，一边是以欧盟为代表的大陆法系国家和地区，建立关于个人信息"保护"的立法：以个人信息为保护对象，以个人信息自决权和人格权为权利基础，制定了统领政府部门和所有非政府领域涉及的个人信息保护的统一法律，统一规范个人资料的采集、加工、处理和使用等流程；在监管上，设立了单一的个人信息保护机构，对个人信息实行统一监管。另一边是以美国为代表英美法系国家，建立个人信息"公平实践"的立法，以个人隐私为保护对象，以个人隐私权为宪法权利基础，针对政府，以及不同征信、金融、通信等不同领域，以尊重信息主体隐私权的前提下，提倡信息的合理正当使用，不得伤害信息主体利益，形成了分门别类的个人信息的"公平实践"法律规范。

尽管在个人信息保护的表现形式、保护路径上欧美之间存在一定的区别，但是，落脚地都是保护公民的隐私、安全和选择自由，尊重公民在个人信息行业的基本权益诉求，特别是在互联网、大数据等科技背景下，诸如定向广告、自动化信息处理、数据经纪商等新型业态和技术对个人信息、隐私带来的冲击，欧美均采取了"确保信息隐私保护不放松"的态度，进一步强化信息处理机构对个人信息权益的保护责任。作为欧盟数据保护规则改革成果，2016 年《欧盟条例》新赋予信息主体可携带权、被遗忘权，为消费者提供欧盟范围内的一站式个人信息保护服务。同时，在针对互联网企业的隐私政策、行业自律规范和监管指引中，以联邦贸易委员会、白宫为代表的美国政府，一再显示对个人隐私保护和基于"告知—同意"的个人信息公平实践原则的坚守，尝试建立个人信息"可被遗忘"、明示同意、有效推出等理念，有进一步向欧盟个人信息保护标准靠近的趋势。

第五章　征信与个人信息保护

　　个人征信是为信用风险评估目的而进行的个人信息采集、处理、传播，理应受个人信息保护法的规范和约束。但征信体系又是一个国家重要的金融基础设施，对提升信贷风险管理水平、维护金融稳定、促进经济增长有着重要的意义，具有一定的公共性①。因此说，征信是有关个人信息的一项特殊的实践，其规则设定不仅要平衡个人隐私保护与其他个人诉求（如获得信贷机会）之间的关系，也要平衡个人利益与社会公共利益（如确保金融稳定）之间的关系。各国在处理上述关系问题时持有的不同理念，决定了征信业不同的发展环境，也导致有关个人信息保护的基本原则落实在各国征信业务中存在一定差异性。特别是近年来倡导包容性增长，强调社会公众平等获得金融服务的权利，征信活动的内涵也在不断扩大。在面临互联网、大数据技术带来的新的发展机遇的同时，征信业如何平衡信息使用和个人数据保护的关系，成为当下讨论的热点。为了说明以上问题，我们先来分析一下征信行业的发展历史和特点。

一、征信与信贷市场

　　从历史渊源来看，征信产生的主要目的是解决信贷市场信息不对称问题，是信贷市场健康发展的必然产物。征信活动最早始于 19 世纪末，由市场自发形成，当时是为解决由于放贷人之间信息不共享使得一些借款人可以在欠钱不还的情况下从另一个不知情的放贷人那里继续借到钱的问题。美国第一家市场化征信机构于 1860 年在美国纽约的布鲁克林成立。到了 20

---

　　① 见世界银行《征信通用原则》。

世纪 30 年代，由于经济大萧条揭示了系统性风险的毁灭性影响，德国等欧洲国家的中央银行认识到，为了保证信贷市场的健康发展，应当建立一个机制，使放贷人之间可以共享借款人的借贷信息，防止借款人过度负债。为此，中央银行要求被监管金融机构报送借款人信贷信息，同时向其提供信息查询服务，以此实现促进信贷市场发展、维护金融稳定的目的。从征信行业产生的渊源可以看出，无论是市场化运作还是中央银行主导，征信业都是为了信贷行业而生，成为防范信用风险、促进信贷市场健康持续发展的必要条件。

从各国征信实践来看，征信体系的公共属性越来越显著，已经成为各国重要的金融基础设施。征信体系帮助缓解借款人和贷款人之间的信息不对称问题，帮助放贷机构对借款人的信用状况进行客观、正确评估，提升信贷管理决策水平；征信体系的建立规范了借款人的行为，为社会公众特别是低收入人群提供了积累信誉抵押品的机制，使更多按时还款的借款人利用信誉财富获取更多的优质信贷服务，进一步促进了普惠金融的发展；征信系统在宏观政策制定和支持审慎监管方面也发挥着重要作用，为中央银行或金融监管当局实施现场和非现场监管提供了信息支持，成为履行维护金融稳定职能的有效工具。目前，国际货币基金组织和世界银行用来评估各国金融体系稳健性的金融部门评估规划（FSAP）已经加入了对征信体系的评估。征信体系在促进普惠金融发展、维护金融稳定、促进经济发展发挥的基础性和关键作用得到高度认可。

二、征信的本质和主要特征

（一）征信的不同定义和实质

关于征信一词并没有科学的界定，英文中也没有直接对应的词，而是专指某类具体的征信活动，如"Credit Reporting""Consumer Report""Credit Information Business"等，各国立法中对征信业务定义的角度和范畴存在一定差异性。美国《公平信用报告法》（*Fair Credit Reporting Act*）将消费者报告（Consumer Report）定义为"有关消费者的信用价值、信用状况、信用能力、信用品格、一般名誉、个人消费特点或生活方式的任何书面的、口头的信息，这些信息被部分或全部地运用或准备用于确定消费者具备某种资格的因素"，可见符合"消费者报告"必须具备两个条件，一是反映的内容与信用相关，二是用于信贷、雇用、保险等目的。韩国《信用信息使用和保护法》规定"Credit Information Business"的四类业务形式，分别是"信用查询、信用调查、信用评级和催收"（Credit Inquiry Business/Credit Investigation Business/Credit Rating Business/Claims Collection Business）。马来西亚立法中对"Credit Reporting Business"作出定义，指处理信用信息、提供信用报告服务的业务。我国《征信业管理条例》规定"征信业务指对个人信用信息进行采集、整理、保存、加工，并向信息使用者提供服务的活动"。

各国对征信定义不同，主要原因是各国监管的内容和侧重点有所不同，但究其共性，都是指对个人信用信息进行处理并提供信用信息服务的活动，我国正是采用了这种比较一般性、概括性的定义。总的来说，征信就是一种处理个人信息的活动，主要用于信用风险评估目的。

（二）征信活动的特征

征信活动具有公共性、公正性、独立性等特点。征信本质上是为防范信用风险而由第三方（征信机构或金融监管部门）提供的信用信息服务，它解决了单一授信机构无法解决或需要耗费较高成本才能解决的问题，如共享借款人在各家金融机构的借贷信息。征信体系成为国家重要的金融基础设施，对提升信贷风险管理水平、维护金融稳定、促进经济增长有着重要的意义，具有公共属性。信用报告已经成为借款人的经济身份证被广泛应用，对个人经济金融活动产生了一定的影响，因此，确保征信活动的客观性、公正性就变得尤为重要，这是保障信息主体合法权益的关键。各国在征信市场发展成熟过程中，更多地倾向于征信机构作为独立第三方开展业务，有效避免利益冲突，保持公信力，向数据提供方、信息使用方、监管机构及信息主体提供客观、公正的征信服务。

（三）两个平衡

征信是特殊的个人信息处理业务。满足放贷人了解客户，从而满足个人借贷请求的微观需求，以及满足促进信贷市场发展、维护金融稳定的宏观需求，共同催生了"征信"，这也成为征信区别于其他个人信息处理活动最大的不同所在。征信行业注定与个人信息保护密切相关，且具有一定特殊性。征信业不仅要考虑个人信息保护的一般规则，也要考虑征信本身的公共性、公共利益和个人其他利益的实现等问题。征信业务规则设定中要把握两个平衡，一个是平衡好个人利益与社会公共利益（如确保金融稳定）之间的关系，另一个是要平衡个人隐私保护与其他个人诉求（如获得信贷机会）之间的关系，这也成为征信业个人信息保护要重点考虑的内容。

三、征信与个人信息保护

近二十多年来，为加强各国金融基础设施特别是征信体系的建设，世界银行集团在世界各国特别是新兴市场国家推动建设征信体系。世界银行《2019 年全球营商环境报告》调查显示，截至 2018 年年底，在参与调查的 201 个国家中，有 173 个国家建立了中央信贷登记系统或市场化征信机构，其中有中央信贷登记系统的国家有 122 个，有市场化征信机构的国家有 122 个，相比 2004 年的统计数据分别增长了 1 倍多。

个人征信系统在发展中形成两类不同的发展模式：由中央银行建立的信贷登记系统和由市场化征信机构建立的征信系统。信贷登记系统建立的初衷是服务于央行金融监管，一般在《中央银行法》或《银行法》中强制要求被监管的机构报送数据并进行共享；而市场化征信机构则是随着信贷市场发展的需要自发形成的，数据上报多为放贷机构自愿报送，征信机构以向市场用户提供多样化的征信产品和服务为目的，广泛收集个人的信用信息。这两种模式都有各自的优势，二者的业务发展也有逐步趋同的趋势。

从时间上看，征信业开始发展时，美国等国家虽然已经有了个人隐私保护的理念，但受制于当时的信息化条件，征信信息处理基本靠手工、电话信函等，影响力有限，"个人隐私"与"个人信息"之间也尚未建立明确的对应关系，个人信息保护的问题并未提上议事日程。所以说，在个人信息保护问题备受关注之前，征信业就已经开始蓬勃发展。但是，随着信息化技术和计算机技术的发展，征信行业对个人的影响越来越大，保护个人征信权益的呼声也越来越高，各国也相应采取立法等措施，加强对征信业中信息主体个人权益的保护。

（一）欧洲信贷登记系统的发展

最早的信贷登记系统是德国于 1934 年建立的，之后法国（1946 年）、意大利（1962 年）和西班牙（1962 年）、比利时（1967 年）及其他一些国家陆续建立了信贷登记系统。信贷登记系统一般强制收集数据，在德国，《信贷法》规定了中央信贷登记系统的运营规则，要求各类受监管的金融机构按季向中央银行报送数据。意大利的中央信用登记系统运行主要是依据 1993 年的《银行法》和 1994 年的《信贷委员会条例》，确定了由中央信贷登记系统按月收集客户信贷历史、帮助银行规避风险的原则。

随着信息技术的发展、央行监管和金融机构风险管理的变化及欧洲个人信息保护理念的不断深化，欧洲信贷登记系统发展中呈现以下特点。

一是强制数据上报的门槛逐步下调。信贷登记系统通常采集一定额度以上的正负面信息（法国除外，仅收集负面信息），对于正面信息采集通常有报数门槛的要求（低于该门槛无需报数），主要考虑到小额贷款对整个金融体系风险影响较小。随着消费信贷市场的发展，近年来央行以及金融机构都对数据有进一步的需求，信息采集门槛有逐步下降的趋势。例如，意大利央行 2008 年将报数门槛由 7.5 万欧元降低为 3 万欧元，西班牙上报起点由最初 3 万欧元调整为 6000 欧元，最新的改造项目将会把上报起点降至零欧元。西班牙等国央行的信贷登记系统不仅对被监管金融机构逐步实现了全面信息采集，对没有纳入监管范围的授信机构的授信业务采集范围也正在扩大和加强。

二是金融机构上报和查询借款人信息需告知（或获取授权）。当信贷登记系统由最初按信贷业务种类汇总上报信息改为后来的按照借款人或按单笔业务逐条上报方式时，严格意义上来讲，信贷登记系统才具有了征信功能。央行开始向金融机构提供单个借款人信用报告查询服务。尽管欧洲大多数国家的《个人数据保护法》要求获取本人同意后才能处理相关数据，但对于信贷登记系统进行了豁免。为了充分保障借款人的权益，有些国家要求金融机构报送数据需履行告知义务，大多数国家要求查询时获取授权，避免个人数据被未被授权的机构获取，侵害借款人的权益。

三是面向信息主体提供查询和异议服务。在欧盟颁布《欧盟指令》后，各国先后将该指令引入本国法律予以实施，信贷登记系统由于收录了借款人的信贷信息也依法开始面向信息主体开放，满足信息主体的知情权、查询权和异议权。例如在西班牙，2002年法律规定借款人有权从信贷登记系统获取自己的信用报告（提供网点查询和互联网查询两种方式），有权知道在过去六个月里信息被查询的情况，有权向西班牙央行及报数机构提出异议，并规定了异议处理的最长时限。

需要说明的是，尽管信贷登记系统是欧洲征信行业的一大特色，但由于在发展初期采集数据起点高、缺少非监管对象的信贷数据等原因，也为市场化征信机构的运营留下了空间，比较知名的有德国的舒发公司（SHU-FA）、意大利的科瑞富公司（CRIF）等。这些机构的运营遵守本国《个人数据保护法》或者本国关于征信机构运营的相关规定，例如舒发公司遵守《德国联邦数据保护法》的规定，而科瑞富公司除遵守《意大利个人数据保护法》规定外，还需要遵守意大利数据保护委员会发布的《意大利私营机构处理消费者信用信息的行为准则》。

（二）美国市场化征信模式的发展

美国第一家市场化征信机构于1860年在美国纽约的布鲁克林成立，早于《公平信用报告法》的公布近100年。随着第二次世界大战后消费信贷业的快速发展以及20世纪50年代银行信用卡业务的出现，征信机构的发展步伐大大加快。20世纪80年代至21世纪初，银行开始跨区经营并大举并购整合，加之信息技术的快速发展，征信机构之间经过并购整合，全国性大型征信机构占据了市场的大部分份额，目前市场由三家全国性大型征信机构（Experian、Equifax、TransUnion）占领，此外还活跃着上百家同样受《公平信用报告法》（FCRA）监管的其他征信机构，包括信用报告分销商、专门采集和共享一些特殊领域信息（如支票账户信息/发薪日贷款等）的特殊征信机构等。

美国征信行业在发展初期对消费者来说非常隐蔽，因为征信机构的主要客户是银行或零售商。消费者并不知道自己的信息被共享，也从来没有获取过自身的信用报告。随着信息化技术的发展，征信行业也逐渐由手工纸质转向计算机处理，信息报告所含的信息量及传播速度大大加快，影响范围和影响力也大大提高。由于征信机构出具的信用报告存在信息不准确或存在偏见的情况，在法院引起很多诉讼案件发生，社会关注度快速提升。美国国会意识到规范信用报告行业发展对于维护信贷市场稳定和保护个人隐私至关重要，因此在1970年10月26日出台《公平信用报告法》，专门对征信行业进行立法监管。

《公平信用报告法》是美国特别针对信息产业的第一部法律，征信机构是出于数据保护而受监管的第一类产业①。美国也成为第一个专门针对征信业立法的国家，后来也成为很多国家效仿的对象。1996年的《消费者征信改革法案》、1998年的《消费者征信就业澄清法》、1999年的《金融服务现代化法案》、2003年的《公平和准确信用交易法》对《公平信用报告法》进行了几次大的修订，主要是增加了征信机构、数据上报机构和信息使用机构的义务，同时赋予了消费者更多的权利，简要介绍如下。

一是征信业务规则逐步明确，参与方义务加强。1970年出台的《公平信用报告法》，要求征信公司应以最大可能保证信用报告内容的准确性，对于数据上报机构和信息使用机构相关责任没有明确。由于没有规定信息提供方有关确保数据质量和履行更正的义务，关于异议处理的具体要求没有细化，导致信用报告中错误信息的异议更正周期过长。1996年的修订规定了数据上报机构有确保数据准确、及时更正错误并通知所有征信机构的义务，关于异议的处理时限也进行了明确，规定错误信息必须在30天内消除。1970年立法时对于信息合法披露的目的进行了规定，但内容较少，后续的修订对可允许披露的目的进行了补充，特别是由于信用报告能否用于就业目的引发了热议，1998年的修改内容指出如果没有消费者的明确同意和书面授权，任何人不能出于就业目的获取信用报告。1999年的修订内容还指出，信息使用机构如果要与附属机构共享信用报告信息，需要告知消费者

---

① 尼古拉·杰因茨. 金融隐私——征信制度国际比较（第二版）［M］. 万存知，译. 北京：中国金融出版社，2009.

并赋予其退出（Opt‑out）的权利。

二是加强了消费者的各项权利。1970 年《公平信用报告法》仅规定了消费者可以获取自身信用报告，2003 年对此权利进一步加强，规定消费者每年可以从征信机构获得一份免费信用报告。对于信用报告中不准确的信息，消费者可以向征信机构提出异议申请，1996 年修订增加了数据上报机构的责任，支持消费者直接向数据上报机构提出异议申请。《公平信用报告法》发布初期，信用评分还不为消费者和监管者所知，直到 20 世纪 90 年代中期，信用评分在住房抵押贷款中被广泛应用，信用评分才逐渐被大众知晓。2003 年的修订赋予了消费者获取评分及相关信息（包括评分的信息来源、影响因素、征信机构联系方式等）的权利，不仅信息使用机构因信用报告的内容对消费者作出拒贷需告知消费者知情，还增加了因信用报告内容对消费者进行风险定价（如提高利率、保费等）需告知消费者的规定，主要考虑到这种情况虽未形成拒贷等后果，但对消费者造成了一定影响。此外，为了应对广泛关注的身份欺诈问题，2003 年一项重要的修订是关于身份欺诈预警，一旦消费者怀疑自己成为诈骗受害者，可以在信用报告中添加预警信息，并免费获取一份信用报告。消费者还有权申请信用报告安全冻结服务，停止信息更新和对外查询，防止身份盗用对其带来不利影响。

《公平信用报告法》成为美国个人信息保护法律的开端，使得征信机构可以广泛收集信息，并保障信息使用者在合法目的内的自由使用，促进了征信行业的快速发展。与此同时，法律赋予了消费者充分的个人权利，较好地平衡了保护消费者权益与促进征信发展的关系。

（三）新兴市场征信行业的发展

2000 年以来，征信业经历了前所未有的发展，尤其是在新兴市场国家，个人征信机构的数量快速增长。主要原因主要有以下两点①：一方面，金融市场化和宏观经济环境的改善带动了信贷的增长，催生了对征信服务的需求。尤其是 2007—2008 年的国际金融危机，推动了各国在国家层面实施广泛的改革，各国当局意识到了加强包括征信系统在内的金融基础设施建设

---

① 国际金融公司.《征信知识指南》: Credit Reporting Knowledge Guide 2019。

的重要性；另一方面，信息技术的进步、数据存储和处理成本的下降也降低了征信系统建立和运营的成本，使得建立全国集中的征信数据库成为可能。

新兴市场国家（地区）在发展征信市场过程中，充分借鉴欧美征信市场发展的经验，同时适应本国文化、经济、政治及监管环境，探索征信系统建立的方式。以亚洲为例，在央行、金融监管部门或银行协会的强力推动下，我国台湾地区（1975）、马来西亚（1982）、韩国（1984）、印度尼西亚（1988）、日本（1988）、印度（2000）、中国（2005）等国家和地区纷纷建立了信贷登记系统，实现借款人正负面信贷信息的强制、全面采集，为快速建立本国征信体系打下了坚实的基础。随着信贷业务的不断发展扩大，市场化征信机构逐步兴起，日本、韩国等国本土私营征信机构逐步发展壮大。此外，国际征信行业巨头也通过注资、技术合作等方式积极在亚洲扩张市场，印度的四家征信机构已经分别被美国三大征信机构 Experian、Equifax、TransUnion 和意大利科瑞富公司控股，由新加坡和澳大利亚投资人组建的控股公司（NSP）也通过直接入股或间接控股方式拥有了马来西亚、柬埔寨、印度尼西亚、缅甸等多国征信机构的股权，进一步推动了亚洲征信市场的繁荣。

亚洲各国也开始出台法规规范征信行业的发展。韩国 1995 年出台《信用信息使用及保护法》①，该法出台后进行了多次修订，专门对信用报告及企业和个人信用信息的传播与保护进行全面规范；马来西亚央行建立的信贷登记系统的法律地位在 2009 年颁布的《马来西亚中央银行法》中予以明确，2010 年颁布《征信机构法案》，主要是对私营征信机构的注册、业务开展和信息主体权益保护等方面提出要求。我国《征信业管理条例》2013 年正式实施，其中对金融信用信息基础数据库的运行及其他征信机构的业务规则均进行了详细的规定。《征信业管理条例》包含 47 项条款，其中有将近一半直接与个人信息保护相关。新加坡 2016 年 12 月颁布了《征信机构条例 2016》，对征信机构加强准入和监管，确保征信机构对个人信贷数据的合

---

① 《信用信息使用及保护法》：the Use and Protection of Credit Information Act。

规采集、加工和使用，保护消费者的合法权益。各国法律充分借鉴了美国《公平信用报告法》的立法经验，赋予了消费者各项权利，如知情权、查询权、异议权等，有效保障了个人的征信权利，并对征信活动中的参与各方包括征信机构、数据上报机构、信息使用机构有关数据质量、异议数据处理、信息采集和查询等方面作出规定，并设置了违规的惩罚措施，规范征信业务有序开展。

四、个人信息保护原则在征信业的应用

征信是关于个人信息的行业，其健康持续发展依赖对个人信息权利的保护。2011年9月世界银行制定的《征信通用原则》[①] 指出：由于征信体系对于促进公平信贷有重要作用，关乎公众利益，因此征信系统必须是安全和有效的，并能有效保护信息主体的权利。如果本国没有出台专门的个人数据保护法，则征信法律和规制框架应当解决征信业务所涉及的个人信息保护所有问题。以下重点分析征信实践中个人信息保护原则的应用情况。

1. 公开透明原则

20世纪70年代以前，市场化征信机构在欧美的发展基本上是处于不为人知的状态，因此也谈不上公开透明原则的实施。1970年美国颁布《公平信用报告法》后，征信行业才变成了一个公开透明的行业，之前大多数的人并不知道有这样一类机构在收集他们的信息、影响他们的就业和贷款获取，也从来没有获取过自身的信用报告。也正是基于这样的事实，美国最初提出个人信息保护原则时的第一条就是"不能有秘密数据库存在"。第二次世界大战之后欧洲各国就开始重视个人信息保护问题，通过立法等形式约束规范关于个人信息的处理的一切活动，征信活动自然也被涵盖在内。近二十年，新兴市场快速发展征信体系，充分借鉴欧美成熟做法，颁布相关的法令对征信业务进行规范，立法中也贯彻了公开透明这一基本原则。亚洲一些国家（中国、韩国等）还采取了更为严格的准入制或备案制，经营征信业务需要获取监管部门的同意，监管部门定期向社会公布获批的征

---

① 《征信通用原则》：General Principles for Credit Reporting。

信机构名单。因此，就征信行业而言，虽然在诞生后的相当长时间内处于不公开状态，但自 20 世纪 70 年代后，公开透明原则已经普遍得到应用。一方面，信息主体可以获知本国征信服务提供商的基本情况；另一方面，各国立法也要求征信机构通过各种方式（网站公开、向消费者专门提供）披露信息采集的目的、范围、来源，信息处理的规则和流程以及信息主体本人享有的权利，并指引消费者有关异议、投诉等工作，加强公众对征信活动的了解，更好地维护自身的权益。此外，随着直接面向消费者的征信服务兴起，征信机构也认识到提升消费者对征信的认知程度、普及金融知识，客观上促进了其面向信息主体征信业务的扩大。为此，征信机构加大面向消费者的宣传服务，大力普及征信业务知识，解答消费者有关征信业务和产品服务的疑问，进一步提高业务透明度。

2. 限制处理原则

这个原则的应用涉及征信机构信息采集的范围和使用目的、采集信息和查询信息是否需要本人同意、信息保存期限等问题。

一是信息采集和使用目的限制。征信数据库建立目的非常明确，主要服务于信用风险决策和银行业监管[1]。这一点在各国相关的征信法规或征信机构披露的业务范围中一般都比较明确，例如韩国规定"个人信用信息只能在决定是否与信息主体发生或维持金融交易或商业交易时应用"[2]，我国明确设立金融信用信息基础数据库的目的主要为了"防范金融风险，促进金融业发展"[3]。有些国家的应用范围虽然比较宽但也非常明确，例如美国的《公平信用报告法》规定，只要用于涉及个人获得某些资格应用的活动，必须遵守该法，根据该法采集到的信息，也只能用于这些目的。合法使用的目的包括受法院的命令或联邦大陪审团的传票要求、受消费者本人书面

---

① 《征信通用原则》第 162 条 "Credit reporting systems should serve banking supervision and credit decision purposes"。

② 韩国《信用信息使用及保护法》第 33 条 "Personal Credit Information shall be used only for the purpose of determining whether or not financial transactions or commercial transactions（excluding the employment case）applied by the Credit Information Subject concerned has been formed and maintained"。

③ 《征信业管理条例》第二十七条。

委托、应消费者申请进行授信或账户审查或账户催收、在消费者书面授权下为就业目的（包括雇用和提拔）、应消费者申请进行承保、由消费者发起的合法商业交易申请、为复查消费者账户资格，以及潜在投资人或服务商或现有承保商评估消费者信用水平和当前债务，为政府部门颁布发执照、作出儿童抚养相关决策或其他社会福利安排等需要。此外，美国征信信息的使用也逐步扩大到非货币化的授信领域，如电信服务商决定是否提供服务或者要求什么样的保证金①。1996 年修订后的《公平信用报告法》增加了预筛选（Prescreen）的应用，虽然此类应用非消费者发起的交易，本质上是用在信贷和保险业务中的一种精准营销活动（Target Marketing），但是为了促进消费信贷和保险业务的快速发展，也将其作为消费者报告使用的合法目的之一，但同时给予消费者退出（Opt – out）的权利。除此之外，大多数国家（地区）对于信用报告用于营销目的都是禁止的，例如中国香港在《个人资料（私隐）条例》下制定了《个人信贷资料实务守则》，明确信用报告不得用于直销目的。在英国，征信业务除了可以用于信用风险评估以外，在反欺诈、债务催收中、反洗钱、租房等②活动中也充分得到应用。关于信用信息使用目的争议较大的是能否用于雇用活动，例如在韩国，立法经历了多次修订。一种观点认为，以借贷信息为主的信用报告对于就业目的而言不是必要的，如果因其有欠款而拒绝录用，可能造成恶性循环，2000 年的立法修订增加了对信用报告用于就业目的的限制。但是根据 2015年 3 月的修订，又删除了此条限制。美国《公平信用报告法》特别规定了用于雇用目的需要获取个人书面同意，而其他合法目的使用则不需要同意，不过对于此问题美国业界一直也有不同的声音，根据 2016 年美国一项关于信用报告改革的提案，其中也呼吁对信用报告用于雇用目的有所限制③。

　　二是采集信息的相关性、必要和最小原则。敏感信息不采集：对于各国《隐私法》或《个人数据保护法》规定的个人敏感信息，各国征信活动

---

① Prepared statement of the federal trade commission on the fair credit reporting act, ftc report, 2003.

② Findings from ICO review visits to credit reference agencies, 2014.

③ 参见 2016 年一项关于《美国全面消费者信用报告改革法案》（*Comprehensive Consumer Credit Reporting Reforms Act*）的提案内容。

一般遵循不采集的原则。如韩国规定征信业务禁止采集个人政治思想、宗教信念和其他与信用信息无关的私生活信息，我国《征信业管理条例》规定禁止采集个人的宗教信仰、基因、指纹、血型、疾病和病史等信息。有些国家规定有可能影响公平信贷的信息也不在征信信息采集的范围内，如美国《平等信用机会法》规定，禁止债权人在信用交易中考虑种族、肤色、宗教、国家、性别、婚姻状况、年龄等。

大部分国家原则上规定只能采集对判断信用风险及还款能力相关的信息，主要包括身份信息、信贷信息、公共信息三类。其一是身份信息，主要采集信息主体的标识（如身份证号、社会保障号、驾驶证号等）及其他基本信息（如住址、联系方式和职业等）。其二是信贷信息，主要包括贷款、信用卡等信贷业务信息和还款记录（包括正面和负面）。具体信息项包括业务类型、信用额度、债务期限、担保方式、偿还记录、逾期和违约信息等。各国征信实践表明，负面信息主要帮助放贷机构识别高风险借款人，而全面征信（同时采集正面和负面信息）则有利于促进对借款人当前负债水平的全面掌握，有利于"负责任信贷原则"的落实①。我国香港、韩国在20世纪90年代末期相继经历了零售信贷违约激增期，之后开始由采集负面信息转为全面信息采集，目前只有个别国家（如法国）仅采集负面信息，主要是监管部门担心共享正面信息会给隐私保护带来挑战，认为征信机构有将正面信息用于营销等其他活动的冲动②。其三是公共信息，主要包括个人破产、法院判决、欠税信息等，对于判断借款人还款意愿和还款能力有一定参考价值。此外，为了更好地判断个人还款能力，对于不动产、车辆等登记信息，征信机构也积极采集，向放贷机构提供查询通道。由于这类信息大都掌握在政府等公共部门，为此，世界银行在《征信通用原则》中提出，各国公共部门应尽量为征信机构获取和使用公共信息资源提供便利，并应将信息记录系统化存储，从而便于利用现代化的工具和技术手段进行

---

① Credit Reporting Knowledge Guide, World Bank, 2012.
② 尼古拉·杰因茨. 万存知，译，金融隐私——征信制度国际比较（第二版）［M］. 北京：中国金融出版社，2009.

访问，以促进公共信息资源安全、高效地分享。

三是关于本人同意原则。在征信业实践中，同意许可原则多数情况下成为例外条款。实际上，无论是满足央行监管的公共利益需要，还是作为从放贷机构获取信贷服务的必要条件，个人信贷信息被征信机构收集几乎已成必然。以欧洲为例，尽管采集加工处理个人信息必须得到本人同意，是体现本人对自身数据控制权的重要方面，也是欧洲个人数据保护秉承的基本原则，但是大部分国家强调征信的公共性、实行"强制征信"体制，征信机构从放贷机构采集借款人的信息，一般以告知原则取代本人同意。这一点不仅适用于由央行运行的信贷登记系统，也适用于市场化征信机构。在《欧盟条例》出台前，欧洲大多数国家私营征信机构采集信贷信息遵循《欧盟指令》第7条（f）款"合法利益"原则，"处理个人信息虽原则上要获取本人同意，但如果是为实现控制人或接受信息披露的第三方追求的合法利益，只需通知借款人，不需要获取个人明确同意"①，以最大限度平衡商业利益和数据主体的隐私权利。例如，英国信息委员会（ICO）对于英国个人数据保护法相关规定的解释，认为征信机构收集处理信贷信息（包括正面信息）不需要本人同意，只需要告知就可以②。但也有部分欧洲国家的征信机构需要通知个人并取得借款人个人的明确同意，如2014年意大利《私营机构处理消费者信用信息的行为准则》要求处理个人正面信息必须得到书面同意。在2018年《欧盟条例》正式实施后，各国纷纷颁布新的数据保护法规，征信信息采集的法律基础仍基于"合法利益"原则，且在部分国家如意大利，正面信贷信息的采集也纳入此范围，不再需要获取信息主体同意。为此，意大利在2019年修订了《私营机构处理消费者信用信息的行为准则》，对此进行了明确。

"本人同意"这一原则是否适用于征信机构的征信活动表明了各国征信体系的建设理念的不同。为了严格保护个人信息，我国的规定相对较严格，

---

① Report of the Expert Group on Credit Histories, DG Internal Market and Services, 2009：48.

② ICO's view "The processing is necessary for the purpose of legitimate interests pursued by the data controller or by the third parties to whom the data are disclosed, except where the processing is unwarranted in any particular case because of prejudice to the rights and freedoms or legitimate interests of the data subject".

《征信业管理条例》规定，采集个人信息应当经信息主体本人同意，未经本人同意不得采集，同时要求从事信贷业务的机构向金融信用信息基础数据库或者其他主体提供信贷信息，都应当事先取得信息主体的书面同意。在马来西亚，《个人数据保护法》明确规定征信机构不在本国的约束范围之内，其中原因之一就是在单独的征信机构立法中规定征信机构收集信息本人仅需告知，无需本人同意。韩国《信用信息使用及保护法》要求上报及使用个人信用信息均需要获取信息主体的同意，且个人有撤销同意的权利。不过需要说明的是，对放贷机构来说，即使向征信机构报送数据需要得到本人同意，放贷机构一般会写在合同条款里成为开展业务的前提条件，但实质上个人出于开展交易的需要并没有多少自由选择权。

在信息使用方面，很多国家立法要求查询信息前需获取个人的同意，但在借款人与放贷机构发生或拟发生业务时，实际上也没有多少选择权，如要继续开展交易则不得不同意自己的信息被查询。获取本人同意更主要的作用实质上是防范信息主体不知情下的滥用，特别是随着征信信息在非信贷领域（如租房、雇用、营销）应用的逐步拓展，这种同意则更加必要。在美国，《公平信用报告法》虽然规定信用报告用于个人获得某种资格的情形下不用获取授权即可以查询信息，但是如前所述，用于就业目的必须获取书面同意，用于预筛选需要给予信息主体退出（Opt－Out）的权利。我国《征信业管理条例》规定查询个人信息应当取得信息主体本人的书面同意并约定用途，充分赋予信息主体对自身信息的支配权和自主权。

四是关于期限原则。期限限制在征信中表现为个人有重建信用的权利。征信服务在减少交易主体之间信息不对称的同时，也重在构建守信激励、失信惩戒机制，因此应给予信息主体重塑自身信用形象的机会，这就需要为负面信息设定保存期限，避免时间久远的负面信息成为一直影响信用交易的"污点"，也影响授信机构对信息主体当前信用状况的合理判断。《征信通用原则》提出负面信息建议保存3~5年，因为一方面个人信用状况会随着时间而改变，要赋予信息主体重建信用的权利，保留时间过长会影响对信息主体信用状况的判断；另一方面，保留时间太短，则会导致信息主体的信息不充分，影响放贷机构对借款人未来还款的预测能力①。设定负面信息保存期限是各国通用的做法。负面信息保存期限的起算时点有两种不同方式：一种是从负面信息结束时点开始起算，另一种是从负面信息发生时点开始起算。落实负面信息保存期限的做法也有两种：一种是要求明确从数据库删除，另一种是不进行披露。

中国、中国香港、意大利、韩国等均是从负面信息结束时点开始计算负面信息保存期限的，以香港为例，信贷信息的保存期限分为两类：一类是拖欠还款超过 60 日的欠账信息，称为重要欠账信息，除此之外的是无重要欠账信息。对于重要欠账信息，自全数还清该拖欠还款之时起，征信机构最多可继续保留这一账户信息 5 年，如果该个人已获解除破产令后满 5 年的，征信机构也无权记录该账户的欠账信息（如果对于同一欠账信息，既出现全数还清欠款，又出现解除破产令的情况，则以较先出现的日期开始计算 5 年期限）。而对于无重要欠账信息，自产生该信息之日起，征信机构可将所收集的该账户信息保留在其数据库内 5 年。我国《征信业管理条例》规定征信机构对个人不良信息的保存期限，自不良行为或者事件终止之日起为 5 年，超过 5 年的应当予以删除。美国和澳大利亚等国则是从负面信息发生时开始计算负面信息保存期限的，以美国为例，《公平信用报告法》规定，信用报告不得披露时限超过 10 年以上的破产信息或超过 7 年的任何民事诉讼、民事判决、被捕记录、缴纳欠税滞纳金、被追收或被冲销坏账等负面记录。

需要说明的是，关于正面信息保存时限，大部分国家（包括我国）并没有明确。而香港《个人信贷资料实务守则》给予了信息主体有申请删除自身账户及还款信息的权利，并规定如信贷机构在账户关闭后 5 年内收到删除账户资料的要求，只要没有重要欠账信息，应尽快从数据库中删除与该关闭账户有关的账户资料信息②。

---

① 《征信通用原则》第 57 条、第 61 条、第 62 条。

② 《香港个人信贷资料实务守则》第 3.5 条（Deletion of Data after Account Termination Pursuant to Individual's request）。

关于信用信息披露也有例外条款，例如美国，如果需要申请超过 15 万美元的贷款或者保险金超过 15 万美元保险合同，或要申请工资超过 7.5 万美元的职位，以上的限制不能适用，要向有关人员或者机构披露。这也意味着负面信息需要一直留存，保存期限实际上指不得在信用报告中披露。中国台湾的做法也是如此，不会披露超过期限的信息，但是如银行基于诉讼需要，需要调阅此类信息，需出示证明调查的必要性，以公函方式向征信机构调阅资料。

3. 数据质量原则

该原则在征信体系中贯彻最为彻底，因为信息是征信活动的核心，错误数据或不准确的数据不仅对消费者获得信贷会产生较大影响，对放贷机构的风险管理和监管部门市场统计分析也会带来不利影响，作为数据源头的放贷机构自身也有很强的动力提高数据质量。《征信通用原则》第一条原则即提出：征信系统应当拥有准确、及时、充分的数据（包括正面信息）。美国《公平信用报告法》立法目的之一就是确保信用报告的准确性和公平性，因为信用报告信息不准确将会直接影响银行体系运行的有效性，危害消费者利益，动摇消费者对征信体系乃至银行体系的信心[1]。

征信体系对于保障数据质量的要求是全方位的。对于报数机构，要尽可能确保上报数据的准确；对于征信机构，在处理数据时应将数据与主体关联正确、数据处理过程和后续更新需要建立一定的保障机制。如果由于错误数据给消费者造成了损失，则相关损失由数据出错的机构负责，这方面不乏真实的诉讼案例。

4. 安全保护原则

征信体系应拥有严格的安全性和可靠性标准，确保数据不会丢失、被滥用。数据安全方面的威胁包括外部的网络攻击、征信服务提供者或用户对数据的错误使用、数据意外泄露或丢失、发生自然灾害等。征信机构应

---

[1] "Inaccurate credit reports directly impair the efficiency of the banking system, and unfair credit reporting methods undermine the public confidence which is essential to the continued functioning of the banking system"，引自《公平信用报告法》第 602 条。

从逻辑安全、物理安全、管理安全等方面采取措施保障数据安全，建立数据安全多维防护体系，尽量消除安全漏洞、及时响应安全事件、降低安全事故带来的影响①。我国《征信业管理条例》规定，征信机构应当按照监管部门的规定，建立健全并严格执行信息安全管理制度，并采取有效技术措施确保信息安全。2014 年 11 月，中国人民银行发布征信行业标准《征信机构信息安全规范》，为保障征信业信息安全提供了指引。

5. 责任担当原则

在整个征信体系中，征信机构、数据报送机构、信息查询机构需要按照相关法规的要求承担落实个人数据保护的主要责任。因为无论是出于公共利益的考虑，还是放贷人出于"了解你的客户"的要求，借款人的信贷信息被收集、被查询在一定程度上来说都是难以避免的。而且，相对机构而言，个人是处于一个较弱势的地位，应当在制度层面给予个人更多的保护，因此在整个征信活动中保护个人信息的主要责任应由参与各机构承担。各国的实践也是如此，在各国征信业监管框架下或者本国《个人数据保护法》相关法规约束下，征信活动中的参与各方（包括征信机构、数据上报机构、信息使用机构）如违反关于数据质量、异议数据处理、信息采集和查询的有关规定，需要承担法律责任。我国《征信业管理条例》第七章专门对法律责任进行了明确，对于违规的主体，征信业监督管理部门可以依法处罚，相关主体还要承担一定的民事责任或刑事责任。

6. 个人权利保护原则

征信领域个人最重要的权利包括查询权、异议权、纠错权和救济权。这些权利是个人信息权在征信领域的具体落实。

一是查询权。各国法律一般都规定本人有权查询自己的信用报告。在美国，2003 年《公平和准确信用交易法》对《公平信用报告法》进行了进一步修订，消费者有权每年从全国性征信机构免费获取本人信用报告，有权知道一年内谁查过自己的信用报告（如果是雇用目的可以查看两年的查询记录）。添加欺诈预警的消费者，每年可以从每家征信机构获取两次免费

---

① 《征信通用原则》第 121 条至第 125 条。

信用报告。征信机构有义务以消费者能看懂的方式提供便捷的查询，充分保证对自身数据的知情。各国信用报告的内容也无一例外地包含了近期（一般是两年内）的被查询记录，记录谁、出于何目的查询过信用报告，赋予信息主体充分的知情权。

二是对本人可能造成不利影响时的知情权。在征信活动中，可能对消费者正常经济活动造成影响的情况也需要通知消费者知晓，最大限度降低对消费者带来的影响。我国《征信业管理条例》规定，信息提供者向征信机构报送不良信息时，应当事先告知信息主体本人。在美国，信用报告被用于对个人不利决定时（如依据信用报告拒绝个人贷款申请或提高利率、拒绝雇用）需通知消费者，并提供一份信用报告副本。在韩国、中国香港等国家和地区，均有依据信用报告作出负面决定时通知消费者的规定。

三是异议权和纠错权。各国法律一般规定，如果个人发现信用报告中的信息不准，个人有权利向征信机构或数据上报机构提出异议，征信机构应会同数据报送机构，在规定的时限内解决异议。如果经证实，个人信用报告中的记载的信息是错误的，个人有权要求提供数据的机构和征信机构对错误信息进行修改。各国征信业专门的立法中对异议处理均作出详尽的规定。具体包括：其一是规定异议最长时限。在美国，征信机构收到异议通知30日之内免费调查，并通知提供数据的机构一起调查，如果30日未果，应将异议信息从报告删除。我国《征信业管理条例》规定征信机构或者数据上报机构收到异议后，在20日内需进行核查和处理，将证实为错误的数据予以更正或删除，并将结果书面答复异议人。其二是可对异议信息作出标注：考虑到信息存在错误可能会误导信息使用机构，导致相关信息使用机构作出对信息主体不利的决定。在异议处理过程中，需要对异议信息作出标注，提示信息使用者该信息存在异议并处于调查过程中，便于信息使用者全面了解信息主体的情况。其三是可以添加本人声明：对于经调查核实仍不能解决争议的问题，如信息主体仍有异议，可以在信用报告中添加本人声明，注明对该信息的争议和本人的相关解释。

此外，由于错误数据在删除前可能已经被一些机构查阅过，为了最大限度维护信息主体的利益，在美国，征信机构要对查看过错误信息的机构予以通知，在错误数据被更正后，免费向所有查看过该错误信息的机构提供一份信用报告，避免错误数据对信息主体产生不利影响。

四是救济权。当信息主体认为信息提供者、征信机构或信息使用者在征信过程中侵害其权益（如向征信机构提出异议后仍不能得到满意的解决），有权向有关监管部门投诉（行政救济）或向司法机关提起诉讼（司法救济），使自身相关权利得到实现或者使自身受到的伤害、损失能得到补救。例如我国《征信业管理条例》第二十六条规定，信息主体认为征信机构或者信息提供者、信息使用者侵害其合法权益的，可以向所在地中国人民银行分支机构投诉或直接向人民法院起诉。

五、征信业个人信息保护面临的挑战

（一）全球征信业的新发展趋势

1. 信息采集范围的拓展

传统的征信业信息采集主要以信贷信息为主，由放贷机构直接向征信机构报送，这也决定了征信系统收录的人群主要是与银行等放贷机构发生过借贷关系的借款人。放贷机构之间自发共享借款人信贷历史，这是绝大多数国家征信业遵循的基本原则——"互惠原则"，其中最主要的原则就是"你拿出哪些数据就可以得到哪些数据"（You get what you give）。近年来，伴随着普惠金融的发展，如何对尚未与银行发生信贷关系的客户进行征信、解决其缺乏信用记录而被排除在正规金融市场之外的问题，成为征信行业面临的新挑战，征信机构开始扩大信息收集范围，也开始出现单向向征信机构提供数据或查询数据的机构。

第一类是传统信用信息之外的、同样有周期性信用支付特征的账户信息（如水、电、煤气、有线电视、电信服务等先消费后付款的信息），业界称为"非传统信用信息"或"替代性信用信息"。根据美国政治经济研究所（PERC）的实证研究表明，这类信息对于评估个人信用状况、提升评分模型的预测能力有一定作用[①]，这类信息的预测作用也基本得到共识，成为征

---

① 迈克尔·特纳：《利用非银行信息获取信贷》（New to credit from Alternative Data），2009。

信机构信息拓展的重点。

第二类是关于收入等反映还款能力的信息。自 2008 年国际金融危机后，一些国家将负责任地放贷作为其监管的一大重点，要求放贷机构更好地评估借款人的负债能力、负债水平和偿还能力。征信机构也积极通过多种渠道（如本人上报、与第三方数据库合作等）多种方式，收集借款人的收入、纳税情况、房产等财产和收入类信息，综合考虑借款人的负债和偿还能力。不过，大多数国家出于保护个人隐私的考虑对这类信息的收集限制条件还比较多。如我国《征信业管理条例》规定"征信机构不得采集个人的收入、存款、有价证券、商业保险、不动产的信息和纳税数额信息"，但同时也规定了例外，"征信机构明确告知信息主体提供该信息的不良后果，并取得书面同意的除外"。

欧盟 2015 年 11 月发布《新支付指令》（Payment Service Directive 2, PSD2)，该法案纳入两类新兴第三方支付服务提供商，要求银行把账户及交易数据开放给客户授权的第三方机构。开放银行（Open Banking）作为一种新的金融理念，从英国开始引发全球银行业的新一轮转型浪潮。欧洲多家征信机构已经申请成为账户信息服务提供商（AISP)，经信息主体授权后获取客户支付结算数据，并结合信贷数据，提供客户信用能力评估等服务。

第三类是目前正在探索应用的个人其他行为信息，包括个人在网上的消费记录、社交偏好信息以及心理测量数据等。随着互联网和大数据的蓬勃兴起，互联网大数据在各行业的应用成为业界关注的焦点，个人在互联网上可记录，被记录的信息越来越多，征信机构也开始积极探索互联网大数据在征信行业的创新应用，挖掘各类信息与信用风险之间的关联关系，创新开发大数据信用风险评分模型。但是，目前这些信息的使用引发了公众对过度征信和隐私问题的担忧。例如，来自社交领域等新型的信息究竟能否用于信用风险评估，对这些信息的分析是否会揭示种族、宗教等敏感信息引发隐私泄露，信息是否准确，会不会被人为粉饰而影响信贷决策，这些问题都是各国立法机构和征信行业监管机构目前重点探讨的问题。

2. 征信信息应用范围的拓展

征信信息除了主要用于信用风险管理和宏观金融监管之外，在其他一些场景中也反映出其作用，因此在一些国家也允许在其他目的下使用，如反欺诈、债务催收、保险核保及其他涉及对信息主体进行资格审查（如雇用）的活动中使用。征集的信息不仅用于评价信息主体信用风险，也用来评估欺诈风险。随着征信信息采集范围的不断扩大，征信信息更多的价值也在被逐步挖掘，征信机构努力拓展信用报告和信用评分的应用场景，寻找商业模式的创新。

3. 征信信息保护得到高度关注

2017 年 9 月，美国知名征信机构（Equifax）遭遇网络黑客攻击，约 1.46 亿美国消费者的身份信息、20.9 万消费者的信用卡卡号信息以及约 40 万英国消费者的身份信息遭到泄露。此次大规模数据泄露事件揭露出 Equifax 公司在信息安全管理方面存在较大漏洞，也对全行业带来了冲击，给所有征信机构敲响了警钟。征信信息包括信息主体身份、金融业务信息，具有高度的敏感性，信息泄露将严重危害信息主体的权益。随着网络安全形势愈加严峻，各国征信机构也普遍加强了信息安全方面的投入，全方位完善信息安全管理措施，严防信息泄露，保护征信信息安全。

（二）加强信息保护的立法趋势

1. 美国拟加强对征信机构、数据服务商的监管

Equifax 数据泄露事件引发了美国业界关于加强征信业监管和立法的强烈呼声。美国一些议员表示"Equifax 等征信机构在金融市场占据了独特的地位，它们获取并使用了海量的消费者数据，但是消费者缺少对自身数据的控制权"，希望政府能加强对征信机构的监管。在信息安全方面，美国征信机构主要遵守《金融服务现代化法案》第 501 节的要求，确保客户记录和信息的安全性和机密性，防止任何预期的威胁或对此类记录安全性或完整性的危害，防止未经授权访问或使用此类记录或信息。美国联邦贸易委员会（FTC）在征信机构发生信息安全事件后有执法权力，但缺少事前的监督，而美国消费者金融保护局（CFPB）没有对保护数据安全的监管权限。Equifax 事件发生后，美国议员发起了多项有关完善征信行业立法的提案，其中，2020 年 1 月美国众议院通过《全面征信法案》（*Comprehensive Credit Act*，*H. R.* 3621），该法案如最终通过，将会赋予美国消费者金融保护局对

征信机构网络安全标准的监督权力。此外，该法案还包括加强消费者异议处理透明性，缩短负面信息保存期限，要求征信机构提供免费信用评分服务等要求，进一步保护信息主体的权益。

在美国，随着业务的不断拓展，大型征信机构在逐步向综合数据服务商的方向发展，但其业务中，仅有用于评估信用风险的信用报告业务需要遵守《公平信用报告法》，而通过其他渠道收集消费者信息，提供营销、身份验证、反欺诈等服务不受监管①。2014 年 5 月，美国联邦贸易委员会发布了《数据服务商：呼吁透明度和问责制》的报告②，调查发现当前数据服务商的业务运作普遍缺乏透明度，部分放贷机构根据数据服务商提供的信息判定借款人欺诈风险较高，从而拒绝与借款人交易，这与因信用风险较高拒绝交易对借款人造成的影响实质上是一样的，而最为关键的是消费者完全不知情，如数据有误会严重损害消费者的利益。此外，保险机构也会根据数据服务商提供的消费者特征信息（如具有"自行车爱好者"特征）而推断消费者可能具有一定风险，在交易中作出不利于消费者的决定。为此，报告中提出以下监管建议：对于反欺诈等风险控制类产品，建议数据使用机构告知消费者被拒绝的原因、在确认客户身份后允许修改错误信息等；对于营销产品，应为消费者提供自身信息获取通道、为消费者提供选择退出（Opt – Out）机制、披露数据来源以便消费者更正信息、要求和消费者有直接交互的机构应明确告知消费者将提供数据给第三方等。美国多名议员近年来也相继提出《数据服务商透明性法案》，呼吁对数据服务商加强监管。

2019 年，美国佛蒙特州《数据服务商法案》正式生效，对包括征信机构在内的第三方数据服务机构加强监管，要求每年注册、确保达到信息安全保护最低标准、建立信息泄露通知机制、禁止数据滥用等，确保数据服务商规范运营，保护消费者的利益。

此外，在大数据蓬勃发展的背景下，美国市场上也出现了各式各样的

---

① 征信机构从事反欺诈、身份验证等服务，在很多国家包括我国都属于征信业务的范畴。

② FTC, Data Brokers：A Call for Transparency and Accountability, May 2014.

消费者评分，包括身份识别评分、欺诈评分等，由于大多数消费者评分不受《公平信用报告法》的监管，存在很大的侵犯消费者权益的风险，也引起了业界热议。业界普遍呼吁应对各类消费者评分进行监管，一是增加评分产品的透明性，开发或使用评分的人必须将评分的名称、使用目的、分数区间、分数区间的含义，所使用的信息要素以及信息的性质和来源公开；二是满足消费者知情和异议的权利，应参照《公平信用报告法》，给予消费者获取自己的各种消费者评分及其所使用信息的权利，针对评分中使用的不准确的信息可以申请异议，如因评分的使用使消费者在雇用、信贷、保险及其他重要的市场活动中受到不利影响时，应告知消费者知晓。

2. 《欧盟条例》对征信业的潜在影响

《欧盟条例》于 2018 年 5 月 25 日正式实施，进一步强化了数据主体对个人数据的权利，包括数据"可携带权""被遗忘权""反对自动化特征分析（画像）的权利"等。"被遗忘权"指当用户不再希望个人数据被处理并且数据控制者已经没有合法理由保存该数据，用户有权要求删除数据。欧洲征信协会（ACCIS）此前强烈建议"被遗忘权"给予征信机构例外，因为如果个人可以反对在信用报告中展示某些信息，这样会损害信用报告的完整性和可靠性，会对放贷机构信用风险管理决策带来影响。此外，数据"可携带权"指用户可以无障碍地将个人数据以及其他数据资料从一个信息服务提供者处转移至另一个信息服务提供者，是否会对征信数据的使用带来影响？严格个人数据自动化特征分析是否会影响征信机构信用评分产品的应用，都成为征信行业讨论的热点。随着各国将《欧盟条例》逐步落地为本国法律，这些新的原则对征信业带来的变化也逐步明晰。

以英国为例，英国三家个人征信机构 Experian、Equifax、TransUnion 公司联合发布了个人数据处理公告（Credit Reference Agency Information Notice，CRAIN），向各方说明征信机构处理个人信息的目的、法律依据、处理和应用规则等，并得到个人信息保护监管机构的认可。该公告中明确表示，征信机构采集和处理正负面数据、提供评分产品，都是基于合法利益（Legiti-mate Interests）原则，消费者如提出限制对自身数据的处理要求，征信机构也会评估是否满足法律要求以及是否合理。公告指出，由于征信体系对于防范信贷风险、避免过度负债等具有重要意义，为了维护市场主体的公共利益，将坚持征信数据的处理原则。此外公告还指出，"可携带权"的应用仅限于以"同意"（Consent）原则为基础的数据处理活动，而征信数据处理是以合法利益（Legitimate Interests）为法律依据，因此这一权利不适用于征信数据的处理。

根据欧洲征信协会 2019 年 11 月开展的调查显示，欧洲各国征信机构数据处理的法律基础尚存在较大差异。在被调查的 15 个成员中，73% 的成员表示负面信用信息的处理基于合法利益原则，27% 的成员表示是依据其他法律要求；47% 的成员表示正面信用信息的处理基于合法利益原则，20% 表示依据其他法律规定，13% 表示是基于同意原则，还有 13% 表示无法采集正面信息，7% 表示出于维护公共利益采集。在开发评分产品方面，53% 的成员表示基于合法利益原则，此外也有基于其他法律规定、合同以及同意等原则。

（三）我国征信业发展面临的挑战

1. 个人征信市场发展现状和问题

中国人民银行征信中心运行和管理的金融信用信息基础数据库（企业和个人征信系统），自 2006 年上线运行以来已经成为我国重要的金融基础设施，在征信市场发挥着主导作用，为国内几乎每一个有信用活动的企业和个人建立了信用档案，收录信息规模不断扩大。截至 2019 年底，个人征信系统收录自然人 10.2 亿人，有信贷记录的自然人 5.7 亿人。企业征信系统收录企业和其他组织 2834.1 万户，有信贷记录的企业和其他组织 1006.4 万户。

自 2013 年《征信业管理条例》正式发布实施后，我国征信业进入快速发展通道。在个人征信市场发展方面，2015 年 1 月中国人民银行下发《关于做好个人征信业务准备工作的通知》，同意 8 家机构试点开展个人征信业务。但因试点机构在独立性、公平性和个人信息隐私保护等方面与监管对征信业的要求存在一定的差距而未获得牌照。2018 年 3 月，由中国互联网金融协会发起、8 家市场机构联合参与，共同组建了百行征信有限公司，作为个人征信业务持牌机构从事个人征信业务。

2. 个人征信市场发展面临的挑战

随着征信信息采集渠道、范围、内容的扩大及大数据信用评分的复杂性及应用场景的丰富，纵观全球，如何更好地保护个人信息、保障个人合法权益已经成为各国征信业发展中普遍面临的突出问题，我国也不例外。新发展趋势下个人信息保护的基本原则如何落地均面临很大挑战。

一是关于信息采集。根据信息采集的目的性和适当性原则，征信机构收集个人信息应主要为了服务信用风险评估的目的采集相关信息，信息的收集应适当，不能无限制。但是由于信用信息的范畴很难准确界定，因此立法上只是明确了不能采集的一些个人敏感信息，除此之外并没有更多限制。

此外，一些国家对于可能构成"不公平"和"不平等"信贷交易的信息，规定不能在信贷交易中使用，征信活动也就不能采集利用这些信息来评估借款人的信用风险。由于我国缺少《公平信贷交易法》，对信用评估中不可以使用哪些信息没有具体规定，这也为征信行业的规范发展带来了挑战。

为了切实保障消费者的合法权益，《征信业管理条例》第十三条专门规定"采集个人信息应当经信息主体本人同意"。而由以前的放贷机构上报信贷信息转变为征信机构积极从各个渠道采集信息，客观上也使落实知情同意权变得更加困难。在保障信息主体对自身信息采集的知情同意方面，还面临很大挑战。

二是关于信用信息使用。我国《征信业管理条例》规定：查询征信信息需要获取本人书面同意并约定用途，而对于具体用途并没有明确规定。条例释义中提到，征信信息除了在银行授信、商业信用交易中使用外，也逐步应用在政府部门项目审批、招投标、干部任免、公务员录用等活动中。从国外的发展现状和趋势来看，征信信息主要还是用在评估个人信用风险、欺诈风险等活动中，用来决定消费者是否可以获取某项资格。未来征信信息如何使用还有待进一步明确，对于信息应用的具体场景，一方面要确保信用信息能发挥作用；另一方面要确保个人对自身的信息使用有自由支配权，即信息查询机构需要获取本人的授权，确保信息没有被滥用。

三是关于征信数据质量。区别于传统的银行信贷数据，互联网上的数据类型多样、数据量大，消费者行为记录很有可能并非本人发起的，数据的真实可信度存在很大问题。收集的信息如何能做到去伪存真，信息能否完整、及时、准确，将直接决定征信信息的质量，而众所周知，数据准确性是征信行业赖以生存的根基。此外，传统的信用评分模型的有效性已经得到业界充分验证，而大数据信用评分模型相比传统的信用评分更加复杂，模型的客观性、科学性如何保证？信用评分结果是否有效、是否可解释？这也决定了信用评分的质量，也是目前大数据信用评分模型开发和应用不可回避的问题。

四是关于消费者各项权利的保障。由于数据源广、信息多，如何保证信息主体对自身信息的知情权、查询权、异议更正权等合法权益，成为征信业务能否合规开展的关键。征信机构应当按照法律要求向消费者提供本人信用报告查询服务，充分满足个人的知情权和查询权，建立快速便捷的异议流程，保障异议权和纠错权，确保个人不受错误信息的影响。

五是关于征信信息安全问题。我国个人征信市场准入门槛较高，行业监管非常重视保护个人信息安全、保护个人隐私权利。尽管如此，征信信息安全形势依然严峻复杂，倒卖征信数据等市场乱象依然存在。2016年，中国人民银行下发《关于加强征信合规管理工作的通知》，2018年下发《关于进一步加强征信信息安全管理的通知》，对征信业务操控流程进行规范，不断提高征信信息安全管理水平，防范征信信息泄露风险。

六是关于数据服务商的监管问题。近年来，随着大数据、金融科技发展日新月异，市场上有大量的数据服务商涉足征信业务，通过各种渠道收集个人数据，并为信贷机构提供信贷风险分析、客户推荐等服务。这些机构信息的采集、整理、保存、加工缺少具体明确的规定，为信息主体权益保护带来安全隐患，是否要将这类行为纳入征信监管是我国乃至国际征信业目前讨论的热点。

以上是征信行业未来健康发展需要面临和解决的问题。由于我国个人数据保护法规和公平信贷交易法律的缺失，客观上对于征信市场监管提出了更大的挑战。征信机构及参与各方需要认真落实《征信业管理条例》的要求，履行相关义务，建立相应的管理措施并采取一定的技术手段，切实落实个人的基本权利，维护信息主体对于征信体系的信心。同时，为了更好地保障信息主体的权益，除了落实条例的现有规定以外，建议参考美国等国家的做法，要求放贷机构在使用第三方征信机构的数据对本人作出拒绝授信或提高风险定价等不利决定时，告知消费者数据的来源和提供数据机构的联系方式，以最大限度减少错误信息可能对本人带来的不利影响。

专栏　《征信通用原则》

随着征信业在全球快速发展，征信机构面临着安全有效开展业务、信息主体合法权益保护等多重挑战，但业界并没有一个原则系统性地指导各国机构如何去应对这些挑战、更好地运营。在这种情况下，世界银行成立了征信标准制定工作小组（后成为国际征信委员会），在对征信业较发达的国家应用实践和个人数据保护、信贷风险分析等相关领域研究成果的基础上，总结了影响征信体系发展的关键因素，于2011年9月制定了《征信通用原则》。《征信通用原则》认为数据、数据处理、治理安排和风险管理、法律和规制环境、数据跨境转移是影响征信体系发展的五项关键因素，并提出了实现这些原则的建议和方法。该原则基于征信业最佳实践产生，能够满足当前全球征信业健康有序发展的实际需求，成为对业界的一般性指导原则。

《征信通用原则》重点针对征信体系的五项关键要素：数据、数据处理、治理安排和风险管理、法律和规制环境、数据跨境转移提出了相应的原则，同时对征信体系各参与方（征信机构、报数机构、征信服务使用者、信息主体、监管部门等）的责任进行了明确和规范，并提出了建立有效征信监管体系的若干建议。

数据

通用原则1：征信系统应当拥有准确、及时和充分的数据（包括正面信息），应当系统性地从所有相关并可得的信息来源采集数据，并且保存足够的时间。

数据处理：安全与效率

通用原则2：征信体系应当拥有严格的安全性和可靠性标准，并且是高效的。

治理与风险管理

通用原则3：应确保征信服务提供者和征信数据提供者的治理安排达到可靠、透明和有效地管理业务风险，并使用户公平地获得信息的目的。

法律和规制环境

通用原则4：有关征信的总体法律和规制框架应是明确的、可预测的、无歧视的、均衡的，并对数据主体和消费者权利提供支持。法律和规制环境应包括有效的法庭和庭外异议处理机制。

跨境数据转移

通用原则5：如果具备适当的条件，恰当时，可以推动数据的跨境转移。

主要参与者的职责

职责A：在平等的基础上，数据提供者应当向征信服务提供者准确、及时、完整地报送数据。

职责B：其他数据源，特别是掌握公共记录的机构，应当为征信服务提供者获得其数据库中的数据提供便利。

职责C：征信服务提供者应确保数据处理的安全性，并提供优质高效的服务。所有的使用者，不管是发挥贷款功能或监督职责的用户，都应该能够在公平条件下获得这些服务。

针对有效监管的建议

建议A：征信系统应当受到中央银行、金融监管当局或其他相关政府部门适当的和有效的监管和监督。很重要的一点是，应当明确一个或多个政府部门作为主要监管机构。

建议 B：中央银行、金融监管当局或其他政府当局应当拥有有效履行监管和监督征信系统职能所需要的权力和资源。

建议 C：中央银行、金融监管当局或其他政府当局应当明确界定并披露对征信系统进行监管的目标、职责及主要措施和政策。

建议 D：中央银行、金融监管当局或其他政府当局，应当根据各国的实际情况，采纳征信体系的通用原则及相关各方职责，并持续贯彻实施。

建议 E：中央银行、金融监管当局及相关政府部门，不论是国内的还是国际的，应在适当的情况下加强彼此之间的合作，促进征信系统的安全性和有效性。

第六章　数据跨境流动规则

全球范围内数字经济正在蓬勃发展[①]。据预测：云计算全球市场 2017 年达到 1070 亿~1270 亿美元；与物联网相关的增值服务产值从 2012 年的 500 亿美元增长到 2018 年的 1200 亿美元；2014 年，约 12% 的国际货物贸易通过阿里巴巴、亚马逊等实现。2015 年，在全球 79 万亿美元的国内生产总值中，资源的国际流动贡献了 8 万亿美元，其中数据流动的贡献相当于 2.8 万亿美元。

技术进步和商业模式的变化已经使得过去临时性数据跨境转移变为日常、大规模的转移。在早期关于这一议题的讨论中，人们往往使用"数据转移"（Data Transfer）这一概念，现如今，人们更多地使用"数据流动"（Data Flow）概念。"数据转移"需要人有意识地发起，而数据流动则是一个自然发生的过程，更能准确表达如今的真实情况：数据在各国之间充分流转，支撑着跨境在线服务的快速发展。在全球任何地点都可以获得数据。

过去的跨境数据转移，多是在公司与公司之间或政府与政府之间，但在今天，公司向用户、政府向个人，甚至个人向个人之间的跨境转移更为普遍。个人的日常生活更多在网上进行，如使用搜索引擎、聊天、网上银行以及网上购物等都会发生跨境数据转移。云服务使得个人的数据，包括电子邮件、相片、视频等转移至个人电脑以外的他国服务器之上。

关于数据跨境流动规则的讨论始于个人数据保护立法领域。在经合组织（OECD）起草 1980 年《关于隐私保护和个人数据跨境流动指南》时，时任法国个人数据保护机构（CNIL）主席就提出了数据具有经济价值的观

---

① United Nations Conference on Trade and Development（UNCTAD）, Data protection regulations and international data flows：Implications for trade and development.

点，他认为对于数据的储存和处理能力将给予一国其政治和技术上的优势，但同时全球数据的流动将会弱化一国主权。

欧盟在 1995 年《欧盟指令》中，专门针对个人数据转移至欧盟境外的情况作出了规定。云计算、大数据的出现，进一步推动了数据的跨境流动，国际上开始重新审视跨境数据流动①。特别是云跨越国界提供服务，而各国数据保护立法中关于数据收集、处理、转移的不同规定凸显出数据流动问题的复杂性②。

在这新一轮的政策关注中，数据的类型不限于个人数据，也包括政府数据、商业数据。但需要厘清的是，政府数据中涉及国家秘密的部分，禁止跨境流动本就是应有之义，同理，商业数据中涉及商业秘密的部分，也会利用对商业秘密保护的条款来解决安全性问题。但如果政府数据、商业数据既不涉及国家秘密，也不涉及商业秘密，而仍然要对其跨境流动作出限制，其落脚点往往是出于对个人数据保护的需要。

数据跨境流动政策是指一国（或地区）政府针对数据通过信息网络跨越边境的传输、处理活动所采取的基本立场以及配套管理措施的集合。③ 尽管互联网信息网络对数据的传输边际成本极低，互联网基础协议能够确定网络任意两点之间传输数据包的最快路径，也并不以地理边境为界，但各国出于隐私、安全等考虑，对从技术上完全可实现的"数据自由流动"现象④从政策层面作出不同程度的干预。

---

① Vineeth Narayanan, Harnessing the Cloud: International Law Implications of Cloud – Computing, Chicago Journal of International LawWinter, 2012, 12 Chi. J. Int'l L. 783.

② Paul M. Schwartz, Information Privacy in the Cloud, May, 2013, University of Pennsylvania Law Review 161 U. Pa. L. Rev. 1623.

③ 这一界定基本符合当前数据跨境流动政策讨论需要，也具有概念定义的连续性。关于"数据跨境流动"相关概念最早正式出现于 1980 年 OECD《关于隐私保护与个人数据跨国流通指南》，其中对个人数据的跨境流动做了简单解释，个人数据的跨境流动是指个人数据跨越国界的运动。（"transborder flows of personal data" means movements of personal data across national borders.)；1982 年联合国跨国公司中心对跨境数据流动（Transborder Data Flow）的界定是，跨越国界对存储在计算机中的机器可读的数据进行处理、存储和检索。我国信息化专家周宏仁在其专著《信息化论》中也将跨境数据流表述为数据通过计算机通信系统跨越边境的运动。

④ "信息自由流动"是互联网的技术基因，万维网的发明人 Tim Berners – Lee 在一开始并没有选择将万维网专利化，也主要是担心这会限制互联网的信息自由流动 。

"数据跨境流动政策"这一表述本身是中性且广义的，它包含从开放到保守不同立场倾向的政策类型。同时，它既可以针对数据流出境内的场景（如欧盟对于个人数据转移到欧盟以外的管理框架），也可以适用于数据流入境内的场景（如出于保护公共利益需要，对于儿童色情、侵害知识产权等数据，采取措施禁止本国居民通过网络访问获得[1]）。

相比之下，数据本地化措施从概念本身则狭义许多。它是指出于本国公民隐私保护、国家数据安全，以及执法便利等目的，要求数据在境内存储、处理的管理要求集合。当然，数据本地化措施也可以包含宽严程度不同的类型，例如：（1）仅要求在当地有数据备份，而并不对跨境提供作出过多限制[2]；（2）数据留存在当地，且对跨境提供有限制[3]；（3）数据留存在境内的自有设施上[4]。

因此，尽管"数据本地化"措施正在成为当前全球网络空间治理中的一股潮流，但它仍然仅代表了数据跨境流动政策的一种类型。

一、数据跨境流动典型政策

（一）经合组织《关于隐私保护和个人数据跨境流动指南》

经合组织早在1974年就成立了一个关于跨国传送个人信息和隐私权保护的专家组，研究有关个人信息跨国传送中的数据保护问题。此后分别于1977年及1980年举行了相关议题的研讨会。1980年9月，经合组织理事会提出了《关于隐私保护和个人数据跨境流动指南》，对于个人信息保护做了原则性的规定。这个指导纲领分为"国内适用的基本原则"及"国际适用的基本原则"。

其中，国际适用的基本原则主要解决的就是数据跨境流动问题，总体

---

[1]　考虑到本书旨在讨论"数据本地化措施"潮流之后的数据跨境政策走向，因此也将更多着眼于针对数据"流出"场景的政策分析。

[2]　例如俄罗斯在数据本地化执法中，曾一度澄清只要机构在俄罗斯境内存有数据副本（甚至于纸质副本即可），则个人数据可自由传输至境外。见 http://www.law360.com/articles/698895/3 - things - to - know - about - russia - s - new - data - localization - law。

[3]　如中国《网络安全法》第三十七条对关键信息基础设施运营者的数据本地化要求。

[4]　如中国对外资开放的部分电信业务中关于设施本地化的要求。

方向是坚持自由流通和合法限制并重。一是加盟国对于个人资料在国内的处理和传送，应考虑对其他加盟国的影响。二是加盟国不能只是阻碍个人资料在国家间的流通，为确保其安全，应寻求合理及适当的方法解决个人资料的安全问题。三是加盟国本国与其他加盟国之间，虽应取消限制个人资料在国家间流通的规定，但对其他加盟国并未实质地遵守本规则或者前述资料所移送的国家并无隐私权保护规定的情形，则不在此限。此外，加盟国本国的隐私权法律，如有特别的规定，而其他加盟国并无此类保护规则的，则关于某特定的个人资料可以限制其流通。四是加盟国应避免以隐私权及个人自由保护为名，超过保护的必要程度而制定对个人资料国际流通产生危害的法律和政策。

2011 年 4 月，经合组织信息安全和隐私保护工作小组发布《1980 年经合组织关于个人信息保护和跨境流通指南发布三十年回顾——不断发展的隐私保护图景》报告①。报告指出：《经合组织指南》是国际上第一份就个人信息保护和跨境流动达成原则共识的文件。《经合组织指南》不仅影响了经合组织国家的立法，它还影响了亚太经合组织隐私保护框架的制定。《经合组织指南》以简洁、技术中立的语言表达了个人信息保护的框架原则，这一框架被实践证明能够使用不同的政府及立法结构，适应社会以及技术环境的变化。但与此同时，技术进步和商业模式的变化已经使得过去偶然临时的跨境转移变为日常、大规模的转移，同时，各国个人信息保护的立法、执法差异问题也更加突出。报告呼吁在全球范围内建立相对统一一致的保护制度。

2013 年，经合组织发布了新版《经合组织指南》文件，命名为《经合组织隐私框架》②。虽然新版《经合组织指南》对 1980 年版的许多地方做了调整或增补，经合组织的专家组认为八条原则"大体上是合理的，应该维持不变"。

---

① The Evolving Privacy Landscape：30 Years After the OECD. Privacy Guidelines，source：http：//www. oecd. org/sti/ieconomy/49710223. pdf.

② The OECD Privacy Framework，source：http：//www. oecd. org/sti/ieconomy/oecd _ privacy _ framework. pdf.

（二）亚太经济合作组织《隐私保护框架》与跨境数据流动规则

亚太经济合作组织（APEC）[①] 是亚太地区级别最高、最具影响力的经济合作官方论坛。它在推动区域贸易投资自由化和加强成员间经济技术合作，促进地区经济发展和共同繁荣方面作出了突出的贡献，已成为连接太平洋两岸国家和地区的一条重要纽带。

亚太经济合作组织地区电子商务的发展速度和规模在全球范围内均居于领先地位，商业数据也随之呈几何级数增长。跨境网络零售、跨境数据外包、跨国公司的经营活动都涉及个人信息的跨境流动，而各国个人信息保护水平的差异引发了人们对跨境信息隐私保护的担忧。跨境网络隐私权将是重要商业化规则。如何协调统一跨境交易中各国和地区的数据传输规则和标准、实现跨境电子交易中商业个人数据的有效保护已经引起研究者和相关机构的广泛关注。

亚太经济合作组织第 17 届年度部长会议就《亚太经合组织隐私保护框架》（APEC Privacy Framework）达成协议，2004 年 10 月 29 日正式签署。《亚太经合组织隐私保护框架》以 1980 年《经合组织保护指南》为主要参考，争取在个人信息保护与信息的自由流动之间保持平衡。该隐私框架为平衡信息隐私、企业贸易需要和商业利益，集中精力于实用性和信息隐私保护的一致性，同时承认了各成员之间的文化和其他方面的差异。

《亚太经合组织隐私框架》规定了要建立亚太经济合作组织跨境隐私规则（CBPR）的目标。为在实际操作层面促进该隐私框架的国际实施，2007 年亚太经济合作组织部长会议签署了"数据隐私探路者"项目。该项目实际是为确立亚太经济合作组织跨境隐私规则（CBPR）而预先试验性操作的一个前期临时项目，其所包含的 9 个子项目内容基本涵盖了未来亚太经济合作组织跨境隐私规则所需的主要构成要素。中国参与了隐私探路者项目。

该机制仅适用于亚太经济合作组织成员经济体境内的个人信息处理机

[①] APEC 现有 21 个成员，分别是澳大利亚、文莱、加拿大、智利、中国、中国香港、印度尼西亚、日本、韩国、马来西亚、墨西哥、新西兰、巴布亚新几内亚、秘鲁、菲律宾、俄罗斯、新加坡、中国台北、泰国、美国、越南。

构在亚太经济合作组织区域内跨境处理个人信息及隐私的情形，不适用于经济体境内政府机构或个人处理个人信息及隐私的情形。该机制四个核心要素分别为自我评估、符合性审查、认证/加入、争端解决和强制执行。

其中，自我评估指的是各经济体隐私监管机构（Privacy Enforcement Authority）批准成立，并经亚太经济合作组织认可的第三方机构——责任代理机构（Accountability Agents），对预参与个人信息处理机构的评估过程。通常由责任代理机构根据亚太经济合作组织跨境隐私权保护规则的要求提供问卷，预参与个人信息处理机构来对照回答。

合规审查包括两个层面：第一，对于欲成为认可的责任代理机构，需要通过亚太经济合作组织跨境隐私权保护规则的审查标准，并得到认可。第二，欲成为亚太经济合作组织认可的遵守隐私权保护的个人信息处理机构则需要通过责任代理机构的合规审查。

亚太经济合作组织各经济体将建立一个可以让公众访问的目录网站，把经认可的责任代理机构及其认证通过的个人信息处理机构列入网站的目录。

争议解决和执行指由亚太经济合作组织跨境隐私权保护规则体系建立的这些组织，包括责任代理机构、隐私权保护执行机构，以及亚太经济合作组织隐私权保护联合监督小组等能够通过有效地协调和信息来解决在隐私权保护方面出现的各种投诉问题。

截至目前，加入亚太经济合作组织隐私框架的国家有美国、墨西哥、日本和加拿大四个国家，其中前三者完成跨境隐私规则进程。

（三）欧盟跨境数据流动政策

1995年的《欧盟指令》，对欧盟范围内个人数据保护树立了基本法律框架，涵盖了国际上对个人数据保护的一般原则，包括数据质量原则、限制目的原则、数据处理合法性等原则。该指令规定了信息控制者对于数据主体的信息公示义务，赋予了数据主体各项权利，并对特定的敏感的个人数据的处理规定了相关制度。其中，关于个人数据的跨国流动也作出了制度安排，该指令规定：欧盟公民的个人数据只能向那些已经达到与欧盟数据保护水平的国家或地区流动，欧盟委员会负责审查这些国家的数据保护水平是否达到欧盟的标准。到目前为止，除了欧盟 27 个成员国以外，只有少部分的国家满足了欧盟标准，如加拿大、阿根廷、瑞士等。至于美国，欧盟认为美国并未达到欧盟的数据保护要求，但鉴于欧盟与美国频繁的贸易往来，对个人数据的跨界流动需求极大，因此欧盟与美国签订了安全港框架（Safe Harbor Framework），该框架吸收了欧盟数据保护法的主要制度，在该框架下，美国公司可以签订协议，自愿接受欧盟数据保护法的约束，从而能够合法地接收欧盟个人数据。

《欧盟指令》规定，数据转移不仅指对数据的物理传送，也包括与其他方共享或向其他方传输或者披露，或者允许其他方获得个人数据的行为。

如果数据接收国的法律水平没有达到欧盟委员会认可的标准，在以下三种情况下，位于欧盟境内的公司仍然可以进行跨界数据流动，这三种除外情况是：（1）数据流动明确得到了数据主体的同意；（2）数据流动是为了履行与数据主体之间签订的合同，或者是符合数据主体的利益；（3）数据流动是为了抗辩法律请求。但是欧盟委员会对这三种例外情况的解释非常谨慎，范围非常狭窄。

如果数据转移的接收国不符合欧盟关于个人数据保护的要求，企业也可以通过证明自己已经采取了充分的措施完全能够保障数据安全来实现数据的转移。在实践中，这种证明往往是通过合同方式实现的，即数据的出口方和数据的接收方签订合同，确定个人数据保护的权利和义务关系。在大多数情况下，企业之间签订数据保护合同后还需要得到成员国数据保护机构的同意，但是如果合同中已经包含了欧盟委员会专门为此制定的标准合同条款（Standard Clauses），企业则无需再获得数据保护机构的同意。

根据上述规定，在欧盟运营的实体实施个人数据跨境流动行为时，有三种合法方式：一是数据的流向国具备了欧盟认可的个人数据保护水平；二是符合三种除外情况，即数据流动得到了数据主体的明确同意，或者数据流动为履行合同或抗辩法律请求所必需；三是数据输出方和输入方之间签订了符合欧盟要求的合同条款或者具有约束力的公司内部规则（Binding Corparate Rules，BCR）。对第一种情况来说，目前通过欧盟委员会评估的国家少之又少，因此在实践中应用较少，对于第二种情况，既然是除外情况，则一般也应用较少，因此第三种方法，即通过在合同中引用欧盟委员会制定的标准条款的方式以及公司内部规则被认为是应用最为广泛的方式。

欧盟在 2012 年启动个人数据保护立法改革时，曾全面梳理了现有的个人数据保护制度存在的种种缺陷。其中最为突出的问题是，日益增长的全球数据流动与现有监管制度之间的不适应。几乎所有的欧盟企业都涉及向欧盟境外传输数据，然而 1995 年指令中关于跨境流动的规则早已难以适应数据国际流动。[①]

正如批评意见认为的那样，欧盟对个人信息的跨境转移设置严格条件类似于虚幻假象，因为它假想欧盟的标准能覆盖到除欧盟以外的全球各处，但实际情形并非如此[②]。的确，欧盟跨境数据转移管理的三类方式均已捉襟见肘。因此，欧盟即将生效的个人数据保护新法规——《通用数据保护条例》（GDPR）对跨境数据流动政策进行了大幅优化改革，特别着力于提升政策的灵活度。

1. 明确禁止各成员国不得以许可方式管理跨境数据流动。多年的实践表明，欧盟各成员国对跨境流动采取的许可管理方式并没有实质性地提升个人信息出境的保护水平，相反，事前许可制度却带来官僚主义问题。因此，2016 年条例重点简化了数据跨境传输机制，明确禁止了许可管理做法，只要符合条例中跨境数据流动的合法条件，则成员国不得再通过许可方式予以限制。

2. 增加了充分性认定的对象类型。除了对国家可以作出评估外，还可以对一国内的特定地区、行业领域以及国际组织的保护水平作出评估判断，以进一步扩展通过"充分性"决定（adequate decision）覆盖的地区。

3. 扩展"标准合同条款"，除了保留目前已生效的 3 个标准合同范文。条例增加了成员国数据监管机构可以指定其他标准合同条款的渠道，以为企业提供更多的，符合实际需求的跨境转移合同文本选择。

---

① European Commission. Press release, Commission Proposes a Comprehensive Reform of Data Protection Rules to Increase Users' Control of Their Data and to Cut Costs for Businesses ［C］. 25 January, 2012.

② Christopher Kuner. Reality and Illusiono in EU Data Transfer Regulation Post Schrems ［R］. University of Cambridge Faculty of Law Legal Studies Research Paper Series, Paper No：14/2016, March 2016.

4. 发挥行业协会等第三方监督与市场自律作用。条例规定数据控制者可以成立协会并提出所遵守的详细行为准则（Codes of Conduct）。该行为准则经由成员国监管机构或者欧盟数据保护委员会认可后，可通过有约束力的承诺方式生效。此外，经认可的市场认证标志也可以作为数据跨境转移的合法机制。

（四）美欧安全港框架

欧盟委员会 1995 年个人数据保护指令禁止向保护水平低于欧盟标准的非欧盟国家转移个人数据。美国与欧洲都致力于个人数据保护，但美国采取不同的路径。美国通常通过法律、条例及自律方式分行业进行个人数据保护。欧盟通常通过综合性立法，独立的监管机构、向监管机构注册数据库、部分情况数据处理前置审批等方式加强个人信息保护。由于路径的分歧，欧盟指令可能阻碍美国机构进行一系列跨国交易。为了协调不同的保护路径，并为美国机构提供符合欧盟指令的保护手段，美国商务部与欧盟委员会协商，于 2000 年发展出了"美国—欧盟安全港"框架。

"美国—欧盟安全港"框架由以下重要文件组成：安全港原则和一套"常见问题解答"、欧盟委员会认可安全港的决定及其他相关文件。

此外，美国还单独与瑞士发展出了"美国—瑞士安全港"框架。获得安全港认证机构将可使用官方"安全港认证"标识，可置于机构网站、媒体等，并可享受数据保护方面的"安全港利益"。相比其他合法的跨境数据转移方式[①]，"美国—欧盟安全港"对于美国企业来说更加简便易行。加入安全港的企业被认为是满足了对个人数据"充分性保护"要求，欧盟成员国数据保护机构不得再对其数据转移活动采取事先批准的限制措施。因此，有 4000 多家美国企业加入安全港，并借助该方式顺利实现跨大西洋数据传输。

以安全港成员的身份从事电子商务，自愿作出承诺遵守安全港的七条隐私保护原则，这些机构就被假定达到了"充分性保护"的要求，可以继

---

① 《欧盟指令》还规定了实现数据合法跨境转移的其他方式，包括：（1）征得用户同意；（2）采取欧委会制定的标准格式合同（Standard Clauses Contract）；（3）适用于跨国公司的有约束力的公司规则（Binding Corporate Rulls，BCR）。

续接受、传输来自欧盟的个人数据。加入安全港的机构也必须承担一定的义务，即要保证遵守安全港的七条原则，包括：

一是通知原则——公司必须通知个人，所收集的个人数据和收集个人数据的目的、问询或申诉的联络方法、数据披露的对象类型、限制第三方使用和第三方再次披露的方式和手段。

二是选择原则——除了提供不同意收集个人信息的方法外，公司还必须向个人提供不同意向第三方披露和不同意将个人数据用于某个目的的办法。对于"敏感数据"只能采用"明示同意"的办法。

三是连续转移原则——公司如果想把个人数据转到不受安全港原则约束的其他组织，公司必须确保安全港通知原则和选择原则符合连续转移的要求。但是如果第三方是一个数据处理者，公司必须对第三方受安全港约束或受欧盟数据保护法的管辖还是属于充分性保护范围作出判断，或者必须与这样的第三方签订书面协议，要求它必须提供与安全港同等的个人数据保护水平。

四是安全原则——公司必须采取合理的预防措施保护个人数据不丢失、不滥用和不被非法获取、披露、篡改和损坏。仅以"单纯处理"为目的向美国转移数据，还要求欧盟的数据控制者和美国的数据处理者之间签订数据保护协议。

五是资料完整原则——数据必须与使用这些数据的目的相关，因此，当与收集数据时的目的不一致或者数据主体没有授权的情况下，不得处理个人数据。公司还必须采取合理措施保证数据的可靠性，确保数据完整、准确和保持最新状态。

六是获取原则——公司必须确保个人已经获知了公司可能掌握的全部个人信息，确保个人的更正权、修改补充权和删除不正确信息的权利。查阅权由合理的原则来限制，公司可以为提供数据收取费用，也可以在一定的时期内限制申请个人数据的次数。

七是执行原则——通过加入具有替代争议解决机制的自我管理的隐私计划，或同意与欧盟数据保护机构合作，公司必须为个人提供法律上的救济手段。

为了获得"安全港"的好处，相关机构每年应以书面形式向美国商务部表明其同意满足安全港相关要求，包括通知、选择、进入、执行等。同样需要在其公布的隐私政策内表明其遵守"安全港隐私原则"。为了符合美欧安全港项目，通常需要两步：一是加入符合美欧安全港框架要求的自律隐私政策项目，二是发展其自律隐私政策使其符合美欧安全港框架。

然而，斯诺登事件后，不满于美国政府对社会公众的监视，2015 年 10 月 6 日欧盟最高司法机构——欧洲法院作出裁决，认定欧盟委员会（以下简称欧委会）2000 年通过的关于认可美欧安全港框架的决定（2000/520/EC）无效，使得美欧之间最重要的跨境数据传输方式丧失合法性基础。该裁决被看作是欧盟个人数据保护领域里程碑式的重大事件，将对美欧数据传输乃至全球数据跨境流动政策带来深远影响。但欧美之间广泛深入的经贸联系已使个人数据流动成为必须，不同的只是规则而已。双方经过谈判达成了欧美"隐私护盾"（Privacy Shield）协议，2016 年 7 月 12 日，欧盟批准该协议。该协议主要内容如下。

第一，美国企业承担更强义务。虽然参加隐私护盾是自愿的，但是一旦美国企业提交参加隐私护盾的自我确认书，就应当完全遵守其中的所有隐私原则，而且需要公开其隐私政策、执法部门获取个人信息的请求等。此外，声明其符合并遵守隐私护盾之要求的自我确认书必须至少每年提交一次，否则就会被从隐私护盾名单中除名。在监督和执法方面，美国商务部、联邦贸易委员会、交通部等有权部门负责监督参加隐私护盾的美国企业履行义务，并作出处罚和制裁，包括可以依据《联邦贸易委员会法》第 45 条，认定违反企业构成不正当竞争手段，给予严厉处罚，包括罚金、除名等。

第二，政府执法对于数据访问将更加透明。美国政府获取欧盟公民个人信息明确限于以下六个目的：一是侦测、反击外国势力的特定行动；二是反恐；三是反制核扩散；四是网络安全；五是侦测、反制对美国和同盟军事力量构成的威胁；六是打击国际犯罪威胁，包括逃避刑事制裁的行为。美国方面承诺不再进行大规模的任意监控。企业必须报告政府提出访问数据请求的次数。同时在美国国务院内设立一个新的监察员职位（独立、不受情报部门的干扰）以处理欧盟数据保护机构转交的投诉及查询。

第三，在对欧盟公民的救济方面，新协定为欧盟公民提供了多种救济渠道。一是欧盟公民可以直接向美国企业提出请求和投诉，后者必须于45日内作出回应；二是参加隐私护盾的美国企业必须提供免费的替代性纠纷解决机制（ADR）并告知用户以便其可以进行投诉；三是可以直接向其本国数据保护机构进行投诉，后者负责将投诉转交美国商务部，美国商务部必须于90日内作出回应，或者将投诉转交联邦贸易委员会处理；四是如果穷尽前述方式未能解决争议，最后可以诉诸一个名为"隐私护盾专家组"（Privacy Shield Panel）的仲裁程序。

第四，监督。在新体系下，美国商务部门和欧盟数据保护部门将每年联合审核数据传输机制，以确保其持续顺利地运行。美国也承诺将告知欧盟任何可能会影响"隐私护盾"运行的国内法律改变。

然而，"隐私护盾"并没有带来一劳永逸的解决方案。奥地利法律学者Schrems提出的相关诉讼并没有停止。2020年7月16日，欧盟法院对Schrems Ⅱ案作出了判决，宣告欧美"隐私护盾"协议无效。尽管法院肯定了另外一条数据跨境转移的合规路径——标准合同条款（SCC）的效力，但法院也进一步指出，数据出口方和接收方都有义务在个案中验证数据接收国是否能够达到欧盟同样标准的保护，当SCC的条件不能被遵守时，应立即中止或禁止数据转移或者要求增加额外的保护措施。

综上所述，基于欧洲法院裁决及最新形势可以看到，美国推行数据自由流动或面临更大阻力。在全球数据跨境流动政策方面，美欧处于主导地位，然而双方的分歧由来已久。1995年的《欧盟指令》确立了禁止转移原则，除非目的国能达到欧盟认可的充分保护水平。而美国倡导数据自由流动，强调以企业自律为核心，其在亚太经合组织中大力推行隐私保护自问责机制。近年来，美国一直试图与欧盟在数据跨境转移政策上实现对接，但进展缓慢。相比之下，俄罗斯、巴西等20多个国家近年来纷纷在立法中提出数据本地化要求。此次欧洲法院裁决也使得美欧数据跨境流动政策分歧进一步深化，美国在全球推行数据自由流动政策或将面临更大阻力。

在投资贸易谈判中解决跨境数据流动问题，可以想见，政策的松紧程度，将不只是取决于一国对公民个人数据保护的政策立场，而是会与该国更宽泛意义上的网络信息安全政策、互联网产业发展、用户市场规模、伙伴关系等诸多因素相关。从整体看，未来全球跨境数据流动政策会在国与国之间、区域与区域之间体现出多样性、灵活性。

二、近年来数据本地化政策趋势

斯诺登事件曝光后，全球对数据安全的担忧情绪蔓延，各国纷纷从数据本地化政策入手来进行应对，货物贸易的非关税壁垒正在以一种新的形式出现在服务贸易中。斯诺登事件为各国政府推行数据本地化政策提供了充分的理由：出于对本国公民隐私保护、国家信息安全、免予他国监控以及便于执法目的等。但另一方面，数据本地化将对信息技术的创新发展、服务贸易全球化带来消极影响，同时，也限制了公民个人和商业实体的数据流动能力及对数据流动的需求。

数据本地化政策广义上包括对数据跨境转移的各类限制措施，包括但不限于：禁止信息发送到国外；在转移到他国之前应当获得数据主体的同意，以及要求在国内留有数据备份；对数据出口征税。

数据本地化措施将极大程度上改变互联网的基础架构。侵蚀互联网赖以存在的根基。互联网本身通过互联网协议（IP）将全球范围内的计算机实现互联，不论该计算机位于哪国境内。信息在互联网网络的传输路径是以自治、自动的方式予以决定，决定传输路径的基本考虑是从效率出发，或者说互联网的设计并没有对国界因素予以考虑，互联网上的各项业务，从电子邮件到新闻网页，也是如此的设计理念。云计算的核心特征则是打破了数据存储、处理的地域限制。尽管根据本地化要求，服务商不得不在每一个国家建立当地的基础设施，极大地增大了服务商的服务成本，减损了消费者的福利，但这仍然不能阻挡当前全球各国政府提出数据本地化要求的趋势。甚至有学者提出信息主权的理论，对数据本地化政策进行解释[1]。

---

① Shawn Powers, The Rise of Information Sovereignty, Internet Monitor 2014: Reflections on the Digital World: Platforms, Policy, Privacy, and Public Discourse, The Berkman Center for Internet & Society Research Publication Series.

（一）典型国家的数据本地化政策

数据本地化政策正在全球蔓延，越来越多的国家已经制定或正在打算制定这类措施。各国数据本地化措施的具体形式有很多种，在适用范围、严格程度方面都有所差别[1]。

1. 澳大利亚

2012 年，澳大利亚通过《个人控制的电子健康记录法》[2]。规定除非特定的例外情况，禁止健康数据转移到国外。第 77 条第一款规定："……相关主体不得（a）在澳大利亚境外持有、获取该数据；（b）在澳大利亚境外处理或处置与该数据相关的信息；（c）致使或者允许他人在澳大利亚境外持有、获取该数据，或在澳大利亚境外处理与该数据相关的信息。"

第二款则规定了例外情况，如果记录中不包括"与消费者相关的个人信息"或者能够识别出个人或者实体身份的信息，则可以向澳大利亚境外转移、处理。

2. 巴西

2013 年 11 月，在斯诺登事件曝光后，巴西互联网民法（草案）中补充了一个新条款：授权政府部门可以制定管理规则，要求巴西公民的个人数据应当存储在巴西境内。违反该规定，最高可以被处以公司在巴西境内经营总收入的 10%。

3. 加拿大

加拿大国家层面的立法——《个人信息保护和电子文件法》[3]（PIPEDA）并没有禁止个人数据跨境转移。但部分省立法却有禁止性规定。不列颠哥伦比亚、新斯科舍两个省有类似立法。要求公共机构，例如学校、大学、医院、政府所有的公有设施机构、公共机构掌握的个人信息应当仅能在加拿大境内存储和访问（除非特定的例外情况）。例外的情况有：如果数据主体了解被转移的数据内容，并予以同意。公共部门决定在境外储存和

---

① Anupam Chander, Data Nationalism, 2015, Emory Law Journal, 64 Emory L. J. 677.

② 《个人控制的电子健康记录法》：Personally Controlled Electronic Health Records Act。

③ 《个人信息保护和电子文件法》：Personal Information Protection and Electronic Documents Act（PIPEDA）。

访问加拿大公民的数据对于其履行职责是必需的。

4. 德国

受到斯诺登事件影响，2013 年 7 月，德国数据保护专员宣布，他们要求停止将德国公民个人数据的跨境转移，直到德国政府采取有效措施能保证国外情报部门对于德国公民个人数据的收集、利用能够符合基本的法律规则。此后，德国电信（1/3 股份由德国政府控股）建议德国人之间的通信数据仅仅在德国境内的网络中传输。2014 年 2 月，德国总理默克尔建议欧洲应当建立自己的互联网基础设施，以使得数据仅保留在欧盟境内。但该提议随后面临质疑：该举措将增加网络建设与运营成本，只会增加当地网络公司的利润。

5. 印度

2011 年 4 月，印度技术与通信部发布了关于实施《2000 年信息技术法》的隐私细则。该规定对个人敏感数据或信息跨境转移作出了限制规定，除非在两种情况下，一种是为了履行合法的合同义务而必需，另一类情况是获得了当事人的同意。2011 年 8 月，印度通信与技术部进一步明确：该隐私规则仅仅适用于收集印度人数据的公司，并且仅仅是位于印度的公司。此外，印度《1993 年公共记录法》也禁止"公共记录"数据转移至境外，除非有合法的公共利益目的。在该部立法中，"公共记录"被定位为由电脑产生任何数据。在 2013 年印度高等法院的判决解释中，这条规定也意味着政府的电子邮件不得转移至境外。并要求政府制定政府邮件规则，以符合公共记录法的要求。而在其后印度政府起草的政策文件中规定，为符合公共记录法的要求，政府部门的雇员只能使用政府电子邮件系统，禁止私人企业向政府部门提供邮件服务。

2014 年 2 月，印度国家安全委员会制定了针对私人邮件服务的措施，其中规定：邮件服务提供商必须在印度设立服务器，用印度境内的服务器提供邮件服务，并将印度产生的数据存储于这些服务器上，适用印度法律。此外，印度国家安全顾问还建议电信部门，要求所有的电信公司和互联网公司通过印度境内的国家互联网交换节点传输本地数据，以保证印度国内产生的数据包能够最大限度地留在印度境内。

6. 马来西亚

2010 年，马来西亚通过了《个人数据保护法》，要求马来西亚公民的个人数据应当存储在境内的服务器上。其第 129（1）条规定：数据使用者不能将马来西亚公民的个人数据转移至其他国家和地区，除非该国家和地区经过马来西亚相关部门的批准，列为可以转移的目的地，并在官方公报上公布。

此外，该法还建立了一系列可以转移的例外：（1）数据主体同意；（2）数据转移是为了履行数据使用者和数据主体之间的合同义务；（3）数据转移是为了行使法律权利；（4）数据转移是出于保护数据主体的重大利益或者是部长认可决定的公共利益等。

7. 俄罗斯

斯诺登事件披露后，2013 年夏天，俄罗斯杜马呼吁俄罗斯通过立法建立数字主权，要求电子邮件服务提供商以及社交网络公司将俄罗斯用户的数据保留在国内，以满足境内执法机构搜查要求。从俄罗斯通信部起草的有关数据本地化文件来看，其不仅要求将数据留在俄罗斯境内，还需要在当地进行存储备份。2014 年 5 月，俄罗斯通过《关于〈信息、信息技术和信息保护法〉的修正案及个别互联网信息交流规范》，该法案作出了如下规定："自网民接收、传递、发送和（或）处理语音信息、书面文字、图像、声音或者其他电子信息六个月内，互联网信息传播组织者必须在俄罗斯境内对上述信息及网民个人信息进行保存。同时，依据联邦法律，互联网信息传播组织者有义务向俄罗斯联邦安全部门提供上述信息"①。此外相关法案还就跨境数据传输问题作出较为详细的规定：要求所有在俄企业必须在俄罗斯境内建立数据中心，用于储存所掌握的涉俄数据，所有在俄企业均不得在俄境外处理涉俄公民个人数据信息。在俄境内提供互联网信息服务的企业必须在俄境内设立实体办事机构，否则将终止其业务；尚未设立实体机构的外企，须向俄罗斯政府上交已经掌握的所有涉俄公民个人数据

---

① 中央网络安全和信息化领导小组办公室、国家互联网信息办公室政策法规局. 外国网络法选编（第一辑）[M]. 北京：中国法制出版社，2015：408.

信息。

8. 越南

2013 年，越南政府发布了《互联网服务及互联网在线内容管理、提供、利用规定》，法令要求互联网服务提供商应当将其所掌握的任何信息在越南境内备份，以协助越南有关当局的调查。法令规定，互联网服务提供商至少提供一套服务器系统以备当局的检查。

（二）跨境数据流动展望

世界经济的发展依赖经济要素的全球流动。建立跨境要素流动的国际规则一直都伴随着经济的发展而不断成熟。对于商品的国际贸易，世界贸易组织做了适当的规制，促进了全球贸易的大发展；服务贸易虽然相对复杂，但是包括世界贸易组织《服务贸易总协定》①（GATS）和《国际服务贸易协定》②（TISA）在内多个机制也期望在服务跨境流动方面建立规则；人员的国际流动也通过外交互认的护照体系得以建立；在货币领域，在资本项的全球流动方面也有相应的政策设置。但是相对而言，数据的国际流动规则还没有相应的国际管理机制，甚至还没有设置国际管理机制的计划，这已经不适应以互联网为基础的世界经济的发展。

由于历史的原因，不同政府和地区对于隐私的理解和重视程度有很大不同，导致与隐私相关的数据管理政策的割裂。而不断增长的数据流动、共享进一步模糊了数据的权属关系和司法管辖边界。跨境数据流动政策涉及公民隐私保护、本地产业发展，国家网络信息安全等多重因素，使得这一政策议题更加复杂。从当前来看，实现跨境数据流动政策的国际共识和协调还有很长的一段路要走。

---

① 《服务贸易总协定》：General Agreement on Trade in Services，GATS。

② 《国际服务贸易协定》：Trade in Services Agreement，TISA。

第七章　我国个人信息保护的现状及分析

　　人类加速步入大数据时代，个人信息的价值正在不断得到重视。面对个人信息处理过程中的一些突出问题，我国在一些专门法领域进行相应的法律规范，国际上个人信息保护领域普遍接受的"合法、正当、必要"的要求，以及个人信息处理的公开透明原则、限制处理原则、数据质量原则、安全与责任原则及主体权益原则等基本原则，在我国与个人信息保护的相关法律、政府报告、监管和业务实践中也有提及，但由于认识不到位、立法不完善、保护框架失衡、行政监管缺位、违法惩戒不足等，在商业利益的驱使下这些个人信息保护的基本原则在实践中基本被漠视，在个人信息收集、处理和使用过程中，违背个人信息保护基本原则、违反个人信息保护法律法规的侵权行为较为普遍。

一、我国个人信息保护的立法现状

（一）个人信息保护立法概述

1. 立法总体情况

　　信息网络在促进经济发展、社会进步、科技创新的同时，也带来十分突出的信息安全问题；移动互联网、物联网、云计算等新的信息技术和移动终端的发展应用，给信息安全带来更为严峻的挑战。随意收集、擅自使用、非法泄露甚至倒卖公民个人电子信息，侵入、攻击信息系统窃取公民个人电子信息，以及网络诈骗、诽谤等违法犯罪活动大量发生，严重损害公民、法人和其他组织的合法权益，危害国家安全和社会公共利益。在这一实践背景下，个人信息保护的议题得到了立法、执法及司法部门的关注，我国关于个人信息保护的各项制度也在不断健全和完善化，逐步进入"有法可依"的阶段。

就一般性立法而言，《个人信息保护法（草案）》已经在 2020 年 10 月中旬提交全国人大常委会审议，并公开征求意见。作为个人信息保护领域的专门立法，其对个人信息处理的原则和规则进行了规定，涵盖了个人信息处理的不同环节、不同个人信息种类及处理方式。另外，《民法典》（2020 年）、《民法总则》（2017 年）、《网络安全法》（2016 年）、《侵权责任法》（2009 年）、《全国人大常委会关于加强网络信息保护的决定》（2012 年）、《消费者权益保护法》（2013 年修订）、《刑法修正案九》（2015 年）、《最高人民法院、最高人民检察院关于办理侵犯公民个人信息刑事案件适用法律若干问题的解释》（2017 年）、《居民身份证法》（2003 年修订）、《信息安全技术　个人信息安全规范》（2020 年修订）等规定均涉及个人信息保护的问题。目前定位为数据安全领域基础性法律的《数据安全法（草案）》（2020 年）处于征求意见阶段。《数据安全管理办法（征求意见稿）》（2019 年）及《个人信息出境安全评估办法（征求意见稿）》（2019 年）这两份与个人信息有关的部门规章也尚在征求意见阶段。

同时，不同行业及领域的各类个人信息保护也有针对性的规定，例如，《商业银行法》（2003 年修订）、《征信业管理条例》（国务院令第 631 号）、《个人存款账户实名制规定》（国务院令第 285 号）、《中国人民银行关于银行业金融机构做好个人金融信息保护工作的通知》（银发〔2011〕17 号）就个人金融信息的保护做了规定；《电信条例》（2014 年修订）、《电信与互联网用户个人信息保护规定》（工业和信息化部令第 24 号）专门就电信互联网行业的个人信息保护做了规定；在个人健康信息保护方面，《精神卫生法》（2012 年）、《人口健康信息管理办法（试行）》（国卫规划发〔2014〕24 号）等均做了规定；对于个人寄递信息的保护，《邮政法》（2009 年）、《寄递服务用户个人信息安全管理规定》（2014 年）等做了规定；在未成年人个人信息保护方面，《未成年人保护法》（2006 年修订）、《刑事诉讼法》（2012 年修正）等做了规定。这些规定均从不同的侧面为个人信息提供保护。

2. 重点法规解读

以下就几部重点法规进行解读，以期对我国个人信息保护法律制度的发展情况有更深入的了解。

（1）《个人信息保护法（草案）》

根据起草者的说明，随着我国互联网的快速发展，网络已成为生产生活的新空间、经济发展的新引擎、交流合作的新纽带。但是互联网的发展也带来了诸多与个人信息相关的违规问题，比如一些企业、机构甚至个人随意收集、违法获取、非法买卖个人信息等。在此背景下，制定《个人信息保护法》成为加强个人信息保护法制保障的客观要求，也是维护网络空间良好生态的现实需要，以及促进数字经济健康发展的重要举措。

《个人信息保护法（草案）》（以下简称《个保法草案》）共有八章七十条，主要内容包括：

明确《个保法草案》的适用范围，包括：一是对本法的相关用语作出界定；二是明确在我国境内处理个人信息的活动适用本法的同时，借鉴有关国家和地区的做法，赋予本法必要的域外适用效力，以充分保护我国境内个人的权益。

健全个人信息处理规则，处理规则包括首先确立个人信息处理应遵循的原则、确立以"告知—同意"为核心的个人信息处理一系列规则。另外，根据个人信息处理的不同环节、不同个人信息种类，对个人信息的共同处理、委托处理、向第三方提供、公开、用于自动化决策、处理已公开的个人信息等提出了有针对性的要求。《个保法草案》还设立专节对处理敏感个人信息、国家机关处理个人信息的规则作出规定。

《个保法草案》完善了个人信息跨境提供的相关规则，包括明确了个人信息跨境提供的合法路径，对于跨境提供个人信息的更严格的要求以及当因国际司法协助或者行政执法协助需要向境外提供个人信息时适用的规则等。

《个保法草案》还确立了个人信息处理活动中个人的权利和处理者的义务：一是与《民法典》的有关规定相衔接，确立了在个人信息处理活动中个人的各项权利；二是确立了个人信息处理者的合规管理和保障个人信息安全等义务。

最后，关于履行个人信息保护职责的部门，《个保法草案》明确了国家网信部门负责个人信息保护工作的统筹协调，发挥其统筹协调作用；同时规定，国家网信部门和国务院有关部门在各自职责范围内负责个人信息保护和监督管理工作。

此外，《个保法草案》还对违反本法规定行为的处罚及侵害个人信息权益的民事赔偿等做了规定。

（2）《民法典》

《民法典》在人格权编中专章规定了隐私权和个人信息保护问题。具体体现在以下方面。

明确了"个人信息"的定义和范围。《民法典》规定个人信息是以电子或者其他方式记录的能够单独或者与其他信息结合识别特定自然人的各种信息，包括自然人的姓名、出生日期、身份证件号码、生物识别信息、住址、电话号码、电子邮箱、健康信息、行踪信息等。

确立了个人信息处理的基本原则。个人信息的处理包括个人信息的收集、存储、使用、加工、传输、提供、公开等。《民法典》第一千零三十五条以及第一千零三十六条分别规定了处理个人信息的原则以及责任豁免情形，表明立法者允许合法合规地对个人信息进行处理。

确立了自然人对其个人信息的查阅、复制等权利。《民法典》第一千零三十七条规定，自然人可以依法向信息处理者查阅或者复制其个人信息；自然人发现其个人信息有误的有权要求更正，发现信息处理者违法违约处理其个人信息的，有权要求删除。

规定了信息处理者的个人信息保护义务。《民法典》规定，信息处理者不得泄露或者篡改其收集、存储的个人信息；未经自然人同意，不得向他人非法提供其个人信息，但是经过加工无法识别特定个人且不能复原的除外。同时，《民法典》也要求信息处理者采取技术措施和其他必要措施，确保其收集、存储的个人信息安全；发生或者可能发生个人信息泄露、篡改、丢失的，应当及时采取补救措施，按照规定告知自然人并向有关主管部门报告。

此外，《民法典》侵权责任编中的部分条款也可适用于个人信息保护，主要包括侵权责任的一般条款、网络侵权责任以及医疗损害责任等方面的条款。

（3）《民法总则》

2017 年 10 月 1 日起施行的《民法总则》第一百一十一条规定："自然人的个人信息受法律保护。任何组织和个人需要获取他人个人信息的，应当依法取得并确保信息安全，不得非法收集、使用、加工、传输他人个人信息，不得非法买卖、提供或者公开他人个人信息。"《民法总则》第一百一十一条被作为《民法典》第一百一十一条保留下来。

（4）全国人大常委会《关于加强网络信息保护的决定》

一方面，实践中侵害公民个人信息的行为层出不穷，广大民众对加强个人信息保护有迫切需求；另一方面，我国有关网络信息保护的法律规范还比较薄弱，必要的管理措施缺乏上位法依据。在此背景下，全国人大常委会于 2012 年出台了《关于加强网络信息保护的决定》（以下简称《决定》），规范收集、使用公民个人信息的活动。

《决定》共十二条，主要内容可分为：个人信息保护（第一条至第四条）、互联网信息内容管理（第五条）、网络身份管理（第六条）、垃圾信息管理（第七条）、公民权利救济渠道即政府监督管理（第八条至第十一条）。

《决定》第一条即明确规定："国家保护能够识别公民个人身份和涉及公民个人隐私的电子信息。任何组织和个人不得窃取或者以其他非法方式获取公民个人电子信息，不得出售或者非法向他人提供公民个人电子信息。"根据上述规定，个人信息保护的范围可分为两部分：一是身份信息，即可识别身份的信息（姓名、身份证号码、家庭住址等）；二是隐私信息，即私密个人信息。在保护规范方面，《决定》确立了"合法、正当、必要"的基本原则，并规定了知情同意、安全保障、违法事件补救的具体制度。在规范主体方面，《决定》重点规范网络服务提供者、企事业单位及国家机关收集、使用个人信息的行为。

《决定》重点针对我国当前网络活动中存在的突出问题建立、完善相关制度，为加强公民个人信息保护、维护网络信息安全提供法律依据，以适应当前互联网健康有序发展的需要。

（5）《消费者权益保护法》中关于个人信息保护的规定

《消费者权益保护法》第十四条明确规定消费者"享有个人信息依法得到保护的权利"，体现了法律对处于弱势地位的消费者个人信息权利保护的重视。

有关个人信息保护的规定，《消费者权益保护法》从以下几个方面做了明确的规制：一是经营者收集、使用消费者个人信息应当遵循合法、正当和必要的原则，同时要明示收集和使用信息的目的、方式和范围，并要经消费者的同意。二是经营者收集和使用消费者个人信息应当公开收集和使用的规则，不得违反法律、法规的规定和双方的约定收集、使用信息。三是经营者及其工作人员对收集的消费者个人信息必须严格保密，不得泄露、出售或者非法向他人提供。经营者应当采取技术措施和其他必要措施，确保信息安全，防止消费者个人信息泄露、丢失。在发生或者可能发生信息泄露、丢失的情况时，应当立即采取补救措施。四是经营者未经消费者同意或者请求，或者消费者明确表示拒绝的，不得向其发送商业性信息。

（6）《网络安全法》中关于个人信息保护的规定

2016年11月9日，历时两年完成三审的《网络安全法》正式出台，其第四章就个人信息保护问题做了规定。在我国还未制定统一的《个人信息保护法》的情况下，这是迄今为止我国在法律层面关于个人信息保护的最权威、最全面的规定，同时也体现了我国对于个人信息保护的重视。《网络安全法》的大部分规定沿袭了《关于加强网络信息保护的决定》《消费者权益保护法》等此前已有的制度和规定，包括"合法、正当、必要"的要求，保障信息主体的知情同意的权利，网络运营者的保密义务和安全保障义务等；同时也提出了具有创新性和进步意义的规则，这些规则强化了我国个人信息保护的标准。

《网络安全法》提出的具有创新性的规定包括：第一，明确"个人信息"的定义。《网络安全法》首次在法律层面对"个人信息"做了明确定义："个人信息，是指以电子或者其他方式记录的能够单独或者与其他信息结合识别自然人个人身份的各种信息，包括但不限于自然人的姓名、出生日期、身份证件号码、个人生物识别信息、住址、电话号码等。"可以看出，上述定义采用了"识别说"的标准。同时，《网络安全法》第二十二条提出了"用户信息"的概念，并要求网络产品、服务具有收集用户信息功能的，其提供者应当向用户明示并取得同意，结合相关条文理解，"用户信息"的范围除包含可识别个人的信息外，也应包含其他与个人相关的信息。第二，明确网络运营者的用户信息保护义务。《网络安全法》第四十条明确要求网络运营者对于收集的用户信息承担保密义务，并需建立健全用户信息保护制度。《网络安全法》将该条作为第四章的第一条，不仅表明了国家对于用户信息保护的重视，同时也是国家将网络运营者作为网络信息安全的重要责任主体的一种体现。第三，明确最少够用原则。针对实践中企业利用各种技术手段大范围收集个人信息，利用格式合同、概括授权条款取得用户同意，使得个人信息被过度采集，增加被滥用的风险的情况，《网络安全法》第四十一条第二款明确规定"网络运营者不得收集与其提供服务无关的个人信息"，首次在法律层面明确了最少够用原则的要求。第四，明确匿名化信息可对外提供。[①]《网络安全法》从平衡个人信息保护和促进信息合理流动的角度出发，将符合以下条件的信息作为对外提供不需取得个人同意的情形：一是经过处理无法识别特定个人；二是不能复原。但对于在实践中如何认定"无法识别""不能复原"，仍存在较大争议。第五，数据泄露通知制度。即要求网络运营者在发生或者可能发生个人信息泄露、毁损、丢失的情况时，网络运营者应当"及时告知用户"。第六，增加个人的删除权和更正权。[②] 第七，个人信息和重要数据境内存储及跨境传输安全评估要求。《网络安全法》首次将数据本地化要求上升至法律层面，要求关键信息基础设施的运营者在我国境内运营中收集和产生的个人信息和重要数据应当在境内存储。因业务需要，确需向境外提供的，应当按照国家网信部门会同国务院有关部门制定的办法进行安全评估；法律、行政法规另

---

① 《网络安全法》第四十二条规定：网络运营者不得泄露、篡改、毁损其收集的个人信息；未经被收集者同意，不得向他人提供个人信息。但是，经过处理无法识别特定个人且不能复原的除外。

② 《网络安全法》第四十三条规定：个人发现网络运营者违反法律、行政法规的规定或者双方的约定收集、使用其个人信息的，有权要求网络运营者删除其个人信息；发现网络运营者收集、存储的其个人信息有错误的，有权要求网络运营者予以更正。网络运营者应当采取措施予以删除或者更正。

有规定的除外。第八，强化了对于个人信息侵权行为的处罚力度。根据规定，网络运营者、网络产品或者服务的提供者违反规定，侵害个人信息依法得到保护的权利的，可能面临被责令改正、警告、没收违法所得、罚款、单处或者并处警告、暂停相关业务、停业整顿、关闭网站、吊销相关业务许可证或者吊销营业执照等行政责任，其中罚款的数额可达违法所得 1 倍以上 10 倍以下，没有违法所得的，可处 100 万元以下的罚款，直接负责的主管人员和其他直接责任人员也可能面临罚款。

（7）从《刑法修正案七》到《刑法修正案九》

《刑法》的近两次修改均将个人信息保护作为重要立法内容。《刑法修正案七》① 首次规定了"出售、非法提供公民个人信息罪"以及"非法获取公民个人信息罪"；《刑法修正案九》② 对《刑法修正案七》的规定进行了修改，将罪名调整为"侵犯公民个人信息罪"，进一步加强了对侵害公民个人信息的犯罪行为的刑事责任追究。

对比《刑法》第二百五十三条之一在修改前后的规定，可总结出如下变化。

一是犯罪主体范围扩大，不限于特殊身份。《刑法》第二百五十三条之一原条文规定，出售、非法提供公民个人信息罪和非法获取公民个人信息罪的犯罪主体是特殊主体，即仅限于国家机关或者金融、电信、交通、教育、医疗等单位及其工作人员。《刑法修正案九》第十七条将上述两罪名的犯罪主体扩大为一般主体及单位，即凡是达到法定刑事责任年龄的个人及

---

① 《刑法》（2009 年修正）第二百五十三条之一规定：国家机关或者金融、电信、交通、教育、医疗等单位的国家工作人员，违反国家规定，将本单位在履行职责或者提供服务过程中获得的公民个人信息，出售或者非法提供给他人，情节严重的，处三年以下有期徒刑或者拘役，并处或者单处罚金。窃取或者以其他方法非法获取上述信息，情节严重的，依照前款的规定处罚。单位犯前两款罪的，对单位判处罚金，并对其直接负责的主管人员和其他直接责任人员，依照各该款的规定处罚。

② 《刑法》（2015 年修正）第二百五十三条之一规定：违反国家有关规定，向他人出售或者提供公民个人信息，情节严重的，处三年以下有期徒刑或者拘役，并处或者单处罚金；情节特别严重的，处三年以上七年以下有期徒刑，并处罚金。违反国家有关规定，将在履行职责或者提供服务过程中获得的公民个人信息，出售或者提供给他人的，依照前款的规定从重处罚。窃取或者以其他方法非法获取公民个人信息的，依照第一款的规定处罚。单位犯前三款罪的，对单位判处罚金，并对其直接负责的主管人员和其他直接责任人员，依照各该款的规定处罚。

任何单位均可以本罪追究刑事责任。

二是扩大犯罪客观方面，获取方式不限。根据《刑法》原文，只有行为人通过在本单位履行职责或者提供服务过程中，将获得的公民个人信息，出售或非法提供给他人的，才可能构成本罪。根据《刑法修正案九》，只要是违反国家规定向他人出售或提供公民个人信息的，不论如何获取，都构成本罪。对通过履行职责或提供服务过程中犯此罪的，则成为从重处罚的条件。

三是最高刑提至七年，加大处罚力度。对于出售、非法提供公民个人信息罪和非法获取公民个人信息罪的处罚，《刑法》原条文规定：情节严重的，处三年以下有期徒刑或者拘役，并处或者单处罚金。而《刑法修正案九》则把最高刑期提高至七年，同时明确"违反国家有关规定，将在履行职责或者提供服务过程中获得的公民个人信息，出售或者提供给他人的，依照前款的规定从重处罚"。修订后规定的加重刑，也适用于第三款规定非法获取公民个人信息罪。

（8）《征信业管理条例》

《征信业管理条例》（以下简称《条例》）的出台，解决了征信业发展中无法可依的问题，有利于加强对征信市场的管理，规范征信机构、信息提供者和信息使用者的行为，保护信息主体权益，有利于发挥市场机制的作用，推进社会信用体系建设。

为在征信业务活动中切实保护个人信息安全，《条例》主要做了以下规定。

一是严格规范个人征信业务规则，包括：除依法公开的个人信息外，采集个人信息应当经信息主体本人同意，未经同意不得采集；向征信机构提供个人不良信息的，应当事先告知信息主体本人；征信机构对个人不良信息的保存期限不得超过5年，超过的应予删除；除法律另有规定外，他人向征信机构查询个人信息的，应当取得信息主体本人的书面同意并约定用途，征信机构不得违反规定提供个人信息。

二是明确规定禁止和限制征信机构采集的个人信息，包括：禁止采集个人的宗教信仰、基因、指纹、血型、疾病和病史信息以及法律、行政法规规定禁止采集的其他个人信息；征信机构不得采集个人的收入、存款、有价证券、不动产的信息和纳税数额信息，但征信机构明确告知信息主体提供该信息可能产生的不利后果，并取得其书面同意采集的除外。

三是明确规定个人对本人信息享有查询、异议和投诉等权利，包括：个人可以每年免费两次向征信机构查询自己的信用报告；个人认为信息错误、遗漏的，可以向征信机构或信息提供者提出异议，异议受理部门应当在规定时限内处理；个人认为合法权益受到侵害的，可以向征信业监督管理部门投诉，征信业监督管理部门应当及时核查处理并限期答复。个人对违反《条例》规定，侵犯自己合法权利的行为，还可以依法直接向人民法院提起诉讼。

四是严格法律责任，对征信机构或信息提供者、信息使用者违反《条例》规定，侵犯个人权益的，由监管部门依照《条例》的规定给予行政处罚；造成损失的，依法承担民事责任；构成犯罪的，依法追究刑事责任。

综上所述，在2012年出台的《关于加强网络信息保护的决定》的立法政策的基础上，我国完成了《消费者权益保护法》《征信业管理条例》《电信和互联网用户个人信息保护规定》等法律、行政法规、部门规章的立法及修订工作，进一步补充了有关个人信息保护的法律规定，形成了个人信息保护政策的初步框架。同时，最新出台的《网络安全法》在吸收已有制度的基础上，提出了一些创新性的规则，加大了我国个人信息保护的力度。在刑事救济方面，《刑法修正案七》首次规定了"出售、非法提供公民个人信息罪"以及"非法获取公民个人信息罪"，《刑法修正案九》则将罪名调整为"侵犯公民个人信息罪"，加大了对侵害个人信息的犯罪行为的惩治力度。

（9）《儿童个人信息网络保护规定》

《儿童个人信息网络保护规定》（以下简称《规定》）为首个针对儿童信息网络保护的立法，《规定》充实了我国儿童个人信息网络保护的法律依据。

《规定》的主要内容包括以下几个方面。

一是针对儿童个人信息的全生命周期提出更为严格审慎的规范原则，并落实在具体规则中。明确儿童个人信息的收集、存储、使用、转移行为应当遵循正当必要、知情同意、目的明确、安全保障、依法利用的原则。

二是进一步明确儿童及其监护人针对儿童个人信息享有的各项权利。包括在收集、使用、转移、披露环节，儿童监护人的知情权、同意权，及上述环节中相关要素发生实质性变更时的再次授权；儿童及其监护人发现儿童个人信息存在误差时的信息更正权；以及发现网络运营者违法、违规收集、存储、使用、转移、披露，或撤回同意、停止服务时的信息删除权。

三是明确网络运营者针对儿童个人信息的专门性、特设性保护义务。包括专条、专员——设置专门的儿童个人信息保护规则和用户协议，指定儿童个人信息保护专员；知情同意——提供更加详细、灵活的用户协议（隐私条款）并以显著、清晰的方式告知监护人并征得监护人同意，且发生实质性变化时需再次征得同意；最小存储——存储儿童个人信息不得超过实现其收集、使用目的所必需的期限，停止运营产品或者服务时应当立即停止收集并删除其持有的儿童个人信息；最小访问——内部工作人员严格按照权限、经过审批访问数据，严控知悉范围、记录访问情况、防止非法获取；泄露及停业通知——儿童个人信息发生泄露、毁损、丢失，造成或者可能造成严重后果的，应当报告主管部门，并逐一告知儿童及其监护人或发布公告，停止服务的应当告知监护人；安全存储——存储儿童个人信息应当采取加密等措施；共享、披露限制——涉及向第三方转移儿童个人信息的，需经安全评估，涉及委托第三方处理儿童个人信息的，签署委托协议，规范双方权利义务。

四是自动例外。即通过计算机信息系统自动留存处理信息且无法识别所留存处理的信息属于儿童个人信息的，不需按照本规定操作。

（10）《信息安全技术　个人信息安全规范》

《信息安全技术　个人信息安全规范》（以下简称《个人信息安全规范》）定位于规范各类组织（包括机构、企业等）个人信息处理活动，是我国个人信息保护工作的国家推荐性标准。它为今后开展与个人信息保护相关的各类活动提供了参考，为国家主管部门、第三方测评机构等开展个人信息安全管理、评估工作提供指导和依据。

《个人信息安全规范》分为五个部分，第一部分提出了规范使用的范围、规范性引用文件、相关术语和定义；第二部分提出了个人信息安全保障七大原则；第三部分提出了个人信息收集、保存、使用、委托处理、共享、转让和公开披露全生命周期的具体规范要求；第四部分提出了个人信息安全事件处置和组织的管理要求；第五部分是资料性附录，包括个人信息示例、个人敏感信息判定、保障个人信息主体选择同意权的方法、隐私政策模板。

首版《个人信息安全规范》（GB/T 35273—2017）在其实施的两年内，为网络运营者提供了详实的操作性合规指引，也给立法、执法、司法提供了参考。

根据长时间的产业实践和工作反馈，全国信息安全标准化技术委员会（以下简称信安标委）正式更新的《个人信息安全规范》（GB/T 35273—2020）于2020年3月6日由国家市场监督管理总局和国家标准化管理委员会联合发布，于2020年10月1日正式实施。

《个人信息安全规范》的制定和修订总体上与国际数据保护趋势展现出协同契合的一面。

针对数据主体权利的全面保护。例如，欧盟《通用数据保护条例》（GDPR）赋予了数据主体同意权、访问权、更正权、被遗忘权、限制处理权、拒绝权及自动化自决权等广泛的数据权利和自由，同时明确了数据控制者和处理者应尽到采取合法、公平和透明的技术和组织措施保护数据权益的法定义务，以及履行对监管部门及数据保护认证组织的法定义务，以达到对数据的全面保护。而《个人信息安全规范》同样采用专业术语定义扩大个人信息保护范围，以单列条款的形式，增加了用户画像、个性化展示和汇聚融合的使用要求，并从生成策略设计到运行安全可靠多环节对信息系统自动决策机制提出严格约束，彰显其以对数据的全面保护为目标。

针对数据利益保护位阶的明确。例如，在GDPR的框架下，信息权益保护的位阶为：数据控制者或第三方的合法利益让位于数据主体的基本权利和自由，但保护数据主体基本权利和自由的考量要让位于公权力机关的职责履行。《个人信息安全规范》虽然对企业商业利益与个体信息权益间的协商关系作出了细致的具体规定，但整体与 GDPR 的数据利益保护位阶相一致，以保护数据主体权利为基本。

针对信息收集的"最小必要原则"。如何落实数据收集的"必要性"和"最小化"原则是各国数据监管机构面临的共同挑战。在欧盟 GDPR 语境下被细化为三要素，即"充分性"——个人信息足以实现处理目的，"相关性"——个人信息与目的具有合理关联，"限于必要"——仅应收集完成目的所需的最少信息。《个人信息安全规范》对于该原则的贯彻，承继了此前征求意见稿在区分业务功能的基础上界定信息收集范围的思路，禁止企业将基本功能与扩展功能捆绑，防止企业通过"功能捆绑"强迫个人信息主体接受个人信息收集，显示出与国际趋势的统一。

针对生物识别信息收集制度。人脸识别信息的过度收集、泄露和滥用引发的诸多伦理、隐私和安全问题在国内外均引起了广泛关注。欧盟委员会甚至曾一度提出五年内禁用人脸识别技术的禁令。一直以隐私监管宽松而著称的美国，也有数州提出或通过关于人脸识别限制的立法。与此相呼应的是，《个人信息安全规范》同样新增并强调对个人生物识别信息在收集、存储、共享三大环节的保护要求，规定了在收集个人生物识别信息前，应单独向个人信息主体告知收集、使用个人生物识别信息的目的、方式和范围，以及存储时间，并要求征得个人信息主体的明示同意。

与此同时，在我国的数据保护领域仍存在很多未达成共识的复杂性问题，以及存在域外经验难以本地化展开的特有性问题。对此，《个人信息安全规范》也因地制宜地进行了规则创新，比如：

关于可携带信息范围的限定。GDPR 将可携带信息限定为数据主体有权获取其提供给数据控制者的相关个人数据，信息种类较为广泛。而《个人信息安全规范》基于现实实践的考量，将可携信息范围规定仅限于个人基本资料、身份信息、健康生理信息和个人教育工作信息，这一工作为数据可携带权的权利实现奠定了基础。

关于具体操作的指引功能。相较于国际上对于数据的原则性立法、粗放型规定，《个人信息安全规范》从多维度深入规范场景内部进行精确化指导，对个人信息控制者收集和使用个人信息的内部合规制度和外部生态规则提供了详细指引，对个人信息通过委托处理、共享、转让等方式在个人信息控制者、共同控制者、受托处理方、第三方接入各方流转过程的规定进行详细解释。

（11）《信息安全技术　公共及商用服务信息系统个人信息保护指南》

《信息安全技术　公共及商用服务信息系统个人信息保护指南》（以下简称《指南》）是我国首个个人信息保护的国家标准，于 2013 年 2 月 1 日起实施。《指南》的出台意味着我国个人信息保护工作正式进入"有标可依"的阶段。

《指南》规范了全部或部分通过信息系统进行个人信息处理的过程，为信息系统中个人信息处理不同阶段的个人信息保护提供指导，其适用于指导除政府机关等行使公共管理职责的机构以外的各类组织和机构，如电信、金融、医疗等领域的服务机构，开展信息系统中的个人信息保护工作。

在基本原则方面，《指南》提出了处理个人信息时应当遵循的八项基本原则，即目的明确、最少够用、公开告知、个人同意、质量保证、安全保障、诚信履行和责任明确。

在规范的行为上，《指南》规范处理个人信息的整个过程，并且《指南》针对个人信息处理的收集、加工、转移、删除各个不同的环节均提出了具体的要求。

《指南》对于处理个人信息应当遵循的原则、规则做了详细、具体的规定，可操作性较强；同时其中的多项规定均参照了国际上的通行做法，例如，《指南》明确提出了处理个人信息应当遵循的八项基本原则，区分了一般信息和敏感信息并提供不同的保护强度，同时对未成年人个人信息的处理提出了明确要求。

但从执行力上来看，《指南》是一份指导性技术文件，没有强制约束力，其实施取决于相关行业主体的自愿配合。

（12）《数据安全法（草案）》

《数据安全法（草案）》（以下简称《草案》）旨在保障数据安全，促进数据开发利用，保护公民、组织的合法权益，维护国家主权、安全和发展利益。其规制对象是在中国境内开展的数据活动。《草案》定稿后，将与《网络安全法》以及处于公开征求意见阶段的《个人信息保护法》一起，在信息和数据安全领域构建全面的法律框架。《草案》从多个方面扩展了《网络安全法》的管辖范围，比如根据《草案》第二条，其将适用于"在中华人民共和国境外开展的、可能损害中国国家安全、公共利益或者中国公民、组织合法权益的数据活动。"

《草案》规定国家根据数据在经济社会发展中的重要程度实行分级分类保护。还要求构建数据安全风险管理系统、安全应急处置机制、数据安全审查制度、数据出口管制、歧视性国际措施的反制机制等制度和措施。

《草案》还规定了组织及个人需要遵守的各类数据保护义务，包括一般义务与特别义务。

《草案》授权多级政府监管机关负责监管与数据安全相关的事项。具体为：中央层面，国家安全委员会负责统筹协调其他部门，指导实施数据安全战略及重大方针政策；公安机关、国家安全机关在各自职权内承担数据安全监管职责；各地区、各部门的当地政府及行业主管机关负责本地区、本行业的数据安全管理。同时，《草案》授权国家网信部门负责统筹协调、监管网络数据安全工作。

（13）《数据安全管理办法（征求意见稿）》

《数据安全管理办法（征求意见稿）》（以下简称《管理办法》）为针对在我国境内利用网络开展数据收集、存储、传输、处理、使用等活动以及数据安全的保护和监督管理等方面的法律规范。

相较于《网络安全法》，《管理办法》就以下几点进行了进一步明确。

就个人信息和重要数据的安全保护部门，《管理办法》进一步明确了个人信息和重要数据安全保护工作在中央网络安全和信息化委员会领导下，由国家网信部门统筹协调、指导监督。地（市）及以上网信部门将负责指导监督本行政区内的个人信息和重要数据安全保护工作。

就网络运营者的数据安全保护义务，《管理办法》在立法层面新增建立数据安全管理责任和评价考核制度、制定数据安全计划、开展数据安全风险评估、组织数据安全教育培训的合规义务。

在重要数据的监管方面，《管理办法》进一步明确了重要数据的性质，即"一旦泄露可能直接影响国家安全、经济安全、社会稳定、公共健康和安全的数据"，并例举了部分示例，"如未公开的政府信息，大面积人口、基因健康、地理、矿产资源等"，同时明确排除了企业生产经营和内部管理信息及个人信息作为重要数据的可能。另外，《管理办法》明确了网络运营者向第三方提供（包括共享、交易、公开披露、出境等）重要数据前，应当进行安全评估工作，并获得行业主管监管部门同意，行业主管监管部门不明确的，应经省级网信部门批准。

（14）《个人信息出境安全评估办法（征求意见稿）》

《个人信息出境安全评估办法（征求意见稿）》（以下简称《评估办法》）规定了网络运营者向境外提供在中国境内运营中收集的个人信息时，需要进行的安全评估。

《评估办法》中对于个人信息保护的重点有以下几个。

《评估办法》提出要求个人信息出境前，网络运营者与境外数据接收者签订合同。并对合同的内容做了细致的规定，主要内容之一就是对接收者如何保护个人信息安全的约定。

针对数据出境后所适用的法律法规发生变化的问题，《评估办法》提出网络运营者在与接收者签订的合同中，应当要求数据接收者在其所在国家或地区的法律发生变化而导致合同无法履行的情况时，主动告知网络运营者。网络运营者将判断是否终止合同，并要求数据接收者删除相关数据。

针对个人信息主体能够在数据出境后维护自身合法权益，《评估办法》提出省级网信部门应当定期组织检查运营者的个人信息出境记录等个人信息出境情况，重点检查合同规定义务的履行情况、是否存在违反国家规定或损害个人信息主体合法权益的行为等。

发现损害个人信息主体合法权益、数据泄露安全事件等情况时，应当及时要求网络运营者整改，通过网络运营者督促接收者整改。

综上，在2012年出台的《关于加强网络信息保护的决定》的立法政策的基础上，我国完成了《消费者权益保护法》《征信业管理条例》《电信和互联网用户个人信息保护规定》等法律、行政法规、部门规章的立法及修订工作，进一步补充了有关个人信息保护的法律规定，形成了个人信息保护政策的初步框架。同时，2016 年出台的《网络安全法》在吸收已有制度的基础上，提出了一些创新性的规则，加大了我国个人信息保护的力度。2020 年公布的《民法典》更是在人格权编中专章规定了隐私权和个人信息保护问题。

2020 年出台的《个保法草案》顺应了加强个人信息保护的趋势，坚持立足国情与借鉴国际经验相结合：一方面延续了《民法典》和《网络安全法》对个人信息的保护框架，对相关规则进行了完善，把《网络安全法》等法律法规、标准的实施经验上升为法律规范。另一方面，《个保法草案》充分借鉴了欧盟、经济合作与发展组织等有关国际组织和国家、地区的有益做法，建立健全了适应我国个人信息保护和数字经济发展需要的法律制度。

在刑事救济方面，《刑法修正案七》首次规定了"出售、非法提供公民个人信息罪"以及"非法获取公民个人信息罪"，《刑法修正案九》则将罪名调整为"侵犯公民个人信息罪"，加大了对侵害个人信息的犯罪行为的惩治力度。《最高人民法院、最高人民检察院关于办理侵犯公民个人信息刑事案件适用法律若干问题的解释》就"侵犯公民个人信息罪"认定的法律适用做了更为明确的规定。

《个人信息安全规范》为各类组织的个人信息处理活动提供了指导和参考依据。《儿童个人信息网络保护规定》是首个针对儿童信息网络保护的法律，提出了对儿童个人信息的全生命周期更为严格的规范原则。

《数据安全法（草案）》《数据安全管理办法（征求意见稿）》对于《网络安全法》的相关规定做了细化和明确。《个人信息出境安全评估办法（征求意见稿）》是针对个人信息出境的评估办法，通过对个人信息出境作出相关规定实现了对个人信息的保护。

（二）现行个人信息保护法律体系概况

从整体来看，我国目前的个人信息保护制度已初步形成了包括刑事责任追究、民事救济、行政监管及行政自律标准等各项制度在内的综合性的法律体系。

1. 刑事责任追究方面

如前已述，《刑法修正案七》及《刑法修正案九》均将个人信息保护作为重要立法内容，并且，从这两个修正案前后的变化中也可以看出，我国也在不断加大对个人信息侵权犯罪行为的惩治和打击力度。刑法的惩治和威慑作用对于遏制犯罪行为具有重要作用。

2. 民事救济方面

我国《侵权责任法》第三十六条①、《最高人民法院关于审理利用信息网络侵害人身权益民事纠纷案件适用法律若干问题的规定》（以下简称《最高院信息网络法律问题规定》）第十二条②、《网络安全法》第七十四条③、《个保法草案》第六十五条等对侵害个人信息权利的侵权责任进行了规定。但是，现有民事救济体系仍存在一定不足，主要体现在：一是未在法律层面明确规定个人信息主体权利的性质。在侵权责任上，我国长期以来采用将个人信息纳入隐私权制度进行保护的做法，但是，"隐私"概念与"个人信息"存在交叉但不能完全等同，通过隐私权制度难以为个人信息提供全

---

① 《侵权责任法》第三十六条规定：网络用户、网络服务提供者利用网络侵害他人民事权益的，应当承担侵权责任。网络用户利用网络服务实施侵权行为的，被侵权人有权通知网络服务提供者采取删除、屏蔽、断开链接等必要措施。网络服务提供者接到通知后未及时采取必要措施的，对损害的扩大部分与该网络用户承担连带责任。网络服务提供者知道网络用户利用其网络服务侵害他人民事权益，未采取必要措施的，与该网络用户承担连带责任。

② 《最高院信息网络法律问题规定》第十二条规定：网络用户或者网络服务提供者利用网络公开自然人基因信息、病历资料、健康检查资料、犯罪记录、家庭住址、私人活动等个人隐私和其他个人信息，造成他人损害，被侵权人请求其承担侵权责任的，人民法院应予支持。但下列情形除外：（一）经自然人书面同意且在约定范围内公开；（二）为促进社会公共利益且在必要范围内；（三）学校、科研机构等基于公共利益为学术研究或者统计的目的，经自然人书面同意，且公开的方式不足以识别特定自然人；（四）自然人自行在网络上公开的信息或者其他已合法公开的个人信息；（五）以合法渠道获取的个人信息；（六）法律或者行政法规另有规定。网络用户或者网络服务提供者以违反社会公共利益、社会公德的方式公开前款第四项、第五项规定的个人信息，或者公开该信息侵害权利人值得保护的重大利益，权利人请求网络用户或者网络服务提供者承担侵权责任的，人民法院应予支持。国家机关行使职权公开个人信息的，不适用本条规定。

③ 《网络安全法》第四章"网络信息安全"中对个人信息的收集、存储、保管和使用进行了更全面细致的规范。该法第七十四条第一款规定："违反本法规定，给他人造成损害的，依法承担民事责任。"

面的保护。尽管《最高人民法院关于审理利用信息网络侵害人身权益民事纠纷案件适用法律若干问题的规定》直接就针对个人信息侵权行为进行规定，但是该条主要针对利用信息网络侵害他人信息权益的行为，且其仅调整利用信息网络公开个人信息的行为，而未涵盖收集、利用等可能的侵权行为类型。[①] 二是无配套的举证责任倒置、团体诉讼等制度。在互联网、大数据的环境下，一方面，举证责任困难、侵权主体难以确定等因素严重影响了受害者维权成功的可能性；另一方面，个人信息通常被大面积泄露、滥用，极易引发大规模群体性事件。因此，立法有必要对实践状况进行回应。三是未对损害赔偿的计算方式、限额等作出规定，这也导致了受害者维权积极性不高，放任了侵权者的侵权行为。

3. 行政监管方面

我国涉及个人信息保护的执法活动，多采取部门联动的综合执法模式。从部门机关的类型来看，监管机关主要为网信部门、公安部门、工信部门和市场监管部门。

网信部门根据国务院的授权，主要负责的就是"互联网信息内容管理"，不仅包括对创作者在网络上发布的信息进行内容审查，也包括对内容的传播形式乃至网络传播平台进行管理。监管对象涵盖信息搜索、论坛社区、跟帖评论、群组信息、用户公众账号、微博客、互联网直播节目等多类平台服务的提供者，且主要监管要求之一就是落实对用户个人信息的保护。针对 APP 的管理，国家网信办更是出台了国内首部 APP 专项监管法规《移动互联网应用程序信息服务管理规定》。

工信部门主要根据《电信条例》《互联网信息服务管理办法》等规范性

[①] 最高人民法院民一庭负责人在《最高人民法院关于审理利用信息网络侵害人身权益民事纠纷案件适用法律若干问题的规定》答记者问中解释，"原因在于，通过民事司法保护个人信息，有其内在的制度要求，例如，针对非法收集、利用个人信息的行为，如果在立法上无集体诉讼制度、公益诉讼等制度辅助，则实践中通过民事诉讼方式实现权益保护就比较困难。再如，仅违法收集个人信息造成何种损害、作出何种赔偿、是通过行政手段治理更加有效还是通过民事诉讼手段更加合理，也需要立法上予以明确，等等。但是，通过信息网络非法公开个人信息的案件，在实践中已经发生，在法律上也应当承担侵权责任，应无异议。"从中也看出我国个人信息保护制度仍存在不完善之处，反映了加强个人信息保护立法的必要性。

文件，负责电信业务经营许可、电信设备进网许可、互联网信息服务的登记和备案等工作。2013 年曾出台《电信和互联网用户个人信息保护规定》，对电信业务经营者、互联网信息服务提供者收集用户信息行为提出许多原则和要求，并规定了行政处罚措施。

公安部主要根据《刑法》《网络安全法》《计算机信息网络国际联网安全保护管理办法》等的规定负责信息网络的安全保护管理工作，以及根据《刑法》的规定对侵犯公民个人信息的犯罪行为进行立案侦查等。公安部和网信办、工信部共同组成我国互联网监管的"三驾马车"。

近年来，公安部对个人信息保护的重视程度越来越高。2017 年 1 月，公安部公布的《治安管理处罚法（修订公开征求意见稿)》中新加入的第五十七条规定了对"非法获取、持有、使用、出售、提供、传播公民个人信息"的处罚。2019 年 4 月，公安部发布了《互联网个人信息安全保护指南》，制定了个人信息安全保护的管理机制、安全技术措施和业务流程，供互联网服务单位参考借鉴。

国家市场监督管理总局（以下简称市场监管总局）近年来一直从"规范市场秩序"的角度出发，在部门规章立法、完善网络监管体系方面积极作为。在个人信息保护方面，市场监管部门的执法依据主要有《消费者权益保护法》《电子商务法》及《侵害消费者权益行为处罚办法》的部分内容。

2019 年，中央网信办、工信部、公安部、市场监管总局四部门委托全国信息安全标准化技术委员会、中国消费者协会、中国互联网协会、中国网络空间安全协会成立 APP 违法违规收集使用个人信息专项治理工作组（以下简称 APP 专项治理工作组），具体推动 APP 违法违规收集使用个人信息评估工作。

4. 相关部门发布的指引文件

近年来，移动互联网应用程序即手机 APP 得到广泛应用，与此同时，APP 过度索权、超范围收集个人信息的现象引起越来越多的关注。APP 专项治理工作组于 2019 年 3 月 3 日发布了《APP 违法违规收集使用个人信息自评估指南》，网信办、公安部门、工信部门和市场监管部门在 2019 年 11月 28 日发布了《APP 违法违规收集使用个人信息行为认定方法》的通知

（以下简称《认定方法》），这为监管部门认定 APP 违法违规收集使用个人信息行为提供了参考，也为 APP 运营者自查自纠和网民社会监督提供指引。

信安标委在 2020 年 7 月发布了《网络安全标准实践指南——移动互联网应用程序（APP）收集使用个人信息自评估指南》（以下简称《实践指南》），就上述《认定方法》中的几种违法违规现象给出了具体的合规要点指引，便于 APP、小程序、快应用的运营者自评估参考使用。

二、我国个人信息保护的实践状况

尽管在我国与个人信息保护的相关法律已渐成体系，政府报告、监管和业务实践中对国际通行的个人信息保护原则也有提及，但由于认识不到位、立法不完善、保护框架失衡、行政监管缺位、违法惩戒不足等，在商业利益的驱使下这些个人信息保护的基本原则在实践中基本被漠视，在个人信息收集、处理和使用过程中，违背个人信息保护基本原则、违反个人信息保护法律法规的侵权行为较为普遍。主要表现在以下几个方面：一是在个人信息采集环节目的不清、界限不明，"数据采了再说""数据越多越好"的观点较为盛行。二是在收集阶段信息主体的知情同意的权利被信息收集、使用者以格式合同、"霸王条款"等"授权同意"方式轻松规避。三是在信息处理阶段，信息处理机构的数据质量和安全保障责任形同虚设，信息主体受到有关本人的错误信息不利影响而浑然不知，内部管理不当、技术手段落后、信息安全度低等因素，导致大范围个人信息泄露事件时有发生，涉事企业态度漠视、补救和处理措施不到位，严重侵害了用户的隐私和安全。四是在信息使用上，信息的授权外滥用和非法交易屡禁不止，个人信息、垃圾短信、邮件及骚扰电话满天飞，不法分子利用个人信息从事信息诈骗、窃取财物等行为时有发生，严重影响生活安宁和人生财产安全。五是掌握数据的企业机构在个人信息保护方面的责任淡化，只要得到了"本人同意"，数据怎么处理使用都可以，这种不平衡的个人信息保护架构实际上架空了我国的个人信息保护体系。

（一）个人信息收集环节

信息主体的知情同意应当成为信息收集、使用者收集、使用个人信息的正当性基础。但是，实践中信息收集、使用者以格式合同、"霸王条款"的方式取得用户"同意"，通过 cookies 技术、恶意软件甚至非法买卖等方式获得信息，这些行为严重侵害了用户知情同意的权利，并且有可能构成犯罪行为。

1. 网站利用格式合同获得用户"同意"

在商业利益的驱使下，大量的商业机构（特别是网络服务提供者）滥用其优势地位以格式合同、概括授权条款及不需经用户点击同意的隐私声明等方式取得信息主体"同意""授权"，而信息主体则只能被动地接受商业机构制定的不平等规则。

用户常常要在注册各类网络网站前"同意"网络服务提供者的隐私权条款，网络服务提供者也正是通过这种方式取得用户的同意和授权。但是，实践的情况是，很多网站的隐私权条款冗长而烦琐，表述拗口难懂，以至于让用户缺乏耐心阅读，并形成理解困难。在这种情况下，很多用户在看到弹出窗口征求对个人信息进行利用的同意时，常常不假思索就点击了"同意"。同时，在冗长烦琐的隐私权条款中，不公平的"霸王条款"就可能隐藏在这些小字里，用户稍不留意即会点击"同意"自己本不愿意接受的条款。同时，目前大部分的隐私权政策均是点击合同，如果用户不点击"同意"，则无法进行下一环节的注册或获得相关服务，用户也时常因为对网络服务的依赖性而被动选择接受。据了解，目前不少大型互联网公司普遍在"隐私权政策"中极其详细地列举其可收集的个人信息的范围，对自身的授权内容极其宽泛，将包括身份验证、与第三方分享、广告营销等使用方式均涵盖在内，而赋予用户可行使的权利却极少。由于现有法律法规均只做原则性的规定，在这种模式下，知情同意原则实际上完全被架空，用户表面上的"同意"并不能表明用户是在平等、自愿、公平的前提下所作出的同意。更有很大一部分网站的"隐私权政策"都只是网站的单方面声明，网站采取"您使用或继续使用我们的服务，即意味着同意我们按照本'隐私权政策'收集、使用、储存和分享您的相关信息"的方式，用户一旦登录浏览该网页，即被视为用户已经同意了该网站的声明，个人无法行使有效的同意权利。

限制用户查阅、更正、删除个人信息的权利。实践中，网络服务提供者大多通过格式条款严重限制用户的包括查阅、更正、删除个人信息等的权利，这种情况下，收集、处理个人信息的行为缺乏透明度，个人无法获知自己的哪些信息被收集、被储存在何处以及这个信息被用于哪些用途，更无法要求查阅、更正、删除。同时，网络服务提供者在进行网站功能和内容设计时，通过不提供投诉、异议途径，使得用户无法有效主张权利；并且，网站大多不为用户提供删除自己在网站上留下的痕迹如社交网站上的照片、状态更新、留言等的途径，用户无法行使有效的退出、删除权。针对这一问题，《网络安全法》新增规定赋予用户删除权和更正权，且要求网络运营者应当建立网络信息安全投诉、举报制度，有利于维护用户的合法权益。但鉴于《网络安全法》还未正式施行，因此其执行效果仍有待观察。

2. 利用 cookies 技术收集个人信息

"cookies" 是指网站为了辨别用户身份，进行会话跟踪（Session Tracking）储存在用户本地终端上的数据（通常经过加密）。正常情况下用户浏览网站会在网站留下 "cookies" 数据，一般被用来存储用户的浏览记录、互联网协议（IP）地址、网卡号、用户名、密码等信息。其中，当用户访问甲网站时，甲网站会在用户的电脑里存放甲域名的 "cookies"，此为第一方 "cookies"。如果甲网站的网页里有某个图片（或者广告）来自乙网站，那么乙网站则有可能在用户的电脑中存放一个乙域名的 "cookies"，此为第三方 "cookies"。目前，许多第三方统计工具和互联网广告，其实都是基于第三方 "cookies" 运作，其不合理性和不合法性广受诟病。

2013 年的中央电视台 "3·15" 晚会上，央视调查并曝光了易传媒、上海传漾、悠易互通、品友互动等多家网络广告公司利用浏览器第三方 "cookies" 数据跟踪用户。据报道，网络广告公司通过在别的网站加代码便可以收集用户 "cookies"，并在用户不知情的情况下擅自调用这些 "cookies" 达到盈利目的。除此之外，央视还曝光了国内四大门户之一的网易公司，也存在对该网站用户的跟踪行为，甚至一些用户非常隐私的邮件内容都能被看到。网站利用 "cookies" 信息，一方面为用户提供个性化服务；

另一方面对数据信息进行集合化分析，对于网站完善其研发及经营策略具有重要的参考价值。因此，如果利用得当，"cookies"能为用户带来很大便利，但是，如果被滥用，个人信息即面临被非法收集处理并被用于其他不合法目的的风险。

3. 通过恶意软件、木马病毒、免费无线网络（WiFi）等收集个人信息

第一，通过恶意软件、木马病毒非法收集个人信息。恶意软件主要指专门窃取用户信息的软件，通过点击恶意链接被下载至用户的移动设备或者个人电脑端。其特点在于无处不在和难以卸载。用户在日常使用过程中，缺乏甄别恶意软件的能力，会在不知不觉中就下载了恶意软件，并持续地为恶意软件输送信息。根据《工业和信息化部关于电信服务质量的通告》（2016年第1号），2015年第四季度，工业和信息化部组织对40家手机应用商店的应用软件进行技术检测，发现不良软件41款，涉及违规收集使用用户个人信息、恶意"吸费"、强行捆绑推广其他无关应用软件等问题。

案例一　智能手机被植入恶意程序

2014年的央视"3·15"晚会曝光了鼎开、大唐旗下高鸿等公司向智能手机植入恶意程序等问题，这不仅会造成恶意扣费，而且还会泄露用户的个人信息。据报道，有用户手机出现恶意扣费的情况，被定制了一些服务，但是手机上看不到任何的收费程序。调查发现这个手机被植入两个恶意木马程序，一个可以远程安装、卸载应用软件，另一个可以获取手机中的个人信息。而有公司专门生产销售这种恶意程序。被曝光的鼎开公司宣称可以通过手机植入方式获利，每个月装机量达到130万台。另一家被曝光的公司是大唐电信旗下高鸿股份，这家公司开发的大唐神器，每个月装机量达100万台，已经在用户手机上悄然安装4600万个软件。借助这种方式，每装一个软件，相关方可获利0.7～3元不等。这些程序不仅恶意安装软件，而且会收集用户手机上的设备号（IMEI）、应用使用时间、地址等隐私数据。

同时，360 互联网安全中心发布的《网络安全报告》显示，聊天软件等工具已经成为个人电脑上木马传播的主要渠道之一，传播这些木马的主要目的是盗号，进而盗取用户信息和"钱财"；接近 17% 的游戏外挂包含病毒木马，木马的主要行为包括盗号。这还只是个人电脑端的恶意软件，相比之下，移动端的恶意软件更是有不少直接针对用户个人信息和数据。2015年 10 月就爆出一种伪装成"Word"、感染移动设备的恶意软件，"一旦设备被感染，恶意软件会以高权限进行操作，窃取设备标识符（IMEI 和 SIM 卡号码以及设备 ID），另外还有受害者的个人信息，以及存储在手机内的短信和通讯录"。根据安全公司的统计，该恶意软件在不到一个月的时间即感染了 300 万个用户。这种软件对信息的窃取更有针对性，能直接导致用户的经济损失，其无法卸载的特性，使得用户即使发现了软件的存在，也难以及时采取措施保护自己的信息，加剧了泄露的影响范围。

第二，通过免费无线网络（WiFi）非法收集个人信息。2016 年央视"3·15 晚会"曝光了公共免费无线网络（WiFi）可瞬间收集手机上的个人信息的问题。中国互联网协会秘书长卢卫称，用户信息被瞬间获取的原因主要有两个方面，一是无线网络（WiFi）登录加密等级较低，或路由设备本身存在安全漏洞，易被黑客入侵截获其所传输数据；二是手机应用程序对用户姓名、手机号码、位置信息等数据明文传输，未采取加密等安全保障措施，致使黑客能够从截获数据中提取用户信息。

4. 通过非法买卖获取个人信息

当前，个人信息非法买卖活动已形成"源头—中间商—非法使用人员"的交易模式。实践中，购买个人信息最多的是那些利用信息进行广告推销、出售虚假发票、发送垃圾短信的人，其中，不规范的房产销售中介、装修公司、保险公司、母婴用品企业、教育培训机构、广告公司等是主要的购买主体。另一个购买个人信息的终端是利用个人信息从事盗窃、电信诈骗、网络诈骗、敲诈勒索、绑架等刑事犯罪的不法分子，这将使得个人面临严重的人身、财产损害的风险。

根据现行规定，侵犯公民个人信息权利不仅可能构成民事侵权，也有可能构成刑事犯罪。《刑法修正案七》将出售、非法提供公民个人信息和非法获取公民个人信息罪，纳入"侵犯公民人身权利、民主权利罪"范畴，《刑法修正案九》将罪名调整为"侵犯公民个人信息罪"，并进一步加大了惩治力度。

案例二　安徽省首张买卖消费者个人信息罚单①

2015年9月，安徽省合肥市工商局网监局执法人员接到举报，称网上有人买卖个人信息。接报后，执法人员上网搜寻，发现在一个数据资源群里有人在商谈个人信息买卖事宜。执法人员进一步卧底调查发现，个人信息的购买非常简单，只需说明购买信息的数量，直接在网上交易即可。此外，这种数据交易非常便宜，在网络上按照文件大小以KB为单位销售，算下来，平均一条个人信息仅需0.09元。执法人员赴现场调查发现，一些所谓的客服人员正在现场大量拨打买来的客户电话号码，做"客户拓展。"经查，该企业从2015年6月至9月，先后24次从网络上购买个人信息达3.3万条，共花费2800元。合肥市工商局对涉案企业开出了安徽省首张买卖消费者个人信息罚单，依据新《消费者权益保护法》的规定，对该企业处以7万元的行政罚款。

案例三　购买个人信息用于开展经营业务受到处罚②

自2013年4月起，上海炳恒金融信息服务有限公司在日常经营活动中，为拓展业务、发展客户，由理财部大区经理通过购买等途径收集大量个人信息，并按照公司层级依次派发给团队经理、理财经理（业务员），以电话方式联系消费者，推销公司的网贷（P2P）理财产品。经查，

---

① 资料来源：个人信息保护：行政处罚密集出拳，追究刑责毫不含糊［EB/OL］.［2016 – 03 – 15］. 中国消费网，http：//www. ccn. com. cn/330/566306. html.
② 资料来源：个人信息保护：行政处罚密集出拳，追究刑责毫不含糊［EB/OL］.［2016 – 03 – 15］. 中国消费网，http：//www. ccn. com. cn/330/566306. html.

该公司上述行为违反了《消费者权益保护法》第二十九条第一款之规定，构成了侵犯消费者合法权益的行为。2015 年 7 月 6 日，上海市工商局对炳恒金融信息服务有限公司开出罚单，鉴于当事人非法收集、使用的消费者个人信息数量较为庞大，以及违法行为直接对应的违法所得难以认定，办案机关根据《消费者权益保护法》第五十六条第一款第（九）项的规定，对当事人罚款 40 万元。

案例四　非法买卖个人信息构成刑事犯罪

2012 年"3·15"晚会曝光了上海罗维邓白氏公司从银行、保险机构、证券公司、基金公司等获得用户的姓名、年龄、学历、银行存款、房产状况、信用卡级别、消费情况等信息，再低价进行转卖。后罗维邓白氏公司因构成非法获取公民个人信息罪被法院判决承担刑事责任①。法院认定该公司在 2010 年 11 月至 2011 年 11 月期间以约 250 万元的价格，向其他公司购买各类公民个人信息，总数超过 9000 余万条，并经营该业务直至 2012 年初。最终法院判处该公司承担罚金人民币 100 万元，而公司主要责任人则被判处有期徒刑 1 年至 2 年不等，罚金 1 万元至 2 万元不等。

案例五　北京打击网络侵犯公民个人信息犯罪刑拘 138 人②

2018 年 5 月，北京警方持续开展网络侵犯公民个人信息犯罪打击整治工作。5 月 7 日、8 日，北京警方对前期掌握的 30 余条网上侵犯公民个人信息犯罪线索开展集中收网行动，刑事拘留涉嫌出售、提供、获取公民个人信息的犯罪嫌疑人 138 名。

---

① 参见上海市闸北区人民法院（2012）闸刑初字第 997 号刑事判决书。
② 人民网. 北京打击网络侵犯公民个人信息犯罪 刑拘 138 人 [EB/OL]. [2018 – 05 – 24]. https：//www. chinacourt. org/article/detail/2018/05/id/3316876. shtml.

2018 年 5 月，北京市公安局网安总队得知，某投资理财公司利用批量获取公民个人信息的方式开展贷款推销业务。经侦查，警方发现涉案公司负责人张某（男，35 岁，河北人）等人，通过在网上购买、与同行业交换等方式获取大量有投资意向的客户信息，后以公司形式组织员工打电话推销。5 月 8 日，朝阳分局警务支援大队、刑侦支队及属地派出所前往该公司，现场抓获 12 人，起获电脑 15 台、手机 16 部，并查获电子、纸质版公民个人信息 30 余万条。

根据网安总队相关部门负责人介绍，随着《中华人民共和国刑法修正案（九）》《中华人民共和国网络安全法》等法律的实施，国家越来越注重侵犯公民个人信息违法犯罪的打击与整治。根据法律规定，侵犯公民个人信息违法犯罪行为既包括贩卖个人信息的行为，也包括以购买、交换等方式非法获取公民个人信息的行为。

案例六　买卖公民个人信息涉嫌犯罪　涵江一男子被警方抓获①

在大数据时代的今天，点击钓鱼网页、扫二维码、注册网络账号等都会造成个人信息的泄露。同时，买卖公民的个人信息也涉嫌犯罪。

2019 年年初，小林在某电商平台开了一家店铺，为了增加店铺的销量，吸引更多的顾客，小林在网上找到了一名"贩卖身份信息"的网友。

对方提出"一元一套"，经过讨价还价，小林最终以"五角一套"的价格，先后分几次购买了一万多套公民身份信息，用于推销自己的电商店铺。

因为购买公民个人信息，小林被上海市公安局虹口分局以涉嫌侵犯公民个人信息罪列为网上在逃人员。9 月 24 日，涵江警方在小林家中将其抓获。

---

① 案例来源：https：//mp. weixin. qq. com/s/kvj＿oQXvrkPB8B2VuGAaCw.

案例七　江苏淮安警方破获特大跨境侵犯公民个人信息案①

2019 年，江苏省淮安市公安局破获一起公安部挂牌督办的特大跨境侵犯公民个人信息案，摧毁一条完整的侵犯公民个人信息犯罪链条。犯罪团伙拉拢腐蚀国内保险、银行、法院等相关行业和机构从业人员 40 余名，为其提供公民个人信息。

淮安市公安局网安支队副支队长郑杨介绍，在这一案件中，主要犯罪嫌疑人陈某隐匿在越南。从 2015 年起，陈某及其团伙成员拉拢腐蚀国内保险、银行、法院等相关行业和机构从业人员 40 余名，视不同信息分别以人民币 100 元/条、200 元/条、1000 元/条不等的价格，窃取大量公民个人信息。与此同时，发展下线马仔 20 余人，公民信息贩卖人员 80 余名，将窃取的信息层层加码销售，最高售价高达 5000 元/条。初步调查表明，这一犯罪团伙非法获利超过 2000 万元。

2019 年 5 月，淮安市公安局网安民警在对全市网吧开展例行检查时，发现一网民通过微信联系上家，查询淮安市洪泽区居民张某婚姻登记、淘宝收货地址等信息。凭借职业敏感，民警判断"上家"涉嫌侵犯公民个人信息。果然，进一步调查表明，"上家"有开展"私家侦探"业务，提供婚姻、银行卡、手机定位等公民信息查询交易。依据这条线索，淮安公安逐步挖出一个涉及多种数据类型、多渠道查询的特大跨境侵犯公民信息犯罪团伙。此案后被确定为"5·21"专案，被公安部挂牌督办，历时一个多月，最终将这条犯罪链上其他 82 名重要涉案人员抓获，冻结赃款 400 余万元。

案例八　涉嫌买卖公民个人信息，罚款 10 万元②

张某从事教育培训行业，由于工作需要，他除了自己掌握大量的学

---

① 新华社．江苏淮安警方破获特大跨境侵犯公民个人信息案［EB/OL］．［2019 - 10 - 31］．http：//www. gov. cn/xinwen/2019 - 10/31/content _ 5447211. htm.

② 案例来源：https：//mp. weixin. qq. com/s/z99CibEf9AdSUiTRNQ4hAw.

生信息，还从同行业的女友的电脑中盗取了包含学生姓名、学校、生日、联系方式等公民信息 3 万余条。2019 年 3 月，他在椒江某教育培训机构离职时，以交换的方式从某教育培训机构的负责人处获得包含学生姓名、学校、生日、联系方式等学生信息文件夹，包含公民个人信息 1556 条。张某便萌生了利用倒卖个人信息牟利的想法。

2019 年 4 月，张某应聘至椒江区某教育培训机构万达校区，为证明自己能胜任工作，他以 700 元的价格向这家教育培训机构负责人王某出售了公民个人信息 3.3 万余条。与此同时，张某还在人力网、58 同城等网站发布包含"出售公民个人信息"的内容。6 月 14 日，张某将 3 万余条包含姓名、联系方式等内容的学生信息，以 1200 元的价格出售给另一教育机构的负责人李某。

2019 年 8 月 2 日，涉嫌侵犯公民个人信息的张某被椒江警方依法刑事拘留。10 月 22 日，依据《消费者权益保护法》，椒江区市场监督管理局对涉及买卖公民个人信息的三家教育培训机构分别处以 10 万元罚款。

案例九 非法买卖个人信息构成刑事犯罪[①]

2018 年 6 月 1 日，湖南省溆浦县的舒某旺通过 QQ 软件向广东省佛冈县的冯某伦贩卖了 381775 条包含姓名、手机号、电子邮箱的公民个人信息，并通过微信分 5 次收取冯某伦 1100 元。

冯某伦非法购得公民信息后，将其中的 50000 条公民个人信息，转手贩卖给其他网友，非法获利 2000 元。

2018 年 6 月至 8 月，舒某旺还多次以 500 元到 2000 元的价格，通过 QQ 向网友贩卖 1490000 条公民个人信息，非法获利 34000 元。这些网友大多与非法赌博网站有着密切联系。

---

① 案例来源：https：//mp. weixin. qq. com/s/9vTUheRztnrliJf4gPKwMA.

法院以侵犯公民个人信息罪判处舒某旺有期徒刑三年六个月，并处罚金一万元；以侵犯公民个人信息罪判处冯某伦有期徒刑三年三个月，并处罚金一万元。没收作案工具，追缴舒某旺违法所得 1100 元，上缴国库。

案例十　三人利用催收非法获取出售公民个人信息获刑①

2016 年 1 月，在某通讯公司上班的钟某接到了一名自称是催收公司业务员陈某的电话，催他在限定日期归还信用卡欠款，不然会找他麻烦。钟某因欠了几家银行的钱，数额较大，无力按期还钱。陈某就用电话联系了钟某，威逼利诱，让钟某帮他查客户资料。陈某通过微信把要查客户的姓名或身份证号码发给钟某，钟某再趁自己值班，无人监管时，通过公司内网帮陈某查客户资料，之后拍照发给陈某。陈某收到信息后再按每条 30 元至 100 元不等的价格通过微信转账给钟某。后来，为了防止被公安网管部门查到，警惕的陈某让钟某用 WhatsAPP 或超信聊天软件发送客户信息。陈某把非法购买的公民个人信息一小部分用于自己的催收工作，大部分信息再转卖给他人，从中获利。

同年 6 月，章某通过朋友介绍，认识了陈某。在一次微信聊天中，陈某知道了章某在某通讯公司上班，便主动提出向章某购买通讯公司内部系统中机主的相关信息，章某因吸毒需要大量资金，便同意了。截至 2017 年 7 月 19 日，钟某和章某利用工作便利非法获取机主信息、机主定位、通话清单等公民个人信息出售给陈某，其中机主信息 2765 条，机主定位信息 291 条，通话清单 8 份，从中获利 11000 余元，陈某倒卖信息获利 8500 余元。

大埔法院经审理认为，3 名被告人非法获取、出售公民个人信息，其行为均已构成侵犯公民个人信息罪，应依法予以惩处。

---

① 人民法院报. 三人利用催收非法获取出售公民个人信息获刑 ［EB/OL］.［2018 - 02 - 09］. https：//www. chinacourt. org/article/detail/2018/02/id/3203682. shtml.

5. 通过 APP 收集个人信息

根据《APP 违法违规收集使用个人信息专项治理报告》（2019 年），当前我国已经全面进入移动互联网时代，近 9 亿网民中手机上网比例高达 99.1%，移动互联网服务便捷、即时、普惠的特点在移动互联网应用程序（APP）中得到充分体现。据不完全统计，移动互联网应用商店上架推广的 APP 有近 400 万款，总下载量超万亿次。用户每天在各类 APP 上平均花费时长达 4.9 小时，占用户日均上网时长的 81.7%。APP 的广泛应用，在促进经济社会发展、服务民生等方面发挥着不可替代的作用。但与此同时，APP 强制授权、过度索权、超范围收集个人信息的现象普遍存在，未制定并公开隐私政策、未经用户同意收集个人信息、未提供注销账号功能等不规范行为屡见不鲜，个人信息泄露、滥用等情形时有发生，广大网民对此反映强烈。

《南方都市报》个人信息保护研究中心于 2017 年发布的《关于收集个人信息"明示同意"的测评报告与建议》显示，被测评的 100 款 APP 中仅有 11% 做到了"明示同意"，在制定了隐私政策的 APP 中，绝大部分也采取"默认勾选"方式。中国消费者协会在 2018 年开展的 APP 个人信息收集与隐私政策测评结果显示，在收集个人信息方面，纳入测评的 100 款 APP 普遍存在涉嫌过度收集个人信息的情况，其中 59 款涉嫌过度收集位置信息，28 款涉嫌过度收集通讯录信息，23 款涉嫌过度收集身份信息，22 款涉嫌过度收集手机号码等。

在 APP 专项治理工作组建立专门针对 APP 违法违规收集使用个人信息行为的举报渠道后，截至 2019 年 12 月共收到网民举报信息 12125 条，涉及 2300 余款 APP。其中匿名举报信息 8142 条，占比为 67.15%；实名举报信息 3983 条，占比为 32.85%。从举报量来看，前五大典型问题分别为：超范围收集与功能无关个人信息、强制或频繁索要无关权限、存在不合理免责条款、无法注销账号、默认捆绑功能并一揽子同意。

（二）个人信息加工处理环节

1. 处理信息发生错误导致数据质量原则难实现

数据质量原则是个人信息加工处理环节中应当遵循的重要原则，其要求信息管理者应当保证处理过程中的个人信息保密、完整、可用，并处于最新状态，在信息处理的目的达到之后，应当尽快删除个人信息，其中最低要求是不应让错误的信息特别是负面信息对个人产生不良影响。

但是，实践中由于信息来源不准确、企业操作流程不完善、安全保障措施不到位、内控制度不健全等一系列原因，个人信息发生错误、遗失甚至被窃取、非法买卖等情形仍时有发生。错误的个人信息特别是负面信息将会对信息主体的权益造成不利影响，例如，错误的负面信息将导致个人的信用等级、信用评价降低，无法进行贷款或接受应得的服务，造成个人的名誉、信用受损。

案例十一　银行拒绝更正个人错误信息导致个人名誉权受损①

2012 年，原告刘某在办理银行贷款业务时发现其在被告中国邮政储蓄银行郑州市分行处有不良贷款，经到中国人民银行征信中心查询个人信用报告得知，2009 年 1 月 8 日中国邮政储蓄银行信用卡中心发放了登记于原告刘某名下的贷记卡（人民币账户），信用额度 6000 元，已形成呆账。原告以自己从未在中国邮政储蓄银行办理过信用卡为由，向中国邮政储蓄银行安阳市分行反映。中国邮政储蓄银行安阳市分行出具说明一份，载明了"卡片并非客户刘某本人申请办理并使用"的情况，但被告仍拒绝撤销错误的不良记录。原告因此诉至法院。

法院审理认为，被告因管理问题，在办理涉案信用卡时未能严格审查申请者的真实身份，事后亦因管理问题无法提交涉案信用卡申请表原件，导致无法鉴定，存在过错行为。信用不良记录会影响到社会对个人价值的评判，使一个人在从事贷款、与金融机构进行经济交往时受到一定程度的限制，信用出现不良记录必然损害一个人的名誉权。因被告的过错行为导致原告在办理贷款等业务时受到限制，被告的过错行为与原告名誉权损失之间存在因果关系。被告的行为已经构成对原告名誉权的侵权。因此，法院判决被告应注销该信用卡，并撤销因该卡在中国人民银行征信中心所登记的原告刘某的信贷记录。

---

① "刘某与中国邮政储蓄银行股份有限公司郑州市分行名誉权纠纷一审民事判决书"，参见郑州市中原区人民法院（2014）中民一初字第 799 号民事判决书。

案例十二　征信系统录入信息出错，银行要担责吗？①

陈某于 2013 年 10 月 11 日向甲银行贷款 30 万元，贷款到期后，因陈某资金出现问题未按时还款。2014 年 11 月 10 日陈某与甲银行达成和解，甲银行同意免除陈某律师费及部分利息，双方签订和解协议，陈某按照协议约定履行了分期付款义务，已全部偿还了银行借款。2018 年，陈某因购房向乙银行贷款，乙银行却查到陈某尚欠甲银行贷款 25000 元（甲银行同意减免的利息等款项）。陈某要求甲银行根据双方的和解协议，更正银行征信系统的信息，将其尚欠贷款 25000 元的内容予以删除，遭到甲银行拒绝。浙江求直律师事务所徐兆红认为银行征信系统在现代社会对个人、企业的影响越来越大，对于个人而言，征信系统记载的信息决定是否能够从银行贷款，申领信用卡。尤其像本案中的陈某，征信信息影响着购房贷款能否办理。征信系统的信息录入方是银行，这就导致银行对于逾期贷款的信息录入更具有主动性，而在减免部分利息的情况下，就容易出现陈某这样的遗漏和错误登记情况。而且由于银行作为金融机构地位相对更强势，故陈某要求甲银行变更其征信信息时，容易遭到拒绝，导致陈某房屋贷款最终没有发放。《征信业管理条例》第四十条第四款规定：未按照规定处理异议或者对确有错误、遗漏的信息不予更正，由国务院征信业监督管理部门或者其派出机构责令限期改正，对直接负责的主管人员和其他直接责任人员处 1 万元以上 10 万元以下的罚款；有违法所得的，没收违法所得。给信息主体造成损失的，依法承担民事责任；构成犯罪的，依法追究刑事责任。

甲银行的行为违反了该项规定，陈某有权要求银行更正信息，依法承担民事责任。

---

① 安吉新闻网. 征信系统录入信息出错，银行要担责吗？［EB/OL］.［2019－09－09］. http://ajnews. zjol. com. cn/ajnews/system/2019/09/09/031897419. shtml.

2. 系统和网页漏洞广泛存在，个人信息遭泄露

第一，个人信息泄露问题严重，使用就意味着必然有泄露的危险。随着互联网深入社会的各个细节，个人信息的使用从有限的渠道，不断扩展至生活的每一个角落，个人信息在被传输、存储、利用的过程中，也随时面临着被泄露的风险。根据360互联网安全中心在2018年发布的《2017中国网站安全形势分析报告》①，云监测平台扫描检测的网站中，教育培训机构、政府机关和事业单位是存在漏洞最多的三个行业。在补天平台中，政府机关及事业单位、教育培训机构和互联网是人工收录漏洞数最多的三个行业。

信息泄露已经成为社会中普遍发生的事件，已经演变成为一种社会现象。基于互联网传播速度快、交互共享、参与主体众多等特点，个人信息泄露也呈现出持续性、广泛性、后果难以控制等特点。根据中国互联网协会发布的《2016中国网民权益保护调查报告》②，2016年上半年网民平均每周收到垃圾邮件18.9封，垃圾短信20.6条，骚扰电话21.3个。"骚扰电话"是网民最反感的骚扰来源，"电脑广告弹窗"和"APP推送信息"紧随其后。76%的网民遇到过"冒充银行、互联网公司、电视台等进行中奖诈骗的网站"，排在诈骗信息的第一位；其次是"冒充10086、95533等伪基站短信息"，有66%的网民曾经收到；55%的网民收到过"冒充公安、卫生局、社保局等公众机构进行电话诈骗"的诈骗信息；收到过"冒充苹果、腾讯等公司进行钓鱼、盗取账号的电子邮件"的网民也有一半以上，占51%；还有47%的网民遇到过在"社交软件上冒充亲朋好友进行诈骗"的情况。37%的网民因收到上述各类诈骗信息而遭受到钱财损失。

这种大规模的泄露，对整个社会和个人产生的影响也十分广泛。在2015年4月爆出的社保信息漏洞的案件中，涉及人员数量达数千万，其中包括个人身份证、社保参保信息、财务、薪酬、房屋等敏感信息。这些信

---

① 360威胁情报中心. 2017年中国网站安全形势分析报告［EB/OL］. ［2018 – 01 – 23］. https：//zt. 360. cn/1101061855. php？dtid = 1101062368&did = 490995546.

② 中国互联网协会. 中国网民权益保护调查报告［EB/OL］. ［2015 – 07 – 31］. http：// www. miit. gov. cn/n1129347 2/n11295293/n11633884/n16766090. files/n16766089. pdf.

息与个人生活紧密相关，一旦进入公共领域被不法分子所利用，那么必然会给当事人带来经济利益和人身利益的损失。事实上，《2016 中国网民权益保护调查报告》中就指出，"84% 的网民亲身感受到了由于个人信息泄露对日常生活造成的影响。超过半数（54%）的网民认为个人信息泄露情况严重或非常严重。"

第二，个人信息泄露的网络分析。个人信息原本的传递方式非常简单，基本上都是点对点传递；但是，互联网的广泛应用使信息接收方会再次作为信息提供者，将用户信息提供给第三方信息收集者，直至扩展成为整个信息网的传播；而网络中每一个环节都存在信息泄露的可能性，极易形成二次泄密。

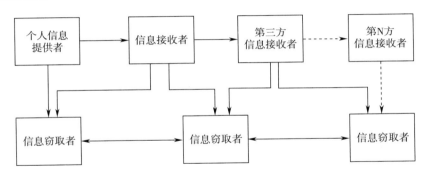

图 7-1　个人信息泄露的网络

收集了大量个人信息的企业的数据库遭受泄露的后果是最为严重的，因为此时泄露者往往收集了大量的用户信息，一旦出现泄露的漏洞，与信息提供者和传输者相对独立的信息泄露相比，牵涉更多的用户和群体。例如 2017 年 11 月，国内 50 多家民用航空类公司网站遭到黑客入侵，30 多万条航空票务类公民信息和大量账号、密码信息被窃取。该案被浙江省温州市公安局破获，据业内人士介绍，国内任何一个旅行社或者旅游网站（非航空公司自营网站）查询预订机票，都是接入 eTerm 进行操作，然后连接到航空公司系统的。所谓 eTerm 系统，是指中航信旗下用于国内民航行业领域内的订位操作系统。通常，旅行社或机票代理需要购买账号才能登录eTerm 系统。但北京某经理级的票务代理透露，一家票务代理公司只需要购买一个 eTerm 账号，就可以利用某种分号软件衍生出若干个"小号"，无论"大号""小号"，都可以登录中航信的数据库。对犯罪分子来说，有了这些登录账号，就等于有了航班信息的通行证，可以轻松获取旅客的航班信息。

第三，信息泄露的因素分析。根据目前信息泄露的事件看来，信息泄露主要有三个因素：用户由于疏忽导致的信息泄露、恶意软件，以及系统和网页漏洞。系统和网页漏洞是个人信息泄露的重大事件中最常见的因素。例如，国内铁路客运订票网站 12306 就曾爆出大量用户数据在互联网疯传，据悉涉及超过 13 万用户的敏感信息被盗取。知名连锁酒店桔子、锦江之星、速 8、布丁，高端酒店万豪（丽思卡尔顿酒店等）、喜达屋（喜来登、艾美酒店等）、洲际（假日酒店等）网站存在高危漏洞，导致房客开房信息大量泄露，包括顾客姓名、身份证、手机号、房间号、房型、开房时间、退房时间、家庭住址、信用卡后四位、信用卡截止日期、邮件等大量敏感信息。常用邮箱网易也在 2015 年底爆出可能因为系统漏洞，泄露 163 邮箱、126 邮箱过亿数据，泄露信息包括用户名、密码、密码密保信息、登录互联网协议（IP）以及用户生日等。这些泄露事件都表明了漏洞问题不是个例，而是整个互联网行业的常态。而大量的企业在发生个人信息泄露事件或者存在信息泄露隐患的情况下，仍然无视用户利益，对相关漏洞视而不见，致使大量用户个人信息被长期暴露在黑客的攻击之下。

安全与责任原则也是个人信息处理过程中应当遵循的重要原则，信息管理者应当采取适当的、与个人信息遭受损害的可能性和严重性相适应的管理措施和技术手段，保护个人信息安全，防止未经个人信息管理者授权的检索、披露及丢失、泄露、损毁和篡改个人信息。收集、处理个人信息的企业应当通过完善内控制度、加强技术防范手段及采取补救措施等方式，保障个人信息安全；同时，用户也应当采取适当的措施，防范自己的信息被泄露。但实践中，由于用户自我保护意识不足、企业系统和网页漏洞广泛存在等因素，个人信息泄露事件仍不断发生。尽管泄露事件的始作俑者是非法窃取个人信息的不法分子，但是，大量收集、处理个人信息却又无健全安保措施的企业也具有不可推卸的责任，特别是在发生泄露事件后，企业仍采取漠视态度，不及时采取补救措施、进行泄露事故通报，导致泄露事件影响不断扩大。因此，有必要进一步要求管理个人信息的企业在制度、技术、人员等方面完善个人信息安保制度，并建立完善的信息泄露通报和处理机制，使个人信息泄露事件发生的频率及产生的影响降到最低。

3. 内控制度不健全，工作人员违规操作

信息管理者应当建立完善的内部管理制度和操作流程，明确内部人员的操作权限，防止员工利用职务之便侵害个人信息权利。但是，实践中内部工作人员违规操作导致个人信息被非法提供、买卖的案件仍然存在。例如，2018 年 12 月，江苏省徐州市公安局网安部门工作发现，一网民在网上购买他人名下手机号码等公民个人信息。徐州网安部门以此入手，挖掘出一个以电信运营商、银行内部员工为源头的买卖公民个人手机信息、征信信息等信息的犯罪网络。这反映出了电信运营商、银行在保护公民个人信息安全上存在的对保护用户信息安全的重视程度不够，缺乏有效的专门培训与法制教育，保护用户信息的措施不完善，欠缺有效的保密和监管手段，规章制度缺乏约束力等问题。当然，上述现象并非电信运营商、银行所独有，企业由于不遵守法律规定、内控制度不健全、安全保障措施不到位等原因导致的个人信息被违法违规处理的现象仍不断上演。

案例十三　电信运营商员工倒卖个人信息获刑

2011 年 8 月 5 日，北京市第二中级人民法院宣判一起侵犯公民个人信息案，电信运营商员工倒卖个人信息获刑。23 名被告人犯非法获取公民个人信息、出售公民个人信息罪、非法提供公民个人信息罪、帮助毁灭证据罪等罪，分别被判处有期徒刑六个月至两年零六个月不等的刑罚，其中 9 人获宣告缓刑。据了解，该案是至宣判时北京最大的一起侵犯公民个人信息犯罪案件。

法院查明，2009 年 3 月至 12 月案发期间，中国移动、中国联通、中国电信三家电信单位的工作人员 5 人，经中国移动、中国联通授权直接从事电信相关业务的其他公司人员 2 人，利用电信单位服务平台，违反国家

规定，将本单位在履行职责或提供服务过程中获得的公民个人信息出售或非法提供给倒卖信息者，其行为分别构成出售、非法提供公民个人信息罪。刘某某等 14 人将非法获取的公民个人信息出售、非法提供给他人或相互进行倒卖，犯非法获取公民个人信息罪。这些人落网后其中两人的家属帮他们删除电脑中相关信息，藏匿电脑硬盘等。两名家属的行为构成帮助毁灭证据罪。

在电信运营商及有合作关系公司的涉案 7 人中，北京京驰无限通信技术有限公司运维部谢某某也是首个因提供非法手机定位被判刑者。2009 年 3 月至 12 月案发期间，谢某某利用中国移动北京有限公司授予其所在公司进行手机定位业务的权限，先后多次为他人提供的 90 余个手机号码进行定位，非法获利 9 万元。

案例十四　建设银行员工非法出售客户信息获刑①

据江苏公共新闻报道，江苏淮安警方破获了一起特大贩卖公民个人信息案，共抓获 26 名嫌疑人，涉案金额 2000 多万元。

淮安警方称，犯罪团伙通过现有的技术手段无法获取到如此大规模的公民个人信息，这些案件可能有银行内部工作人员参与其中。调查中发现，有一名建设银行工作人员仅靠帮忙查询银行卡信息，一年黑色收入超 30 万元。

这名建设银行员工供述，根据双方达成的"合作"协议，他每查询 1 条银行卡相关信息，即可获 80～100 元不等的报酬。仅凭这一黑色收入，年收入就超过 30 万元。建设银行这名员工处在贩卖信息黑产链的第一环，他再联系中间商，为了安全起见，中间商一般只有一人到两人，中间商下面还有各种分销商，层层代理，形成一个以银行"内鬼"为源头、大

---

① 原文见 https：//mp. weixin. qq. com/s/W0hHURvJpRJVnrcXJA _ Gyg.

量中间商为中介，通过网络勾结、贩卖银行卡的相关身份证号、电话号码、余额、交易记录的网络犯罪团伙。淮阴分局网安大队大队长朱延亮称，因为层级很多，所以越到产业链的末端，信息的价格越高，从"内鬼"到销售末端，一条信息的价格可能翻上数倍，除了犯罪风险，没有其他成本，利润非常高。

（三）个人信息输出环节

在收集、加工个人信息的基础上，企业最终输出各种类型的信息产品并实际运用到商业运营中，如个人征信报告、信用评分、广告营销等。但是，如果超出服务目的所需范围滥用个人信息，则会导致大量的垃圾短信、邮件及骚扰电话，这些行为不仅违反个人信息保护的规定，也会严重影响个人生活安宁。甚至不法分子利用个人信息从事信息诈骗、窃取财物等行为，涉嫌构成刑事犯罪，应当受到法律追究。

1. 恶意推销产生垃圾短信、邮件及骚扰电话

在商业利益的驱使下，企业利用获得的用户个人信息大量、无止境地向用户投放广告进行恶意推销，导致大量垃圾邮件、短信和电话，直接影响个人生活安宁。

例如，《工业和信息化部关于电信服务质量的通告》（2020年第3号）显示，2020年第二季度，12321网络不良与垃圾信息举报受理中心受理用户关于骚扰电话的投诉166170件，环比上升66.1%；受理用户关于垃圾短信的投诉34001件，环比下降41.6%。

相较于垃圾短信和邮件，骚扰电话对于用户的影响程度更深，因为电话接入时用户即需要当场查看，不分时间、地点影响用户正常工作、生活的骚扰电话会让用户的愤怒情绪更加明显。2020年2月4日，据360互联网安全中心发布的《2019年中国手机安全状况报告》统计，2019年，360安全大脑收获用户主动标记各类骚扰号码（包括360手机卫士自动检出的响一声电话）约0.62亿个，平均每天标记约17.0万个；结合360安全大脑骚扰电话基础数据，360手机卫士共为全国用户识别和拦截各类骚扰电话约

260.9 亿次，平均每天识别和拦截骚扰电话约 0.7 亿次。从内容上看，骚扰电话除涉及恶意广告营销之外，也涉及诈骗及疑似欺诈问题。

2. 信息诈骗由"撒网式诈骗"向"精准诈骗"转变

信息诈骗已经形成较为完整的灰色产业链，诈骗成功率不断升高、诈骗金额越来越大。在 2020 年 7 月 28 日召开的公安部新闻发布会上，公安部刑事侦查局局长刘忠义通报，上半年全国共破获电信网络诈骗案件 10.1 万起，抓获犯罪嫌疑人 9.2 万名，同比分别上升 73.7%、78.4%。从严从重从快打击涉疫情诈骗犯罪，共破案 1.6 万起，抓获犯罪嫌疑人 7506 名。①

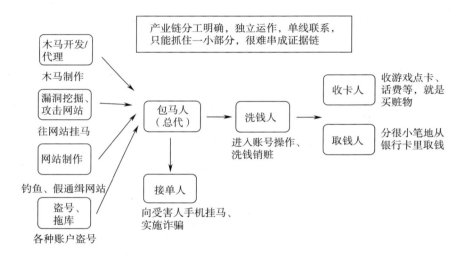

图 7 - 2　信息诈骗黑色产业链分工②

目前，精准诈骗已完全取代之前的撒网式诈骗，而精准诈骗得以实施的前提条件则是掌握用户个人信息。从警方破获的案件看，公民个人信息泄露的重要源头在于，网站漏洞导致黑客入侵。诈骗分子通过购买或窃取用户个人信息的方式实施诈骗，另外，通过大数据分析作案也导致诈骗变

---

① 中国警察网. 公安部集中打击治理电信网络诈骗犯罪取得阶段性成效 [EB/OL]. [2020 - 07 - 29]. http://www.cpd.com.cn/n1695/n3559/202007/t20200729_923453.html.

② 全国 4.38 亿人曾遭遇信息诈骗　大数据时代骗子"更精明" [EB/OL]. [2016 - 01 - 05]. "反信息诈骗联盟"网站，http://www.txwz.qq.com/html/page/page - 90.html.

得更加精准，受害群体也变得越来越广泛。诈骗分子会根据购买到的用户个人信息数据进行详细分析，并根据用户信息的特点设计诈骗环节和故事。比如，当诈骗分子发现数据对象为购买机票的人群，并详细获知航班号、出发时间、姓名后，会编造"航班取消"或者"机票改签"的短信群发给这一人群。目前，越来越多的信息诈骗案涉案金额超过百万元，甚至超过千万元。据分析，单起诈骗案涉案金额的不断攀升与撒网式诈骗向精准化诈骗升级有着密切关系，因为诈骗方式升级、诈骗人群变化、诈骗手段高科技化等因素让诈骗分子可以骗到巨额资金。

据 2014 年 12 月 26 日由公安部、中国互联网协会等多部门参与的"天下无贼——反信息诈骗联盟一周年暨首届反信息诈骗高峰论坛"发布的调查报告《反信息诈骗白皮书》① 显示，信息诈骗的源头就是公民个人信息泄露。公民个人信息泄露的途径多种多样，如在线填写的个人信息被不法分子获取和利用，网站漏洞造成信息泄露。手机实名制之后，各种代理机构对身份认证审核不严，导致诈骗分子通过虚假身份证或购买学生、农民工的身份证复印件用于开通诈骗手机号，导致诈骗号码可以不断变更，增加防范难度。此外，银行开户环节也存在监管漏洞。从目前侦破的诈骗案件看，诈骗分子一般手中持有数十张，甚至数百张银行卡。虽然银行实名制规定已经实施多年，但诈骗分子仍然可以利用农民工求职、大学生兼职的机会，以几元、几十元利诱他们帮助开通银行卡，将这些银行卡用于诈骗。

在信息诈骗案例中，诈骗分子把大数据作为信息诈骗的工具，对个人信息数据进行分析和分类，并根据用户信息的特点设计诈骗环节和故事。实践中，"航班取消""中奖通知""二胎生育退费""交通违章提醒"、"积分兑换现金"等，都是诈骗分子惯用的手法。《中国网民权益保护调查报告》（2015）显示，近一年网民因为垃圾信息、诈骗信息和个人信息泄露等现象，导致遭受的经济损失人均 124 元，总体损失约 805 亿元（我国网民数量 6.49 亿人 × 网民平均经济损失 124 元 = 804.76 亿元）。

---

① 信息诈骗由"撒网式诈骗"向"精准诈骗"升级 ［N］. 法制日报，2014 – 12 – 30.

案例十五　个人信息保护领域首例集体维权案件①

根据公开媒体报道，2016 年 3 月 4 日上午，南京市玄武区人民法院对首批 5 人起诉苏宁易购因泄露客户个人信息造成经济损失的案件正式立案。据了解，这起集体维权案件是个人信息保护领域首例集体维权案件，也是电商行业首例个人信息维权案件。

据报道，自 2015 年 7 月起，陆续有多位苏宁易购的用户向各地警方报案，称在网站上下单购物后，犯罪分子假冒苏宁客服名义并使用了被改号软件改过的"苏宁客服电话"，准确说出消费者姓名、订单编号、购买商品名称、购买时间、付款金额、收货人姓名及收货地址等订单详细信息。然后，诈骗分子表示由于苏宁易购的工作人员失误把消费者列为苏宁批发商，会通过银联中心自动从消费者的银联卡扣除 500 元，扣满 12 个月共计 6000元为止，但是同时可以享受 7~8 折购物优惠。消费者如果表示不愿意成为批发商，需取消该会员资格，"苏宁客服"就会表示立即给银行发传真，银行会很快联系更改自动扣款业务。接着消费者会接到声称为"银行客服"的电话，对方以帮助消费者取消苏宁易购的批发商业务为由，骗取消费者通过自动取款机（ATM）转账、无卡存款或者通过支付宝转账。据案件的代理律师介绍，5 位受害人的受骗总额将近 24 万元。直至起诉前，除南京外，仍有很多消费者在媒体平台上进行类似投诉。其中，加入集体维权 QQ群的消费者就有 200 多人，受骗总金额在 200 万元以上。

案例十六　贝贝网被诉泄露用户信息：宝妈遭遇诈骗集体维权②

作为母婴领域的垂直电商，贝贝网在成立 4 个月后就拿到了 1.5 亿元

---

① 北京苏宁易购泄露用户个人信息　用户集体起诉南京法院受理 [EB/OL]. 光明网，2016 - 03 - 04.

② 蓝鲸 TMT. 贝贝网被诉泄露用户信息：宝妈遭遇诈骗集体维权 [EB/OL]. [2019 - 03 - 07]. https：//tech. sina. com. cn/i/2019 - 03 - 07/doc - ihsxncvh0471174. shtml.

A 轮融资，一路走来，可谓顺风顺水。在精细化领域的电商之战中，一直强调"妈妈经济"的贝贝网在母婴市场所占的市场份额也不容小觑。然而，在这些光鲜亮丽的成绩背后，近期的事件与投诉，却让贝贝网陷入信息泄露，甚至"诈骗门"无法自拔。

有贝贝网用户向记者反映称，贝贝网存在严重的信息安全隐患，用户在贝贝网消费之后，包括个人姓名、电话、收货地址、消费金额以及交易时间等详细信息便遭到泄露；此后，更是有部分用户接连收到诈骗短信和诈骗电话，令人防不胜防。

记者了解到，截至 2019 年 3 月，已有不少消费者因此遭受到不同程度的财产损失，受骗金额从几百元到十几万元不等，整体损失金额或达上百万元。同时，记者了解到，部分有此遭遇的用户已自发建立"贝贝网维权群"，开始尝试集体维权。

3. 盗取银行卡的黑色产业链

2016 年 4 月 10 日央视新闻曝光了"盗取银行卡的黑色产业链"。① 据报道，犯罪分子通过建立一个完整的产业链条从而把银行卡里的钱转走，在这个链条上分工不同的犯罪分子，通常是用只加熟人的 QQ 群进行交流、交易。犯罪分子通过伪基站发送的钓鱼短信、免费无线网络（WiFi）窃取个人信息、改装销售终端（POS）机提取银行卡信息等方式获取包括银行卡信息在内的个人信息，进而将受害人的存款资金转走。

（四）中国个人信息保护的国际评价

个人信息保护制度不健全、侵权状况频发，导致他国对于我国个人信息保护状况的不良评价。

2012 年罗维邓白氏公司因涉嫌贩卖公民个人信息被央视"3·15"晚会曝光并被警方控制和调查后，美国《侨报》发文指出："如果没有媒体的调查与曝光，相关管理机构是不是对此一无所知？这家成立已 11 年的行业'领军

---

① 银行卡信息买卖"黑市"曝光：5 分钟购上千条，密码几乎全对 ［EB/OL］. ［2016 – 04 – 10］. 澎湃新闻，http：//m. thepaper. cn/newsDetail_forward_1454570.

者'，又是如何在监管机构眼皮底下茁壮成长的呢？如果没有对全行业的严格管理，只是在出事后予以惩罚，那么，处罚罗维邓白氏既无法震慑其他'后来者'，也不可能带来个人信息安全的环境改善。中国要打赢这场个人信息安全保卫战，需要整个商业环境的净化，让不守规矩的业者被彻底淘汰。"①

构建社会信用体系是我国的一大目标，但是在个人信息保护方面，外媒对于我国这一动向的态度并不乐观。德国之声中文网 2015 年 5 月 7 日引述《法兰克福汇报》的报道指出，"目前中国已经在收集个人信息，从网上购物开始，到购买火车票必须出示身份证件等。中国人对网络和手机应用程序的迷恋几乎超出任何其他国家，而对个人数据保护则几乎从未想过……中国的互联网企业都与政府部门、审查和安全机构紧密合作。只有很少的中国评论人要求政府更多保护个人信息。"②

外国对于中国个人信息保护状况的不良评估，也对我国的对外贸易和跨国数据流动产生了不良影响。欧盟国家实行严格的个人数据保护制度，在跨国数据流动上，禁止企业将数据传输到不符合欧盟数据保护标准的国家。我国目前的个人信息保护水平难以满足欧盟国家的要求，即欧盟国家的企业如需将个人数据传输到中国境内，需要满足复杂、严格的要求，对我国的数据输入情况造成了限制。

（五）落实个人信息保护原则不能仅靠专项打击

1. 个人信息保护原则难落实

个人信息保护的基本原则应当贯穿于包括信息采集、存储、处理、使用、转移、销毁等各个环节在内的个人信息的整个生命周期。但实践情况是，在商业利益的驱使下，企业利用优势地位以格式合同、技术手段等方式收集、使用个人信息的行为时有发生；由于企业的内控管理制度不健全、安全保障措施不完善，个人信息也出现遗漏、错误等情形，甚至被非法泄露和买卖，严重损害了信息主体的合法权益。

---

① 外媒：中国个人信息安全保卫战需要整个商业环境的净化 [EB/OL]. [2012-03-22]. 中国信息安全网，http：//www. infosec. org. cn/news/news _ view. php? newsid = 15689.

② 外媒：中国社会信用体系收录个人信息安全需加强 [EB/OL]. [2015-05-09]. 参考消息网，http：//www. cankaoxiaoxi. com/china/20150509/773718. shtml.

表 7 - 1 违反个人信息保护主要原则的行为汇总

违反的原则	行为表现
公开透明原则	将隐私权政策放置在网站不显眼的位置，并以小字号字体方式显示内容
	故意用烦琐冗长的隐私权条款让用户难以发现对其个人信息保护不利的条款
	使用"格式合同""霸王条款"迫使用户同意不合理的信息收集、处理行为，例如"您使用或继续使用我们的服务，即意味着同意我们按照本'隐私权政策'收集、使用、储存和分享您的相关信息"
	利用cookies技术在用户不知情的情况下收集个人信息，用户已经在浏览器中设置了禁用cookies或开启了不想被收集信息的设置后仍收集信息
	未经监护人同意收集、处理未成年个人信息
	在用户不知情的情况下利用用户已经安装的软件、移动APP、木马病毒、免费无线网络（WiFi）等收集用户的手机ID、通讯录、位置信息等个人信息
	不告知用户收集其个人信息的目的，如仅在页面显示"允许应用程序获取您的头像、ID、通讯录等"
	在向消费者发送的促销短信或促销邮件中不提供"取消""退订"的途径，或消费者取消、退订之后仍然向其发送短信或邮件
	营销者在用户不知情的情况下使用用户的个人信息为产品做宣传
限制处理原则	超出服务目的所需范围大量收集、储存个人信息
	将收集的个人信息用于提供服务之外的其他目的，如用于广告营销、与第三方分享甚至出卖个人信息
	将不同来源的用户信息加以处理以形成新的信息或将不同数据库的信息进行整合，如通过用户的购买偏好和行为偏好来判断其性取向或心理特征等
	为提供服务而收集个人信息的目的达到之后仍长时间保留个人信息
数据质量原则	遗漏、弄错用户填写的个人信息，或因操作不当等原因使得不同用户的个人信息发生混淆
	用户的个人信息已发生变更但信息管理者未进行更新
安全与责任原则	信息管理者采取的安全措施不足以保障用户信息安全，以致用户信息很容易被泄露、窃取
	缺乏完善的内控制度和操作流程保障，内部工作人员对用户信息监守自盗或造成用户信息的遗失
	企业系统和网页漏洞广泛存在，在发生信息泄露事件后不及时采取补救措施，不及时报告有关部门并通知用户，导致泄露事件愈演愈烈

续表

违反的原则	行为表现
主体权益原则	网站拒绝让用户查询网站收集到的用户个人信息或只提供部分信息
	设定不合理的查询费用以阻止用户查询其信息
	拒绝用户提出的修正错误信息的要求，或网站不提供用户可以进行更正的渠道
	拒绝为用户提供退出机制，用户一旦完成注册便无法取消或退出，不允许用户删除自己在网站上留下的痕迹和数据，如社交网站上的照片、状态、聊天记录等

资料来源：课题组根据相关信息整理。

2. 打击侵害个人信息犯罪形势严峻

自《刑法修正案七》增加出售、非法提供公民个人信息罪和非法获取公民个人信息罪以来，在刑事领域打击侵害公民个人信息犯罪取得一定成效。

据了解，公安部自 2012 年以来就多次部署全国公安机关开展集中打击出售、非法提供和非法获取公民个人信息以及利用非法获取的公民信息实施绑架、敲诈勒索、暴力追债、电信诈骗、非法调查等犯罪案件。据中新社 2020 年 5 月 6 日消息，2019 年中国警方共侦破网络犯罪案件 5.9 万余起，抓获犯罪嫌疑人 8.8 万余名。其中，破获侵犯公民个人信息类案件 5000 余起。公安部提供的数据显示，在"净网 2019"专项行动中，全年共侦破网络犯罪案件 5.9 万余起，抓获犯罪嫌疑人 8.8 万余名，行政处罚互联网站及联网单位 7.8 万余家次。其中，破获侵犯公民个人信息类案件 5000 余起，抓获各行业"内鬼"900 余名；破获网络赌博类案件 8300 余起；破获网络淫秽色情类案件 3300 余起；破获"助考"类案件 380 余起；破获网约绑架、抢劫等严重暴力刑事案件 290 余起，抓获犯罪嫌疑人 600 余名。[1]

可以看出，近年来我国在打击个人信息犯罪方面取得一定成果，但是，侵害公民个人信息犯罪以及引发的各种下游违法犯罪仍然严重，一些不法分子不断变换犯罪手法，利用非法获取的信息肆意从事绑架拘禁、敲诈勒

---

① 中国新闻网：中国警方去年破获网络侵犯公民个人信息类案件 5000 余起［EB/OL］. ［2020 - 05 - 06］. http：//www. chinanews. com/gn/2020/05 - 06/9176358. shtml.

索、电信诈骗、非法调查等违法犯罪活动，有的以胁迫手段介入婚姻纠纷、财产继承、债务纠纷等民事诉讼，严重扰乱社会秩序，影响社会和谐稳定。同时，此类案件也呈现出个人信息泄露的源头多样、遭泄露的个人信息涉及领域广泛、犯罪分子反侦查意识强、对人民群众造成人身及财产损害的威胁更大等新特点。因此，我国在打击侵害公民个人信息犯罪方面的形势依然严峻。

三、个人信息保护不足的原因分析

（一）市场对个人信息利用存在合法需求

随着互联网技术的发展和普及，广大民众已经成为个人信息的生产者和利用者。原本分离的、碎片化的信息经过加工处理，成为互联网信息消费的主要消费品。扩大个人信息拥有量已经成为企业提高竞争力的重要手段，例如，大量商业机构把企业的核心客户名单当成商业秘密进行保护。可以看出，个人信息的流通和使用已经成为促进市场发展的重要力量。市场对于个人信息的合法需求主要出于以下几种目的。

1. 商业反欺诈

反欺诈是个人信息利用的重要方式，其主要手段是高风险客户识别和黑名单。例如，移动大数据中的位置信息能够显示用户的行为轨迹，借助于对用户的定位，可以判断出用户提交的信息是否准确，是否具有欺诈可能性或者利用信息显示结果辅助决策。例如贷款人的身体健康状况可以作为判断高风险客户的一个参考。移动大数据的位置信息、安装的应用程序类型、使用习惯，在一定程度上反映了贷款用户的高风险行为。如果某个用户经常在半夜 2 点出现在酒吧等危险区域，并且经常有飙车行为，那么这个客户被定义成高风险客户的概率就较高。[①]

但是，这一过程也涉及用户个人信息、隐私权保护的问题；并且，企业在利用特定系统、算法等技术处理个人信息的过程均缺乏透明度，按照

---

① 中国电子商务研究中心. 移动大数据在互联网金融反欺诈领域的应用 [EB/OL]. [2015 - 10 - 12]. 中国电子商务研究中心网站，http: //b2b. toocle. com/detail - 6283201. html.

自身设定的规则和条件对个人贴标签、分类评级的做法也会导致对不同用户人为设置差别条件，导致价格歧视、差别待遇等问题。

2. 市场营销

广告精准投放应用的核心是根据个人的需要和爱好，把合适的地点、合适的时间推给合适的人，从而提高广告投放的精准度，挖掘个人的购买潜力，提高产品销售量。这一应用涉及"人物画像"诸多标签中的兴趣爱好、位置轨迹等信息。① 广告的精准投放是商业机构增加用户回应度，提高销售收益的重要手段，并且广告的投放已经成为互联网公司的最主要收入来源。为实现精准投放，企业总是力图收集更为全面、具体的个人信息，并深入剖析个人的消费偏好、需求状况等信息，同时按自己的理解和标准为个人贴标签。《消费者权益保护法》等相关规定对于经营者是否可以向用户发送商业性信息，同时采用了明示同意和"默示同意＋明确拒绝"的立法，这一规定在一定程度上也导致了广告投放的泛滥。

3. 信用风险评估

信用风险评估的需求与信贷市场的发展密切相关，信贷市场注重借款人的还款能力和还款意愿，而个人信用信息能够在一定程度上反映借款人的情况，进而为放款人的信贷决策提供参考依据。但是，很多人没有申领过信用卡，因此在征信系统中无信用记录，很难向银行申请贷款。随着网贷机构的兴起，利用互联网大数据进行借款人身份识别和风险评估的需求日益增加。据中国人民银行征信中心课题组在《互联网大数据下的征信业发展》中的调研，部分电商平台及电信公司已经开始尝试向互联网金融公司或其他放贷机构提供信息，帮助后者识别借款人身份防止欺诈，管理信用风险。目前这种应用一般采取申请人授权后，由掌握数据的机构直接提供给网贷机构，或者网贷机构以借款人的身份、用借款申请人在电子购物平台、电子邮箱等的用户名和密码登录相关平台获取相关数据，如果接洽得好，数据可以从后台获得，不仅可以得到申请人当前的购买、消费等信息，还可以得到申请人的历史信息。

---

① 中国人民银行征信中心课题组：《互联网大数据下的征信业发展》。

4. 债务催收

信贷市场、消费金融不断发展的同时，信贷违约的情形也在不断增加，从而衍生出债务催收的问题。选择第三方债务催收成为银行及其他民间放贷机构的选择之一，目前，市场上已经产生了专门从事债务催收业务的公司。银行、民间放贷机构自己进行债务催收或将催收业务外包给催收公司，必然产生个人信息的利用以及对外提供的问题。目前，我国对于债务催收问题并无专门立法，仅在《中国银监会关于进一步规范信用卡业务的通知》《银行业金融机构外包风险管理指引》《商业银行信用业务监督管理办法》及其他地方性法规中涉及相关内容，且其中的规定均较为原则性，不利于为债务催收过程中使用个人信息的行为划定合法性边界，易引发侵权行为。①

（二）背离合法需求的原因分析

我国对个人信息的保护严重不足，主要原因在于以下几方面：第一，《个人信息保护法（草案）》（以下简称"个保法草案"）部分解决了原先分散立法模式存在的问题，但立法上仍存在具体规则过于原则化的问题，导致相关规定执行力度不足；第二，缺乏适应市场经济和信息社会的配套的法律法规；第三，监管部门间权责界定不清、相关规定可执行性差、处罚额度低，违规成本低，导致企业违法行为猖獗；第四，政府掌握的数据可获得性较低；第五，缺乏有效的维权途径；第六，信息主体对个人信息保护认识和理念缺失。

1. 个人信息保护法律制度不健全

随着"个保法草案"的出台，我国个人信息保护的立法已经渐成体系。

---

①　如《中国银监会关于进一步规范信用卡业务的通知》（银监发〔2009〕60号）规定："十三、银行业金融机构应审慎实施催收外包行为。实施催收外包行为的银行业金融机构，应建立相应的业务管理制度，明确催收外包机构选用标准、业务培训、法律责任和经济责任等，选用的催收外包机构应经由本机构境内总部高级管理层审核批准，并签订管理完善、职责清晰的催收外包合同，不得单纯按欠款回收金额提成的方式支付佣金。十四、银行业金融机构应持续关注催收外包机构的财务状况、人员管理、业务流程、工作情况、投诉情况等，确保催收外包机构按照本机构管理要求开展相关业务。对因催收外包管理不力，造成催收外包机构损害欠款人或其他相关人合法权益的，银行业金融机构承担相应的外包风险管理责任。监管部门将视情况追究相关银行业金融机构和人员责任，视严重程度采取责令限期整改，限制、暂停或停止其信用卡新发卡业务，以及实施其他相应的行政处罚等审慎性监管措施。"

但是，从具体法律条文本身的设计及执行效果来看，目前的规定仍存在一定的问题。

（1）原先分散立法模式存在的问题部分得到解决，但立法上仍存在具体规则过于原则化的问题

在"个保法草案"出台之前，中国在个人信息保护领域的立法比较分散，表现为通过"个人信息""人格尊严""个人隐私""保障信息安全"等范畴对个人信息实现直接或间接的保护，在《民法典》《网络安全法》《消费者权益保护法》《刑法》等多部法律、行政法规中都包含着与个人信息保护相关的条款。

"个保法草案"的出台，在一定程度上减少了立法分散带来的个人信息保护方面缺乏一致性、不够标准化的问题，对于厘清目前各规定之间的重复内容有一定帮助。比如，对于被诟病已久的"个人信息"概念不清，导致个人信息无法得到妥善保护的问题，"个保法草案"规定了以"识别＋关联"的标准定义个人信息。其中的"个人信息"是指以电子或者其他方式记录的与已识别或者可识别的自然人有关的各种信息，不包括"匿名化处理后的信息"。"识别"的含义强调从信息可以锁定特定个人，不仅包括能够确定用户真实身份的情形，也包括能够通过信息在特定群体中确定唯一对应个体的情形。"个保法草案"相对于《网络安全法》和《民法典》，将"与已识别或者可识别自然人'有关'的各种信息"也规定为"个人信息"，即使通过这类信息可能无法识别出特定自然人。"个保法草案"从法律层面上将"关联"标准纳入个人信息的定义，预示了个人信息范围扩大的可能性，有助于更为全面地保护个人信息。

但是，目前还存在现有立法中具体规则过于原则化导致其可执行性不足的问题。例如，相关法律均提到要坚持"合法、正当、必要的原则"，但对何为"合法""合哪部法""必要性"举证在谁、"正当性"由谁判断等关键问题没有一部法规予以明确，行业无法遵守、政府无法监管，法律的执行也就无法保证，导致我国各类企业过度采集个人信息，危害不浅。以网络实名制为例，我国在电信、即时通信工具、互联网用户账号和移动应用程序上都推行用户实名制，这使企业大肆收集用户个人信息。一旦这些

有强烈信息收集意愿、事后证明无信息处理和安全保障能力的各色企业中任何一家后台数据库发生安全事故，用户所有的线上线下实名手机号关联的财务、资产等信息都会被泄露。

"个保法草案"对于"具体规则过于原则化"这一问题的解决所作出的努力，有待实践的考验。例如，"个保法草案"将"匿名化"后的信息排除出个人信息的范畴，并将"匿名化"定义为"个人信息经过处理无法识别特定自然人且不能复原的过程"。但是"个保法草案"并未明确进行匿名化处理的具体操作和手段，也并未对"无法识别特定自然人"和"不能复原"这两个要素做详细分析。

（2）制度不健全导致相关规定执行力度不足

其一，法律规定的模糊性导致了行为合法与违法的边界难以界定，大量企业也正是利用这一点滥用优势地位从事损害消费者权益的行为。例如，企业利用格式合同、"霸王条款"强迫用户对其进行授权，使得知情同意的规则形同虚设。又如，在我国，互联网公司可以采集、分析用户在互联网上留下的痕迹，并根据结果推送广告，但据了解，这样的事情在欧美是被法律所禁止的，个人愿意接受哪类广告的推送，是个人主动勾选出来而不是互联网公司分析出来的。[①]

其二，法律规定过于原则导致信息主体权利难以实现。这一问题特别体现在查阅权、更正权、删除权的行使上。《征信业管理条例》对于上述权利的行使程序做了规定，[②] 因此个人可以按照程序查阅个人信用报告，如发现其信息存在错误、遗漏的，可以要求更正。但在其他领域，在《网络安全法》出台之前，尚未有法律对查阅、更正、删除等个人权利进行规定，大量储存个人信息的商业机构、网站利用法律空白拒绝为信息主体提供查询、更正、删除个人信息的渠道，其信息处理流程缺乏透明度，致使个人完全无法得知这些机构存储的个人信息是否准确，当信息出现错误时，其

---

① 中国人民银行征信中心课题组：《互联网大数据下的征信业发展》。

② 《征信业管理条例》第十七条规定："信息主体可以向征信机构查询自身信息。个人信息主体有权每年两次免费获取本人的信用报告。"第二十五条规定："信息主体认为征信机构采集、保存、提供的信息存在错误、遗漏的，有权向征信机构或者信息提供者提出异议，要求更正。"

也无法及时要求更正，个人信息保护中的数据质量原则难以落实。而《网络安全法》对更正权和删除权也仅仅做了原则性规定，具体如何落实，仍未可知；同时，查阅权的行使是要求更正、删除的基础，但《网络安全法》并未进行规定，信息管理者仍然有理由不为用户开通查询途径，或者以各种借口阻止用户正当的查询要求。《民法典》的第一千零三十七条明确规定了个人信息权利人对个人信息的查询权、更正权、删除权。"个保法草案"第四十五条规定"个人有权向个人信息处理者查阅、复制其个人信息；有本法第十九条第一款规定情形的除外。个人请求查阅、复制其个人信息的，个人信息处理者应当及时提供"。

其三，现行规定对于违法犯罪行为的惩治力度仍然不足。《网络安全法》出台之前，《消费者权益保护法》《电信和互联网用户个人信息保护规定》等均涉及对违法企业的行政处罚，但是，相关规定的处罚力度不足，行为人违法成本低。《网络安全法》加大了对于侵害个人信息权益的行为的处罚力度，但执法情况仍需观察。在刑法层面，虽然《刑法修正案九》加强了对侵害个人信息犯罪行为的惩治力度，但是，与大规模团伙性作案并已形成黑色产业链的个人信息犯罪相比，最后真正被查获并受惩处的责任人仅仅是众多犯罪分子中的一小部分。将责任落实到几个主要犯罪行为人身上的做法并不能起到足够的威慑作用。

"个保法草案"规定如果违反个保法的相关规定违法处理个人信息、处理个人信息未按照要求采取安全保护措施的，履行个人信息保护职责的部门可以采取责令改正、没收违法所得、警告和罚款等措施。这部分规定延续了《网络安全法》对网络运营者、网络产品和服务提供者的违法行为处罚的规定，除此以外，"个保法草案"大幅度提高了对违法情节严重者的罚款标准，即被认定为情节严重后，有可能被处以"五千万元以下或者上一年度营业额百分之五以下罚款"。

笔者认为"个保法草案"对于违法行为严厉的处罚措施参考了国际上的通行做法，但是目前"个保法草案"没有对行政处罚的考量因素作出解释，也尚未明确其所规定的"上一年度营业额"是针对企业的全球总营业额还是国内总营业额。

2. 缺乏适应市场经济和信息社会的配套的法律法规

约束企业信息行为的法律法规，仅靠个人信息保护方面的立法是远远不够的。以美国的征信行业为例，约束征信机构对个人信息处理行为的立法除了《公平信用报告法》之外，还有《公平信贷机会法》《债务催收法》等多达十七部法律法规，《公平信用报告法》对可以采集哪些信息并无要求和限制，但是"公平信贷"杜绝了征信机构对性别等有悖公平的信息的采集，"债务催收"约束了社会关系信息的采集使用，这些具有协同效应的相关立法在我国基本处于空白。再如，信息社会里，在确保国家安全、维护公共利益过程中，也碰到个人信息保护的问题。如在进行统计时，以前发放问卷进行社会调查是受监管的，需要批准，而在信息社会只要在终端上收集就行，数据的准确性好于发放问卷，但终端就意味着终端后面的个人，收集的信息就是《统计法》第二十五条规定的"能够识别或者推断单个统计调查对象身份的资料"，对这些涉及个人信息的线上调查是否也需要监管，以及线上调查所收集的信息用于非统计目的，需要配套法律规范。再比如，根据本人同意取得了授权后，相关机构可处理单个个体的健康信息，但大量人群的健康信息的收集和处理，是否涉及相关人群的安全和国家安全等，也是亟待研究和解决的问题。解决这些个人信息保护问题，要依赖个人信息保护专门立法和相关配套法律法规的同步跟进。

3. 执法状况待改善

近年来，几乎每年的"3·15"晚会的曝光名单都涉及侵犯公民个人信息的事件。

表7-2　　　央视"3·15"晚会曝光的个人信息违规处理事件

2012 年	招商银行、工商银行、农业银行工作人员利用职务之便泄露银行卡卡号和征信报告。
	上海罗维邓白氏公司从银行、保险等机构购买个人信息，分类处理后兜售。
2013 年	品友互动公司、网易公司利用 cookies 技术追踪用户网页浏览行为，安卓系统手机应用软件严重窃取用户资料。
	高德地图收集用户社交账号密码并上传至高德服务器。
2014 年	鼎开、大唐旗下高鸿等公司存在向智能手机植入恶意程序等问题，该程序会造成恶意扣费以及泄露用户的个人信息。

续表

2015 年	中国联通常德分公司未审核办卡人身份以及非法购买身份证。 中国移动、中国铁通为骚扰电话、诈骗电话提供各种支持，对于诈骗电话显示虚假主叫号码仍然允许透传。
2016 年	通过公共免费 WiFi 可盗取个人信息，原因在于：无线网络登录加密等级低、路由器存在安全漏洞、收集软件未按要求对信息数据采取必要的保护措施。
2017 年	央视记者调查发现：只要提供一个人的手机号码，就能在网络上查到他所有私密的个人信息，而且范围覆盖全国。 央视记者登录了一个专门贩卖个人信息的 QQ 群，里面的群员多达 1946 名，非常活跃。身份户籍、名下资产、手机通话记录、名下支付宝账号、全国开房记录等各类公民个人信息被公开叫卖、种类之多让人惊讶。
2018 年	央视联合最高人民检察院、公安部、中国消费者协会、中华全国律师协会发布"2018年十大消费侵权事件"，其中"个人信息被兜售"被列为十大消费侵权事件之一。 2018 年，个人信息泄露事件接二连三发生，网站、酒店、快递公司等都成为信息泄露的源头。2018 年 6 月 13 日，视频网站 AcFun 对外宣称 900 万条用户数据外泄；6 月 16日，招聘网站前程无忧的 195 万条用户求职简历泄露；6 月 19 日，圆通快递 10 亿条快递数据被售卖；7 月 18 日，顺丰快递 3 亿用户数据被兜售；8 月 28 日，5 亿条华住旗下酒店客户开房数据被出售；9 月 10 日，万豪集团 5 亿名客人的信息被泄露。出售个人信息已经成为一条公开的黑色产业链，本应该被保护的个人信息，却成了公开兜售的商品，公众在互联网世界里形同"裸奔"。
2019 年	央视揭露了一种高科技灰色产业链。声牙科技有限公司研发了一款"探针盒子"，当用户手机无线局域网处于打开状态时，会向周围发出寻找无线网络的信号，探针盒子发现这个信号后，就能迅速识别出用户手机的 MAC 地址，转换成 IMEI 号，再转换成手机号码。一些公司将这种小盒子放在商场、超市、便利店、写字楼等地，在用户毫不知情的情况下，搜集个人信息，甚至包括婚姻、教育程度、收入等大数据个人信息。其中，央视还特别点名了萨某某金服借此方式进行获客，涉嫌收集用户个人信息。同时，央视还曝光了一款名为"社保某通"的 APP，涉嫌搜集用户隐私信息，通过不平等、不合理条款强制索取用户隐私。
2020 年	央视曝光了某些手机软件中暗藏的"窃贼"：某些第三方公司开发的 SDK 插件存在未经用户许可，窃取用户手机中短信、通讯录和设备信息等个人隐私信息。据节目介绍，2019 年 11 月，上海市消费者权益保护委员会委托第三方公司对一些手机软件中的 SDK插件进行了专门测试，发现一些 SDK 插件暗藏玄机。 依据《信息安全技术 移动互联网应用（APP）收集个人信息基本规范》《APP 违法违规收集使用个人信息行为认定方法》等相关规定，技术人员检测了 50 多款手机软件。这些软件中分别含有上海氪信信息技术有限公司和北京招彩旺旺信息技术有限公司两家公司的 SDK 插件，这两个插件都存在在用户不知情的情况下偷偷窃取用户隐私的嫌疑，涉及国美易卡、遥控器、最强手电、全能遥控器、91 极速购、天天回收、闪到、萝卜商城、紫金普惠等 50 多款手机软件。

对于个人信息违规处理事件的处罚情况直接反映一国对于个人信息保护的力度。国外曾发生多个大型公司因个人信息处理不当导致的大规模诉讼或遭受巨额罚款的事件，例如，谷歌因利用苹果 Safari 浏览器绕过用户隐私设置而被美国联邦贸易委员会罚款 2250 万美元[①]，Facebook 未经授权向用户发送朋友生日信息，被要求为每条未授权信息赔偿 1500 美元[②]。对比我国，尽管个人信息大规模泄露事件时有发生，但根据公开媒体报道，迄今为止未发生过大规模集体诉讼事件或者遭受巨额罚款的情况。与国外创下的巨额罚单及犯罪分子所获得的收益相比，我国目前的惩治力度仍难以起到足够的警示作用。

事实上，《关于加强网络信息保护的决定》《消费者权益保护法》《电信和互联网用户个人信息保护规定》等多部法律法规均对违规处理个人信息事件应承担的责任做了规定。[③] 新出台的《网络安全法》也加大了对违法行为的处罚力度。根据规定，电信管理机构、工商行政管理部门等有关部门对于违规企业均享有一定的处罚权，并且上述规定对于处罚的种类、罚金的限额等也做了规定，但根据公开媒体报道，仅极个别的企业因此受到处罚，实践中更多的是因违法行为获利却未被曝光、未受到任何处罚。个人信息保护的一大难点在于违法行为点多面广碎片化，受害者人数众多，而且涉及违法商家众多，追溯非法盗卖个人信息的源头的难度比较大。由于

---

① 环球网：谷歌因绕过用户隐私设置而被罚款 2250 万美元［EB/OL］．［2012 – 07 – 10］．http：//tech. huanqiu. com/it/2012 – 07/2899988. html.

② 网易新闻中心：发短信提醒朋友生日到了 Facebook 恐遭天价赔偿［EB/OL］．［2016 – 02 – 16］．http：//help. 3g. 163. com/16/0216/16/BFV9367I00964KAF. html.

③ 例如，《关于加强网络信息保护的决定》规定："十一、对有违反本决定行为的，依法给予警告、罚款、没收违法所得、吊销许可证或者取消备案、关闭网站、禁止有关责任人员从事网络服务业务等处罚，记入社会信用档案并予以公布；构成违反治安管理行为的，依法给予治安管理处罚。构成犯罪的，依法追究刑事责任。侵害他人民事权益的，依法承担民事责任。"《消费者权益保护法》第五十六条规定："经营者有下列情形之一，除承担相应的民事责任外，其他有关法律、法规对处罚机关和处罚方式有规定的，依照法律、法规的规定执行；法律、法规未作规定的，由工商行政管理部门或者其他有关行政部门责令改正，可以根据情节单处或者并处警告、没收违法所得、处以违法所得一倍以上十倍以下的罚款，没有违法所得的，处以五十万元以下的罚款；情节严重的，责令停业整顿、吊销营业执照：……（九）侵害消费者人格尊严、侵犯消费者人身自由或者侵害消费者个人信息依法得到保护的权利的；……"

目前个人信息的传播、买卖主要通过互联网上进行，违法行为主体的确认与电子数据取证和固定也存在很大难度。另外，目前相关法律法规规定的处罚数额仍偏低，对大多数违法者来说，违法所得收益仍显著高于违法成本，这也是违法行为如此猖獗的一大原因。执法机关对于计算机和网络犯罪，缺乏相应的侦查和处理手段，证据保全存在很大困难，这也影响了执法力度。并且，我国目前未确立统一的个人信息管理机构，各部门分别执法也易导致权责界定不清，造成监管上的空白，提升执法成本。

4. 政府掌握的个人信息可获得性较低

应当说，政府是个人信息的最大拥有者和使用者。其在行使职权过程中积累了大量的个人信息，例如，公安机关掌握着全国居民的身份信息、犯罪记录等信息，央行征信中心的个人信用信息基础数据库保存有大量个人信用信息，公民的社保信息、学历信息、健康信息、档案信息等也均由政府掌握。但是，对大量需要获取信息的企业、个人来说，从政府部门可获得的信息是极为有限的。一方面，出于保密义务的需要，政府部门仅在符合法律规定的条件下才能对外提供个人信息；另一方面，政府建立的可供社会查询的各类数据库中的个人信息仍然不全面，难以满足市场的需求。例如，就中国而言，大部分人没有信用记录，因此，无论对商业银行还是网贷机构而言，借款申请人的身份识别问题非常关键，对接受网上申请的网贷公司来说，更是如此。目前，除了公安部的身份证系统和学历系统可以有偿查询外，政府部门掌握的个人社会保障和公积金的参保缴费信息、婚姻登记信息等基本无法获得。中国人民银行征信中心虽然自 2005 年以来一直与这些单位沟通联系并将部分省市的数据纳入了征信系统，但进展缓慢，数据质量有很大的提升空间。[①]

5. 信息主体缺乏有效的维权途径

目前实践中存在着个人信息被大批量泄露的事件，进而导致个人的财产权利、人身权利受到侵害，该类案件受害者人数众多，财产损失数额巨大，危害严重，但却极少有受害者通过法律途径维权。《中国个人信息安全

---

① 中国人民银行征信中心课题组：《互联网大数据下的征信业发展》。

和隐私保护报告》显示，被问及被侵犯时没有维权的原因时，60% 的参与调研者表示不知道怎么维权，56% 的参与调研者是因资金等个人利益未受损而放弃维权，有高达 44% 的比例的参与调研者选择了因维权程序太复杂、成本太高而放弃维权，另有 34% 的人是因缺少维权证据而无奈放弃。①

　　可以看出，维权成本高、举证困难成为受侵害人维权的一大障碍，很大一个原因就在于现有法律法规在权责分配上的不平衡导致信息主体维权困难。与实力强大并可借助多种技术手段广泛且秘密地收集、使用个人信息的企业相比，信息主体的弱势地位极其明显。但是，现有立法对于信息主体权利实现的关注度不够，也使其承担了过多的义务。例如，在侵害信息主体权利的行为的责任承担上，根据目前法律规定，该类侵权责任采用过错归责原则，并由信息主体承担举证责任，而个人由于能力有限，在多数情况下很难证明商业机构存在过错，也无法从商业机构的系统中取得证据，这使得信息主体的维权成本极高并且由于证据不足难以得到法院支持；在违法后法律责任特别是赔偿金额的确定上，缺乏量化标准，这也导致侵权人违法成本不高，并且难以为受害人提供全面的救济。因此，未来的立法有必要强化信息收集、使用者的义务，并制定更为细化、更具执行性的规则，对于是否应当针对不同的侵权行为类型规定不同的侵权责任构成要件，如采取过错推定原则、举证责任倒置等，有进一步研究的意义。

　　6. 对个人信息保护的认识和理念缺失

　　从现有的个人信息保护的实践看，从监督到实践到社会公众，普遍严重依赖"本人同意原则"，而对个人信息处理本身缺乏约束。相反，社会公众普遍认为，对一个"人"要进行"全面综合评价"，"信息越多越好"。基于这种认识的个人信息保护框架，基本上是把保护的责任不恰当地完全放在"个人"身上，忽略了企业和机构对个人信息保护的责任。即使是"本人同意"的原则，也仍停留在概念性的笼统层次。

---

　　① 中国青年政治学院互联网法治研究中心，封面智库. 中国个人信息安全和隐私保护报告 [EB/OL]. [2016－11－22] (2016－11－26). "封面智库"网站，http：//m. thecover. cn/news _ details. html? id＝158619&from＝groupmessage&isappinstalled＝0.

　　个人缺乏信息保护的认识和理念也助长了违法犯罪行为的发生。广东新兴国家网络安全和信息化发展研究院发布的《2019 年全国网民网络安全感满意度调查统计报告》显示，公众网民对于当前网络个人信息保护状况的评价意见分布是平均的，"好的""一般""不好的"评价各占三分之一。网民对社交应用、网络购物等应用的个人信息保护方面表现持负面评价较多，分别占 53.62% 和 50.3%。网民对网络个人信息泄露事例感受比较深，认为"非常多"和"比较多"的网民分别占 13.85% 和 23.55%，两者合计为 37.4%。认为"有一些"的网民占 43.6%，占比较高。网民中认为需要出台个人信息的专门立法和需要出台个人信息保护的强制标准的占比差不多。88.08% 的网民认为应立法重点规范个人信息保护协议，78.3% 的网民认为应重点规范个人信息采集。另据中央网信办指导、工业和信息化部电子科学技术情报研究所承制的我国首个《我国公众网络安全意识调查报告（2015）》① 显示：我国有 81.64% 的网民不注意定期更换密码，其中遇到问题才更换密码的占 64.59%，从不更换密码的占 17.05%；75.93% 的网民存在多账户使用同一密码问题，其中，青少年网民达 82.39%；44.42% 的网民使用生日、电话号码或姓名全拼设置密码，青少年网民占比达 49.58%。同时很多用户都存在不仔细阅读网站或下载软件的个人信息保护相关内容、随意连接公共免费无线网络等问题。

　　从上述报告内容中可知，随着个人信息侵权问题的加剧，消费者对于个人信息保护有迫切需求；但另一方面，多数消费者对于个人信息保护相关法律制度并不了解，在权利受到侵害的情况下，真正采取维权措施的消费者也仅占少数。这反映了信息主体的个人信息保护的认识和理念并不强，甚至在很多情况下个人信息即是因信息主体的疏忽而泄露的，助长了违法犯罪行为的泛滥。

---

　　① 《中国信息安全》编辑部.我国发布首个《公众网络安全意识调查报告（2015）》［J］.中国信息安全，2015（6）.

第八章　我国个人信息保护的
立法和政策建议

一、个人信息立法保护是大数据发展的基本保证

纵观全球个人信息保护的历史，个人信息保护问题伴随着信息时代的到来而生，正是由于不断丰富的关于个人的信息，可在虚拟空间塑造一个人的信息形象和数字人格，反过来影响现实中个人的隐私、安全、形象、行为和利益，催生了信息社会保护个人信息这一核心议题。特别是，当人类进入以互联网、移动互联、物联网为代表的大数据时代，个人信息的边界越来越模糊，数据的商业价值不断体现，处理数据的技术门槛不断降低，给个人信息保护问题带来了新的挑战，为此，欧洲、美国、日本等国纷纷调整相关立法，进一步强化个人信息保护。但这并不意味着个人信息保护与大数据价值挖掘相冲突，美国发展国家大数据的战略和互联网发展的实践恰恰表明，正是由于明晰的个人信息和隐私监管规则，以及在保障公民信息隐私基础上催生的对信息处理生态环境的信任，有助于互联网行业和信息科技的蓬勃发展。

反观我国，之所以我们当前面临个人信息保护的严峻形势，是因为我们跳跃了其他国家信息时代个人信息保护阶段，在缺乏个人信息保护基本理念和认识、原则、立法和执法经验的情况下，直接进入大数据时代来应对个人信息保护问题。为此，在大数据时代，对于个人信息保护，我们首先要厘清个人信息保护和大数据发展间的关系，充分认识到个人信息保护可以和大数据发展并行不悖，保护的目的在于建立信任促进而非阻碍发展。为此，应划清个人信息和其他信息的边界，借鉴其他国家发展经验并结合

我国的现实情况，确立个人信息保护的基本原则、理念、方法，寻找大数据发展的规律，建立有利于大数据发展的生态环境。

首先，我们竭力保护的是个人信息（个人数据），而不是"所有的数据"。从第一章关于数据和信息的关系的分析我们知道，尽管数据和信息是不可分离，数据是信息的表达形式和载体，信息是数据的内涵，但是数据仅仅是一系列符号，而这些符号用于指代某些事物时信息就出现了，我们要保护的就是当这些数据符号用于指代某个具体的人，即由数据变为可以识别某个人的身份或与某个特定的人相关而变成的个人信息（或者个人数据）。包括20世纪70年代美国提出"公平信息实践原则"、1980年《经合组织指南》、1995年《欧盟指令》等几乎所有个人信息（个人数据）保护的立法和保护实践，都旗帜鲜明地将与已识别或可识别的自然人相关的任何信息——个人信息（或个人数据）作为保护对象。

其次，我们并不阻止个人信息（个人数据）之外的大数据应用与发展。在大数据时代，由于信息记录、储存和处理技术的发展，关于某人、某物的各种数据极大地丰富，并都被低成本地汇总和储存下来。仅从数据符号角度来看，各种各样的客观记录一直以匿名化、客观的方式留存和储存在那里，人类为了各种各样的目的，从海量的所谓大数据中找出有意义的信息和结论。但是，为了什么目的、针对谁去提取和挖掘数据，不但决定了数据的处理方式，更决定了处理的结果（信息）是否落入需要保护的个人信息范畴的关键。一般意义上，为了研究群类特征、流行趋势等宏观、中观目的，而采用匿名化等非特定到某人、某物的方式进行，这是我们理解的理论上对大数据挖掘和使用的立足点，对此，个人信息保护的立法、监管并不干涉。是否涉及国家安全等其他领域的问题，留给其他领域的立法规范，但仅从个人信息保护的角度看，这些未识别到某个具体的人或与该识别到的人相关的信息，不在个人信息保护的范畴内。

最后，保护个人信息的目的并不是将个人信息锁在保险柜里束之高阁，而是依法合规有序地使用。个人信息保护和大数据发展上，坚持"上帝的归上帝，凯撒的归凯撒"原则，即"谁的信息谁做主"。从人类福祉的角度来看，大数据的价值在于大数据，人类不仅可以以不针对特定个人的任何方式，挖掘大数据宝藏中的黄金，也可以以研究特定个人为目的挖掘个人信息，但前提是必须依法合规，充分尊重本人意愿。为了进行营销等针对微观个体的决策而深入分析特定个人的行为特征，本质上是处理个人信息，必须遵守个人信息权益保护的一系列规制。

总体而言，对于可以指向某人的个人信息确立"谁的信息谁做主"原则，对于不指向任何人的无头数据确立其公共产品地位，根据"谁控制谁受益"的原则，生成、处理的机构可以收取加工处理费。之所以将其定位为公共产品，其目的是从根本上避免这些数据被据为己有，必须拿出来供社会公众使用；收取费用是因为数据的产生，确实有投入，付出了成本。

二、个人信息保护的立法和政策建议

（一）借鉴国际经验树立"以人为本"的个人信息保护理念

对个人信息不遗余力地予以保护是国际社会普遍认可的基本理念。在欧盟，个人信息保护被视为基本人权，欧盟主张统一和严格立法，强化政府部门对于个人信息保护工作的监管权力；在美国，个人信息保护建立在隐私权保护基础上，强调个人权利与商业利益、表达自由之间的平衡，主张针对重点行业、重点领域予以立法和严格规制，在监管机构指引下强调发挥市场自律。美欧都认同保护个人信息与隐私，只是在保护路径方法上有所差异。

我国首先要真正确立"以人为本"的个人信息保护理念和"我的信息我做主"的信息保护原则。保护个人信息就是保护公民的隐私、安全、财产及其他各项权利和对大数据生态环境的信任。涉及公民的隐私权、人格利益，各个国家普遍的认识是，一定要保障个人对本人信息的控制、自决，对本人信息形象和信息人格即"虚拟我"要由本人说了算。在大数据时代，个人可以成为数据收集的终端，却不应当作为一个被动的"终端"来对待和分析，技术绝不能毫无保留地追踪一个人，针对每一个终端的数据分析、研究和各种决策，终端所指向的个人应该有绝对控制力和自决力。在互联网时代，特别是目前我国个人信息安全形势日益严峻、大数据发展商业风起云涌的背景下，我们要坚持在"尊重人、保护人"的原则下平衡个人信息保护与数据使用之间的关系，在征信等所有涉及个人信息的行业，真正建立"以人为本"的个人信息保护理念，确立本人对其信息控制、自决的原则，通过加强对社会各界进行信息保护的宣传教育，加速个人信息保护理念、立法和监管实践落地，推动我国个人信息保护跟上全球化的步伐。

（二）推动出台统一专门的《个人信息保护法》

当前，很多地方、行业在个人信息保护立法领域进行了有益的探索，一定程度上推动了个人信息保护抽象法律原则的实际落地。但由于缺乏专门法的明确指引，这种自下而上的立法实践对国家整体的个人信息保护水平的提升作用有限。比较而言，在国家层面制定统一专门的《个人信息保护法》更具优势。

一是有利于明确重大问题和基本制度。制定专门的《个人信息保护法》，有利于以国家法律形式确定公民对其个人信息享有的基本权利、企业收集和使用个人信息的基本规范、个人信息受到侵害的救济途径等重大问题；有利于建立全面系统的个人信息保护法律体系，改变现有立法过于分散，制度过于原则，无法有效落地的局面；有利于在根本上提升全社会对于个人信息保护的意识，使得公民个人、企业主体、政府部门、司法机构等不同主体明确其在个人信息保护中享有的权利、义务和职责，各司其职，各安其位，建立良好的个人信息保护生态体系。

二是有利于提高社会各界的认识和信心。统一立法是最好的宣传形式，通过动员社会公众全面参与立法进程，有利于进一步提高意识，统一认识，明确政府、企业和个人在个人信息处理各环节的责权利，建立真正有效的个人信息保护的制度和框架。中国消费者协会的报告显示，三分之二的消费者在接受调查时透露个人信息曾被泄露，对用户造成了金融资产和个人信息安全等多方面危害。消费者在个人信息保护方面面临"防范难、举证难、索赔难"等一系列问题①。制定一部统一的个人信息保护法成为社会各

---

① 中国消费者协会 2014 年度《消费者个人信息网络安全报告》。

界的一致呼声①。在当前个人信息泄露、滥用个人信息的现象日趋突出，引发消费者担忧和关切时，统一立法也能够顺应社会各界呼声，提升公民对个人信息保护的信心。

三是符合国际立法趋势。截至 2015 年，全球已有 109 个国家制定了专门个人信息保护法②，超过全球拥有司法管辖权地区一半以上，并且这一数字仍在持续增长。信息时代的个人信息保护立法，如同工业时代的知识产权立法一样，是参与全球贸易、国家竞争的必需品。我国要顺应时代发展趋势，与国际规则相接轨，积极推进个人信息保护立法。

四是有利于数据产业发展，推进国家信息化进程。制定个人信息保护法不仅是保护公民个人权利的需要，更是提高信息资源利用率，实现信息自由流动，促进信息化发展，参与全球化竞争的战略需要。健全成熟的法律规则将促进信息在安全的管道中自由充分流动，推动各行各业信息化水平；相反，缺乏法律规制，信息以不透明"气化"形态存在，在各主体之间的交易流转不透明，最终侵蚀消费者信心，扭曲市场竞争和数据产生的机制，对信息化进程带来负面效应。相比于自然环境的先污染后治理，信息领域一旦遭遇破坏，其修复与治理之路更加漫长。近年来愈演愈烈的网络诈骗正是个人信息被肆意收集、滥用的恶果之一。不论是未成年学生，还是高校教授，其遭受诈骗的主要原因不在于缺乏自我保护意识，而是其大量个人信息得不到有效保护。特别是从政府部门、公共机构收集的个人信息在市场上无序流动，为不法分子提供犯罪机会。

而在市场上，"劣币驱逐良币"现象正在浮现。由于缺乏明确的规则指引，企业经营行为更多地取决于其自律程度，没有行为底线的企业反而获得了竞争优势。这一点在大数据产业体现得尤为明显，有多少企业打着技术创新旗号，行"倒卖数据"之实。合法与非法之间没有明确边界，不仅使得数据从业者面临更高的法律风险，也使得大数据合理的发展空间被黑

---

① 在近年来人大建议和政协提案中，不断有代表提出加快制定个人信息保护立法的建议。

② Graham Greenleaf. Global Data Privacy Laws 2015：109 Countries，with European Laws Now a Minority，（2015）133 Privacy Laws & Business International Report，February 2015.

灰产业侵蚀。为数据产业营造良好的法治环境，实现健康持续发展，应当加快我国个人信息保护法的立法工作。

总之，我国具有大陆法立法传统，且司法实践对于隐私权的救济保护缺乏积累，统一的个人信息保护立法更符合我国现实法律土壤；在立法精神或内核方面，对个人信息保护与社会经济发展作出适当平衡，引入灵活而富有效率的保护机制，在立法提供基本制度框架的前提下，加强市场、技术、自律等保护手段的建设。

2012 年以来，我国网络安全与信息化立法突飞猛进。以《全国人大关于加强网络信息保护的决定》为开端，一系列网络大法在国家立法日程中获得了优先位置。《网络安全法》从列入立法计划到正式出台，仅仅用了两年半时间。《电子商务法》紧随其后。除了专门的网络法外，在传统法律的制定、修订工作中，也给予网络空间前所未有的关注：《消费者权益保护法（修订）》《刑法修正案九》《反恐怖主义法》《食品安全法（修订）》《广告法（修订）》《民法通则》（二审稿）都补充了适用于网络空间的相关条款。

国家对于《个人信息保护法》的关注起始于 2003 年，当时的国务院信息化办公室正式部署了立法研究工作，2005 年相关学者完成了《个人信息保护法（专家建议稿）》（以下简称专家建议稿）。然而该建议稿并没有进入正式的立法程序，甚至设想中的"第二方案"——"个人信息保护条例"也没有任何进展。2008 年，在国务院信息化工作办公室被并入工业和信息化部之后，立法工作搁置①。而后，尽管在中央、国务院等文件中也偶见关于加快个人信息法律保护的部署；每年"两会"期间，关于个人信息保护立法的人大建议、政协提案也屡见不鲜，但《个人信息保护法》在正式立法议程中仍不见踪影。

网络社会的有序运行建立在公民、企业、国家三方主体良好互动的基础上，如果说网络安全法和电子商务法分别代表了国家、市场在网络空间

---

① 孙平：《系统构筑个人信息保护立法的基本权利模式》，本文系 2014 年度国家社会科学基金重大项目"人民代表大会制度理论创新研究"（项目号：14ZDA014）的阶段性成果。

中的最主要法律利益诉求，《个人信息保护法》的停滞不前从侧面说明了公民个人在网络空间的法律诉求并没有得到相同程度的关注回应。或者说至少在当下，主流观点并不认为：公民个人信息保护问题能够像国家网络安全、电子商务发展问题一样，需要制定一部专门统一的立法加以解决。

因此事实上，面对个人信息保护这个绕不开的问题，现有的选择是修补式立法，即在各个相关立法项目中加入若干条款。从 2012 年《全国人大关于加强网络信息保护的决定》开始，在《消费者权益保护法》（修订）、《刑法》修正案、《网络安全法》《电子商务法》等后续立法中都践行了这种分散立法思路。

客观来说，近年来的分散立法一定程度上回应了公众对个人信息保护问题的关切，但在法律环境的实际改善方面其作用十分有限。

其中最主要的原因在于现有分散立法有相当一部分是原则性、宣誓性条款，并没有对实践产生直接影响。典型代表是 2012 年《全国人大关于加强公民个人信息保护决定》（以下简称《决定》）。该《决定》是我国个人信息保护领域的奠基性制度，首次在法律层面部分引入了国际上通行的个人信息保护原则，如收集个人信息的合法、正当、必要原则，知情透明原则等。但《决定》全文仅十二个条文，其中仅有四个条文涉及个人信息保护，表述宏观原则。且受制于自身形式，《决定》并没有对法律责任作出明确规定，因此它更多代表着形式上的"制度宣誓"意义，并没有对市场产生实际规范作用。企业在实践操作中可以非常容易地规避法律要求，同时也无需担忧承担法律责任。

2013 年修订的《消费者权益保护法》虽然补充了法律责任条款，但也几乎是照搬了《决定》原文，并没有在原则表述基础上作出进一步具体规定。从出台到现在，尚未有依据该法的典型执法案例。

对于公民个人而言，这种分散、原则的立法条款很难帮助个人建立起完整的权利意识，也难以得到司法救济。特别是在我国几乎没有隐私权保护传统的国情背景下，用户并不清楚关于个人信息自己可以主张哪些基本权益。根据中国消费者协会发布的《2014 年度消费者个人信息网络安全报告》显示，三分之二的消费者在接受调查时透露个人信息曾被泄露，对用户造成了金融资产和个人信息安全等多方面危害。用户维权时面临"防范难、举证难、索赔难"一系列难题。在东方航空泄露订票信息案、王某诉汉庭酒店泄露开房信息案等案件中，消费者均因被泄露信息的扩散渠道不具有唯一性而败诉，传统私法保护模式在此类案件中陷入困境①。

　　对于政府机构，又面临着两重问题。一是作为公民个人信息的重要收集处理者，政府机构在很大程度上并没有被纳入规范体系。除了《刑法修正案九》追究公职人员侵害公民个人信息刑事责任以外，其他现有立法中鲜有对政府、公共机构收集、处理个人信息作出规范，《网络安全法》《电子商务法》中关于个人信息的零散规定仅仅适用于网络运营者、电子商务经营主体。二是分散立法无法解决个人信息保护行政监管体制、执法分工问题。目前我国并没有专门的个人信息保护机构，而是由各行业主管机构进行监督管理，例如金融行业的用户个人信息保护工作由央行主管；医疗行业的用户个人信息保护工作由卫生部门管理；互联网领域的用户个人信息保护工作由工信部主管；消费者个人信息保护由工商总局主管。上述监管边界有着明显的重合地带，但由于分散立法并未涉及职责边界问题，个人信息保护领域事实上沦为监管的灰色地带。相关主管部门在用户信息保护领域的行政监督管理工作缺乏力度。本应在个人信息法律保护中发挥重要作用的行政监管在我国几乎缺失。

　　综上所述，在公民权利意识、司法救济、行政监管等方面，均说明当前的分散立法路径在改善个人信息保护法律环境方面差强人意。不仅如此，叠床架屋式的分散立法新出现的问题是法律规定之间相互冲突。刚刚公布的《电子商务法》（草案）对于个人的查询权、删除权、"知情同意"机制、匿名化处理等规定，与《网络安全法》的规定均有所出入，考虑在电子商务领域，两部法律的适用范围会有所重合，如果不加以协调，未

---

　　① 李颖. 海淀法院中关村法庭总结涉个人信息保护民事案件的类型及审理难点并提出建议 [EB/OL]. [2016-12-16]. 海淀法院网，http：//bjhdfy. Chinacout. org.

来会造成法律适用冲突。《网络安全法》业已告竣，虽然该法针对个人信息保护补充了若干条款，但距离构建全面的个人信息保护法律体系依然遥远。当下，呼吁对个人信息保护立法思路予以反思，并尽早纳入国家立法规划。

令人欣慰的是，2020 年 5 月发布的《民法典》在人格权编中专章规定了隐私权和个人信息保护问题，特别是 2020 年 10 月，我国统一专门的《个人信息保护法（草案）》正式发布，法律草案坚持立足国情与借鉴国际经验相结合，对个人信息保护的基本原则、重点问题逐一进行了统一和规范，朝着统一的个人信息保护立法建设方向迈出了重要一步。

（三）对个人信息保护立法重点问题的建议

1. 完善"个人信息"的界定

"个人信息"是个人信息保护法中的核心概念。各国个人信息保护法对于"个人信息"都有着明确的界定，一般都将个人信息定义为与已识别或可识别的自然人相关的任何信息，如 2016 年《欧盟条例》等。该定义有两个主要方面的含义：一是"是某人"的信息，即标识信息，可以识别某人或识别到（推断）某人的信息，传统的标识信息包括姓名、身份证件号码、护照或驾照号码等，现代标识信息进一步扩大到所有可以"直接触达"本人的信息，如家庭电话、手机号码、电子邮件地址、QQ 号、微信号、手机设备号（EMEI 号）、互联网协议（IP）地址，以及其他常用的移动或固定设备终端号等，由于这些设备、通讯号码在长期的实践中逐渐形成了与某个人的对应关系，据此可以便捷地指向某个或若干个特定的人，所以具有实际意义上的标识信息特征。例如，早在 2008 年欧盟数据隐私管理部门专员皮特·沙尔（Peter Scharr）就针对谷歌公司提出，网民访问互联网时被分配的互联网协议（IP）地址应视为个人信息的组成部分，2016 年德国法院已经在司法审判中把互联网协议（IP）地址判为个人信息。二是"关于这个人"的信息，即指向这个人的所有信息，这里"关于"的含义是，只要关联到上述标识上的任一信息，即与以上任一标识信息串联在一起的所有数据都是个人信息，都应当保护。

当然，个人信息是指与个人相关的，能够直接或间接识别特定自然人的信息。但这一开放式的界定方法在互联网信息技术飞速发展的今天遇到了前所未有的挑战，个人信息与非个人信息之间边界变得日益模糊。针对此问题，借鉴当前各国立法的应对经验，建议：在未来的个人信息保护法中，仍采用国际上含有以上两层含义的一般性个人信息定义，但为了弥补这一开放性界定的不足，需要个人信息保护机构通过制定细则、指南的方式，对个人信息的含义予以进一步明确，为市场提供具体指导。例如针对互联网协议（IP）地址、cookies、搜索记录等具有争议性的信息类型，可以通过在具体案例中的法律适用，给予更为清楚的解释和回应。可以参考的判断标准是：对于具有争议性的个人信息的界定应当是"动态"的，而不是"静止"的，需要考虑诸多因素，如数据的类型、数据涉及的实体、服务商的安全水平、收集方法、设备环境、应用和使用以及交易各方之间的价值交换①。

此外，考虑到在复杂的网络环境下，对所有的个人信息采取一视同仁的保护并不是合理且有效率的做法，而应针对信息的不同性质，对保护标准作出区分。从国际经验看，普遍做法是将个人信息区分为一般个人信息和敏感个人信息两大类。尽管各国对敏感信息的概念有所不同，如美国人认为财务、健康和孩子的信息是敏感的，而中国则不完全一致，为此区分的标准是敏感信息的泄露将会给用户财产与精神利益带来更为严重的后果，而参照国际惯例，敏感个人信息一般包括反映政治及宗教信仰、团体资格、健康医疗、性取向、基因等个人信息。对于个人敏感信息，各国立法中一般确立了禁止收集、处理的原则。同时结合实际需要，规定了可以收集、处理的例外情形，并提出更高的保护标准。

在这方面，《个人信息保护法（草案）》明确了本法的保护对象和适用范围，规定个人信息是以电子或者其他方式记录的、与已识别或者可识别的自然人有关的各种信息，对个人信息与敏感个人信息进行区别性对待，并对敏感个人信息的处理规则进行了特别规定。同时，法律适用于包括个人信息的收集、存储、使用、加工、传输、提供、公开等个人信息的处理

---

① World Economic Forum ：Unlocking the Value of Personal Data：From Collection to Usage，2013.

活动。此外，明确在我国境内处理个人信息的活动适用本法的同时，借鉴有关国家和地区的做法，赋予本法必要的域外适用效力。

2. 制定具体制度，将个人信息保护基本原则落到实处

我国现有个人信息保护立法的最大不足是规定过于原则。作为个人信息保护最重要的立法基础的《全国人大关于加强网络信息保护的决定》全篇只有十二个条文，且其中仅有四条涉及个人信息保护，规定过于笼统、原则，实际效用如"空中楼阁"。

参考国际经验，我国应通过进一步立法，以具体制度规定来体现个人信息保护的基本原则。以下以个人信息保护的目的特定、必要限度，最小化、知情同意、访问获得、准确完整、安全保障等国际通行原则为例，提出具体制度建议：

一是建立与限制性（"目的特定""相关必要""最小化收集"）原则相关的制度。建议规定：收集与使用个人信息，应当有明确特定的目的。收集与使用活动不得逾越特定目的范围，并与收集、使用的目的有正当合理的联系。收集、使用个人信息，应当尊重信息主体①个人权益，以最有利及损害性最小的方法实现目的。判断收集该类资料是否具有必要性的标准在于，不搜集或提供该类资料的情形下，是否仍能完成业务。不必要的个人资料的收集或使用，由当事人自行决定是否提供。不得以拒绝提供服务为由，要求个人提供超出业务所需范围内的个人信息。拟改变数据收集、使用目的的，或超出在收集数据时所确定目的的，应当告知信息主体并重新取得信息主体的同意。特别是依据个人信息的处理作出对本人有实质性影响的决策时，应当赋予个人完整的知情权、异议权和更正权。不得假借名目任意收集或利用个人信息。个人信息收集的特定目的消失或期限届满的，应主动或依信息主体的请求，删除、停止处理或利用该个人信息。此外，还可以参考我国台湾地区的做法，通过附表的方式，以列举方式详细列出

---

① "信息主体"这一称谓借鉴欧盟立法中的"数据主体"（Data Subject）表述，指数据关联指向的个人主体。由于我国现有立法和学界讨论，多采用"个人信息"概念，故在此使用"信息主体"表述，其含义等同于欧盟立法中的"数据主体"。

数据收集、处理的各类目的①。

　　二是建立"公开透明"和"知情同意"原则的相关制度。"公开透明"和"知情同意"是个人信息保护中最为核心的原则，但在我国当前商业实践中，以制定隐私条款、业务协议等方式，超出业务服务目的和范围，一揽子取得对用户个人信息收集利用授权，已经成为普遍现象。"知情同意"原则"名存实亡"。鉴于此，我国应借鉴国际立法通行做法，建立以下制度。

　　一方面，在"知情"方面，建议规定：信息控制者②在收集个人信息时，应当履行告知义务。明确告知当事人收集机构的名称、收集目的、使用期间、地区、对象和方式，当事人行使权利的方式等信息。明确向信息主体说明其享有自由选择是否提供个人信息的权利，以及信息主体不提供该类信息会有何种后果，对个人权益和权利的影响。信息控制者通过间接渠道收集个人信息的，除了向信息主体告知第一款规定的应当告知的事项，还需要告知个人信息的来源。结合实践情况和国外通行做法，同时规定豁免告知的特殊情况，包括依法律规定的免告知、告知将妨碍执法部门执行法定职务或其他机构履行法定义务，等等。

　　另一方面，在"同意"方面，为禁止一揽子目的同意、无期限授权和不得不"同意"，应明确信息控制者收集和使用个人信息的，应当履行充分的告知义务，向信息主体说明数据处理活动的相关情况，并得到信息主体的自愿和明确的同意③。自愿的含义是"同意"是非不得已而为之的；明确的含义是同意授权是为一个合同下的"单一目的"的授权，如果是同一合

---

　　① 我国台湾地区编辑整理了共 182 种收集数据目的，例如：002—人事管理；064—保健医疗服务；069—契约、类似契约或其他法律关系事务；158—学生（员）数据管理；165—环境保护；等等。即任何机关要收集时，都需要明确其收集的目的是第几项。如果超出了 182 种目的之外，那么更需要明确写明特定收集目的。只有符合特定的要件，才可以为"特定目的外利用"。

　　② "信息控制者"这一表述借鉴欧盟立法中的："数据控制者"（Data Controller）概念，指决定个人信息的收集、处理目的，对数据收集、处理活动负最终责任的机构。

　　③ 同"告知"情形类似，"同意"也有相应的豁免事由，包括：（1）依照其他法律明确规定无需获得同意的情形；（2）信息主体无法表达同意，但数据收集活动明显是出于保护信息主体人身和财产安全的目的；（3）为统计、科研目的需要使用的，个人数据以无法识别特定个体的形式收集和使用的；（4）犯罪调查、司法判决等所必需。

同下的不同类的"多个目的",如用于"风险评估"的数据若要用于"营销",就必须分别取得授权。对于不同合同或"不同条款"下的多个目的,同样要分开独立取得授权。在收集、处理时,应当坚持同意的"非绑定原则",不同性质、不同目的的处理活动应当分别取得授权,不得采取一揽子打包方式。特别是对于超出提供业务所必需范围的数据授权,要履行更充分的告知义务,服务提供者不得以用户拒绝提供业务范围以外的数据授权而拒绝向用户提供业务。一个有效合法的同意,其要件包括:用户必须被告知充分的相关信息,自由地作出明确同意的意思表示,不得附带任何条件,且用户有权撤销同意。除非得到信息主体自愿和明确的同意,个人信息只限用于收集时述明的目的或直接相关的目的。信息控制者在向第三方提供个人信息时,应得到信息主体的明确同意。不得以概括方式取得当事人的同意,而是明确告知当事人收集者名称、收集目的、资料类别、利用方式等相关事项。信息控制者将通过合法方式获得的个人信息用于与自身业务相关的营销目的时,应当获得用户的同意。从效率出发,此种情形可以采取"默示同意"机制,即除非用户明确表示反对,信息控制者可以将数据用于营销目的,但需要为用户提供明确、有效的退出机制。

三是建立数据主体对本人数据的"可访问获得"原则。为保障个人的知情权,各国个人信息保护法普遍规定了个人的查询权、异议权和更正权。建议我国也建立相关具体制度:信息控制者应当向外公示个人信息访问的条件、情形等,个人享有异议与更正的权利。应个人要求,信息控制者应当向个人提供其所掌握的所有个人信息。个人对信息准确性有异议的,可以向信息控制者提出更正要求,并提供辅助证明。信息主体的"查询权""异议权""更正权"在对数据质量有严格要求的行业和领域有着更为重要的意义,例如在金融、征信、保险、教育入学、雇用等涉及个人重大利益的领域,上述权利的行使直接关系到当事人的合法权益,因此建议在相关立法中予以更为具体的规定,对异议、更正的程序作出具体安排。

四是建立数据"完整准确"原则的相关制度。由于基于错误的、过时和不完整的信息作出的决策,既不利于信息主体,会对信息主体带来人格、利益等方面的伤害,也不利于数据使用机构,为此,为某个目的采集的个人数据应当准确、完整和适时更新，保证数据处理活动的准确性，信息控制者对数据质量控制负有责任。特别是，信息控制者在调查信息准确性方面有便利条件的，应当主动发起调查，发现数据错误后主动予以改正①。

五是建立"安全保障"原则的相关制度，促进信息控制者从管理上、物理上和技术上满足个人信息安全的合规要求。建议规定：信息控制者应当在内部指定专门人员负责数据安全工作。也可参考欧盟数据新规，要求一定规模以上的企业必须设立数据保护官（DPO）②。这一岗位并不是虚职，数据保护官必须依法履行职责，在企业违法的情况下，数据保护官将被追究法律责任。同时，为便于监督管理，要求信息控制者建立数据活动的文档化管理制度。即信息控制者应当将机构实施的数据收集、使用活动予以记载，便于企业内部的追踪审计，也便于执法部门实施监督管理。此外，信息控制者应当基于实现数据安全和合规的目的，建立相关管理制度和管理、技术措施。前者包括人员管理制度、合同管理制度、教育培训制度等；后者包括对物理层、网络层、应用层的各种技术措施，在技术上保障针对个人信息的处理数据活动可追溯、可审计。

六是针对数据的委托处理活动，法律上视受托的信息处理机构等同于信息控制者，承担一切个人信息保护方面的法律责任。在我国目前大量涉及个人信息的案件中，追到数据源头往往都是"黑客入侵"，从某一侧面说明目前相当部分的机构不具备处理个人数据的技术条件和内部管理能力，对于中小型机构尤为如此，为此，选择将相关的数据处理活动外包给其他大型科技企业，带来责任不明、约束不足等一系列数据保护的问题。因此，建议信息控制者委托第三方开展个人信息处理活动的，应当在法律上明确受托的信息处理机构等同于信息控制者，承担一切个人信息保护方面的法律责任，并以书面形式明确：禁止第三方在委托目的范围之外处理个人信

---

① 查询权、异议权是一般情形下数据主体应享有的权利，但结合实际，也有例外情况，这些例外情形可以以特例规定在豁免事由中，例如，查询访问有损于防卫和国际关系，妨碍侦查罪行，妨碍新闻活动、法律程序等。

② 依据欧盟数据保护新规，欧盟要求大型企业（雇员在250人以上）必须设立数据保护官（Data Protection Officer）。我国也可根据实际情况，灵活借鉴该制度。

息；在处理过程中，保护个人信息的具体管理制度和技术措施；其他保障个人信息安全需要采取的措施。在安全管理上，信息控制者应督促受托方采取必要的措施，保护个人信息免予因委托而丢失、被盗、篡改或毁坏，并对受托方进行跟踪监督。同时，信息控制者需要向信息主体披露受托方身份的详细信息，便于信息主体知情。

七是建立隐私影响评估制度（PIA）。即企业应当对于特定的数据处理活动，实施相关的隐私风险评估，针对其中的风险点，提出相关的风险预防和削减措施，并在后续的数据处理活动中贯彻实施。

在这方面，《个人信息保护法（草案）》坚持个人信息保护的国际基本原则，解决了个人信息保护立法中一系列重点问题。一是强调处理个人信息应当采用合法、正当的方式，具有明确、合理的目的，限于实现处理目的的最小范围，公开处理规则，保证信息准确，采取安全保护措施等，并将上述原则贯穿于个人信息处理的全过程、各环节。二是确立以"告知—同意"为核心的个人信息处理基本规则，并在重要事项发生变更时应当重新取得个人同意，个人有权撤回同意；不得以个人不同意为由拒绝提供产品或者服务。对个人信息的共同处理、委托处理、向第三方提供、公开、用于自动化决策、处理已公开的个人信息和处理敏感个人信息等重点问题，提出有针对性的要求。

3. 建议在部分领域探索引入"被遗忘权"

我国的个人信息保护法，不仅应当保留当前各国立法所普遍确立的个人信息保护的基本权利，如知情权、选择权、查询权、要求更正权、删除权等，还应与时俱进，针对信息通信技术对个人信息保护带来的新挑战、新问题，合理吸收国际上相关立法经验，引入相关新型保护权利，这里以"被遗忘权"为例。

"被遗忘权"是在技术发展造成现有立法滞后的情形下，如何通过立法设计来增强数据主体对个人信息控制力的背景下诞生的。"被遗忘权"并不是无本之木，相反，个人信息保护法的基本原则可以为"被遗忘权"提供法理支撑。例如个人信息保护法的基本法理要求是：个人信息应当被公平以及合法地处理，出于特定、明确和合法的目的进行收集。数据应当准确，在需要的情形下，应当更新到最新状态，这种最新状态包括用户要求删除的部分。

当前，"被遗忘权"已经不仅局限于学术界的讨论，它在部分国家和地区已经成为现实的法律要求。欧盟议会、欧洲法院、美国加利福尼亚州、日本、韩国、澳大利亚等国家与地区在立法、司法中不同程度上引入了"被遗忘权"。不同国家和地区对"被遗忘权"的界定有所差异。例如，欧盟正在立法进程中的数据保护新规第17条第1款规定：当出现以下四种情况之一，数据主体有要求信息控制者删除和拒绝传播关于他们数据的权利，尤其涉及当数据主体是儿童时发布的个人信息：一是基于收集和处理目的，数据已经没有存在的必要；二是数据主体依法撤回同意或者数据储存日期已经终止并且已无处理此数据的法定理由；三是数据主体依法反对个人信息的处理；四是个人信息处理基于其他原因和条款不相符合。而美国加利福尼亚州通过的"橡皮擦"法案则仅允许未成年人可以删除自己在网站上发布的信息①。

遗忘权在为用户提供新的保护机制的同时，也将对互联网产业带来巨大影响。特别是考虑到在大数据应用中，新的业务创新和进步将更加依赖于数据的长期保存，被遗忘权带来的负面影响会更为明显。因此建议在引入该权利类型时，应综合考虑各方面因素，平衡遗忘权带来的正面及负面效用。建议在一些重点保护领域，如未成年人保护、敏感信息保护领域先行探索，引入"遗忘权"，以实现用户权益保护和产业发展的双赢。

4. 建立"数据泄露通知""从设计着眼保护隐私"等新型保护机制

在保护机制方面，我国立法也可吸收当前国际上的有益经验。当前较为成熟的保护机制有"数据泄露通知制度"（Data Breach Notification，DBN）以及"从设计着眼保护隐私制度"（Privacy by Design，PbD）。

数据泄露通知制度是指个人数据泄露达到法定情形时，相关责任主体需在一定时限内向受损主体或有关执法主体进行通告的制度。最初，美国各州立法逐步扩展了该制度的适用，目前全美47个州都已建立了完善的数

---

① 郑志峰. 网络社会的被遗忘权研究［J］. 法商研究，2015（6）.

据泄露通知制度。2012 年欧盟个人数据保护改革中也提出在立法中建立该机制。

由于数据安全风险不断增大，在不可能实现事前百分之百的绝对安全的背景下，立法关注点投向事中和事后环节。数据泄露通知制度即是在数据泄露的事后，如何及时将损害降低到最小限度的一种制度设计。数据泄露通知制度在近年来被各国立法广泛吸收。

建议在我国个人信息保护法中，建立完善的数据泄露事故通知制度。在立法中对通知的触发条件、通知程序、影响评估及通知免责等作出具有操作性的指导意见，并将通知对象由监管机构扩展至用户本人。因为在个人数据泄露的情况下，由用户本人主动采取相关措施，更有利于预防和减少用户因数据泄露而遭受的损失。

"从设计着眼保护隐私制度"是近年来被广泛讨论和认可的另一项政策工具，相比事后的补救机制，它是在事前就充分考虑隐私保护的需要，通过在技术系统中特别设计，通过技术来增强隐私保护。此次欧盟数据保护新规正式从设计着眼将保护隐私制度写入立法：要求产品或服务的整个生命周期（包括产品设计、投放、停用各阶段）都应贯穿隐私和数据保护。新规要求设备生产、IT 厂商提供的解决方案能够使其客户满足数据保护合规要求。这意味着涉及用户个人数据的产品或业务线，在业务设计的最初阶段就需要 IT 厂商的充分参与，通过技术设计方式落实合规要求。建议我国立法吸收上述两项较为成熟的个人信息保护机制。

5. 明确个人信息跨境流动制度

社交网络、云计算等跨越国界的互联网应用正推动数据跨境流动急速膨胀，当前几乎所有的数据转移都具有了国际性甚至是全球性。数据跨境流动政策成为个人信息保护法的核心问题。建议我国通过制定个人信息保护法，明确我国关于个人信息跨境流动政策：对于涉及国家安全等重大国家利益的个人信息禁止转移到境外服务器；将用户个人信息转移至境外，应当取得用户的明示同意，向用户披露转移信息，包括：转移到哪个国家、转移的目的、用途，采取的保护措施；国家制定数据跨境转移的合同范本，指导数据跨境转移活动。

（四）明确个人信息保护的执法监管体制

执法监管是指政府部门或独立的监管机构依据法律法规授权，对个人信息的收集、使用活动开展的监督管理活动。从全球经验看，执法监管扮演着十分重要的角色。它有利于推动国家个人信息保护法律的实际落地，有利于为消费者开展专门的教育培训，并建立维权申诉的一站式服务。

特别是在互联网技术业务发展日新月异的今天，仅依靠较为原则的个人信息保护法律已无法满足个人信息保护实际需要。在民事救济、刑事打击之外，建立专门机构负责执法监管已成为近年来全球在个人信息保护领域的一个主要趋势①。

监督管理机构可以依据法律原则，针对新技术、新业务的特点，制定更为具体的个人信息保护标准、指南，有利于澄清和明确特定业务的个人信息保护问题，促进技术业务的发展，提升用户对于新技术业务的安全信心。

实际上，依托个人信息保护法，针对云计算、移动互联网、大数据等特定技术业务，由监管机构制定更具有针对性的个人信息保护细则、标准、指南已成为各国普遍做法。例如，欧盟在个人信息保护中一贯强调监管机构的作用，欧盟各成员国均有专门的个人信息保护主管机构。此外，在欧盟层面，根据1995年《欧盟指令》的规定而成立的"第29条款工作组"，在推进个人信息保护法律规则的实际落地方面也扮演着重要角色。此次欧盟数据保护立法改革还将在第29条款工作组的基础上组建"欧盟个人信息保护委员会"，以进一步提升欧盟层面数据保护机构的法律地位与权威。即使是在强调市场自律的美国，联邦贸易委员会作为一般性的隐私执法机构，对于违规企业动辄处以上千万美元的罚款，并附带数十年的隐私合规审计，为市场树立了严格的监管权威。

我国目前还未建立专门统一的个人信息保护机构，各部门是在原传统的监管职责中延伸管理各自行业、部门的个人信息保护问题。例如金融、

---

① Graham Greenleaf Global Data Privacy Laws 2015: Data Privacy Authorities and Their Organisations. Graham Greenleaf, Professor of Law & Information Systems, UNSW Australia (2015) 134 Privacy Laws & Business International Report, 16 – 19 (April 2015).

医疗、电信、邮政快递、互联网等行业，均是由行业监管部门履行各自行业的用户个人信息保护职责。但从目前来看，我国管理机构在个人信息保护中的作用并不突出，其核心症结在于相关监管机构的传统职责中并没有包括个人信息保护，监管工作也缺乏明确的上位法授权[1]，再加上职责重合，监管界面不清等因素，造成了相互推诿、管理真空问题。

因此，在个人信息保护日益严峻的形势下，我国亟待建立统一的个人信息保护机构，专门担负个人信息保护职责，拨乱反正，重建个人信息保护管理新秩序。借鉴国际通行做法，机构的具体职责可包括：接收关于个人信息保护的投诉、申诉，监督个案投诉处理情况，为公民个人提供一站式的维权服务；起草提出个人信息保护立法、监管具体政策，推动立法和政策落地；依据个人信息保护法等基础法律规定，对个人信息保护法规的具体适用作出进一步解释和指引；开展个人信息保护方面的公众教育活动；代表国家参与国际个人信息保护政策讨论与制定工作。

其中，核心是将监管机构在个人信息保护领域的监督管理职责予以具体化，提高监管机构对于数据保护违规行为的处罚力度。监管机构在有了明确的法律授权之后，应当依法履行监管职责，对于侵害用户个人信息权利的违规活动积极调查取证，依法依程序及时予以惩处，在实践中不断积累监管执法经验。

（五）加强司法救济，拓宽个人信息保护渠道

在民事侵权领域，尽管 2009 年我国《侵权责任法》中规定了隐私权（第二条），以及第三十六条（针对网络的侵权行为），但在司法实践中，提起隐私侵权之诉的案例少之又少。其中重要原因是没有隐私权法律传统，公民没有隐私权保护意识，法院也缺乏对隐私权的审判经验。

为指导审判，2014 年 10 月 10 日，《最高人民法院关于审理利用信息网络侵害人身权益民事纠纷案件适用法律若干问题的规定》施行。该司法解释对公民个人信息受到侵害时的民事权益救济进行了规定。规定主要针对

---

[1]　唐慧俊. 论消费者个人信息权的法律保护——兼评我国新修订《消费者权益保护法》之相关规定［J］. 消费经济，2013（6）.

的是现实中日益严重的"人肉搜索"问题。司法解释首次将自然人多项隐私和个人信息列为司法保护范围，不仅对司法实践保护被侵权人具有现实意义，而且对加强个人信息权利立法也具有探路价值。尤其是明确对诸如自然人基因信息、病历资料、健康检查资料、犯罪记录、家庭住址、私人活动等个人隐私和其他个人信息提供司法保护，将现有立法中的公民名誉权、隐私权的权利范畴加以延伸和明确。

但不足的是，我国现有司法救济还仅仅限于不当的公开行为①，并没有对当前网络环境下，通过新技术、新业务不当收集、使用用户个人信息的情形作出规定。2015 年 5 月在江苏南京发生的用户诉百度搜索引擎的典型案例中（通常也被称为我国小型文本文件"cookie"第一案），从一审判决"隐私权侵权"到二审认定"不侵权"，针对同一事实，两级法院得出了截然相反的法律判决。司法界对于网络环境下的个人信息保护问题认识分歧之大足见一斑。

而从国外经验来看，民事救济是保障公民隐私及个人信息权利的重要渠道。个人信息在受到侵害时，公民不仅可以向主管的监管部门申诉，由监管部门进行行政执法救济，也可以选择通过诉讼方式，得到民事救济。相比之下，我国司法救济还远未发挥出保障个人信息权利的重要价值。建议通过制定个人信息保护法、出台司法解释等方式，扩展网络环境下侵害隐私权以及个人信息的侵权形式，特别是借鉴国外立法经验，明确团体（集体）诉讼制度，建立通畅的个人信息保护的民事救济渠道。

（六）开展公众教育，提升个人信息保护意识

个人信息保护法律制度具有一定的专业性，且现实中相关的法律规定非常分散，作为普通消费者，很难对用户个人信息保护法律制度有比较系统的了解。相反，企业作为收集、利用个人信息的主体会利用法律的原则性规定，尽可能会在网络技术、格式条款的掩护之下为信息收集活动寻找最大的灰色空间。

---

① 杨临萍，姚辉，姜强．《最高人民法院关于审理利用信息网络侵害人身权益民事纠纷案件适用法律若干问题的规定》的理解与适用［J］．法律适用，2014（12）．

以个人信息保护法最基本的"知情同意原则"为例，我国2012年人大决定没有明确是否是明示的同意，还是推定的同意；是书面的同意，还是其他形式的同意；是单次收集、使用行为的同意，还是一次性授权的同意；在实践中，互联网服务提供者的隐私政策中往往采取一揽子的授权方式，在业务使用协议中一次性取得对用户个人信息的长期收集、使用权利。用户与服务提供者在个人信息的收集、使用中处于不对等的地位。

在此种情形下，对于公众的培训教育也成为个人信息保护工作的重要一环。国外个人信息保护监管机构大多负有对公众的培训教育职责，采取多种灵活的形式进行宣传教育，定期发布个人信息保护风险提示，以通俗易懂的语言介绍个人享有的个人信息保护权利，宣传典型案例，让公民意识到保护个人信息，不仅会涉及个人切身的财产利益安全，也事关个人的隐私尊严。尤其在大数据时代下，数据被滥用的风险大大增加，个人更应当树立信息保护意识。

三、关于大数据时代个人信息保护的建议

（一）重视大数据及其技术对个人信息保护的深刻冲击

首先，大数据的出现模糊了个人信息与非个人信息的边界。此前，因为缺乏其他数据源，很多信息将保持匿名的状态。但是，在今天的网络新世界，有无数可以利用的数据源。企业甚至是普通个人都越来越容易获得有关个人的大量信息。软件算法和分析学的发展使得大量数据更易被关联和聚合，大大增强了人们将非个人信息转化为个人信息的能力。随着大数据的蓬勃兴起，识别成本正在急速下降。对于已经去除掉身份特征的姓名，可以通过数据分析，重新恢复数据的身份属性[1]。

其次，大数据也大大刺激了企业收集信息的动机。大数据的出现使得信息成为战略级资源。今天收集的信息未必在当下就可以被利用，它所蕴

---

① 世界经济论坛报告2013：开启个人数据的价值：从收集到使用（World Economic Forum：Unlocking the Value of Personal Data：From Collection to Usage，2013），http：//www.weforum.org/reports/unlocking－value－personal－data－collection－usage/。

含的价值还可以留待未来发掘。在大数据的刺激之下，个人信息保护法中的基本原则——收集信息的限制和必要原则在实践中不断被突破，企业不仅收集实现业务目的所必需的信息，也会收集无关的信息。这也是移动互联网中普遍存在应用程序（APP）超出业务目的、超出范围收集用户个人信息现象的重要原因。在云计算技术的支撑下，企业可以更为长久地保存这些信息，以待日后挖掘。这意味着大量的个人信息不仅可能在今天被滥用，在几年甚至几十年后仍然可能被滥用。为提供此类收集行为的合法性，互联网企业的隐私政策也越来越多地采取格式条款方式，对用户的各类信息进行"一揽子"打包，赋予企业进行读取、收集的权利。

最后，大数据催生数据交易活动。大数据时代，数据的采集、分析与利用逐渐构成企业运营的核心。除了自身提供服务过程中获得数据外，企业对数据的需求进一步向外围扩展，以买卖、共享为特征的数据交易日益频繁，成为引人注目的商业现象。特别在我国，大数据得到了政府的大力支持，贵州、武汉、上海等地都建立了以政府为主导的数据交易平台，由政府背书推动数据交易利用。

从国内实践而看，目前更多地强调了企业对于匿名化数据拥有所有权，而对数据交易利用的必要限制缺乏关注，更没有提出对数据交易透明性的要求。贵阳数据交易所成立一个多月便完成了 11 笔数据交易，除第一笔交易披露了交易双方主体外，其他各笔交易的主体、交易的数据类型、数据渠道公众均一无所知。交易所网站显示的信息表明，交易所可交易的数据类型多达 30 种，其中涉及医疗、教育、电信等高度敏感的数据领域。数据交易存在的隐私与信息安全风险堪忧。

（二）提高公民对个人信息控制力是各国普遍共识

1. 美国政策借鉴

2014 年 5 月，美国白宫发布了《大数据：抓住机遇，坚守价值》报告①。这份报告系统阐述了大数据发展与隐私保护之间的关系，为大数据时

---

① Executive Office of the President , USA, Big Data：Seizing Opportunities, Preserving Values, May 2014.

代的公共政策制定提供了有益借鉴。公共和私营部门在最大化利用大数据的同时也应能将风险控制在最小范围内。

拥抱大数据，同时我们应最大限度地保护我们在隐私、公平、自觉方面的价值基础。尽管大数据仍在发展的最初始阶段，但仍然应当坚持以下五个方面的原则：一是坚守隐私价值，通过保护个人信息坚守隐私价值观，不仅要加强美国的隐私保护法律框架，还要推进全球隐私保护框架；二是积极和负责地教育，加强公众教育活动，让公众充分知晓大数据带来的裨益与风险；三是预防利用大数据的歧视行为；四是确保大数据技术在法律执行、公共安全和国家安全中得到负责地利用；五是作为公共资源，大数据带来的潜能推动政府数据成为国家重要资源，并要求这一资源开放利用，让私营部门从中挖掘出更多价值。

此外，作为美国最为主要的隐私保护执法机构，多年来，联邦贸易委员会一直在表达对于数据交易行业缺乏透明性的关切。2012 年 12 月，联邦贸易委员会依据联邦贸易法第 6（b）条款，向 9 家数据交易公司发布了提交特别报告命令，要求 9 家公司[①]向联邦贸易委员会提交报告，以描述其在数据交易方面的商业实践，包括其收集的用户信息的性质，收集的来源，如何使用、储存以及传播等，是否向用户提供其访问和修正其数据的接口，用户是否可以对其个人信息的出售和分享选择退出。通过调查研究，联邦贸易委员会向国会提出了如下立法建议[②]：对于开展营销服务的数据经纪行业，联邦贸易委员会建议国会立法要求数据经纪商应当以合理的详细程度，为用户提供访问其个人信息的接口，特别包括个人的敏感数据。能够允许用户拒绝以营销目的与第三方共享其个人信息。

第一，立法应当使得用户很容易地识别出掌握其个人信息的数据经纪商，以使得消费者知晓应当去哪儿获得其个人信息并行使选择退出的权利。立法应要求创建一个中心化的机制，例如网站方式，使得数据经纪商能够

[①]　包括 Acxiom, Corelogic, Datalogix, eBureau, ID Analytics, Intelius, PeekYou, Rapleaf, and Recorded Future。

[②]　FTC Report Protecting consumer's Privacy in an Era of Rapid Change, Recommendations For Businesses and Policymakers, 2012.

亮明公司身份，介绍其信息收集和使用的活动，提供访问工具以及选择退出的渠道。

第二，国会应当考虑通过立法要求数据经纪商不仅要向消费者披露其收集、利用的原始信息，还应当向消费者披露其从原始数据上产生的关于消费者偏好的推断、标签化的信息，特别是这些信息与敏感信息相关时。

第三，国会应当考虑通过立法要求数据经纪商披露其数据来源（包括名称与目录），以使得用户能更好地进行决策，特别是包括在数据的最原始渠道上更正自己被错误记录的信息。

第四，通过立法要求直接面向消费者的机构应当向用户提供明确的告知，他们是如何将个人信息与哪些数据经纪商进行共享的，并向用户提供选择退出的选项。国会应当考虑通过立法保护敏感信息，例如健康信息，要求与消费者直接面对的机构应当在收集其敏感信息之前获得用户的明示的肯定的同意。因为大部分消费者对于数据交易行业并不了解，因此与消费者直接面对的机构就应当充当重要的角色，这些机构应当告知用户其个人信息会将与哪些数据经纪商进行分享，用户才得以行使后续的权利。

2016 年 1 月 6 日，美国联邦贸易委员会（FTC）跟进发布了题为《大数据：包容工具抑或排斥工具》①的研究报告，介绍了大数据的生命周期、大数据技术应用给消费者带来的利益和风险，探讨了应当如何利用大数据，使人们既能充分享受其给社会带来的利益，又能最小化其法律和道德风险。与此前发布的报告相比，可以看到，联邦贸易委员会对于大数据利用的政策立场也愈加明朗。

首先，在过去的报告中，联邦贸易委员会强调《公平信用报告法》（FCRA）有特定的适用范围，所以并没有明确大数据分析业务是否要适用，但在这份报告中看到，联邦贸易委员会明确，新型的大数据分析尽管具体模型有别于传统方式，但内在机理是一样的，只要涉及《公平信用报告法》定义的"消费者报告"规制下的个人信息，统一适用《公平信用报告法》。

---

① FTC Report：Big Data，A Tool for Inclusion or Exclusion？ Understanding the Issues，Federal Trade Commission January 2016.

其次，对于歧视和违背公平机会，联邦贸易委员会的主张实质和欧盟并无二致。大数据分析如果基于种族、肤色、性别、宗教、年龄、身体健康状况、国籍、婚姻、基因等因素作出差别对待，则会有较高的法律风险。欧盟是"一刀切"予以禁止，美国则是分散在各个相关法律里予以规制。

最后，联邦贸易委员会再次祭出自己的重磅武器，《联邦贸易委员会法》第 5 条，即联邦贸易委员会可以对不公平的、欺诈性的商业活动进行执法。在这份报告里，联邦贸易委员会也清楚地释放出对于大数据领域的执法信号①。

2. 欧盟的政策借鉴

欧盟自 2012 年启动的数据保护立法改革，即在如何应对以大数据为代表的新技术新业务带来冲击的大背景下展开的。2015 年底，欧盟三方立法机构通过的立法草案坚守保护公民基本权利理念，全面提升个人数据保护力度，开创性地引入数据可携权、被遗忘权，并特别针对大数据背景下的数据分析、画像活动，予以严格规制。

根据新规界定，"数据画像"概念外延广泛，它是指任何通过自动化方式处理个人数据的活动，该活动服务于评估个人的特定方面，或者专门分析及预测个人的特定方面，包括工作表现、经济状况、位置、健康状况、个人偏好、可信赖度或者行为表现等。这一概念被普遍认为能够覆盖目前大多数利用个人数据的大数据分析活动。例如对个人偏好的分析，可涵盖市场中最普遍的大数据分析市场营销活动。在对"画像"进行界定的基础上，草案对画像活动予以了严格规制②。

第一，画像活动必须具有法定依据或者获得用户明确同意。因为法定授权仅仅是少数情形，而取得用户明确同意在产业界看来又难以操作，这意味着该规定将使大数据分析活动变得非常困难。这将很大程度上改变当前大数据产业状况。因为即使在数据保护严格的欧盟，依据 1995 年《欧盟

---

① "For its part, the Commission will continue to monitor areas where big data practices could violate existing laws, including the FTC Act, the FCRA, and ECOA, and will bring enforcement actions where appropriate."

② EU Parliament and Council Text on the General Data Protection Regulation.

指令》，数据控制者对其掌握的用户数据进行挖掘、分析，并不需要得到用户的同意。而按照新规，不论涉及的数据是否敏感，都需要法定依据或者用户的同意。此外，如果对个人的经济状况、位置、健康、个人偏好、可信赖度，或行为模式等进行分析画像，则应当在画像之前首先开展隐私影响评估。新规对隐私影响评估作出了一整套程序安排。

第二，对于画像活动，用户必须是在充分知情下作出同意授权。大数据分析的大多数场景要想满足合规性要求，则必须取得用户的同意。而草案对于获取用户同意规定了详细的要件。用户应当得到充分完整的相关信息，包括对用户进行画像所使用的全部具体信息，画像所服务的目的，基于数据分析所采取的评估措施，数据分析可能预见产生的后果，以及用户如何选择拒绝画像。

第三，数据画像，应当优先对数据进行匿名化处理。新规要求，开展数据画像，应当首先对数据进行匿名化处理。匿名化的标准是，在符合比例原则的前提下，投入相同比例的时间、成本努力也无法恢复身份属性。如果数据画像在业务实践中无法实现匿名化，那么则应当使用假名（化名）。关于假名和真实身份之间的对应关系的信息应当被隔离单独保存，以提升安全保障。

第四，特定的数据分析活动被完全禁止。无论是否取得用户同意，特定的数据分析活动被完全禁止，此类数据分析活动包括三类：一是数据分析的结果可能导致对个人的歧视，这些歧视建立在对个人种族、民族、政治立场、宗教信仰、商业团体资格、性取向、性别等因素上，或者达到同此类歧视相同的效果。二是数据分析的结果能够识别儿童。三是数据分析是自动化的，并且导致的评价结果将对数据主体产生法律上的效果或者对数据主体产生重大的影响。简而言之，新规对大数据分析予以了严格限制。如依该标准，目前我国开展的很多数据分析活动都可能被视为非法。

（三）我国大数据的立法监管建议

大数据代表了信息、通信和技术（ICT）业务的未来发展方向，世界各国均将其视为未来竞争的核心领域。与此同时，大数据也对个人信息保护带来严峻挑战，对公民个人隐私乃至国家信息安全带来前所未有的冲击，个人信息保护是发展大数据绕不开的一个关键性问题，只有妥善解决了个人信息保护问题，大数据才能获得健康持久的发展基础。以美欧为代表的发达国家正在积极采取改革措施，对法律法规、监管机制等作出调整，以最大限度地平衡隐私保护与技术发展之间的关系。在促进大数据产业发展的同时应确保信息安全和加强隐私保护。对此，建议：

第一，加强对大数据规制政策的前瞻性和基础性研究。随着大数据技术产业的持续快速发展，大数据正在社会经济领域的各个方面得到深入应用，在关注大数据带来的经济效率提升、商业增长和对社会治理方面的正面效应的同时，也应看到大数据带来的隐私风险、对消费者形成的歧视与不公、数据市场垄断、国家信息安全等负面效应，加强对相关负面问题的跟踪研究，在法律政策上加强研究储备，做到既能够为技术产业提供必要的发展环境，又能够兼顾国家安全、经济安全、社会公共利益等政策目标。

第二，借鉴国际经验，适时制定和出台相关监管政策。一是提升大数据处理活动的透明度。个人数据如何被企业收集以及在企业之间共享应当对消费者提高透明度。要求开展大数据分析的企业应当在其网站，设置专门栏目列明参与数据收集和分享的公司名单，介绍其数据活动，并为消费者提供能够更好地控制其信息被收集和使用的方法，例如能够针对特定的市场营销活动选择退出。二是加强问责。对于在大数据应用中获益的企业应当加强对其在个人信息保护方面的问责。这种问责不仅可以通过个人信息保护法律本身来追究，还可以通过合同机制进行传导。在大数据应用产业链上，收集、处理数据的企业主体会更加繁多，数据的市场化交易也更加频繁，更需要通过合同来约束相关方的数据处理行为。

第三，针对大数据应用中的"匿名化"处理活动制定具体规则。对于大数据带来的个人信息保护挑战，欧盟、美国、日本、韩国等发达国家试图将"匿名化"作为平衡大数据产业发展和个人信息保护之间的一条可行路径。对"匿名化"制定了详细规则，以保证企业不仅仅是将"匿名化"作为逃避监管的理由。建议我国对数据"匿名化"处理时，提供以下配套措施。

一方面，采取合理措施实现数据匿名化。匿名化意味着，在符合比例原则的前提下，投入一定时间、成本努力也无法恢复身份属性。数据匿名化是一个相对概念。匿名化的数据集存在可重新识别身份的可能性。为此，企业要对匿名的算法，关联关系予以保密。为做好立法、监管支撑，要深入研究大数据应用的匿名化技术。密切跟踪国内外匿名化技术发展趋势、尝试通过技术标准等方式，推动和普及数据匿名化技术。对数据匿名化程度、判断标准等展开前瞻性研究。

另一方面，对于数据匿名化的商业利用项目，推荐进行安全风险评估。对于风险较高的项目，要采取配套限制措施。例如，采取限制合作对象、限制利用方式等措施。同时，在数据匿名化之后，商业利用应限定在非身份化的模式之下，在后续的利用中不得进行身份识别。如果在第一阶段完成了数据匿名化，但在后续利用阶段，又采取定位到具体个人的方式（如精准化营销），这将使得前一阶段的匿名化工作失去意义，数据处理活动会重新落入个人数据保护法的调整范围。此外，如果企业将匿名化数据提供给其他第三方，需采取配套合规措施。企业必须与之签订合同，要求对方不能够将匿名化数据与其他信息进行比对、参照，以实现身份识别的功能，并采取 IT 审计等有效措施监督对方履行该项义务。

第四，抓紧探索制定数据确权和交易立法。建议在立法中重点解决匿名化数据交易的相关规则：一是建立大数据交易隐私与信息安全评估机构。对交易的数据集进行专门的安全风险评估；二是涉及隐私与信息安全问题的，要求交易方履行充分的匿名化义务；三是向公众公开匿名化数据集包含的数据要素；四是隐私与信息安全风险较高的，应当限制交易的对象，并通过合同机制对数据购买方提出限制性要求等；五是针对专门从事数据交易的企业提出公示数据来源渠道、公布数据处理方法等透明性要求。

2020 年 10 月发布的《个人信息保护法（草案）》，既立足于个人信息保护领域存在的突出问题，又对新技术新应用带来的新问题，在充分研究论证的基础上作出必要规定。例如，对基于个人同意以外合法处理个人信息的情形，以及国家机关处理个人信息的规则作了规定，体现了法律的包容性、前瞻性。

　　总之，在大数据时代，个人信息和隐私更易暴露和泄露，但是人类对安全的追求从未停止，坚持原则、创新手段，加强对个人数据和隐私的保护是当前的世界共识，我国要从个人信息保护理念培育、原则形成与落地、立法立规、强化监管、宣传教育等方面，构建个人信息保护的综合体系，维护公众对大数据生态环境中的信息收集、处理、应用的信任，促进大数据造福人类。

术语对照表

英文	中文及解释
Act for Protection of Personal Information	个人信息保护法（日本 APPI）
Act on Promotion of Information and Communications Network Utilization and Information Protection，ETC	《信息通讯网络利用和信息保护法》（韩国）
Act on the Protection，Use etc of Location Information	《位置信息使用与保护法》（韩国）
APEC（Asia－Pacific Economic Cooperation）Privacy Framework	《亚太经合组织隐私指南》
APEC Privacy Framework	《APEC 个人隐私工作指南》
APP	应用程序，application 的缩写，通常专指手机上的应用软件
Article 29 Working Party	第 29 条款工作组（欧盟）
Asia Pacific Economic Cooperation	亚太经济合作组织（APEC）
Binding Corporate Rules	有约束力的企业规则（BCRs）
Cable Communication Policy ACT	《电报通信政策法》（美国）
Collecting	收集
Computer Fraud and Abuse Act	《计算机欺诈与滥用法》（美国）
Consumer Financial Protection Bureau	消费者金融保护局（CFPB）
Cookie	小型文本文件，有时也用其复数形式 Cookies，指某些网站为了辨别用户身份、进行会话跟踪而储存在用户本地终端上的数据（通常经过加密），主要功能是实现用户个人信息的记录
Council of Europe	欧洲议会
Council of Europe Data Protection Convention	1981 年欧洲理事会的《数据保护公约》
Court of Justice of the European Union，CJEU	欧盟法院

英文	中文及解释
Cross – Border Privacy Enforcement Arrangement	跨境隐私执行计划（亚太经合组织 CPEA）
Cross – Border Privacy Rules System	跨境隐私制度（亚太经合组织的 CBPR）
Customer Relationship Management	客户关系管理
Data Breach Notification/DBN	数据泄露通知制度
Data Broker	数据中介商，又称数据经纪商，一般指专门从事数据收集、处理并对外提供数据服务的机构
Data Controller	数据控制者，也称信息控制者，是决定个人信息的收集、处理目的，对数据收集、处理活动负最终责任的机构
Data Intermediaries	数据中介机构，类似于数据处理机构
Data Processor	数据处理者是代理数据控制者处理个人数据的任何自然人、法人、政府部门、机构或其他组织
Data Protection Authority	数据保护监督局（DPA）
Data Subject	数据主体也译为信息主体、资料当事人
Demand Side Platform，DSP	需求方平台
Department of Health and Human Services, HHS (U. S.)	卫生和公共服务部（美国）
Directive 95/46/EC of the European Parliament and of the Council of 24 October 1995 on the Protection of Individuals with Regard to the Processing of Personal Data and on the Free Movement of Such Data	1995 年《欧洲个人数据保护和自由流动指令》，简称《欧洲个人数据保护指令》或《欧盟指令》
DMP: Data – Management Platform	数据管理平台，把分散的第一、第三方数据进行整合并纳入统一的技术平台
European Commission	欧盟委员会
Express Consent	明示同意
Fair Information Principles 或 Fair Information Practice Principles	公平信息实践原则（FIPs 或 FIPPs）
FCRA（U. S.)，The Fair Credit Reporting Act	《公平信用报告法》（美国）
Federal Communication Commission	联邦通信委员会（FCC）

英文	中文及解释
Federal Trade Commission	美国联邦贸易委员会（FTC）
Federal Trade Commission Act, FTC Act	《联邦贸易委员会法》（美国）
General Principles for Credit Reporting	《征信通用原则》（世界银行）
Gramm – Leach – Bliley Act, GLB Act（U. S.）	《金融服务现代化法案》（美国）
Guide to Protecting the Confidentiality of Personally Identifiable Information（PII）	《个人身份信息保护指南》（美国）
Hadoop	Hadoop 是一个由 Apache 基金会所开发的分布式系统基础架构。用户可以在不了解分布式底层细节的情况下，开发分布式程序
Handling	加工
ICSPs	信息通讯服务商
Identified Information	已识别的信息
Identifier For Identifier, IDFA	苹果手机对人的识别号
Implied Consent	默示同意
Individual Control	个人控制
Individual Control Principle	个人控制原则
Information Quality Principle	信息质量原则
Informed Consent Principle	知情同意原则
International Mobile Equipment Identity, IMEI	移动设备国际识别码，又称国际移动设备标识，是手机唯一识别号码
International Mobile Subscriber Identification Number, IMSI	国际移动用户识别码，是区别移动用户的标志，储存在手机 SIM 卡中，可用于区别移动用户的有效信息。其总长度不超过 15 位
IP（Internet Protocol Address）	互联网协议地址，是 IP Address 的缩写
Legitimate and Necessary Principle	合法必要原则
legitimate Interests	合法权益
Location Based Services, LBS	又称定位服务，是由移动通信网络和卫星定位系统结合在一起提供的一种增值业务
MAC（Media Access Control 或 Medium Access Control）	称为物理地址、硬件地址，用来定义网络设备的位置，每个主机会有一个 MAC 地址

英文	中文及解释
Ministry of Security and Public Administration, MOPAS	安全行政部（韩国）
OECD Guidelines on the Protection of Privacy and Transborder Flows of Personal Data	1980年经合组织《关于隐私保护和个人数据跨境流动指南》
Online Privacy Seal Program	网络隐私认证计划
Opt – in	加入机制
Opt – out	退出机制
Organization for Economic Cooperation and Development, OECD	经合组织
Over The Top, OTT	是指通过互联网向用户提供各种应用服务
Personal Data Protection Act, PDPA	《个人信息保护法》
Personal Information Dispute Mediation Committee, PICO	个人信息争议协调委员会（韩国）
Personal Information in Special Fields	特殊领域的个人信息
Personal Information Protection Commission, PIPC	个人信息保护委员会（日本和韩国）
Personally identifiable information	间接识别（也称可以识别）个人信息
Policy Revision	政策修改
Privacy by design/ PbD	从设计着眼保护隐私制度，最早由加拿大安大略省信息与隐私专员 Ann Cavoukian 提出，包括七个原则：隐私是事前、防范的，隐私作为默认设置，隐私应嵌入设计中，隐私与其他合法利益的共赢，信息生命周期全程隐私保护，独立与透明，以用户为中心
Privacy Impact Assessment/PIA	隐私影响评估，一种充分评估信息共享过程中的隐私风险的做法
Privacy of Information 或 Data Privacy	信息隐私（数据隐私）
Privacy Protection Study Commission	私权保护研究委员会（美国）
Processing	处理
Profiling	用户画像，任何通过自动化方式处理个人数据的活动

续表

英文	中文及解释
Pseudonymisation	匿名化、去身份化
Purpose Specification Principle	目的明确原则
Regulation（EU）2016/679 of the European Parliament and of the Council of 27 April 2016 on the Protection of Natural Persons with Regard to the Processing of Personal Data and on the Free Movement of Such Data	2016 年《欧洲个人数据保护和自由流动条例》，简称欧盟《通用数据保护条例》或《欧盟条例》
Right to Financial Privacy Act	《金融隐私法案》（美国）
Safety Obligations	安全责任
Safety Responsibility Principle	安全责任原则
Substantial Revision	实质性修改
Suggestive Industry Guidelines	建议性行业指引
Telecommunications Act	《电信法案》（美国）
The Children's Online Privacy Protection Act，COPPA（U.S.）	《儿童在线隐私保护法》（美国）
The Electronic Communication Privacy Act，ECPA	《电子通讯隐私法》（美国）
The European Council	欧洲理事会
The European Data Protection Supervisor，EDPS	欧盟数据保护监督局（欧盟）
Transferring	转移
United Nations Guidelines on Consumer Protection，UNGCP	1990 年《联合国个人数据保护指南》
Use and Protection of Credit Information Act	《信用信息利用和保护法》（韩国）
Using	使用

附录

部分国家和
地区个人信息保护研究

第一章　美国个人信息保护研究

一、美国个人信息保护概述

美国个人信息保护以隐私权保护的形式体现。总体而言，美国有着较为完善、有效和灵活的隐私权体系，其在个人信息保护领域的先进性不仅体现在公法领域以成文法建立了政府机构数据保护标准，还体现在私法领域对信息收集、利用和控制主体设置数据保护义务并限制其收集和使用行为。美国采取分散的立法模式，联邦法在某些商业领域作出了一些禁止或限制性规定，比如涉及金融、医疗、电子通信、儿童隐私、背景调查以及征信等领域的数据，州法亦在此基础上增加了许多隐私权要求①。

然而美国并没有一部综合性的隐私保护法，也没有一个统一的信息保护监管、执法机构。美国的隐私保护法律体系主要是由联邦贸易委员会、检察长、联邦通信委员会、证券交易委员会、消费者金融保护局、卫生和公共服务部、教育部、司法系统，以及隐私权诉讼的原告推动实施，其中，联邦贸易委员会承担了保护消费者隐私的大部分职责②。

整体而言，美国的隐私权体系并不特别依赖事先的立法，即并非通过"预防原则"来保护隐私权，而更依赖事后政府执法部门的执法以及私人诉讼的方式来获得赔偿，由此威慑"不公正或欺骗性的"商业行为。因此，美国的隐私权体系具有灵活性、灵敏性，能有效地适应迅速变化的技术发展和实践，能满足消费者、公民不断更新的期待，并且是一个具有威慑力

---

① Alan Charles Raul, The Privacy, Data Protection and Cybersecurity Law Review.
② Alan Charles Raul, The Privacy, Data Protection and Cybersecurity Law Review.

和权威的系统①。

美国关于信息保护、隐私权保护的法律个人信息这个概念为基石，个人信息又称个人可识别信息。属于个人信息这个范畴的信息受到保护，反之则不受保护。个人信息的概念为许多隐私法律及规则界定了适用的范围和边界，包括许多联邦法和州法。美国对个人信息的保护不是从财产权保护的角度进行的，信息主体对个人信息的权利主要体现在公平信息实践原则里，包括通知/知情原则、选择权/同意原则、查阅/参与原则以及完整性/安全原则。公平信息实践原则对美国 20 世纪 90 年代及之后通过的法律都产生过影响。

像欧盟和其他国家一样，隐私权和信息保护需要与其他权利和利益进行平衡，如经济增长、效率、技术创新、私有财产权、自由财产权和人的尊严。美国在商业领域的隐私保护重点关注技术的创新②。面对定向广告、数据经纪等互联网新兴产业，国会及联邦贸易委员会采取了慎重的态度，目前主要诉诸行业自律来调整这些行业中的信息行为。

（一）隐私权在美国的历史发展

1890 年，哈佛法律评论刊载了塞缪尔·瓦伦（Samuel D. Warren）教授等的《隐私的权利》文章，提出个人应具有不受干扰的权利（Right to be Let Alone）。从此，隐私权应受法律保护受到美国普通法的认可。美国最高法院从宪法的权利法案中推理出个人隐私权，国会通过零散的立法，将隐私权延伸到政府及私人主体对个人信息的收集、使用及传播上③。

美国宪法并没有明确授予个人隐私权，这造成了对隐私权的宽泛解释和零散保护。美国宪法第四修正案规定禁止政府不合理的搜查与没收，美国最高法院在 1967 年的卡兹诉美国案（Katz v. United States）中认为，并不只是物理的非法入侵才构成对宪法第四修正案的侵犯，政府对通信的窃听也可以构成不合理的搜查与没收。由此，第四修正案所隐含的隐私权受到

---

　　① Alan Charles Raul, The Privacy, Data Protection and Cybersecurity Law Review.

　　② Alan Charles Raul, The Privacy, Data Protection and Cybersecurity Law Review.

　　③ Jonathan P. Cody：Protecting Privacy Over the Internet：Has the Time Come to Abandon Self - Regulation? 48 Cath. U. L. Rev. 1183 （Summer 1999）.

最高院的承认。但第四修正案仅适用于政府机构，对于私人主体对信息的收集与使用，第四修正案并不适用。[①] 不受政府侵犯的个人隐私的范围渐渐超出了第四修正案的范围，最高院对宪法作出解释，认为宪法在"隐私"的标题下保护个人不受政府不合理的搜查与没收，保护个人关于避孕、堕胎、婚姻、生育、儿童抚养、教育的决定，自由集会的权利，色情邮件的权利，等等。然而以上没有任何一项与信息的隐私权有关[②]。

21世纪初，对信息隐私的保护才成为一个重要问题，部分是由于先进的信息收集技术和用户画像（Profiling）技术的发展[③]。瓦伦教授等对隐私法第二阶段的发展——防止个人信息的有害泄露——也有很大影响。尽管最高法院在宪法第四修正案中解释出了反对政府侵犯的隐私权，但瓦伦教授提出的"个人不被干扰的权利"才是防止私主体侵犯的隐私权的基础。他们的文章发表70年后，法学学者威廉·普罗瑟（William Prosser）将隐私权侵权纠纷分为四类：对清净与独处生活的侵犯；公开披露令人难堪的隐私事实；导致个人暴露于不恰当的公众视野的披露行为；擅自使用姓名与肖像。侵权法与个人信息的保护关系最密切，然而这些侵权法也只能保护一小部分信息不被有害使用，因为这些侵权案件可能会限制言论的自由表达，需经受宪法第一修正案的审查[④]。

其他应对私人领域对个人信息收集和使用的法律反映了类似的狭小的保护范围，它们仅仅防止某些具体的伤害。例如1970年《公平信用报告法》（FCRA），最早的对私人领域进行隐私保护的法律之一，集中于修改消费者报告中的不正确部分，并且保障消费者报告中的错误信息不会被用于伤害消费者的行为[⑤]。

2000年联邦贸易委员会的一个调查显示，92%的美国公民对他们个人

---

① Jonathan P. Cody：Protecting Privacy Over the Internet：Has the Time Come to Abandon Self - Regulation? 48 Cath. U. L. Rev. 1183（Summer 1999）.

② Jonathan P. Cody，Protecting Privacy Over the Internet：Has the Time Come to Abandon Self - Regulation? 48 Cath. U. L. Rev. 1183（Summer 1999）.

③ Ronald N. Weikers（2001），Data Security and Privacy Law，2：4.（2011）.

④ Privacy and Data Security Law Deskbook，1 - 7.

⑤ Privacy and Data Security Law Deskbook，1 - 7.

信息的潜在滥用表示担忧，67% 的公民表示非常担忧①。在 2001 年美国
"9·11 事件"之后，美国社会开始接受更具侵略性的监视技术。然而在那
之后，公众对无所不在的监视行为的支持有所下降。2002 年 2 月哈里斯互
动调查公司（Harris Interactive）的一个民意监测显示 63% 的人认为现有法
律对隐私的保护是不够的，各个州已经开始提议立法来保护居民的个人信息。

　　公众对隐私侵犯的担忧催生了对政府立法的支持，公众要求政府对通
过网络收集和传播的个人信息的行为进行立法。与此形成对比的是，各个
行业抵制政府管制，并倾向于通过技术监控、独立监控等方式进行自我监
管。"隐私倾向平台"（P3P）就是行业自我规范机制的一个例子，它是由万
维网联盟协调的，以软件为基础的、自动的隐私监控机制，它可以控制从
个人电脑传输到网络上的信息的类型。此外，网络隐私监管服务提供者，
如网络隐私联盟（OPA）、"信任"（TRUSTe）等组织试图在网络商家之间
推行隐私标准。网络隐私联盟是 1998 年成立的跨行业联盟，由 81 家电子商
务公司、组织组成，目标是为网络产业提供一种统一的声音，从而为网络
隐私政策的定义作出贡献。"信任"为互联网企业提供隐私保护方面的认
证。然而这些网络隐私监管服务在消费者间口碑不一，因为网络所有者并
不特别依赖这些服务，并且监管服务提供者对自己会员的隐私政策的落实
也不是特别有效。②

　　一直到 20 世纪 90 年代，除了一些特别的领域，联邦政府拒绝对网络隐
私进行直接的立法。从 2000 年开始，由于公众的抱怨与行业自律的失败，
国会和克林顿政府开始支持由政府对网络进行更多的隐私监管。从 2000 年
到 2001 年，两个重要的隐私权保护法律、法规颁布、生效——《健康保险
携带和责任法》和《金融服务现代化法案》。到当时为止，共有四部与网络
隐私权及相关问题有关的法案在国会待决。欧洲以消费者为导向的信息保
护倡议，特别是 1995 年的《欧盟信息保护指令》的通过，促使美国的行业

---

　　①　Federal Trade Commission, Privacy Online: Fair Information Practices in the Electronic Market-place, A Report to Congress（2000）, available at http://www.ftc.gov/reports/privacy2000/privacy2000.pdf.

　　②　Ronald N. Weikers, Data Security and Privacy Law, 2: 4.（2011）.

监管和立法监管更加活跃。[1]

"9·11"恐怖袭击改变了美国对网络隐私保护争论的方向，为回应这次袭击，2001年布什总统签署了《通过为拦截和阻碍恐怖行为提供适当的工具来团结和巩固美国法》（以下简称《爱国者法》）。《爱国者法》给了执法部门更多的电子监听权力，包括拦截、收集和传播电子通信[2]。

（二）美国个人信息保护的规范框架

对个人信息保护的本质是保护信息隐私，其保护的对象包括一切和敏感的个人信息、隐私相关的数据，比如医疗健康情况、性偏好、儿童的就学情况；信息浏览爱好、消费痕迹等任何能够跟特定人或特定人群相关联、反映个体或群体特征的具有可识别性的符号[3]。根据2020年1月1日正式生效的《加利福尼亚州消费者隐私保护法案》（*California Consumer Privacy Act*，CCPA），个人信息的定义被进一步扩充，不仅包括直接或间接标识、涉及、描述、能够与特定消费者直接关联或合理连接的信息，还包括能够与家庭直接关联，或合理连接的信息。CCPA明确个人信息不包含公开可得的信息，例如某些公开可用的政府记录，但是，"公开可用"不包括去标识化的消费者信息或综合消费者信息。

美国为最敏感的消费者信息及隐私权易受侵害的高风险人群制定了隐私权特别法，联邦层面有特别法的领域有：金融、保险和医疗信息；儿童和学生的信息；电话、网络和其他电信交流和记录；信用和消费者报告及背景调查。在州的层面上，有特别法的领域更广。而且美国在强制要求信息安全及数据泄露的通知义务方面一直领先。如果行业特别法不能涵盖某一类数据或者某一信息的运用，联邦贸易委员会法以及各州的"小贸易委员会法"就会从不正当或欺骗性的行为实践方面进行约束。此外，信息隐私受普通法体系所保护，侵权行为包括侵犯隐私、向公众揭露隐私、导致个人暴露于不恰当的公众视野的披露行为，以及擅自使用姓名与肖像等。

---

① Ronald N. Weikers, Data Security and Privacy Law, 2：4. （2011）.

② Ronald N. Weikers, Data Security and Privacy Law, 2：4. （2011）.

③ Alan Charles Raul, The Privacy, Data Protection and Cybersecurity Law Review, p. 368.

当然，关于个人信息的行业自律规范也在发挥作用，即各行业的相关组织制定规范本行业个人信息的保护政策。总体来讲，在管理商业数据隐私方面，美国没有太大的立法漏洞①。

1. 联邦立法体系

为保护隐私不受来自公权力的侵害，美国联邦最高法院认定隐私权是宪法上未列明的基本权利，逐渐形成宪法上自决性隐私和信息性隐私两大领域。为应对个人信息保护与利用问题，美国还通过制定相关保护信息隐私的成文法来加以规范。总之，美国隐私权存在于宪法、侵权法和各类成文法。

（1）联邦政府信息行为的规范

20 世纪中期，美国政府行政管理、许可及津贴的扩张导致政府收集、储存的公共记录（Public Record）大量增加。包含个人信息的公共记录包括：出生证明，婚姻、离婚及死亡记录，个人与政府机构几乎每次联系的记录，个人在获得驾驶执照时提供的姓名、地址、电话号码、社保号码、医疗信息、身高、体重、性别、眼睛颜色、照片、出生日期等信息，事故报告，个人在注册投票时提供的党派从属信息，医生、律师、工程师、保险代理等需要政府执照的职业产生的记录，征收财产税时记录的家庭及财产信息，政府执法部门记录的执法信息以及法庭记录②。

政府信息公开与个人信息的保护。对于公共记录，美国普通法及联邦法规确立的基本原则是：个人有权查看及复制公共记录及法庭记录③。这背后的理念在于，只有当个人能够在国家安全允许的范围内获得所有信息时，民主才能最好地运行，④ 公开政府记录使个人能够理解并监督政府的运行。但个人隐私的保护与阳光、公开政府的价值存在紧张关系，1966 年的《信

---

① Alan Charles Raul, The Privacy, Data Protection and Cybersecurity Law Review, p. 368.

② Daniel J. Solove, Access and Aggregation: Public Records, Privacy and the Constitution, 86 Minn. L. Rev. 1137 (2002).

③ Nixon v. Warner Communications, Inc. , 435 U. S. 589 (1978).

④ Public Papers of the Presidents of the United States: Lyndon B. Johnson 699 (1967), quot – ed in H. R. Rep. No. 104 – 795, at 8 (1996), reprinted in 1996 U. S. C. C. A. N. 3448, 3451.

息自由法》（*Freedom of Information Act*）及 1974 年的《隐私法案》（*Privacy Act*）体现了对这两种价值的平衡。《信息自由法》适用于联邦行政机构持有的所有信息记录，允许个人查阅联邦机构的信息记录。《信息自由法》被赋予了三个目标："第一个也是最重要的目标，确保公众获得评价政府官员行为的必要信息；第二，确保公众获得与政府政策有关的信息；第三，保护公众免于秘密的法律法规及决策。"① 在确保政府信息公开的同时，《信息自由法》通过排除公众对某些记录的查阅来保护信息隐私：排除公众对个人的人事、医疗以及类似记录的查阅②，排除执法记录的查询③。相应地，《隐私法案》规定：除非出于个人请求或事先获得个人同意，任何联邦行政机构不得将个人的信息记录透露给其他个人或机构，除非是为了法律执行的目的，或者为了保护个人的健康与安全④。

《隐私法案》及《信息自由法》不适用于司法部门。联邦没有统一的成文法对法庭记录的公开及其中的个人信息保护作出规定。联邦法院认为法庭记录被推定为应公开，而申请对相关信息进行保密的一方负有举证义务，来反驳法庭记录应公开推定。在美国的多数州里，法庭记录是公开的。但法庭记录是记录大量个人信息的载体，这些信息包括社保号码，收入及纳税申报单，诉讼当事人、证人及陪审员的住址，记录暴力及死亡的照片，刑事案件中证人的姓名、住址及电话号码等，因此有学者建议加强对法庭记录中个人信息的保护，如对记录中个人信息的部分进行遮盖；减少对法庭记录的商业性获取，以保护那些被迫进入诉讼程序并被迫提交个人信息的主体。⑤

联邦政府处理个人信息的原则。《隐私法案》是规范联邦行政机构的个人信息收集、储存、使用及分享行为的综合性法规，确立了针对联邦政府

---

① Fred H. Cate et al. , The Right to Privacy and the Public's Right to Know: The "Central Pur-pose" of the Freedom of Information Act, 46 Admin. L. Rev. 41, 65 (1994).

② 5 U. S. C. 552 (b) (6) (2000).

③ 5 U. S. C. 552 (b) (7) (C) (2000).

④ 5 U. S. C. 552a (b) (2000).

⑤ Grayson Barber, Personal Information in Government Records: Protecting the Public Interest in Privacy, 25 St. Louis U. Pub. L. Rev. 63.

的信息正当使用原则。信息正当使用原则要求联邦机构为政府记录而收集个人信息时必须仅收集与任务目的相关且必需的信息；在收集时告知收集信息的目的及不提供相关信息的后果；保持信息的准确性；采取措施保护信息的安全性；信息正当使用原则规定个人有权查询并修改不准确的信息①。

此外，1978 年《金融隐私权法》也保护个人的金融信息免受来自政府的侵害，禁止金融机构在未通知客户并获得客户允许的情况下随意向联邦政府披露客户的金融记录，联邦政府要获得客户的金融记录必须遵循一定的程序并提供相应的证明文件。

（2）私人领域信息行为的规范

有关私人部门收集、保存和使用个人信息过程中的隐私保护，美国通过联邦立法予以相应的规制而且内容更加广泛。尽管《美国联邦贸易委员会法》并不明确强调隐私或者信息安全，但该法第五条中关于禁止"商业中或者影响商业的不正当或欺骗性的行为或实践"的规定，可以笼统地适用于信息隐私、数据安全、网络广告、行动跟踪和其他数据密集型商业行为。

《公平信用报告法》赋予个人对信用报告机构（征信机构）持有的个人信用信息的访问查阅权和对信息准确性的异议权，有权限制对信用信息的披露并对违法行为造成的损害有权主张赔偿。虽然该法的主要目的在于确保信用信息的准确性，但同时也承认并采取相应的措施保护消费者的隐私权，即要求征信机构或其他类似的组织采取合理的程序在个人信息的商业需求与隐私保护之间进行适当平衡②。

美国国会在一些比较敏感的领域，如儿童信息、医疗档案、金融数据等，采取分散立法形式保护个人信息，例如《金融服务现代化法案》《儿童网上隐私保护法》《电子通信隐私法案》等。在这些敏感领域，对其中涉及

---

① 5 U. S. C. 552a (2000).

② Poach S R, et al, Privacy year in review: recent development in the Gramm – Leach Bliley Act, Fair Credit Reporting Act, and other act affecting financial privacy: A Journal of Law and Policy for the Information Society, 2005 (1).

的个人数据及信息隐私保护作出了相对严格的规制，如 1996 年通过的《健康保险携带和责任法案》禁止卫生保健服务的提供者不经病人同意而使用和泄露病人信息，其隐私保护标准在全球同业中被视为金标准；1999 年颁布的《金融服务现代化法案》要求金融机构每年书面告知客户其隐私政策并向客户提供选择主动退出（Opt - out）的表格，使客户能够拒绝出售或分享其信息。《儿童网上隐私保护法》则针对 13 岁以下的儿童的在线数据涉及的隐私保护作出了专门的规定，该法案是针对家长的大量投诉作出的回应。

2. 州立法体系

各州的立法机关在隐私保护的立法方面非常活跃，仅在网上隐私权保护和信息安全保护方面，各州通过了大量的立法，这些立法与隐私、虚拟侵害、数据处置、隐私政策、数据泄露通知、雇主对雇员的社交媒体账户的访问、未经请求的商业交流以及儿童性诱惑等方面有关。[①]

在美国，加利福尼亚州为个人数据隐私提供了最为严格的法律保护，是通知义务和保护信息安全领域的先行者。早在 2003 年就要求在个人信息受到损害或者被不正当地获得的时候，公司需通知消费者。从那之后，大约 47 个州和哥伦比亚特区，以及联邦银行、医疗机构、通信监管机构强制要求向信息被泄露的消费者进行通知，并且推行管理、技术及有形的安全保障措施来保护信息安全。

早在 2002 年，加利福尼亚州还制定了美国第一部数据安全事件通知法，即《加利福尼亚州安全事故通知法》，该法要求任何拥有或许可使用包含个人信息的电子化数据的个人或商业组织，在发生未经授权人员获得未加密的个人信息的情况下，尽快通知所有个人数据因该数据安全事故而被非法访问或获取的加利福尼亚州居民。2014 年，加利福尼亚州修改了《线上隐私保护法》，要求商业网站或线上服务披露它们将如何回应用户的网络浏览器发出的"请勿跟踪"的信号，以及第三方是否及如何收集访问网站的个人可识别信息。该法适用于所有收集加州居民个人可识别信息的商业网站或线上服务运营者，无论该运营者的物理位置是否位于加州境内。加州还

---

① Alan Charles Raul, The Privacy, Data Protection and Cybersecurity Law Review, p. 371.

在 2014 年通过一项立法，赋予未成年人"被遗忘权"，即未满 18 岁的网络用户有权请求删除其发布在网上的信息。针对未成年人提供服务或者知道未成年人使用其服务的网络应用或移动应用服务商，必须允许未成年人删除或经请求应删除其在相关网站或服务上发布的内容。2018 年 6 月，加州通过了 CCPA，2018 年 9 月和 2019 年 10 月分别通过 CCPA 的数个修正案，目前，CCPA 已于 2020 年 1 月 1 日正式生效。CCPA 被称为全美最严厉隐私保护法案，并且，其域外效力和可能给予的高额处罚对全美乃至全世界的科技公司均产生了重大影响，目前，CCPA 经常被与欧盟 GDPR 进行比较，跨国的互联网公司往往同时受到 GDPR 和 CCPA 的管辖。

3. 行业自律

在欧洲和加拿大更多倾向于通过立法来保护个人信息时，美国的公司和行业群体强烈支持通过行业自律来进行保护。克林顿政府建议通过非政府管制的手段来保护网络隐私权，为回应克林顿政府对行业自律的号召，许多行业群体发布了指南，要求成员对个人信息进行保护。例如，在银行业，银行家圆桌会议（Bankers Roundtable）的指南为银行业成员提供了隐私保护的建议，具体包括：一是承认消费者对隐私的期待；二是使用、收集和保存消费者信息；三是确保信息的准确性；四是减少雇员取得信息的机会；五是通过确定的安全程序保护信息；六是限制账户信息的披露；七是在银行与第三方的业务中确保消费者隐私；八是将隐私政策披露给消费者。该指南没有强制执行力，只能依靠银行内部措施来执行①。

除了行业指南建议外，实现网络隐私权保护的自律形式还有网络隐私认证计划。为了能在网站上张贴隐私认证标志，网站必须遵守它的行为规则，服从其多种形式的监督和管理。这种具有商业信誉意义的认证标志，有利于消费者识别网站，也便于网络服务商显示自身遵守规则的情况。目前，美国有多种形式的网络隐私认证组织，如最有名的"信任"（TRUSTe）组织和"3B 在线"（BBB Online）组织。其中，"信任"组织是由微软、国

---

① Jonathan P. Cody，Protecting Privacy Over the Internet：Has the Time Come to Abandon Self - Regulation? 48 Cath. U. L. Rev. 1183（Summer 1999）.

际商业机器公司（IBM）、美国电话电报公司（AT&T）等共同设立的非营利性组织，通过对其成员的监控，保证它们遵守自己发布的隐私政策。在与"信任"组织签订协议后，相关企业依据该组织所要求的网络隐私保护原则制定隐私政策，发布在自己的网站上。在隐私声明中，"信任"组织要求成员必须对公司的信息采集行为进行通知，并为网站访问者提供禁止网站将个人信息传输给第三方的选择权。"信任"组织成员取得在自己网站上粘贴认证标志的许可，表明其是对消费者网络隐私负责的网站。"信任"组织会对各网站执行协议的情况进行随机抽查，发现违反者将取消其使用"信任"组织的认证标识，并将其列入"不守规矩的网站"的名单中，严重违规的网站也可能以欺诈罪被推上法庭。[①]

技术保护模式把保护隐私权的希望寄托在消费者自身。在消费者进入某个网站之前，保护隐私的技术软件会自动提醒消费者哪些信息将被收集，由消费者决定是否继续浏览该网站，或者让消费者在软件中先行设定只允许收集特定信息，除此之外的信息则不能收集。例如2000年7月，万维网提出了可使互联网用户有效控制和保护个人信息的软件"隐私倾向平台"（P3P）。该平台是以软件为基础的自动化隐私监控机制，可以控制从个人电脑传输到网络上的信息的类型。这项技术可使用户更好地了解网站的隐私政策，使用户访问网站时能够知悉网站如何收集利用个人信息，并能通过浏览器选择隐私保护参数、同网站进行对话，从而就网站隐私声明是否符合自己的意愿作出决定。目前已有美国在线（American Online）、国际商业机器公司（IBM）、美国电话电报公司（AT&T）以及微软等公司宣布其网站支持该平台的技术标准，白宫也在一份声明中表示支持该标准[②]。

二、美国个人信息隐私保护的立法

（一）对个人信息的定义

个人信息又称个人可识别信息，是"可以识别个人身份的信息"，它可

---

① TRUSTe, The TRUSTe Program: How it Protects Your Privacy（visited Mar. 30, 1999），http://www.etrust.org/users/users_how.html.

② P3P, https://en.wikipedia.org/wiki/P3P.

以单独地或者与其他信息一起来识别、联系或者定位一个人，或者能在某一背景下识别一个人。美国关于信息保护、隐私权保护的法律以个人信息概念为基石，属于该范畴的个人信息受到保护，反之则不受保护。个人信息的概念为许多隐私法律及规则界定了适用的范围和边界，包括许多联邦法和州法。这些法规建立在同样的假设上：没有个人信息，就没有隐私权的侵害。因此，隐私保护规则将注意力集中在个人信息的收集、使用及披露上，而对非个人信息不加管制。①

以下对"个人信息"这个概念在美国的前世、今生、未来进行介绍，包括"个人信息"在美国的发展历史、含义以及学者为改进"个人信息"概念不足所提出的新概念——个人可识别信息 2.0。

1. 个人信息概念的历史发展

20 世纪 60 年代之前，美国隐私法并不存在个人可识别信息这样一个独立的概念。之后，随着计算机的发展，个人可识别信息逐渐成为问题的中心。计算机不但增加了机构处理的信息数量，而且改变了信息组织、存取和搜索的方式。隐私权保护研究委员会②在 1977 年发布的一篇报告中认为，与人工系统不同，"计算机能够很容易地通过特殊的索引、特征、特点对信息进行整理和再整理"。计算机能对信息做基于多种特征的整理，而不是仅仅基于一个指标，如一个人的姓或名这一个指标。计算机的这种能力改变了信息与个人产生联系的方式。以前，要使信息与个人联系起来，这些信息必须包含他们的名字或者肖像。计算机化的信息记录、收集与分析使得更多个人信息的片段能与个人联系起来③。

对这一问题，隐私权保护研究委员会并没有从个人可识别信息这个角度，而是从"受管理的主体和内容"的角度来讨论。仅仅保护能与个人的姓名与肖像有联系的信息已经远远不够了，应受保护的信息的范围变得很

---

① Paul M. Schwartz & Daniel J. Solove, The PII Problem: Privacy and a New Concept of Personally Identifiable Information, 86 N. Y. U. L. REV. 1814, 1816 (2011).

② 隐私权保护研究委员会：Privacy Protection Study Commission。

③ Paul M. Schwartz & Daniel J. Solove, The PII Problem: Privacy and a New Concept of Personally Identifiable Information, 86 N. Y. U. L. REV. 1814, 1820 (2011).

大，并且这个范围变得更不清晰和更具争议性。因此，信息记录的计算机化要求国会回答这个新的问题：什么样的信息应受信息隐私法的保护?[1]

在最初的立法策略中，国会将信息记录的类型作为触发法律保护的因素。1970 年的《公平信用报告法》（FCRA）、1974 年的《家庭教育权利和隐私法》[2]、1974 年的《隐私法案》体现了这种立法模式。作为第一部对数据化信息记录进行回应的联邦隐私法，《公平信用报告法》适用于所有提供消费者报告的征信机构。其中，"消费者报告"是指由征信机构提供的有关消费者信用价值、信用状况、信用能力、信用品格、一般名誉、个人消费特点或生活方式的任何书面、口头及其他联系方式的信息。该法是否对有关个人的信息的组织（是否这些信息被组织在消费者报告里）以及收集和使用这些信息的主体（个人征信机构）进行限制，取决于其是否满足消费者报告的定义。同样，《隐私法案》的适用取决于信息系统是如何被组织的，而不取决于信息是否能够与个人相联系。《隐私法案》的核心适用触发机制是联邦政府机构如何从数据库中检索信息，当信息是从一个"信息记录系统"中检索的，那么法案适用。法案中信息记录系统是指这样一组信息记录，这组记录中的信息可以通过个人的名字或者一些识别性的号码、符号或者其他对个人有识别性的资料来进行检索[3]。

1984 年，《有线电视通信政策法》[4] 的通过是国会立法的重要里程碑。这部法律不但提到了个人可识别信息，而且将个人可识别信息当作法律适用的条件，将个人可识别信息与遵守公平信息实践原则的义务联系起来，更是《有线电视通信政策法》的创新之处[5]。依据《有线电视通信政策法》，只要运营者收集个人可识别信息，那么法律规定的义务就应得到遵

---

①　Paul M. Schwartz & Daniel J. Solove, The PII Problem：Privacy and a New Concept of Personally Identifiable Information, 86 N. Y. U. L. REV. 1814, 1820 – 21（2011）.

②　《家庭教育权利和隐私法》：Family Educational Rights and Privacy Act。

③　Paul M. Schwartz & Daniel J. Solove, The PII Problem：Privacy and a New Concept of Personally Identifiable Information, 86 N. Y. U. L. REV. 1814, 1821（2011）.

④　《有线电视通信政策法》：Cable Communication Policy Act。

⑤　Paul M. Schwartz & Daniel J. Solove, The PII Problem：Privacy and a New Concept of Personally Identifiable Information, 86 N. Y. U. L. REV. 1814, 1824（2011）.

守。在《有线电视通信政策法》之后，信息保护方面的法律继续把个人可识别信息的收集作为法律适用的触发条件①。

2. 个人信息的含义

个人（可识别）信息的概念对于隐私保护法来说非常关键，如果个人信息的范围太窄，那么将不利于对个人隐私的保护。如果个人信息的范围太宽，那么它将包含太多信息，并且会使隐私法成为累赘的、难以落实的规则。尽管意义重要，但美国法律对个人信息这个概念没有统一的定义，有美国学者将其比喻为变色龙。一般意义上，个人信息是"可以识别个人身份的信息"，它可以单独地或者与其他信息一起来识别、联系或者定位一个人，或者能在某一背景下识别一个人。个人可识别信息作为个人人身、行为状态的数据化表示，是个人自然痕迹和社会痕迹的记录。个人信息指向信息主体，能够显现个人的生活轨迹，勾勒出个人人格形象，作为信息主体人格的外在标志，形成个人"信息化形象"。在信息社会，人们也已经习惯以个人信息化形象指代真实个人。在现代信息技术之下，几乎所有人都会留有信息痕迹，这些信息痕迹关系到个人生活的方方面面，实现了对人从摇篮到坟墓的全程记录；现代化信息技术也可实现对人碎片化信息的整合，随着信息质和量的积累，碎片化的个人信息逐渐形成个人的"人格剖面图"②。

美国立法对个人可识别信息的定义主要分为三种模式：一是同意反复的模式③，二是非公开模式④，三是具体列举的模式⑤。其中，同意反复模式是一种循环定义的模式，在同意反复的模式下，"个人可识别信息"意味着任何"能够识别个人的"信息。《录像隐私保护法》⑥采取了这一模式。这种开放式的模式能对新发展作出灵活的回应，但它的缺点在于未能真正

---

① Paul M. Schwartz & Daniel J. Solove, The PII Problem: Privacy and a New Concept of Personally Identifiable Information, 86 N. Y. U. L. REV. 1814, 1822 –25 (2011).

② 张新宝. 从隐私到个人信息：利益再衡量的理论与制度安排 [J]. 中国法学，2015（3）.

③ 同意反复的模式：The "Tautological" Approach。

④ 非公开模式：The "Non – public" Approach。

⑤ 具体列举的模式：The "Specific – types" Approach。

⑥ 《录像隐私保护法》：Video Privacy Protection Act。

定义个人可识别信息。第二种模式聚焦于非公开信息，非公开信息模式通过界定什么不是个人可识别信息来划分个人可识别信息的边界。在这一模式下，公开场合可获得的信息以及纯粹的数据不属于受保护的信息的范围。《金融隐私法案》①就是采取了这一模式，将"个人可识别金融信息"定义为"非公开的个人信息"。第三种模式将受保护的个人可识别信息的具体类型进行了列举，在这种模式下，任何被列举的信息自然成为个人信息。各州的关于数据泄露通知的法律采取了这一模式②。CCPA 则结合上述多个模式的特点对个人信息进行定义：既强调个人信息是对特定消费者和家庭的识别，同时对个人信息的范围进行列举并将公开可得的信息排除在个人信息的范围之外。③

为落实《联邦信息安全管理法》④的要求，联邦贸易委员会与美国标准技术研究院于 2010 年 4 月发布了《个人身份信息保护指南》（PII），适用于美国联邦政府机关，非政府机构可以自愿使用。《个人身份信息指南》中对个人信息的定义采取了开放性定义加列举的模式：个人信息为"任何由服务机构保存的个人信息，包括任何可以识别个人或提供识别个人线索的信息，如名字、社保号码、出生地、母亲姓氏、出生记录等；也包括任何跟个人有关联或者可能关联的信息，如医疗、教育和就业信息等"。⑤ 识别个人就是确定个人身份。能够确定个人身份的信息包括（但不限于）姓名、护照号、社保号码或者出生记录等。相反，如果仅包括信用得分而无任何涉及个人的附加信息的清单将不能提供足够的信息来确定个人身份。提供识别个人线索就是提供足够的信息来确定个人活动或地位的某一特定方面，例如审计日志中包含的个人行为信息能够被用来识别个人活动。与个人有关联的信息就是跟个人的其他信息有逻辑关联的信息，

---

① 《金融隐私法案》：Right to Financial Privacy Act。

② Paul M. Schwartz, Daniel J. Solove: Defining "Personal Data" in the European Union and U. S. Privacy and Security Law Report.

③ Cal. Civ. Code § § 1798. 140 (o) and 1798. 145 (c) – (f).

④ 《联邦信息安全管理法》：Federal Information Security Management Act。

⑤ Guide to Protecting the Confidentiality of Personally Identifiable Information (PII)。

相应地，与个人可能有关联的信息就是跟个人的其他信息可能有逻辑关联的信息。例如，如果两个数据库包含不同的个人信息元素，能够获得两个数据库信息的人就可以将两个数据库的信息相关联并确定个人身份。

对于个人信息的范畴，《个人身份信息保护指南》中进行了列举：一是姓名，如全名、姓氏、母亲姓氏或其他别名；二是个人身份号码，如社保号、护照号、驾驶证号、税务号、医保号和信用卡号等；三是地址信息，如街道地址或邮箱地址；四是电话号码，包括工作号码和私人号码；五是个人性格，包括照片（特别是能够识别的人脸照片）、指纹或其他生理信息（如视网膜、声音及脸型）；六是个人财产信息，如车辆登记信息、权利信息和相关信息；七是与上述任何相关联的个人信息，如生日、出生地、种族、宗教、体重、就业信息、教育信息等①。

CCPA 同样对个人信息作出一般性定义及具体列举，其中包括新技术运用过程中可能产生的新的个人信息类型，如视觉、热力、嗅觉或类似信息。根据 CCPA，个人信息是指直接或间接标识、涉及、描述、能够与特定消费者或家庭直接关联，或合理连接的信息，包括但不限于：（1）真实姓名、别名、邮政地址、唯一个人标识符、在线标识符、IP 地址、电子邮件地址、账户名称、社会安全号码、驾驶证号码、护照号码的标识符或其他类似标识符；（2）加州或联邦法律下受保护的分类的特征；（3）商业信息，包括购买、获得或考虑过的个人财产、产品或服务的记录，或其他采购或消费的历史或倾向；（4）生物识别信息；（5）互联网或其他电子网络活动信息，包括但不限于浏览历史、搜索历史和关于消费者与网站、应用程序或广告交互的信息；（6）地理位置数据；（7）音频、电子、视觉、热力、嗅觉或类似信息；（8）职业或就业相关信息；（9）教育信息中的非公开个人可识别信息；（10）从上述已识别信息中得出的推论，以创建反映消费者偏好、特征、心理倾向、倾向、行为、态度、智力、能力和资质的画像。② CCPA 明确个人信息不包含公开可得的信息，例如某些公开可用的政府记录，"公

---

①　Guide to Protecting the Confidentiality of Personally Identifiable Information (PII).

②　Cal. Civ. Code § 1798. 140 and Cal. Code Regs. tit. 18, § 17014.

开可用"不包括去标识化的消费者信息或综合消费者信息。

3. 个人信息 2.0 和新发展

伯克利大学学者鲍尔·施瓦兹（Paul M. Schwartz）和丹尼尔·索罗（Daniel J. Solove）对美国"个人信息"的定义及立法采取批评的态度，认为美国个人信息的立法杂乱无章、不连贯，并且对个人信息的定义太窄。鉴于个人信息这个概念在隐私权保护中的重要意义，这两位学者提出一个新的定义——个人信息 2.0（PII 2.0），改善现有体制的问题和缺陷。个人信息 2.0 包含三个类别的信息：识别（Identified）信息、可识别的（Identifiable）信息、非可识别的（Non-identifiable）信息。由于这些类别之间没有明确的边界，所以对这些类别的界定是通过开放式的标准而不是僵硬的规则。①

识别信息是指能将某个人识别出来的信息。当可识别信息能够带来极大的可能性，使其他人将信息与某个人联系起来时，那么这些可识别信息应归为识别信息。识别信息是三类信息中最能将某个人识别出来的信息。可识别信息尽管也可能将具体个人识别出来，但这种可能性并不显著。非可识别的信息识别个人的风险性最小。例如，美国、中国的人口信息就是非可识别的信息。②

个人信息 2.0 将可识别性当作程度不同的、连续的风险，而不是简单地一分为二地对待可识别性。所以在个人信息 2.0 下，隐私法可以作出更加细致的规定。对识别信息，要作出全面的隐私保护。这些保护被广泛地称为正当信息运用原则，正当信息运用原则对信息的使用、采集、披露、修改、通知义务、安全义务等都有涉及。对于非可识别信息，公平信息实践原则不应当适用，应像对待普通信息那样对待它们。可识别信息应受到部分正当信息运用原则的保护，但并不受正当信息运用原则的全面保护。③

---

① Paul M. Schwartz, Daniel J. Solove: Definining "Personal Data" in the European Union and U. S. Privacy and Security Law Report.

② Paul M. Schwartz, Daniel J. Solove: Definining "Personal Data" in the European Union and U. S. Privacy and Security Law Report.

③ Paul M. Schwartz, Daniel J. Solove: Definining "Personal Data" in the European Union and U. S. Privacy and Security Law Report.

实践立法也体现了个人信息范围的不断变化。例如，"2016 年俄勒冈州和伊利诺伊州修改了相关州法，将生物识别信息纳入数据泄露相关法规保护范围。生物识别信息通常被定义为包括指纹、声纹、视网膜或虹膜扫描、面部成像或面部几何形状，但是伊利诺伊州的定义范围更广，包括用于验证个人身份的从人体特征的测量或技术分析中生成的唯一生物特征数据，例如指纹、视网膜或虹膜图像或其他或生物识别数据的独特物理或数字表示"。① 2020 年生效的 CCPA 亦将生物识别信息明确列举为个人信息，并将生物识别信息进一步定义为个人的生理、生物或行为特征，包括个人的脱氧核糖核酸（DNA），这些可以单独或组合使用或与其他识别数据一起使用，以建立个人身份。生物特征信息包括但不限于虹膜、视网膜、指纹、脸部、手掌、静脉图案和语音记录的图像，这些可以提取出识别模板的信息（识别模板是指面纹、细节模板或声纹），以及包含识别信息的击键模式或节奏、步态模式或节奏以及睡眠、健康或运动数据。

（二）公平信息实践原则

美国对个人信息的保护不是从财产权保护的角度进行的。尽管有许多学者建议在个人可识别信息上设立所有权，但美国没有法律规定个人对他们的个人信息有所有权，客户信息的数据库一般被认为是持有这些数据库的公司的财产。而且，如果在个人信息上设立所有权，那这相当于设立一种新的知识产权种类，而这种知识产权将比现有知识产权范围更广、更模糊②。

信息主体对个人信息的权利主要体现在公平信息实践原则里，该原则是现代信息隐私权法的基石，许多领域对个人信息的立法对其都有体现。公平信息实践原则具有以下意义：第一，除非通过法律的具体规定或者执法机构对法律的实施细则的落实，公平信息实践原则本身没有强制效力，

---

① Emily Tabatabai, Shea Leitch. States Continue to Eexpand Definition of "Personal Information" [EB/OL]. https：//iapp. org/news/a/states – continue – to – expand – definition – of – personal – informa- tion/.

② David A. DeMarco, Note, Understanding Consumer Information Privacy in the Realm of Internet Commerce：Personhood and Pragmatism, Pop – Tarts and Six – Packs, 84 TEX. L. REV. 1013, 1035 – 36 (2006).

但公平信息实践原则提供了一种立法建议、指导。例如，在其 2000 年发布的《网络隐私权：电子商务中的信息正当运用，致国会的报告》① 中，联邦贸易委员会重申了对公平信息实践原则的追求，认为该原则是网络隐私权立法的理想政策原则②，通过该原则，联邦贸易委员会试图为建立统一的隐私保护标准建立政策基础③。在过去的 20 年里，该原则塑造了美国隐私法的基本样貌，尽管没有直接被宣布为法律，该原则对美国 20 世纪 90 年代之后通过的法律都产生过影响，逐渐成为衡量隐私权立法的一个标准④。第二，联邦贸易委员会希望公平信息实践原则能够成为公司自律的标准，为行业自律及公司实践提供指导。第三，正当信息运用原则还是许多联邦贸易委员会执法案件合意令的基础，例如在下文提到的"地理城市"（GeoCities）公司案，联邦贸易委员会与该公司达成和解，但和解条件是该公司履行某些体现公平信息实践原则的具体实践⑤。

联邦贸易委员会关于公平信息实践原则的建议是建立在一个调查基础之上的，调查使用了一个随机的样本——所有每月至少有 39000 名访问者的网站和美国最受欢迎的 100 个商业网站，在这些网站中 32% 履行或者部分履行了公平信息实践原则，尽管这个数据相较之前有进步，但这同时也显示出只有一小部分网站在隐私保护的核心领域提供了足够保护⑥。

1. 历史发展

公平信息实践原则是管理个人信息的收集与使用的原则，同时对隐私权及信息的准确性也有涉及，最早由美国卫生、教育和福利部（现美国卫

---

① 《网络隐私权：电子商务中的信息正当运用，致国会的报告》（*Privacy Online*：*Fair Information Practices in the Electronic Marketplace*，*A Report to Congress*）。

② Privacy and Data Security Law Deskbook，1 – 10.

③ David Annecharico，Online Transactions：Squaring the Gramm – Leach – Bliley Act Privacy Provisions with the FTC Fair Information Practice Principles，6 N. C. Banking Inst. 637，637 – 38（2002）.

④ Privacy and Data Security Law Deskbook，1 – 10.

⑤ Michael D. Scott，The FTC，the Unfairness Doctrine，and Data Security Breach Litigation：Has the Commission Gone Too Far?，60 Admin. L. Rev. 127（2008）.

⑥ Federal Trade Commission，Privacy Online：Fair Information Practices in the Electronic Marketplace，A Report to Congress（2000），available at http：// www. ftc. gov/reports/privacy2000/privacy2000. pdf.

生和公共服务部）于 1973 年发布的题为《电脑、记录与公民的权利》的报告里提出的。作为美国隐私法的基石，该原则对今后美国信息法的发展有显著意义。这一原则被 1974 年的《隐私法案》所适用，1995 年的《欧盟指令》也采用了这一原则。直到今天，美国在 1973 年到 1974 年确立的公平信息实践原则仍被广泛采用。美国卫生、教育和福利部发布的正当信息运用原则包括以下内容：一是任何关于个人信息记录系统的存在不应成为秘密；二是必须提供方法，使个人知道哪些关于他的信息被记录，并且他的信息是怎样被使用的；三是必须提供方法，使个人能够防止其因一个目的被收集的信息不经其同意被用于其他目的；四是必须提供方法，使个人能够修改关于其个人信息的记录；五是任何创造、维持、使用、传播个人可识别信息记录的组织必须保证信息被使用于意欲的目的，并且要采取合理的预防措施来防止信息被滥用。①

联邦贸易委员会在研究了企业收集和使用个人信息以及信息保护实践的基础上，发布了"联邦贸易委员会公平信息实践原则"，保证企业对信息操作的正当性。联邦贸易委员会从 1995 年起开始研究网络隐私权保护问题，在它 1998 年的报告里，联邦贸易委员会描述了"有关通知、选择权、查阅信息和信息安全的公平信息实践原则"包括：一是通知/知情原则，二是选择权/同意原则，三是查阅/参与原则，四是完整性/安全原则，以及实施/纠正原则。②

联邦贸易委员会在 2000 年发布了另一个关于公平信息实践原则的报告——《网络隐私：电子商务里的公平信息实践原则》③。在这份报告里，联邦贸易委员会建议商业网站在网上收集关于消费者个人可识别信息时应当遵守四个被广泛接受的公平信息实践原则：一是知情原则（Notice）。网站要为消费者提供其信息实践的说明，包括他们要收集什么信息，怎样收

---

① Alan Charles Raul, The Privacy, Data Protection and Cybersecurity Law Review, p. 370.

② Federal Trade Commission, Privacy Online: A Report to Congress 7 (1998), https://www.ftc.gov/sites/default/files/documents/reports/privacy - online - report - congress/priv - 23a. pdf.

③ 《网络隐私：电子商务里的公平信息实践原则》：Privacy Online: Fair Information Practices in the Electronic Marketplace。

集、怎样使用这些信息，怎样为消费者提供选择，怎样让消费者获取信息，怎样保护消费者信息安全，他们是否会把信息透露给其他主体，以及其他主体是否在通过这个网站收集信息。二是选择权原则（Choice）。如果消费者个人可识别信息使用的方式与信息收集时方式不同，网站需为消费者提供选择的权利，决定是否可以在内部二次使用（如再次向消费者推销）和外部二次使用。三是查阅和参与原则（Access）。网站要为消费者提供合理的查阅其所搜集的信息的权利，包括为他们提供合理的机会来审查信息，纠正不准确的信息以及删除信息。四是安全性原则（Security）。网站被要求采取合理步骤保护从消费者那里获得的信息的安全。①

2. 具体内容

（1）知情原则

知情原则是公平信息实践原则中基础的原则，因为它是落实其他公平信息实践原则的前提条件。知情原则要求在任何个人信息被收集之前，消费者应被给予清楚和明显的通知，通知包括收集信息机构的身份，信息的使用方式，信息的接收者，被收集信息的性质及收集方式，信息的收集是自愿还是被要求的，信息收集者为保障信息的秘密性、完整性而采取的措施。因此，知情原则不仅仅要求对某一信息行为进行一个独立的通告。消费者在提供个人信息前非常关注网站有关的信息行为。调查数据显示，绝大部分消费者认为，在提供个人信息之前网站披露信息政策并对信息如何被使用作出说明的行为是必不可少或者非常重要的。调查数据还显示57%的网络用户决定不使用某网站或不在某网站买东西，因为他们不确定这个网站会如何使用他们的个人信息。联邦贸易委员会的调查还设计了一些问题，用于确定网站是否遵守了知情原则。如果一个网站遵守了以下标准，那么它就会被认为遵守了知情原则：一是公布了隐私政策；二是对它收集了什么样的个人信息做了详细说明；三是对个人信息在内部如何被使

---

① Federal Trade Commission, Privacy Online: Fair Information Practices in the Electronic Marketplace 36 – 37, (May 2000) (footnote omitted), http://www.ftc.gov/sites/default/files/documents/reports/privacy – online – fairinformation – practices – electronic – marketplace – federal – trade – commission – report/privacy2000.pdf.

用做了详细说明；四是对它是否向第三方披露了个人信息做了详细说明①。

（2）选择权原则

当从消费者那里收集的信息的用途超出用于完成预期交易必需的范围，那么选择权原则要求给予消费者选择权。在选择权原则下，数据收集者必须给予消费者同意其个人信息被二次使用的机会，二次使用包括将消费者的名字置于市场推广其他产品的名单上，或者将个人信息传输给除信息收集者之外的机构②。

消费者对于网站将他们的个人信息与其他机构共享的行为非常担忧。根据联邦贸易委员会调查，92%的网络用户对于网站分享个人信息的行为感到不舒服，其中67%的网络用户感觉非常不舒服。88%的用户希望网站在向其他机构分享个人信息前获得他们的同意。消费者调查显示网络消费者对网站使用他们的个人信息进行营销的行为也很担忧。根据最近的一个调查，78%的网购用户对网站利用个人信息给他们寄送垃圾邮件的行为表示担忧，对非网购用户而言对这种行为表示担忧的占94%，这两个比例较1998年的调查结果有所上升。而且超过70%的消费者认为，是否允许从网站的邮寄名单中选择退出，是评估一个网站隐私保护水平的重要标准③。

在调查中联邦贸易委员会询问了一些问题，涉及网站是否在内部使用个人信息（如对其他产品的市场推广）时为消费者提供了选择，或者在给外部第三方使用时为消费者提供了选择。同时提供了关于内部使用和外部

---

① Federal Trade Commission, Privacy Online: Fair Information Practices in the Electronic Marketplace, A Report to Congress (2000), available at http: // www. ftc. gov/reports/privacy2000/privacy2000. pdf.

② Federal Trade Commission, Privacy Online: Fair Information Practices in the Electronic Marketplace, A Report to Congress (2000), available at http: // www. ftc. gov/reports/privacy2000/privacy2000. pdf.

③ Federal Trade Commission, Privacy Online: Fair Information Practices in the Electronic Marketplace, A Report to Congress (2000), available at http: // www. ftc. gov/reports/privacy2000/privacy2000. pdf.

第三方使用的选择，对网站来说是遵守选择权原则的加分项。①

（3）查阅和参与原则

查阅和参与是指个人能够查阅关于他的信息，也就是查看一个主体的档案，以及对信息的准确性和完整性提出异议。查阅权对改进被收集信息的准确性至关重要。信息准确对信息收集者和消费者来说都有益处。而且查阅和参与原则能够使信息收集者对收集、持有的消费者个人信息负责，并能使消费者确认网站遵守了它们声称的行为惯例②。

尽管查阅和参与被普遍认为是一个重要的信息正当运用行为，但联邦贸易委员会认为在确定查阅和参与原则的标准之前，这一原则在实施上有一些特殊的问题需考虑。特别是，联邦贸易委员会认为查阅、参与应该具有合理性，在界定查阅、参与权的范围时，查阅的成本和益处应被考虑，包括：查阅的范围，什么类别的信息必须可被查阅；提供查阅、参与的成本和收益；怎样才能确保要求查阅的人是信息主体。在调查中，联邦贸易委员会问了三个有关查阅权、参与的问题：网站是否允许消费者一是审查至少某些关于他们的个人信息；二是至少使某些个人信息的不准确性得到纠正；三是至少使某些关于他们的个人信息得到删除。关于以上任何一项行为的披露都会成为网站在查阅和参与原则方面的加分项。尽管网站会因以上任何一项行为的披露而加分，联邦贸易委员会认为公平信息实践原则要求消费者给予审查信息和对信息的不确切和不完整提出异议的机会。给予消费者审查个人信息的机会与大多数消费者的期待相一致。79%的网络用户认为让消费者看到公司储存的关于他们的信息是绝对必要或非常重要的。尽管如此，联邦贸易委员会仍然认为查阅和参与原则的具体要求（包括可查阅的信息的范围）以及它所施加的负担和成本应被认真考虑，决定何为

①　Federal Trade Commission, Privacy Online: Fair Information Practices in the Electronic Marketplace, A Report to Congress (2000), available at http: // www. ftc. gov/reports/privacy2000/privacy2000. pdf.

②　Federal Trade Commission, Privacy Online: Fair Information Practices in the Electronic Marketplace, A Report to Congress (2000), available at http: // www. ftc. gov/reports/privacy2000/privacy2000. pdf.

合理的查阅、参与①。

（4）安全性原则

安全性原则是指信息收集者保护个人信息不受未获许可的获取、使用或披露，以及防止信息损失或破坏的义务。安全性原则要求在管理上、技术上采取保护信息安全的措施。联邦贸易委员会认为安全性原则与查阅和参与原则一样，在实施上面有特殊的问题，网站应提供足够的安全措施，但同时应考虑成本和收益。联邦贸易委员会认为，除了应采取足够措施保证信息安全外，网站将它们安全的措施披露给消费者以增强消费者的信心也很重要。联邦贸易委员会的调查显示，披露网络安全措施会鼓励消费者更多地在网上注册、从网上购物。联邦贸易委员会在调查中询问网站是否披露：在交易中采取措施来保障信息安全，或是获得信息后采取措施保障信息安全。披露以上任何一点的网站都会在安全性原则方面加分②。

（5）顾问委员会对查阅和参与等原则的建议

联邦贸易委员会认为信息正当原则中的查阅和参与原则及安全性原则是保护隐私的重要原则，但同时意识到，这两个原则的实施会产生一系列的问题。因此，1999 年联邦贸易委员会依据《联邦贸易委员会法》建立了联邦贸易委员会在线查阅和安全顾问委员会③（以下简称顾问委员会）。联邦贸易委员会要求顾问委员会考虑合理查阅和参与原则及安全性原则的参考标准。基于这一授权，顾问委员会准备了一个报告，起草了公平信息实践原则的实施方案，专注于实施查阅和参与原则、安全性原则，提出具体实施方案④。

---

① Federal Trade Commission, Privacy Online：Fair Information Practices in the Electronic Marketplace, A Report to Congress （2000）, available at http：// www. ftc. gov/reports/privacy2000/privacy2000. pdf.

② Federal Trade Commission, Privacy Online：Fair Information Practices in the Electronic Marketplace, A Report to Congress （2000）, available at http：// www. ftc. gov/reports/privacy2000/privacy2000. pdf.

③ 联邦贸易委员会在线查阅和安全顾问委员会：Federal Trade Commission Advisory Committee on Online Access and Security。

④ Federal Trade Commission, Privacy Online：Fair Information Practices in the Electronic Marketplace, A Report to Congress （2000）, available at http：// www. ftc. gov/reports/privacy2000/privacy2000. pdf.

为界定什么是"合理查阅和参与",顾问委员会集中询问这样的问题:消费者应当查阅和参与的信息范围是什么;应为消费者提供查阅权的机构是哪些;有哪些合理、可行的鉴别方式能防止未经许可的查阅和参与。顾问委员会承认查阅和参与原则的实施是一个复杂的任务,委员们对"合理查阅和参与"的界定标准也持不同意见。一些委员认为使消费者能够审查由企业持有的所有类型的信息非常重要,但另一些成员认为合理查阅和参与应被解释为只为这样的信息的修改提供机制,这些信息被用于做关于消费者的重要决定。顾问委员会为查阅和参与原则提供了四个选择:一是全部查阅和参与方式;二是消费者默认方式;三是个案分析方式;四是为更改而查阅的方式。

全部查阅和参与方式要求消费者能够查阅所有个人信息,不论媒介、方式、信息收集的来源或者信息的形式。这样的信息包括物理地址、电话号码、电子邮箱、银行账户、信用卡号、性别、年龄、收入、浏览器类型、操作系统类型、偏好设置数据、缓存数据、导航数据、网站浏览记录以及推断、衍生数据。这一方式背后的原则是企业信息行为应该对消费者完全透明。

在消费者默认方式下,网站需建立一个让在消费者可以查阅这类信息的机制——通过网络从商业交易的一般流程中获取的个人信息,具体是指企业通过惯常采取的步骤能获取的信息,或者在现有步骤下,企业有能力获取的信息,且获取这些信息并没有过度负担。由于"过度负担"这个概念的帮助,企业并不需要建立新的数据库来保存信息供人查阅。最后,当另一个个人的隐私利益高于某一个个人在查阅、参与上的利益时,企业可以限制这个消费者的查阅、参与。

在个案分析方式下,查阅、参与需依据一些因素,如信息的内容、信息的持有者、信息的来源、信息的可能使用方式。不同产业间的差异也会被考虑。这一方式对查阅和参与没有肯定或否定的前提假设,最终查阅和参与的范围可能很广也可能很小。例如,消费者可能对他们的敏感信息如财务信息、医疗信息进行查阅、参与,但对其他信息权利较少,如通过推断而获得的信息以及内部标识符。

在为更改而查阅的方式下，只有在网站为授予或者拒绝为个人授予重要利益而使用个人信息时，且允许个人查阅会增加信息的准确性从而能证明查阅成本的正当性时，网站才会允许个人查阅其档案内的个人信息。①

顾问委员会还对查阅和参与原则是否应适用于除信息最初收集者之外的机构进行了评估。顾问委员会的成员普遍同意，企业应为他们代理人持有的信息提供查阅机会。一些成员认为提供查阅的义务应扩展到下游的信息接收者。其他人认为这样的义务太过繁重。此外，顾问委员会还指出一些身份认证程序，用于确保特定权利人通过查阅和参与原则获取信息。这些认证程序包括：要求申请者提供账户名称、具体的个人信息、密码、账户最近动态、生物特征、通过其他方式传输给消费者的信息等。要求过高的身份认证标准对企业来说成本太高，而且会妨碍消费者查阅信息。因此成员们同意身份认证程序应因状况不同而不同，例如信息的敏感程度以及是否修改已获同意。以上方案与选择有利于网站为消费者提供查阅和参与机会的落实，并且有利于决定合理查阅、参与的范围。②

在考虑足够的安全性的参考因素时，顾问委员会聚焦于这样的问题：评估和确保足够安全的合理标准，在管理和技术上采取的信息安全措施。顾问委员会的成员在安全性原则的实施上有较多共识，认同安全保障是一个程序，没有一项单一的标准能确保足够安全，因为技术和安全威胁在不断进化；普遍认同网站在获取信息之后的安全风险比当信息在传输时的安全风险要高。顾问委员会的报告建议每一商业网站设立一个安全计划保护它所持有的个人信息。安全计划要包含：进行风险评估，建立和实施一个安全系统，基于风险评估建立安全政策和程序，对雇员进行定期培训，进

---

① Federal Trade Commission, Privacy Online: Fair Information Practices in the Electronic Marketplace, A Report to Congress (2000), available at http://www.ftc.gov/reports/privacy2000/privacy2000.pdf.

② Federal Trade Commission, Privacy Online: Fair Information Practices in the Electronic Marketplace, A Report to Congress (2000), available at http://www.ftc.gov/reports/privacy2000/privacy2000.pdf.

行审核，进行内部审查，进行定期风险再评估。"适当性"标准是一种通过个案分析来决定是否适当的标准，这个标准将不断改变的安全性需要以及网站的特殊情况考虑在内，包括面对的风险、保护的成本以及信息的类型①。

此外，顾问委员会的报告考虑网站是否应披露他们的安全保障行为。报告声称披露网站安全保障行为是通知义务的合理组成，对消费者知情选择的作出至关重要。同时报告指出，尽管在与安全保障计划一同实施时安全保障行为的披露是有益的，仅仅披露行为本身并不能保障足够的安全。报告还指出，如果能让消费者以一种便于理解的方式比较网站之间的安全措施，那么安全保障行为的披露会更有用。然而报告提醒不应提供太多技术细节，因为这会帮助黑客攻击网站。如同为查阅和参与原则提出的四个方案一样，顾问委员会关于安全原则的方案，在决定什么是足够的安全保障时非常重要②。

（三）个人信息保护立法

尽管没有直接被宣布为法律，公平信息实践原则对美国20世纪90年代及之后的法律都产生过影响③。例如，美国卫生和公共服务部在为《健康保险携带和责任法》④（HIPAA）订立隐私实施细则时的依据就是公平信息实践原则，该部法律的实施细则中体现了所有的公平信息实践原则。当然，对信息收集进行限制的原则应用较少，也许是因为美国卫生和公共服务部并不希望对医疗机构作出其应在健康档案中记录哪些信息的指示⑤。依据信

---

① Federal Trade Commission, Privacy Online: Fair Information Practices in the Electronic Market-place, A Report to Congress (2000), available at http://www.ftc.gov/reports/privacy2000/privacy2000.pdf.

② Federal Trade Commission, Privacy Online: Fair Information Practices in the Electronic Market-place, A Report to Congress (2000), available at http://www.ftc.gov/reports/privacy2000/privacy2000.pdf.

③ Privacy and Data Security Law Deskbook, 1 – 10.

④ 《健康保险携带和责任法》: The Health Insurance Portability and Accountability Act of 1996, (HIPAA)。

⑤ Robert Gellman, Fair Information Practices: A Basic History, http://www.bobgellman.com/rg – docs/rg – FIPShistory.pdf.

息性质的不同及信息应用场景的不同，该部法律的实施细则对受保护的个人信息的使用与披露规定了不同的通知义务，例如，对心理治疗记录的使用或披露需信息主体进行书面授权；当受保护的健康信息的特定部分被用于医疗设备指南时，机构不需信息主体的书面授权，但需给予个人同意或反对的机会；当应法律要求或在细则规定的其他情况下，对受保护的个人信息的使用和披露不需信息主体的书面授权，也不需要给他们同意或反对的机会①。

（1）知情（透明度）原则在立法及实践中的体现

对隐私政策的说明义务是信息处理机构通知义务的重要内容。《金融服务现代化法案》②（GLBA）要求金融机构为消费者和客户提供关于其隐私政策的说明。《健康保险携带和责任法》要求被监管机构对信息主体提供关于其隐私政策的说明，以及提供信息主体在《健康保险携带和责任法》（HIPAA）下拥有的权利的说明。

许多法律规定了对使用和披露信息行为的知情权。《金融服务现代化法案》允许金融机构将消费者信息与关联机构分享。但只有在向消费者履行了通知义务，并给消费者提供了选择不分享的机会之后，金融机构才可以向非关联机构分享消费者的信息。《金融服务现代化法案》要求金融机构向非关联第三方披露非公开个人信息时，应当将该信息的范围清楚、明确地告知消费者。在上述信息首次披露之前，金融机构应当给消费者有权终止这些信息披露给第三方的机会，消费者应当得到金融机构关于如何行使此项退出权（Opt – out）的说明。③

在医疗领域，依据信息敏感度及使用的情况不同，信息主体的知情权和同意权有所不同。对受保护的健康信息的使用和披露可以归为三类：一是需要信息主体进行书面授权的使用和披露，如心理治疗记录的使用或披露。④ 二是在使用和披露之前需给予个人同意或反对的机会，如当受保护健

---

① 45 CFR § 164.

② 《金融服务现代化法案》：The Gramm – Leach – Bliley Act（GLB）。

③ 15 U. S. C. Sec. 6802（b）。

④ 45 CFR § 164. 502（a）（1）.

康信息的特定部分被用于医疗设备指南时，机构需给予个人同意或反对的机会。[①] 三是不需个人同意或反对就可以进行的适用与披露，如应法律要求或者为了公共健康活动。[②]

美国《公平信用报告法》规定，授信机构在将与消费者的信用交易中直接得到的信息，向征信机构提供时，不需得到消费者的同意。但当用户基于消费者报告而采取了对消费者不利的行动时，用户对消费者负有通知义务。[③]

《加利福尼亚信息泄露通知法》[④] 规定，如果发生信息泄露事件，在某些情况下，所有受影响的个体都应被通知，并且通知应以以下几种方式作出：一是书面通知；二是电子通知，如果电子通知符合与电子签名有关的国家法律；三是代替通知（Substitute Notice），如果公司能证明提供通知的成本超过25万美元，或者需被通知的个人超过50万个，或者公司没有足够的联络方式信息，那么公司可以使用代替通知的方式。代替通知必须包含以下内容：一是电子邮件通知，如果公司有信息主体的电子邮箱的话；二是如果机构有网站的话，在机构的网站上发布明显的通知；三是通过州内媒体通知。

CCPA规定，企业通知消费者关于其收集的信息类型和针对每个类型的个人信息的计划使用目的，当收集额外的个人信息类型和将收集的个人信息用于无关的目的时，企业应当进行进一步的通知，以满足透明度的要求。此外，向第三方出售消费者个人信息的企业，应当按照CCPA的要求向消费者发出通知，告知消费者该信息可能会被出售并且消费者有权选择不出售他们的个人信息。CCPA规定，"出售"个人信息指"为交换金钱或其他对价"，而向其他企业或第三人"出售、出租、发布、披露、分发、提供、传输或其他以口头、书面或电子等方式传播"消费者个人信息的行为。对于履行向第三方出售个人信息的通知义务，企业应当采取消费者可合理获知

---

① 45 CFR § 164.510（b）（1）.

② Privacy and Data Security Law Deskbook，4–6.

③ 15 USCA § 1681a（k）.

④ 《加利福尼亚信息泄露通知法》：California Security Breach Notification Law。

的形式，例如在其互联网主页提供一个清晰且明显的，命名为“不得出售我的个人信息”（Do Not Sell My Data）的链接，如果企业有在线隐私政策或针对加利福尼亚州的消费者有单独的具体描述，该页面需同时有一个“不得出售我的个人信息”的链接。①

　　为回应公众对网络领域隐私保护的担忧，联邦贸易委员会在2007年发布了一套有关定向广告的建议原则，以鼓励和引导行业自主规范。联邦贸易委员会的定向广告原则建议网站管理者披露它们与定向广告有关的数据收集行为，并为消费者提供一个选择退出的机制。②

　　（2）同意原则在立法及实践中的体现

　　消费者的同意权可以通过两个机制进行落实：选择加入机制（Opt – in）与选择退出机制（Opt – out）。选择加入机制要求个人的肯定同意。也就是说，在信息被使用和透露之前，消费者的同意就必须被获得。选择退出机制需要消费者的暗示同意：当消费者没有作出相反表示时，视为消费者同意。也就是说，个人必须采取措施来阻止个人信息的使用或披露。

　　在金融领域，《金融服务现代化法案》对选择加入权和退出权都有规定。该法要求金融机构向非关联第三方披露非公开个人信息时，应当将该信息的范围清楚、明确地告知消费者。在上述信息首次披露之前，金融机构应当给消费者有权终止这些信息披露给第三方的机会，消费者应当得到金融机构关于如何行使此项退出权的说明。③

　　在以下领域中有关于选择加入权的规定。通常来说，《健康保险携带和责任法》要求被监管主体在透露信息之前获得信息主体的书面同意，例外只适用于特殊情况，如为了提供治疗行为。④ 联邦贸易委员会的定向广告原则建议网站管理人员在使用消费者敏感信息前获得消费者的明确肯定同意。敏感信息包括金融信息、关于儿童的信息、健康信息、准确的地理定位信

---

①　Cal. Civ. Code § § 1798.100 （a） – （b），1798.105 （b），1798.110，1798.115，1798.120 （b），1798.130，1798.135 and 1798.140 （t）.

②　Data protection in United States: overview, http: //uk. practicallaw. com/6 – 502 – 0467.

③　15 U. S. C. Sec. 6802 （b）.

④　45 CFR § 164.502.

息、社保号码。①

对于个人信息的收集与使用的要求，CCPA 以通知为原则，以选择退出同意为例外。即在一般性个人信息使用场景下，收集消费者的个人信息的企业仅被要求在收集时或收集之前告知消费者要收集的个人信息的类别以及使用这些个人信息的目的②；在销售个人信息时，CCPA 要求相关企业向消费者明确告知，并向消费者提供如何行使选择退出权利的告知③。但是，对于未成年人个人信息，CCPA 规定，企业不得在其实际知晓某消费者未满16 岁的情况下出售其个人信息，除非对于 13 ~ 16 岁的消费者，他/她自己确定性授权，或者对于未满 13 岁的消费者，其父母或监护人确定性授权，同意出售其个人信息。如企业故意忽视消费者的年龄，将被视为已知晓消费者的年龄。这个权利也可称为选择加入权④。

值得注意的是，2019 年 6 月 6 日缅因州立法部门通过《保护在线消费者信息隐私法案》（2020 年 7 月 1 日生效），使缅因州成为第一个要求互联网服务提供商在获取顾客的数据之前先征得其许可的州。与 CCPA 及美国立法惯例不同，此法律以顾客的选择加入权为原则：除特定例外情况，服务商需顾客给予明确、肯定的同意，以使用、披露、出售或访问顾客个人信息。顾客可以随时根据本款撤销同意⑤。

在实践中，退出机制在机构执法及行业规范中得到广泛使用。《联邦贸易委员会法》并不明确要求一个公司拥有并披露隐私政策，但联邦贸易委员会的立场是如果一个公司披露了隐私政策，那么就必须遵守它。并且，联邦贸易委员会宣布，如果一个公司更改了隐私政策，并且使其具有溯及力，那么这个公司必须为消费者提供退出新隐私政策的权利，否则其行为是违反《联邦贸易委员会法》的。⑥

---

① ftc Staff, ftc Staff Report：Self – Regulatory Principles for Online Behavioral Advertising（2009）[hereinafter OBA Report]，http：//www. ftc. gov/os/2009/02/P0085400behavadreport. pdf.

② Cal. Civ. Code § §1798. 100.（b）.

③ Cal. Civ. Code § §1798. 115.

④ Cal. Civ. Code § §1798. 120.

⑤ 35 – A MRSA § 9301.

⑥ Data protection in United States：Overview，http：//uk. practicallaw. com/6 – 502 – 0467.

CCPA 规定，对选择行使不出售其个人信息权利的消费者，该企业不得出售收集的关于该消费者的个人信息，对于已经选择不出售个人信息的消费者，企业需尊重消费者选择退出的决定，至少在其选择后的 12 个月内不得再要求消费者授权出售其个人信息。①

此外，《网络定向广告行业规范原则实施指南》② 是定向广告领域在 2010 年发布的自律性指南，指南建议为消费者提供关于定向广告信息收集的行为的通知，并为消费者提供方便使用的退出权机制③。

在互联网领域，一般来说对于本人同意原则，网站的规范是采用退出权机制。例如，谷歌公司在 2004 年 12 月 14 日宣布打造世界上最大的数字图书馆计划，由于该数字图书馆计划的信息源就是扫描和数字化大量图书，形成数据库，设计成类似于信息检索系统的搜索引擎给用户使用，而这些大量扫描和数字化的图书中有很多都是未经版权人授权的图书，这就造成了后来各种版权纠纷案的源头。为了应对这种问题，2005 年 8 月 11 日，谷歌宣布了它的选择退出（Opt – out）机制。选择退出机制是指一个出版商或者作者向谷歌提供一份不想让谷歌扫描的书籍清单，那么谷歌就会放弃对这些书籍的扫描从而使这些书籍不进入谷歌数字图书馆，即使谷歌的合作图书馆陈列的书籍中包括这些书籍。④ 很多网站如今采取的方式均为类似的原则，即消费者一般被默认为同意，但有权声明拒绝同意。总体而言，如果消费者接受了其免费服务，即被视为接受了网站上的有关个人信息的格式条款。

此外，当谷歌通过向第三方合作者收集个人信息时，谷歌要求该第三方合作者在其隐私政策中提及谷歌，并向用户提供选择退出的方法。同时，谷歌加入了 IAB Europe、数字广告联盟（Digital Advertising Alliance）、网络

① Cal. Civ. Code § § 1798. 135.

② 《网络定向广告行业规范原则实施指南》：Self – Regulatory Principles for Online Behavioral Advertising—Implementation Guide。

③ Self – Regulatory Principles for Online Behavioral Advertising—Implementation Guide，2010.

④ 童万菊. 谷歌数字图书馆"选择退出"（opt – out）机制的分析及思考 [J]. 图书馆杂志，2014（6）.

广告计划（Network Advertising Initiative）和欧洲数字广告联盟（European Digital Advertising），以证明其对数据合规的努力①。

（3）查阅和参与原则在立法及实践中的体现

《隐私法案》规定，个人有权知道行政机关是否保有本人记录以及记录的内容，并要求查看记录并得到复制品。除非此项记录符合该规定的免除适用情况，或者系行政机关为起诉某人而编制，行政机关不得拒绝个人的请求。个人认为关于自己的记录不准确、不完整或已过时，可以请求行政机关修改或删除，在此要求的十天内，行政机关必须作出回应，进行修改、删除或者说明拒绝的理由。②

《公平信用报告法》在公民查询和修改本人信用报告等方面也作出了详细规定。该法规定，消费者有权充分了解任何一家征信机构对自己信用状况的评价及依据，有权取得自身资信调查报告和副本，对不实负面信息的申诉权利。当对信用报告内容有异议，消费者可向征信机构提出异议并要求其更正。征信机构应会同信息供给机构迅速进行调查，并在规定时间内将更新后的信用报告或核查无误的函件送达消费者；如调查后无法确定，征信机构应取消有关信用记录，并将更新后的信用报告送达消费者；如取消后又发现原信用记录属实，征信机构可重新登载，但应通知消费者。对于更新后的信用报告仍有异议的话，消费者可以进一步向征信机构提出意见，即按规定提供有关书面声明。征信机构必须将该声明与信用报告一同提供给信用报告的使用者。③

根据 CCPA 的规定，消费者有权要求企业披露其个人信息以及获得与个人信息收集和使用的有关的细节，包括：（1）企业收集的该消费者的个人信息的类别；（2）收集个人信息的来源类别；（3）收集或出售个人信息的企业或商业目的；（4）与企业共享个人信息的第三方类别；（5）收集的有关该消费者的具体的个人信息。企业应"向消费者提供两种或两种以上的

---

① Google，privacy policy，https：//policies. google. com/privacy？hl = en – US.

② 5 USCS § 552a（d）.

③ 15 U. S. C. § 1681i.

指定方式以提交对披露信息的请求，该等方式至少包括免费电话号码"，企业在收到消费者的请求且经核实后的 45 天内向消费者免费披露或向其提供所需信息，企业应当理解采取措施验证该请求，但这并不因此延长企业在 45 天内提供信息的义务。

（4）安全性原则在立法及实践中的体现

在征信领域，执法部门要求各主体采取措施保障信息安全，防止身份盗用。红旗规则由美国联邦贸易委员会与货币监理署（OCC）、联邦存款保险公司（FDIC）、美国联邦储备委员会和其他几个联邦机构共同公布。任何开立个人账户①的债权人或金融机构，必须为红旗规则实施一项防止身份盗用的计划。红旗规则对身份盗用预防项目的管理提出了许多要求，这些机构们被要求：一是需有专人对身份盗用预防系统的实施和管理负责；二是每年对项目的有效性进行评估、报告；三是定期更新项目；四是对相关人员进行培训以更好地实施项目②。

《金融服务现代化法案》规定联邦贸易委员会等执法机构为金融机构设立标准，来保护客户非公开个人信息的安全和秘密性。由此，联邦贸易委员会颁布了安全保障规则。安全保障规则要求金融机构开发、实施并维护一个全面的信息安全程序。这个程序必须依据以下因素设立：一是机构的规模和复杂程度；二是机构行为的性质和范围；三是机构客户非公开个人信息的敏感程度。联邦贸易委员会认为以下三个领域对于促进信息安全极为关键，金融机构应予以重视：一是雇员的管理和培训；二是信息系统；三是检测及发现系统漏洞。除此之外，金融机构还要考虑它们自身交易特点导致的特殊风险。③

为落实《健康保险携带和责任法》对保障个人的健康隐私信息的完整性和机密性的要求，监管部门提出信息安全保护规则。隐私保护规则强调的是受保护的健康信息应怎样被使用和披露的问题，信息安全保护规则规

---

　　①　这里的个人账户包括：能够进行多项交易的个人或家庭账户，或者其他具有一定风险的账户，这些账户可能会导致这一主体或导致它的消费者遭受身份盗用。

　　②　16 CFR §681.2 (d).

　　③　Privacy and Data Security Law Deskbook，3 – 29.

定的是受监管主体应采取怎样的措施来确保以下几点：一是确保电子版的受保护健康信息的保密性、完整性和可用性；二是预防任何可合理预见的对保护信息的威胁或危害；三是预防任何可合理预见的对保护信息的适用或披露；四是确保员工遵守信息安全保护规则。[1]

CCPA 没有直接规定数据安全的具体要求，但是，如果企业未能实施和维护合理的安全措施和程序，并且导致消费者的未加密和未编辑的个人信息遭到未授权访问、泄露、盗窃或泄露，那么消费者可以提起诉讼（包括集体诉讼）。[2] 虽然 CCPA 没有对"合理的安全措施和程序"进行定义或具体列举，但是加利福尼亚州总检察长在 2016 年的数据泄露报告中指出，互联网安全中心（Center for Internet Security）发布的二十种数据安全控制措施可供企业在实际运营中参考和执行。

（5）儿童个人信息的保护

美国《儿童在线隐私保护法》（*Children's Online Privacy Protection Act*，COPPA）立法过程始于 1997 年，COPPA 赋予父母对网站和在线服务运营者从儿童那里收集信息的决定权，在线服务运营者应当发布简明易懂的隐私政策，并披露通过其网站或服务获得儿童信息的第三方运营者的完整名单；在收集、使用和披露儿童的任何个人信息前须直接通知（direct notice）其父母，并取得父母"可验证的同意"（verifiable parent consent）。此后，美国联邦贸易委员会于 2000 年和 2013 年颁布和更新了 COPPA 的实施细则（*COPPA Rule*），并发布了《六步合规计划》《常见问题解答》和《消费者指南》等指导性文件，以指引企业在运营中遵守 COPPA 的相关要求[3]。

对于儿童领域的"同意"，特别是在广告领域，互联网巨头则显得更加谨慎。谷歌在其 2020 年 3 月 31 日生效的隐私政策中明确说明，"谷歌不会向您的孩子投放个性化广告，这意味着广告将不会基于您孩子的账户中的

---

[1] Privacy and Data Security Law Deskbook，4 – 25.

[2] Cal. Civ. Code § 1798. 150（a）（1）.

[3] FTC，Protecting Your Child's Privacy Online，https：//www. consumer. ftc. gov/articles/0031 – protecting – your – childs – privacy – online.

信息进行投放"①；Facebook 专设"未成年人与安全"（Minors and Safety）页面，并在其中发布了针对未成年人的特殊的保护措施，并设计了许多功能来提醒未成年人，他们与谁共享个人信息并限制其与陌生人的互动。②

三、美国个人信息领域的执法

美国每一个企业都受到联邦层面和州层面的隐私法律法规的约束。在实践中，发生个人信息泄露等事件，可通过联邦层面和州层面的执法机构行政权力规制，亦可通过民事诉讼实现个人信息保护。

美国没有单独设立专门的个人信息保护机构，在法律执行层面，执法机构包括美国联邦贸易委员会、检察长、联邦通信委员会、证券交易委员会、消费者金融保护局、卫生与公众服务部、教育部以及司法系统等。其中，在联邦层面，联邦贸易委员会承担了大部分保护消费者隐私的职责，其行使权力独立于总统权力，但总统有权任命联邦贸易委员会主席。其他政府机构也通过不同方式落实其监管领域内的信息安全保护，如证券交易委员会发布过有关信息安全及信息泄露的指南③，美国司法部也发布过指南，强调信息泄露事件和与联邦执法部门的互动。

（一）行政监管

在美国，联邦贸易委员会是隐私权和数据保护领域最有影响力的执法机构，其监管范围几乎包括美国所有的企业行为，这些商业行为影响着美国境内外的商业和消费者。《联邦贸易委员会法》第五条禁止企业从事"商业中或者影响商业的不正当或欺骗性行为或实践"，而侵犯商业隐私权和数据安全的行为属于不正当或欺骗性行为或实践之列，该规定在实际上笼统授予美国联邦贸易委员会对企业隐私政策的管辖权。值得关注的是，联邦贸易委员会的管辖权甚至超越美国境内，经国会明确授权，联邦贸易委员

---

① Google, privacy policy, https：//policies. google. com/privacy? hl = en – US.

② Facebook, Minors and Safety, https：//www. facebook. com/about/privacy/minors.

③ E. g., Investor Alert：Identity Theft, Data Breaches and Your Investment Accounts, （Sept. 22, 2015）；Updated Investor Bulletin：Protecting Your Online Investment Accounts from Fraud, （Apr. 26, 2017）.

会有权对境内企业在境外导致的损害进行纠正。联邦贸易委员会处理了大量有关隐私权的欺骗性和不正当行为的案件，2019 年，联邦贸易委员会处理了 130 多个垃圾邮件与间谍软件案件以及 80 项一般隐私诉讼①。

1. 执法依据——《联邦贸易委员会法》

依据《联邦贸易委员会法》第五条，如果满足以下两个要件，一个行为或实践则被认定为"欺骗性"的：一是所做的陈述或遗漏的信息将会或很可能会误导消费者，使其不能理性地决策；二是所做的陈述或遗漏的信息是"实质性的"，即某个行为很可能影响到消费者对产品或服务的行为或决定；另外，如果某个行为导致或者很可能对消费者导致重大伤害，且这种重大伤害无法被合理地回避，并且不能给消费者或竞争带来相应的好处②，那么这个行为或实践则是"不正当"的。

尽管《联邦贸易委员会法》并未专门强调隐私或者信息安全，联邦贸易委员会将该法第五条广泛应用于信息隐私、数据安全、网络广告、行动跟踪和其他数据密集型商业行为，且不乏成功的案例，包括针对未能适当地披露信息搜集行为的公司，未能遵守自己隐私政策的公司，未能遵守信息安全承诺的公司，以及未能为消费者提供合理的信息安全保障的公司③。

依据《联邦贸易委员会法》，联邦贸易委员会具有以下职权：发布规则（Rules），发布指南（Guides），以及对违反《联邦贸易委员会法》第五条或联邦贸易委员会规则的不正当或欺骗性行为进行调查、执法。其中，规则具有强制执行力，为执行《联邦贸易委员会法》，联邦贸易委员会颁布了贸易管理规则，具体规定哪些行为或实践是不正当的或具有欺骗性的，应被禁止，违反规则的行为会构成《联邦贸易委员会法》第五条的不正当或欺骗性行为（除非联邦贸易委员会另有规定）④。指南则没有强制执行力，

---

① Privacy & Data Security Update：2019，released by FTC on Feb 25，2010，https：//www.ftc.gov/system/files/documents/reports/privacy－data－security－update－2019/2019－privacy－data－security－report－508.pdf.

② Consumer Compliance Handbook，http：//www.federalreserve.gov/boarddocs/supmanual/cch/ftca.pdf.

③ Alan Charles Raul，The Privacy，Data Protection and Cybersecurity Law Review，p.369.

④ 16 C.F.R. § 1.8.

是"由联邦贸易委员会发布的关于法律的行政解释"①。指南通过提供范例或方向指导帮助企业，避免从事不正当或欺骗性的行为或实践。尽管指南没有法律效力，但如果一个人或公司未遵守指南，联邦贸易委员会可能会采取执法措施，指控其违反《联邦贸易委员会法》②。此外，联邦贸易委员会还可以通过报告向国会提出立法建议。

2. 联邦贸易委员会的执法手段

联邦贸易委员会的执法行为从调查开始。一般来说，联邦贸易委员会先对信息安全进行非正式调查，通常会先审查公共信息或者直接联系公司。如果委员会认为正式调查是有必要的，它会向公司发送正式的函件，要求提供文件、信息，进行访谈或要求作证，并且可能访谈第三方，如公司的供应商等。然后会决定公司总体的信息安全措施是否合理，信息安全措施是否合理取决于以下因素：消费者信息的敏感性、数量，公司业务量及复杂程度，可行的信息安全措施的成本，以及公司是否遵守了相关的信息安全法律，如《金融服务现代化法案》。如果调查涉及信息泄露，委员会也会搜集信息泄露的背景，公司应对以及泄露对消费者个人信息的影响情况③。

当联邦贸易委员会"有理由相信"法律已被违反或者正在被违反，并且认为诉讼程序符合公共利益，那么联邦贸易委员会就会提起指控，指控不是被指控方违反法律的最终裁决。该指控可以通过以下方式解决：一是通过合意令（Consent Decree）来寻求违法方的主动合作。合意令指两方通过和解协议来解决争端，而非经过法院最终裁判。而且法院被要求进入和解协议，对两方进行监督。合意令要求公司明确同意遵守联邦贸易委员会持续的监管，可能包括在长达数十年间对其实施控制、审计，督促其采取加强隐私保护的措施。合意令仅服务于和解的目的，并不构成对违反法律的认罪。联邦贸易委员会最终发布的合意令，会对主体今后的行动有法律效力。二是行政诉讼或联邦诉讼。对有关隐私权的错误或不正当行为，联

---

① 16 C. F. R. § 1.5.

② Dot Com Disclosures: Information about Online Advertising, ftc, March 2013, available at http://www.ftc.gov/bcp/edu/pubs/business/ecommerce/bus41.pdf.

③ Alan Charles Raul, The Privacy, Data Protection and Cybersecurity Law Review, p. 367.

邦贸易委员会会诉诸法院干预，包括禁止令、要求支付损害赔偿金等。联邦贸易委员会还可针对违法行为发布命令，声明采取持续监控，禁止未来的违法行为，以及当企业违反命令时进行经济处罚。这些命令将保护全体消费者，而不只是投诉的消费者。联邦贸易委员会发布过一篇博文《如果联邦贸易委员会来访，贵公司期待什么》。联邦贸易委员会通过这篇博文发布自己的相关重要政策：如果公司把信息泄露的事实报告给联邦贸易委员会，并配合联邦贸易委员会的执法，那么这个公司会给联邦贸易委员会留下"更好的印象"①。

联邦贸易委员会具有双重职能——保护消费者和反不当竞争，而隐私权的问题对这两方面都有涉及。联邦贸易委员会的反不正当竞争局局长认为，隐私问题渐渐成为联邦贸易委员会对并购进行审查的一部分，因为这个问题对消费者来说越来越重要②。

3. 联邦贸易委员会两大执法利器

（1）利用"欺骗性"条款执法

联邦贸易委员会利用"欺骗性"条款起诉了许多隐私侵犯案件，21世纪的前十年，这些案件几乎弹无虚发，因为这些公司明确无误地做了关于隐私政策的错误陈述。③ 第一个与网络隐私权有关的联邦贸易委员会执法案件是"地理城市"（GeoCities）公司案，联邦贸易委员会的控告集中于两个被联邦贸易委员会识别为具有欺骗性的交易行为。第一，控告声称"地理城市"公司对从消费者那里收集的信息的使用以及对信息的隐私政策进行了错误陈述。网站违反隐私政策，网站出卖、租赁或者以其他方式向第三方推销并披露了消费者个人信息，并且第三方对信息的使用目的不同于消费者之前同意的目的。第二，控告声称"地理城市"公司对关于赞助者的事实进行了错误陈述，网站声称它们为了一个网上俱乐部亲自收集和维持儿童的个人信息，而实际上控告声称是由第三方对儿童的个人信息进行收

---

① Alan Charles Raul, The Privacy, Data Protection and Cybersecurity Law Review, p. 367.

② Alan Charles Raul, The Privacy, Data Protection and Cybersecurity Law Review, p. 368.

③ Justin Brookman, Protecting Privacy in an Era of Weakening Regulation, 9 Harv. L. & Pol'y Rev. 355, 356 (2015).

集和维持。联邦贸易委员会声称"地理城市"公司的行为构成了违反《联邦贸易委员会法》第 5 条的不正当或欺骗性行为或实践。①

这个案子很快通过合意令得到解决，合意令的内容很大程度上体现了公平信息实践原则的要求。合意令要求"地理城市"公司发布明确的隐私说明，通知消费者什么样的信息在被收集、信息的使用目的、信息会向哪些第三方透露，以及消费者能够怎样查阅和修改信息。这个合意令成为一系列针对网站的控告的蓝图。"地理城市"公司案之后，联邦贸易委员会对许多违反自身隐私政策的公司提起诉讼，解决这些案件的合意令要求公司遵守自身的隐私政策，并要求他们实施合理的安全措施来保障消费者个人信息不被侵犯。②

在 2009 年，联邦贸易委员会对西尔斯百货（Sears）采取执法行动的案件表明，未能对收集的信息范围进行充分披露的行为可被联邦贸易委员会认定为欺骗性行为。联邦贸易委员会称，该公司向消费者声明其软件仅跟踪用户的在线浏览，但事后发现该公司的软件还会监控消费者的网上秘密行为，以及第三方网站上的保密互动，并搜集如下信息：购物车的内容，网上银行的信息，医药处方记录，录像带租用记录，图书馆浏览历史，网页版电子邮件的发送者、接收者、内容，甚至还跟踪一些与网络无关的电脑上的活动③。

根据联邦贸易委员会的指控，西尔斯公司邀请一些访问该公司网站（sears. com 和 kmart. com）的消费者成为"我的 SHC 社区"的会员。西尔斯公司招徕顾客来"参加激动人心的、有趣的和持续的互动，这些互动永远遵照你的意愿，永远听从你的选择"。西尔斯公司付给消费者 10 美元来参加这个活动。作为活动的一部分，西尔斯公司要求消费者下载"搜索"软

---

① Michael D. Scott, The ftc, the Unfairness Doctrine, and Data Security Breach Litigation: Has the Commission Gone Too Far? 60 Admin. L. Rev. 127 (2008).

② Michael D. Scott, The ftc, the Unfairness Doctrine, and Data Security Breach Litigation: Has the Commission Gone Too Far? 60 Admin. L. Rev. 127 (2008).

③ Sears Settles ftc Charges Regarding Tracking Software, https://www.ftc.gov/news - events/press - releases/2009/06/sears - settles - ftc - charges - regarding - tracking - software.

件，并声称这个软件会秘密地跟踪他们的"网上浏览"。只有在一个冗长用户许可协议中，西尔斯公司才披露了软件会跟踪的全部信息，而用户只有在经过许多步的注册程序之后才能看到这个用户许可协议。联邦贸易委员会指控西尔斯公司没能充分披露软件的信息收集行为，而这些事实对消费者决定是否安装软件非常重要，因此这种行为是欺骗性的，违反了《联邦贸易委员会法》第 5 条。①

在和解协议中，联邦贸易委员会要求西尔斯公司销毁所有之前收集的信息，并且西尔斯公司以后在对软件的推广中必须清楚、显著地披露软件监控、记录或传播的信息的类型。披露必须在软件安装之前作出，并与用户使用协议分离。西尔斯公司还必须披露信息是否会被第三方使用②。

（2）利用"不正当"条款执法

从 2005 年开始，联邦贸易委员会开始在"不正当"条款下对未能采取合理安全措施来保护个人信息的公司采取行动。联邦贸易委员会认为，不良安全保障措施满足不正当条款下的三段测试，因为这种行为：一是导致敏感个人信息的泄露；二是不能被消费者察觉或审查；三是实施更好的安全保障措施的成本与不良安全保障措施造成伤害相比要小得多。③

联邦贸易委员会对许多遭受了信息泄露，并有不正当商业行为嫌疑的公司进行了起诉，其中包括对鞋类零售商"DSW，Inc."公司的起诉。信息泄露是指一个组织对个人敏感信息无授权或非故意的暴露、公开或丢失。2005 年 12 月 1 日，联邦贸易委员会宣布它与该公司已达成和解，并且签订了合意令。联邦贸易委员会声称该公司未能采取合理安全措施保护消费者的敏感信息的行为是违反联邦法的不正当行为。联邦贸易委员会称该公司使用计算机网络来获得对信用卡、借记卡授权，检查店内的购物行为，并

---

① Sears Settles ftc Charges Regarding Tracking Software, https：//www. ftc. gov/news - events/press - releases/2009/06/sears - settles - ftc - charges - regarding - tracking - software.

② Sears Settles ftc Charges Regarding Tracking Software, https：//www. ftc. gov/news - events/press - releases/2009/06/sears - settles - ftc - charges - regarding - tracking - software.

③ Justin Brookman, Protecting Privacy in an Era of Weakening Regulation, 9 Harv. L. & Pol'y Rev. 355, 356 (2015).

跟踪库存。在利用信用卡、借记卡来购物的交易中，该公司通过卡片背后的磁条收集消费者的姓名、卡号、终止日期等信息。磁条的信息里还包括一个安全码，盗窃者可以利用这个安全码制作假冒的银行卡。但该公司的信息安全漏洞能使黑客能获得超过140万顾客的信息。①

联邦贸易委员会声称"DSW，Inc."公司：一是在没有商业需要来储存这些信息时将敏感信息储存于其多个档案中，因此对敏感信息造成了不必要的风险；二是未能采取安全措施来限制对电脑网络的访问；三是将信息储存于未加密的档案里；四是未能对店内及其他公司网络的电脑的能力进行限制；五是未能采取有效措施来阻止非授权访问。②

联邦贸易委员会与该公司迅速达成和解，公司同意遵守联邦贸易委员会的命令，这个持续二十年的命令要求：该公司必须派遣员工协助、负责信息安全计划；识别内部外部对信息的安全、保密、完整性构成重大威胁的风险；通过风险评估、定期测试及监控设计、实施合理的安全措施来控制风险；依据测试、监控的结果以及生意安排的重大变化评估、调整信息安全计划。而且必须每两年让一个有资质的、客观独立的专业第三方对其进行评估并出具报告，以确保其遵守了联邦贸易委员会的命令。③

当然，联邦贸易委员会根据《联邦贸易委员会法》第5条的执法权不可能落实公平信息实践原则的所有内容。例如，未能提供查阅和修改权的行为很难被论证为构成欺骗性行为（因为没有人被欺骗），你也很难论证未能使用户对他们的信息进行控制是不正当的行为（因为没有造成实质性的伤害，并且消费者能够通过不使用这一服务来避免任何可能的伤害）。因此，尽管联邦贸易委员会加强了警戒，但联邦贸易委员会本身没有能力将

①　Michael D. Scott, The ftc, the Unfairness Doctrine, and Data Security Breach Litigation: Has the Commission Gone Too Far? 60 Admin. L. Rev. 127 (2008).

②　Michael D. Scott, The ftc, the Unfairness Doctrine, and Data Security Breach Litigation: Has the Commission Gone Too Far? 60 Admin. L. Rev. 127 (2008).

③　Michael D. Scott, The ftc, the Unfairness Doctrine, and Data Security Breach Litigation: Has the Commission Gone Too Far? 60 Admin. L. Rev. 127 (2008).

公平信息实践原则的所有内容落实为法律。①

4. 联邦贸易委员会的执法案例

近年来，联邦贸易委员会在个人信息保护方面动作活跃，除了以上之外，还有较多的执法案例。

（1）物联网的案例

在 2013 年 9 月，联邦贸易委员会宣布其与在硅谷的趋势网络公司（TRENDnet）通过非诉讼方式解决了争议。趋势网络公司生产供顾客进行远程监控的录像设备，联邦贸易委员会认为该公司在许多产品说明中存在虚假陈述的嫌疑，该公司称其录像设备是安全的，但实际上录像设备上的软件存在缺陷，任何持有录像设备网络地址的人都可以在网上观看录像，因此数百个顾客的私人录像在网上公之于众。联邦贸易委员会的命令提出以下要求：禁止对录像设备的安全性进行虚假陈述；建立一个详尽的信息安全计划，应对信息安全风险；在以后的 20 年里每两年将信息安全计划送第三方测评一次；将录像设备的安全隐患告知消费者，并告知他们可以通过软件升级解决这个问题；在接下来的两年里，为消费者提供免费的技术支持。

联邦贸易委员会对物联网做过一个报告——《物联网：一个联通世界里的隐私和安全》②，报告提供了在这个由传感器和可穿戴设备创造的新世界里，公司应怎样保护消费者隐私、维持信息安全的建议。报告建议包括在产品和服务中建立安全防卫，减少信息采集，并且对消费者提供关于数据使用的通知和选择。报告认为设立新的法律还为时过早，但暗示执法机构会在《美国联邦贸易委员会法》《公平信用报告法》《儿童在线隐私权保护法案》下进行执法的调整③。

---

① Justin Brookman，Protecting Privacy in an Era of Weakening Regulation，9 Harv. L. & Pol'y Rev. 355，356（2015）.

② 《物联网：一个联通世界里的隐私和安全》：Internet of Things：Privacy and Security in a Connected World。

③ FTC，Internet of Things：Privacy and Security in a Connected World，https：//www. ftc. gov/system/files/documents/reports/federal – trade – commission – staff – report – november – 2013 – workshop – entitled – internet – things – privacy/150127iotrpt. pdf.

2017 年，美国联邦贸易委员会指控总部位于中国台湾地区的计算机网络设备制造商 D – Link 公司及其美国子公司因采取的安全措施不足，使其无线路由器和互联网摄像头容易受到黑客的攻击，从而使美国消费者的隐私受到威胁。D – Link 在此前一直宣传自身产品拥有高安全度且具备"先进的网络安全性能"，但事实上，这些产品存在极易受到攻击的安全漏洞，D – Link 也未能及时修补软件中的安全缺陷，使黑客能够远程控制用户设备。据悉，联邦贸易委员会此举是其致力于物联网安全，保护消费者隐私措施的一部分。2019 年，D – Link 已同意全面实施软件安全计划，包括确保其互联网摄像机和路由器安全的特定步骤。[①]

（2）与"信任"（TRUSTe）组织的争端及解决

联邦贸易委员会通过合意令解决了与"信任"组织的一项争端。公司利用"信任"组织的认证可以使消费者放心地认为它们已经遵从了隐私保护方面的标准。尽管该组织声称它们会每年对有认证的公司进行年检，但实际上在 2006 年到 2013 年里，没有进行年检的公司有 1000 多例。联邦贸易委员会的指控还包括，在该组织变成营利机构之后，还允许其他公司在宣传中说该组织是非营利机构。合意令将该组织置于联邦贸易委员会的管辖和监控之下，禁止以后作出同样的行为。并且有义务每年将有关《儿童在线隐私权保护法案》的执行情况递交联邦贸易委员会[②]。

（3）《消费者信心恢复法案》[③] 下的执法

在《消费者信心恢复法案》下的第一次执法中，联邦贸易委员会从联邦法院那里获得了针对一批供应商的限制令。在互联网交易中，《消费者信心恢复法案》要求网络商人在向消费者收费前，必须披露交易的所有重要条款，并且获得消费者的明确同意。限制令禁止了一项叫作"数据传输"的做法，通过"数据传输"，消费者的数据会被用来促进第三方网站的网上

---

① https：//www.ftc.gov/news – events/press – releases/2019/07/d – link – agrees – make – security – enhancements – settle – ftc – litigation.

② Alan Charles Raul, The Privacy, Data Protection and Cybersecurity Law Review, p. 385.

③ 《消费者信心恢复法案》：Restore Shoppers' Confidence Act。

零售，但这一行为并没有获得消费者的同意。①

（4）有关路由器安全的执法

联邦贸易委员会向美国运营商——威瑞森（Verizon）公司发送了一封通知函（Closing Letter），通知函告知公司，在联邦贸易委员会刚刚结束的调查中，该公司存在未向消费者提供安全的路由器的嫌疑。该公司向消费者提供的路由器出厂设定的加密标准是"WEP"，但这项标准在2004年遭到电气电子工程委员会②的强烈反对，因为这项加密标准的保密程度非常弱。联邦贸易委员会没有选择付诸诉讼，因为威瑞森公司采取了一些措施来减轻这一问题的影响，公司保证以后出售的路由器会使用"WPA2"加密标准，并且公司通知购买了老标准路由器的用户进行更新。如果用户的路由器与新标准不兼容，公司会为用户提供新的路由器。联邦贸易委员会在通知函里提醒威瑞森公司，数据保护是一个持续的过程，企业需要不断地进行监控和再评估③。

（5）有关网络广告的执法

2012年12月，联邦贸易委员会通过非诉讼途径与一家大型网络广告公司（Epic Marketplace Inc.）解决了一项争议。该公司通过"历史监控"秘密地、非法地从数百万消费者那里获得数据，这些数据涉及他们敏感的医疗和财务问题，包括受孕、失禁、债务清偿、破产等信息。公司利用这些信息向消费者推送定制的广告。联邦贸易委员会要求公司禁止利用历史监控技术，并要求其将非法收集的信息销毁④。

（6）有关财务和医疗信息的执法

2009年，联邦贸易委员会与美国最大的药品零售商——"CVS"（CVS Caremark）公司通过非诉讼途径解决了一项争议。该公司被指控未能采取合理的安全措施保护消费者和雇员的医疗和财务信息。

"CVS"公司是美国最大的药品连锁商店。2009年美国媒体报道该公司

---

① Alan Charles Raul, The Privacy, Data Protection and Cybersecurity Law Review, p. 385.
② 电气电子工程委员会：Institute of Electrical and Electronics Engineers。
③ Alan Charles Raul, The Privacy, Data Protection and Cybersecurity Law Review, pp. 385 – 386.
④ Alan Charles Raul, The Privacy, Data Protection and Cybersecurity Law Review, p. 386.

的药店将带有病人名字、地址、医生名称、药品及剂量信息的药瓶，带有个人信息的药品处方，求职申请，带有信用卡信息的纸片等废弃于公共垃圾箱里。联邦贸易委员会就此对其进行了调查，并指控其未采取合理、妥善的措施来处理消费者及雇员的信息。特别是，该公司未采取合理、有效的政策及程序来安全地弃置敏感的个人财务及医疗信息。

　　基于此，该公司被联邦贸易委员会指控进行了不正当的或欺骗性的行为，因为它们声称："在我们的操作中，没有什么比保证您健康信息的安全更重要"。最终 CVS 公司与联邦贸易委员会达成和解，和解条件包括建立一个详尽的信息安全项目来保障个人信息的安全、秘密性；接受联邦贸易委员会的监控；以及之后不得对公司的安全措施作虚假陈述。同时，卫生和公共服务部亦对此事进行了调查，并与 CVS 公司达成和解，和解条件包括支付 225 万美元的罚金①。

　　（7）对色拉布（Snapchat）的执法

　　联邦贸易委员会指控"阅后即焚"照片分享应用——色拉布公司的隐私和保密营销承诺存在欺骗性的嫌疑，联邦贸易委员会与该公司于 2014 年5 月通过非诉讼方式解决了该争议。基于联邦贸易委员会的起诉书，公司每天传送超过七百万条信息，公司在营销时告诉用户说这些信息会永远地消失，但实际上，公司会用很多方法把信息保存下来。而且，联邦贸易委员会称该公司会传送用户的地点信息甚至传送敏感信息，如通讯录联系人等，然而该公司告诉用户它们不会收集这种信息。和解方案禁止该公司在隐私及对消费者信息保密方面进行误导，而且该公司须建立一个隐私保护项目，并受独立监控 20 年。如果该公司不遵守和解方案，其将面临罚金。该公司称过去几年困扰它们的大部分问题已经解决了，并且公司已经改进了隐私条款、软件描述和软件内的实时提醒②。

　　（8）"治疗汇总"（Practice Fusion）汇总未经同意公开病例信息而受到

---

　　① https：//www. ftc. gov/news – events/press – releases/2009/02/cvs – caremark – settles – ftc – chargesfailed – protect – medical – financial.

　　② Alan Charles Raul，The Privacy，Data Protection and Cybersecurity Law Review，p. 367.

指控①

治疗汇总公司是一家电子健康档案公司。该公司将收集到的消费者的病例信息公布在网络上，但这一公开行为未在收集信息时向消费者充分披露，因欺骗性隐私政策受到联邦贸易委员会指控。在 2016 年 7 月与联邦贸易委员会达成和解中，联邦贸易委员会要求治疗汇总公司纠正上述违法行为，并要求在将消费者信息公之于众前，获得消费者的明示同意。

（9）《儿童在线隐私权保护法案》下的执法

2019 年 9 月，谷歌旗下视频分享网站 YouTube 因非法收集和分享儿童个人信息，违反《儿童在线隐私权保护法案》而被罚款 1.7 亿美元。谷歌和 YouTube 向美国联邦贸易委员会支付 1.36 亿美元，向纽约州政府支付 3400 万美元。在和解协议中，联邦贸易委员会和纽约总检察长指控 YouTube 未经父母同意，通过跟踪儿童频道观众网络浏览的识别码向用户提供有针对性的广告，并从中赚取了数百万美元。联邦贸易委员会和纽约总检察长声称，尽管 YouTube 声称是一个普通观众网站，YouTube 的某些个人频道（例如由玩具公司运营的频道）是面向儿童的，因此必须遵守《儿童在线隐私权保护法案》。除罚款之外，和解协议还要求 YouTube 和谷歌通知各频道主，其针对儿童的内容需要遵守《儿童在线隐私权保护法案》。YouTube 和谷歌还必须建立能够识别儿童内容的系统，确保 YouTube 遵守《儿童在线隐私权保护法案》。②

此外，2019 年 2 月，短视频应用 Musical. ly 因违反美国《儿童在线隐私权保护法案》而被联邦贸易委员会处以 570 万美元的罚款。联邦贸易委员会指控 Musical. ly 存在以下违法行为：①未采用技术手段，确保父母得知其收集、使用或披露儿童个人信息的实践做法；②未在网站页面或登录页面发布明确完整、通俗易懂的关于儿童个人信息实践做法的通知；③收集儿童用户的姓名、电子邮件地址和其他个人信息时，未征得父母的同意；

---

① https：//www. ftc. gov/news – events/press – releases/2016/06/electronic – health – records – company – settles – ftc – charges – it – deceived.

② https：//www. ftc. gov/news – events/press – releases/2019/09/google – youtube – will – pay – record – 170 – million – alleged – violations.

④未应父母要求删除儿童的个人信息；⑤超期存储儿童个人信息。①

（10）有关跟踪应用程序的执法

2019 年 10 月，联邦贸易委员会第一次对跟踪应用程序进行了执法行动，禁止应用程序的开发公司 Retina – X Studios 和其所有者 James N. Johns，Jr. 销售监视消费者移动设备的应用程序，除非 Retina – X 采取某些措施来确保这些应用程序仅用于合法目的。联邦贸易委员会声称 Retina – X 在其销售的三款应用程序中（MobileSpy、PhoneSheriff 和 TeenShield），允许购买者在设备用户不知情或未经其许可的情况下监视安装了应用程序的设备；并且这些应用程序要求购买者绕过移动设备制造商的限制，从而损害了设备的安全性。此外，尽管 Retina – X 在其法律政策中声称这些应用程序旨在监视员工和孩子，但并未采取任何措施来确保其应用程序用于这些目的。联邦贸易委员会还声称 Retina – X 没有采用和实施合理的信息安全政策和程序，没有对其移动应用程序进行安全测试，也没有对其服务提供商进行充分监督。联邦贸易委员会进一步指控 Retina – X 没有采取合理措施保护从儿童那里收集的个人信息，违反了《儿童在线隐私权保护法案》。2020 年 3 月，联邦贸易委员会最终同意与 Retina – X 达成和解。②

（11）有关金融领域的执法

美国三大信用报告机构之一的 Equifax 公司在 2017 年 9 月发生了一起数据泄露事件，因为 Equifax 公司使用的网络安全方案没有足够的能力来保护消费者的数据，而且 Equifax 公司没有选择最合适的网络安全方案并且没有遵循防止和缓解数据泄露影响的基本步骤，导致泄露了 1.47 亿人的社保号码、出生日期等个人信息。联邦贸易委员会指控 Equifax 违反了《联邦贸易委员会法》对不公平与欺诈性行为的禁止，以及《金融服务现代化法案》（GLBA）的保障规则。联邦贸易委员会主席乔·西蒙斯（Joe Simons）称通

---

① https：//www. ftc. gov/enforcement/cases – proceedings/172 – 3004/musically – inc.

② https：//www. ftc. gov/enforcement/cases – proceedings/172 – 3118/retina – x – studios – llc – matter.

过个人信息获利的公司有额外的义务保护数据安全。① 2019 年，作为与联邦贸易委员会、消费者金融保护局和美国 50 个州和地区达成的全球和解协议的一部分，Equifax 已同意支付至少 5.75 亿美元，并有可能最高支付 7 亿美元的罚款。此外，Equifax 还须采取全面的信息安全保护措施以确保信息安全，例如对内部和外部安全风险进行评估，并实施安全措施以应对潜在风险等。②

（12）个人健康信息的执法

联邦贸易委员会指控 PaymentsMD 公司及其前首席执行官 Michael C. Hughes 将"患者门户"的注册流程（消费者可以在其中查看其账单记录）作为一种欺骗性地征得消费者同意的途径，以获取消费者的详细医疗信息。根据起诉书，消费者可以在 PaymentsMD 运营的网站上支付医疗费用。2012 年，该公司和第三方开发一项称为患者健康报告的单独服务，旨在为消费者提供全面的线上医疗记录。但是，为了填写医疗记录，PaymentsMD 首先需要获取消费者的医疗信息。因此，PaymentsMD 更改了计费门户的注册流程，以允许 PaymentsMD 及其合作伙伴联系医疗保健提供者以获取其医疗信息。和解条款是 PaymentsMD 及其前首席执行官必须销毁所收集的与患者健康报告服务相关的任何信息。此外，禁止就其收集和使用信息的方式欺骗消费者，包括如何与第三方共享或从第三方收集他们的信息，并且他们必须在向第三方收集消费者健康信息之前获得消费者的明示同意。③

此外，治疗汇总公司是一家电子健康档案公司。该公司将收集到的消费者的病例信息公布在网络上，但这一公开行为未在收集信息的时候向消费者充分披露，因欺骗性隐私政策受到联邦贸易委员会指控。在 2016 年 7 月与联邦贸易委员会达成的和解中，联邦贸易委员会要求治疗汇总公司纠

---

①　https：//www. ftc. gov/news – events/press – releases/2019/07/equifax – pay – 575 – million – part – settlement – ftc – cfpb – states – related.

②　https：//www. ftc. gov/enforcement/cases – proceedings/172 – 3203/equifax – inc.

③　https：//www. ftc. gov/news – events/press – releases/2014/12/medical – billing – provider – its – former – ceo – settle – ftc – charges – they.

正上述违法行为，并要求在将消费者信息公之于众前，获得消费者的明示同意。①

（13）对 Facebook 和剑桥分析的执法

2018 年，联邦贸易委员会围绕剑桥分析公司滥用数据事件，对 Facebook 开展调查，评估 Facebook 是否应该采取更多措施防止剑桥分析公司窃取多达 8700 万用户的数据。剑桥分析公司是一家现已停业的咨询公司，曾为唐纳德·特朗普（Donald Trump）总统的竞选活动服务。联邦贸易委员会认为，Facebook 没能保障这些用户数据的安全，违反了平台此前承诺保护用户隐私的协议。经联邦贸易委员会充分调查，双方于 2019 年 7 月达成和解。根据和解协议，Facebook 同意成立一个独立隐私委员会，在运营的每个阶段都要考虑隐私问题，建立更多的隐私保护措施，并为其高管与隐私相关的决定提供更多的透明度和问责性。Facebook 首席执行官马克·扎克伯格将会被要求就公司的行为进行问责，另外，Facebook 还需向联邦贸易委员会支付和解金 50 亿美元。该罚款额度被联邦贸易委员会称为"史无前例"。

联邦贸易委员会对剑桥分析公司及其前首席执行官 Alexander Nix 和应用程序开发人员 Aleksandr Kogan 也提起了诉讼。联邦贸易委员会指控剑桥分析公司、Nix 和 Kogan 使用虚假和欺骗性手段收集数百万 Facebook 用户个人信息以进行选民分析，并欺骗用户其不会收集用户 ID 或其他可识别信息。但该应用却收集了用户的 Facebook ID，并将该 ID 连接到他们的 Facebook 上以获取用户信息。此后，剑桥分析公司申请了破产，Kogan 和 Nix 同意与联邦贸易委员会达成和解协议，两人将被限制未来从事业务的方式。

（14）《加州消费者隐私法案》（CCPA）下的执法

2018 年 6 月，加州通过了美国目前最全面和严格的《加州消费者隐私法案》，该法案并于 2020 年 1 月 1 日生效。加利福尼亚州总检察长于 2020 年 7 月 1 日开始执行《加州消费者隐私法案》。目前加利福尼亚州总检察长开始向一些公司发送违规通知，但尚未有公开的执法案例。

---

① https：//www. ftc. gov/news - events/press - releases/2016/06/electronic - health - records - company - settles - ftc - charges - it - deceived.

（二）私人诉讼

近年来，美国商业隐私权集体诉讼热情高涨，全国的媒体对此都有报道。

（1）Target 公司消费者集体诉讼案

许多公司被控滥用消费者信息，遭受黑客袭击或者遭受信息泄露事件。2013 年 12 月 19 日，目标（Target）公司宣布其计算机网络遭到了黑客袭击。信息泄露事件后该公司估计，在这起黑客袭击事件中有 420 万消费者的信用卡、借记卡信息被盗劫，610 万人的个人信息被盗窃。消费者基于该公司不充分的安全措施及袭击后的延迟通知在明尼苏达州地区法庭提起集体诉讼。2014 年 4 月 2 日原告最终与公司达成 1000 万美元的和解协议。能证明损失的消费者每人能够获得高达 1 万美元的赔偿。为获得赔偿，消费者需证明他们因信息泄露遭受了以下损失之一：信用卡或借记卡产生了未经授权且未补偿的费用；为解决费用问题花费了时间；为修改消费者信息调查报告花钱雇用了人员；账户产生更高的利率或费用；与信用有关的花费，如购买消费者信用报告；为办理新的身份证、社保号或电话号而产生的费用①。

除了赔偿之外，和解协议要求该公司加强消费者信息安全保护，采取以下措施：任命一名信息安全主管；实施一个信息安全计划，记录潜在的安全风险并设计衡量系统安全性的标准；对相关工作人员进行信息安全教育②。

尽管消费者在该案中与目标公司达成和解，并获得赔偿，但以下案例体现了消费者因其信息被泄露而提起诉讼时可能面临的障碍。

圣约瑟夫公司（St. Joseph）是一家医疗服务提供者，总部设在得克萨斯州。彼特（Peters）是得克萨斯州公民，曾是圣约瑟夫公司的患者。彼特在接受其医疗服务时将个人信息提供给了圣约瑟夫公司。圣约瑟夫公司在

---

① Target Offers $10 Million Settlement In Data Breach Lawsuit，http：//www. npr. org/sections/thet-wo－way/2015/03/19/394039055/target－offers－10－million－settlement－in－data－breach－lawsuit.

② Target Offers $10 Million Settlement In Data Breach Lawsuit，http：//www. npr. org/sections/thet-wo－way/2015/03/19/394039055/target－offers－10－million－settlement－in－data－breach－lawsuit.

2013 年 12 月 16 日到 18 日之间遭受了黑客袭击，包括彼特之内的患者及雇员的个人信息被盗窃。彼特声称，黑客将盗窃了她的信息置于公共领域，信息被未授权的第三方滥用。有一次，有人试图用发现（Discover）信用卡买东西，但因信用卡的欺诈预警交易未能完成。还有一次，有人试图用其儿子的名字进入其亚马逊账户，名字只能是因为信息泄露事件被透露的。彼特还称，因为信息泄露事件，其每天收到电话推销①。

得克萨斯州地区法院认为，宪法第三条将联邦法院的管辖权限定为真实的案件或争议，依据美国最高法院对这一条的解释，案件当事人负有以下举证义务：一是证明侵害的存在是实在的、具体的、已实际发生或即将发生；二是侵害与被起诉行为有因果关系；三是通过法院的支持判决，侵害可以被纠正。依据之前一个案子确立的标准，如果侵害是即将发生的，那么原告必须至少合理地确立他将遭受伤害的风险是"必然将发生的"或者是"实质的"。适用到本案，第一，尽管彼特声称信息的泄露会提高其未来受到身份盗窃或欺诈的风险，但仅仅是风险的提高本身不能达到"必然将发生的"或"实质性的"风险的标准。第二，原告无法证明试图使用信用卡的行为与数据泄露有关。第三，原告无法证明若诉讼请求被支持，那么其受到的损害能被弥补②。

（2）伊利诺伊州《生物识别信息隐私法》下的案例

Facebook 于 2010 年推出"标签建议"（Photo Tag Suggest）功能并默认保持开启，该功能利用人脸识别技术标注用户照片里出现的人。2015 年，三位伊利诺伊州公民 Adam Pezen、Carlo Licata、Nimesh Patel 依据该州的《生物识别信息隐私法》对 Facebook 提起诉讼，后来合并为集体诉讼，由北加利福尼亚联邦地方法院（Northern District of California Court）审理。③

该案主要原告 Nimesh Patel 提出，Facebook 在未经许可的情况下，从该州数百万用户的照片中获取面部数据用于标签建议，也没有按照《生物识

---

① 2015 WL 589561（S. D. Tex）.

② 2015 WL 589561（S. D. Tex）.

③ Facebook Agrees to $550M BIPA Settlement，https：//www.chicagolawbulletin.com/facebook - agrees - to - $550m - bipa - settlement - 20200210.

别信息隐私法》的要求，告知用户他们的数据将被存储多长时间。Facebook
曾以用户没有遭到金钱损失等"明显的具体损害"为由，向法院申请撤销
原告的诉讼，但美国联邦第九巡回上诉法院驳回了 Facebook 的请求，此案
进入审判阶段。①

在法院发布的公开声明中，法官桑德拉·伊库塔（Sandra Ikuta）指出
"未经当事人同意使用人脸识别，会侵害其个人隐私和具体利益"。法院认
为，"Facebook 的面部识别技术违反了伊利诺伊州的《生物识别信息隐私
法》。违反《生物识别信息隐私法》实际上损害了用户的隐私，或会对他们
的隐私构成实质性的威胁"，对个人隐私和具体利益的损害，正是一种具体
损害。

在撤销诉讼的尝试失败后，Facebook 开始寻求庭外和解的方案。在初步
听证会上，该案法官 James Donato 曾拒绝签署和解协议，要求原告解释赔偿
金额与最初 350 亿美元诉求相比为何减少如此之多，以及为什么这一和解方
案有利于所有的集体诉讼成员，而不是仅仅在要求 Facebook 履行应尽义务。
同时，Facebook 的工程师应该给出清晰的解释，在和解达成后，Facebook 将
如何处理诉讼用户的人脸数据。2021 年 2 月，法官 James Donato 批准了
Facebook 向用户支付 6.5 亿美金的和解协议。参与诉讼的 160 万名用户将至
少每人获得 345 美元。

四、特殊领域个人信息的保护

（一）征信领域

1. 概述

美国拥有 Experian、Equifax 和 TransUnion 三大个人征信机构。三大机构
拥有世界上最为先进的消费者信用信息系统，它们收集消费者各方面的信
息，将其汇总加工处理，成为各类授信机构防范信贷风险、改进管理、防
范欺诈等各个方面所依赖的工具。三大机构提供的征信服务或产品主要包
括：记录消费者还款历史的信用报告，各类消费者信用评分，保险、就业

---

① 932 F. 3d 1264 (2019).

等方面的信息。

对征信行业来说，最重要的个人信息法案是 1970 年颁布的《公平信用报告法》。该法是美国个人信息保护法律的开端，赋予信息主体以知晓征信机构储存的其个人信息来源的权利。该法主要目的是防止征信行业里的滥权以及保证消费者对其个人信用调查报告的权利，主要规定了消费者对信用调查报告查阅和修改的权利，规范了消费者信用调查、报告机构对于报告的制作、传播以及对违约记录的处理等事项，实际上明确了个人征信机构的经营方式。

2003 年，国会颁布了《公平准确信用交易法案》①　（FACTA），以对《公平信用报告法》作出修改，加强了对消费者保护力度，特别在打击身份盗窃方面，新法案对相关机构提出新的要求。

根据以上法案，消费者具有以下权利：一是知情权，消费者有权从征信机构处自由取得本人的基本信用信息，并充分了解征信机构对自己信用状况的评价及依据；二是提出异议并请求更正权，如对信用报告内容有异议，消费者可向征信机构提出异议并要求其更正。相应地，征信机构具有以下义务：一是通知，在信用报告被用于对个人不利决定时（如依据信用报告拒绝个人贷款申请时），征信机构应通知个人。二是免费信用报告。个人有权每年从全国性征信机构免费获得一份信用报告。三是隐私保护义务。信用报告中所收集的信息仅限于特定目的，属于敏感性的个人信息，如思想、宗教信仰、健康状况、犯罪嫌疑、判决及刑罚的执行等均不能列入信息调查范围，以免造成对他人隐私权的侵害。四是更新信息义务。信用报告中的信息应得到及时更新，如第 605 条规定，征信机构不能提供陈旧信息，对于信用报告中的负面信息，如破产记录为 10 年、偷漏税和刑事诉讼记录为 7 年，期满后应当删除。

2. 征信行业个人信息保护的立法

（1）适用对象

《公平信用报告法》规范的对象是个人征信机构（Consumer Reporting

---

① 《公平准确信用交易法案》：Fair and Accurate Credit Transactions Act（FACTA）。

Agency）、消费者报告及其使用者。其中，"个人征信机构"指任何人以收费、应交之费或非盈利的合作基础，日常专职或兼职地从事收集或评估消费者信用信息或其他有关信息，以向第三人提供报告，以及使用任何方式提供消费者报告的任何人①。而"消费者报告"是指由征信机构提供的有关消费者信用价值、信用状况、信用能力、信用品格、一般名誉、个人消费特点或生活方式的任何书面、口头及其他联系方式的信息。它被部分或全部地用于或准备用于确定一个消费者某种资格的因素。这种资格包括：一是主要为个人、家庭取得贷款或获得保险目的；二是就业目的；三是其他法律授权的任何目的②。该法并没有对"消费者报告的使用者"进行定义。任何获得消费者报告并基于报告的内容对消费者进行评估的主体都是消费者报告的使用者，不论报告是直接从征信机构获得，还是从其他机构间接获得③。

（2）消费者信息收集的限制

征信机构收集消费者以下信息：信用信息，即消费者使用信贷产品的付款记录，包括交易的类型、交易日期、开户日期、信贷额度；公共记录，有关政府部门、司法机构、仲裁机构等提供的破产申请、经济纠纷及离异、收养信息；信用查询记录，即消费者信用报告被查询的记录，这些记录反映了消费者寻求信贷和雇用机会的频率；其他个人基本信息，包括消费者以前和现在的住址、社会保险号码等。信用报告中收集的信息仅限于特定目的，属于敏感性的个人信息，如思想、宗教信仰、健康状况、犯罪嫌疑、判决及刑罚的执行等均不能列入信息调查范围，以免造成对他人隐私权的侵害。

《公平信用报告法》规定，授信机构在与消费者的信用交易中直接得到信息并把该信息向信息机关提供时，不需得到消费者的同意。个人征信机构要用文件形式说明对有关个人信息收集的目的。在合理的动机和目的下，

---

① 15 USCA §1681a（f）.

② 15 USCA §1681a（d）1.

③ Privacy and Data Security Law Deskbook，2 – 5.

个人征信机构可以进行信息收集。个人征信机构通过公开的公共信息而收集信息时，由于信息已经开放，征信机构可以直接收集，不需得到消费者的同意。

（3）消费者报告使用的限制

《公平信用报告法》的主要目的是确保个人财务信息的秘密性，因此消费者报告的传播只能基于有限的目的。个人征信机构有义务对要求报告的主体的目的进行审查。只有在以下情况下，报告才可以提交给第三人：一是奉法院的命令或有联邦大陪审团的传票；二是获得当事人本人的书面同意；三是应州或地方儿童抚养执行机构（或此机构首长授权的州或地方政府的官员）的要求，且他们的要求满足一定的条件；四是管理州计划的机构为确立一份初审的或经修改过的儿童抚养裁决而使用；五是使用该消费者参与的信用交易的信息，该信息将向消费者发出并涉及对消费者的信用扩张、检查或账户收集等；六是为就业目的而使用；七是为签署涉及该消费者的保险协议而使用；八是为决定消费者按法律要求取得政府机构许可或授予其他利益的相应资格而使用，以考虑申请人的金融责任或地位；九是作为潜在的投资者、服务商或作为当前的保险人，为进行信贷责任有关的信贷评估、估价或评估预支风险而使用；十是其他对信息有合法商业需要的规定[①]。

没有特定合法目的而申请获取消费者报告的主体依据"合法商业需要"条款也可能取得该报告。但这样兜底条款有许多限制，基于"合法商业需要"条款申请获取报告需要消费者本人和报告使用者之间具有既存关系，或者在没有既存关系的情况下，交易必须由消费者本人发起。联邦贸易委员会对这一条款作出非常严格的限制，例如一张病例表上有这样的条款："我知道在适当的情况下，我的信用报告可以被获取"，且这张病例表上有病人的签名，联邦贸易委员会认为这不能构成"由消费者发起的交易"，因为这不是一个明确的同意授权，而是对未来可能发生事项的

---

① 15 USCA §1681b.

通知①。

（4）"不利行动"通知义务及异议处理

依据《公平信用报告法》，当报告使用者基于消费者报告而采取了对消费者不利的行动时，报告使用者对消费者负有通知义务。在由消费者发起的交易中，任何不利于消费者利益的行为都是"不利行动"，"不利行动"包括拒绝消费者借贷的要求、账户的停用、对账户条款作出不利于消费者的改变、拒绝雇用，拒绝或撤销承保或者拒绝发放政府福利或执照②。

不利行动通知必须包含以下内容：一是发布消费者报告的机构；二是告知消费者有权在 60 天内向个人征信机构索要报告的免费复印件；三是告知消费者有权向个人征信机构提出报告准确性和完整性的质疑；四是发布声明告知消费者并不是个人征信机构对消费者作出不利的决定，以及报告机构无法解释不利行动的原因③。

当对信用报告内容有异议，消费者可向个人征信机构提出异议并要求其更正。个人征信机构应会同信息提供机构迅速进行调查，并在规定时间内将更新后的信用报告或核查无误的函件送达消费者；如调查后无法确定，征信机构应屏蔽有关信用记录，并将更新后的信用报告送达消费者；如屏蔽后又发现原信用记录属实，个人征信机构可重新登载，但应通知消费者。对于更新后的信用报告仍有异议的话，消费者可以进一步向个人征信机构提出意见，即按规定提供有关书面声明。个人征信机构必须将该声明与信用报告一同提供给信用报告的使用者。

（5）消费者信息的处置规则

信息处置规则是联邦贸易委员会对《公平准确信用交易法案》的实施细则，联邦贸易委员会通过信息处置规则对处理消费者信用报告的信息和记录进行了更为严格的规定。信息处置规则是为减少由于信息的不正当处置导致的消费者欺诈及身份盗用，适用于所有持有或处理消费者个人信息

---

① Privacy and Data Security Law Deskbook，2 – 5.

② 15 USCA §1681a（k）.

③ 15 USCA §1681m（a）.

的主体，包括报告机构、贷款方、保险公司、雇主等①。

信息处置规则要求相关主体采取"合理措施"处置信息，以防止未经允许地获得或使用被处置的信息。处置行为包括丢弃、废弃消费者信息的行为，以及销售、捐赠或者改进传媒工具（包括储存消费者信息的电脑设备）。信息处置规则举例说明了企业可以采取的"合理措施"，但并没有具体界定"合理措施"的定义。企业可以依据信息的敏感程度、信息处置方法的成本和好处，以及技术发展程度来决定什么是合理的措施。以下例子可以作为参考，但并不穷尽合理措施的范围：一是设置政策和程序，要求对包含消费者信息的纸张进行焚烧或者粉碎，并且毁损包含消费者信息的电子媒介，或者将上面的信息擦除。二是对信息处理公司进行尽职调查之后，与信息处理公司签订合同，要求它们按照信息处理规则的要求处置信息②。

（6）诈骗预警规则

消费者一旦怀疑自己可能已经成为诈骗受害者，可以在自己的文件夹中设置短信提示。《公平准确信用交易法案》要求建立全国性反欺诈监测系统。过去，身份被盗的受害者必须电话通知所有信用卡公司以及全国三家主要的个人征信机构。《公平准确信用交易法案》实施之后，受害者只要通报一次，记录就进入全国性反欺诈监测系统，自动保护受害者的信用评级，极大地简化了消费者报告伪冒盗窃的程序。如果个人征信机构收到来自受害者的报警，对未来任何与这个消费者有关的询问申请，都有责任进行身份确认。该法还使得在国外执行任务的士兵能够申请对他们的信用记录加入特殊记号，以防伪冒。此外，催收机构必须通知债权人关于伪冒的信息。

（7）防止身份盗窃的规则——红旗规则

红旗规则由联邦贸易委员会与货币监理署、联邦存款保险公司、联邦储备委员会和其他几个联邦机构共同发布。任何开立账户的债权人或金融机构，必须根据红旗规则实施一项防止身份盗用的计划。

---

① Privacy and Data Security Law Deskbook，2 – 14.

② 16 CFR §682.3（b）.

但红旗规则出台之后，许多主体在理解和落实身份盗用预防计划方面存在诸多困难。银行、按揭贷款提供者长期以来具有健全的身份盗用和欺诈预防系统，但红旗规则对医疗机构、非营利性组织、商业贷款方、零售商以及小企业来说非常意外。红旗规则没有规定身份盗用预防项目的特定形式或内容，而只是列出了企业在设立这个项目时须遵守的程序。这一程序颇具挑战性，并且很耗费时间。联邦贸易委员会对于这一问题有清晰的认识，因此采取了积极的措施来保证落实，为企业出版了合规指南，并且延长防止身份盗窃项目的落实期限①。

身份盗用本身不是目的，犯罪者盗用身份的目的是进行其他欺诈行为。红旗规则的目的是让企业提前发觉这些欺诈的预警信号（红旗的意思就是预警），开发有效的机制来防止欺诈，并且减少这些欺诈的损失。为了实现这些目标，相关企业必须识别出身份盗窃的行为模式、惯例及其他有预示作用的行为，或者开发能够检测和回应这些预警信号的方法。联邦贸易委员会鼓励企业主动努力去识别本领域内独特的预警信号②。

红旗规则对身份盗用预防项目的管理提出了许多要求：一是需有专人对身份盗用预防系统的实施和管理负责；二是每年对项目的有效性进行评估、报告；三是定期更新项目；四是对相关人员进行培训以更好地实施项目③。

身份盗用预防计划适用于具有如下条件的主体和账户。在适用主体上，红旗规则中关于建立身份盗用预防项目的要求适用于金融机构与放贷者。这里的放贷者指那些定期并在日常业务中采取以下行为的主体：一是为放贷而获取或使用消费者报告；二是向征信机构提供与贷款业务有关的信息；三是向其他人或者代表其他人预支贷款。④ 在适用账户上，如果以上两类主体中有以下类型的账户，则需要建立红旗规则中的身份盗用预防系统：一是能够进行多项交易的个人或家庭账户；二是其他具有一定风险的账户，

---

① Privacy and Data Security Law Deskbook，2－18.

② Privacy and Data Security Law Deskbook，2－22.

③ 16 CFR §681.2（d）.

④ Privacy and Data Security Law Deskbook，2－20.

这些账户可能会导致这一主体或导致它的消费者遭受身份盗用。在实践中，几乎所有消费者账户的提供方都受红旗规则的管制。对于非消费者账户（如公司账户），主体有权自由裁量这些账户是否需要身份盗窃预防项目①。

（二）金融领域

金融领域隐私保护和个人信息安全的联邦立法主要是《金融服务现代化法案》。据此联邦执法机构的执法主要依据两套实施细则：隐私规则——实现保护隐私的目的，以及安全保障规则——实现保护数据安全的目的。

《金融服务现代化法案》要求金融机构根据最初由美国联邦贸易委员会和金融监管机构颁布的隐私规则保护消费者的非公开个人信息。2011 年，随着《多德—弗兰克法案》（*Dodd – Frank Act*）的通过，消费者金融保护局（CFPB）承担了制定规则的权力，但证券交易委员会（SEC）和商品期货交易委员会除外。根据 1999 年相关规定，联邦金融监管机构（例如美联储、货币监理署、联邦存款保险公司和证券交易委员会）对其辖区内的机构实施了《金融服务现代化法案》。不符合《金融服务现代化法案》要求的银行和相关金融机构可能会受到《金融机构改革、复兴和实施法案》（FIRREA）的重罚。对于不在任一前述监管机构管辖范围内的金融机构，联邦贸易委员会最初具有执法权限，而根据《多德—弗兰克法案》，消费者金融保护局现在也具有《金融服务现代化法案》隐私规则和安全保障规则的执法权。在州层面，州检察长可以执行《金融服务现代化法案》。《金融服务现代化法案》并不排除州的立法提供更多的保护。

1. 《金融服务现代化法案》

该法的隐私保护和信息安全保护建立在"非公开的个人信息"（non-public personal information）这个概念之上，具体指可识别性的个人金融信息，且这些信息：一是由消费者向金融机构提供；二是来源于消费者参与的交易或服务；三是由金融机构获得的其他信息。② 联邦执法机构在执法中发展出两套规则体系：隐私规则和安全保障规则。金融机构在处理消费者

---

① 16 CFR §681.1.

② 15 USCA §6809 （4）.

及客户的非公开个人信息时，应遵守隐私保护规则和数据安全保护规则。

《金融服务现代化法案》的隐私保护条款对金融机构使用和泄露个人可识别信息进行了限制，并规定了一些不受限制的例外情况。允许金融机构将消费者信息与关联机构分享。但只有在向消费者履行了通知义务，并给消费者提供了选择不分享的机会之后，金融机构才可以向非关联机构分享消费者的信息。要求金融机构向非关联第三方披露非公开个人信息时，应当将该信息的范围清楚、明确地告知消费者。在上述信息首次披露之前，金融机构应当给消费者有权终止这些信息披露给第三方的机会，消费者应当得到金融机构关于如何行使此项退出权的说明。[①] 但该法不禁止金融机构向消费者信用报告机构提供消费者借款账户等信息。

《金融服务现代化法案》对非公开个人信息的披露还做了以下限制：一是重复使用信息的限制：除非另有规定，从金融机构得到个人隐私信息的无关联关系的第三者，不能再直接或间接地将这些信息提供给金融机构与其之外的第三方，除非金融机构已经合法、直接地授权该第三方可以得到这些信息。二是为了营销目的共享账号信息的限制：金融机构除了将用户的账号、类似访问号码的号码或者信用卡账户、存款账户或交易账户的密码透露给相关的用户报告机构外，不能将这些账号信息透露给任何无关联关系的第三者用于电话营销、直邮营销或者其他通过电子邮件的形式对用户进行的营销。

2. 联邦贸易委员会对《金融服务现代化法案》的实施细则

（1）金融机构的义务之一——隐私保护规则

金融机构的消费者和客户是两个不同的概念，金融机构在隐私保护规则下对消费者和客户的义务有所不同，客户比消费者获得更强的隐私保护。消费者是指为个人、家庭目的而获得金融产品或服务的个人，而客户是与金融机构有持续关系的消费者。[②] 对客户和消费者，金融机构对他们的信息披露有以下通知义务。

---

① 15 U. S. C. Sec. 6802（b）.
② 15 USCA §6809（9）.

隐私政策说明义务。隐私保护规则要求金融机构向消费者和客户提供关于金融机构隐私政策的通知。在金融机构与客户建立商业关系之前以及建立关系后的每年，金融机构需向客户提供隐私政策通知。而对消费者，只有在其向非关联第三方提供消费者的非公开个人信息时，金融机构才需提供隐私政策通知①。

为消费者提供终止这些信息披露的选择。金融机构向非关联第三方披露非公开个人信息时，金融机构应当给消费者有权终止这些信息披露给第三方的机会，消费者应当得到金融机构关于如何行使此项退出权的说明。隐私保护规则规定了退出权说明的形式和内容要求。退出权说明应当清楚明确，并且说明：一是非公开个人信息已经或者可能向非关联第三方披露；二是消费者有权终止这项披露；三是消费者行使这种选择的方式。②

按照隐私保护规则的规定，金融机构必须以一种使消费者能确实地获得隐私政策和退出权说明的方式传送以上说明，这些方式包括亲手交付纸质版，或者向消费者的最新邮箱邮寄，等等。

金融机构的隐私政策说明和退出权说明义务也有例外，在这些情况下，金融机构披露消费者非公开个人信息时不需进行相应通知，但这些例外不适用于以下情况：一是必要的效果或管理、提出交易请求、用户授权；二是关于提供或处理金融产品、服务请求或用户授权；三是和金融机构或其他做信用卡项目或其他拓展信贷的机构处理用户的账户；四是提出资产证券化或实际资产证券化、二级销售市场（包括销售服务权）或者与用户相关的类似交易事项；五是用户同意并遵从用户的要求；六是为保护金融机构持有的用户账户记录信息、提供的服务或产品的信息、相关事务信息的安全性与保密性；七是为防止或阻止现实或潜在的诈骗行为、未经授权的交易、权利要求或其他不利因素；八是为要求机构控制风险，解决用户的纠纷和问询；九是获得与用户相关的法定利息或受益权；十是由受托人代理或代表用户资格；十一是向保险费率咨询组织提供关于保险金、代理、

---

① Privacy and Data Security Law Deskbook，3 – 15.

② Privacy and Data Security Law Deskbook，3 – 20.

适用的金融机构的评级机构、评估机构的人员符合行业标准和机构的律师、会计师、审计师的信息；十二是根据 1978 年《金融隐私法案》和其他法律规定中的条款，要求执法机构、国家保险机构、联邦贸易委员会等监管机构调查与公共安全相关的问题；十三是消费者信用报告机构发布《公平信用报告法案》；十四是从消费者征信机构获得消费者报告；十五是如果个人隐私信息的披露与用户将来的或正在进行的销售、企业合并或转让、全部或部分交易业务或其经营机构相关；十六是遵守联邦、州或当地的法律法规或其他法律要求，遵守联邦、州和当地政府授权的有关民法、刑法、监管调查和传票传唤的相关规定，响应法律授权的金融机构的审查或其他事项的司法程序或政府监管机构的管辖权①。

（2）金融机构的义务之二——安全保障规则

《金融服务现代化法案》规定联邦贸易委员会等执法机构为金融机构设立标准，保护客户非公开个人信息的安全和秘密性。由此，联邦贸易委员会颁布了安全保障规则。

安全保障规则要求金融机构开发、实施并维护一个全面的信息安全程序。这个程序必须依据以下因素设立：一是机构的规模和复杂程度；二是机构行为的性质和范围；三是机构客户非公开个人信息的敏感程度。联邦贸易委员会认为以下三个领域对于促进信息安全极为关键，金融机构应予以重视：一是雇员的管理和培训；二是信息系统；三是检测及发现系统漏洞。除此之外，金融机构还要考虑它们自身交易特点导致的特殊风险。②

具体来说，联邦贸易委员会认为金融机构可以通过以下措施保护信息的安全：指定一名或以上雇员协调其信息安全项目，识别与评估关于消费者个人信息安全、保密与完整性方面可预见的内部与外部风险，设计并执行信息安全机制以控制风险，定期测试与检测关键控制系统和安全保障程序的有效性，选择有合适安全保障措施的服务提供商，要求它们签署书面

---

① Privacy and Data Security Law Deskbook，3－24～3－26.
② Privacy and Data Security Law Deskbook，3－29.

合同维持这些安全保障措施，并监督它们对消费者信息的处理，根据对安全保障措施的测试与检测结果评估与调整信息安全系统，对员工的训练和管理等。①

（三）医疗领域

健康信息领域中最重要的立法是 1996 年生效的《健康保险携带和责任法》。该法通过建立电子传输健康信息的标准和要求，保障个人的健康隐私信息的完整性和机密性，防止任何来自可预见的威胁、未经授权的使用和泄露，确保官员及其职员遵守这些安全措施，鼓励健康信息系统的发展。2009 年，国会颁布了《经济与医疗健康信息技术法案》②，从数据最小化、罚则增加、电子病历以及数据使用告知等几个方面对《健康保险携带和责任法》的隐私和安全规范进行了扩大和加强。此外，国会认为基因信息需要更强的隐私和安全保护，因此 2008 年颁布了《基因信息反歧视法》③。同时，联邦政府还重视医疗数据的共享，2016 年 12 月颁布实施了《21 世纪治愈法案》④ 并于 2020 年 3 月公布了最终规则⑤，规定了公共和私人实体在患者和各方之间共享健康信息的安全规则，支持患者通过其授权的安全的应用程序对其电子病历数据进行安全访问和获取。除了联邦法律之外，个人健康信息也受到州法的保护。

《健康保险携带和责任法》适用于以下主体：一是团体健康计划；二是医疗结算中心；三是在医疗服务交易中用电子形式传输医疗信息的医疗服务提供者⑥。主要执行机构是美国卫生和公共服务部。按照该法的授权，卫生和公共服务部提出两套实施细则，第一套是隐私保护规则，包含使用和透露受保护的健康信息的详细要求。几年后，卫生和公共服务部提出了信

---

①　Privacy and Data Security Law Deskbook，3 – 29.

②　《经济与医疗健康信息技术法案》：Health Information Technology for Economic and Clinical Health Act.

③　《基因信息反歧视法》：Genetic Information Nondiscrimination Act of 2008。

④　《21 世纪治愈法案》：21st Century Cures Act。

⑤　ONC's Cures Act Final Rule.

⑥　HIPAA §1172（a），42 USCA § 1320d – 1（a）（1）－（3）.

息安全保护规则，对以电子形式保存健康信息提出了具体的安全要求①。

受保护的健康信息是《健康保险携带和责任法》的核心概念，具体指的是用电子媒介或其他方式传输或保存的个人可识别健康信息，明确排除了在雇用记录和教育记录中记载的信息。个人可识别健康信息指的是能够合理地识别出个人并且这些信息与以下内容有关：一是一个人过去、现在或者未来的身体或心理健康或疾病信息；二是对一个人提供的医疗；三是一个人过去、现在或者未来的医疗付费信息。②

1. 隐私保护规则

隐私保护规则于 2003 年 4 月生效，对受保护的健康信息的使用和披露进行监管。为帮助被监管的主体更好地落实隐私保护规则，卫生和公共服务部发布了指导文件、一系列常见问题及解答，以提供指导。

隐私保护规则允许被监管主体在以下情况下使用和披露受保护的健康信息：一是给信息主体使用和披露；二是为了给这个主体进行治疗、支付医疗费以及进行健康护理。③ 其他对受保护的健康信息的使用和披露可以被归为三类：一是需要信息主体进行书面授权的使用和披露；二是在使用和披露之前需给予个人同意或反对的机会；三是不需个人同意或反对就可以进行的使用与披露。④

在以下情况下，需信息主体进行书面授权才能对信息进行使用和披露：一是心理治疗记录的使用或披露；二是将受保护的健康信息用于市场营销目的的披露或使用；三是出售受保护的健康信息。⑤

在一些情况下，受保护的个人信息的使用和披露需要给予个人同意或反对的机会，使用和披露的通知可以口头作出，个人可口头同意或反对。⑥比如，当受保护健康信息的特定部分被用于医疗设备指南时，机构需给予

① Privacy and Data Security Law Deskbook，4 - 4.
② 45 CFR § 160. 103.
③ 45 CFR § 164. 502（a）（1）.
④ Privacy and Data Security Law Deskbook，4 - 6.
⑤ 45 CFR § 164. 508（a）（1）.
⑥ 45 CFR § 164. 510.

个人同意或反对的机会。再如，当机构为了通知或医疗护理的目的对信息进行使用和披露时，个人需被给予同意或反对的机会。例如，医疗机构或许需要向个人的亲属、好朋友或其他由病人指定的人透露一定的健康信息，但仅以促使其参与对病人的护理为限，或者为了通知病人的地点、病情或死亡。①

在许多情况下，对受保护的个人信息的使用和披露不需信息主体的书面授权，也不需要给他们同意或反对的机会，这些情况包括但不限于：一是应法律要求；二是为了公共健康活动；三是当被监管的机构认为信息主体是虐待、忽视或者家庭暴力的受害者，并向政府机构报告；四是为了尸体器官、眼睛或者组织的捐赠目的；五是为了研究的目的。尽管不需要书面授权或者提前给予同意或反对的机会，在以上情况下，对信息的披露与使用法律也施加很多限制。

对所有的使用和披露，隐私保护规则提出了"最小必要"标准。被监管的主体必须作出合理努力，将使用、披露或要求披露的受保护健康信息的范围限定于最小的、必要的范围。此外，隐私保护规则还要求受监管的机构为个人提供机构隐私政策的说明。

2. 信息安全保护规则

信息安全保护规则是卫生和公共服务部对《健康保险携带和责任法》进行落实的细则，于 2003 年 4 月 21 日生效。隐私保护规则强调的是受保护的健康信息应怎样被使用和披露的问题，信息安全保护规则规定的是受监管主体应采取怎样的措施：一是确保电子版的受保护健康信息的保密性、完整性和可用性；二是预防任何可合理预见的对保护信息的威胁或危害；三是预防任何可合理预见的对保护信息的适用或披露；四是确保员工遵守信息安全保护规则。②

隐私保护规则与信息安全保护规则一个重大区别是：隐私保护规则适用于任何形式的受保护健康信息，但信息安全保护规则仅仅适用于电子版

---

① 45 CFR § 164.510 (b) (1).

② Privacy and Data Security Law Deskbook, 4 – 25.

的受保护健康信息。①

安全保护规则规定了三类被监管机构需实施或注意的保障措施：管理上的、物理上的以及技术上的保障措施。这些保障措施表现为一系列标准要求，包含许多执行规范。比如，名为"安全突发事件程序"的标准包含"回应与报告"的执行规范。所有的标准都是必须被实施的，但执行规范被划分为必须实施的执行规范与可选择的执行规范。机构可以依据自身环境、执行规范的保护效果来选择是否执行可选择的执行规范。如果被监管机构决定不去执行某一可选择的执行规范，它必须实施一个与其相当的其他措施，并记录决定的原因。②

（四）通信领域

通信领域对个人信息提供保护的法律有《电信法案》③《电子通讯隐私法》④（ECPA）、《计算机欺诈与滥用法》⑤《视频隐私保护法》⑥《有线电视通讯政策法》⑦《反垃圾邮件法》⑧和《电话消费者保护法》⑨。1986 年颁布的《电子通讯隐私法》涵盖了声音通讯、文本和数字化形象的传输等所有形式的数字化通讯，它不仅禁止政府部门未经授权的窃听，而且禁止所有个人和企业对通讯内容的窃听，同时还禁止对存储于电脑系统中的通讯信息未经授权的访问及对传输中的信息未经授权的拦截。⑩

1984 年颁布的《有线电视通讯政策法》要求电缆通讯公司向用户通告个人信息的收集和使用情况。1984 年颁布的《计算机欺诈与滥用法》禁止未经授权而进入受保护的计算机信息系统获取国防、金融和消费者信息等敏感信息。1988 年颁布的《视频隐私保护法》禁止零售商未经消费者特别

---

① Privacy and Data Security Law Deskbook，4 – 25.
② Privacy and Data Security Law Deskbook，4 – 25.
③ 《电信法案》：Telecommunications Act。
④ 《电子通讯隐私法》：The Electronic Communication Privacy Act，ECPA。
⑤ 《计算机欺诈与滥用法》：Computer Fraud and Abuse Act。
⑥ 《视频隐私保护法》：Video Privacy Protection Act。
⑦ 《有线电视通讯政策法》：Cable Communications Policy Act。
⑧ 《反垃圾邮件法》：CAN – SPAM Act。
⑨ 《电话消费者保护法》：Telephone Consumer Protection Act。
⑩ 王昊昱．论网络隐私权的保护［D］．北京：对外经济贸易大学硕士学位论文，2010.

同意或者法院指令，泄露消费者的可识别的录像带或类似的视频资料租赁记录。2003 年颁布的《反垃圾邮件法》和 1991 年颁布的《电话消费者保护法》对电子邮箱地址和电话号码的收集、使用进行了规范。

联邦通信委员会（FCC）是通信领域隐私保护最重要的执法机构，并且动作活跃。2014 年 10 月，宣布对一个电信公司进行 1000 万美元的罚款，称这个公司没有对消费者的敏感信息进行保护，这个案子最终以 350 万美元和解。通过这个案子该委员会进入了个人信息保护领域。几天后，该委员会宣布加入全球隐私权执法网络。2015 年 8 月，该委员会发布了针对自动拨号器的指南。[①]

1996 年的《电信法案》对所有运营商施加了对消费者专有信息进行保密的义务。法案将消费者信息分为三类，按敏感度不同施加不同的保护：消费者集合信息、用户名单信息、消费者专属的网络信息。其中消费者专属的网络信息受到最大的保护。消费者集合信息是指消费者的身份及特征被移除了的集合信息。用户名单信息是指公布于电话簿里的信息。消费者专属的网络信息是指这样的信息：一是与消费者使用服务的数额、技术构造、类型、目的地、所在地以及数量有关的信息；二是这些信息是运营商基于运营商和消费者的关系才能获得的。例如，消费者账单里的信息就是消费者专属的网络信息。[②]

联邦通信委员会发布的消费者专属网络信息实施细则规定了消费者对专属网络信息使用和披露的同意权。为尊重消费者的同意权，在一些情况下，运营商可以提供通过"同意退出"的方式获得消费者的同意，但在另一些情形下，运营商必须为消费者提供"同意进入"的选择。

在以下情况下运营商既可以提供同意退出的选择，也可以提供同意进入的选择来获得消费者的同意：一是使用消费者的个人可识别专属网络信息来向消费者做有关通信的市场推广；二是为市场推广的目的，向运营商与通信有关的代理商或者附属机构透露消费者的个人可识别专属网络信息。

---

① Alan Charles Raul, The Privacy, Data Protection and Cybersecurity Law Review, p. 375.
② Privacy and Data Security Law Deskbook, 6 - 5.

除此之外的适用、透露或者使其他人访问信息都需获得消费者"同意进入"的选择。① 由以上规定可以看出，是否是"运营商的代理商或者附属机构"对运营商需要向消费者获得同意的类型有不同影响。这反映了该委员会的以下观点：与非附属机构分享信息会使信息离开运营商的实际控制，这给信息安全带来更大的风险，并且许多非附属第三方机构不受《电信法案》的保密义务约束，因为它们本身不是运营商。②

五、互联网时代隐私权面临的新挑战

随着互联网的发展和大数据时代的到来，消费者信息的收集与处理方式有了巨大变化，网络上大量可追踪的消费者信息背后蕴藏着巨大的商机，催生了定向广告、数据经纪等新兴产业。这些新兴产业在为消费者带来便利的同时也蕴含着许多隐私隐患。对此，美国国会及联邦贸易委员会采取慎重的态度，尚未对互联网信息行为进行专门立法或发布强制性规则。联邦贸易委员会自20世纪90年代起开始关注互联网的信息保护，针对定向广告、数据经纪等问题，联邦贸易委员会发布过许多研究报告，为国会提供立法建议。但目前，美国互联网领域的消费者信息保护还是主要以行业自律为主导。

（一）定向广告

定向广告（Behavior Advertising）是指通过追踪消费者的网络行为（包括搜索行为、浏览的网页、浏览的内容），向消费者传送的根据其个人兴趣定制的广告。③ 根据伯克利法律与技术中心的一项调查研究，60%的美国公民不希望网站采集自己的信息。④ 但实际上，在不知情的情况下，他们的网络行为被广泛地追踪。网络行为追踪通过追踪消费者的网络行为来为其提供量身定做的广告。网络行为追踪主要分为三种：第一方（First‐party）追

---

① 47 CFR §64. 2007 （b）.

② Privacy and Data Security Law Deskbook, 6 –7.

③ Tom Krazit, Google's Quarterly Revenue, Profits Increase, CNET, Oct. 15, 2009, available at http: //news. cnet. com/8301 –30684 _3 –10376046 –265. html.

④ Chris Jay Hoofnagle et al. , Privacy and Modern Advertising: Most US Internet Users Want "Do Not Track" to Stop Collection of Data About Their Online Activities, Amsterdam Privacy Conf. 2012, Oct. 8, 2012, at 11, available at http: //ssrn. com/abstract =2152135.

踪、第三方（Third - party）追踪以及网络服务提供者（Internet Service Pro-
viders）的追踪。第一方追踪是指当消费者浏览一个网站时，网站在消费者
电脑上安装 cookie，使网站记住消费者的偏好，从而能使网站为消费者定制
广告。第三方追踪比第一方追踪更具侵入性，它涉及一个广告关系网（Ad
Network），在广告关系网中广告商与大量的网站签约，因此能在这些网站中
追踪消费者的行为。当网站与这个关系网签约后，网站可以获得其他所有
签约网站搜集的消费者信息。这个关系网可能还尝试在公共数据库中搜索
消费者信息，或者从其他公司购买数据库。网络服务提供者追踪涉及为消
费者提供网络服务的主体。广告关系网与网络服务提供者约定，由网络服
务提供者搜集其用户的信息，并传输给广告关系网，然后关系网会分析消
费者行为，给消费者建立一个个人资料库。① 从这些资料中可以推断出消费
者的品位、需求以及购买习惯，从而帮助广告商决定向消费者投放怎样的
广告。

　　对消费者网络行为的监控变得越来越复杂精巧，尽管网络行为追踪已
经不是一个新概念了，但它变得越来越强大。一些新技术（包括智能手机、
社交网络）将非个人可识别信息转化为个人可识别信息的能力会带来很大
的隐私担忧，因为这种行为会导致这样的后果：只需简单搜索，消费者的
隐私信息马上就可以大量呈现。② 而且尽管网络广告商的监控行为无所不
在，但这些行为对消费者来说是不可见的。

　　在 20 世纪 90 年代中期，随着互联网商业的兴起，联邦贸易委员会开始
对互联网消费者隐私问题进行审查，但联邦贸易委员会非常谨慎，以避免
可能导致的扼杀新兴产业创新的风险。90 年代末期，定向广告已经成为联
邦贸易委员会的核心关注问题。联邦贸易委员会意识到定向广告对消费者

---

　　① Angelica Nizio, Note：Taking Matters into its Own Hands：Why Congress Should Pass Legislation to
Allow the ftc to Regulate Consumer Online Privacy with a "do not Track" Mechanism, 14 U. Ill. J. L. Tech. &
Pol'y 283.

　　② Angelica Nizio, Note：Taking Matters into its Own Hands：Why Congress Should Pass Legislation to
Allow the ftc to Regulate Consumer Online Privacy with a "do not Track" Mechanism, 14 U. Ill. J. L. Tech.
& Pol'y 28.

的潜在威胁，因此建议联邦立法来为网络消费者提供最低限度的保护，但
国会拒绝立法。①联邦贸易委员会对这一问题也没有肯定的、自信的定论，
所以联邦贸易委员会求助于公司的隐私政策，作为提高网络信息搜集透明
度的主要工具。任何从事网上商业行为的企业必须制定一个隐私政策，来
说明信息的计划用途，否则它们就有成为联邦贸易委员会执法目标的风险。
企业要遵守其在隐私政策中作出的承诺，否则就会构成欺骗性商业行为，
违反《联邦贸易委员会法》。②

　　联邦贸易委员会的另一个策略是制定定向广告的自律原则，联邦贸易
委员会希望这样可以为消费者提供基本的隐私保护，而不必诉诸法律或规
则的制定。在其2007年的报告《网络定向广告，讨论可能的自律原则》③
中，联邦贸易委员会认为以下问题非常重要：第一，尽管定向广告在提供
免费网络内容方面对消费者是有益处的，但定向广告搜集信息的行为很大
程度上对消费者来说是不可见的、不可知。定向广告对消费者的益处包括：
提供由定向广告资助的、免费的报纸和信息；量身定做的广告可以帮助消
费者在购物时做商品比较；减少与消费者无关的广告的数量，这些广告很
可能是不受消费者欢迎的。第二，企业和消费者群体都很重视透明度、消
费者自主性这样的价值，并把它们视为发展和保证消费者对网上购物信心
的重要价值。第三，不论定向广告被视为有益的、良性的还是有害的，消
费者信息有不当收集和使用的风险，这种担心不是多余的。④

　　2007年的报告强调了保护用户隐私权的四个原则：一是透明和控制原
则，要对用户作出有意义的披露，并且给用户关于信息采集的选择；二是

---

　　①　Brian Stallworth, Future Imperfect: Googling for Principles in Online Behavioral Advertising, 62 Fed. Comm. L. J. 465 (2010).

　　②　Brian Stallworth, Future Imperfect: Googling for Principles in Online Behavioral Advertising, 62 Fed. Comm. L. J. 465 (2010).

　　③　《网络定向广告，讨论可能的自律原则》: Online Behavioral Advertising, Moving the Discussion Forward to Possible Self - Regulatory Principles。

　　④　ftc, Online Behavioral Advertising, Moving the Discussion Forward to Possible Self - Regulatory Principles, (Dec. 20, 2007), available at https://www.ftc.gov/public - statements/2007/12/online - behavioral - advertising - moving - discussion - forward - possible - self。

维持信息安全，并且限制数据保留时间；三是当信息的使用方式与数据采集时的隐私条款有实质性差别时，在使用之前要获得用户的明确同意；四是在将敏感数据用于定向广告之前，获得用户的明确同意。①

但这些行业自律并没有产生预期的效果。2010年，联邦贸易委员会发布了一个关于网络隐私的报告——《急剧变化年代的消费者隐私保护：对企业和立法者的框架性建议》②。报告指出，尽管一些行业采取了一些措施来提高消费者对定向广告的控制，但总的来说这些行业自律是不足的。考虑到现有机制的不足，联邦贸易委员会建议采取一种更统一、更详尽的针对网上定向广告的消费者选择机制，这一机制被称为请勿追踪（Do Not Track）机制，并且联邦贸易委员会建议通过立法或者通过更强健的、可执行的行业自律来实施这一机制。③ 请勿追踪机制由五个核心原则构成：第一，请勿追踪机制应在所有追踪消费者的主体中实施；第二，请勿追踪机制应易于消费者使用；第三，消费者关于其是否同意被追踪的选择不能被漠视；第四，请勿追踪机制应被全面采用，不能留有消费者信息可被获取的漏洞；第五，请勿追踪机制应允许消费者选择退出所有与交易无关的信息采集。④ 联邦贸易委员会指出，一个请勿追踪机制的实施方法是，在消费者的浏览器上安装cookie，向消费者浏览的网站发出指示，告知网站消费者是否希望被追踪或者接收定向广告。网站需遵守这个cookie发出的指示。⑤

近十年，联邦贸易委员会没有在定向广告方面发布更多指南或报告。

---

① ftc, Online Behavioral Advertising, Moving the Discussion Forward to Possible Self – Regulatory Principles, （Dec. 20, 2007）, available at https：//www. ftc. gov/public – statements/2007/12/online – behavioral – advertising – moving – discussion – forward – possible – self.

② 《急剧变化年代的消费者隐私保护：对企业和立法者的框架性建议》：Protecting Consumer Privacy in an Era of Rapid Change：A Proposed Framework for Businesses and Policymakers。

③ Fed. Trade Comm'n, Preliminary ftc Staff Report：Protecting Consumer Privacy in an Era of Rapid Change （2010）, available at http：//www. ftc. gov/os/2010/12/101201 privacyreport. pdf.

④ Angelica Nizio, Note：Taking Matters into its Own Hands：Why Congress Should Pass Legislation to Allow the ftc to Regulate Consumer Online Privacy with a "do not Track" Mechanism, 14 U. Ill. J. L. Tech. & Pol'y 283.

⑤ Fed. Trade Comm'n, Preliminary ftc Staff Report：Protecting Consumer Privacy in an Era of Rapid Change （2010）, available at http：//www. ftc. gov/os/2010/12/101201 privacyreport. pdf.

随着定向广告背后的技术的发展和进化，目前公司能通过收集的数据为消费者建造非常具体的画像。一些新的定向广告技术包括程序化广告（Programmatic Advertising）和数据打通（Data Onboarding）。程序化广告是在实时基础上通过大量的数据，例如 cookies 和其他追踪技术创建用户画像并向用户推送更具有针对性的广告。数据打通是指公司向第三方数据打通服务提供方提供消费者的脱敏信息，服务提供方将哈希加密这些数据并与其他哈希加密后的数据关联（由其他第三方提供，可能包括线下数据），以向消费者发送比起传统的定向广告更加定制化的广告。有律师认为，这些新的技术已经导致即便公司遵循 2007 年、2010 年的相关指引，仍不足以实质性避免法律风险。消费者金融保护局于 2017 年出具的《消费者保护原则：消费者授权金融数据的分享和聚合》提供了一些针对敏感信息的基本处理原则，可供公司参考。

（二）数据经纪

数据经纪（Data Broker）是与定向广告密切相关的一个行业。数据经纪作为信息采集者和销售者，是大数据时代的产物。大数据是指大容量、高速率及/或多种类的信息资产，这些信息资产需要新的处理方式来改善决策过程、洞察分析以及流程优化。尽管信息的采集与销售已经不新奇了，但前所未有的信息数量的增加使传统的数据处理变得困难，这时数据经纪应运而生。数据经纪或者信息转售公司，将广泛收集来的信息进行编辑、分析，将其转化为可理解的形式，之后将这些信息卖给世界范围内的企业，从而可以利用它们发放定向广告。[①]

数据经纪的行为有以下问题：一是数据经纪的行为多数未经消费者的知情与同意，损害了消费者对隐私的权利。二是将消费者置于不合理的、不可预见的歧视中。消费者目前没有联邦法上的权利，来获知数据经纪收集了关于他们的什么信息，甚至不知道哪些数据经纪持有他们的信息。数据经纪经常在收集信息的时候对消费者进行分类，从而易使营销者对消费

[①]　Ashley Kuempel，The Invisible Middlemen：A Critique and Call for Reform of the Data Broker Industry，36 NW. J. INT'L L. & BUS. 207.

者进行区别对待，给他们不平等的信息接触机会，以及不同的价格，并对他们进行掠夺性推销。①

　　数据经纪行业目前没有信息隐私立法的监管，对其行为进行控制的仅有行业自律。联邦贸易委员会在 2014 年的报告——《数据经纪：对透明性和责任感的呼吁》中对数据经纪问题进行特别回应，揭开数据经纪行业的神秘面纱。联邦贸易委员会承认数据经纪有一些益处，比如为消费者提供更简单的获得商品和服务的机会，以及来自更多企业的创新产品。联邦贸易委员会认为数据总有一些积极的价值。针对数据经纪带来的一些隐私问题，联邦贸易委员会建议国会颁布法律：一是使消费者可以查阅他们的信息；二是当他们的个人信息用于营销目的时，可以选择退出。联邦贸易委员会建议国会要求数据经纪建立一个集中的门户网站，在网站上，他们要说明自己的身份，描述自己的行为，并允许消费者查阅自己的信息。②

　　此外，2014 年至今，多部有关数据经纪的法案陆续进入立法程序，但目前相关法案尚未被美国国会通过为法律。

　　2014 年，一部名为《数据经纪责任及透明度法》③ 的法案进入立法程序，但尚未被通过为法律。该法案禁止数据经纪通过虚假、虚构或者欺诈陈述来获得个人信息；要求数据经纪建立程序保证采集的个人信息的准确性；要求数据经纪为消费者提供方式来审查其所收集的某些信息；要求数据经纪允许消费者通过书面方式提出信息准确性异议。④ 该法案在 2019 年和 2020 年经过修订后，于 2020 年 5 月 1 日重新向美国国会提交审议。

　　2019 年 7 月，一部名为《2019 年数据经纪名单法案》⑤ 被引入立法程

　　①　Ashley Kuempel，The Invisible Middlemen：A Critique and Call for Reform of the Data Broker Industry，36 NW. J. INT'L L. & BUS. 207.

　　②　Edith Ramirez et al.，Fed. Trade Comm'n, Data Brokers：A Call for Transparency and Accountability（2014），http：//www. ftc. gov/system/files/documents/reports/data – brokers – call – transparency – accountability – report – federal – trade – commission – may – 2014/140527databrokerreport. pdf.

　　③　《数据经纪责任及透明度法》：Data Broker Accountability and Transparency Act。

　　④　Data Broker Accountability and Transparency Act，https：//www. congress. gov/bill/113th – congress/senate – bill/2025.

　　⑤　《2019 年数据经纪名单法案》：The Data Broker List Act of 2019。

序，该法案旨在要求数据经纪商应当对其向第三方销售的个人数据建立、实施并维持一套全面的信息安全保护程序，保护其获得的个人信息不被不当泄露，并应当每年向联邦贸易委员会进行注册并提供相应的信息。此外，该法案还禁止数据经纪商通过欺诈手段获取个人数据，将其获得的个人数据用于不法目的，或是在明知的情况下向有意使用个人数据从事不法行为的第三方销售个人数据。①

而在各州层面，佛蒙特州和加利福尼亚州先后在 2019 年通过了有关的州法律，要求数据经纪商进行注册并定期就其数据经纪业务进行披露。例如，佛蒙特州要求数据经纪商必须向佛蒙特州总检察长办公室注册，每年定期向州总检察长办公室披露其有关个人数据收集、存储及销售的情况、发生数据泄露的次数以及受影响的人数等，并需特别说明其在从事数据经纪业务过程中，是否涉及处理未成年人的个人数据以及是否向消费者提供拒绝收集（Opt‐out）的选项（但该法律并未强制要求数据经纪商向消费者提供这一选项）②。

（三）人脸识别

人脸识别（facial recognition）是近年来广泛运用于各领域并迅速发展的一项生物特征识别技术，主要是指通过人脸的面部特征进行身份确认或身份查找的技术，除此之外，广义的人脸识别技术还包括人脸图像采集、人脸定位、人脸识别预处理等。人脸识别技术的应用场景较为多元，可广泛运用于安防、商业、金融、娱乐等多种领域。一方面，人脸识别的运用使身份识别更加便捷，带来一系列技术的革新和人们生活方式的改变；另一方面，由于人脸信息的敏感性和特殊性，人脸识别技术带来的争议特别是隐私争议也日益浮现。在美国，由于人脸识别技术的发展所带来的隐私、种族平等、民主权利等方面的问题一直以来都是讨论的焦点，一些科技巨头对人脸识别技术的运用也引发了一定的争议，例如，Facebook 因其开发的

① Data Broker List Act of 2019, https：//www. congress. gov/bill/116th‐congress/senate‐bill/2342/text.

② Vermont Data Broker Regulation, 171 of 2018 Data Broker Regulation：https：//legislature. vermont. gov/bill/status/2018/H. 764.

人脸自动识别功能而引发了用户有关隐私权侵害的集体诉讼；亚马逊则因其开发的人脸识别软件可能存在的种族和性别方面的歧视和提供给执法部门使用可能存在的对民权的侵犯而备受争议，并在非裔美国人乔治·弗洛伊德死亡事件发生后因巨大的社会压力暂停供应人脸识别技术给美国警方使用。

美国有关人脸识别的法律规制可从两个维度来介绍，即对公共部门使用人脸识别技术的法律限制和对商业领域使用人脸识别技术的限制。从公共领域来看，美国先后有四个城市（包括加州旧金山市、马萨诸塞州萨默维尔市、加州奥克兰市、马萨诸塞州波士顿市）分别通过了禁止政府部门使用人脸识别技术的法令。其中，加州旧金山市监事会通过的法令禁止政府部门获取、保存、访问、使用"人脸识别技术"和"使用人脸识别技术获取的信息"。该法令称，"人脸识别技术危及公民权利和公民自由的可能性远远超过其声称的利益"。2020 年 3 月 31 日，美国华盛顿州通过《面部识别法》（*Facial Recognition Act*），旨在规范美国华盛顿州内各地政府机构使用面部识别技术，其要求面部识别技术的使用必须有益于社会，并且不得对个人的自由和隐私造成损害。该法要求拟使用面部识别技术的各地政府机构，在使用前 90 天向社会公布使用面部识别技术的目的、途径及方法等信息。如果各地政府拟使用面部识别技术，必须采取一定的程序和措施，例如在正式实施前对面部识别技术对个人产生的法律效果进行操作测试；对所有操作面部识别技术的人员进行培训；保留所有使用面部识别技术的服务记录等。

2020 年 9 月，俄勒冈州波特兰市议会通过了美国最严格的人脸识别禁令，禁止该技术的公共和私人使用。波特兰是第一个禁止私人使用的城市。

从商业领域使用人脸识别技术的限制来看，目前美国没有一个较为全面地规制私有企业收集、使用以及销售个人信息的隐私保护的法律。除此之外目前也没有任何明确规制人脸识别技术的联邦法律，但在部分领域中，特定的联邦法律（解决隐私和消费者保护的法律）可能会适用人脸识别的商业运用。例如在医疗领域，《健康保险携带和责任法》（HIPAA）对个人的健康医疗信息进行保护，只有在经过个人的书面授权之后才能转移健康医疗信息，如果披露此类信息的话，必须移除有全脸的图片和其他生物特征信息。此外，从各州的层面来看，美国目前有三个州通过立法来专门规范生物识别技术的商业应用，这其中当然也包括人脸识别技术，分别为伊利诺伊州、得克萨斯州、华盛顿州。这三个州的生物识别技术法案中均规定在收集生物识别信息前需向信息主体告知并获取同意。其中，伊利诺伊州是三个州中唯一赋予个人依据此法进行诉讼或集体诉讼权利的州。可参见前文所述伊利诺伊州居民向 Facebook 提起集体诉讼的案例。

根据《加利福尼亚州消费者隐私法案》（CCPA），生物识别信息属于个人信息的范畴。因此，受到 CCPA 管辖的公司也应当按照 CCPA 的要求处理其收集的自然人的生物识别信息，包括告知消费者关于生物识别信息的收集、向消费者提供行使访问权、删除权的方式，如出售相关信息，出售前，16 岁以下儿童的生物识别信息应当被删除，或儿童监护人的同意应当被获取。[①]

（四）最新发展

1. 奥巴马政府和特朗普政府关于信息保护的议案

奥巴马政府积极推动几项涉及特定领域隐私保护的法案。2015 年 4 月，《个人数据通知和保护法案》[②] 被引入立法程序，该法案将制定全国统一的标准，要求公司在发现、发生数据安全事件起 30 日内，对消费者作出通知。2015 年 1 月奥巴马提出一项立法建议旨在保证为教育教学目的收集的学生信息仅能用于教育教学目的。2014 年，美国能源部和联邦智能电网工作组正在推动《数据隐私和智能电网：自愿行为守则》[③] 的出台，作为该领域的行业规范。

2012 年 2 月，白宫公布了其在信息保护方面的建议——《消费者隐私权法案》[④]。该法案是一个自愿遵守的法案，奥巴马政府认为它可以为未来

---

① https：//www. clarip. com/data – privacy/california – privacy – law – facial – recognition/.

② 《个人数据通知和保护法案》：The Personal Data Notification and Protection Act。

③ 《数据隐私和智能电网：自愿行为守则》：Data Privacy and the Smart Grid：A Voluntary Code of Conducts。

④ 《消费者隐私权法案》：Consumer Privacy Bill of Rights。

立法提供一个"详尽的蓝图"。即使没有立法,政府也希望它为联邦贸易委员会的可强制执行规则提供模板。该法案适用于个人信息,从七个方面对消费者隐私权作出了界定:一是个人控制上,对于企业可收集哪些人的数据,消费者拥有控制权;二是透明度上,对于隐私权及安全机制的相关信息,消费者拥有知情、查询的权利;三是尊重背景,消费者有权期望企业按照与自己提供数据时背景相符的形式,对个人信息进行收集、使用和披露;四是安全上,消费者有权要求个人数据得到安全保障且被负责地使用;五是查询与准确性上,当不准确的数据可能对消费者带来不良影响时,消费者可以适当的方式查询数据,并有修正、删除和限制使用权;六是限定收集范围,对于企业所收集和持有的个人数据,消费者可优选设置合理限制;七是责任担当,收集消费者个人数据的企业,应遵守《消费者隐私权法案》,并承担必要的保障责任①。基于这一蓝图,奥巴马政府在 2015 年正式推出《消费者隐私权法案》②,希望被国会确立为立法。

特朗普政府执政之初对数据隐私保护总体而言较为消极。商务部部长威尔伯·罗斯在一个公开活动中提出欧洲的数据保护政策可能构成贸易壁垒。然而 2018 年发生的一系列数据泄露事件,以及欧盟《通用数据保护条例》的生效对美国有明显的刺激作用。一方面美国社会呼声空前高涨;另一方面美国出于自身在数据产业的优势,不希望丧失在这一领域的领导地位。2018 年 6 月,特朗普技术、电信和网络政策特别助理 Gail Slater 表示,政府有兴趣制定一个能平衡《通用数据保护条例》的法律,以便《通用数据保护条例》不会成为事实上的全球标准,但美国也不希望新法律成为欧洲规则的复制品。7 月,商务部表示正在与大型互联网公司就数据隐私立法进行协商。白宫也表示正在通过白宫国家经济委员会"制定一项消费者隐

---

① White House, Consumer Data Privacy in a Networked World: A Framework for Protecting Privacy and Promoting Innovation in the Global Digital Economy, https://www.whitehouse.gov/sites/default/files/privacy - final. pdf.

② 《消费者隐私权法案》: Consumer Privacy Bill of Rights Act。

私保护政策，这是隐私和繁荣之间的适当平衡。"①

2.《欧盟—美国隐私护盾》

在跨国数据传输方面，2016 年欧盟与美国签订了一个新的隐私权保护协议——《欧盟—美国隐私护盾》（EU – US Privacy Shield）。这一协议意欲要求美国公司在保护欧洲公民的信息隐私上承担更多的责任。2015 年，欧洲法院宣布美国与欧盟之间的安全港协议（Safe Harbor）无效，而《欧盟—美国隐私护盾》体现了欧洲法院的要求。《欧盟—美国隐私护盾》协议要求美国更积极地监管和执行，加强与欧洲数据保护机构更密切地合作。

《欧盟—美国隐私护盾》要求联邦贸易委员会等执法部门加强执法。当美国公司希望从欧洲传输个人数据时，美国数据处理公司须履行更重的义务，应面向数据主体提高透明度，联邦贸易委员会将对美国公司进行更严密的监管来保证实施，违规的公司将受到执法部门的制裁②。

根据《欧盟—美国隐私护盾》，欧盟公民的权利可以通过多种纠正机制得到保护。对于欧盟公民的投诉，公司须在 45 天内进行回应。欧盟公民可以选择免费的非诉讼争端解决途径，欧盟可将投诉交美国商业部和联邦贸易委员会处理。欧洲公民还可以通过隐私护盾专家组的仲裁，获得一个具有强制执行力的仲裁裁决。③

《欧盟—美国隐私护盾》对美国政府访问信息作出了限制。美国第一次用书面形式，保证政府机构对个人信息的访问会受到明确的限制和安全保护，并受到监督。当然，美国政府机构访问的限制也有例外，但只有在必要和适当的时候，例外情况才适用。美国声明，不存在大规模的、不加区分的监视行为④。

---

① 刘克佳. 美国保护个人数据隐私的法律法规及监管体系［J］. 全球科技经济瞭望，2019，34（4）.

② EU – US Privacy Shield：New framework for transatlantic data flows，https：//www. helpnetsecurity. com/2016/02/03/eu – us – privacy – shield – new – framework – for – transatlantic – data – flows/.

③ EU – US Privacy Shield：New framework for transatlantic data flows，https：//www. helpnetsecurity. com/2016/02/03/eu – us – privacy – shield – new – framework – for – transatlantic – data – flows/.

④ EU – US Privacy Shield：New framework for transatlantic data flows，https：//www. helpnetsecurity. com/2016/02/03/eu – us – privacy – shield – new – framework – for – transatlantic – data – flows/.

为保证协议保护机制的正常运行，欧盟委员会和联邦贸易委员会以及美国和欧盟数据保护机构的专家，每年将共同对执行情况进行监督；美国、欧盟政府机构每年将与非政府组织和利益相关者举行隐私权保护峰会，讨论美国隐私法的发展及其对欧洲的影响；每年欧盟委员会将向欧洲议会和欧洲理事会报告其在与联邦贸易委员会共同监督执法时获得的信息，以及欧盟委员会从其他途径获得的信息[1]。

在《欧盟—美国隐私护盾》下，对美国公司来说，必须每年自我检查是否符合该协议的要求，并把隐私政策公布在网站上，对消费者投诉进行及时处理，如果美国公司处理的信息包括人力资源的信息，公司需与欧洲数据保护政府部门进行合作并服从监管；对欧盟公民来说，其个人信息在美国将受更多保护，传输将更加透明，在需要投诉时，欧盟公民还能获得更简便、成本更低的救济途径[2]。

随着现代信息技术的发展，个人信息蕴含的商业价值越来越大，对其进行非法利用而侵犯个人信息隐私权也越来越普遍。在对于个人信息的合理利用能够促进行业发展的前提下，对个人信息的保护只能是一个不断加强的过程。从美国国家立法和行业自律的规则来看，也都呈现出一种逐渐加强、逐渐细化的趋势。

然而，2020年7月16日，欧盟法院（Court of Justice of the European Union）在"Facebook Ireland v. Schrems"一案中宣布欧盟——美国隐私护盾无效，法院认为隐私护盾无法保证与欧盟法律同等保护力度的数据保护，对于欧盟数据主体而言，缺乏救济措施，亦无法行使权利。标准合同条款（Standard Contractual Clauses，SCC）作为另一种欧盟数据跨境传输的机制，依然有效。主要依赖隐私护盾作为数据传输的合法基础的公司，特别是直接收集欧盟居民信息的美国公司，需要重新审视其传输机制。目前，欧盟和美国政府正在协商建立新的传输机制以取代隐私护盾。[3]

---

[1] EU – US Privacy Shield：New framework for transatlantic data flows，https：//www. helpnetsecurity. com/2016/02/03/eu – us – privacy – shield – new – framework – for – transatlantic – data – flows/.

[2] EU – US Privacy Shield，Justice and Consumers，2016.

[3] https：//www. jdsupra. com/legalnews/the – eu – u – s – privacy – shield – invalidated – 74627/.

第二章　欧盟个人信息保护研究

一、个人信息保护在欧盟成员国的发展——以德国为例

(一) 起源："私领域"理论

首先，隐私权保护在大陆法系国家是以人格权重要分支的形式存在，因而法律对隐私权的保护离不开人格权保护。德国制定民法典时，历史的局限性使得立法者对人格权的认识未能达到今天的深度和广度，因此在德国民法典中并未包括关于隐私权保护的具体规定。第二次世界大战后，鉴于纳粹德国践踏人性的历史教训、世界范围内人权意识的崛起和自然法思想在德国的复兴，最终促使德国联邦法院在1957年"读者来信案"中对人格权的保护给予了积极回应。与此同时，作为一般人格权具体化的典型之一，隐私权不再限于《联邦德国基本法》第10条通讯秘密、第13条住居自由等具体领域内的保护而获得了整体性的保护，"相当于美国法的隐私，在德国判例学说称为私领域或私人性"[①]。个人人格开展于隐秘、秘密及私人领域，个人在此内部空间内的自由和自我负责地发展其人格而不受干预，"领域理论将私人生活放置于一个同心圆的模型上，依其接近中心核心部分的远近，分不同层次加以保护"[②]。

(二) 发展："信息自决权"理论

经由两个人口普查案，联邦宪法法院最终对领域理论加以扬弃，创设了信息自决权，形成了与传统美国隐私保护理论不同的理论基础。

"第一次人口普查案"。1969年，联邦宪法法院就问卷调查中涉及的人

[①] 王泽鉴. 人格权的具体化及其保护范围：隐私权篇（上）[J]. 比较法学研究，2008（6）.
[②] 王泽鉴. 人格权的具体化及其保护范围：隐私权篇（上）[J]. 比较法学研究，2008（6）.

性尊严问题进行判决，被认为是德国"人口普查第一案"①。该案中住户因未按照《德国联邦人口调查法》的规定提供其休假旅行的信息而被判罚100马克，于是，该住户认为为了统计目的而强制其披露私人信息违反了其受宪法保护的人性尊严，因此提起宪法申诉。联邦宪法法院在该案判决中首先指出，每个人都应当作为主体而不是手段，记录并保存个人人格的每一方面都是对个人尊严的规定，即使只留下统计信息。国家必须为个人保留内在空间，以使其个性能够以自由与负责的方式发展。但同时，宪法法院认为在匿名并且获得合适保护的条件下，国家为统计目的收集的个人信息并不违反基本法人性尊严的规定，从而没有支持原告的诉请。

"第二次人口普查案"。1982年，德国议会通过《人口、职业、住宅与工作场所普查法》，授权政府就人口、职业等事项进行全国性的人口信息大调查，这引发了德国整个社会对个人信息可能受到侵害的不安。1983年，应一百多名公民的宪法申诉，德国宪法法院就该人口普查法案的违宪性进行了审理，这就是在德国个人信息保护历史上具有里程碑意义的"人口普查案"②。在该案判决中，宪法法院从基本法对一般人格权的保护出发，认为除了特别的人格自由保障之外，在现代化信息技术处理条件下，个人信息是自然人人格的勾画，是人格尊严的一部分，人格的自由发展应当使得个人有权对抗对其个人信息无限制地收集、存储、使用和传送，因此基本法上的人格权还应当进一步具体化，也即"个人得本着自主决定的价值与尊严，自行决定何时及于何种范围内公开其个人的生活事实"③，由此开辟了以信息自决权为理论基础信息保护理念。

（三）个人信息保护专项立法

此后，随着计算机技术的广泛的应用，在联邦政治体制之下，德国各州层面开启了个人信息保护立法进程。1970年，德国黑森州率先颁布了《黑森州信息法》用以规范州政府机关的个人信息自动化处理行为，这是世

---

① 张千帆. 西方宪政体系（下册·欧洲宪法）[M]. 北京：中国政法大学出版社，2001：372.

② BVerfGE 65，1.

③ 王泽鉴. 人格权的具体化及其保护范围：隐私权篇（上）[J]. 比较法学研究，2008（6）.

界上首部专门性的个人信息保护法；随后，又有 16 个州相继通过了与个人信息保护相关的法律。

与此同时，自 20 世纪 60 年代以来，联邦政府运用计算机收集和自动化处理个人信息，以创建有关公民各种信息的数据库，这引起了公众对自动化个人信息处理的恐惧，更促进议会考虑制定统一的联邦法，规制公共和私人领域中的自动化个人信息处理活动，以保障个人人格权，尤其是人格的自由健全发展。① 因此，1977 年德国《防止个人信息处理滥用法》，也即一般所称德国个人信息保护法生效，由此形成了德国个人信息保护联邦和州级两级立法和执行体制。

二、个人信息保护在欧盟层面的立法演进

随着欧洲各国纷纷就个人信息保护问题进行立法，各国立法保护程度的差异可能影响到个人信息在欧盟成员国之间的流动。有鉴于此，为避免各国以保护个人信息和自由为名对欧洲一体化进程造成不必要的阻碍，有必要统一各成员国的立法。在整个欧洲层面的立法，最早是 1981 年欧洲理事会制定的《关于个人数据自动化处理公约》，但由于该公约的规定过于原则，各国在执行该公约过程中制定或修改的国内法仍有较大差异，加之部分国家未加入该公约，致使该公约未能发挥预期作用，欧洲共同体内部的个人数据保护法仍然处于各自为政的状态。此后，作为欧盟前身的欧洲共同体也加入了个人信息保护的统一立法行列，并于 1995 年颁布了《欧盟个人信息保护指令》（以下简称《欧盟指令》）。

（一）基本规范：《欧盟指令》

在协调与统一成员国数据保护法的基础之上，《欧盟指令》为欧盟境内个人数据保护确立了一套全面的数据保护体系，在整体上提高欧盟个人数据保护水平的同时，扫除了个人数据在成员国之间自由流动的障碍。

《欧盟指令》共 7 章 34 条，较为全面地规定了个人数据处理合法性的一般规则、数据主体的权利、监管机构和个人数据保护工作小组，以及数

---

① 孔令杰. 个人信息隐私的法律保护 [M]. 武汉：武汉大学出版社，2009：117.

据主体的司法救济、责任与制裁，主要内容详见下文《个人数据保护条例》部分，本部分仅论述其特色部分。

1. 将个人数据保护作为基本权利与自由加以保护

《欧盟指令》第 1 条立法目标部分明确指出，"成员国应当保护自然人的基本权利和自由，特别是他们与个人数据处理相关的隐私权"。如前述分析，大陆法系从人格权的角度分析隐私权并继而认可信息自决权，"要求从个人行动自由与保障私人领域两个方面保护个人信息隐私权"，从隐私问题的社会性与隐私的社会价值等层次，要求立法、司法、执法层面的综合隐私保护机制。因此，《欧盟指令》在序言中明确指出，数据处理体系是为服务人类而设置的，"无论自然人的国籍与住所，他们必须尊重他人的基本权利和自由，特别是隐私权"①。从保护基本权利与自由的逻辑起点出发，在整个《欧盟指令》中都体现出为各成员国个人数据保护确立底线水准的意图，旨在为公民提供较高的个人数据保护水平。

2. 全面适用于公共与私人领域的个人数据处理活动

与美国早期个人信息保护立法仅适用于公共机构的个人数据处理活动不同，《欧盟指令》在起草过程中认为公共领域和私人领域的个人数据活动均可能造成数据主体的权益损害，而两者之间并无清晰界限，而是日渐交融，因此，一并适用于公私领域内的个人数据处理行为规范，才能够确保个人数据隐私的全面保护。同时，《欧盟指令》对个人数据处理活动的规范不局限于个人数据的自动化处理，而是通过《欧盟指令》中对个人数据的宽泛定义，实现对个人数据自动化与非自动化处理一体化规范。

3. 严格的个人数据处理标准：个人数据保护基本原则

为确保数据处理者依法进行个人数据处理，《欧盟指令》在第二章规定了个人数据处理的基本原则，并以此作为整个个人数据保护法的核心，将其贯穿于个人数据处理的全过程，根据德国数据保护专家克里斯托弗·库

---

① 陈飞. 个人数据保护指令：欧盟指令及成员国法律、经合组织指导方针［M］. 北京：法律出版社，2006：3.

勒（Christopher Kuner）的总结，《欧盟指令》主要包括合法原则、特定目的原则、透明原则、正当原则、保密和安全原则、监控原则。就前述基本原则的体现而言，有的落实为个人、企业、公共机构等个人数据处理者的基本责任与义务，也有的转化为数据主体的各项基本数据权利，包括知情权、同意权、访问查询权、异议权、拒绝权等。

4. 完善的数据保护执行机制：数据保护机构与数据保护专员

为提升个人数据保护水平，《欧盟指令》要求成员国建立高效的数据保护执行机制，其一大特色是要求成员国建立专门的数据保护机构，由其负责个人数据处理的调查和处罚，确保《欧盟指令》及成员国个人数据保护法令的实施。同时，《欧盟指令》还参照德国法，要求数据控制者内部应当设置数据保护专员，由其负责该数据控制者的个人数据处理相关活动，处理数据主体的相关投诉并且监督数据控制者的个人数据处理活动，并且该数据保护专员作为与数据保护机构的对接协调人员，应配合数据保护机构的执法与监督工作。

（二）通信领域：《欧盟通信指令》

1995 年《欧盟指令》制定之时，互联网还未成为大众普遍使用的工具，而随着互联网在全球范围内的飞速发展，欧盟也相继启动其个人数据保护相关法律的修正活动。2002 年，作为对 1995 年《欧盟指令》和 1997 年《公共数字通信领域个人数据处理和隐私保护指令》补充，欧盟颁布了电子通信领域个人信息保护基本规范——《关于电子通信领域个人数据处理和隐私保护的指令》（以下简称《欧盟通信指令》）（2002/58/EC），要求电信和互联网服务商采取适当的措施，确保公用通信服务的使用者的个人数据（传输数据和定位数据）安全。2017 年 1 月 10 日，为了适应电子通信服务行业发展现状，如即时通信软件等的出现，并消除《欧盟通信指令》与《欧盟指令》中在 cookies、直接营销等事项上的差异，欧盟委员会提交《隐私与电子通信条例的提案》，以更新《欧盟通信指令》。2019 年 12 月 3 日，考虑到提案未能对移动设备的存储数据、广告类 cookies 的同意等关键争论作出妥当回应，欧盟理事会驳回了该提案，预示着欧盟在电子通信领域内仍维持《欧盟通信指令》的现行规定。

1. 通信秘密

《欧盟通信指令》要求成员国应当通过立法保证公共通信网络和公用电子通信服务中的相关数据传输的保密性。除符合 95/46/EC 第 13 条第 1 款规定的为维护国家安全、国防、公共安全，以及保证对刑事犯罪进行预防、调查、侦查和起诉为目的而采取的必要的适当的符合比例原则的措施之外，禁止使用者以外的其他人在未取得使用者同意的情况下，对通信及其相关数据进行收听、窃听、存储或以其他方式拦截或监视。同时，在利用电子通信网络存储信息或者获取存储在使用者终端设备中的信息时，必须全面告知使用者数据处理目的并且赋予用户拒绝数据控制人的权利。

2. 直接营销目的下的个人数据利用

对于非消费者请求的商业信息，亦即"非请自来"的商业信息，《欧盟通信指令》将其视为是对消费者安宁生活打扰，对此种利用施加诸多限制，体现在该指令第 13 条。该条第 1 款除非消费者"事先同意"使用其通信地址接收促销性信息，否则，服务商不得向任何消费者个人通过传真、自动语音电话、电子邮件或手机短信发送任何促销性信息。该条第 2 款规定经营者向其已有客户发送类似产品或服务的推销信息时，必须为信息接收者提供免费简便的拒绝方式。同时，该条第 4 款规定，经营者在以直接营销为目的发送信息时不得伪造或隐匿其自身的身份，并且必须为消费者提供可用的通讯地址，以便利消费者随时表示拒绝此类直接营销信息的接收。

3. 对 cookies 使用的规范

cookies 作为一种电子工具，可以在用户访问网站时将网站的部分信息存储在用户个人的计算机终端，并且在用户通过该终端再次访问该网站时记录该用户的相关信息，由此，cookies 可以在互联网用户重复访问同一网站时为互联网用户提供便利。简单来说，《欧盟通信指令》在认可 cookies 作为技术手段的有效性和实用性基础之上，对其适用加以严格规范。《欧盟通信指令》第 5 条第 3 款规定，在依据《欧盟指令》要求明确全面告知用户数据处理目的并赋予其拒绝权利的条件下，可以通过电子通信网络获取存储在用户终端设备中的信息。同时在该指令序言第 24 条首先明确在用户终端设备上存储的信息为应受保护的私人领域，因而只有在基于合法目的并且在相关当事人知道的情况下使用。序言第 25 条指出 cookies 能够成为合法有效的工具,当其被用作合法目的时,在告知使用目的并确保用户知情时,cookies 的使用便被允许,同时,使用者应当赋予相应拒绝权。

4. 对用户使用记录保存的限制

在用户使用电信或互联网服务时,都会留有其通信和网络使用记录,《欧盟通信指令》明确用户使用记录属于用户隐私权保护的内容。《欧盟通信指令》在《欧盟指令》的基础上对使用记录的保存进行了更具体的规定。该指令第 6 条第 1 款规定:原则上公共通信网络或者公用电子通信服务者在当通信传输完成后,必须将其处理和存储的与用户有关的传输数据删除或使之匿名,而对于"通信传输完成"的时间,根据《欧盟通信指令》序言第 27 条的规定,需要根据电子通信服务的类型而有所不同。同时,该指令第 6 条第 2 款、第 3 款规定了两种例外情形,一是仅限于基于支付目的而必须保存到成员国立法规定的费用结算异议投诉期满之后删除,二是基于销售电子通信服务或提供增值服务的目的,在取得用户事先同意后,在必要的程度和期限内保存和处理该用户记录。

(三)犯罪领域:《数据存留指令》

2006 年 3 月,在马德里和伦敦恐怖袭击后,欧盟颁布了与预防、调查、侦查和起诉刑事犯罪相关的个人数据保护规范——《关于存留因提供公用电子通信服务或者公用通信网络而产生或处理的数据及修订第 2002/58/EC 号指令的第 2006/24/EC 号指令》(以下简称《数据存留指令》)。该指令修改了前述《欧盟通信指令》中不得保存用户记录的限制性规定,而代之以在为维护国家安全、国防事务、公共安全而要求公共电信服务商、通信服务商或公共通信网络服务提供者将流量数据和位置数据留存一段时间,以协助执法机关进行严重犯罪与恐怖犯罪之调查时参考使用[①]。数据存留关系中通常会涉及数据存留主体,也即公共电信服务商、通信服务商或公共通信网络服务提供者;数据访问主体,也即国家安全机关、公安机关等各类执法机关,其在特定情形下作为合法的数据访问者可以访问留存数据。

---

① 雷志高. 欧盟数据存留指令评鉴 [J]. 中国信息安全,2014 (10).

1. 立法目的

该指令在第 1 条中指明其立法目的在于协调成员国关于公共电信服务和公共网络服务中产生或处理的数据的立法规定，以确保该等数据可用于成员国进行严重犯罪行为的调查、侦查和起诉。《数据存留指令》最初于 2002 年便初读通过，2006 年恐怖袭击后，该指令修订迅速通过，目的是提高成员国执法机关的执法效力，以助力于打击严重犯罪行为和恐怖袭击活动。

2. 适用范围和存留数据种类

就该指令的适用范围而言，根据该指令第 1 条第 2 款的规定，该指令适用于法人和自然人可识别特定用户或者注册使用者的流量数据和位置数据，包括固定电话、移动电话、互联网接入、互联网电子邮件以及网络电话领域。

就可留存的数据种类而言，根据该指令第 5 条规定主要包括流量数据、定位数据以及与个人信息极度相关的数据，如追查和识别通信源头的数据、识别通信地点的数据、识别通信时间和时长的数据、识别通信类型的数据等都应当依照《数据存留指令》的规定加以留存。

3. 留存期限

如前所述，《欧盟通信指令》序言的第 27 条明确规定除非为支付目的，在通信传输完成之后传输数据应当被删除，就语音通话而言，任一方结束通话即视为传输完成，就电子邮件而言，接收者服务器接收邮件即视为完成，也即传输数据原则上不得被留存。也即《数据存留指令》实际上是为了保护国家安全和公共安全而对上述不得留存规定的突破，但此种突破也并非无期限存留，《数据留存指令》第 6 条规定了留存期限，成员国须确保第 5 条规定的各项留存数据被留存不得少于 6 个月，但同时不得超过两年。

4. 欧盟法院宣布《数据存留指令》无效的原因分析

从前述分析来看，《数据存留指令》虽然禁止对有关通信内容的数据进行留存，但各项留存数据仍然与使用者的隐私密切相关，因此，在《数据留存指令》制定之初，便引起不少成员国对于隐私保护的担忧，反对《数据留存指令》生效。奥地利、爱尔兰等国的隐私权倡导者分别向其本国最高法院就《数据留存指令》提起诉讼，由此引发欧盟法院的初裁程序。

2014 年 4 月 8 日，欧洲法院宣布《数据留存指令》无效，原因在于该指令存在对公民生活隐私和个人信息权利等两项基本权利的侵害。具体来说，欧洲法院认为虽然《数据留存指令》的实施可以提高执法机关打击严重犯罪和恐怖袭击活动的效率，但鉴于保护个人数据及尊重个人私生活基本权利的重要性，该指令对前述两项公民基本权利的干涉已经超出了比例原则的限制；并且《数据留存指令》中也并没有提供足够的保障措施以及预先审查制度，这使得《数据留存指令》适用于所有人的电子通信和流量数据，随着信息技术和网络技术的发展，使得公民个人信息处于不受保护的空白状态。

三、最新立法：《通用数据保护条例》

（一）修订原因

欧盟现行个人数据保护指令，仅仅是框架式立法模式，各成员国得依据该指令将相关规定国内法化，因此，欧盟成员国之间的个人数据保护方面仍然存在较大差异；同时，随着 Web2.0、云计算、物联网等信息技术的发展，原有的指令已经不能为个人数据保护提供完善方案。因此，为加强个人数据保护及促进数据流通，欧盟自 2007 年开始着手指令的修改工作。

经过公众意见咨询、利益相关者对话和备选政策的影响效果评估，欧盟委员会最终决定以条例形式取代原有指令。欧盟委员会发布了《关于欧盟个人数据保护的综合措施》的报告，指出应当从加强个人数据权利保护、建立统一欧盟数据市场、强化数据保护机构职能及合作、简化跨境数据流通规则等方面对《欧盟指令》加以修改。2012 年 1 月，欧盟对外发布条例草案。经过长达 4 年的立法程序，2016 年 4 月，欧盟理事会和欧洲议会表决通过了《通用数据保护条例》（GDPR），并于 2016 年 5 月 4 日正式发布欧盟官方公报。根据 GDPR 第 99 条关于生效和适用的规定，GDPR 自官方公报发布满 20 日，即 2016 年 5 月 24 日生效，并自其生效后满两年，即 2018 年 5 月 25 日直接适用于欧盟全体成员国，以"一个大陆、一部法律"实现在欧盟 28 个成员国内部建立起统一的个人信息保护和流动规则。GDPR 进一步强化了数据主体的权利保护和数据控制者与处理者的义务，被称为史上最严格的数据保护法；同时，GDPR 还规定了广泛的域外适用效力，在全球范围内广受关注。

分析指令的修改原因，一是《欧盟指令》制定以来信息技术飞速发展，相较于《欧盟指令》制定之时的 Web1.0 时代，Web2.0 时代信息制造、传输主体更加多元化，并且广大网民成为网络信息的主要制造和传播者，同时社交平台的出现，人们变得乐于分享和传播自身的个人信息，这也构成现有数据保护的挑战；二是根据欧盟相关规定，《欧盟指令》并不能直接在欧盟成员国内部发生效力，而必须经由成员国国内法转换，加之，《欧盟指令》本身有许多开放式的条文，使得各成员国立法和执法中存在较大解释空间，同时《欧盟指令》中规定第 29 条款工作委员会可以对指令进行解释，但其解释并不具有强制执行效力，这些都使得各成员国在实际实施《欧盟指令》过程中存在诸多差异，个人数据保护存在分歧和不确定性；三是 2000 年《欧盟基本权利宪章》第 8 条明确个人数据受保护的权利，将个人数据权利作为基本人权予以宣示，为修订指令以提高个人数据的保护层次提供了宪法基础。

（二）主要修订内容

相较于 1995 年《欧盟指令》，GDPR 在地域适用范围、权利义务配置、监管体系设计等方面进行了较大调整。

1. 扩张域外适用效力

为应对网络空间无国界和经济全球化背景下数据跨境流动常态化的发展变化，GDPR 第 3 条虽然以地域适用范围作为标题，但实质内容超越了传统属地管辖原则，而基于更为抽象意义的"效果原则"将所有涉及欧盟地区数据主体的个人数据处理行为纳入管辖范围。GDPR 在第 3 条明确了属人、属地、保护、国际公法等多种管辖权适用依据。第 3 条（1）规定 GDPR 适用于数据控制者或处理者在欧盟境内的实体机构实施的个人数据处理行为，不论数据处理行为是否发生在欧盟境内。根据 GDPR 序言第 22 条，对于是否存在欧盟境内实体机构或营业场所的判断，只要是通过稳定的安排能够有效开展活动即可，不拘泥于分支机构或是子公司的法律形式。欧盟法院在谷歌（Google）被遗忘权一案中也明确此时数据处理活动不限于实体机构自身实施，只要是在实体机构"活动背景下"（in the context of the activities）实施即可。欧洲数据保护委员会（European Data Protection Board）认为只要实体机构与数据控制者或处理者之间存在着"无可摆脱的联系"，则数据控制者或处理者实施的数据处理行为（无论是否发生在欧盟境内）均应受 GDPR 的拘束。第 3 条（2）类似保护性管辖原则规定即便数据处理者、控制者以及数据处理行为均不发生在欧盟境内，但为了保护欧盟及欧盟境内居住的数据主体的合法权益，只要向欧盟数据主体提供产品或服务或监控其行为的个人数据处理行为，均应受到 GDPR 的拘束。第 2 条（3）规定虽然数据控制者设立在欧盟境外，但依据国际公法，其所在地区适用欧盟成员国法律时，其行为也受到 GDPR 拘束。由此，欧盟在立法中以接入欧盟数字市场的跨国企业为接触点，在全球范围内推行其个人数据保护的立法要求，从而提升在全球数据治理中的话语权。

2. 加强数据主体权利保护

（1）强化数据主体"同意"要件

主体的同意在欧盟数据保护规范中占有重要地位，通常是作为数据处理的前提存在。1995 年《欧盟指令》第 2 条（h）中规定，"同意"指数据主体在知情且自由的情况下作出特定的同意对其个人数据加以处理的意思表示，GDPR 进一步强化了"知情—同意"框架。第 4 条第 11 款对"同意"的适格性作出明确限定，"同意"应当是数据主体自愿作出的具体、清晰、确定的对与其相关的个人数据进行处理的意思表示；第 7 条对基于数据主体的同意而进行的数据处理的相关规则予以细化。包括数据控制者对数据主体同意的证明责任、书面同意特殊限定、数据主体对其同意的撤回权利等。

第 12 ~ 15 条构成数据主体的知情权体系，第 12 条规定透明性原则明确数据主体有权要求数据控制者以易于获取和易于理解的形式及时提供数据处理的相关信息，构成数据主体其他逐项权利行使的前提条件；第 13 条、第 14 条分别列举了在个人数据直接收集和间接收集的不同场景下，数据控制者应当为信息主体提供的各项信息的具体内容，构成对第 12 条透明性原则的细化和体现。第 15 条规定了数据主体的访问权，明确数据主体有权从数据控制者处明确是否对其个人数据进行了处理，并要求数据控制者提供正在处理的个人数据副本。

（2）增设被遗忘权、限制处理权、数据可携带权、反对权等新内容

随着 Web2.0 的到来，人们习惯甚至乐于在社交平台上表达与分享自身事务，这些数据主体自己积极创造并遗留的数据，结合大数据分析等算法而具有广泛的商业价值。在网络社会数据记录和处理自动化愈加常态化的趋势下，有必要为数据主体增设新权利以实现全面保护。

被遗忘权（第 17 条）来源于 1995 年《欧盟指令》中的删除权，但又融入了数字时代的背景，其行使范围不限于传统删除权中数据存在错误或者欠缺法定或约定处理依据的情形，而是可以涵盖在合法基础上进行的数据处理，其判断标准在于数据相对于其处理目的是否为过时的、不相关的、不必要的信息，但其行使的范围受限于具体场景下与言论自由、公共利益等的利益平衡。

限制处理权（第 18 条）则赋予数据主体在数据的准确性存疑需要进一步查证、数据处理并无合法依据但数据主体并不希望删除其数据等情形时，有权限制数据控制者对其个人数据的处理，一旦数据行使该项权利，则仅在数据主体同意或者为保护其他自然人或法人的权利等特殊情形下才得以进一步处理个人数据。相较于被遗忘权，限制处理权提供了相对缓和的解决方案。

可携带权（第 20 条）旨在强化数据主体对其个人数据的控制权，其基本理念在于"个人能够将其个人数据和资料从一个数据控制者处无障碍地转移至另一个数据控制者处"，由于该权利大大降低了数据主体转移其个人数据的难度，也被认为能够进一步提升数据控制者之间的市场竞争程度，从而促进数据控制者的创新发展。

为应对大数据时代算法不透明、算法歧视等问题，GDPR 第 21 条、第 22 条规定了数据主体的反对权和自动化决策相关内容。反对权（第 21 条）是对 1995 年《欧盟指令》针对数据商业利用的反对权的保留和延伸，相较于原有 1995 年《欧盟指令》中的规定，GDPR 对于反对权的规定放宽了适用情形，不再局限于商业利用场景，包括基于维护公共利益或数据控制者所追求合法利益所必需、基于直接营销目的、基于科学研究或统计目的的

数据处理的场景，均有反对权的适用可能。免受自动化决策权（第22条）明确对数据主体具有法律影响或类似重大影响的基于数据自动化处理的相关决策，数据主体有权拒绝其约束。免受自动化决策权的基本出发点在于大数据时代数据自动化处理和对数据主体进行定向分析的数据画像日益增多，但算法不透明、算法歧视、数据源错误等风险难以避免，因此有必要在其对数据主体产生重大影响时，赋予数据主体免受其限制的权利。

3. 强化对数据控制者、处理者的问责

结合新技术发展背景以及一旦发生数据侵害就难以挽回的现实，GDPR更加强调事前预防，要求数据控制者、数据处理者内部建立完善的问责机制，更多地以企业内部合规性义务规定推进GDPR的落地，包括隐私保护设计、数据泄露通知以及数据保护影响评估等。此外，考虑到大数据、云计算产业发展现状，GDPR与1995年《欧盟指令》的显著不同在于，GDPR在大多数情况下明确数据处理者与数据控制者负有同等义务，并且明确数据处理者在数据安全、数据泄露、数据保护影响风险评估等方面对数据控制者负有协助义务，以及数据处理服务终止时的数据删除或返还义务。

GDPR第25条规定了通过隐私保护设计和默认设置的数据保护要求。该条第1款规定考虑到目前的各种现状、执行成本、数据处理的性质、范围、内容和目的，以及数据处理给自然人带来的风险及其严重性，数据控制者应当在决定数据处理的方法和数据处理时，执行适当的技术和组织措施，以有效实现数据保护的各项原则。同时，该条第2款规定数据控制者应当实施适当的技术和组织措施，确保在默认方式下仅处理实现特定数据处理目的所必要的个人信息，该项义务适用于收集数据的数量、处理范围、存储期限、数据的可访问性等方面。

GDPR第33条、第34条分别规定了发生数据泄露时，数据控制者向数据监管机构和数据主体的通知义务。第33条规定，当发生个人数据泄露事件时，数据控制者应当在72小时内及时通知数据监管机构，除非该等数据泄露不会对自然人权利和自由造成影响。数据泄露通知内容应包括可能泄露的个人数据性质、类型、数量，数据保护的联系方式，数据泄露的可能后果，数据控制者已经采取的措施等内容。数据控制者向监管机构报送的材料将成为其是否遵守数据泄露通知的判断标准。第 34 条规定了数据控制者在数据泄露发生时向数据主体进行通知的制度。当个人数据泄露会对自然人的权利和自由产生高度危险时，数据控制人应当及时通知数据主体。同时，数据控制者应当在通知中以清晰易懂的方式告知数据主体数据泄露的性质，包括可能泄露的个人数据性质、类型、数量，数据保护官的联系方式，数据泄露的可能后果，数据控制者已经采取的措施及建议等内容。同时，该条第 3 款规定了数据控制者无需通知数据主体的情形，包括数据控制者已经采取适当技术和组织措施用于数据泄露涉及的个人数据，能够确保个人数据未经授权无法读取；数据控制者在数据泄露之后采取措施确保数据泄露不会对自然人的权利和自由造成不利影响；向数据主体通知包含不成比例的工作量，可以代之以公告等方式。

GDPR 第 35 条规定了数据保护影响评估。要求数据控制者采用新技术进行数据处理时，考虑到数据处理的性质、范围、环境、目的等因素，有可能对自然人的权利和自由造成较高危险时，数据控制者应当在数据处理进行之前，对相关数据处理操作进行影响评估。该条第 3 款明确了数据控制者应当开展数据保护影响评估的几种情形，包括：控制者基于数据画像等数据主体个人信息对其进行系统性评估，该自动化决策的结果会对数据主体造成法律影响或其他类似重要影响；数据处理包含大规模处理条例第 9 条第 1 款规定的特殊类型数据（敏感数据）或第 10 条规定的有关刑事违法犯罪的个人数据；系公共领域大规模的系统性监控。同时，该条第 4 款、第 5 款授权数据监管机构可以细化需要或不需要进行数据影响评估的具体数据处理事项的清单。

4. 改革数据保护监管体制

虽然原《欧盟指令》第 28 条规定了各成员国应当设置数据保护机构，但事实上数据保护机构在各成员国层面存在较大差异。因此，为确保 GDPR 在适用过程中能实现对不同成员国之间的协调，GDPR 在监管机构、监管模式、监管手段等方面均作出了重大变革。在整个欧盟层面，GDPR 的首要变化在于设立欧盟数据保护委员会（European Data Protection Board，EDPB）取代 1995 年《欧盟指令》下的第 29 条工作组（WP29）。EDPB 由各成员国数据保护监管机构负责人和欧盟数据保护专员（EDPS）组成，代表整个欧盟层面发布有关个人数据保护的相关意见、指南，协调一站式监管机制并促进交流等，以确保 GDPR 在欧盟各成员国内适用的统一性。除此之外，GDPR 新增一致性机制，以应对跨境数据流动场景下涉及多个成员国监管机构的情形，减轻监管成本和企业合规成本，力图实现一站式管理服务。在一致性机制下，当涉及多个监管机构时，则需要区分主导监管机构和相关监管机构，由主要营业地的数据保护监管机关作为主导监管机关，数据控制者等监管对象只需向主导监管机构履行相关义务，由主导监管机构及时将相应监管事项通知其余相关监管机构，后者仅在有限的紧急情况下才可对其领土内的被监管对象采取措施，从而避免被监管对象对接多个成员国监管机构。

5. 完善数据跨境流动机制

为应对日益增长的数据跨境流动和 1995 年《欧盟指令》体系下监管体制之间的不协调，欧盟在此次数据保护改革中着力对数据跨境传输机制进行了完善，明确禁止成员国数据跨境流动监管许可的适用，提升欧盟单一数字市场内数据跨境流动监管政策的统一性；同时通过限定数据向欧盟境外的传输条件，向全球推广自身的数据保护标准。具体来说，GDPR 跨境流动机制包括基于充分性决定、适当保障措施、有拘束力公司规则、标准合同条款、数据主体明确同意等构成的多元数据跨境流动监管路径，实现用户隐私、数据安全与数据跨境流动需求之间的协调与平衡。

6. 巨额处罚力度

虽然具体违法处罚额度仍由各成员国具体规定，但 GDPR 明显提升了行政处罚力度，对全球跨境数据处理控制者产生极大震慑作用。GDPR 第 83 条规定了行政处罚的一般性规定。在数据监管机构在作出行政处罚时应考虑的主要因素方面，该条第 2 款列举了个案中数据处理所涉及的数据主体数量、数据处理性质、范围，以及确定了目的确定数据违法行为的性质、严重性、持续性；数据控制者或数据处理者是故意或过失违法以及数据控制者或处理者为数据主体采取的减损措施等因素。在具体处罚行为类型及处罚力度上，GDPR 将违法行为大致分为两类：一类是违反数据控制者或处理者的相关义务，此类行为将被处以最高 1000 万欧元或者企业上一年度全球营收 2% 的行政罚款，并取高者计算；另一类是违反数据处理的基本原则、违反数据主体权利保护要求以及跨境传输中的违法行为等，此类行为将被处以最高 2000 万欧元或者企业上一年度全球营收 4% 的行政罚款，并取高者计算。在 GDPR 实施后，谷歌、英航均因违反 GDPR 而收到天价罚单。

（三）GDPR 实施影响分析

欧盟通过 GDPR 对内延续一贯的基本人权理念，强化数据主体对个人数据的控制，对外则以欧盟近 5 亿欧元相对富有消费者的数字经济市场为筹码，借由数据跨境流动监管机制向全球范围内输出个人数据保护的欧盟标准，彰显自身数字主权影响力。GDPR 实施两年来，有关 GDPR 实施的对外效果有待考察。

一是执法实践效果差强人意。一方面，GDPR 执法尺度统一的目标未能实现。从 GDPR 目前实施效果来看，各成员国执法水平参差不齐、标准不一的现状短期内难以改善。以谷歌案为例，谷歌案中法国国家信息与自由委员会（CNIL）对"主营业地"的狭义理解，导致对任何总部不在欧盟的跨国企业来说，都可能因其数据处理的决策权不在欧盟境内，而被认定为在欧盟境内不存在"主营业地"，继而面临欧盟境内多个监管机关的分散式执法，实质上架空了 GDPR 对"一站式"执法的制度设计。另一方面，GDPR 助推监管机构从被动执法转型为主动执法，也对政府数据保护能力提出更高要求。与以往隐私保护被动执法模式不同，GDPR 实施以来，欧盟各成员国数据监管机构就其管辖范围内的数据保护情况，往往积极主动履行职能，通过警告、要求改正、要求更正或删除个人信息等命令的结合，大大增加了监管机构介入企业经营的深度和广度。

二是显著增加企业合规成本。GDPR 对企业最为直接和显著的影响是大幅增加了企业的合规成本。在人力成本方面，国际隐私专业人协会（IAPP）的统计显示，GDPR 实施一周年之际，全球已有 37.5 万家企业和其他组织设置了数据保护官（DPO），未来还将陆续增设 50 万名数据保护官。在时间成本方面，基于 GDPR 对用户数据权利、第三方审计等合规要求，也增加了企业投融资、销售等交易周期。在整体合规费用方面，普华永道的调查显示，68%的企业合规成本预期达 100 万美元到 1000 万美元，9% 的公司合规成本将超过 1000 万美元。

三是对数字经济呈现负面影响。GDPR 可能对数字经济及产业产生负面影响。部分互联网成熟业态，如直销、定向广告、网页分析、信用信息行业，因对数据处理依赖较大而受到 GDPR 影响；人工智能、区块链、云计算等新兴产业，也因无法满足 GDPR 对算法可解释性、算法透明度等的要求而受到一定阻碍。美国国家经济研究局的报告显示，GDPR 对科技创业投资产生负面影响，欧洲市场中科技创新投资的交易数量和私募资金数量分别下降了 17% 和 40%，削弱了欧洲数字经济的竞争力。

总之，欧盟在大数据时代来临之际推出 GDPR，除了强化个人数据保护的本旨之外，还掺杂着更多的欧盟整体的政治考量因素。在我国加快个人信息保护立法的当下，除了从具体制度着手思考和借鉴 GDPR，以提升个人信息保护水平之外，还应当兼顾我国互联网和大数据产业发展以及我国在全球数据治理中的话语权考量，探索适合我国国情的个人信息保护法律制度。

第三章 日本个人信息保护研究

日本采用了欧盟个人人权权益保护的理念，通过政府立法和行业自律的双重保护模式来实现对个人信息的保护。从日本《个人信息保护法》①的整个形式上看，可以被归类为一部综合性的法律，因为它不区分公私领域，这一点符合欧盟个人数据保护指南的要求。但是从其内容实质上看，日本没有采用欧盟不分公私，全部受规制于其法律规定的履行义务的方式，而是对于非公领域的企业、团体，日本给予其自主制定行业规则的空间，且对于特殊行业采取特别立法的方式。

一、日本个人信息保护概况

明治维新以来，日本一直实行地方自治制度，各地自治实体均可在一定范围内自主制定条例，各地个人信息保护制度依具体情况而有不同进度，且早于日本国会的统一立法，如 1973 年德岛市颁布的《关于保护电子计算机处理的个人信息的条例》。超过七成的地方自治团体在各自权限内制定了条例、规则等形式的个人信息保护法规。同时，日本的各种专门性立法中，如《电信事业法》《邮政法》《残疾人福利法》《消费保护法》《电子商务法》《户籍法》等均有条文涉及个人信息保护。以上法律规定多关注于对政府和行政部门的规制，对于非政府部门的个人信息保护问题，日本一直没有制定出专门法律，各种民间企业如银行、保险或电商等持有大量客户的个人信息，即使发生了个人信息泄露、非法取得或交易等行为，根据日本《民法》第 709 条规定，仅能追究损害赔偿责任，中止非法所得信息的继续

---

① 個人情報保護法ガイドライン，http：//www. nec－nexs. com/privacy/about/background. html.

公开。因此，约束民间业者和企事业单位对个人信息的利用在日本日趋必要①。鉴于此，日本信息处理开发协会（JIPDEC）制定了《关于民间部门个人信息保护指导方针》，为企业提供行动指南，通商产业省于 1997 年修订了《关于民间部门电子计算机处理和保护个人信息的指南》，1999 年邮政省修订了《电气通信行业的个人信息保护指南》，1999 年财团法人金融信息系统中心修订了《金融机构的个人信息保护方针》，等等，对特定行业予以指导。

　　日本对非政府部门即对私领域的个人信息保护主要还是倾向于行业自律模式，政府并不过多参与监管，对其规制主要采取比照公共领域立法，同时针对不同行业和领域的情况制定不同的行业部门法律和行为指南，避免"一刀切"的规定给企业造成过度负荷而制约其发展。

　　1999 年日本通商产业省出台了日本工业标准《个人信息保护管理体系要求事项》，向保护措施得力的企业颁发隐私认证标识（P－MARK 认证），便于消费者判断该部门的个人信息保护水平。2001 年出台了安全管理系统评估制度（ISMS 制度），并配合 ISO/IEC17799－1（BS7799）国际标准（也称第三者认证制度）加强信息管理。

　　2003 年 5 月，日本国会接连通过了包括《个人信息保护法》《关于保护行政机关所持有之个人信息的法律》《关于保护独立行政法人等所持有之个人信息的法律》《信息公开与个人信息保护审查会设置法》《对〈关于保护行政机关所持有之个人信息的法律〉等的实施所涉及的相关法律进行完善等的法律》在内的一系列个人信息保护法律，通称"个人信息保护五联法"。

　　此外，在日本《个人信息保护法》颁布实施之后，政府政令也随即颁布。政府基本方针（第 7 条）、主管机关准则（第 8 条）、实业者指南（第 43 条）等也配合与完善《个人信息保护法》的实施。另外，为了能够让囊括庞大个人信息的大数据资源在商业领域得到积极有效地利用，2015 年日

---

　　① 黄荣光. 日本个人信息保护法及其对中国的启示［D］. 北京：对外经济贸易大学硕士学位论文，2005.

本国会通过了有关匿名化的个人信息保护法修正案。

（一）日本个人信息保护的早期发展

20 世纪 70 年代至 1999 年，是日本个人信息保护的初步发展时期。当时，随着日本互联网技术的迅猛发展，个人信息日益成为各种媒体、企业和社会机构争相利用的资源，企业流失大量的客户信息、非法买卖个人信息的事件时有发生，这已经成为日本社会一个严重的社会问题。为此，日本各地方陆续开始采取一定的行动来对个人信息进行保护。1990 年，神奈川县制定《神奈川县个人信息保护审议会附属机关设置条例》，在同年 10 月 1 日起开始进行调查审议，设置委员 5 人，任期 2 年。至此，日本各地方针对地方公共团体收集、处理、保存个人信息的状况，纷纷相应出台了《个人信息保护条例》，来规范地方公共团体对个人信息进行的收集、处理和保存等行为。但是这些针对地方公共团体的个人信息保护条例等政策，都是由日本各地方分别制定的规范地区内部的文件，并没有形成一个全国范围统一的基本法律。

1988 年 12 月 16 日，在借鉴经合组织《关于隐私保护和个人数据跨境流动指南》提到的八大原则的基础上，日本第一部全国性的法律《行政机关持有的电子计算机处理个人信息保护法》在全国范围内通过，该法对行政机关主体收集、处理、保存个人电子信息的管理行为进行了一定的规范。1988 年，该法共分四章：第一章为一般规定；第二章为电脑处理个人信息；第三章为已处理信息的公开与更正；第四章为其他规定，另外还有补充规定，共计 30 条。该法在内容上有以下几个特点：一是适用范围方面，适用于国家的行政机关以电子计算机处理过的个人信息。二是本人的权利方面，主要包括：阅览权，即免费阅览保有个人信息的行政机关编制的个人信息档案。请求修正权，即被公示个人信息的本人认为公示的信息有误、不足或者不妥时，可以请求作出公示决定的机关进行修正、补充或者删改。请求再调查权，即对于保有个人信息的机关的调查结果不服时，可以向保存机关提出再次进行调查的要求。三是行政机关的义务方面，保有限制。行政机关不得保存超出其业务范围必要限度的个人信息，在保存个人信息档案的时候，应尽可能确定其特定的保存目的。利用、提供个人信息的限制。

原则上禁止在保存目的以外利用、提供个人信息。各个行政机关应预先采取确保不发生个人信息泄露、丢失、被损、删改等的安全措施，以及确保个人信息的内容与事实本身一致的正确措施。保存个人信息的行政机关，事先要编制个人信息档案，并将其置于便于国民阅览的场所，供国民免费阅览。①

但是，该法律本身只规范行政机关，并没有对民间企业等进行规范。即只针对行政机关收集、处理和保存个人信息的行为作出了规定，并没有涵盖较广的范围，如民间企业等对个人信息的收集和保存等行为并不受到该法律的约束。并且，由于这部法律尚不完备，其制定是对个人信息保护的初步探索，本身存在一些问题，因此，这部法律并没有给日本个人信息泄露等问题提供良好的解决办法。

因此，除了对行政机关持有的个人信息管理做了规定之外，各行业领域的信息保护也有了一定的发展。1997 年，日本通产省发布《针对电子计算机处理个人信息的保护指南》修订案；1998 年，邮政省发布《电气通信行业的个人信息保护指南》修订案；1999 年，财团法人金融信息系统中心发布《金融机构个人信息保护方针》修订案。

以上政策性文件不具有法律上的强制性，只在各行业起到指导性的作用。

（二）个人信息保护相关法律制定阶段

自从经合组织在 1980 年公布了《关于隐私保护和个人数据跨境流动指南》之后，各国纷纷制定了个人数据保护相应的法律法规。如 1995 年，欧盟颁布了《欧盟指令》，对个人数据的跨境流通作出了一定的限制。随着国际个人信息保护运动的迅猛发展，以及日本国民对个人信息泄露事件的强烈反对，日本立法机关不得不重新构建个人信息保护法律体系，将行政部门与民间部门的义务在不同的法律中加以明确规定。对于民事关系的调整更多强调当事人的合意，即所谓的"私法自治"。而在行政领域，强调通过法律将行政机关的权利和义务明确化。国际环境的巨大变化，让日本更加

---

① 日野好弘：《情報公開と個人情報の保護》，1992。

意识到，如果日本在个人信息保护方面措施不利的局势不得到改变，将会被欧盟制定的规则排除在外。如果日本与其他国家之间个人数据的交流被限制，将给日本的经济发展带来巨大的负面影响。因此，日本将个人信息保护相关法律的制定提上日程，来适应个人数据保护国际大环境的发展。同时，日本也因此鼓励各行业对个人信息进行行业自律保护。

自 1999 年起，日本个人信息保护立法的发展进程有了明显的加速态势。1999 年 7 月，日本高度信息通信化社会推进部门召开了个人信息保护讨论委员会的首次会议。1999 年 11 月，日本个人信息保护讨论委员会发布了《关于建立我国个人信息保护系统（中间报告）》，报告中指出，为确立日本个人信息保护系统的基本原则，有必要制定全国范围内的基本法。1999 年 12 月，高度信息通信化社会推进部门发布了《关于建立我国个人信息保护系统》，最大限度尊重个人信息保护讨论委员会中间报告，具体推进日本个人信息保护系统基本法制确立的进程①。在对于怎样规制非公共领域的企业法人、团体以及个人在获得个人信息的问题上，日本规定不论行业种类，只要在过去 6 个月内保存了 5000 件以上的个人信息，并且全部用于自身业务的即属于此范围之内。

2000 年，日本高度信息通信化社会推进部门召开个人信息保护法制化专门委员会初次会议，设立了个人信息保护法制化专门委员会。个人信息保护法制化专门委员会制定了《个人信息保护基本法制大纲》。在《个人信息保护基本法制大纲》的基础之上，2001 年第 151 次国会上提出了《个人信息保护法案》。但是该法案并未获得通过，因为日本全国律师协会对其提出了法律意见书。但是《个人信息保护法》的制定并没有被搁置。经过一番讨论和探索，2002 年，第 154 次国会提出了《行政机关持有个人信息保护法案等四法案》，2003 年 3 月，第 156 次国会再次提出《个人信息保护法案》修正案，终于获得通过。2003 年 5 月，日本颁布了《个人信息保护法》五法案，《个人信息保护法》除第四章至第六章之外的前三章开始实施。《个人信息保护法》五法案包括《个人信息保护法》《行政机关持有个人信

---

① 黄晨．日本个人信息保护法的立法问题研究［D］．重庆：重庆大学硕士学位论文，2014.

息保护法》《独立行政法人等持有个人信息保护法》《信息公开、个人信息保护审查委员会设置法》《伴随〈行政机关持有个人信息保护法〉等实施的有关法律的准备法》。

2005年4月，日本《个人信息保护法》开始全面实施，2005年底，日本全国的都道府县都制定了相应的个人信息保护条例，来规范地方共同团体在个人信息保护方面的行为，从而更好地配合了《个人信息保护法》的配套实施。日本的个人信息保护法律体系由以下的法律共同构成：《个人信息保护法》《行政机关持有个人信息保护法》《独立行政法人等持有个人信息保护法》《各地方公共团体个人信息保护条例》。《个人信息保护法》虽然在一定程度上对个人信息业者收集、处理、利用个人信息等行为进行规范，但其主要目的并不是限制个人信息业者，而是制定一套最大限度尊重个人信息业者的自主性制度①。

二、个人信息保护立法与监管

（一）《个人信息保护法》立法原则

日本的《个人信息保护法》对《欧盟数据保护公约》中的八项原则也有所体现。具体表现在以下几个方面。

一是利用限制原则。日本《个人信息保护法》第23条规定，个人信息获得者除以下几种情况外，在事先没有取得本人同意的情况下，不能将个人信息提供给第三人：基于法令的情况；为了保护个人的生命、身体、财产的必要场合，又困于取得本人同意的情况；为了提升公共卫生或儿童健全教育的推进这样的必要场合，又困于取得本人同意的情况；国家机关、地方公共团体或接受其委托的单位或人员针对法律规定的事项实施而需要协作的场合。比起获得了本人的同意，更应该考虑会有成为该项事物施行障碍的隐患的情况。②

二是收集限制原则。日本《个人信息保护法》第17条规定，个人信息

---

① 友冈史仁：《情報公開および個人情報保護の基本的考え方》，日本大学，2014。
② 個人情報保護委員会，改正個人情報保護法，2016。

获得者不能用欺骗或其他方式取得个人信息。

三是信息内容完整正确原则。日本《个人信息保护法》第19条规定，个人信息获得者在达成利用目的的必要范围内，必须努力确保个人信息的正确性以及保证是最新的内容。

四是公开原则。日本《个人信息保护法》第18条第1款规定，个人信息获得者在获得个人信息时，应该首先迅速把利用目的告知本人，然后再公示。第2款规定，个人信息获得者，与本人签订协议的同时，取得了协议书或者其他书面形式（包含运用以电子方式或者其他能够被他人知晓的认识方式制作而成的记录）的该人的个人信息或者是从本人处取得直接书面记载的该个人的信息时，首先，必须对本人明示使用的目的，但是，在保护人的生命、身体、财产的紧急情况下不受此限。第3款规定：个人信息获得者在变更利用目的的时候，必须就变更了的目的先通知本人，再进行公示。

五是安全保护原则。日本《个人信息保护法》第20条规定，个人信息的获得者为了防止所获个人信息的泄露、灭失或者损害必须要对他人个人信息进行安全管理，必须采取必要且合理的措施。第21条规定，个人信息获得者在允许相关从业者获取个人信息时，为了实现对该个人信息的安全管理，应该对该从业者进行合适且必要的监督。第22条规定，个人信息获得者把个人信息的全部或者部分委托给受托方时，为了对委托的个人信息进行安全管理，必须对受托方进行合适且必要的监督。

六是个人参与原则。日本《个人信息保护法》第26条第1款规定，个人信息的获得者在从本人那里获知可以识别其身份的保有个人信息与事实不符时，基于此理由，要求订正，追加后者删除该个人信息时，除有规定要求需要特别手续来办理的情况，在达成必要目的的范围内，应立即进行必要的调查，基于调查的结果，必须予以修改。第2款规定，个人信息的获得者，根据前款的规定，在对个人信息的全部或者部分进行修改时，或者决定不对该信息进行修改时，都应该毫不延迟地将该决定（在修改的情况下，包括修改的内容一并）通知本人。

七是责任原则。日本《个人信息保护法》第31条第1款规定，个人信息获得者必须合理且迅速地处理有关个人信息获取的投诉。第 2 款规定，个人信息获得者为了达成前款的目的，必须制定必要的自律制度。

八是目的明确化原则。日本《个人信息保护法》第 15 条第 1 款规定，个人信息获得者在获取个人信息时，尽可能特定化其利用目的。第 2 款规定，个人信息获得者在变更利用目的的情况下，必须与变更前的目的存在一定关联性，且不可以超过合理的范围。第 16 条第 1 款规定，个人信息获得者在事先未取得本人同意的情况下，根据前条的规定，超过了限定的特定利用目的的必要范围，不能取得个人信息。第 2 款规定，个人信息获得者在合并或其他理由的条件下，从其他信息获得者那里继承实业从而获得个人信息的情况下，在事先未取得本人同意的情况下，超过了在承继前达成取得该个人信息必要范围的，不能取得该个人信息。

日本《个人信息保护法》在具体条款中有原则精神的体现。在立法过程中，立法原则起着体现立法性质、指引立法方向、进行立法价值判断等作用①。

（二）《个人信息保护法》的主要内容

《个人信息保护法》在结构上由 6 章 59 条以及附则 7 条构成。第 1 章规定了制定此法的目的、基本理念；第 2 章规定了国家和地方公共团体的责任和义务；第 3 章是有关个人信息保护对策的规定；第 4 章规定了个人信息处理事业者的义务；第 5 章是法律适用的例外；第 6 章是罚则。

日本《个人信息保护法》在结构上具有特别之处，即基本法与一般法并存的双重结构②。在日本，所谓的基本法是指对涉及国家管理重要领域的国家制度、政策和对策有关的基本方针、原则、大纲等予以明确规定的法律。基本法是宪法与个别法之间联系的纽带，发挥着将宪法的理念具体化的作用。个人信息保护法就发挥着在宪法指导下，将与人权有关的规定进行贯彻的作用，是宪法的必要补充。在社会结构日益复杂的现代化国家，基本法由于发挥着制定某个领域的政策，并将相关政策进行体系化调整的

---

① 内阁官房 情报通信技术（IT）综合战略《平成 27 年个人情报保护法改正の概要》。

② 李欣欣 . 论个人信息保护与合理利用［D］. 北京：中国人民大学硕士学位论文，2005.

作用而日趋重要。日本的个人信息保护法呈现出"总＋分"（民间领域）的特色，这是很少见的。基本法的部分主要是指基本理念（第 3 章）、国家和地方公共团体的责任和义务（第 2 章）以及关于个人信息保护的政策和措施（第 3 章）。一般法的部分主要是指对个人信息业者进行规制的个人信息业者的义务（第 4 章）。

《个人信息保护法》对特定的名词进行了一定的解释。《个人信息保护法》所保护的"个人信息"，即有生命的人的信息，是指能够识别特定个人的信息。既包括姓名等公开确定的信息，也包括能够容易与其他信息相比照，并能够通过比照确定特定个人的信息，如学生名册中记载的学号等。个人信息保护法中的"个人信息数据库"包括：包含个人信息的、能够利用计算机检索特定个人信息的数据集合，以及包含个人信息的、系统构成的纸质的数据集合。而个人数据，是指构成上述定义个人信息数据库的个人信息①。可以看出，日本个人信息或个人数据的范围，主要限定在"能够识别特定个人"的层面上②。

随着 IT 业的迅猛发展，难以判断是否属于个人信息的灰色地带逐渐扩大，因此，日本个人信息保护委员会于 2016 年 8 月 2 日发布政令草案，明确规定 DNA 和指纹等属于日本《个人信息保护法》规定的"个人信息"。该草案计划于 2017 年春季生效。对于需要格外注意以防止不当歧视和偏见等的"需要顾及的个人信息"，草案列举了残障与否和治疗信息等。草案写明的个人信息包括 DNA、指纹、脸部、虹膜、声纹、步态、手指静脉、掌纹；还列举了个人编号、驾驶证号码这些官方编号。企业等获取此类信息时必须限定使用目的，并且有义务努力防止信息外泄。如有违反，国家可以进行必要的指导或下达命令。针对企业不服从的情况，还设有罚则。"需要顾及的个人信息"是监管尤为严格的部分。修改后的《个人信息保护法》规定人种、信条、犯罪、受害信息等属于此类信息，政令则写明残障和治疗信息、违规经历等也包含在内。

---

① http：//www. ppc. go. jp/personal/general/.
② 李欣欣. 论个人信息保护与合理利用［D］. 北京：中国人民大学硕士学位论文，2005.

第 2 章规定国家以及地方公共团体的义务等。其中的第 4 条：国家有责任根据本法之规定制定确保正当处理个人信息所必需的综合性政策，并加以实施。第 5 条：地方公共团体有责任依据本法之规定，根据其地方公共团体所在区域的特殊情况，制定确保正当处理个人信息必需的政策并加以实施。①

日本《个人信息保护法》第 25 条对个人数据的公开作出了相应的规定。当信息主体向个人信息获得者申请公开其所持有的该信息主体的个人数据时，都应当毫不迟延地向其公开所持有的个人数据，除非涉及以下情形：可能危害该信息主体或第三人生命财产安全的，可能对个人信息获得者正当业务造成损害的，违反其他法律规定的。根据上述规定，如果决定不公开或者部分不公开的，需要毫不迟延地通知到该信息主体。如果不存在该信息主体的个人数据时，应当告知该情况。

同时，日本《个人信息保护法》规定了信息主体对个人数据的"修正权"。当信息主体向个人信息获得者申请修正、增加或者删除不准确的个人数据时，除法律另有规定之外，个人信息处理业者需要在实现利用目的范围内立即进行必要的调查，并根据调查结果，需要修正的，立即进行修正并将修正情况通知到该信息主体；决定不予修正的，立即通知该信息主体。

（三）个人信息保护的监管

在当今网络时代，黑客或内部管理人员及其他恶意第三人通过技术手段实施攻击、撞库或利用钓鱼网站、木马、免费 WiFi、恶意 APP、蠕虫等恶意代码程序或其他各种手段，窃取用户个人信息的恶意攻击事件频频发生。日本通过政府主导、第三方认证机构主导等不同模式，对个人信息安全保护状况实行强力监管。英国、法国、德国等欧盟国家普遍采取注册登记制、审核批准制等多种措施，对于网络个人信息处理活动实行行政审查和管理；日本采取行政申告制，行政机关需向总务大臣提交行政申告后，才能从事网络个人信息处理活动，独立行政法人、非公共行政部门无需事前行政申告，但需随时按指令就其网络个人信息处理情况向总务大臣提交

---

① 内阁府：《個人情報保護の第三者認証プログラム》，2003。

行政通报；日本还采取广泛、深入的技术评估认证措施，对于网络个人信息安全保护状况进行第三方监督和管理。《个人信息保护法》制定了处罚的规定，凡是违反政府或地方公共团体的政策法规以及违反主管大臣的改善、终止命令者，都将受到处罚。在罚则中，明确了对于行政等涉及公权力部门的更为严厉的处罚力度。①

围绕个人信息争议处理机制，日本没有设立欧盟式的独立机构，但也没有如美国一样不设立任何机构。1988 年《行政机关计算机处理个人信息保护法》设置个人信息保护审查会，要求行政机关在处理不服申诉时，应当征求个人信息保护审查会的意见，将审查会定位于咨询机关而不是裁决机关或监督机关。1999 年《行政机关信息公开法》设置了信息公开审查会，其职能定位与个人信息保护审查会一致。这两个机构在 2005 年合二为一，依据 2005 年制定的《日本信息公开与个人信息保护审查会设置法》，由内阁府设立信息公开与个人信息保护审查会。该审查会职能是依据《行政机关信息公开法》《独立行政法人行政信息公开法》《行政机关个人信息保护法》以及《独立行政法人个人信息保护法》四部法律提供有关个人信息方面的咨询。②

该审查会的职能集信息公开与个人信息保护于一身，这与英国式的信息保护专员有共同之处，区别在于，日本的审查会是设在内阁府的咨询机关，处于中间者地位，不属于行政性质的机构，而英国信息保护专员办事处虽不是行政机关，但具有准行政机关的地位③。

另外，审查会只负责接受来自以上四部特定法律所涉及的主体的咨询，而这四部法律的主体为两大类：一是行政机关，二是独立行政法人。无论是行政机关还是独立行政法人，在职权范围上都属于行政领域，即审查会只为行政领域内的个人信息处理争议提供咨询，这与德国式的数据保护专员制度有共同点，但是，德国联邦数据保护专员隶属内务部，纳入行政机

---

①　http：//www. kantei. go. jp/jp/singi/it2/pd/info＿h270909. html.

②　内阁府情报公开·个人情报保护审查会，http：//www8. cao. go. jp/jyouhou/gaiyou/yaku-wari. pdf。

③　姚岳绒：日本混合型个人信息立法保护［N］. 法制日报，2012 – 06 – 19.

关体系①。

日本的《个人信息保护法》在争议处理上采取了独特的方式：即其没有像许多国家那样设有专门的个人信息保护管理机构，而是采用了更为灵活的方式。例如，对于非公部门，主管大臣有权对其违法或不当的个人信息处理行为发出劝告或者命令，同时法律还允许设立民间团体参与纠纷的处理。个人信息处理业者负有安全管理和监督责任，必须采取必要且适当的措施防止数据泄露或毁损、灭失。对从业者和被委托人，都要采取必要且适当的监督，来保障个人数据的安全。

鉴于大数据中保存的网页浏览记录以及手机位置等信息被私自用到商业活动中的案例日益增多，日本总务省于2014年决定设立监管个人信息保全工作的"第三方机构"。因为有越来越多的日本公司通过大数据分析顾客的网页浏览记录信息，从而找到顾客感兴趣的商品信息，并不断向顾客推送相关广告，如何预防顾客信息被非法利用成为当前面临的重要课题。对此，由IT企业以及研究人员组成的日本总务省检讨会总结了一份报告。报告指出，在利用与顾客个人信息有关的大数据时，应该同时保证"使用在商业活动上"和"保护顾客隐私"两个方面。因此，应该设立负责监管个人信息保护工作的"第三方机构"。

"第三方机构"的作用主要在于，当顾客的私人信息被用在商业活动中时，监察是否征得顾客本人的同意，以及顾客向企业寻求个人信息保护时，企业是否给予清楚明了的解答等。总务省将就此加快促进"第三方机构"配套法律的建设。

（四）行业自律标准和评价体系

伴随日本经济社会的日益成熟和互联网技术的迅猛发展，2005年至2015年这十年间日本社会发生了巨大的变化。原来制定的法律在实施过程中也相继遇到了一些问题，如何适应时代发展修改完善法律制度成为迫切需要解决的课题。鉴于此，一部可操作的行业自律标准工业标准（JIS）《个人信息保护管理体系要求事项》（JISQ15001：2006）应时而生。与《个人

---

① http：//news. enorth. com. cn/system/2012/06/19/009471205. shtml.

信息保护法》比较，该标准制定了详细的构建企业个人信息保护管理体系的规则，具有以下独特之处：一是明确制定了个人信息保护的方针。以及个人信息管理体系必须遵循和执行的规则和措施，包括在特定的目的和范围内收集、利用和提供个人信息的措施，个人信息泄露或损毁、灭失的预防，遵守个人信息保护相关法律、法规，个人信息保护管理体系的持续改进，等等。二是具体制定了风险分析和风险管理措施。从而可以有效识别、分析个人信息处理中可能出现的各种风险，及时采取必要的管理措施。三是细化了管理规章制度。《个人信息保护管理体系要求事项》列举了应制定的相应的各类管理规章，保证个人信息管理的规范化和具体化。四是严格落实个人信息保护管理体系的监察督导。《个人信息保护管理体系要求事项》要求制定监察计划，定期监察个人信息保护管理体系的运行，编制监察报告。应采取相应的预防和处罚措施防止个人信息保护不当、失误的发生。

与此同时，日本建立了个人信息保护评估体系和评定机构。日本政府推行隐私标识（PrivacyMark）认证机制，由日本信息处理开发协会等第三方认证机构对日本从事个人信息处理的企事业单位的管理体系进行安全评估和认证，确保日本企事业单位的电子信息在跨境流动过程中能够得到有效的安全保护，同时不影响数据跨境的自由流动。评估合格的私营企业被授予在其商业活动过程中展示"PrivacyMark"的权利。该体系符合日本工业标准《个人信息保护管理体系要求事项》。隐私标识系统作为第三方认证系统在保护个人信息方面赢得了广泛的信任与支持①。

日本个人信息保护合格评定机构是由认证机构认可的私人企业机构（以及/或产业机构）。合格评定机构在隐私标识体系中起着日益重要的作用。例如，接受申请、筛查和评估、与认可机构（JIPDEC）合作认证②。合格评定机构的工作主要是接受来自其成员公司的隐私标识认证申请；文件

---

① http：//privacymark. jp/reference/pdf/pmark _ guide101018/PMK730. pdf.

② http：//privacymark. jp/certification _ info/list/clist. html.

筛查和现场评估；认证①。

关于隐私标识的申请、审查和授予认定，由一般财团法人日本信息经济社会推进协会指定的民间事业者团体来进行，这些团体包括一般社团法人信息服务产业协会、一般社团法人日本市场营销研究协会、社团法人全国学习塾协会、社团法人全日本婚葬仪式互助协会、社团法人日本美术设计服务工业会、一般社团法人日本信息系统使用者协会、一般社团法人计算机软件协会、社团法人日本印刷产业联合会、财团法人广电安全中心、一般社团法人移动内容论坛。

三、2015 年《个人信息保护法》新修订

2003 年《个人信息保护法》侧重点在于对个人数据的保护，试图解决日本个人信息泄露事件频发的状态，达到个人数据保护的国际标准②。但是，这在一定程度上限制了对个人数据的使用。尤其大数据的发展带来的技术革命，赋予了个人数据极高的利用价值。在大数据时代，如何更好地使用庞大的个人数据，成为新的问题。因此，《个人信息保护法》修正案于 2015 年正式通过。修改后的这次修正案的提出被认为是个人信息保护法律制度的重要转折点，被称为《新个人信息保护法》。

（一）主要修订内容

《新个人信息保护法》修订的主要内容包括：一是增加来自第三方信息的适当获取原则，增加当获得来自第三方的个人信息时，确保是合法并可追溯的。如果不能确认信息是合法的，应慎重交易，并慎重对待交易后的后果。二是内部加强安全管理措施，增加预防来自外部网络攻击的措施。增加防止内部欺诈的技术安全管理措施和项目。三是加强对委托者的监督，增加对委托者内部欺诈进行确认的安全措施，增加定期审核。增加对于再次委托者采取类似的措施。四是明确共同使用的目的，共同使用的商家应

---

①　日本工業規格「JIS Q 15001 個人情報保護マネジメントシステム—要求事項」，http：//privacymark. jp/privacy _ mark/outline _ and _ purpose. html。

②　http：//president. jp/articles/ - /14761.

明确共同使用者的责任。五是明确共同使用者的范围。六是增加消费者本人容易理解的说明，经营者处理个人信息时要面向信息主体制定可供参考的维权标准和易于理解的说明，确保信息落到实处。① 同时，鉴于此前发生个人信息泄露事件，修正案还新增规定，要求处罚接触个人信息的企业员工为获取不正当利益提供信息的行为。② 七是创立个人号码制度，《新个人信息保护法》规定 2015 年 10 月由政府向每位日本国民和在日本境内有长期合法居住身份的外国人发放 12 位号码，2016 年 1 月统一发放个人号码卡，用于税金申报等③。从 2018 年起此号码还将适用于银行存款账户。最初将采取用户自愿的形式，2021 年起将把个人号码制度定为一项义务。政府将给号码卡增加健康保险证等功能，从而推动普及工作。④《个人信息保护法》的修改，让个人信息的有效利用变得更为便捷，同时对个人信息主体的保护也更加严格规范。⑤

（二）《个人信息保护法》的新特点

此次《个人信息保护法》的修改主要有以下几个特点。

一是注重细节，加强人权保护⑥。《新个人信息保护法》中提出的，在个人信息的定义中加入个人身体的特征（如指纹、面部等）和商品的符号（如移动电话号码等），使个人信息的定义扩大，加强了对个人信息的保护力度。据此，个人信息的范围还将包括原本的法律中没有涉及的指纹、脉搏等身体特征，会员卡卡号、互联网服务的用户 ID 等个人信息。具体来说，《新个人信息保护法》中提到，具体对手机号码、服务终端 ID 等是否被认为是《新个人信息保护法》保护的信息，还有待于法律成立后政令的具体规定。

《新个人信息保护法》中新规定了"特殊信息"。"特殊信息"包括人

---

① 内閣官房情報通信技術（IT）総合戦略室「個人情報保護法」を改正するに至った経緯，2016。
② 内閣官房 IT 総合戦略室，個人情報保護法の改正概要，2016。
③ 内閣官房 IT 総合戦略室，個人情報保護法の改正概要，2016。
④ 小向太郎 2016《情報法入門》，NTT 出版。
⑤ http：//japan. zdnet. com/article/35066449/.
⑥ 小向太郎 2016《情報法入門》，NTT 出版。

种、宗教信仰、病史、犯罪前科等可能导致歧视等问题发生的需要特别注意的信息。对于这些"特殊信息"，要严格遵循非经本人同意，不得向第三人提供的原则，并且没有例外原则。对于"特殊信息"的保护，反映出日本社会对个人信息保护向细致化发展，有利于保护信息主体的人权①。

另外，根据 2003 年《个人信息保护法》，5000 人以下小规模的个人信息处理业者被排除在个人信息处理业者之外，《新个人信息保护法》对此作出了修改，认为无论规模大小，个人信息处理业者对个人信息处理不当的行为造成个人信息泄露等问题，都应当受到该法律的规制。

二是明确监管责任，加大惩罚力度。《新个人信息保护法》明确了监管主体和惩罚措施，设立了个人信息保护专门监管机构——个人信息保护委员会，将个人信息保护的监管特定化，降低了政府在个人信息保护中的干预作用。将之前由主管大臣的监管责任以及负责发出的劝告和命令等权力归为个人信息保护委员会。在向第三人提供个人信息时，要依据个人信息保护委员会的规定并作出相应的记录。同时，《新个人信息保护法》对违反法律规定故意泄露个人信息数据等行为的处罚力度进一步加大，设立了"非法提供个人数据罪"，非法向境外提供个人信息的，将受到该罪的刑事处罚。

三是促进个人数据的有效利用。《新个人信息保护法》适应大数据时代背景，促进了个人数据的有效利用。②《新个人信息保护法》规定了匿名化信息处理，将个人数据的更广泛应用变为可能。修改之前的法律对个人数据的使用作出了诸多的限制，个人信息处理业者处理个人信息要取得本人的明确同意，大大降低了个人数据的有效利用率。匿名化加工，是要对个人数据进行处理，使得无法进行特定个人的识别，并且处理后的个人数据无法再还原到可识别特定个人的状态。包括个人信息中包含的个别特定个人的记述文字以及个人识别符号。当然，对个人信息的匿名化处理，要遵循个人信息保护委员会制定的规则，要对匿名化处理的信息进行妥善地安

---

① 内阁官房 IT 综合战略室，个人情报保护法の改正概要，2016。

② 森田岳人，个人情报保护法・マイナンバー 法の改正と实务への影响，2016。

全保管；将包含匿名化信息处理的项目进行公示；向第三人提供匿名化处理的信息时，将该项目进行公示，并且向第三人明示该信息为匿名化处理后的信息；不能根据该匿名化处理的信息与其他信息对照，通过得到处理方法等办法对该信息进行再次识别。[①] 匿名化信息处理的设计解决了个人数据保护与个人数据使用的冲突，对个人数据的有效利用起到很大的促进作用。

总之，日本《个人信息保护法》的更新和修改，在保护个人数据不被泄露，保障现代人充分享受现代飞速发展的高科技带来的便利和乐趣，减少被技术发展带来的困扰的同时，将庞大的数据信息有效地利用起来，充分发挥其价值，促进商业和服务的革新，也促进学术和医疗事业的发展，让日本在信息化的全球竞争中取得优势地位。《个人信息保护法》的发展，体现了日本对于个人信息保护的不断探索，在个人信息保护与大数据时代，个人信息有效利用之间寻找最平衡的契合点。

日本《个人信息保护法》修订版于 2017 年 5 月 30 日起全面生效，该法案对个人信息保护规定得更加明确具体，对匿名处理信息的使用、利用信息的企业资质认定、第三方认证体系，以及对获取个人信息从业者的管辖权由总务大臣转移到个人信息保护委员会等内容，都是完善个人信息保护立法的最新成果。最新版本明确规定了企业必须记录个人信息的来源和收集方式。日本 2017 年实施的《个人信息保护法》主要针对数据控制者，也就是出于商业目的处理个人信息的实体，而非国家机构或地方公共实体。

四、2020 年《个人信息保护法》的修订情况

日本《个人信息保护法》修订版于 2020 年 6 月 5 日在日本参议院全体会议上通过并成立，规定对使用个人数据的企业加重责任。此次修订扩大了个人权利，包括可以为了不让自身数据以不希望的形式被使用而要求企业停用等；还把对有违规行为等的企业的罚金上限提升至 1 亿日元（约合人民币 650 万元）。预计该法将在 2022 年 6 月之前开始实施。

---

① 森田岳人，個人情報保護法・マイナンバー 法の改正と実務への影響，2016。

（一）修订背景

在数字经济蓬勃发展的形势下，包括个人信息在内的数据流通量日益增加，个人隐私保护的必要性愈加突出。因此，这次修改对经营者应该遵守的规则进行了整理修正，旨在实现保护用户和促进数据活用两方面的双赢。

人工智能的发展等因素正改变着当前的市场环境，2019 年日本公平交易委员会决定将在谷歌和 Facebook 等 IT 巨头非法收集、使用个人信息时对其适用《反垄断法》。日本公平交易委员会考虑把企业与个人间的服务和信息交换看作交易，将企业非法收集、使用个人信息视为《反垄断法》中规定的"滥用优势地位"，加强对"未经使用者明确同意的信息收集和泄露"等行为的管制。日本公平交易委员会进一步提出了"在不告知使用目的的情况下收集个人信息、未经同意获取个人信息的做法相当于违反《反垄断法》"的规则草案。日本公平交易委员会事务总长山田昭典指出，对个人的适用"在法律条文中未被排除"。他还解释称，对于 IT 巨头是否处于优势地位、是否造成损失，适用时"有必要展开个别讨论"。

日本此前一直以企业间交易为中心强化监视对信息寡头垄断的 IT 企业，计划把对象扩大至个人，进一步强化管制并保护消费者。公平交易委员会决定基于 2019 年 1 月起对 IT 巨头开展的实际交易情况调查结果以及围绕强化管制的政府专家研讨会议论情况，进一步完善法律制度。基于"对大数据公平访问"的原则，试图遏制技术巨头不恰当地收集个人信息以及对用户数据访问的垄断。

日本公平交易委员会针对涉及个人隐私的"cookie"展开讨论，认为 IT 企业在没有经过用户同意下收集用户个人信息并加以利用的行为违反垄断禁止法。对此日本经济团体委员会强烈反对并表示："会对多数企业产生影响，阻碍经济的发展。"

公平交易委员会于 2019 年 8 月末公布了该方针：如果那些被称为平台的大型 IT 企业不经用户同意就收集个人信息，则将被视为"滥用优越地位"违反垄断禁止法。据日本共同社报道，公平交易委员会杉本和行委员长表示，"目前个人信息保护法的规定有一定局限性，有必要扩大信息的保护范围。"

由于"cookies"数据不会记录用户姓名，不能确定具体的用户，所以目前没有成为个人信息保护法的限制对象。但是，如果与其他信息相结合，就能确定数据的具体的用户信息，从而追踪该用户的网络行为。2019年日本互联网巨头 Recruit 公司运营的求职信息网站"rikunabi"擅自利用记录阅览履历的 cookieID 预测应届生求职拒绝率并贩卖该数据，引起了日本社会的舆论风暴，合法利用个人数据的问题更加凸显。

杉本和行委员长指出"希望能出台相关规定，要求企业要明确将收集到的信息用在何处，并且绝不用于其他目的。"除了"cookies"之外，未来还考虑将智能手机等能够记录的位置信息列为限制对象。

2019年12月，包括健康保险证号码等个人信息在内，日本全国约10.3万人的名单外泄，部分信息被从事名单收集业务的企业倒卖。日本信息安全专家指出："信息很可能是从多个医疗机关外泄的。如此大量的医疗相关信息泄露没有先例。"由于外泄的信息有可能被用于身份伪装和诈骗等犯罪，日本厚生劳动省对此展开了细致的调查。上述10.3万人遍及冲绳以外的日本46个都道府县，集中于近畿和四国地区。有27个家庭接受了采访，其家庭成员的姓名和住址等信息与名单上的一致。一些人现在的保险证号码也在名单之上。

日本厚生劳动省的负责人称"有可能是医疗机关和药店在业务上制作的患者名单外泄了"。某从事名单收集业务的企业表示："2008年12月从掮客处买了名单。虽然对如此危险的信息泄露感到震惊，但向顾客出售了一部分。"据悉，在日本，如果知道保险证号码、姓名和住址等信息，申请再发行保险证也是可能的。因此，泄露的信息有可能被用于伪装成他人骗取借款等犯罪行为。

此次信息泄露事件再一次提高了日本全社会对个人信息保护的重视程度，进而促成了2020年日本新版《个人信息保护法》的修订与颁布。

（二）修订内容

2020年日本《个人信息保护法》的修订，主要体现在个人权利的方式、维护经营者权益等责任方面的变更，主要针对以下六个方面进行修正和强化：个人权利利益的保护、保护与利用的平衡、国际制度的调和与合作、域外适用、越境数据转移的增大引起的风险对应以及 AI 与大数据时代个人信息的正确利用。这次日本《个人信息保护法》修订有以下三点：对消费者的透明性、消费者主导的控制权和消费者保护。

关于对消费者的透明性，不仅包括同意的内容，而且还有同意的方式、记录。就业信息网站"rikunabi"2019 年被曝出预测并擅自出售学生的内定辞退率，引起社会关于企业使用个人数据的探讨。在过去，仅在数据被非法获得等情况下，个人才可要求企业停用和停止向第三方提供其信息。但修改后的法律则扩大要件，规定若对本人不利，就可提出要求。

此外，修订版也对有关浏览网站积累的被称为"cookie"的信息进行了规定，要求在通过与其他网站对照可锁定个人身份的情况下，网站若要向第三方提供信息需要征得本人同意。修订版法律规定，在发生信息外泄时，企业有义务向个人信息保护委员会和本人报告。在运用方面，修订版也给予了委员会要求外国企业提交报告和发出整改命令的监督权限。然而，允许政府向违反企业开出巨额罚单的"课征金制度"因来自经济界等的反对未被列入修订版法律。

关于消费者主导的控制权，是指消费者自身对自己的个人信息的"利用停止""消去""第三者提供停止"有要求的权利。

五、日本个人信息的过剩保护问题

综上所述，日本个人信息保护立法与实践经历了长期漫长的摸索与修正，终于步入日臻成熟的轨道。但是在 2020 年突发的新冠肺炎疫情面前，呈现出令人深思的现象。

2020 年 6 月 19 日下午 3 点开始，日本政府积极推广的名为 COCOA（COVID – 19 Contact Confirming Application）的接触确认手机应用正式上线。这款 APP 是以蓝牙技术为核心，日本政府承诺 COCOA 在完全保护用户隐私的情况下记录人与人之间的近距离接触。

根据日本官方释义，该 APP 将在蓝牙设备的支持下记录用户身边所有 1 米之内、15 分钟以上的接触，并且完全不会涉及 GPS 等可能泄露个人信息定位设备的使用，也完全无需姓名、电话号码、邮箱等信息注册。如果两周内，APP 内记录的人员中有人检测为阳性的话，当地保健所会立即在 COCOA APP 服务系统上进行登记，此前与自己有过接触的人便会收到通知，还会弹出附近指定新冠病毒检测受理医院的接诊电话，方便联系就医。

此 APP 上的数据会保留 14 天，14 天以后，已被记录的信息会被自动无效化，不会有任何泄露给行政机关的风险。

日本在开展新冠病毒传播链的追查、密接患者的追踪、个人健康风险判断方面通过手机的蓝牙，而利用手机蓝牙容易被人连接盗取信息以及无法强制感染者上传数据等种种问题。尽管日本政府在此款 APP 的宣传上刻意强调尊重个人隐私，但是个人信息保护意识很强的日本国民普遍认为此程序会直接暴露隐私，而且会成为政府监控民众的"秘密警察"，这对于一个在世界范围内都极其尊重隐私的国度来说，一时间使矛盾激化，而民众则直接将矛头指向了此款 APP 的开发团队。安倍政府在发布会上宣布，虽然这是一个自愿安装的软件，但还是希望大家都来安装，只有超过 6 成的日本人全部安装，才能达到更好的预警效果。

另一方面，日本民众对这种从应用程序中获取国民的个人信息和位置信息产生了抵抗情绪，认为"政府监视"的不安之声也在高涨，甚至出现了辱骂之词。

日本《个人信息保护法》自实施以来，日本国民基于权利保护意识对个人隐私和个人信息更加敏感，各界民众在很多场合拒绝提供个人信息，很多机构对提供内部员工的个人信息也持非常抵抗的态度。例如，在商店受到服务员的热情服务之后，顾客想写封表扬信表扬该服务员，询问商店主管该服务员的姓名时，主管会婉言谢绝透露员工姓名。平时这样的时候可能并无大碍，但是在出现重大安全事件或重大公共事件的情况下，拒绝提供有益于社会和国民健康稳定的个人信息，后果就会不堪设想。此次抗疫 APP 的推广使用受阻，就是一个典型的例子。如何在做好疫情防控和个人信息保护之间取得一个有效的平衡，是日本政府迫切需要解决的问题。而在此之前，日本有学校因惧怕泄露个人信息而不制定疫情期间紧急情况联系人手册，这与个人信息收集主体对《个人信息保护法》的理解不到位有很大关系。

　　日本政府针对这种对个人信息的"过剩反应"采取了相应的措施，如举办《个人信息保护法》宣讲会、制作讲解手册等来加强全社会对个人信息保护的正确认识与理解，避免防护意识过重，但收效并不明显。这也与日本作为太平洋中的一个岛国，其国民性格谨慎、精细、忧患意识过强有关。

第四章　韩国个人信息保护研究

一、韩国个人信息保护概况

近年来，面对本国政府各部门和通讯、金融等领域日趋加剧的个人信息滥用，以及因国际商务交流带来愈来愈频繁的个人信息传输、使用和保护需求，韩国政府制定和修改了一系列有关个人信息保护的法律，形成了以《个人信息保护法》① 为核心，以《信息通信促进法》《信用信息使用与保护法》② 《位置信息使用与保护法》③ 等法律为补充的完整法律体系，搭建了同时规范政府部门和私营部门个人信息保护的全面框架，建立了被称为"亚洲最严厉的个人信息保护制度"④。

目前，韩国以"个人信息"为立法保护对象，延续欧盟"个人信息自决权"的理念，以"保障每个人都有权决定是否将个人信息交付并提供给他人、社会组织和国家利用的权利"为核心，确保信息主体对其个人信息及产生影响的知情、控制。第一，在对个人信息主体的赋权上，信息主体有权决定是否同意对其个人信息进行处理及处理范围，有权检查个人信息是否被处理，有权调阅个人信息（复印件），有权中止、更正、删除和灭失个人信息，并在造成损害时有权以迅速合理的程序获得救济。第二，在对

---

① 1999 年开始实施的《公共机关个人信息保护法》（约束政府部门的个人信息）已在 2012 年《个人信息保护法》实施时废止。

② Use and Protection of Credit Information Act, 1995 – 2013.

③ Act on the Protection, Use etc of Location Information, 2005 – 2012.

④ Graham Greenleaf, Korea's new Act: Asia's Toughest Data Privacy Law, http://ssrn.com/abstract = 2120983.

所有个人信息控制者①的责任上，要求个人信息处理要坚持以机关履职、企业履约等特定目的下的"最小必需"原则，在取得信息主体书面授权情况下收集个人信息；在事中坚持仅为约定目的、适当程度上处理个人信息，确保数据准确、安全和规则透明，尽可能以匿名化、隐私损害最小方式处理个人信息；在事后，要求在达到约定目的和期限后应销毁个人信息。第三，在国家层面设立由个人信息保护委员会牵头并总负责、各中央行政部门具体负责的个人信息保护监管框架。

2020 年 1 月，面对新冠肺炎疫情后全球经济的下行压力，特别是，第四次工业革命浪潮下人工智能、语音识别等数字经济发展需求，为了平衡好个人数据的保护和使用，建立一套可信的个人数据法律框架和一站式个人数据保护运行机制，韩国修订与个人信息保护有关的"数据三法"（Three Data Laws）——《个人信息保护法》《信息和通信网络法》和《信用信息法》，最终建立一个集中统一的个人信息保护体制，在强化企业责任的同时为大数据分析和使用夯实了法律基础。例如，在没有本人同意的情况下，可以将经过处理无法识别特定个人的匿名化信息用于统计和研究等目的，并建立可进行匿名化数据整合的专业机构清单等。尽管本次修法为相关数据整合和使用确立了法律基础，但是整体上，并未改变韩国个人信息保护法律的本质特征，本部分将以《个人信息保护法》为主、《信用信息使用与保护法》和《位置信息使用与保护法》为辅，系统介绍韩国个人信息保护的法律及实践情况。

二、韩国个人信息保护的主要内容

（一）个人信息保护"由分到合"的历史演进

1. 早期个人信息公、私领域分治

作为经合组织（OECD）和亚太经合组织（APEC）的成员国，韩国是1980 年经合组织《关于隐私保护和个人数据跨境流动指南》和亚太经合组

---

① 　个人信息控制者在韩国个人信息保护法中英文表述为"Personal Information Managers"，即以直接管理个人信息或通过第三方间接管理个人档案为其责任的政府机关、企业、组织和个人。

织（APEC）《个人隐私工作指南》①的积极推动者。历史上，韩国个人信息保护肇始美国的分部门保护思路。20 世纪 70 年代末 80 年代初，在计算机自动化处理技术背景下，韩国面临了欧盟、美国等发达国家相同的个人信息滥用等问题。当时，韩国借鉴了美国个人信息保护的理念，制定了区分政府部门、私营部门的个人信息保护法律制度。针对政府部门，于 1994 年制定了《政府机关个人信息保护法》，规范政府机关的电脑、闭路电视等设备进行处理和收发的个人信息。针对私营部门，分别制定了规范信息通讯服务商（ICSPs）的《信息通信网络利用和信息保护法》，规范信用信息服务领域的《信用信息利用和保护法》，以及对金融业的《金融实名往来和秘密保障法》。据此，基本形成了公共部门和私营部门适用不同的个人信息保护法的"二元化立法体系"②，在以韩国内政部为主体的个人信息保护监管机构推动下，实现 80 年代的《经合组织指南》基本原则在韩国落地。

随着计算机、信息技术的突飞猛进的发展，个人信息涉及的领域、主体和范围越来越广泛，原有的法律框架的弊端日益显现。如《公共机关个人信息保护法》的保护客体——个人信息的范围，仅限定以电脑处理的个人信息；适用主体仅包括国家行政机关、地方自治团体、各级公私立学校，以及依据特别法设立的特别法人（金融机构除外），而法院和宪法法院、国会以及选举委员会排除在规制对象以外。同时，私营企业领域的个人信息保护立法，仅限于通讯服务业、信用信息领域的个别立法，需要保护的其他领域没有相应的个人信息保护法律。特别是除了公共机关以外，私营部门收集、处理和使用的个人信息也随之增多，侵犯个人信息的事件频繁发生，给国民的财产和隐私等造成了很大的侵害。为构建整合公共部门和私营部门的统一规制的个人信息保护立法体系，韩国积极推进综合性个人信息保护的立法探索。

2. 个人信息统一保护立法探索

韩国综合性个人信息保护法十年磨一剑。韩国政府在 2002 年首次提出

---

① APEC Privacy Framework.

② 康贞花. 韩国《个人信息保护法》的主要特色及对中国的立法启示 [J]. 延边大学学报（社会科学版），2012（8）.

制定综合性个人信息保护法律计划，先后形成了由韩国电算院（现为韩国互联网络振兴院，KISA）等部门起草的 2004 版、由专家和非政府组织等参与起草的 2006 版，以及由内政部推动的 2008 版"个人信息保护法草案"，但因各种原因未能通过韩国国会的审查。直到内政部于 2009 年 11 月将修订后的个人信息保护法草案再次递交到国会，经过法案审查委员会和法制司法委员会两年时间内数轮讨论、完善后，终于在 2011 年 3 月通过了国会决议，并于翌年 3 月 31 日实施。

新法在公共部门个人信息保护上完全取代《公共机关个人信息保护法》，在私营部门个人信息保护上部分取代《信息通信促进法》（它继续规范信息通信服务商的隐私政策）等。在与其他法律的关系上，对医疗信息、信用信息、通信服务商等法律形成补充①。据统计，目前韩国约有 350 万政府机构、私营企业受其约束，遵守该套个人信息保护标准②。

同时，随着网络技术的飞速发展，韩国出台了《位置信息保护法》，要求在使用个人位置信息时必须得到当事人允许。2012 年，韩国修订了《信息通信促进法》，一是增加了信息主体的遗忘权，要求当用户在一定期间中止使用通信服务时，服务提供商应完全删除该用户个人信息。二是增设"信息与通信服务提供商可任命企业高层管理人员担任首席隐私官员"条款，以加强企业对用户数据的管理，加强企业的个人信息保护责任。

2020 年 1 月 9 日，韩国再次修订与个人信息保护有关的"数据三法"（Three Data Laws）——《个人信息保护法》《信息和通信网络法》和《信用信息法》，寻求在个人信息保护和数据使用间的再平衡，以加快振兴韩国数据经济，相关法律于 2020 年 8 月 5 日正式实施。

（二）韩国个人信息保护的创新与特点

1. 个人信息保护理念、范围和权责划分

韩国个人信息保护以个人信息自决权为基本理念。根据《个人信息保

---

① 见《个人信息保护法》第 6 条。

② Graham Greenleaf, Korea's New Act: Asia's toughest data privacy law, http://ssrn.com/abstract = 2120983.

护法》"本法旨在通过规范个人信息的处理，以保护全体人民的权益，即通过保护个人隐私不因个体信息的收集、误用和滥用而受到侵害，保护公民的人格尊严和价值"的规定，韩国遵循欧盟个人信息自决权理念，即以"保障每个人都有权决定是否将个人数据信息交付并提供给他人、社会组织和国家利用的权利"为法律制定的主要理论基础。

韩国以个人信息为保护对象。根据《个人信息保护法》第二条的规定，个人信息是关于自然人的信息，指可以通过姓名、居民身份证号码、影像等能够识别个人（包括即使根据相应信息不能识别特定个人但与其他信息结合后易于识别的信息）的信息。个人信息总体上包含：一是易于识别的自然人信息，即通过姓名、身份证号码等能够识别个人的信息。二是不易于识别的自然人信息，即虽因匿名性难以识别，但如能够与其他关于个人信息结合起来，识别个人的情况也属于个人信息保护的范围。三是经过"匿名化处理"后的以上两类信息（直接识别和间接识别身份的信息）。

根据《个人信息保护法》第二条的规定，受保护的个人信息是指与活着的个人相关的信息，即可以识别个人的所有信息，理论上包括个人行为信息、位置信息等痕迹信息。进一步，韩国将个人信息分为以下五大类，并采取不同的监管原则：一是一般性个人信息，主要包括姓名、出生日期、性别、住址、电邮、电话等。二是唯一可识别信息主要是居民登记号（RRN）、驾照号、护照号和外籍注册号等。三是敏感信息，指个人的意识形态、劳动组织或政党的加入或退出、政治见解、健康、性生活等信息。四是个人肖像信息，是指与个人隐私有关能识别个人肖像的信息，如个人体貌、行为举止等图像处理设备监控和处理的信息。五是生物信息，是指能识别个人的脚印、面部、虹膜、血管、声音、字体等行为特征信息。

韩国确立了八条个人信息保护基本原则。根据《个人信息保护法》第三条规定，在收集上，个人信息控制者对于个人信息处理要目的明确，坚持个人信息收集"合法合规""最小必需"的原则。在处理程度上，个人信息控制者要坚持仅为满足处理个人信息之目的、在适当的程度上处理个人信息，且不得另做他用。在数据质量上，个人信息控制者要确保个人信息处理之目的的程度内个人信息的准确、完整和及时性。在信息安全上，个人信息控制者要安全地处理个人信息，照顾信息主体权益受到侵害的风险，以及个人信息处理方法、手段对信息主体权益的潜在侵害。在公开透明上，个人信息控制者要及时公开个人信息处理的政策、保障信息主体权利等方面的情况。在方式上，个人信息控制者要以尽可能小的侵害信息主体隐私的方式处理个人信息。个人信息控制者要保证个人信息在任何情况下都是尽可能匿名化处理的。个人信息控制者有责任通过充分履职赢得信息主体的信任。

韩国个人信息保护法律赋予信息主体五项信息权利。一是知情权，信息主体有权知悉对本人个人信息被处理的详细情况。二是事前授权，信息主体有权选择、决定是否同意对其个人信息的处理，以及同意的范围及相关事宜。三是查阅权，信息主体有权检查个人信息是否被处理，有权调阅个人的详细信息（复印件）。四是自决权，信息主体有权中止、更正、删除和灭失个人信息。五是被救济权，即因个人信息处理造成损害时，信息主体有权以迅速合理的程序获得救济。

2. 韩国个人信息保护的几个特点

作为经合组织和亚太经合组织的成员，韩国超越了经合组织的隐私指导纲领和亚太经合组织的隐私工作指引，与其他国家特别是亚洲国家相比，个人信息保护在以下几个方面有一定的创新。

第一，明确的授权和广泛的告知。一是在取得书面授权上，从本人处收集信息需要取得信息主体的书面授权，并履行向信息主体的告知义务（采集和使用目的、内容，信息处理的期限，信息主体拒绝的权利）。信息披露给第三方时需要取得信息主体的明确同意，且第三方要明确、特定。个人数据的跨境流出要首先取得信息主体的同意，信息控制者不得违反《个人信息保护法》之规定签订数据流出合同（第 17 条第三款）。处理敏感信息前需要取得信息主体对敏感信息的单独授权同意（第 23 条），对单独可识别个人身份的信息实行特许处理和特别监管（第 24 条）。二是在履行告知义务上，即便根据法律规定可以无需授权而采集个人信息的例外情况，或者从第三方机构采集个人信息，也需履行以上告知义务。

第二，遵循欧盟"最少化采集"和"匿名化处理"两大原则。一方面，信息采集坚持"最少、必需"的原则，且个人信息控制者有责任证明其采集行为坚持了该原则（第 16 条第一款）。另一方面，个人信息控制者应确保个人信息尽可能以匿名方式处理（第 3 条第七款）。特别是规定，不得因为信息主体不提供法律规定不必需的信息而拒绝向其提供服务，任何信息控制者（服务方）的此举均被视为违反本法（第 16 条第二款），这一条款被认为切中目前个人信息保护领域"无授权、无服务"现象的要害。

第三，建立退出和删除制度。个人信息控制者应建立制度，明确告知信息主体如何退出个人信息的自动收集程序（第 30 条）。在个人信息达到收集之目的或信息控制到期时，必须及时删除（第 21 条），信息控制到期的一个例子是个人信息在多长时间内未被使用的，信息通信服务商应删除个人信息。此外，信息主体有权随时中止对本人信息的处理（第 37 条）。同时，对于公司使用内部客户数据进行营销，需要取得客户的明示同意（Opt - in）。

第四，举证责任倒置和侧重对个人的保护。例如，在信息收集的授权取得条款［第 22 条（2）］中，法律要求个人信息控制者①应严格区分需取得授权和例外情况，对于无需授权即可收集个人信息的例外，法律要求个人信息控制者有举证的责任。第 39 条规定，当个人信息控制者有违反本法的行为导致信息主体遭受损失的，后者有权从个人信息控制者处获得索赔，此时个人信息控制者不得免予赔偿责任，除非个人信息控制者可以证明其无意或无过失。当个人信息控制者建立的隐私政策和信息主体签订协议有任何不一致时，以对信息主体更为有利的政策为准（第 30 条）。

第五，强化信息控制者的内控和责任。要求信息控制者建立具体、详尽的信息安全措施（第 29 条）。一是个人信息控制者应设立责任明确的隐私专员（Privacy Officers）（第 31 条），这是欧盟"责任原则"（Accountability Principle）在韩国的应用。二是要求信息的再处理时应告知信息主体

---

① "个人信息控制者"（Personal Information Manager）是指以直接处理个人信息或以通过其他人间接管理个人信息档案为其职责的公共机关、企业实体、各类组织和个人等。此处的公共机关包括国民议会、法院、全国选举委员会机关、中央行政机关（受总统和总理直接领导的机关）及其附属机关，地方政府，以及总统法令规定的其他机关。

（第 26 条），再处理方（Sub-processor）① 要明确、特定，并公开个人隐私政策便于信息主体获知相关情况。在法律上，再处理方视作与信息处理方（个人信息控制者）雇员同等的个人信息保护职责（第 26 条）。三是针对大范围的侵权事件建立争议集体仲裁制度，当发生信息泄露事故时，被强制要求对信息主体公告（第 34 条），达到一定规模时还要向安全与行政部及其监管部门报告，此外，信息通信服务商还需要向韩国通信委员会（Korea Communication Commission，KCC）汇报。

（三）个人信息处理流程的立法保护

韩国将个人信息保护细化到信息收集、利用、提供和删除等环节，并分别规定了个人信息控制者应遵守的具体标准。例如，《个人信息保护法》第 15 条至第 23 条规定，收集或利用或向第三者提供个人信息时，必须征得信息主体的同意，当因达到收集或利用个人信息的目的而不必保留个人信息时应及时删除。这类规定充分体现了关于个人的信息何时、被何人、何种范围内告知或利用等由信息主体自己作出决定的权利，即个人信息自决权的立法目的和监管实践。

1. 约定目的下个人信息的收集和使用监管

《个人信息保护法》第 15 条规定，个人信息控制者仅在以下情况下方可收集和按约定目的使用个人信息：一是取得信息主体的授权和同意（包括书面、电子等方式）；二是其他法律条款授权或为履行其他法定责任时所必需（如韩国征信机构可依据《信用信息使用与保护法》采集个人信用信息）；三是其他政府机构为履职法定义务所必需；四是为与信息主体签订合同和业务合作所必需时；五是为保护信息主体或第三人的生命和财产安全所必需，且由于信息主体无法表达其意愿而无法提前获得信息主体或其法定代表授权时；六是在与数据收集时初始目的一致的合理范围内，综合考虑是否采取匿名化处理等必要措施、是否对信息主体带来不利影响等因素后，数据服务商可根据总统法令在未取得信息主体同意的情况下处理个人信息。

---

① 如委托第三方处理个人信息。

　　控制者要在获得信息主体的同意授权后，按照特定目的收集和使用个人信息。在取得信息主体授权时，个人信息控制者需要同时告知信息主体如下四要件：一是个人信息采集和使用之目的；二是个人信息采集的内容；三是个人信息持有和使用的期限；四是信息主体有权拒绝授权，以及信息主体因不授权对此造成的不利影响的详细情况。

　　为了避免"一次授权多次有效"给信息主体权益造成侵害，韩国特别规定了需要重新获得授权并告知的情况。例如，《个人信息保护法》第 15 条、第 17 条分别规定在以下情况发生时，需要重新获得信息主体的授权，并再次履行以上告知义务：一是在以上告知信息主体的四个要件中的任何一条发生变化时；二是个人信息控制者向第三方提供（共享）个人信息时。此时告知内容还包括个人信息接收方的有关情况，接收个人信息的第三方机构仅可根据约定目的使用个人信息，约定目的之外的个人信息使用和对外提供，需要重新获得信息主体的独立授权，并再次履行相应的告知义务。对于征信机构收集信息，《信用信息使用与保护法》第 32 条第 2 款延续《个人信息保护法》第 15 条、第 17 条规定。对于公共机构（Public Institution）因公共利益可在初始目的之外使用和对外提供个人信息的，尽管豁免授权和告知责任，但必须在其官方公报或官网上公示其可使用、提供个人信息的法律基础和目的、范围等必要情况（第 18 条）。

　　同时，信息收集坚持最少必需原则。《个人信息保护法》第 16 条规定，个人信息控制者有义务证明其为实现约定目的收集的个人信息是最少必需的。同时，只有在告知信息主体有不授权采集个人信息的权利后，个人信息控制者方可在获得信息主体授权后采集个人信息。这充分保证了信息主体的知情权和自决权。特别是，个人信息控制者不得因信息主体不授权采集个人信息（必要的信息除外）而终止为信息主体提供商品和服务。

　　2. 一事一授权确保信息主体对本人所有信息的知情

　　对于取得授权的细节，法律第 22 条单独进行了约定。例如，个人信息控制者在取得信息主体授权时，应分门别类列举需要取得授权的事项，对信息主体的告知要清楚、易于理解，且按照一事一授权的原则逐项取得授权。《个人信息保护法》第 19 条规定，任何从个人信息控制者处获得个人信息的机构和个人，不得在约定目的之外使用或向第三方，除非就此目的再一次取得信息主体的单独授权，或有特别法律授权，这基本杜绝了个人信息的违规流通和滥用。

个人信息控制者在与信息主体签署的合同中，应将需要取得信息主体授权方可收集的个人信息和无需授权即可收集的个人信息严格分开，且有义务证明那些无需授权即可采集的个人信息的理由。也就是说，对于那些无需授权就可采集的情况，证明其适当性的责任在个人信息控制者。其中，《个人信息保护法》规定无需取得授权即可采集的个人信息的情况是：一是个人信息控制者为履行其他法定职责而无需授权即可采集的情况；二是其他法律规定公共机关为履职而必须采集的；三是为与信息主体签署和履行合同而必须采集的；四是信息主体无法表述其授权意愿，出于保护信息主体人身和财产安全而明显需要采集个人信息的情况；五是个人信息控制者为实现其正当利益（Legitimate Interests）所必需，且该权利明显优先于信息主体权益时，此时采集的个人信息仅限于与个人信息控制者的正当利益相关。

同时，为保证个人信息主体的知情权，《个人信息保护法》第 20 条规定，个人信息控制者从信息主体本人之外渠道收集时，经信息主体请求应向其告知：个人信息收集的来源、个人信息处理的目的、信息主体有权中止信息的处理。此外，相关的法律规定，无论是通过对信息控制者在采集和使用个人信息需要取得信息主体的逐一授权，还是信息主体对外提供个人信息时履行对信息主体的告知义务，特别是从约束任何从个人信息控制者取得个人信息的第三方，应在约定的目的范围内使用个人信息，约定目的之外的任何使用和输出，都得进行再次独立授权。这都是对个人信息主体本人知情权有力保护的例证。

3. 对个人信息删除条件的约定

在个人信息的保持期限上，《个人信息保护法》也有明确的规定。第 21 条规定，当个人信息持有到期、信息处理的目的达到之后，个人信息控制者应第一时间销毁个人信息，法律规定需要保存的情况除外。同时，个人信息控制者需要采取措施，避免销毁后的个人信息被恢复或再利用。如果根据法律需要保存到期后的个人信息，个人信息控制者应将该类个人信息或个人信息档案与其他信息分开储存和管理。据此，任何机构将身份不确定的数据库进行撞库，以期恢复数据主体身份而服务营销、风控等目的，都因会侵害数据主体的权利而被禁止。

4. 个人信息控制者内部信息管理的监管规定

在对个人信息安全管理的要求上，《个人信息保护法》第28条、第29条、第30条规定，个人信息控制者对个人信息的经办人（如公司CEO、雇员、派遣和临时工等），负有监督管理和教育职责，确保个人信息妥善、安全的管理。此外，个人信息控制者应任免一名个人信息保护经理，承担个人信息保护职责。

个人信息控制者应建立有效内部管控制度，采取有效的管理、制度措施确保个人信息的安全，这些措施要明确：个人信息处理的目的、个人信息持有和处理的期限、向第三方提供信息时需要明确的事项、个人信息委托处理时需要明确的事项；有关个人信息主体权责及如何保障的事项。对以上个人信息处理制度的任何调整，个人信息控制者需要及时向信息主体披露，便于信息主体随时获取。如果这些调整与事先双方签订合同存在不一致，信息主体的利益永远处于优先地位。

5. 对个人信息委托处理的限制

韩国对个人信息的委托处理做了严格的限制。规定委托第三方处理个人信息时个人信息控制者需以书面形式明确：禁止第三方在委托目的范围之外处理个人信息、个人信息保护的处理和技术手段、其他保障个人信息安全需要采取的措施。同时，个人信息控制者需要向信息主体披露受托方身份的详细信息，便于信息主体知情。如果委托第三方进行产品销售和推广，个人信息控制者应告知信息主体有关受托方和委托事项的详细情况。受托方和委托事项的任何变化，个人信息控制者的以上告知责任需要重新履行。

在安全管理上，个人信息控制者应督促受托方采取必要的措施，保护个人信息免予因委托而丢失、被盗、篡改或毁坏，并对受托方进行跟踪监督。受托方不得违反委托约定将个人信息提供给任何第三方。受托方在个人信息委托处理中存在过失行为，在法律上，视受托方为委托方的雇员追究委托、受托方之责。

6. 企业并购过程涉及的个人信息转移的限制

由于业务的并购等原因，个人信息控制者在将个人信息转移给任何第三方之前，应通知信息主体如下事项：个人信息被转移的事实，有关个人信息转入方的姓名（企业名）、地址、电话等其他联系方式，个人信息主体如何拒绝个人信息转移的方法和程序。同时，个人信息仅授权同意转让后，转入方需立即通知信息主体信息转入的事实。转入方对个人信息的应用、再转出给第三方时的目的，应严格限制在个人信息采集时约定的初始目的上。法律上，转入方的任何违约责任视转出方的雇员追究转出方责任。

（四）公共领域个人信息立法保护

在韩国，对于各级行政、司法和立法部门而言，由于其在行政执法和服务过程中形成的注册登记、执法、司法和选举等公共信息，涉及公民的个人信息，符合《个人信息保护法》界定的"个人信息控制者"，为此，在韩国，包括国家行政机关、地方自治团体、法院和宪法法院、国会以及选举委员会等，与一般性私营企业、机构一道，都接受《个人信息保护法》的规制，遵守该套个人信息保护标准，2012 年《个人信息保护法》在公共部门个人信息保护上完全取代 1994 年的《公共机关个人信息保护法》。

与此同时，公共部门由于承担了一定的法定义务和公共管理职能，其掌握的个人信息和在个人信息的使用上仍然有一定的特殊性，这方面突出地表现在韩国公民唯一可识别信息的特许授权管理，以及特殊情况下使用个人信息的授权豁免规定。

1. 对唯一可识别身份信息韩国实行特许管理制度

韩国《个人信息保护法》第 32 条规定，只有在内政部完成相关事项注册后的公共机关，方有权管理个人信息档案。对于管理个人信息档案机关的注册信息，内政部应逐项审查，提出必要的改进建议，并及时向社会公众披露以上注册信息，便于社会公众的监督（2013 年修订）。在业务开展过程中，这类特许经营的个人信息控制者，仍然有责任向信息主体提供无需居民登记号就可进行会员注册的方法指引，以保护信息主体的知情权和选择权。如果个人信息档案管理行为有可能侵害信息主体的权益，《个人信息保护法》第 33 条规定，个人信息档案管理机关的首脑应对可能存在的侵权风险，邀请内政部指定的评估机关进行影响评估（Impact Assessment），提出改进方案，并将此情况提交内政部。评估内容包括个人信息档案的数量、个人信息是否向第三方提供、对个人信息主体的侵权风险及程度等。内政部长官应对在个人信息保护委员会的决策下对评估报告发表意见。为了促进影响评估，内政部应加强对评估专家的培训、评估标准的制定、评估方法和流程的指导。对于从事个人信息处理的非政府机构而言，如果担心其个人信息处理行为存在侵害信息主体权限，也可以积极开展类似的影响评估。

2. 政府履职等享有法定的豁免授权规定

个人信息控制者不得在双方约定的目的之外进行信息收集和使用，但对于法律规定的情况，特别是公共机关履行公务等例外。但是，即便该例外情况下，仍然需要履行告知义务，便于信息主体知情（第 18 条）。对此，韩国法律规定，在以下情况下，可在不侵害信息主体合法权益、不取得信息主体授权，但履行告知义务的情况下收集和使用个人信息：一是其他法律特别规定的情况；二是信息主体无法表述其授权意愿，出于明显保护信息主体人身和财产安全的目的；三是为统计、科研目的需要使用的，此时个人信息应以无法识别特定个体的形式提供；四是其他法律规定需要使用的情况；五是为执行国际协议需要向外国政府或国际组织提供个人信息；六是为犯罪调查、司法判决等所必需。为保护信息主体的知情权，第 18 条第 4 款（2013 年新增）特别规定，公共机关为以上目的而使用个人信息时（犯罪调查除外），应根据安全和公共管理部布告在官方出版物、网站等渠道，公开以上个人信息特定目的之外使用的法理基础、目的和范围。同时，作为个人信息转出方的控制者，为以上目的对外提供个人信息时应遵循谨慎、安全的原则，信息接收方应确保个人信息的安全。

三、个人信息保护的监管和救济

（一）个人信息保护监管执法

2020 年之前，在设立了专门的个人信息保护委员会的基础上，韩国确立了以其内政部总负责、各中央行政部门具体负责本领域的个人信息保护的监管框架，2020 年新修订的《个人信息保护法》，将原先分散在各部门的个人信息保护相关职责统一划归个人信息保护委员会（PIPC）。

根据《个人信息保护法》，韩国设立了整合公共部门和私营部门的统一的个人信息保护委员会。个人信息保护委员会由总统授权组建并接受总统的直接领导，负责审议并督促落实《个人信息保护三年基本纲要》（*Basic Plans*）及其《实施计划》（*Implementation Plans*），解释个人信息保护相关制度、法令的完善，制定政策平衡个人信息利用与保护，督促个人信息控制者进行个人信息保护的整改等，是个人信息保护的政策解释、督促落实和部门协调的统一监管机构。2020 年修订后的《个人信息保护法》进一步将 2011 年成立的该委员会升格为韩国政府部级中央行政机关（Ministerial - level Central Administrative Agency），专门履行数据保护和"数据保护三法"落地的职责，原来分散在各部门的个人信息保护职责，特别是负责协调个人信息保护一般事务的韩国内务与安全部（MIS），将按照 2020 年修订的法律要求将相关监管职责转移到个人信息保护委员会。

其中，《个人信息保护三年基本纲要》由韩国内政部长官在征询相关中央行政机关长官意见的基础上制定，经提交个人信息保护委员会同意后在其指导和决策下贯彻实施。该计划纲要包括：个人信息保护的基本目标、导向，法律法规的完善与系统改进，个人信息侵权行为防范措施，促进个人信息保护的自治，开展个人信息保护领域的宣传教育。国民议会、法院、立法院、全国选举委员会及其附属机关制定并执行本机关个人信息保护的基本纲要。《实施计划》则是由各中央行政机关根据《个人信息保护三年基本纲要》制定的年度实施方案，经提交个人信息保护委员会审批后，在其指导和决策下贯彻落实。

作为个人信息保护的监管部门，个人信息保护委员会有权向个人信息控制者、中央行政机关长官、地方政府首脑及其他机构，就个人信息控制者的法律落实情况、个人信息处理现状等进行监管并提出意见建议。中央行政机关对其管辖的机构有相同的权利。例如，广播、通信领域监管机构——韩国通信委员会（KCC），主要负责该领域个人信息保护，如相关政策制定和《信息通信促进法》（INC Act）的落实，该法案下的个人数据保护和通信等，监管信息和通信服务商（ICSPs）。金融监管机构——韩国金融监察院（Financial Service Commission，FSC），则负责监管金融领域个人信息保护问题，特别是《信用信息使用与保护法》在金融领域的监管。同时有卫生医疗领域卫生与福利部（Ministry of Health and Welfare，MOHW）、教育领域的教育部（Ministry of Education，MOE）等，负责卫生、福利和教育领域的个人信息保护工作。此外，内政部也制定相关政策，促进和支持个人信息控制者在个人信息保护上的行业自律。

可见，个人信息保护委员会是各政府部门及其管辖的各领域个人信息保护的监管部门，统领本国除议会、法院等政府部门个人信息保护的全局工作。而各中央政府部门，作为各行业的监管主体，全权负责本行业各类个人信息控制者的个人信息保护和监管工作。政府和私营部门之外的立法、议会、法院和选举委员会及其附属机构的个人信息保护工作，尽管不受个人信息保护委员会的领导，但是仍受到《个人信息保护法》的统一约束和规范。韩国个人信息保护框架详见图4－1。

（二）个人信息保护的事后救济制度

一旦发生侵害信息主体权益情况，个人信息主体有权对个人信息控制者提出诉讼和赔偿，免责举证义务落在个人信息控制者（被告）身上。除此之外，在以下几个方面，韩国还建立了强有力的事后追究和赔偿制度。

1. 集体争议仲裁制度

韩国网络振兴院（Korea Internet and Security Agency，KISA）是韩国互联网和信息安全领域唯一的促进组织，旨在提高韩国互联网行业的国际竞争力。在个人信息保护上，KISA主要为韩国各级政府提供信息泄露补救、政策研究和个人信息安全保障等服务。例如，网络振兴院下属的个人信息保护中心（PDPC）承担了个人信息保护的异议受理、调查和对轻度争议调

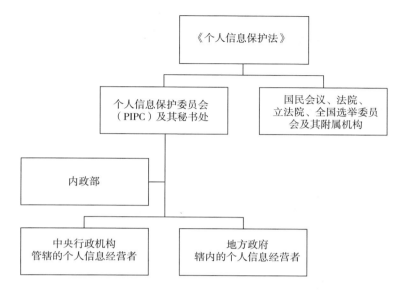

图 4 – 1　韩国《个人信息保护法》的监管范围

解等作用，并为信息异议主体向争议仲裁委员会提出的仲裁提供支持，当事件重大时，保护中心会将相关案件向内政部等汇报。当个人信息侵害事故发生后，信息主体可以向个人信息纷争仲裁委员会（PICO）申请调解。韩国《个人信息保护法》第 49 条规定，受害的信息主体向个人信息争议仲裁委员会提出集体争议仲裁请求，即便在部分原告与被告对簿公堂时，该仲裁程序仍然可以继续进行。该仲裁委员会有权调解因公共机关、私营部门引起的争议，主要履行制作关于侵害行为的终止、恢复原状、损害赔偿、预防再次发生损害的措施方面的调解书等职能。

　　在仲裁程序上，首先由仲裁委员会的下属委员会发起一个非正式的异议解决方案供争议双方商榷，如果失效，则在通过调查、听证和专家审查等环节后，仲裁委员会将在争议受理 60 日内形成一个争议解决提案。如果该提案被双方接受，则被作为类似庭外调解协议由争议双方遵照执行。反之，信息主体将争议向法院提出起诉，此时，仲裁委员会将其收集的证据完全提供给法院，为信息主体提供证明和支持。总体而言，仲裁委员会和保护中心结合起来，对于个人信息保护起到了重要的救济作用，特别是对于在违法补偿争议中发挥了重要的作用。当然，仲裁委员会主要仲裁个人与企业间的争议，个人间的争议一般直接诉诸法庭。

2. 信息保护集体公诉制度

在个人信息控制者拒绝集体仲裁时，各类非政府组织（NGO）可依法在被告的业务开展地，或者是外资业务代表处所在地的地方法院提出集体诉讼。韩国《个人信息保护法》第 7 章专门规定了个人信息的团体诉讼制度：属于下列各项的团体，在个人信息控制者拒绝进行集团纷争调解或不认可集团纷争调解结果的情形下，可以向法院提出请求禁止或停止权利侵害的诉讼（以下简称团体诉讼），一是根据《消费者基本法》第 29 条的规定，在公平交易委员会（为了审议违反"独占规制及公平交易法"主要规定的事项而设置的合议制机关）登记的，具备相关要件的团体；二是根据《非营利民间团体支援法》第 2 条，具备相关要件的团体。

3. 个人信息泄露通知及申告制

韩国法律规定，当个人信息发生泄露时，个人信息控制者应告知相关信息主体泄露的信息内容、何时及如何泄露的、信息主体降低数据泄露危害的方法、个人信息控制者采取的补救措施、处理信息主体因信息泄露有关的联系、报告等善后事项。同时规定了信息控制者对信息泄露的补救责任，并及时报告韩国内政部。内政部对于信息泄露安全事故，可根据信息泄露程度、危害及采取的措施，对个人信息控制者处以最高 5 亿韩元的罚款。

在申告制度方面，个人信息控制者在处理个人信息时，个人信息的权利或利益被侵害的公民，可以向内政部长官申告其被侵害事实。内政部长官应指定专门的机关受理和处理申告。为此，韩国设立了"个人信息侵害申告中心"具体受理和处理个人信息侵害案件。个人信息侵害事实发生后，公民可拨打"个人信息侵害申告中心"的电话，申告个人信息被侵害的事实。

4. 建立了强有力的责任追究制度

《个人信息保护法》对从事个人信息采集、披露和处理的个人的不法行为设立了新的罪名。在民事责任上，确立了如下罚则：内政部对信息控制者因居民登记号的任何丢失、被盗、泄露和破坏可以处以 5 亿韩元（约 265 万元人民币）以下的罚款；未经信息主体授权收集其个人信息处以 5000 万韩元以下罚款；未向信息主体尽告知义务的，因未授权而拒绝提供商品和服务的，或未按规定销毁个人信息的等数十条罚则，处以 3000 万韩元以下罚款。

在刑事责任上，对于未经授权向第三方提供个人信息，超越约定目的使用个人信息，违规处理敏感信息，违规处理唯一身份信息等行为，处以 5 年以下有期徒刑和 5000 万韩元罚款。对于通过欺骗和不合规的方法从信息主体处取得个人信息处理的授权，违规披露业务处理中的个人信息等违法情况，处以 3 年以下有期徒刑和 3000 万韩元罚款。而对于个人信息处理未尽责，或违规提供给第三方等情况，将处以 2 年以下有期徒刑和 1000 万韩元罚款。

（三）个人信息保护的监管案例及趋势

自 2011 年 9 月 30 日《个人信息保护法》生效以来，韩国大力推动法律的宣传、落实和监管政策的进一步完善，从以下几个监管实例可以发现，随着新技术背景下个人信息的爆发式收集、使用，韩国在个人信息保护上的标准不但没有放松，而有进一步趋严的势头。

例如，早在 2010 年 8 月，谷歌因其提供"街景"（Street View）地图和影像服务时，未经用户同意利用街景车辆收集 60 万名无线互联网用户位置信息等遭受韩国警方调查。2011 年 5 月，谷歌公司又因涉嫌非法收集智能手机用户位置信息遭到韩国警方调查。经过长达 4 年的调查，韩国通信委员会根据《个人信息保护法》等规定，对谷歌课以 2.1 亿韩元（约合 19.6 万美元）的罚款，责令谷歌删除所有存在问题的数据，并在网站上更新改进进度①。2012 年，韩国通信委员会对苹果公司非法收集苹果设备用户的私人信息展开调查发现，苹果的软件漏洞在关闭位置服务后仍自动记录用户数据，存储了超过 1 年的地理信息数据，根据《个人信息保护法》等规定对苹果处以 300 万韩元的行政处罚。与此同时，近 2.8 万名韩国苹果手机用户

---

① http：//tech. 163. com/14/0130/15/9JRM51U2000915BF. html.

集体起诉苹果公司索赔 271 亿韩元（约合 1.6 亿元人民币），尽管韩国当地法院最终以"苹果擅自收集用户信息不合法，但因未滥用、未提供给第三方机构，对用户没有造成实质性利益或精神损害"为由驳回了集体诉讼，但是开启了韩国后《个人信息保护法》时期个人信息保护的集体诉讼的先河。2012 年 3 月，谷歌合并其 60 项服务的（包括 YouTube、Gmail 和 Google +等）隐私政策遭到韩国个人信息保护委员会的专项审查。该委员会审查认为谷歌公司在以下三个方面违反《个人信息保护法》，并责令整改：一是个人信息收集和使用的目的模棱两可、概括性，违反约定目的收集和使用原则；二是采取一揽子方式取得信息主体授权，违反个人信息选择权的原则；三是没有明晰应信息主体要求立即删除相关信息的措施，违反个人信息删除权的规定①。

　　针对韩国国内企业特别是金融控股企业的个人信息监管也不放松。例如，2013 年，韩国三家信用卡公司（KB Kookmin Card、Lotte Card 和 NH Card）发生一次严重的个人信息泄露事故，共有信用卡持卡人约 1.2 亿条个人基本信息和信用卡记录转售到第三方营销公司。对此，韩国政府成立了由内务部、金融监督院、韩国通信委员会、司法部等 18 个政府部门副手组成的联合工作组进行深入调查。该案最终以韩国金融监督院责令违法公司停业整顿 3 个月收场，并促进了《个人信息保护法》《金融控股公司法》等相关法律在有关个人信息、信用信息的收集、处理和使用全流程的修订，催生了韩国个人信息保护的标准，进一步保障信息主体对本人信息的自决权。

　　例如，要求金融控股公司统一建立"通知系统"（Notification System），定期通知信息主体其个人信息在金融控股公司间的披露和使用情况。同时，在 2014 年修订了《居民登记号法》，建立无法律要求不得收集居民登记号的监管要求，叫停对居民登记号（RRN）的处理，取而代之建立由 13 位随机数字组成的个人网络身份号的"我的 PIN 码系统"（My – PIN）。此外，

---

　　①　《韩国个人信息保护委员会对谷歌公司隐私政策的意见》，http：//www. pipc. go. kr/pds/news/120612. html。

金融监督院和金融协会建立非法使用个人信息报告中心，专司受理金融领域个人信息的异议、投诉和处理工作。

韩国严格执行个人信息泄露案件爆发后的告知和报告制度。如针对2014年爆发的41例规模不一的泄露案件（如受黑客攻击或内部管理不严导致的泄露），严格要求涉事企业执行面向信息主体的告知和向监管部门的报告制度。同时，个人信息争议仲裁委员会每年受理数百起仲裁案件，涉及信息控制者在个人信息保护上的技术、内控制度不严，约定目的之外使用个人信息，以及未取得授权非法收集个人信息等主要问题。韩国金融机构在2014年还建立了"Do－Not－Call"服务（https：//www.donotcall.go.kr），为金融消费者提供金融营销的退出机制。

此外，韩国内政部、金融监督院、通信委员会等监管部门，还通过加强对政府机构、私营企业个人信息工作人员的专项培训，进一步提高各类信息控制者及其工作人员的个人信息监管合规度。内政部还与韩国大型的行业协会，如银行业协会、保险协会、生命保险协会、韩国信息和通讯促进会、韩国医疗协会等，签订备忘录促进相关行业个人信息保护的行业自律。

近年来，韩国通过进一步完善个人信息保护的相关法律、规章，加大执法和对违法行为的惩戒，特别是针对信息通信、金融、医疗和教育等重点领域，将制定如智能手机应用（APP）的监管政策，将个人信息泄露的监控范围延伸到云储存、社交网络上；在金融领域，金融监督院也将依照《个人信息保护法》和修订后的《信用信息使用与保护法》《金融控股公司法》，强化金融控股公司的个人信息保护工作。并通过公众宣传教育、从业人员培训、信息控制者内部和行业自律等方面，建立一个有利于个人信息保护的文化和完善保护体系。

第五章　新加坡个人信息保护研究

一、新加坡个人信息保护立法演进

源于自身地理位置、资源条件的特殊考虑，新加坡政府很早把信息通信策略作为国家发展策略的重要组成部分，把全球的信息交易中心作为其战略定位。近年来，新加坡各个信息技术领域的世界排名一直靠前①。在发展的过程中，新加坡政府同样遇到各个机构对于个人信息收集利用日益普遍、深入与个人对隐私及个人信息控制力变弱，个人信息被滥用的风险日益加剧之间的矛盾平衡问题。与此同时，作为新加坡第一大贸易伙伴的欧盟对于数据跨境流动设立了日趋严格的标准，限制个人信息向保护水平低的国家或地区流动。而与新加坡存在一定贸易竞争关系的很多新兴国家和地区（比如中国台湾、马来西亚、中国香港等）都已经陆续出台了个人信息保护法，以此形成了与新加坡的直接竞争。正是在这个大的背景下，新加坡就个人信息保护逐步发展出了公私主体分治，仅对私主体存在统一立法的法律保护体系。

（一）新加坡的数据产业战略

新加坡自身条件适合大数据产业的建设。在地理上，新加坡位于庞大的亚太市场中心，对于觊觎亚太市场的企业来说，新加坡是有吸引力的枢纽；在基础设施上，新加坡完善的基础设施是各大企业的重要考虑因素。在政府的规划建设下，新加坡拥有全球最快的网络传输速度②、最稳定的电

---

① 参见新加坡在各个信息技术领域的世界排名：Singapore's Ranking in Infocomm，https：//www.tech.gov.sg/en/About－Us/Facts－and－figures/Singapore－ranking－in－infocomm，最后访问日期：2017 年 1 月 8 日。

② 参见新加坡经济发展总局官网：https：//www.edb.gov.sg/en/news－and－events/insights/innovation/singapore－s－big－ambitions－for－big－data－in－2019.html。

力供应，建立起完备的数据储存交易设施和体系，还有着世界最佳的交通系统和运输效率，这极大地促进了外来数据企业的入驻。在政治文化上，新加坡的官方语言为英语，承袭英国政治法律传统，政治体制主要源自英国威斯敏斯特国会体制，立法、行政、司法三权分立，建立起较为完善的法律体系和民主开放的法治社会；"宗教、种族、宪政"等政治法律观念与英美等西方国家相近①，易于与外对接。在营商环境上，新加坡是世界上宏观经济状态最稳定的国家，有着世界最发达的劳动力市场和最稳健的金融体系，市场效率也排名全球第二，自然受到国外投资者的青睐②。此外，新加坡本地的数据产业发展较早，也较为成熟。许多本地公司已经形成了一套规范化的数据处理流程，如富尔顿医疗保健公司、RingMD 医疗科技公司和新加坡银行收集数据加以分析，用来制定及时和有针对性的治疗措施，或者提高招聘效率、员工生产率和降低人员流失率。③

在上述背景下，发展大数据经济便成为新加坡的理性选择。新加坡于2014 年提出智慧国计划（Smart Nation Platform），利用大数据、物联网、云计算、智能终端等新兴信息技术，建设覆盖全岛的数据收集、连接、储存和分析的基础设施与操作系统，一方面瞄准了国内的"数据惠民"；另一方面瞄向了全球数据流动，着力推动跨国互联。④ 为了发展数据产业，加强其商业吸引力，新加坡政府还专门划拨土地、建立"数据中心园"、持续优化网络和与数据相关的基础设施，以此吸引跨国公司和企业在这里设立总部和优质数据中心业务。⑤ 目前，根据咨询公司高纬环球于 2019 年发布的世界最具竞争力的数据中心市场报告，新加坡的数据产业在世界上排名第三

---

① 路曲，赵莉. 论新加坡法制社会建立的途径和原因［J］. 山西大学学报（哲学社会科学版），2004（6）. 赵立新. 试析新加坡宪法的多元与创新［J］. 河北法学，2007（11）.

② World Economic Forum, The Global Competitiveness Report 2019, pp. 506 – 509.

③ 参见新加坡经济发展总局官网：https：//www. edb. gov. sg/en/news – and – events/insights/innovation/singapore – s – big – ambitions – for – big – data – in – 2019. html。

④ 马亮. 大数据技术何以创新公共治理——新加坡智慧国案例研究［J］. 电子政务，2015（5）. Ting Lei, Yuwei Tang, Digital Governance Model for Big Data Era—Based on Typical Practices in Singapore. ［J］. Humanities and Social Sciences, 2019, 7（2）：76 – 82.

⑤ 参见新加坡通信媒体发展局官网：Data Centre Park. https：//www. imda. gov. sg/programme – listing/data – centre – park.

位，仅次于冰岛和挪威，在亚洲地区则连续三年排名首位。新加坡是亚太地区拥有数据中心最高容量的城市，承载了东南亚地区半数以上的第三方商业数据托管及中立运营商数据中心①。随着亚马逊网络服务（AWS）、谷歌、Facebook、中国移动等供应商相继宣布在新加坡扩展其数据中心基础设施，新加坡已成为全球运营数据中心最成熟的市场之一②。

（二）前统一立法阶段个人信息保护规范体系

2002 年新加坡国家互联网咨询委员会公布《私营机构信息保护示范法》（以下简称《示范法》）③ 之前，新加坡对于个人信息保护尚无一部综合性的规范给出统一标准，其主要通过普通法、部门立法及行业自治标准等对个人信息的使用行为加以规范。

首先，普通法中尤以保密（Confidence）义务与个人信息保护最为密切，负有保密义务的人不适当地将基于特定原因而获得的信息公开构成对保密义务的违反，比如医生有义务对病人病历信息保密，如果医生不恰当地泄露病人的信息则可能承担普通法上违反保密义务（Breach of Confidence）的侵权责任。除违反保密义务的侵权责任之外，相关人员还可能因其不当使用个人信息的行为符合不法侵害（Trespass）、妨害（Nuisance）、骚扰（Harassment）、诽谤（Defamation）等侵权行为的构成要件，而需要承担普通法上的侵权责任。如迈乐康森（Malcomson）一案中④，被告系被第二原告开除的雇员，而第一原告系第二原告的总裁，被告为了恢复工作，利用工作中获得的两个原告的联系方式以手机、传真、电子邮件等形式不断骚扰两个原告，最终被法院认定构成侵权。

其次，虽然没有统一成文法对个人信息加以保护，新加坡当时一系列的部门性立法中都有关于个人信息保护的规定。根据新加坡国家互联网咨

---

① Broad Group, Data Center South East Asia Market Report. January 2016.

② Report Linker, Singapore Data Center Market—Investment Analysis and Growth Opportunities 2020 - 2025.

③ 《私营机构信息保护示范法》: Modal Data Protection Code for the Private Sector。

④ Malcomson Nicholas Hugh Bertram v Mehta Naresh Kumar ［2001］3 SLR（R）379.

询委员会①（NIAC）2002年在《关于在私营机构信息保护示范法的报告》（*Report on a Model Data Protection Code for the Private Sector*）中统计的涉及个人信息保护条款的部门性法律就达161部之多②。其中包括：《银行法》（*Banking Act*）、《电信法》（*Telecommunication Act*）、《电子交易法》（*Electronic Transaction Act*）、《传染病法》（*Infectious Diseases Act*）等。除了法律的规范，很多行业也自觉实施了各类信息安全及保密措施，其中包括针对行业行为提出的示范性规范，比如新加坡广告自律与新加坡广告标准局（ASAS）发布的《新加坡广告行业准则》（*Singapore Code of Advertising Practice*）。

　　整体而言，这一时期的法律规范仍集中于通过对收集以及披露行为的规制来保护个人信息，而诸如信息主体的知情权、查阅权、组织的更正义务、准确性义务和对信息的保护义务等现代个人信息保护立法中具有典型性的制度并未有效确立，而且各个规范分布分散，效力等级不同、标准不一、适用效率低下。随着21世纪信息化浪潮的兴起，个人信息的被滥用风险日益加剧。2002年，新加坡国家互联网咨询委员会公布了《私营机构信息保护示范法》③。该示范法确立了个人信息保护的一般性原则，提供了各行业普遍适用的个人信息保护制度规范，对于新加坡个人信息保护制度的发展具有重要的意义。虽然该示范法仍属自律性规范，不具有强制执行性，但其被认为是实现统一综合性立法的第一步。④

　　（三）《个人信息保护法》的出台和修订

　　1.《个人信息保护法》出台的背景

　　随着21世纪全球的互联网信息技术进一步飞速发展，尤其是诸如Facebook等新型互联网公司的出现，个人信息的收集和使用方式发生了重大变化，其他国家和地区对于个人信息的保护都在逐步加强，对于新加坡而言，出台一部综合性的个人信息保护法律需求越来越高。如前所述，新加坡原

---

① 国家互联网咨询委员会：National Internet Advisory Committee。

② National Internet Advisory Committee Legal Subcommittee，Report on a Model Data Protection Code for the Private Sector（2002年2月）附件2。

③ 《私营机构信息保护示范法》：Modal Data Protection Code for the Private Sector。

④ Report On A Model Data Protection Code For The Private Sector（2002年2月）5.3条至5.7条。

有的个人信息规范体系规范条款零散、效力层次较低，制度内容不统一，不能满足民众保护个人信息的客观需求。而《私营机构信息保护示范法》仅是一部自律性的规范性文件，不具有强制执行的效力，并不能解决当时上文提及的法律、判例法以及行业规范等组成的这样一个混合体所存在的不统一和低效率的问题。另外，该示范法没有包含"谢绝来电"或"谢绝短信"制度。虽然在该示范法颁布后，新加坡又颁布了《垃圾邮件控制法案》限制垃圾电子邮件的泛滥，但其规制范围不覆盖有声电话，解决不了诸如电话推销等问题。其次，一部统一的个人信息保护立法符合新加坡国家整体利益。新加坡政府经过调研后认为，一部综合性的个人信息保护立法可以提高新加坡作为可信赖的商业核心区的地位，有利于新加坡发展全球信息管理和处理服务[①]。所以出台综合的《个人信息保护法》在很大程度上是出于增强新加坡国际经济竞争力的客观需求。

2. 《个人信息保护法》的立法目标

新加坡《个人信息保护法》的出台意在保护个人的信息安全和增强新加坡的商业竞争力。一方面，在信息化背景下，由于商业、政治、卫生、公益等各种原因，大量的个人信息被收集、使用，甚至传输给第三方组织。随着处理和分析大量个人信息的技术日益复杂，这一趋势预计将呈指数级增长，也使个人越来越担心自己的个人信息是如何被使用的。因此，新加坡政府认为有必要建立完善的数据保护制度来管理个人信息的收集、使用和披露，解决这些问题并维护个人对管理数据的组织的信任[②]。另一方面，新加坡作为全球最具经济竞争力的城市[③]，制定的《个人信息保护法》通过规范个人信息在组织间的流动、指导数据产业的发展，还意在加强和巩固新加坡的经济竞争力，维护其作为值得信赖的世界级商业中心和数据存储

---

① Singapore Parliament Reports（Hansard）（14 February 2011）Vol 87 at cols2619 – 2621（RAdm-Lui Tuck Yew，Acting Minister for Information，Communication and the Arts），转引自 Simon Chesterman 编著 "Date Protection Law in Singapore _ privacy and sovereignty in an interconnected world" 第 17 页。

② 参见新加坡个人信息保护委员会官网：Objectives of the Personal Data Protection Act. https：//www. pdpc. gov. sg/Overview – of – PDPA/The – Legislation/Personal – Data – Protection – Act.

③ See World Economic Forum，The Global Competitiveness Report 2019，pp. 506 – 509.

加工中心的地位①。

3. 《个人信息保护法》的基本结构

2012 年 10 月 15 日，新加坡国会通过首个综合性的个人信息保护法律——《个人信息保护法》，但其仅适用于规制各私营行业的行为，并不适用于公权力部门或者受委托行使部分公权力的私主体的行为。《个人信息保护法》共有 14 章及 10 个附表（Schedule）。

《个人信息保护法》于 2012 年通过后，经历了两次修订（2015 年和 2016 年），即将迎来第三次修订。前两次修订的内容不多，保留了绝大部分内容，除了一些语言措辞上的变化，主要是对申诉委员会处理申诉的流程以及执行法案的主体进行了重新规定与澄清。

第一次修订发布的时间为 2015 年 1 月 23 日，修改的内容主要是附表七增加了"诉讼或判决的有效性"（Validity of Act or Proceeding）规定。根据修订的法案，申诉委员会可以规定自身流程，并且提交到申诉委员会的诉讼和申诉专家组或成员的判决，不能仅因为：（1）申诉委员会的构成有缺陷，或有人员空缺，便认为诉讼、上诉以及申诉委员会的判决无效；或（2）任命上诉专家组主席的流程有缺陷或在申诉委员会中选出一人作为本案主席时的流程有缺陷，便认为诉讼、上诉以及申诉委员会的判决无效。

第二次修订的法案于 2016 年 9 月 29 日公布，修改的内容主要体现为执行机构和人员的名称和职责变化，对如何执行法案规定得更加细致。而这次的修订内容还同时出现在《信息通信媒体发展管理局（IMDA）法案》中，对《个人信息保护法》的修订内容在其官网也归为附属条例。具体内容包括：

删去了执行机构（Administration Body）和个人信息保护委员会主席（Chairman of the Commission）。将获授权官员（Authorized Officer）行使权力的法律依据从《个人信息保护法》第八条第二款改为《信息通信媒体发展管理局法案》。强调个人信息保护委员会负责执行法律，将审查员（Inspector）

---

① Simon Chesterman, *From Privacy to Data Protection*, p17；另参见新加坡个人信息保护委员会官网：Objectives of the Personal Data Protection Act. https：//www. pdpc. gov. sg/Overview – of – PDPA/The – Legislation/Personal – Data – Protection – Act.

单独提出作出定义，规定了个人信息保护委员会可视情况任命公职人员或信息通信媒体发展管理局雇员为审查员，而之前的法案中审查员只是指定人员（Specified Person）的举例。第八条权力下放内容规定，当个人信息保护委员会权力下放给理事（Commissioner）后，理事必须以自己的名义行使权力履行义务；个人信息保护委员会在权力下放期间不应该再发挥该项职能或义务；在权力下放后应该在政府公告中进行通知。权力下放还体现在第五十六条一般责罚中，将"通信信息部部长可制定具体法规说明可能的复合犯罪"改为"个人信息保护委员会经部长同意，可制定具体法规说明可能的复合犯罪"。

2020 年 5 月 14 日，新加坡通信信息部（MCI）和个人信息保护委员会（PDPC）联合发布了《个人信息保护法（修订)》草案，并向社会公众公开征求意见，进行第三次修订。2020 年 11 月 2 日，新加坡议会通过了《个人信息保护法修正案》（以下简称修正案），以满足新加坡不断发展的数字经济需求。此次修订内容主要包括四个方面①。

1. 加强各组织的责任（Accountability），增强消费者信任

一是将加强问责作为《个人信息保护法》的一项关键原则予以体现。目前，问责原则已隐含在《个人信息保护法》第 11、第 12 条中，而修正案第 4 条在法案第三章特别增加"问责"一词，明晰了该原则和强调了其重要性。这一向问责制的转变与信息保护立法的国际趋势和最佳实践相符合。

二是强制信息泄露通知。为进一步加强各组织的责任，修正案第 13 条引入法案第六（A）章的信息泄露通知制度，当发生大规模的信息泄露时，组织必须通知个人信息保护委员会。此外，当信息泄露导致或可能导致对个人造成重大伤害时，组织必须通知个人信息保护委员会和受影响的个人。在该条规定下，组织有责任评估信息泄露的规模和影响，确保组织就所保管的个人信息向个人负责，并授权个人在信息泄露发生时及时采取措施保护自己。

---

① Opening Speech by Mr S Iswaran, Minister for Communications and Information, at the Second Reading of the Personal Data Protection（Amendment）Bill 2020, https：//www. mci. gov. sg/pressroom/news – and – stories/pressroom/2020/11/opening – speech – by – minister – iswaran – at – the – second – reading – of – pdp –（amendment） – bill – 2020？ page = 3.

三是移除对代表公权力机构的信息处理者的排除适用，严重不当处理个人信息的行为定为刑事犯罪。首先，修正案第3条移除了目前对代表公权力机构的信息处理者的排外适用，明确所有私主体都受《个人信息保护法》规制，不论是否代表公权力机构。其次，修正案提高了个人严重不当处理个人信息的责任。第22条为明知行为未授权而为之以及轻率行事的个人列出了以下新罪行：①披露个人信息；②使用个人信息为违法者或他人带来个人利益，或对他人造成伤害或损失；③还原匿名信息得以识别个人身份。《公共部门（治理）法》［*Public Sector（Governance）Act*］和《新加坡金融管理局法》（*Monetary Authority of Singapore Act*）也将进行相关修订，以统一公共和私营部门的信息制度。

2. 确保个人信息保护委员会有效灵活执法

一是法定承诺（Statutory Undertakings）。修正案第23条引入法案第48L条的法定计划，作为对不遵守个人信息保护条例的组织进行全面调查的替代方案，个人信息保护委员会可选择接受组织的自愿书面承诺，让组织自行纠正违规行为并防止违规再次发生。只有在个人信息保护委员会认为可以获得类似或优于全面调查的结果时，才会选择这一替代方案。为保证透明度，组织的承诺以及个人信息保护委员会接受这些承诺的决定及考虑，都会向公众公布。如组织不实现承诺，个人信息保护委员会可发出指令，要求组织遵守其承诺，或重新展开调查。

二是替代性纠纷解决机制。修正案第23条引进法案第48G条，授权个人信息保护委员会制定客户投诉的争议解决方案。个人信息保护委员会可指示投诉人及组织尝试通过调解解决纠纷，并无须取得双方同意。

三是增强个人信息保护委员会的执行权力。修正案第37条授权个人信息保护委员会，可以要求任何个人或雇员出面陈述和提供有关文件。

四是提高对组织的罚款上限。修正案第24条将违反《个人信息保护法》第三章至第六章以及新增加的第六（A）章、第六（B）章的最高罚款提高至组织在新加坡年营业额的10%或100万新元，以金额较高者为准。这一惩罚框架与包括《竞争法》和《电信法》在内的其他国内立法类似。

五是行政法框架下执行谢绝来电条例（Enforce DNC Provisions under a

Civil Administrative Regime)。修正案第 23 条规定,在与信息保护条款相同的民事行政制度下执行"谢绝来电"(DNC)条款。第 22 条引入的第九(A)章也禁止使用字典攻击和地址收集软件向电话号码发送信息。根据第 24 条,如违反规定,对一个组织的最高罚款为其在新加坡年营业额的 5% 或 100 万新元,以金额较高者为准,对个人的最高罚款为 20 万新元。

3. 增强消费者的信息自主权

一是信息携带义务(Data Portability Obligation)。《个人信息保护法》规定,信息主体有权查阅其个人信息,并要求改正信息,或提供信息副本。修正案第 14 条规定了新的个人信息可携带权,扩大了这项权利。信息主体可以要求将其个人信息副本传送给另一组织。

二是加强商务通信控制。修正案第 22 条和第 41 条更新了《个人信息保护法》和《垃圾邮件控制法案》,协调了所有现代数字渠道与消费者进行直接商务通信的要求。自《个人信息保护法》的谢绝来电条款和《垃圾邮件控制法案》的垃圾邮件控制条款颁布以来,直接通信的可选渠道不断发展。例如,移动设备上的即时通信已经成为许多消费者选择的通信渠道。修正案通过后,组织可以为消费者订阅商务通信提供统一的用户体验。修正案还承认第三方 DNC 核查员产业的发展,并明确了 DNC 核查员及委托他们的组织的责任和义务。

4. 完善个人信息收集、使用、披露的法律框架

一是为履行合同所必需的视为同意。由于多层次的合同和外包在现代商业安排中十分常见,修正案第 6 条扩大了视为同意的范围,以配合组织为履行与客户的合同而将个人信息转移至不同合同相对方的情况。重要的是,将视为同意作为履行合同所必需的组织,只能在为合理履行合同所必需的情况下收集、使用、披露个人信息。

二是正当利益例外。修正案第 31 条引入《个人信息保护法》新附表一,列举了合法使用个人信息无需获取同意的新例外情况。要适用此等例外,组织必须进行评估,消除或减少收集、使用、披露个人信息时的风险,并必须确信处理个人信息的整体利益超过对信息主体的不利影响。为了确保透明度,组织必须披露它们何时适用此等例外情况,潜在用途包括支付系统中的异常检测以防止欺诈或洗钱。

三是业务改进例外。修正案第 31 条及第 32 条新引入的附表一和附表二，规定组织可将个人信息用于改进业务目的，包括：（1）提高经营效率及改进服务；（2）开发或提高产品或服务质量；（3）了解组织客户。作为一项保障，只有在理性第三人会认为出于合理目的，以及使用个人信息为达到目的所必需时，才能适用这项例外情况。

四是研发例外。修正案第 32 条还修订了现有的研究例外，支持并非立即投入生产的商业研究和开发，即上游研发。这可以适用于从事科学研究和开发的研究组织，从事社会科学研究的教育组织，以及进行市场研究以识别和了解潜在客户群体的组织。

五是经告知视为同意（Deemed Consent by Notification）。修正案第 7 条引入了法案第 15A 条，引入经告知视作视为同意，扩展了同意制度。组织可告知客户处理其个人信息的新目的，并提供一段合理期限供选择退出（Opt Out）。在此之前，组织必须进行风险评估，并确定以这种方式收集、使用、披露个人信息不会对信息主体造成不利影响。如信息主体在合理期限前没有告知组织其不同意对个人信息的处理，则视为同意。需要注意的是，即使在合理期限过后，信息主体也能随时撤回同意。

二、新加坡现行个人信息保护规范体系

新加坡法律体系主要受英国法律文化和传统的影响，其主要法律渊源包括成文法、判例法和习惯法①。个人信息保护方面，除普通法上的救济（如违反保密义务等）、特定部门立法（如《官方机密法案》《银行法案》《私立医院和医疗诊所法》等）和特定行业自治标准（如《新加坡广告行业准则》）外，公民的个人信息主要是由《个人信息保护法》（PDPA）予以保护。虽然新加坡出台了统一的《个人信息保护法》②，但是由于该法案把公权力机构排除在外，所以形成了对个人信息保护"公私分治"状态。

---

① 杨联华. 新加坡法初探［J］. 现代法学，1993（1）.

② 在新加坡一般将"personal data"称为个人资料，所以相应的法律称为《个人资料保护法》，为课题研究需要统一称为个人信息和《个人信息保护法》。

（一）针对私主体收集处理个人信息的规范体系

《个人信息保护法》的颁布，确定了个人信息保护的基本原则和较为系统的行为规范，改变了规范覆盖不全、标准不一等问题。但《个人信息保护法》并未取代前述已有的分散在各部门立法、普通法中的规范，而是和后者有机整合，一并构成针对私营组织的个人信息保护现行规范体系。

1. 部门立法

很多部门性立法或针对某事项的专门立法也有关于个人信息保护的规定。《个人信息保护法》明确规定，其生效不会影响其他法律有关权利、特权以及义务的规定，如果《个人信息保护法》和特别法之间的规定不一致的，特别法的规定优先适用①，比如《银行法案》（Banking Act）、《电信法》（Telecommunication Act）、《电子交易法》（Electronic Transaction Act）、《传染病法》（Infectious Diseases Act）、《垃圾邮件控制法案》（Spam Control Act）等法律，在《个人信息保护法》颁布后继续有效，与《个人信息保护法》相互配合发挥作用。再如，《个人信息保护法》颁布后，新加坡金融管理局发布的《防止洗钱和打击恐怖主义融资的通知》（AML/CFT通知），就明确说明金融机构向第三方获得的用于识别洗钱或打击恐怖主义融资的个人信息不受个人查询权和更正权的限制，银行有权拒绝向个人提供。2018年2月5日新加坡国会通过《网络安全法案》，这项法案在信息管理方面授权新加坡网络安全局（CSA）建立网络安全信息共享框架，赋予网络安全官员除法律禁止披露的信息外的诸多信息的获取权，管理和响应网络安全威胁和事件。但是，对于没有其他法律特殊规定的场合，就必须按照《个人信息保护法》的规定执行。比如，与防止洗钱和打击恐怖主义融资这两个目的相关的个人信息，目前金管局认为并不具有很大的特殊性，所以仍然按照《银行法》及《个人信息保护法》的现有规定实施管理，并根据今后的实施情况判断是否需要进行特殊的调整②。

---

① Winnie Chang, A Practical Guide to Singapore Data Protection Law, Lexisnexis, p. 117.

② Response to Feedback Received – Consultation Paper on Obligations of Financial Institutions Under the Personal Data Protection ACT 2012 – Amendments to Notices on Prevention of Money Laundering and Countering the Financing of Terrorism.

2. 普通法

新加坡曾经是英国的殖民地，新加坡承继了英国的普通法，其是新加坡法律体系的有机组成部分。普通法和包括《个人信息保护法》在内的制定法是互为补充、相辅相成的关系①。在新加坡，由于法官可以依据包括判例法和衡平法在内的普通法规则进行判决，亦可以依据制定法进行判决，因此普通法渊源与制定法渊源可能在同一个案件中发生适用竞合②，此时允许法官在自由裁量权的范围之内，根据案件的特点和性质，结合法官对案件的掌握情况，选择合理的裁判规范③。《个人信息保护法》生效后，如侵犯个人信息的行为足以构成违反保密义务、不法侵害、妨害、骚扰等，则在符合普通法相应制度构成要件的情况下，公众仍然可以基于普通法的理由提起诉讼。只是上述普通法案由的构成要件要求较高，实现成本较大。

3. 《个人信息保护法》

自 2016 年以来，新加坡个人信息保护委员会（PDPC）在其官网发布了一系列应用《个人信息保护法》的执行决定。这些执行决定针对违反《个人信息保护法》的私人组织，如部分私人组织未能对收集的信息提供有效的安全保障措施或将信息违法泄露给第三方。个人信息保护委员会将根据《个人信息保护法》判处其缴纳罚金，并对其提出改正、采取补救措施的要求，以引导社会正确理解信息保护法案的规则。截至 2020 年 5 月，PDPC 作出的执行决定已逾百例。

目前，个人信息保护委员会对私人组织的最高经济处罚为针对新加坡健康服务私人有限公司（Singapore Health Services Pte Ltd）和综合健康信息系统私人有限公司（Integrated Health Information Systems Pte Ltd）作出的

---

① 李红海. "水和油"抑或"水与乳"：论英国普通法与制定法的关系［J］. 中外法学，2011（2）.

② Yeo Tiong Min. Unilateral Mistake in Contract：Five Degrees of Fusion of Common Law and Equity Chwee Kin Keong v. Digilandmall. com Pte. Ltd. , 2004 Singapore. Journal of Legal Studies. 227（2004）.

③ Roscoe Pound. Common Law and Legislation, Harvard. Law Review, 1907.

彭中礼. 论普通法国家裁判规范的选择和适用方法［J］. 湖南警察学院学报，2014（1）.

250000 新元（约合 127 万元人民币）和 750000 新元（约合 381 万元人民币）罚款。这一高额判罚是由于上述两家组织未能妥善保护存储病人信息的数据库系统，使之在病毒攻击下泄露了约 150 万病人的医疗相关信息①。

新加坡法院也考虑过适用《个人信息保护法》，这说明《个人信息保护法》可以作为私人诉讼的依据。2019 年 2 月 19 日，州法院驳回了一则个人针对新加坡游泳俱乐部违反《个人信息保护法》提出的索赔请求。这是新加坡法院第一次被要求考虑数据收集者是否存在违反《个人信息保护法》的行为②。

4. 《个人信息保护法》相关条例

新加坡于 2012 年出台《个人信息保护法》后，为了更好地执行该法案，个人信息保护委员会还出台了一系列条例，这些条例细化了法案的适用流程。2013 年的《个人信息保护（违法认定）条例》（*Composition of Offences*）规定了违法行为的构成；2013 年的《个人信息保护（谢绝来电登记）条例》（*Do Not Call Registry*）规定了公民向登记机关添加、确认、删去或者变更电话号码的方式，以及登记生效的时间、费用等；2014 年的《个人信息保护（执行）条例》（*Enforcement*）规定了针对信息违法行为的审查申请和再审申请、对两种申请的形式和内容要求、处理结果以及救济方式和执法机关的执法权力等；2014 年的《个人信息保护条例》规定了公民获取自己信息的途径和方式，以及对跨境传输个人信息的要求；2015 年的《个人信息保护（申诉）条例》（*Appeal*）规定了针对个人信息保护委员会执行决定的申诉流程、申诉的形式和内容要求、申诉的处理结果等。

5. 适用指引

《个人信息保护法》的条文内容以原则为主，因此根据《个人信息保护法》的规定，《个人信息保护法》的执行机构——个人信息保护委员会可以以任何其认为适当的方式发布适用指引。适用指引是新加坡个人信息保护制度的重要组成部分，虽然不具有强制执行的效力，但个人信息保护委员

---

① Re Singapore Health Services Pte Ltd and another［2019］SGPDPC 3.

② Lim Chong Kin and Janice Lee. Singapore：Privacy［J］. Global Data Review, December 4 2019.

会通过发布适用指引，对于如何理解和适用《个人信息保护法》进行更加细致的阐释，引导公众和组织具体适用。相关适用指引有针对性地解释《个人信息保护法》具体概念含义、列举《个人信息保护法》具体的使用情形，甚至给出针对具体情形的操作建议。

目前，个人信息保护委员会发布的适用指引主要包括以下几类：一是个人信息保护委员会已发布制定的一般性适用指引（Advisory Guidelines）。一般性适用指引具有建议性质，对个人信息保护委员会或任何其他当事方不具有法律约束力，不会以任何方式修改或补充任何法律。如《有关个人信息保护法主要概念的适用指引》《关于个人信息保护法特定专题的适用指引》《关于谢绝来电登记处相关条款的适用指引》《关于市场行为如何获得同意的指引》等。不一致之处，则是《个人信息保护法》和根据《个人信息保护法》发布的法规或规则将优先于本类指引①。二是针对电信、房地产中介、医疗保健和教育等七个特定部门的适用指引，这些指引分两种类型，一类是个人信息保护委员会自行制定并发布的五个特定行业的适用指引，这五个行业分别是电信、房产经纪、教育、健康医疗、社会服务。另一类是部门协商制定的指引，为了解决行业内信息收集、处理的共性问题，不具有法律约束力。三是行业协会主导的适用指引，这类指引（Industry – led Guidelines）完全由行业协会制定，同样不具有法律约束力。另外还有实践性指引（Practical Guidance）和其他指引（Guide）。

一般性适用指引：现行的一般性适用指引共 7 项，分别是 2015 年 5 月 8 日发布的《关于市场推广需要征得同意的适用指引》；2016 年 4 月 21 日发布的《数据保护规定执行的适用指引》；2017 年 8 月 8 日发布的《将〈个人信息保护法〉应用于选举活动的适用指引》；2017 年 7 月 27 日修订的《关于谢绝来电的适用指引》；2018 年 8 月 31 日发布的《有关 NRIC 和其他国家标识号的适用指引》；2019 年 10 月 9 日修订的《〈个人信息保护法〉特定领域的适用指引》；2020 年 6 月 2 日修订的《〈个人信息保护法〉主要概念的适用指引》。

---

① Advisory Guidelines on the do not Call Provisions，at para 1.4.

针对特定部门的适用指引：新加坡个人信息保护委员会认识到不同的行业部门可能存在部门的特定问题，因此制定了针对特定部门的适用指引来解决此类问题。这些适用指引是根据个人信息保护委员会从相关行业成员那里收到的咨询意见和反馈，并与相关行业监管机构密切合作而制定的。

针对特定部门的适用指引包括 7 项：2014 年 5 月 16 日发布的《电讯行业适用指引》是个人信息保护委员会与新加坡信息通信发展管理局（IDA）协商制定的，旨在解决电信行业在遵守《个人信息保护法》时面临的特殊情况，比如该指引规定匿名的通话用户是以其行为拒绝他人收集和使用自身的信息[1]；2014 年 5 月 16 日发布的《房地产中介行业适用指引》是个人信息保护委员会与地产代理委员会协商后制定的；另外还有 2017 年 3 月 28 日修订的《医疗保健行业适用指引》，2018 年 5 月 22 日修订的《运输服务出租汽车记录适用指引》，2018 年 8 月 31 日修订的《教育行业适用指引》，2018 年 8 月 31 日修订的《社会服务业适用指引》，2019 年 3 月 11 日发布的《管理公司适用指引》。

行业协会主导的适用指引：行业协会主导的适用指引由行业协会主导制定，但在制定的过程中，个人信息保护委员会给予相应的建议和指导，比如《人寿保险协会关于个人信息保护的行为守则》[2]《人寿保险协会关于保险代理遵守个人信息保护法令的行为准则》[3]。《人寿保险协会关于个人信息保护的行为守则》提出了人寿保险行业所鼓励的最佳行为标准（Best Practice），让保险公司符合 PDPA 的要求。而《人寿保险协会关于保险代理遵守个人信息保护法令的行为准则》则规定的是人寿保险代理人的最低行为标准（Minimum Standards），说明在 PDPA 的规定下，代理人的责任和义务是什么。该行为准则适用于任何为人寿保险公司开展活动的保险代理人，

---

① Advisory Guidelines for the Telecommunication Sector, at para 3. 10.

② 《人寿保险协会关于个人信息保护的行为守则》：Lia Code of Practice for life Insurers on Thepdpa。

③ 《人寿保险协会关于保险代理遵守个人信息保护法令的行为准则》：Lia Code of Conduct for tied Agents of Life Insurers on the Singarpore Pdpa。

以及与保险代理人存在业务合作的服务提供方①。

　　实践性指引：实践性指引是个人信息保护委员会对数据收集组织提出的某些问题的解答，为私人数据收集者在某些具体场合遵守《个人信息保护法》提供较为明晰的操作规范，一共有 11 项：《支付功能服务商如何应用身份信息适用指引》针对支付功能服务商收集、处理顾客的 NRIC 身份信息提供具体指导，该指引主要规定，在自动充值服务中为了防止信用卡欺诈行为或者帮助侦查罪犯，对信息不完整或者捏造信息的用户进行识别是被允许的②；《关于只提供讯息发送服务的电讯服务提供者的指引》规定，为其他组织发送特定讯息的电讯服务提供者可能仍有义务确认 DNC 登记，但对讯息发送的时间和对象不具有控制能力的电讯服务提供者除外③；《工会组织如何应用身份信息适用指引》规定了在注册工会会员时，工会应于何时以及应当以何种方式收集和使用会员的信息，且在注册时工会应当向会员提供保险和技能培训补助金④；《协会组织如何应用身份信息适用指引》规定，由于协会需要确认会员是否具有资格，因此协会可以在注册时收集会员的身份信息，但为了保密需求，协会不能用身份证号码等作为会员号码，而应该另设会员号码⑤；《答信息协作组织问的指引》规定了在信息协作中，当组织 A 向组织 B 移交其收集的个人信息并进行假名化处理、匿名化处理、数据提取和数据融合时是否需要经过用户的同意的问题，以及经上述处理的数据在何种情况下可以被使用和公开的问题⑥；《答教育机构问的指引》规定，在政府部门资助的研究中收集和使用个人信息，有可能构成"为公共利益"之目的而不必获得用户的同意，但此例外需要进行个案

---

　　① 《人寿保险协会关于保险代理遵守个人信息保护法令的行为准则》：Lia Code of Conduct for Tied Agents of Life Insurers on the Singapore Pdpa，at para 5。

　　② Practical Guidance to Queries on Nric Numbers by a Payment Service Provider。

　　③ Guidance Note on Telecommunications Service Provisers Who Merely Provide a Service That Enables a Specified Message to be Sent.

　　④ Practical Guidance to Queries on Nric Numbers by a Union.

　　⑤ Practical Guidance to Queries on Nric Numbers by an Association.

　　⑥ Practical Guidance Sought by Organisations Involved in a Data Collaboration Arrangement.

判断①；《答共管住宅管理公司问的指引》规定了如果共管住宅的附属产权人的信息已经公开，或者可以通过公开途径查询到，则收集该部分信息不需要经过附属产权人的同意②。此外还有《答医疗研究机构问的指引》③《答游泳行业问的指引》④《答宗教组织问的指引》⑤ 和《答征信机构问的指引》⑥。

其他指引：其他指引提供了私人主体在收集和处理数据时的一些最佳实践。比如，《处理访问请求的指引》概述了企业在处理访问个人数据的请求中的信息和注意事项，包括样本访问请求和确认表，旨在协助组织有效地处理个人要求查阅其个人数据的要求⑦；《告知用户的指南》则阐述了信息收集主体应当如何告知用户其收集的信息的范围、方式和使用的目的等⑧；《处理信息违约事件的指南 2.0》旨在帮助私人主体更加有效迅速地应对信息违约⑨；《制定数据保护管理方案》旨在通过实施数据保护管理计划（DPMP）帮助组织制定或改进其个人数据保护政策和实践⑩。

（二）针对公权力机构收集处理个人信息的规范体系

新加坡是少数有个人信息保护的综合立法，却将公权力机构排除在《个人信息保护法》约束范围内的国家之一，但是不代表新加坡政府信息相关的行为不活跃。恰恰相反，从 1980 年起，新加坡政府即实施信息通信发展策略计划，大力发展电子政务，建成了全国统一的人口、土地和组织机构三大数据中心，并根据规定在政府机构间进行信息共享。其中，与

---

① Practical Guidance to Queries by Education Institution.

② Practical Guidance to Queries by Management Corporation Strata Title.

③ Practical Guidance to Queries by Medical Research Institution.

④ Practical Guidance to Queries by Swimming Business.

⑤ Guidance Note on Application of Personal Data Protection Act 2012 to Issues and Circumstances Raised by a Religious Institution.

⑥ Guidance Note on Application of the Personal Data Protection Act 2012 to Issues and Circumstances Raised by a Credit Bureau.

⑦ Guide to Handling Access Requests.

⑧ Guide to Notification.

⑨ Guide to Managing Data Breaches 2.0.

⑩ Guide to Developig a Data Protection Management Programme.

个人信息联系最紧密的人口数据中心由内政部牵头建设。该中心存储新加坡公民、新加坡出生证持有人及永久居民的个人资料，包含 20 个数据项（UIN 姓名、性别、种族、生日等），这些数据在多达 40 家公共机构共享，根据具体情况设置使用权限。20 个数据项均有责任主体实时维护，通过直接更新中心数据库、然后通过各相关部门进行同步更新。比如公民需修改通讯地址，可在警岗完成一站式更新。① 新加坡政府提出"多个部门，一个政府"口号，从客户（公民、企业）的需求出发，根据客户需要调整、整合、再造政府的业务流程，提供"一站式服务，一站式体验"。这个过程中，由于新加坡推崇精英治国的理念，政府强调建设监控型社会，收集了有关社会各个方面的大量数据且对信息的控制较强，但政府的信息工作透明度有限，所以公众对于如何确保政府掌握的公民隐私与数据安全仍有疑问，也广受学者的质疑②。但新加坡政府在推行信息政策过程中，并没有遇到大的阻力。立法部门在订立《个人信息保护法》时，也反复强调，虽然《个人信息保护法》不适用于政府等公权力部门，但是政府等公权力部门收集处理信息的行为同样受到与公共权力界定、行使相关的法律规范的制约，这些法律规范并不集中在一部法律中，而是分散在不同的法律规范里。③具体而言，这一领域的法律规范体现以下特点。

第一，没有一部统一的规制新加坡政府信息处理行为的法律规范。公权力在收集处理信息的权限范围必须基于法律的规定，只是目前尚无一部统一的或专门的法律仅针对政府的信息相关行为。这一点不同于韩国、日本等将公私主体放在一部法律里面进行规范，也不同于美国有一系列专门的法律规范对于政府行为进行制约。

---

① 王元放. 新加坡电子政务成功经验及对我国的启示 [J]. 电子政务，2007 (11).

② Simon Chesterman ed. , Data Protection Law in Singapore，Academy Publishing，2014，p. 211.

③ 新加坡的法律及新加坡通过的规制政府及法定机构的有关数据行为的法律有《国家保密法案》（Official Secrets Act），《统计法》（Statistic Act），《法定机构和政府公司（保密）法》［Statutory Bodies and Government Companies（Protection of Secrecy）Act]，《中央公积金法》（Central Provident Fund Act）、《全国选民登记法》（National Registration Act）、《出生死亡登记法案》（Registration of Births and Deaths Act）等。

　　第二，虽然公权力机关不受《个人信息保护法》调整，但是仍受其他法律规范的制约，且该法律规范所内含的个人信息原则与《个人信息保护法》基本相同，对于个人信息的保护尺度也与《个人信息保护法》相当。[①]自 2001 年以来，《政府指导手册》（*the Government Instruction Manuals*）已经包括了管理公权力机构之间个人数据的使用、保留、共享和安全的措施。2018 年，《公权力机构（治理）法》（PSGA）出台，为公权力机构的个人数据提供了额外保障，包括将公务人员滥用数据定罪，PSGA 中的数据保护标准与 PDPA 一致[②]。公权力机构在收集个人信息时也需要有明确的目的，且在收集、使用和向第三方披露个人信息时应当事先得到信息主体的同意。政府机构设有部门及流程，接收和处理有关个人信息查询和投诉，以保障信息所属人的查询权（Access Right）和更正权（Correction Right）。信息主体有权要求政府机关纠正各机构持有不准确的个人信息。而且，政府机构也有相应的安全保障措施防止个人信息遭受意外或非法的损失以及未经授权的访问、使用、披露等。[③]

　　其他制约公权力机构的特定法律规范包括《官方保密法》（*Official Secrets Act*）、《所得税法》（*Income Tax Act*）、《传染病法》（*Infectious Diseases Act*）和《统计法》（*Statistics Act*）。总的来说，这些法律为所有公权力机构规定了高标准责任，并对敏感或机密数据的保护提出了附加要求。此外，政府还定期进行强制性审计，以确保公权力机构符合资料保护及信息与通信技术系统的安全标准。

　　第三，为了确保政府机构高效可靠地行使职权，维护公共利益或信息主体自身利益，上述法律规范通过具体的规定赋予公权力机构在必要的范

---

　　① Public Consultation Issued by Ministry of Information, Communications and the Arts Proposed Personal Data Protection Bill, 19 March 2012.

　　② MCI's Response to PQ on Public Agencies' Exemption from PDPA, Feb. 12, 2019. https://www. mci. gov. sg/pressroom/news – and – stories/pressroom/2019/2/mcis – response – to – pq – on – public – agencies – exemption – from – pdpa? page = 26.

　　③ Closing Speech by DR Yaacob Ibrahim, Minister for Information, Communications and the Arts After the 2nd Reading of the Personal Data Protection Bill on Monday, 15 October 2012 at Parliament House http://www. straitstimes. com/sites/straitstimes. com/files/Closingspeechafter2ndreading. pdf.

围内能够更加自主地收集和使用个人信息的权力。例如，新加坡税务局（IRAS）会向中央公积金局（CPFB）提供居民的收入数据，以便于中央公积金局制定工作福利收入补贴等各类政府预算计划。再者，诸如在爆发严重传染病等国家紧急事件中，个人数据也会被共享。与之相反的是，每个私营组织均须对其所拥有的个人资料单独负责，而各私营组织也无须像公权力机构一样提供类似的综合服务。

第四，很多规范都规定了违反义务的罚则，对于违反个人信息保护义务的行为给予处罚。例如《中央公积金法》第 59 条第 1 款规定，有关公职人员违规向不具备权限的人员披露相关信息的，可以被处以最高 4000 新加坡元以下的罚金、不超过或最长 12 个月的监禁（Imprisonment），或者两种刑罚并用。① 而最新出台的《公共部门（治理）法》规定，如公职人员在明知信息披露未经授权或不清楚是否得到授权的情况下向他人披露公权力机构掌握的个人信息，将被处以最高 5000 新加坡元的罚金，或最长 2 年的监禁，或者两种刑罚并用。

新加坡通信信息部部长称，由于这些重要差异，新加坡需要并已经采取不同的方法来保护公权力机构和私营组织的个人信息。因此，PDPA 只适用于私营部门，而 PSGA 和其他法律则适用于公权力机构的数据保护。政府会定期检讨《个人信息保护法》《公权力机构（治理）法》及其他法律，以确保这些法律在保障公权力机构和私营组织的个人资料方面仍然切合实际和有效。

三、个人信息保护的主要制度

虽然《个人信息保护法》并非是保护个人信息的唯一法律制度，但是如前所述，其提供了个人信息保护的基本原则和一般性规范，而且即便是对于政府的涉及个人信息行为也起到了对标的作用。所以在下文中，笔者

---

① Closing Speech by DR Yaacob Ibrahim, Minister for Information, Communications and the Arts After the 2nd Reading of the Personal Data Protection Bill on Monday, 15 October 2012 at Parliament House http：//www. straitstimes. com/sites/straitstimes. com/files/Closingspeechafter2ndreading. pdf.

主要对《个人信息保护法》的具体制度进行介绍。

(一)个人信息的界定

1. 个人信息的定义

个人信息的定义是《个人信息保护法》所有规范的逻辑起点,虽然《个人信息保护法》上关于个人信息的定义只有一句话,但是个人信息保护委员会颁布的适用指引中,对个人信息的定义进行了充分说明。

《个人信息保护法》将个人信息定义为:能够单独或结合组织掌握或者可能掌握的其他信息识别到具体个人的信息,这个信息是否正确以及是否以电子形式储存在所不论。个人信息是一个动态的概念,需要结合个案的情境加以判断。在某种情况下可以识别个人身份的信息或信息集在其他情况下可能并不能识别到个人,因此在判断时,还应该考虑是否可能获得与目前收集的信息相结合可识别到个人的其他信息。《〈个人信息保护法〉主要概念的适用指引》给出的一个例子为,一家名为 DEF 的公司在街道上进行拦截访问调查,并向路人收集了年龄范围、性别、职业以及工作地点等信息。虽然每一项信息本身并不能识别到个人,但是 DEF 公司应该注意到,由受访者的年龄范围、性别、职业和工作地点组成的信息集可能能够识别出受访者的具体身份,因此属于个人信息。① 再如,《〈个人信息保护法〉特定领域的适用指引》提到,互联网协议(IP)地址是否属于个人信息,在新加坡需根据具体情况确定。如果仅仅是统计某个互联网协议(IP)地址一个月时间内上网的次数等信息则不属于个人信息,但是组织如果针对单一的互联网协议(IP)地址,持续收集上网地点、网购商品,以及其他和这个互联网协议(IP)相关的行为信息,并最终可以将互联网协议(IP)地址与具体个人的上网习惯挂钩的,则构成个人信息。②

《个人信息保护法》相较于其他一些国家的立法有几个比较特殊的地方:一是明确将死者个人信息纳入个人信息的范围。二是未区分敏感信息

---

① Advisory Guidelines on Key Concepts in the Personal Data Protection Act at para 5. 13.

② Advisory Guidelines on the Pdpa for Selected Topics at para 6. 3.

和非敏感信息①。未作区分的原因主要是：一方面，"敏感"这一标准本身就具有模糊性，而且不同国家和文化背景下，判断某信息敏感与否的标准差别很大；另一方面，某些特定类型的信息可以从具体的部门立法中得到特殊的关注和保护②。三是未针对未成年人信息制定专门保护规则③。个人信息保护委员会将13岁作为未成年人是否可以就个人信息收集、使用、披露作出同意的一般界限，但是如果有理由认为13岁的未成年人不能理解作出同意意味着什么，则组织仍需获得未成年人父母或其他法定代理人的同意④。

2.《个人信息保护法》排除适用的个人信息类型

有原则必有例外，《个人信息保护法》也明确排除了几类信息的适用：一是业务联系方式不受《个人信息保护法》的第三章至第六（A）章有关个人信息保护条款的约束⑤。业务联系方式即个人为商业用途所提供的信息（包括姓名、职衔、业务电话或传真号码、业务联系地址、业务电子邮件地址，以及任何其他类似个人信息），其不包括在信息保护责任的范围内，除非这些业务联系方式已经在"谢绝来电"登记处登记。《〈个人信息保护法〉主要概念的适用指引》给出的一个例子为，莎伦在一个商业研讨会签到处的玻璃碗中放入了自己的名片，名片上有姓名、职位、商务电话、地址等，她放入自己的名片是希望未来召开类似研讨会的时候也能受到邀请。即莎伦是基于商务目的而非私人目的提供了名片。因此研讨会的组织者再向其发送研讨会的相关信息时就不需要再征得她的同意，并且无需履行《个人信息保护法》上有关个人信息保护的义务。⑥ 该适用指引同样规定了合伙与

---

① 虽然没有明确的区分敏感信息和非敏感信息，但是不意味着针对不同性质的信息在保护标准上没有区别。《个人信息保护法》全篇用了47个"合理的"这个词，一定程度上为个案判断具体某信息收集、处理、披露等行为是否合法预留了空间。

② Ministry of information, communications and the arts, public consultation issued by ministry of information, communications and the arts: proposed personal data protection bill（19 march 2012）at para 2.8.

③ Ministry of information, communications and the arts, public consultation issued by ministry of information, communications and the arts: proposed personal data protection bill（19 march 2012）at para 2.88.

④ Advisory Guidelines on the Pdpa for Selected Topics at para 7.6.

⑤ Personal Data Protection Act 2012 at Part I Preliminary: Application of Act（5）.

⑥ Avisory Guidelines on Key Concepts in the Personal Data Protection Act at para 5.21.

独资企业的经营人所提供的联系信息，如果不是完全出于私人目的提供的，则构成业务联系信息，排除《个人信息保护法》的适用①。但是如果是基于私人目的发放的工作名片，仍属于《个人信息保护法》规制的范围。该适用指引给出的一个例子是，某人参加一个健身俱乐部时给健身教练递了一张名片以便于注册信息，这就是出于私人目的的行为。这种情况下，名片上的信息就属于个人信息，受《个人信息保护法》的保护。② 二是保存一百年以上的个人信息、死亡十年以上的自然人的信息不受《个人信息保护法》所有条款的约束③。除此之外，《个人信息保护法》的附表针对收集、处理、披露、查询、更正等具体情况，分别规定有具体的适用除外（exceptions）事由。比如，个人的社保等信息不属于《个人信息保护法》排除适用的个人信息，但是根据《个人信息保护法》附表二中的规定，如果因调查或诉讼需要而获取个人社保信息，且获取同意可能有损该信息的准确性或导致无法获取信息的，便无需本人同意④。

（二）《个人信息保护法》的规制对象

受《个人信息保护法》规制的主体非常广，组织（包括自然人、法人、非法人组织等各类形式的经营者）只要从事了针对新加坡个人信息的收集和处理行为，就受到《个人信息保护法》的约束，而不论其是否是依据新加坡法律设立的组织，或者是否在新加坡居住、在新加坡有办事机构等⑤。

同时，《个人信息保护法》和《〈个人信息保护法〉主要概念的适用指引》明确规定了四类人不受《个人信息保护法》中的个人信息保护规定（第三章至第六章、第六（A）章、第六（B）章）的约束⑥：一是以私人或家人身份行事的个人。但是此处的排除适用仅限于以私人或家人身份行事的个人，不及于从该人处获得其他人个人信息的第三人。该第三人仍需

---

① Advisory Guidelines on Key Concepts in the Personal Data Protection Act at para 5. 24.

② Advisory Guidelines on Key Concepts in the Personal Data Protection Act at para 5. 23.

③ Personal Data Protection Act 2012 at Part I Preliminary：Application of Act（4）.

④ Personal Data Protection Act 2012 at Second Schedule Collection of Personal Data Without Consent：1（e）.

⑤ Advisory Guidelines on Key Concepts in the Personal Data Protection Act at para 6.

⑥ Advisory Guidelines on Key Concepts in the Personal Data Protection Act at para 6. 5.

遵守《个人信息保护法》。《〈个人信息保护法〉主要概念的适用指引》给出的例子是，当汤姆为全家度假预订旅游套票时，旅行社从汤姆那里收集了他妻子简的个人信息。汤姆以私人或家庭身份行事，因而不受《个人信息保护法》的规制。但是旅行社必须就汤姆和简的个人信息遵守所有有关个人信息保护条款，除非有适用除外情况①。在这个案例中，按照附表二②的 1 (m) 的适用除外情况，旅行社可以不经简的同意收集其个人信息，因为她的信息是汤姆向旅行社提供的，出于让旅行社提供私人和家庭服务的目的。需要注意的是，旅行社必须遵守个人信息保护条款的所有其他义务，例如采取合理的保护措施，履行对汤姆及简个人信息的安全保障义务。二是受雇期间行事的雇员。履行职务的雇员本人不受《个人信息保护法》约束，但是其职务行为的法律后果由其雇主承担，也即其雇主受到《个人信息保护法》的规制③。三是公权力机构④。四是信息处理者。信息处理者是指受其他组织委托，代为处理个人信息的组织（委托方的雇员不包括在信息处理者内)⑤。虽然信息处理者只需要遵守其与委托方签订的合同，以及《个人信息保护法》中的泄露通知义务，但委托其处理个人信息事务的组织却需要遵守《个人信息保护法》的所有规定。因此，最佳实践是，委托方应做适当的尽职调查，以确保潜在信息处理者遵守《个人信息保护法》。2019 年修订后的《〈个人信息保护法〉主要概念的适用指引》明确了跨境处理信息的委托方和信息处理者的新义务，无论委托方是委托新加坡境内还是境外的信息处理者，都必须确保跨境处理的信息能够受到的保护与新加坡法律规定的标准相当。⑥

---

① Advisory Guidelines on Key Concepts in the Personal Data Protection Act at para 6. 7.

② 附表二包含的是可以未经个人同意收集个人信息的情况。

③ Advisory Guidelines on Key Concepts in the Personal Data Protection Act at para 6. 11 - 6. 12.

④ Personal Data Protection (Amendment) Bill 2020, Clause 3 (b).

⑤ 欧盟《通用数据保护条例》中，类似的概念为"处理者"（processor），是指为控制者（controller）处理个人数据的自然人、法人、公共机构、行政机关或其他非法人组织。控制者是能单独或联合决定个人数据的处理目的和方式的自然人、法人、公共机构、行政机关或其他非法人组织。其中个人数据处理的目的和方式，以及控制者或控制者资格的具体标准由欧盟或其成员国的法律予以规定。

⑥ Advisory Guidelines on Key Concepts in the Personal Data Protection Act at para 6. 22 - 6. 23.

（三）《个人信息保护法》规定的个人信息保护义务

在新加坡个人信息保护的法律体系中，并未专注于个人信息的权属问题的界定，而是转向对于组织行为的规范来达到保护个人信息的目的。总体而言，《个人信息保护法》中规定了9项个人信息保护义务，个人信息保护委员会甚至据此公布了《信息保护自查核对表》，帮助组织审查自身在个人信息保护方面的相关政策，并考虑如何很好地保护现有的个人信息。

1. 获得同意的义务

在该义务下，组织收集、使用、披露个人信息均以获得信息所属人的有效同意为前提，或信息所属人的行为依据《个人信息保护法》可以视作同意（Deemed Consent）机构收集、使用、披露个人信息[1]。

信息主体虽未明确表示同意，但是在满足特定条件时，将视为信息所属人已经同意：一是信息主体为了特定的用途而自愿向某机构提供其个人信息；二是信息主体对于其提供个人信息的目的是明知且明确的；三是信息主体提供个人信息的情形是合理的。具体而言，视作同意有两种情况：其一是信息主体为了特定用途而自愿向某机构披露个人信息，即表示信息所属人允许该机构收集、使用或披露基于此特定用途的个人信息[2]。比如信息主体为完成支付向收银员提供了银行卡，则收银员无需再问个人是否同意收集银行卡号、账户用户名等相关信息。提供银行卡行为视为同意收集相关性信息，而且也可以合理地认为其同意整个交易链条中的相关方（比如银行卡的银行、收款人的银行）都使用相关个人信息，以顺利完成交易。但是视作同意应当确保个人对于其个人信息的用途和收集信息的目的是知情的，对于不知情的用途不适用视作同意制度。其二是如果信息主体同意或其行为可以视作同意，出于某特定目的，其允许某机构将其个人信息披露给另一组织，则视为信息主体同意另一机构基于此特定目的自行进行个

---

① 对于《个人信息保护法》生效前收集到的个人信息，如果符合其当初收集信息的目的，机构可继续使用收集到的信息，除非该个人已撤回了同意。如果机构想将这些个人信息用于其他目的，应首先取得信息所属人的同意。对于法令生效后收集的个人信息，机构应该告知并取得信息所属人的同意，才能收集、使用和披露他或她的个人信息。

② 《个人信息保护法》第15条。

人信息的收集、处理①。如莎拉既然同意提供个人信息用于美容付款，自然也同意银行为了这项付款进行信息数据的收集使用。需要注意的是，如果信息主体明示表示不同意的话，则视作同意这一规则就不可适用②。

以选择方式获得同意授权的效力问题。获得同意的形式多种多样，《个人信息保护法》第 15A 条引入了经告知视为同意，扩展了同意制度。组织可告知客户处理其个人信息的新目的，并提供一段合理期限供选择退出。退出机制是指，信息主体没有主动拒绝，则信息主体的无行动将视为同意。在此之前，组织必须进行风险评估，并确定以这种方式收集、使用、披露个人信息不会对信息主体造成不利影响。如信息主体在合理期限前没有告知组织其不同意对个人信息的处理，则视为同意。需要注意的是，即使在合理期限过后，信息主体也能随时撤回同意。③

在撤销同意授权上，《个人信息保护法》第 16 条规定，信息主体经适当的通知也可以要求机构停止收集、使用或披露个人信息。组织应当建立一套正式流程确保信息主体有途径撤销允许机构收集、使用或披露个人信息的同意。在接到撤销申请之后，机构应当告知信息主体撤销同意可能出现的后果。但是《个人信息保护法》并没有要求组织删除这些信息。所以是否删除该信息，则应当根据组织的存储限制义务来判断处理④。

当然，《个人信息保护法》在附表一和附表二分别针对收集、处理、披露行为规定了众多无需获取同意的适用除外情形，这些例外情形由《个人信息保护法》和其他成文法预先规定，且不免除收集信息的私主体其他的法律义务，包括保密义务、安全保障义务等⑤。附表一列举了收集、使用、披露个人信息都无需获取同意的情形，分为"个人重大利益""影响公众的事由""合法利益""商业资产交易""业务改进目的"五种事由，包括在无法及时获取信息主体同意或信息主体无合理理由拒绝的情况下，为其利

① 《个人信息保护法》第 15 条。
② Advisory Guidelines on Key Concepts in the Personal Data Protection Act at para 12.23.
③ Personal Data Protection（Amendment）Bill 2020，Clause 7.
④ Advisory Guidelines on Key Concepts in the Personal Data Protection Act at para 12.39 – 12.49.
⑤ Advisory Guidelines on Key Concepts in the Personal Data Protection Act，at para 12.56.

益考虑而进行的收集、处理、披露行为；为处理对信息主体或第三方生命、健康或安全产生威胁的紧急状况所需（的情况）；可以公开获得的信息；为国家利益所需；提供法律服务所需等。附表二则分别列举了收集、使用、披露个人信息无需获取同意的其他额外事由。需要注意的是，个人信息保护委员会在通信部部长批准后，可以通过在公报上发布命令，对任何个人和组织就《个人信息保护法》部分或全部条款进行豁免[①]。

2. 目的限定义务

组织收集、使用、披露个人信息必须出于合理的目的，且应在收集个人信息之时或之前将该具体目的告知信息主体。《个人信息保护法》第14条和第18条对于目的限定义务从正、反两个方面进行了规定。正向来说，组织只能出于一个理性第三人认为合理的目的收集、使用、披露个人信息，并且按照第20条的要求告知信息主体该具体目的。《〈个人信息保护法〉主要概念的适用指引》给出的一个例子是，一家时装零售店在开展会员活动时在会员注册表格中声明了其使用注册会员用户提供的个人信息的目的，包括产品和促销的最新信息，以及其认为合适的任何其他目的。在这种情况下，告知用户产品和促销的最新情况是合理目的，但"其认为合适的任何其他目的"并不是合理目的，不符合有限目的的要求。[②] 反向来说，任何组织收集的个人信息的范围不能超过其提供产品或服务所必要的范围，组织不得以拒不提供某项产品或服务的方式，而不合理地强迫信息主体同意组织收集对其提供的产品或服务非属必要的个人信息。[③]

3. 告知义务

组织在收集个人信息前应告知信息主体收集、使用、披露个人信息的目的；如果意图使用和披露个人信息的目的在收集时没有告知，应当告知并获得同意后才能进行该信息的使用和披露；组织需安排专人负责解答信息主体关于信息收集、使用、披露的问题。但若已获得信息主体的视为同

---

①　Personal Data Protection Act 2012 at Section 62：Power to exempt.

②　Advisory Guidelines on Key Concepts in the Personal Data Protection Act, at para 13. 4.

③　Personal Data Protection Act 2012 at Section 14：Provision of consent, 2 (a).

意，则无需满足以上要求。《个人信息保护法》没有具体规定组织告知信息
主体的方式，因此组织应综合考虑：（1）其即将收集个人信息的方式和形
式；（2）即将收集的信息数量；（3）收集个人信息的频率；（4）告知信息
主体的渠道等因素后，自己决定最佳的告知方式。① 个人信息保护委员会在
《〈个人信息保护法〉主要概念的适用指引》中建议的最佳实践是，组织应
尽力确保通知的形式清晰易懂，如最重要的信息放在醒目的位置、避免使
用令人困惑的法律术语等②。通知的具体形式可能直接决定着组织是否尽到
了相应的义务。为了确保组织能够作出有效的通知，个人信息保护委员会
发布的指引、宣传画册等告诉组织哪种形式的通知是有效的。如果通知的
形式被认定为无效，则信息主体基于这样的通知作出的同意也将是无效的。

4. 查阅与更正义务

组织应提供查阅义务系指信息主体有权就某组织持有（或控制的）的
个人信息，以及该组织在过去一年内对其个人信息的使用或披露方式，向
组织进行查阅，组织应当按照要求予以提供。而根据 2014 年的《个人信息
保护条例》规定，如需查阅个人信息，信息主体应当提出书面申请，并在
书面申请中明确本人身份以及需要查阅或更正的具体要求③。在回应查阅信
息的要求前，组织应进行尽职调查，采取适当措施核实申请人的身份。虽
然个人信息保护委员会并没有规定组织应如何核实查阅申请人的身份，但
个人信息保护委员会鼓励组织保有书面证据，以证明要求符合《个人信息
保护条例》的规定，尽量减少潜在纠纷。组织可采取政策，规定在处理查
阅要求时审查身份的标准操作程序（例如，处理查阅要求的雇员为核实身
份而可能向申请人提出的问题)④。组织接到申请后，应当在合理和必要的
范围内准确并完整地向信息主体提供申请查阅的信息，并且可以询问信息
主体需要信息的种类、信息生成的时间等。组织应当提供相关信息及其使
用、披露情况的文件副本。如果提供文件副本对于组织而言不具有现实可

---

① Advisory Guidelines on Key Concepts in the Personal Data Protection Act, at para 14.9.
② Advisory Guidelines on Key Concepts in the Personal Data Protection Act, at para 14.18.
③ Personal Data Protection Regulations（2014）at para 3&4.
④ Advisory Guidelines on Key Concepts in the Personal Data Protection Act, at para 15.12.

操作性，组织也应当给予信息主体查阅并核对其个人信息及使用、披露情况的机会①。如果信息主体能够自己检索到要求查阅的信息，则组织应当告知其检索的方式。当然，组织有权对信息主体收取合理的查询和产生副本的费用，但需要告知该费用的构成情况并给予纸质的说明材料②。

　　在特定情况下，组织有权拒绝信息主体的查询申请：仅为评估目的而保存的意见信息；教育机构组织的考试、试卷和未公布的考试结果；仅为管理信托目的而保存的私人信托受益人的个人信息；仲裁机构或调解中心仅为管理仲裁或调解程序的目的而保存的个人信息；与诉讼有关的文件（若该诉讼的有关程序没有全部完结）；法律特权文件；其披露会使机密商业信息遭到泄露的个人信息，在理性人看来，此种泄露将危害该组织的行业竞争地位；以调查为目的、无需同意即收集、使用或披露的个人信息，且该调查相关的诉讼、申诉程序没有完结；在特定情况下，调解员或仲裁员在调解或仲裁中收集或制作的个人信息；不符合公平或效益原则，或恶意干扰组织的请求等③。2019 年修订的《〈个人信息保护法〉主要概念的适用指引》也对可以拒绝的情形做了补充，同时建议如果组织拒绝提供信息，宜保留这份扣留信息的副本至少 30 天，因为信息主体可能向个人信息保护委员会申请审查，是否交付扣留的信息取决于个人信息保护委员会的决定④。2020 年修正后的《个人信息保护法》第 21 条规定，组织如拒绝向信息主体提供信息，须在特定期限内按照规定告知信息主体。如组织向信息主体提供信息时省去了附表 5 和第 21 条第 3 款规定的例外情况涉及的信息时，也必须告知信息主体。⑤ 第 22A 条还规定，组织如拒绝提供个人信息，也必须在规定期限内保存该个人信息副本，且该副本所含的个人信息准确、完整。⑥

---

①　Personal Data Protection Regulations（2014）at para 3&4；Advisory Guidelines on Key Concepts in the Personal Data Protection Act, at para 15.

②　Advisory Guidelines on Key Concepts in the Personal Data Protection Act, at para 15. 26.

③　《个人信息保护法》附表 5。

④　Advisory Guidelines on Key Concepts in the Personal Data Protection Act, at para 15. 41.

⑤　Personal Data Protection（Amendment）Bill 2020, Clause 10（d）.

⑥　Personal Data Protection（Amendment）Bill 2020, Clause 11.

信息主体有权向组织提出书面申请，要求组织更正现有的个人信息中的错误或疏漏。组织此时的义务包含两方面内容：一是根据信息主体的申请，尽快进行更正，除非《个人信息保护法》有例外的规定或组织有合理原因认定不应进行更正①；二是如果组织对于某处个人信息进行了更正，应该将更正后的最新个人信息发送给近一年内曾接收过这些个人信息的所有其他组织，除非这些组织不再需要使用或披露这些更正后的信息②。此外，在取得信息主体同意的情况下，组织（不包括征信机构③）还可以将更正后的信息发送给之前自身向其披露过此个人信息的其他特定组织。④ 组织也可以在特定情况下拒绝更正信息的请求，包括为评估目的而保存的意见信息；教育机构组织的考试、试卷和未公布的考试结果；仅为管理信托目的而保存的私人信托受益人的个人信息；仲裁机构或调解中心仅为管理仲裁或调解程序的目的而保存的个人信息；与诉讼有关的文件（若该诉讼的有关程序没有全部完结)⑤。组织在收到信息主体的查阅或更正申请后，应当及时予以处理，如果无法在收到申请之日起 30 日内处理完毕的，应当书面告知信息主体处理完毕的具体时间⑥。

5. 准确义务

当个人信息可能被用于作出某项会影响到信息主体的决定，或披露给其他组织时，收集个人信息的组织有义务尽合理努力，确保收集到的个人信息准确、完整。为此，组织收集个人信息时应做到：（1）记录准确；（2）针对特定目的收集的数据全面；（3）在既有条件下已经采取恰当合理

---

① 《个人信息保护法》也列出了相应的排除适用的情况：仅为评估目的而保存的意见信息；教育机构组织的考试、试卷和未公布的考试结果；仅为管理信托目的而保存的私人信托受益人的个人信息；仲裁机构或调解中心仅为管理仲裁或调解程序的目的而保存的个人信息；与诉讼有关的文件（若该诉讼的有关程序没有全部完结）。

② Personal Data Protection Act 2012 at Section 22：Correction of personal data.

③ "征信机构（Credit Bureau）"指：（1）出具收益或利润信用报告的组织；（2）以非盈利方式例行出具作为盈利业务附属业务信用报告的组织。

④ Advisory Guidelines on Key Concepts in the Personal Data Protection Act, at para 15. 47.

⑤ Advisory Guidelines on Key Concepts in the Personal Data Protection Act, at para 15. 50.

⑥ Personal Data Protection Regulations（2014），at para 5.

的措施保证个人信息的准确；（4）主动考虑是否需要更新信息①。如果数据的来源非信息主体，那收集个人信息的组织应对信息的准确性更为谨慎②。

6. 保护义务

《个人信息保护法》要求组织应当采取安全措施，保证其控制下的信息不被非法获取、收集、使用、披露、复制、更改、丢失或遭受其他风险。而且个人信息保护委员会通过发布适用指引③、自查表等方式，给组织提出了履行保护义务的相关具体措施和评判标准，主要包括④：对个人信息保护方面的内部风险进行评估，制定个人信息安全保护政策，根据信息敏感程度采取相应的保护措施；任用可靠且训练有素的人员以确保信息安全；个人信息进行适当分类并妥善保存，确保只有获得授权的人员才能查阅；制定发生个人信息外泄事件时的应急预案并定期审查，确定适当的措施、资源、职责和优先事项⑤。

7. 存储限制义务

组织留存个人信息的期限不应超过业务或法定需求的必要期限。必要期限可以基于组织收集信息时的目的进行判断，但是组织不能以将来可能会产生某项服务目的为由，继续保留个人信息。同样，该项义务也受到其他法律规定的限制，比如诉讼程序中当作证据使用的合同应当保存 6 年以上等。

各组织都应当建立自己的存储限制政策，如果某些信息被长时间留存，组织也应当列举长期保留的理由⑥。通常来说，组织终止保留信息的方式包括原件已返还给信息主体、根据信息主体的指示将信息文件转移给第三方、

---

① Advisory Guidelines on Key Concepts in the Personal Data Protection Act, at para 16. 3.

② Advisory Guidelines on Key Concepts in the Personal Data Protection Act, at para 16. 7.

③ 其中针对电子平台的特殊性，PDPC 还专门公布了《电子平台个人信息保护指南》（Guide on Securing Personal Data on Electronic Medium），帮助组织了解信息与通信技术领域的常用知识，以及可以采取的相关安全措施。

④ Advisory Guidelines on key Concepts in the Personal Data Protection Act , at para 17. 3 – 17. 4.

⑤ PDPC 专门制定了《个人信息数据泄露管理指南》，帮助组织了解如何预防和应对个人信息外泄事件。

⑥ Advisory Guidelines on key Concepts in the Personal Data Protection Act , at para 18. 8.

销毁文件、对个人信息进行匿名化处理。需要注意的是，存储限制义务并不意味着必须销毁信息，对个人信息进行匿名化处理，从而确保任何人无法根据这些信息确定个人身份，也可以达到遵守存储限制义务的目的。此外，《〈个人信息保护法〉主要概念的适用指引》也强调，组织仅仅是将信息文件长时间锁于柜内、封于厂房或转移给受其控制的其他组织，仍然属于保留信息的行为①。只有当组织、组织代理以及其信息处理者无法再检索、恢复和重获这些信息文件，才能算停止保留信息②。

8. 有限跨境转移义务

《个人信息保护法》禁止将任何个人信息传输到新加坡以外的国家或地区，除非组织确保这些国家或地区给予所传输信息的保护与《个人信息保护法》提供的保护水准一致。即只有确保境外接收方承担有法律强制性的信息保护义务的情况下，新加坡才能允许信息跨境转移。

根据《个人信息保护法》和《〈个人信息保护法〉主要概念的适用指引》，这种有强制性的信息保护义务来源于两种情形：第一种情况是，根据法律、合同规定、有约束力的企业规则和其他任何有约束力的文件，被转移的数据可以在境外受到与《个人信息保护法》相同水准的保护；第二种情况是，数据接收组织获得了数据接收国签发或认可的"特定证书"，该证书指的是 APEC 跨境隐私规则系统（APEC CBPR），或 APEC 数据处理者隐私认证（APEC PRP）系统认可的证书。数据接收组织需要获得 APEC CBPR 认证，而数据处理者至少需要获得 APEC CBPR 或 APEC PRP 认证③。

9. 责任义务

组织必须实施必要的政策、程序和措施履行《个人信息保护法》规定的义务，并公开有关该政策和程序的信息，展示其能够履行所要求的义务④。其具体内容包括：制定并实施信息保护政策和惯例做法；指定一名或多名人员（可称为"信息保护负责人员"）负责确保组织的个人信息保护政

---

① Advisory Guidelines on key Concepts in the Personal Data Protection Act , at para 18. 11.

② Advisory Guidelines on key Concepts in the Personal Data Protection Act , at para 18. 10.

③ Advisory Guidelines on key Concepts in the Personal Data Protection Act , at para 19. 4.

④ Advisory Guidelines on key Concepts in the Personal Data Protection Act , at para 20. 2.

策与实际操作符合《个人信息保护法》的要求；同时，将信息保护负责人员的业务联系信息①和组织个人信息保护政策对外公开。此外，组织需要制定一套接收、调查和答复的流程来应对依据《个人信息保护法》提起的投诉，并合理公开其投诉和答复流程②。

10. 泄露通知义务

2020 年修订后的《个人信息保护法》增加了第六（A）章，规定了信息泄露的通知义务。第 26A 条给出了"信息泄露"的定义，是指对个人信息未经授权的访问、收集、使用、披露、复制、更改或删除，或在对个人信息未经授权的访问、收集、使用、披露、复制、更改或删除易发的情况下，丢失了个人信息的存储媒介。第 26B 条则解释了"须申报的信息泄露"，在信息泄露导致了或可能导致遭到泄露信息所涉及的信息主体受到重大危害，或信息泄露规模较大时，则信息泄露属于"须申报的信息泄露"。第 26C 条规定，如组织有理由相信发生了信息泄露，须评估信息泄露是否为须申报的信息泄露。如信息处理者有理由认为其代为处理的个人信息遭到泄露，其须立即通知委托其处理个人信息的组织，且该组织在知情后，须评估是否为须申报的信息泄露。如委托信息处理者的是公权力机构，则其应该立刻通知公权力机构。如的确属于须申报的信息泄露，按照第 26D 条规定，组织必须及时通知个人信息保护委员会，最晚不超过信息泄露发生后 3 天。此外，如信息泄露导致了或可能导致对信息主体造成重大伤害，组织在通知个人信息保护委员会后，还须通知受影响的信息主体。

11. 信息迁移义务

2020 年修订后的《个人信息保护法》新增的第六（B）章，规定了信息可携带权。信息主体可以向信息输出方提出将其个人信息副本传送给另一组织的迁移请求。在迁移要求满足规定和提出请求的信息主体与输出方有存续关系的前提条件下，输出方必须按照要求，如技术规格、消费者保护要求等，将信息迁移给信息接收方。在以下情况，输出方可以不迁移所

---

① Advisory Guidelines on key Concepts in the Personal Data Protection Act，at para 20. 6.

② Advisory Guidelines on key Concepts in the Personal Data Protection Act，at para 20. 10 & 20. 12.

控制的个人信息：仅为评估目的而保存的意见信息；与诉讼有关的文件（若该诉讼的有关程序没有全部完结）；法律特权文件；其披露会使机密商业信息遭到泄露的个人信息，在理性人看来，此种泄露将危害该组织的行业竞争地位；以调查为目的，无需同意即收集、使用或披露的个人信息，且该调查相关的诉讼、上诉程序没有完结；衍生个人信息；机械重复的迁移请求导致迁移信息会不合理地影响输出方的运营；组织迁移个人信息的负担或代价远超出信息主体的个人利益；信息迁移请求涉及的信息不存在、太微小或无法找到；恶意干扰组织的信息迁移请求。而如果迁移个人信息会对其他人的安全、身心健康造成威胁或带来直接重大伤害，或违背国家利益，则输出方不得迁移个人信息。而不管出于何种原因输出方拒绝了迁移信息请求，都必须告知信息主体。而无论输出方是否同意迁移个人信息，也必须在规定期限内保存迁移请求涉及的个人信息副本，且该副本所含的个人信息准确、完整。

四、《个人信息保护法》的实施和法律责任

新加坡的个人信息保护体系为普通法、成文法等一系列法律规范组成的法律保护体系，因此不同的监管机构在各自的权限范围内负责相应规范的执行。其中专门成立了个人信息保护委员会（PDPC），作为《个人信息保护法》的实施主体和监管机构。

（一）个人信息保护委员会

为了更好地管理《个人信息保护法》的执行，根据该法案规定，个人信息保护委员会（PDPC）为《个人信息保护法》的实施主体和监管机构。个人信息保护委员会致力于促进和加强个人信息保护，在市场主体和消费者之间建立信任，同时力求在保障信息安全和合法利用信息之间保持平衡，为新加坡经济的蓬勃发展作出贡献。个人信息保护委员会也是新加坡处理有关保障个人信息事宜的主要机构，并在国际上代表新加坡政府处理有关保障个人信息的事宜。具体而言，个人信息保护委员会有以下七项职权。

　　第一是实施调查并决定组织是否遵守《个人信息保护法》①。在履行其调查职能时，个人信息保护委员会有权要求任何组织出示任何指明的文件或提供任何指明的资料；无须许可证可进入组织的营业场所，以及取得搜查令，搜查该处所或该处所内的任何人，并占有或移走与调查有关的任何文件、设备或物品。阻碍个人信息保护委员会调查的个人和组织可能会受到刑事制裁。个人可能会被处以最高 1 万新元的罚款和最高 12 个月的监禁，或两者兼而有之；而组织则可能因向个人信息保护委员会提供任何虚假或误导性陈述或信息而被处以最高 10 万新加坡元的罚款②。第二是审查的权力，在申诉人发出申诉后，个人信息保护委员会可审查组织拒绝提供查询、更正服务的行为以及收取费用的行为，然后对组织的行为进行确认或者提出更正组织行为的指令③。第三是给出指令④，比如要求组织停止收集、使用、披露个人信息，销毁违反《个人信息保护法》的规定收集的个人信息，处以最高限额为 100 万新加坡元的罚金等。个人信息保护委员会的指令一旦在地方法院登记，则具有和地方法院判决同等的效力，地方法院有权采取措施加以执行。第四是给予豁免的权力⑤，经通信信息部部长批准，可以通过在公报上发布命令，对个别组织或特定类别的组织豁免适用《个人信息保护法》的规定。第五是制定法规⑥，经通信信息部部长批准，个人信息保护委员会可以制定对执行本法案必要或有利的条例，并规定本法案可能要求或授权规定的任何事项。第六是发布、修改、废除用以解释《个人信息保护法》条款的适用指引⑦。第七是要求申诉人及被申诉的组织按照其指定的方式解决争议⑧。

　　此外，个人信息保护委员会还负责监督"谢绝来电"登记处的开发和

---

①　Personal Data Protection Act 2012 at Ninth Schedule.

②　Advisory Guidelines on Enforcement of the Data Protection Provisions，at para 17. 3.

③　Personal Data Protection Act 2012 at Section 28：Power to review.

④　Personal Data Protection Act 2012 at Section 29：Power to give directions.

⑤　Personal Data Protection Act 2012 at Section 62：Power to exempt.

⑥　Personal Data Protection Act 2012 at Section 65：Power to make regulations.

⑦　Personal Data Protection Act 2012 at Section 49：Advisory guidelines.

⑧　Personal Data Protection Act 2012 at Section 27：Alternative dispute resolution.

运营，以确保个人只收到他们想要的电话营销信息，并通过提升消费者信心和信任来协助企业提升客户关系。个人信息保护委员会发布的《关于谢绝来电的适用指引》①解释了哪些消息构成《个人信息保护法》第四部分"谢绝来电"条款下的"特定消息"，以及这些条款如何适用于不同的情况。一般来说，发送到新加坡电话号码的消息，如果其目的或目的之一是广告、促销、提供或寻求商业机会或者其他商业讯息，则该消息将被视为特定消息，因为它涉及货物或服务的供应商，或者通常与供应商希望提供或宣传的货物或服务有关②，而受制于"谢绝来电"条款。该指引给出的例子是，如果 ABC 公司通过电话、传真向顾客发送"ABC 公司会不时地给你发特价产品信息"，则该讯息属于"特定消息"，但如果是通过邮箱发送的，则不属于"特定消息"。再比如，约翰对 ABC 公司表示约翰母亲希望咨询 ABC 公司的服务并留下了她的电话，ABC 公司联系约翰母亲并提供相关信息，由于事先获得了客户的同意，ABC 公司向约翰母亲提供的信息并不构成"谢绝来电条款"下的"特定消息"③。同时，有的组织与客户存在"持续性的关系"，因此不受"谢绝来电"名单的限制，可以相对自由地联系客户。该指引明确举例的"持续性关系"包括基于信用卡服务、保险服务和杂志订阅等的后续服务关系④。

新加坡《个人信息保护法》规定⑤，任何人有违反本法案而没有明确规定处罚的行为，应处以最高不超过 1 万新加坡元的罚款或最长 3 年的监禁，或两种刑罚并用。如存在定罪后继续犯罪的情况，则进一步处以每天最高 1000 新加坡元的罚款。

（二）责任追究和救济

违反《个人信息保护法》的法律后果有民事、行政及刑事三种。首先，《个人信息保护法》规定，如果有关违反《个人信息保护法》个人信息保护

---

① Advisory Guidelines on the do not Call Provisions .
② Advisory Guidelines on the do not Call Provisions , at para 3. 1.
③ Advisory Guidelines on the do not Call Provisions , at para 3. 20.
④ Advisory Guidelines on the do not CALL Provisions , at para 8. 1.
⑤ Personal Data Protection Act 2012 at Section 56; General Penalties.

规则的行为直接导致了个人损失或者损害，该受害人可以提起民事诉讼主
张赔偿①。其次，《个人信息保护法》规定个人信息保护委员会可执行以下
行政措施②：指示组织停止收集、使用或披露个人资料；销毁违反《个人信
息保护法》收集的个人资料；提供访问或更正个人资料，或减少或退还因
任何查阅或更正要求而收取的任何费用；支付最高达100万新加坡元的罚
款。最后，《个人信息保护法》规定③，如果组织的行为构成犯罪，将面临
最高1万新加坡元的罚款；如个人行为构成犯罪，将面临最高5000新加坡
元的罚款，或处以最长2年的监禁，或两种刑罚并用。

　　针对个人信息保护委员会设立的救济程序，如果对于个人信息保护委
员会的指令或决定不服，可以寻求如下救济：首先，既可以申请个人信息
保护委员会复议，也可以向申诉委员会提出申诉申请。如果这一过程中就
同一事项既提了复议，又提了申诉申请，则申诉申请自动撤回④。如果复议
之后对于复议的结果不服的，仍然可以向申诉委员会提出上述申请。其次，
如果对于申诉委员会的结果不服，仍可以就其中的法律适用问题或罚金的
数额向新加坡高等法院上诉⑤。

　　总体而言，新加坡《个人信息保护法》整体仍然以规定原则为主，个
人信息保护委员会承认更多的具体标准需要在实践中检验和完善。另外，
《个人信息保护法》规定适用除外的附表的修订程序相对容易，并且允许其
他法律规定特定情况排除《个人信息保护法》的适用，因此，新加坡的个
人信息保护规范体系体现出了灵活务实、兼顾个人利益保护和数据经济利
用的特点。

---

① Personal Data Protection Act 2012 at Section 32：Right of Private Action.

② Personal Data Protection Act 2012 at Section 29：Power to Give Directions.

③ Personal Data Protection Act 2012 at Section 51：Offences and Penalties.

④ Personal Data Protection Act 2012 at Section 34（2）：Appeal from Direction or Decision of Commission.

⑤ Personal Data Protection Act 2012 at Section 35：Appeals to High Court and Court of Appeal.

第六章　台湾地区个人信息保护研究

我国台湾地区对于个人信息的保护①主要通过"个人资料保护法"的专门统一立法加以保护。"个人资料保护法"同时规范公务机关和非公务机关行为，并对违反规定从事收集、处理和利用个人信息的行为，形成包括民事责任、刑事责任、行政责任在内的法律责任体系。历史上，台湾地区从"电脑处理个人资料保护法"的制定，发展至"个人资料保护法"的颁布和修订，历经三十余年发展，走过了从专门规范特定产业的部门式立法模式，过渡到全面式统一化的基本法立法模式。

一、"个人资料保护法"历史变迁

(一) 起源："电脑处理个人资料保护法"

20世纪80年代初，随着自动化信息处理、电子商务的发展，基于管理、服务、营销等目的，行政机关、民间团体及企业搜集、处理及利用个人资料越来越普遍，特别是，通过电脑方式储存、处理个人资料，在提高收集和处理效率的同时，也使这些个人资料被滥用的可能性大大增加。因此，传统法律例如"民法""刑法"等基本法律已经无法满足个人资料保护的需要，在客观上需要通过专门的统一立法对个人资料进行保护。

我国台湾地区"行政院"在1982年3月成立"资讯发展推动小组"，并指示"法务部"着手研究因资讯工业发展产生的法律问题，并在1990年开启了关于个人资料保护立法的先河。但在制定和出台"个人资料保护法"之前，考虑到立法进程本身不能一蹴而就，先参考了经济合作与发展组织

---

① 在台湾地区无论是立法还是在学者研讨的过程中，都是采用"个人资料"的用语，下文中所提及的"个人资料"等同于其他章节中的"个人信息"。

（OECD）于 1980 年制定的个人隐私保护的八项基本准则，制定"行政院及所属行政机关电脑处理个人资料保护要点"作为过渡性的规范。1991 年 9 月"法务部"成立了起草委员会和审议小组，将条文草案函送有关机关，并召集学者专家座谈，1992 年 6 月报"行政院"审查。1993 年 1 月送"立法院"审议，1993 年 3 月经过一读，再经"司法、政治委员会"审查，于1995 年 7 月三读通过"电脑处理个人资料保护法"（以下简称"电资法"），同年 8 月 11 日公布施行，1996 年颁布"电脑处理个人资料保护法施行细则"（以下简称"电资法实施细则"），二者相结合成为我国台湾地区个人资料保护的基本规范。

　　"电资法"的制定背景和立法原因，概括来说，主要基于以下两点：从主观原因上来讲，是为了应对电脑科技的迅速发展对个人隐私权益的潜在影响，满足台湾地区民众对个人资料及隐私保护的主观内在诉求。台湾地区 2010 年"'立法院'公报"第 83 卷第 45 期第 521 页有如下说明："电脑科技进步迅速……个人资料举凡出生、健康、病历、学业、工作、财产、信用、消费等，经电脑处理之后，可轻易整理而得知其全貌，如有滥用或不当利用之情事，将对人民隐私等权益造成重大危害，因而影响社会安定及国民经济成长，并使政府推展自动化工作增加困扰。"①

　　从客观原因上来讲，是基于台湾地区对外贸易方面的需求，世界其他国家及组织关于个人信息保护的立法浪潮，客观上也促进了台湾地区立法工作的开展。台湾地区"法务部法律事务司专门委员"刘佐国先生认为，"电脑处理个人资料保护法"的制定是由于当时台湾地区正在进行加入世界贸易组织的协商，而欧美各国一向对个人资料的保护十分重视，为了避免在协商过程中被指责对个人资料保护不力，台湾地区便拟定"立法"计划积极进行"立法"。② 另外，王郁琦教授则认为，是"电脑处理个人资料保护法"的制定与台湾当时期待建设成为亚太运营中心有关，为了符合外国

---

　　① 许文义. 个人资料保护法论 ［M］. 台北：三民书局，2001：94 – 96.
　　② 刘佐国. 我国个人资料隐私权益之保护——论"电脑处理个人资料保护法"之立法与修法过程 ［J］. 律师杂志，2005（4）.

人对个人资料保护法制的要求，方才急速通过该法，其目的主要着眼于对外贸易的考量。①

（二）发展："个人资料保护法"

1. 修订背景

"电资法"的出台更加体现出对适应对外贸易的需要，就实际效果而言，在相当长时间内起到的保护个人隐私权益的作用甚微。而从20世纪90年代末开始，台湾地区和其他国家所不断涌现出来的个人资料外泄事件，让人产生"个资散落各处，保护却趋近于空气"②的感觉。例如，香港八达通公司从2002年开始即向六家公司转手用户信息，2006年高达200万名客户的个人资料被泄露。使更多的学者和民众更加认识到"电资法"的不足，特别是对人格权保护的不力。由于受制于历史条件的限制，1995年制定的"电资法"所涵盖、适用的范围过窄，只限于在电脑处理的个人资料和特定的事业（或者其他经指定适用者），不足以应对新的资讯环境提出的挑战。而且原有法律规定有太多的不确定法律概念，在适用上有很多疑义之处。

因此，"法务部"于2001年间即拟定修法计划，着手"电资法"的研修工作，积极推动修法进程。在广征民意的基础上，2002年邀请学者组成专家修法小组，定期开会研讨相关事宜，于2003年9月将修法草案呈报"行政院"审查，"行政院"于2004年9月审查完毕后以优先法案函请"立法院"审议未果。之后又经历两届立法委员任期，终于在2010年4月27日三读通过"个人资料保护法"（以下简称"个资法"）。2012年9月26日"法务部"发布修正后的"个人资料保护法施行细则"（以下简称"个资法实施细则"），其与"个资法"均在2012年10月1日正式实施。

2. 内容突破

台湾地区"个资法"的修订，在很大程度上借鉴了其他国家和地区

---

① 王郁琦. 网络上的隐私权问题［J］. 资讯法务透析，1996（10）.

② 林宏嘉. 个资散落各处，保护却趋近于空气？——从个案谈个资法应有之作为［J］. 万国法律，2011（176）.

的先进立法，例如参考了欧盟等各种先进立法，经合组织个人数据保护八大原则，亚太经济组织隐私权保护九项原则，并且结合了本地的风土民情，不失为一部兼具他国先进经验和本地特色的立法规定。针对原有"电资法"适用存在的弊端，2012年"个资法"逐一加以改进，与此前法律规定相比，法律规则的保护范围和保护力度都取得了突破，主要有以下进步①。

第一，扩大了该"个资法"的保护范围。一方面，无论计算机还是纸质版的个人资料，都是该法的保护客体。另一方面，原有法律受到行业限制，即适用于"电资法"的非公务机关，仅限于征信业等八类事业或者其他指定适用者。而在新个人资料保护法时期适用于所有行业，打破行业限制，包括所有的法人、团体及个人对个人资料之搜集、处理与利用均受规范。与此同时，通过其他法规对某些特定类型的个人身份信息也施加了特定的数据保护。例如，金融机构在严格的义务下运作，以维护其客户财务数据的机密性。"劳动法"还规定雇主有义务对雇员的个人数据保密。

第二，新增特种个人资料。五种个人资料为特种个人资料，包含医疗、基因、性生活、健康检查以及犯罪前科五种。基于2012年"个资法"第6条的规定，原则上不可以搜集、处理或者利用特种个人资料，仅于具备例外情形时，才可搜集、处理以及利用以上五种特种个人资料。

第三，针对原有"电资法"中无论是公务机关还是非公务机关，在搜集个人资料之前，仅需以适当方式公告相关事项足已，无需再告知当事人收集资料的目的和范围等重要事项。而按照2012年"个资法"第8条及第9条列明相关告知事项的规定，主要分为直接搜集以及间接搜集的情形。针对直接搜集情形，业者向资料当事人搜集个人资料时，应明确告知当事人其公司名称、搜集个人资料的目的、个人资料的类别，以及个人资料利用的期间、地区、对象及方式等相关讯息。而针对间接搜集之情形，搜集非由个人资料当事人所提供之个人资料时，应于处理或利用个人资料前，除

① 刘佐国. 我国个人资料隐私权益之保护——论"电脑处理个人资料保护法"之立法与修法过程 [J]. 律师杂志, 2005 (4)：47-48.

了上述直接搜集情形应当告知的内容以外，还应当向当事人告知个人资料来源。

第四，强化了对个人资料使用的行政监督。"个资法"明确规定，中央目的事业主管机关或直辖市、县（市）政府为查明有无违法之虞，得对非公务机关进行检查，而对于可为证据之个人数据或其档案，并得扣留或复制之，或依第23条为适当之处置。

第五，提高了民事责任的赔偿标准。原有"电资法"的规定之下，需要由个人来负责举证个人损失的数额，因此，如果个人损失无法举证时，则不存在民事责任，此种规定对个人资讯利益的保护是不利的。而依照现行"个资法"规定，如果原告受害人能够举证自己个人损失的数额，则首先按照举证数额多少来计算赔偿的数额。同时，进一步规定，在无法证明实际损失额的情形下，按照每人每一事件五百元新台币以上两万元新台币以下计算。

第六，团体诉讼的引入。依照"个资法"第34条规定，对于同一原因事实造成多数当事人权利受侵害之事件，财团法人或公益法人团体经受有损害之当事人20人以上以书面授予诉讼实施权者，得以自己名义，提起损害赔偿诉讼。

3."个资法"的实施推进

为了保障"个资法"的实施，无论是在法律修订的过程中还是在新法通过之后，台湾地区都致力于通过官方网站、媒体报道、企业宣传等多种途径来加强"个资法"的宣传教育工作。例如，在"个资法"通过之后，在台湾地区"法务部"官方网站上，针对新法专门开辟的问答区域第一个问题就是："请问，出于平时社交礼仪，我想要跟朋友交换名片，这样可以吗？""法务部"解答："'个资法'所称非公务机关虽包括自然人，唯有关自然人为单纯个人社交活动而搜集、处理或利用个人资料，系属于单纯个人活动之私生活目的之行为，依'个资法'第51条第1项第1款规定，并不适用'个资法'。"台湾媒体在电视屏幕上用大号字体和感叹号打出"个资法上路"并反复播报：从今往后，要是再接到烦人的推销电话，对策简单直接——告他！热衷娱乐效果的台湾电视节目还饶有兴致地教授了整个过程。

这种多途径、全方面的宣传教育工作确实在"个资法"的推广和普及中起到了正面的作用，普通民众越来越意识到个人资料保护的重要性。据媒体报道，在台湾网络上传播的一则邻里吵架纠纷的视频里，一个卖菜老板气呼呼地冲着镜头大声喊："拍什么拍，这是我的个资，我要去告你！"①

（三）更新：2015 年"个资法"的修订

1. 修订背景

2015 年 12 月 30 日台湾地区公布"总统华总一义字第 10400152861 号令"，修正第 6 至 8、11、15、16、19、20、41、45、53、54 条条文，自2016 年 3 月 15 日施行。修订后的"个资法"对公务机关及非公务机关搜集、使用个人资料的"同意"方式进行了放宽，不再限于书面同意，新增免予告知义务的规定，新增刑事责任应当以行为人有不法意图为要件。但是，有批评意见认为，"个资法"在 2015 年修法后，导致个人资料可以非常轻易地被利用。②

此外，2016 年 11 月 9 日通过了"国家通讯传播委员会指定非公务机关个人资料档案安全维护办法"，对第一类电信事业、第二类电信事业、有线广播电视系统经营者，以及有线电视节目播送系统、电视事业、订户数达三千户以上之直播卫星广播电视服务事业，经营国内新闻台频道或购物频道之卫星或他类频道节目供应事业的非公务机关搜集、处理及利用个人资料作出规定。

2. 修订内容

第一，针对 2012 年"个资法"第 6 条"有关医疗、基因、性生活、健康检查和犯罪前科五类特种资料"的原则上禁止、例外允许的条款进行修

---

① 中国青年报. 台湾"个人资料保护法"：给普通民众带来底气 ［EB/OL］. http：//tech. 163. com/12/1212/04/8IGEGRVJ00094MOK. html.

② "个资法"修法：2020 有望成立个资保护独立专责机关 ［EB/OL］. https：//www. tahr. org. tw/news/2602.

订，规定了六种例外情形①。

（1）新增病历为特种资料。针对第 6 条第 1 项中的特种资料的范围进行修订，原"个资法"第 2 条列举的个人资料范围包含"病历"及"医疗"，② 为避免争议，增加"病历"作为"特种资料"。

（2）新增搜集、处理或利用特种数据的例外规定。原"个资法"第 6 条第 1 项第 4 款规定，"公务机关或学术研究机构基于医疗、卫生或犯罪预防之目的，为统计或学术研究而有必要，且经一定程序所为搜集、处理或利用之个人资料"，得例外予以搜集、处理或利用当事人之特种数据，"'法务部'对'个人资料保护法'部分条文修正说明"提出，"如依其统计或研究计划，当事人资料经过提供者匿名化处理，或由搜集者依其公布揭露方式无从再识别特定当事人者，应无侵害个人隐私权益之虞，基于资料之合理利用，促进统计及学术研究发展，自得允许之，爰修正第一项但书第四款规定。"③

同条第 2 项同时规定，"公务机关或学术机构搜集、处理或利用个人资料之范围、程序及其他应遵行事项之办法，由'中央目的事业主管机关'会同'法务部'定之。"对此，"'法务部'对'个人资料保护法'部分条文修正说明"提出，"学术研究机构得由其'中央目的事业主管机关'依第

---

① 第 6 条第 1 项规定：有关病历、医疗、基因、性生活、健康检查及犯罪前科之个人资料，不得搜集、处理或利用。但有下列情形之一者，不在此限：一、法律明文规定。二、公务机关执行法定职务或非公务机关履行法定义务必要范围内，且事前或事后有适当安全维护措施。三、当事人自行公开或其他已合法公开之个人资料。四、公务机关或学术研究机构基于医疗、卫生或犯罪预防之目的，为统计或学术研究而有必要，且资料经过提供者处理后或经搜集者依其揭露方式无从识别特定之当事人。五、为协助公务机关执行法定职务或非公务机关履行法定义务必要范围内，且事前或事后有适当安全维护措施。六、经当事人书面同意。但逾越特定目的之必要范围或其他法律另有限制不得仅依当事人书面同意搜集、处理或利用，或其同意违反其意愿者，不在此限。

② "个资法"第 2 条第 1 款规定：个人资料指自然人之姓名、出生年月日、国民身份证统一编号、护照号码、特征、指纹、婚姻、家庭、教育、职业、病历、医疗、基因、性生活、健康检查、犯罪前科、联络方式、财务情况、社会活动及其他得以直接或间接方式识别该个人之数据。

③ "'法务部'对'个人资料保护法'部分条文修正说明"，"总统华总一义字第 10400152861 号令"2015 年 12 月 30 日公布。

27 条第 2 项①规定，指定非公务机关订定个人资料档案安全维护计划或业务终止后个人资料处理方法，故无另行授权订定规范搜集、处理、利用该等资料之范围及程序等办法之必要，爰删除现行条文第二项。"

第二，新增"个资法"第 6 条第 1 项第 5 款，即协助公务机关执行法定职务或非公务机关履行法定义务必要范围内，且事前或事后有适当安全维护措施，得搜集、处理、利用当事人之特种个人资料。

"'法务部'对个人资料保护法部分条文修正说明"进一步提出，"按司法院释字第 603 号解释揭示'宪法'保障'个人自主控制个人资料之信息隐私权'，无论一般或特种个人资料，个人资料当事人同意权本属'宪法'所保障之基本权。若完全摒除经当事人同意之情形，系严重限制'宪法'所保障之基本权，恐不符'宪法'第二十三条之比例原则，故增列为搜集、处理或利用特种个人资料要件之一；且相对于一般个人资料，特种个人资料之性质更具敏感性，故规定当事人对于其特种个人资料搜集、处理及利用之同意，须以书面为之，以求慎重。唯超过当事人书面同意范围之搜集、处用者，或违反其意愿者，例如公务机关或非公务机关利用权势、强暴、胁迫等违反其意愿之方法取得当事人书面同意，不在此限，爰于第一项但书增列第六款。"

第三，新增当事人于"个资法"下的同意，不以书面为限。2012 年"个资法"第 7 条对"同意"作出规定。②"'法务部'对'个人资料保护法'部分条文修正说明"对此款修改内容及其理由说明如下。

（1）在 2015 年"个资法"修正后，第 15 条第 2 款、第 16 条但书第 7 款、第 19 条第 1 项第 5 款以及第 20 条第 1 项但书第 6 款放宽对于当事人

---

① "个资法"第 27 条第 2 项规定："中央目的事业主管机关"得指定非公务机关订定个人资料档案安全维护计划或业务终止后个人资料处理方法。

② "个资法"第 7 条规定：第 15 条第 2 款及第 19 条第 1 项第 5 款所称同意，指当事人经搜集者告知本法所定应告知事项后，所为允许之意思表示。第 16 条第 7 款、第 20 条第 1 项第 6 款所称同意，指当事人经搜集者明确告知特定目的外之其他利用目的、范围及同意与否对其权益之影响后，单独所为之意思表示。公务机关或非公务机关明确告知当事人第 8 条第 1 项各款应告知事项时，当事人如未表示拒绝，并已提供其个人资料者，推定当事人已依第 15 条第 2 款、第 19 条第 1 项第 5 款之规定表示同意。搜集者就本法所称经当事人同意之事实，应负举证责任。

"同意"方式，不限于以书面为之。因此删除"个资法"第 7 条第 1 项、第 2 项关于当事人"书面同意"的文字。

（2）公务机关或非公务机关倘已明确告知当事人法定应告知事项，而当事人未明示拒绝搜集其个人资料，并已提供其个人资料予该公务机关或非公务机关时，应推定当事人已依第 15 条第 2 款、第 19 条第 1 项第 5 款之规定表示同意，亦能减轻现行实务上仍须另行取得当事人同意之行政作业，爰增订第 3 项。

（3）为保障当事人权利，并配合当事人"同意"的方式放宽不限于书面同意，于当事人是否同意之事实认定发生争执时，因未同意提供系消极事项，无从负举证责任，自应由主张提供之搜集、处理或利用之公务机关或非公务机关就此同意之积极事项负担举证责任，始符公平，爰依欧盟 2012 年《通用数据保护条例》草案第 7 条第 1 点之规定，增订第 4 项。①

第四，新增免予告知义务的规定。新增"个资法"第 8 条第 2 项第 6 款，"有下列情形之一者，得免为前项之告知：六、个人资料之搜集非基于营利之目的，且对当事人显无不利之影响。""'法务部'对'个人资料保护法'部分条文修正说明"指出，"由于个人资料范围甚广，公务机关或非公务机关合法搜集当事人之个人资料时，若其搜集非基于营利之目的，且对当事人显无不利之影响时，应得免除搜集者之告知义务，以避免增加搜集者合法搜集行为过多之成本。"

第五，新增刑事责任应当以行为人有不法意图为要件。修订后的"个资法"第 41 条规定中加上行为人需有不法意图，始有刑事责任，且刑责从原本的二年以下提高为五年以下，并科罚金为二十万元新台币以下提高为一百万元新台币以下。

3. 未来修订方向

台湾地区"个资法"于 2019 年底再次被纳入 2020 年修订日程。② 台湾

① "'法务部'对'个人资料保护法'部分条文修正说明"，"总统华总一义字第 10400152861 号令"2015 年 12 月 30 日公布。
② 于国钦. 明年春季台欧 GDPR 谘商后 提个资法修正草案［EB/OL］.［2019－12－29］. https：//m. ctee. com. tw/livenews/aj/a84255002019122921385606？area＝.

地区现有主管机构"国发会"指出,《欧盟条例》(GDPR)于 2018 年 5 月施行,由于台湾地区从业者在对欧盟商业活动中有可能取得欧盟居民的个人资料,因此也在《欧盟条例》规范之列。为使从业者无后顾之忧,促进台湾地区与欧盟间之资料流通,"国发会"主委陈美伶于 2018 年 6 月访问欧盟司法总署,同时,于 2018 年 7 月 4 日在台北市成立了个人数据保护办公室,编制 GDPR 充足性所需的评估报告。① 并且,同年向欧盟申请适足性认定,提送台湾地区个人资料保护之自我评估报告,双方已于 2019 年 6 月、10 月及 11 月就该报告的相关议题进行三次会议,完成第一轮技术性谘商。②

此外,国际个人信息保护的立法趋势也对台湾地区个人信息保护立法起到重要影响。"国发会"法制协调中心于 2019 年 8 月在其"'个人资料保护法'修法意见征询"中指出,从台湾地区的现状来看,从契合数字经济发展趋势、个人资料保护意识提升、申请 GDPR 适足性认定等考虑,也需要重新检讨"个资法"。

因此,"国发会"于 2019 年 12 月 24 日宣布,台湾地区争取《欧盟条例》(GDPR)的适足性认定,是 2020 年重点工作。其中,"个资法"与 GDPR 大致有六方面的议题落差较大,主要症结是"跨境传输"与"成立个人资料保护专责机构"两部分:关于个人资料的跨境传输,GDPR 是原则不许可、例外许可,但台湾是原则许可、例外不许可,因此计划在 2020 年修法,以符合欧盟的规则。此外,欧盟也要求设立个人资料的独立专责机关,因此建议应尽快成立独立的个人资料专责机关。③

二、个人信息保护立法概况

(一)立法目的和理念

台湾地区"个资法"第 1 条开宗明义指出立法目的,"为规范个人资料

---

① NDC 成立个人数据保护办公室 [EB/OL]. [2018 – 07 – 05]. https://taiwantoday.tw/news. php? unit =2, 6, 10, 15, 18&post =137393.

② "国发会"推动"个资法"修法,力拼 GDPR 适足性认定 [EB/OL]. https://www.ndc. gov.tw/News _ Content. aspx? n =114AAE178CD95D4C&s =632E56DC2B36CB76.

③ 台湾人权促进会."国发会""个资法"修法公听会言,2019 – 08 – 15.

之收集、处理及利用，以避免人格权受侵害，并促进个人资料之合理利用，特制定本法。"因此，从该条款来看，"个资法"的立法目的包括三个层面：（1）建立收集、处理和利用个人资料的管理规范；（2）避免侵害自然人的人格权；（3）促进个人资料的合理利用。

人格权通常以个人尊严价值及精神利益为保护内容，包括隐私、名誉及信用等，是维护个人主体性、人性尊严及人格自由发展所不可或缺的，与自然人本身具有不可分割的密切关系，具有排他性，可以对任何人进行主张。隐私权的概念最早出现在"大法官解释293号"，随后在"大法官释字509号""535号""585号""603号"解释文或理由书中都提到隐私权。其中，"释字585号"理由书和"台湾大法官会议"第603号解释都提到："维护人性尊严与尊重人格自由发展，乃自由民主宪政秩序之核心价值。隐私权虽非宪法明文列举之权利，唯基于人性尊严与个人主体性之维护及人格发展之完整，并为保障个人生活私密领域免于他人侵扰及个人资料之自主控制，隐私权乃为不可或缺之基本权利，而受"宪法"第22条保障。"至此我国台湾地区隐私权的宪法地位直接由大法官解释依据人性尊严和人格自由发展条款，并结合"宪法"第22条确定。①

个人资料对个人的形塑作用越来越明显，因此，如何通过资讯隐私的保护来自由发展其人格成为限制搜集、处理及利用个人资料的主要原因。②台湾地区的传统法制对于个人隐私权虽已经有所保障，例如"宪法"上的秘密通信自由、居住自由，民法的人格权等。然而，传统法制下个别权利的特殊构成要件，例如秘密通讯需有通信行为、居住自由需包含空间因素等，或个人资料保护本身的特殊性：权利范围广（包括所有与特定个人或特定个人有关之资讯），以及侵害行为的多样性（包括收集、使用、比对、储存），往往使传统法制的保护机制出现保护漏洞。因此关于个人资料的保

---

① 方宪文. 我国台湾地区个人资料保护法制研究［D］. 重庆：西南政法大学，2014：11.

② 邱文聪. 从资讯自决与资讯隐私的概念区分——评"电脑处理个人资料保护法修正草案"的结构性问题［J］. 月旦法学杂志，2009（168）：172 – 190.

护，实有单独加以承认及另行设计之必要。①

个人资料的保护正是以保障"人格权"为核心，包括消极和积极两方面的权利。消极方面是指，保护个人资讯中所体现的隐私不受侵犯，积极方面是指资讯隐私权②，即"台湾大法官会议"第603号解释首次明确提出了"资讯隐私权"，即"其中就个人自主控制个人资料之资讯隐私权而言，乃保障人民决定是否揭露其个人资料，以及在何种范围内、于何时、以何种方式、向何人揭露之决定权，并保障人民对其个人资料之使用有知悉与控制权及资料记载错误之更正权。"从此解释可以看出，对"资讯隐私权"的解释实质上即为"个人自主控制个人资料"，即资讯自决权的内涵。换言之，个人资料自决权是指，任何人对于其相关之个人数据，如不涉及公益或法律规定，原则上均得自我决定是否公开或提供他人利用。其中一方面是指，在涉及个人资料时，本人可以自由决定是否愿意揭露自己的个人资料，以及在什么范围、什么时候、用什么方法、向何人揭露的决定权。另一方面是指，对他人使用本人资料具有知情和控制的权利。因此，进一步的问题是，资讯自决权与资讯隐私权是否为同一概念？

台湾地区的不同学者持有不同意见，多数学者，如熊爱卿教授、黄绍元教授、吕丁旺将两者作同等使用③，而以邱文聪教授为代表的学者则认为两者有所区别。他认为，根据资讯自决权的内涵，"资讯自决即重在对个人资讯处分使用的自主控制可能性，只要此等处分使用权未受到外在的压抑、限制与阻碍，也就是资讯的处分使用只要已获得个人的同意，资讯自决即得谓已受到保障。"④ 换言之，只要是涉及个人资讯便可以主张资讯自决权，而资讯隐私权虽然也是以个人资料的保护为其外在表现形态，但它与资讯

---

① 法治斌主持：《政府行政行为与隐私权之探讨》，国家档案局筹备处委托研究报告，2000年，第12页。转引自林鸿文. 个人资料保护法 [M]. 书泉出版社，2013：3.

② 熊爱卿. 台湾个人资料保护法要述 [J]. 山东科技大学学报（社会科学版），2011（2）：59. 注释1：台湾铭传大学法律教授熊爱卿自2002年开始就担任台湾地区"个人资料保护法"修法专案委员。

③ 吕丁旺. 浅析修正"个人资料保护法" [J]. 月旦法学杂志，2010（183）.

④ 邱文聪. 从资讯自决与资讯隐私的概念区分——评"电脑处理个人资料保护法修正草案"的结构性问题 [J]. 月旦法学杂志，2009（168）：172-190.

自决权主要的区别在于资讯隐私关注资讯对个人人格之紧密关联性。个人资讯毫无疑问会成为人格形成的作用对象，政府或民众会通过个人资讯来形塑个人形象。因此，资讯隐私并非消极保障资讯自决意义上的自主控制，而是积极要求在社会活动形塑个人人格过程中提供一种自由而非僵化的自我认识基准。在"大法官解释603号"中也出现这样的问题，指纹资料等个人资讯之搜集与利用何以会对人格发展构成危害，大法官也仅仅从指纹资料具有可以辨别个人身份的属性而成为抽象的一般人格权加以论述，并未具体阐述指纹资料的收集与利用除了侵害自我控制意义上的资讯自决外，还有可能会形成一种僵化或错误的个人形象，从而对人格的形成造成影响。所以，资讯自决权主要关注当事人外在领域的自我控制的可能性，而资讯隐私则主要关注当事人个人人格的内在形成空间，只有那些会形塑个人人格的资讯才受资讯隐私权的保障，但其他资讯只要与个人相关均可成为资讯自决权的保护客体。①

从台湾地区立法保护对象的概念来看，资讯自决权和资讯隐私权属于同一概念的不同表达，二者可以不作区分。其中，资讯自决权源于德国法上特有的资讯自决权的概念，资讯隐私权源于美国隐私权的概念。不同学者在表述法律概念术语时会存在差异。而且，随着隐私权理论的发展，隐私权保护客体逐步扩大，现代隐私权已经向两个方向发展：一是在私生活领域，提倡"自己决定权"，即自己的私事由自己决定，其他人（包括公权力机关和私人）不得介入；二是提倡"个人信息的控制权"。②此种隐私权概念也越来越被大陆法系国家所接受，特别是个人信息隐私权中的"个人信息的控制权"已经成为日本《个人信息保护法》的理论基础，因此，两者概念和内涵趋同化，可以替换使用。但无论使用何种概念，保护对象的重点仍然在于，必须尊重当事人的自决或自主权利，保证个人对于其个人信息的控制。

在对资讯隐私权保护的背后，事实上隐藏着个人权利保护和公共利益

---

① 邱文聪. 从资讯自决与资讯隐私的概念区分——评"电脑处理个人资料保护法修正草案"的结构性问题 [J]. 月旦法学杂志, 2009 (168).

② 马特. 个人资料保护之辩 [J]. 苏州大学学报, 2012 (6)：83.
马特. 英美法中的个人隐私保护 [J]. 重庆理工大学学报, 2010 (10).

两者，特别是资讯隐私和新闻自由两者之间的平衡，个人资料保护的立法目的既包括"避免侵害自然人的人格权"，又包括"促进个人资料的合理利用"。在"个资法"实施之后一度所体现出的矫枉过正，正是体现出个人私权和社会公共利益两者之间的失衡。例如据新闻报道，台湾地区"法务部"在"个资法"出台以后，曾要求台湾各地的"检察署"发布新闻资料时，需隐匿当事人姓名等个人资料。即台湾各地"检署"被要求提供记者新闻数据时，需隐匿当事人姓名，甚至不得给整份起诉书或不起诉书，后来通令姓名第 2 个字需以圈号取代，书类有电话号码、车牌号码也需隐藏，使通篇起诉书只要提到人名的都出现圈号。[①] 又有媒体报道说，有学校在研读讨论新法后决定，在荣誉榜上用"○"代替学生名字，于是出现了"国中网球队冠军得来不易，祝贺双打冠军蔡○阳和康○驿"的报道。而小学生委屈地低着头对前来采访的媒体说："荣誉榜本来是挺高兴的事，为什么要画圈圈，好像是去坐牢的犯人，不该被人看见。"此种新闻报道不仅使民众不知所云，而且很可能剥夺民众监督政府权利的嫌疑。例如，正在侦办一起备受关注的政客贪污案的办案组，向媒体发布了一份含有 63 个"○"的新闻稿，并声称这是为了"保护个人资料不被识别"。[②]

因此关于如何平衡权利保护和合理使用之间的关系问题，一般坚持以下基本立场：首先，从权利保护对象的法理来看，笔者赞成台湾学者李震山教授的观点，每项个人资料的搜集，不论是否涉及隐私都需要尊重当事人的自决或自主权利。[③] 换言之，只要是与个人有关的资讯，个人就应该有自主决定是否、在何种范围、向何人如何公开。而且应当将资讯自决权置于核心内容，只要是当事人同意并非事实上不可行时，即使是为了公共利益仍应取得当事人同意。同时，只要该个人资讯涉及隐私，从而可能影响

---

① 新浪网．"个资法"将实施起诉书通篇画圈遭指矫枉过正［EB/OL］．http：//news. sina. com. cn/c/2012 – 10 – 16/113225368580. shtml.

② 中国青年报．台湾"个人资料保护法"：给普通民众带来底气［EB/OL］．http：//tech. 163. com/12/1212/04/8IGEGRVJ00094MOK. html.

③ 李震山．论资讯自决权［A］．李震山．人性尊严与人权保障［C］．台北：元照出版公司，2009：214 – 217.

对个人人格的自由发展，则对该类个人资料收集、利用就应该设置更严格的标准，赋予当事人更广泛的权利。其次，这种对个人资料自主权的保护也应当在一定范围内受到限制，"唯'宪法'对资讯隐私权之保障并非绝对，国家得于符合'宪法'第二十三条规定意旨之范围内，以法律明确规定对之予以适当之限制。"如德国学者里特·霍尔农（Hornung）所言，信息自决和个人资料保护有两个相应的效果，一方面，个人在自己核心事物领域须感到安全，免受任何干涉；另一方面，个人资料保护也是公民参与民主宪政国家政治进程的先决条件，民主宪政国家依赖所有公民的参与以及合法地尊重每一个体的自由。信息自决权不仅是对个人权利的保护，而且对公众有益，有助于确保自由和民主秩序。但当公共利益被认为是重要的且大于所要保护的个人利益时，干预信息自决权就成为可能。然而其基本思想始终是不变的，即确保本人对资料的控制。① 最后，要实现两者的平衡，因为法律本身的可预见性和明确性是一个良好法治的先决条件。在此，台湾地区"个资法"的立法过程颇为曲折的原因也是对如何实现权利保护和合理使用之间平衡的顾虑。目前，该"个资法"仍然受到学者诟病的原因也在于，仍存在许多不明确的规定。例如，台湾地区"个资法"第16条、第20条规定，个人资料应在搜集之目的内利用，还规定了诸多例外许可情形。其中有很多抽象性规定，如维护国家安全或增进公共利益，但公务机关履行公务几乎都可被理解为为了公共利益，此等收集和利用个人资料不必然经过当事人同意。所以，例外许可情形的不确定性，可能会导致目的外利用泛滥，根本无法达到限制资料利用的目的，也无法很好地保护资讯隐私权。正如邱文聪教授所认为的，台湾地区将当事人同意的条件与其他条件并列，是采取了包括欧盟在内的国家的通行做法，但是欧盟《通用数据保护条例》将当事人同意与其他条件并列，适用的前提是不违反《欧洲人权公约》第8条有关隐私保障的规定。

---

① Gerrit Hornung, Christoph Schnabel, Data Protection in Germany Ⅰ: The Population Census Decision and the Right to Informational Self-Determination. Computer Law&Security Report, Volume 25, Issue 1, 2009, pp. 84-88.

（二）"个资法"规范对象

无论是公务机关还是非公务机关，只要是在台湾地区对台湾地区人民的个人资料进行收集、处理或者利用，都要适用"个资法"。作为"个资法"的规范对象可以从以下不同视角进行考察，第一，何为个人资料；第二，与个人资料相关"行为"的界定；第三，不受保护的例外情形。

1. "个人资料"的界定

通常而言，个人资料的收集和利用都是在"个资法"的保护范围内，"个资法"第2条第1款对个人资料作出了明确的规定，是指"生存自然人之姓名、出生年月日、国民身份证统一编号、护照号码、特征、指纹、婚姻、家庭、教育、职业、联络方式、财务情况、社会活动及其他得以直接或间接方式识别该个人之资料。"即采取了直接识别或者间接识别的判断标准。直接识别是指，依据资料性质，能立即得知资料当事人的正确身份的个人资料；而根据"个资法实施细则"第4条第1款规定，间接方式识别是指，保有该资料的公务或者非公务机关，仅依据该资料不能立即得知当事人为何人，须另经过比对、组合、连结等程序始能得知资料当事人身份的个人资料。"个资法实施细则"修正说明中表示，"由于社会形态复杂，某些资料虽未直接指名道姓，但一经揭露仍足以识别为某一特定人，因而本法第2条第1款个人资料之定义，已将'其他足资识别该个人之资料'修正为'其他得以直接或间接方式识别该个人之资料'，为明了间接方式识别之意义，爰为本条之规定。"

对于"个资法"的保护范围即"个人资料"应当做以下理解，第一，不限于经计算机处理，包括人工处理的信息在内。第二，以自然人为限，不包括法人资料。而且，基于"个资法"的重要立法目的之一在于为个人人格中的隐私权提供保护，只有生存的自然人才有隐私权受到侵害的恐惧情绪，因此，个人资料的当事人仅限于现尚生存的自然人，不包括已死亡者的资料。第三，根据"个资法"第51条第1款规定，"公务机关及非公务机关，在'中华民国'领域外对'中华民国'人民个人资料搜集、处理或利用者，亦适用本法"。

依照"个资法"的相关规定，台湾地区个人资料的保护对象区分为三类：一般资料、特种资料，以及其他个人资料。

第一，对特种资料的保护最为严格，因为特种个人资料具有高度的敏感性，与个人隐私紧密相关，应当具有更高的保护标准，所以，"个资法"对此作出了特别规定，明确原则上不可以收集，即有关病历、医疗、基因、性生活、健康检查及犯罪前科的个人资料，不得搜集、处理或利用。并且，"个资法实施细则"第4条第1至6款分别对病历、医疗、基因、性生活、健康检查、犯罪前科个人资料的内涵和范畴作出了解释。例如，"病历个人资料"是指，"医疗法"第67条第2项所列之各款资料，包括：（1）医师依医师法执行业务所制作之病历；（2）各项检查、检验报告资料；（3）其他各类医事人员执行业务所制作之记录。"医疗个人资料"是指，病历及其他由医师或其他的医事人员以治疗、矫正、预防人体疾病、伤害、残缺为目的，或者其他医学上之正当理由，所为之诊察及治疗，或基于以上之诊察结果，所为处方、用药、施术或处置所产生之个人资料。"基因个人资料"是指，由人体一段脱氧核糖核酸构成，为人体控制特定功能之遗传单位讯息。"性生活个人资料"是指，性取向或者性惯行之个人资料。"健康检查个人资料"是指，非针对特定疾病进行诊断或治疗之目的，而以医疗行为施以检查所产生之资料。"犯罪前科个人资料"是指，经缓起诉、职权不起诉或法院判决有罪确定、执行之记录。从"个资法"目前实施现状来说，在具有高度敏感性的个人资料领域，暂时仍未实施收集规则。一般资料即为"个资法"第2条第1款对个人资料的列举，包括"姓名、出生年月日、国民身份证统一编号、护照号码、特征、指纹、婚姻、家庭、教育、职业、联络方式、财务情况、社会活动"这些常用个人资料。

但是，针对修法后的第6条第1项第4款，"国发会"于2019年8月15日召开"个人资料保护法"修法意见征询公听会，台湾地区"人权促进会"提出批评意见指出，"2015年修法后，允许特种个资的搜集、处理、利用，只需在最终揭露时，'无从识别特定之当事人'即可。这使得人民完整、未去识别的特种个资可以任意被过程中的资料搜集者检视，不仅增加了个资被滥用或外泄的风险，甚至更让特种个资处于比一般个资更宽松的规范条件中。我们建议未来修法时，应废弃2015年的修法结果，让特种个资回归较严格的保护。"同时提出，"修正第 6 条第 1 项第 5 款，2015 年修法后，只要是'协助'公务机关执行法定职务就能搜集、处理、利用特种个资。这撤除了原存在于各机关间避免资料不当流动的防火墙，导致个人资料如今能轻易在不同机关间流动，大幅增加人民的言行暴露在公务机关视野中的风险，不利于民主社会发展。我们建议未来修法时，应废弃 2015 年的修法结果，回归原先'个资法'第 6 条第 1 项第 2 款的规定"。①

第二，其他个人资料是指，直接或者间接方式能够识别个人的其他资料。对于"住家电话号码""行动电话"是否得以直接或间接识别特定人，"法务部"解释为，"须从搜集者本身综合各种情况与事证判断，原无一致性之标准，此宜于个案中加以审认"②；另外对特定"用电户之电号"，"因其可提供某某公司作比对后，由该公司提供该特定用户之历年每个月用电量，显见某某公司已保有完整可直接识别之个人资料，而"水利署"虽无自然人用电户之完整客户档案，但已保有特定电号之信息，如可比对水井登记人之个人资料而予以对照、组合、连结，亦属可间接识别之个人资料"③，可以推断该当资料是否具有特定个人识别性，为依搜集、处理或利用人所处之地位、条件、状况而作不同之认定，非采"一般人"基准说。④

第三，关于个人识别性的个人资料。依照"个资法施行细则"第 17 条规定，"所称无从识别特定当事人，指个人资料以代码、匿名、隐藏部分资料或其他方式，无从辨识该特定个人者。"而且，对于此类"无从识别特定当事人"的个人资料，依照"个资法"第 9 条第 2 项第 4 款免除告知当事人义务，并且，依照第 19 条第 4 款"合法搜集处理"，第 16 条但书第 5 款及第 20 条但书第 5 款为"特定目的外之利用"。因此，此种个人资料是否仍然属于"个资法"所规定个人资料，与"间接识别"资料两者之间属于

---

① "台湾人权促进会". 国发会"个资法"修法公听会言［Z］. 2019 - 08 - 15.

② "法务部"2014 年 6 月 17 日法律字第 1033506500 号函、"法务部"2014 年 6 月 18 日法律决字第 10303506790 号函、"法务部"2014 年 12 月 10 日法律字第 10303513640 号函。

③ "法务部"2015 年 2 月 24 日法律字第 10403502010 号函。

④ 范姜真媺. "法务部"欧盟及日本个人资料保护立法最新发展之分析报告委托研究案成果报告［D］. 东京：东海大学，2016：148.

何种关系，需要澄清。

以"法务部"2013 年 3 月 12 日法律字第 10203501470 号函为例，针对处理中央警察大学因办理民意调查的需要，函请新北市政府警察局提供住宅窃盗报案人住宅联络电话是否属于"个资法"的管辖范围。"法务部"认为，如中央警察大学请求提供者，系经警察局处理后无法识别特定当事人之资料者，不适用本法。

但是，有学者指出，"从'个资法'第 6 条第 1 项但书第 4 款、第 9 条第 2 项第 4 款、第 16 条但书第 5 款、第 19 条第 1 项第 4 款、第 20 条第 1 项但书第 5 款等相关规定，以及'施行细则'第 17 条规定之文义及体系解释，上述规定所称'无从识别特定当事人之资料'应仍属（间接识别之）个人资料，亦即欧盟个资规则所称去连结（或称为'假名化'）资料，否则若已完全无法直接或间接识别，本无个资法之适用，何须再加以规定。"

此外，随着科技及网络之急速发展，有观点认为，足以表彰个人身份之资料早已不限于现行"个人资料保护法"第 2 条之内容，需加以修正纳入网络识别码与数位足迹记录及其他得以直接或间接方式识别该个人之资料，以保障个人位置、身份、习惯及讯息。例如《欧盟条例》第 4 条第 1 项等国际相关规范（GDPR 第 9 条等）亦将种族、政治、宗教、生物特征等纳入个人资料之范围。①

2. 与个人资料相关"行为"的界定

第一，以任何方式，无论是以直接或间接取得个人资料都是属于收集。第二，对于收集的个人资料，建立或利用个人数据文件所为数据之记录、输入、储存、编辑、更正、复制、检索、删除、输出、连结或内部传送，都是处理。第三，处理以外的使用，属于利用。"个资法"对于个人资料的处理使用区分了不同环节，其原因在于不同的环节所关注重点是不一样。其中，对个人资料的收集阶段关注重点在于保障个人资料的自决权。相比较而言，在处理阶段，要求收集信息的公务机关或者非公务机关必须采取必要的安全保护措施，方可进行处理。并且，处理阶段的立法理念在于，

① 李贵敏，"个人资料保护法（草案）"，"立法院"院总第 1570 号委员提案第 24044 号。

虽然是在征得当事人同意收集的前提下，但仍然不是对个人资料漫无目的的处理，而是必须在当事人同意的范围内进行处理。

个人资料的保护适用于如银行或者商场收集顾客或者会员资料此类对外收集个人资料的情形，同时，"个资法"并未排除机关或者企业收集、利用员工个人资料的情形。企业对于员工个人资料的利用，如果不属于人事行政管理这个特定的目的必要范围内，除非是另行取得员工书面同意，否则仍然被认为不符合"个资法"的相关规定，属于违法行为。

3. 不受保护的例外情形

第51条第1项规定不受"个资法"保护的两个例外：第一，自然人为单纯个人或家庭活动之目的，而搜集、处理或利用个人数据。例如，收集联络人的号码，不需要告知对方，而是为了个人需要收集使用。第二，于公开场所或公开活动中所搜集、处理或利用之未与其他个人数据结合之影音数据。例如，在风景文化区等公众场合中自行进行拍照，也不需要征得可能被拍摄到的其他人的同意。这是因为此种情形下要求征得其他人的同意和一般普通大众的社会观感相违背，过度扩张了保护的范围，因此，不需要征得对方的同意。

（三）"个资法"的框架结构

台湾地区"个资法"共分为6章，共计56条，整个框架结构分为以下部分。

第1章规定了"个资法"的原则性规定，包括立法目的（第1条）、用词定义（第2条）、个资请求权（第3条）、权责委托（第4条）。主体部分是第2章（第15条至第18条）、第3章（第19条至第27条）对公务机关和非公务机关对个人资料的收集、处理和利用的情形，分别规定了不同的行为规范。第4章、第5章分别对公务机关和非公务机关违反"个资法"的民事、刑事及行政责任作出规定，其中，第4章（第28条至第40条）由原有的"损害赔偿及其他救济"更名为"损害赔偿及团体诉讼"，其特色在于增加了团体诉讼的立法。而第5章"罚则"（第41条至第50条）对公务机关及非公务机关的刑事和行政责任加以明确。第6章（第51条至第56条）"附则"对"个资法"的实施细则及实施日期作出说明。

（四）当事人权利的内涵

1. 信息主体享有的权利内容

个人资料的自决权是指，任何人对于其相关之个人数据，如不涉及公益或法律规定，原则上均得自我决定是否公开或提供他人利用。为了实现当事人对个人资料的自决权，即维护当事人的资讯隐私权，根据"个资法"第3条规定，个人资料的当事人可以行使的权利包括五项，可以申请查询或者请求阅览，可以请求复制，有错误可以补充或更正，可以请求停止收集、处理和利用，可以请求删除收集的个人资料。特别值得注意的是，为了保障个人资料主体的人格权利，"个资法"的制定参考了德国、英国、日本等国家的相关条文，明确规定这些请求权是不能事先用契约加以抛弃或者特别约定加以限制，如果事先约定对此类权利进行抛弃或者特别限制，则此类约定是无效的。此外，为了不因行使权利给个人资料的收集处理者造成额外的经济负担，则从公平起见，个人资料的当事人因行使权利而产生的必要成本费用问题，则由当事人自行负担。

概括而言，个人资料自决权表现为：（1）可以自由决定是否愿意揭露自己的个人资料，以及在什么范围、什么时候、用什么方法、向何人揭露。（2）当事人对本人资料的使用有知情和控制的权利。对此，台湾地区"个资法"第12条也作出规定，要求公务机关和非公务机关在违反本法规定，致个人资料被窃取、泄露、窜改或者其他侵害者，应查明后以适当方式通知当事人。台湾地区"个资法施行细则"第22条①规定，收集个人资料的机关负有外泄通知与更正后通知的义务，即以使当事人知悉或可得知悉的方式，例如，互联网、新闻媒体或其他适当公开方式。（3）个人资料当事人享有个人资料若发生记载错误时的请求更正权。

但是，个人资料的自主权并不能毫无限制地行使，在违反国家安全、妨害公务机关执行法定职务、妨害该收集机关或者第三人之重大利益等情

---

① "个资法施行细则"第22条规定：本法第12条所称适当方式通知，指即时以言词、书面、电话、简讯、电子邮件、传真、电子文件或其他足以使当事人知悉或可得知悉之方式为之。但需费过巨者，得斟酌技术之可行性及当事人隐私之保护，以网际网络、新闻媒体或其他适当公开方式为之。依本法第12条规定通知当事人，其内容应包括个人资料被侵害之事实及已采取之因应措施。

形下，原则上可以限制行使权利。台湾地区"个资法"第 10 条对此作出规定，意图在国家公益和信息当事人的私人利益之间作出平衡。

2. 权力行使的基本原则

为了保护当事人的个人资料自决权，应当遵循台湾地区"个资法"第 5 条的明确规定，即个人数据之搜集、处理或利用，应尊重当事人之权益，依诚实及信用方法为之，不得逾越特定目的之必要范围，并应与搜集之目的具有正当合理之关联。

概括而言，为了防止个人资料收集处理者巧立名目对个人资料进行收集处理，台湾地区"个资法"明确规定无论是公务机关还是非公务机关收集处理个人资料，都不得逾越特定目的加以收集。而为了将收集个人资料的行为限定在基于特定目的的利用，对个人资料主体的权益保护确立了以下基本原则：第一，诚信原则。尊重当事人之权益，以最有利及损害性最小的方法搜集、处理或利用个人资料。第二，必要性原则。判断收集该类资料是否具有必要性的标准在于，不搜集或提供该类资料的情形下，是否仍能完成业务。不得假藉名目任意搜集或利用个人资料。第三，关联性或选择性原则，即不必要的个人资料之搜集或利用，由当事人自行决定。

为了贯彻信息主体权益保护的基本原则，对个人资料的利用原则上只能做基于特定目的的利用，换言之，无论是公务机关收集（台湾地区"个资法"第 15 条规定），还是非公务机关收集处理（台湾地区"个资法"第 19 条规定），对个人资料的收集应有特定目的。对于公务机关而言，应当满足以下任何一项条件："（1）执行法定职务必要范围内；（2）经当事人同意；（3）对当事人权益无侵害。"而对于非公务机关而言，应当满足以下任何一项条件："（1）法律明文规定；（2）与当事人有契约或类似契约之关系，且已采取适当之安全措施；（3）当事人自行公开或其他已合法公开之个人资料；（4）学术研究机构基于公共利益为统计或学术研究而有必要，且资料经过提供者处理后或经搜集者依其揭露方式无从识别特定之当事人；（5）经当事人同意；（6）为增进公共利益所必要；（7）个人资料取自于一般可得之来源。但当事人对该资料之禁止处理或利用，显有更值得保护之重大利益者，不在此限；（8）对当事人权益无侵害。"所谓"特定目的内利用"是根据"个资法"第 16 条的规定,"公务机关对个人资料之利用,除第 6 条第 1 项所规定资料外,应于执行法定职务必要范围内为之,并与搜集之特定目的相符。"

从实践操作来说,任何机构收集个人资料必须明确收集的特定目的是什么。台湾地区"法务部"于"'电脑处理个人资料保护法'之特定目的及个人资料之类别修正总说明"指出,公务机关及非公务机关为确保个人资料档案之合法且正当收集、处理或利用,宜保存相关的证据文件("个资法实施细则"第 12 条第 2 项第 11 款规定意旨),包括收集、处理或利用之"特定目的"内涵,此系属安全维护之适当措施的一部分;而且公务机关办理个人资料档案公开事项作业,还必须说明特定目的及个人资料之类别。所以"法务部"特意参考欧盟《个人资料保护指令》第 29 条工作小组于 2006 年有关成员国《申报登记要求事项手册》调查报告,同时参考各机关函覆"法务部"有关特定目的及个人资料类别之修订意见,适度修正项目与类别,最终修订了包括人身保险、人事管理等总共 182 项特定目的。[①] 台湾地区行政机关编辑了共 182 种收集目的,例如,002—人事管理,064—保健医疗服务,069—契约、类似契约或其他法律关系事务,158—学生(员)数据管理;165—环境保护,等等。在收集时应当向个人资料的主体说明为什么要收集,比如,如果只写第一项,但是实际基于第二项目的收集,则可能违反了收集目的。如果超出了这 182 种目的之外,那么就写明特定的收集目的。即任何机关要收集时,都需要填写收集的目的是第几项。而只有符合特定的要件,才可以为"特定目的外利用"。包括,"个资法"第 16 条但书规定的情形下,例如,法律明文规定,为维护国家安全或增进公共利益,为免除当事人之生命、身体、自由或财产上之危险,为防止他人权益之重大危害。

3. 收集机关的同意告知义务

无论是公务机关,还是非公务机关,获得当事人同意都是进行个人资料收集处理的重要方式。原有 2012 年"个资法"以当事人的书面同意为要件。根据台湾地区"个资法实施细则"第 7 条对"个资法"第 15 条第 2 款

---

① 林鸿文."个人资料保护法"[M]. 台北:书泉出版社,2013:32 – 33.

"书面同意"作出的解释,"指当事人经搜集者告知本法所定应告知事项后,所为允许之书面意思表示。"因此,尊重当事人的个人资料自主权的前提是当事人能够充分获得关于个人信息和利用的信息,从而作出有利于保护个人资料权益的正确决定。台湾地区"个资法"第8条和第9条分别对直接收集和间接收集的情形下收集人应当负担的告知义务作出了规定。其中"个资法"第8条明确规定,在直接收集即由当事人提供个人资料的情形下,无论是公务机关或者非公务机关依照本法收集个人资料时,应当履行告知义务。明确告知当事人收集机关的名称、收集目的、使用的期间、地区、对象和方式,当事人行使权利的方式等信息,并且说明如果在当事人可以自由选择个人资料的情形下,当事人不提供该类资料会有何种后果,对个人权益和权利的影响。告知的方式,得以言词、书面、电话、简讯、电子邮件、传真、电子文件或其他足以使当事人知悉或可得知悉的方式而为之("个资法实施细则"第16条)。

个人资料的收集除了向当事人直接收集以外,还存在向第三人间接收集个人资料的情形。第9条则对公务机关或非公务机关搜集非由当事人提供之个人资料的情形下应当如何履行告知义务作出规定,要求公务机关或非公务机关应于处理或利用前,除了向当事人告知在直接收集当事人个人资料时应当告知的事项(即第8条第1项第1款至第5款所列事项),还需要提供个人资料来源。这有利于当事人能够判断个人资料被收集的途径是否合法,并且,在个人资料被不法利用时可以采取相应的救济措施来保护自身权益。告知的时间为首次利用时并同告知当事人,例如为了对当事人进行营销利用个人资料时并同告知,此种做法不仅能够提高效率,而且能减少单独履行告知义务带来的成本,同时也有利于保护个人资料当事人的权利。

但是,如前所述,在2015年"个资法"修订时,在当事人的同意告知义务上,作出了两大重要修改。

一方面,第20条放宽对于当事人"同意"方式,不限于以书面为要件。取得特种个人资料必须经过当事人书面同意,而取得一般个人资料则只需要当事人表示同意的真实意思即可。并且,为了保障当事人权利,并配合当事人"同意"的方式放宽不限于书面同意,于当事人是否同意之事实认定发生争执时，因未同意提供系消极事项，无从负举证责任，由主张提供搜集、处理或利用的公务机关或非公务机关就此同意负担举证责任。

另一方面，新增免予告知义务的规定。"个资法"第 8 条第 2 项明确规定收集处理人免予告知义务的六种情形，包括"（1）依法律规定的免告知；（2）个人资料之搜集系公务机关执行法定职务或非公务机关履行法定义务所必要；（3）告知将妨害公务机关执行法定职务；（4）告知将妨害公共利益；（5）当事人明知应告知之内容；（6）个人资料之搜集非基于营利之目的，且对当事人显无不利之影响。"

2019 年在"个人资料保护法"修法意见征询公听会上台湾地区"人权促进会"提出修订意见指出，"应重新修正有效同意的要件。概括同意在过去广泛被公、私部门长期所使用，作为资料目的外利用的依据，这不仅为人所诟病，也酿生许多个资保护的风险。此外，有关被迫同意的状况，例如消费者必须同意特定服务条款才能使用特定服务的情形，在过去几年也是屡见不鲜。因此我们建议，在未来修法，应重新思考并修正数位时代中有效且合理的同意机制。"①

4. 收集机关的安全管理措施

收集个人资料的机关应当采取适当安全设施来防止个人资料被窃取，"个资法"第 18 条、第 27 条分别规定，公务机关和非公务机关保有个人资料档案者，应指定专人办理安全维护事项，防止个人资料被窃取、篡改、毁损、灭失或泄露。对于如何属于"适当安全设施"，则在"个资法施行细则"第 12 条②规定了 11 项具体的安全维护措施内容，比如要采取人员管

---

① "台湾人权促进会". "国发会""个资法"修法公听会言［Z］. 2019 - 08 - 15.
② "个资法施行细则"第 12 条规定：本法第 6 条第 1 项但书第 2 款及第 5 款所称适当安全维护措施、第 18 条所称安全维护事项、第 19 条第 1 项第 2 款及第 27 条第 1 项所称适当之安全措施，指公务机关或非公务机关为防止个人资料被窃取、篡改、毁损、灭失或泄露，采取技术上及组织上之措施。

前项措施，得包括下列事项，并以与所欲达成之个人资料保护目的间具有适当比例为原则：（1）配置管理之人员及相当资源，（2）界定个人资料之范围，（3）个人资料之风险评估及管理机制，（4）事故之预防、通报及应变机制，（5）个人资料搜集、处理及利用之内部管理程序，（6）资料安全管理及人员管理，（7）认知宣导及教育训练，（8）设备安全管理，（9）资料安全稽核机制，（10）使用记录、轨迹资料及证据保存，（11）个人资料安全维护之整体持续改善。

理、风险评估、预防和通告机制、内部人员培训等应用和持续的改善。原有规定为"应包含下列事项"，也即法定必须做到的义务，后改为"得包括下列事项，并以与所欲达成之个人资料保护目的间，具有适当比例为原则"，"比例原则"即同样规模的企业已经有 11 项，但是另一家企业只做到 5 项，则法律判断是不够的。另外，"个资法施行细则"第 25 条规定，"专人，指具有管理及维护个人资料档案之能力，且足以担任机关之个人资料档案安全维护经常性工作之人员。公务机关为使专人具有办理安全维护事项之能力，应办理或使专人接受相关专业之教育训练。"

三、"个资法"的监管与执法

非公务机关的法律责任分为三种：行政责任、民事责任和刑事责任。

（一）损害赔偿责任

个人资料具有经济和财产价值，政府收集到的个人资料及相关信息也可以为法人、公法财团或者私人利用，从而达到获取经济利益之目标，因此，个人资料被非法用于获利，从而损害个人资料的自主性和私密性。基于有损害始有赔偿的法理，当事人能证明损害可以主张损害赔偿请求权。损失既包括财产损失也包括精神损失。台湾地区"个资法"的损害赔偿责任有以下特点。

第一，针对公务机关和非公务机关采取不同的归责原则。根据"个资法"第 28 条规定，针对公务机关违反本法规定，导致个人资料遭不法收集、处理、利用或其他侵害当事人权利的，采取无过错原则承担损害赔偿责任，即公务机关违反"个人资料保护法"的规定，无论主观上是否有过错，只要导致当事人权利受到侵害，就应当负担损害赔偿责任。而根据"个资法"第 29 条规定，非公务机关违反"个资法"规定，致使个人资料遭不法收集、处理、利用或其他侵害当事人权利的，采取过错推定原则承担损害赔偿责任，即采取举证责任倒置的方式，将举证责任归属非公务机关，由非公务机关来证明其无故意或者过失。这是因为"当非公务机关违法的收集、处理或者利用个人资料而侵害当事人之权益者，若然要求当事人依'民法'相关法律程序进行求偿时，势必将陷于冗长的诉讼程序，且因个人能力有限，亦不易成功获得求偿，故为保护当事人权益起见，以该推定过失责任主义来论断双方之法律责任。"① 举证责任的倒置，在实践中对于保护普通民众的个人资料至关重要。台湾地区"个资法"把举证责任归给了收集个人资料的大公司、大商号，如果这些公司无法拿出证据证明自己没有故意或者过失泄露用户个人资料，就应当负有损害赔偿责任，在集体诉讼中最高可能会被处以 2 亿元新台币的赔偿金。因此，台湾地区"个资法"针对不同的收集主体采取不同的归责原则，有利于充分落实人格权保护的主旨。

第二，对损害赔偿金额加以明确规定。无论是公务机关还是非公务机关，针对不同的情形明确规定了损害赔偿金额。

当被害人因为不易或者不能证明其实际损害额时，为使其难以举证或取人身体所遭受的具体损害范围，从而导致需要承担败诉的不利后果，并且也避免滥诉情形的发生，参考了台湾地区"著作权法""商标法""专利法"的做法，将损害赔偿金额加以明确规定，当事人可以请求法院依照侵害情节，以每人每一事件 500 元新台币以上 20000 元新台币以下计算。

因为公务机关或者非公务机关对个人资料的收集所涉及的人数众多，对因同一原因事实造成多数当事人权利受害，应当明确规定最高限额。因此，第 28 条第 4 项明确规定，当对于同一原因事实造成多数当事人权权利受侵害的事件，经当事人请求损害赔偿者，其合计最高总额以 2 亿元新台币为限。而如果不法收集、处理或利用个人资料所获得的利益超过 2 亿元新台币，则以获得的利益为限。为了避免第 3 项（每人每一事件 500 元新台币以上 20000 元新台币以下）和第 4 项对总额的限制两者之间产生矛盾，第 5 项即明确规定，同一原因事实造成之损害总额逾前项金额时，被害人所受赔偿金额，不受第三项所规定每人每一事件最低赔偿金额 500 元新台币之限制。

原有"电资法"规定，合计赔偿最高总额以 2000 万元新台币为限，但是基于个人资料收集和利用的情形越加普及，"为加重个人资料收集者或者

---

① 林鸿文．"个人资料保护法"［M］．台北：书泉出版社，2013：191.

持有者之责任，促使其重视维护个人资料档案之措施，并使被害人能够受到较高额度之赔偿，且总额限制之金额过低时，恐将产生实务操作之困难，爰修正第4项规定，将赔偿总额2000万元新台币之限制，提高为2亿元新台币。"①

第三，为鼓励民间公益团体参与个人资料保护，便于被害人行使损害赔偿请求权，2012年的重大改革是在"个资法"第32条项下增加了团体诉讼的相关立法。"个资法"对团体诉讼相关内容的增加，特别是"个资法"第34条规定中对裁判费的暂免，第35条规定团体诉讼中部分当事人撤诉导致其余部分不足二十人时仍可以就其余部分继续进行诉讼，第36条规定各当事人"诉讼时效分别计算"，第37条规定当事人得限制公益诉讼法人舍弃、撤回或和解的诉讼限制，此等规定均有利于发挥全民力量，共同监督政府落实个人资料的各项工作。但是同样应当引起注意的是，为了避免发生滥诉情形的发生，对有资格提起团体诉讼的民间团体资格作出明确规定，包括对财团法人登记财产总额或者社团法人社员人数的限制，以保护个人资料记载于章程所定目的范围内，许可设立三年以上。

（二）刑事追责

保护财产权益除传统的民事和行政责任外，台湾地区"个人资料保护法"通过增加刑事责任，以惩罚严重侵犯个人资料的行为。根据该法第41条规定，对违反本法不法收集、处理个人资料，或者违反限制国际传输之命令或处分，足生损害于他人而言，构成刑事责任的犯罪有如下特点。

第一，针对是否以营利意图为主观构成要件，2015年"个资法"的规定发生了变化。2013年"个资法"第41条第1项规定，即使行为人不存在以营利意图为目的，仍构成犯罪，可以处以二年以下有期徒刑、拘役或科或并科20万元新台币以下罚金。而为了遏制盗卖个人资料的不法行为，则加重以营利为目的的收集、处理个人资料，或者违反限制国际传输之命令或处分，即同条第2项规定，为了营利的目的，则可以处以五年以下有期徒刑，得并科100万元新台币以下罚金。该条规定的刑事责任相当于窃盗罪的

---

① 林鸿文．"个人资料保护法"［M］．台北：书泉出版社，2013：185.

刑度，即将不法收集、处理个人资料认定相当于偷窃他人财产。

但是，2015 年"个资法"修订后将第 41 条第 1 项、第 2 项合并，不再以是否营利为区分标准，而是以"意图为自己或第三人不法之利益或损害他人之利益"为构成要件。"'法务部'对'个人资料保护法'部分条文修正说明"指出，"行为人非意图为自己或第三人不法之利益或损害他人之利益，而违反本法相关规定者，因其可受非难性之程度较低，原则以民事损害赔偿、处以行政罚为已足。唯行为人如有意图为自己或第三人不法之利益或损害他人之利益而违反本法相关规定，因其可受非难性之程度较高，仍有以刑罚处罚之必要，爰为本条之修正。"修订后的 2015 "个资法"第41 条即为，"意图为自己或第三人不法之利益或损害他人之利益，而违反第6 条第 1 项、第 15 条、第 16 条、第 19 条、第 20 条第 1 项规定，或'中央目的事业主管机关'依第 21 条限制国际传输之命令或处分，足生损害于他人者，处 5 年以下有期徒刑，并科 100 万元新台币以下罚金。"

第二，不以实质上发生损害为客观构成要件，"个资法"将"电资法"原条文"致生损害于他人者"改为"足生损害于他人"，即更加凸显出"个资法"是为了保护人格权法益，因此不要求有实际损害发生，刑事责任也是旨在保护个人的人格权，只要违法行为"足生损害于他人"的可能性就要承担刑事责任，而无需产生实质性损害才能论罪。

第三，"个资法"第 44 条规定，对于公务员假借职务上的权力、机会或方法犯罪，加重其刑至二分之一。

（三）行政追责

在行政监察方面，台湾地区"个资法"采取了行政责任采用并罚制。"个资法"第 47 条明确规定，当非公务机关违反第 6 条第 1 项规定、第 19条规定、第 20 条第 1 项规定或者违反"中央目的事业主管机关"限制国际传输的命令和处分的，由"中央目的事业主管机关"或者直辖市、县（市）政府进行处罚。同时，该法第 50 条另行规定，当公司和法人机关的代表人，或者是信息管理的管理人，在个人资料管理方面有疏漏，除了处罚公司之外，还可以处罚管理人个人，甚至可以命令机关停止收集和利用。

此外，台湾地区规定行政处罚机关为"中央目的事业主管机关"或直辖市、县（市）政府，这是沿袭了"电资法"的做法，也成为学者诟病的原因之一，因为个人资料往往会涉及多方部门，当没有专责机关来负责协调工作时，可能会出现多部门相互踢皮球从而使个人资料主体的权利无法得到保障的现象。

因此，关于尽快成立独立的个资专责机关，有观点认为：第一，统一监管"个资法"的需要。现行"个资法"虽以"法务部"为有权解释机关，但因涉及个案事实认定，由"中央目的事业主管机关"综合各种情况予以审认，差别较大，因此，由专责机关统一解释法律与认定事实，有其必要。同时，由单一机关统一执行行政裁罚，避免类似违法却有宽严不一的差别对待。第二，促进个人资料保护的专业化。"个资法"监管须有法律、管理、技术及稽核等高度专业，如将本法的调查权及裁罚权归由各"中央目的事业主管机关"负责，个别主管机关的执法能量恐嫌不足。执行"个资法"所需的高度专业性亦体现于主管机关的财务与人力资源面向，如以专责机关负责本法的执行、监管，将有足够资源落实个人资料保护。此外，个人资料保护在新兴网络科技的发展下越发重要且其威胁来源更为多元，个人资料搜集者实有赖主管机关的实务指引以兹事前遵循，避免触法；民众亦须主管机关以各种形式的认知与教育训练来唤起个人资料保护的意识。第三，符合国际潮流并强化个人资料保护的国际合作。不仅欧盟要求成员国应有个人资料保护的专责机关，亚太邻近先进国家亦于近年纷纷成立个人资料保护专责机关，作为对内的个人资料保护监管执行机关及对外的个人资料保护交流窗口，在网络科技及电子商务迅速发展下，个人资料全球性流通已无法避免，个人资料保护亟需密切跨国合作。①

---

① 达文西个资暨高科技法律事务所．"国发会"2017 年"个人资料保护专责机关与资料在地化之法制研究"委托研究计划结案报告，2018 - 05 - 15.

第七章　香港地区个人信息保护研究

一、香港地区《个人信息（私隐）条例》简介

（一）来自英国的影响

香港地区在 1997 年回归之前受英国统治，因此其法治传统受英国的普通法体系影响较大。就《个人信息（私隐）条例》① 而言，制定该条例的建议于 1994 年提出，于 1996 年正式通过。所以英国对个人信息的保护模式影响到了香港地区的立法，故有必要对英国个人信息保护制度的发展历程作简要梳理，以便对香港地区个人信息保护制度做更深入的探讨。

英国早在 1974 年便制定了《消费信贷法》，这部法律综合了之前制定的《典当法》《放债者法案》《租购法案》等与信用交易相关的法律。《消费信贷法》中规定了保护与消费信贷相关的个人数据的内容，并要求在将自己所收集到的关于个人经济状况的信息提供给第三人时，应当得到公平贸易委员会的同意。但《消费信贷法》有其缺陷，主要表现在：在保障范围上，《消费信贷法》只涉及有关信贷数据的保护且是手工处理的数据；该法监管的对象仅是作为私营机构的征信机构，公共部门并不适用此法；在数据收集的目的和内容上并未做充分的限制；也未对数据保护的期限作出相关规定；缺乏民众对提供错误信息的征信机构进行民事诉讼的规定②。因此，《消费信贷法》未能对个人数据提供有效的保护。

---

① 由于香港个人信息保护受到英国、澳大利亚等关于个人信息保护理论的影响，故"信息"与"隐私"共同出现在法律名称中，在本章节中，信息在香港称为"资料"，如本章的"个人信息"在香港文献中称为"个人资料"，本章的"信息主体"在香港称为"个人资料当事人"。

② 冉家祺．论香港个人信息（私隐）保护制度［D］．上海：华东政法大学硕士学位论文，2014：13.

　　1984 年通过的《数据保护法》有效地补充了《消费信贷法》的弊端，为个人数据提供了更为全面的保护。作为普通法系，英国没有公私法划分的传统，所以《数据保护法》弥补了《消费信贷法》只监管私营机构的弊端，对公共和私营机构进行统一管制。为了更有效地监管数据使用者，英国借此法建立起了数据使用者的登记制度，法律规定拥有个人数据的数据使用者以及提供与个人数据相关服务的计算机服务的经营者必须在数据保护登记官的公开登记簿上登记；若未在登记册上登记则不能拥有个人信息。

　　由于欧盟于 1995 年发出了《个人数据保护指令》，作为联盟成员的英国在 1998 年依照指令的要求对 1984 年《数据保护法》进行了修改。此次修改扩大了对个人数据的保障范围，同时根据指令第 8 条的要求，英国还规定了处理敏感个人数据所需要的条件，数据使用者如需处理人种、民族、政治或宗教信仰等个人数据，需受到更严格的管制。但是，这一规定未在 1996 年香港制定的《个人信息（私隐）条例》中出现，2012 年的新法也未纳入相关内容。

　　（二）　立法背景与理论基础

　　在 1988 年香港政府就公开出版了《信息保护的指导原则》（Data Protection Principles and Guidelines），书中介绍在信息时代下收集个人信息需要注意的原则。由于这些原则不具有强制力，企业和个人并未严格遵守。为了进一步规范信息时代下处理个人信息的行为，1992 年香港宪报刊登了具有强制力的《计算机犯罪法案》（Bill on Computer Crimes），该法案认为未经许可访问和篡改别人的信息是犯罪行为，但未就个人信息的保护作出具体规定。由于欧盟指令要求欧盟成员国不得将数据传输至未能为个人数据提供适当保护的国家和地区，而香港作为当时的国际金融中心，为了维护其繁荣和自由港地位，香港政府于 1996 年出台了《个人信息（私隐）条例》。基于香港普通法系的传统，条例对公共和私营机构处理信息的行为做了统一监管。同时，条例的诸多内容沿袭了英国《数据保护法》的规定，香港依照英国模式，建立了信息使用者登记册，但这一模式实行的花费过于巨大，因此该制度在法律确立后长期未能得到实行。另外，香港在保护个人信息的理论路径上将个人信息的保护置于隐私权之下，而未选择与大陆法系国家将其置于人格权之下的保护模式，这一点从《个人信息（私隐）条例》[Personal Data（Privacy）Ordinance]本身的名称中即可看出。香港在建立个人信息保护制度时，重点学习了澳大利亚关于个人信息保护的理论，同时作为原英国殖民地，其通过原宗主国或多或少地受到了欧盟理论的影响，因此"信息"与"隐私"共同出现在法律名称中，这一做法极为罕见。

（三）法条及实务守则

香港关于个人信息保护的制度主要规定在《个人信息（私隐）条例》（以下简称《条例》）中。《条例》是1994年香港法律改革委员会检讨香港个人信息保护制度之后推动的个人信息保护领域的专项立法，是该领域内的基本法律，也是构建整个个人信息保护制度的基础。同时，基于普遍适用的立法要求，《条例》不可能对所有事项均做详尽规定，因此，为完善香港个人信息保护制度，也为应对各行业、领域实践发展的不同要求，香港地区个人信息（私隐）专员（以下简称"专员"）根据《条例》发出了若干实务守则，这两部分共同构成了香港地区个人信息保护的基本框架。

《条例》于1996年12月20日生效，最近一次修订是在2012年，大部分新条文于2012年10月1日生效。《条例》根据国际认可的保障信息原则制定，目的是保护信息主体在个人信息方面的私隐权，同时便利营商环境。《条例》分正文与附表两部分。正文共分为十一部分，分别是：（Ⅰ）导言：主要规定《条例》生效时间、释义、适用范围；（Ⅱ）执行：规定个人信息（隐私）专员的设立、权限等内容；（Ⅲ）实务守则：规定专员执行实务守则的相关事项；（Ⅳ）信息使用者申报表及信息使用者登记册；（Ⅴ）个人信息的查阅及更正；（Ⅵ）个人信息等的核对程序及转移；（ⅥA）在直接促销中使用个人信息，该部分为2012年条例修订时增订的内容；（Ⅶ）视察、投诉及调查；（Ⅷ）豁免：规定条例适用的例外情况；（Ⅸ）罪行及补偿；（Ⅹ）杂项条文。附表共六部分，主要规定保障信息原则、专员的财务事宜及条例中规定的订明信息等内容，其中，六项保障信息原则是《条例》的核心内容。

根据《条例》第三部分"实务守则"的规定，专员发布了若干实务守

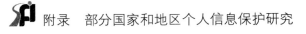

则，为信息使用者施加实务性指引。根据《条例》规定，实务守则（*Code of Practice*）包括标准、规格和其他文件形式的实务性的指引。守则旨在为不同的信息使用者提供具有针对性的建议，以使其行为符合《条例》特别是符合六项保障信息原则的规定，守则均具有较强的针对性，涵盖了不同事项、不同行业领域的个人信息保护。

表 7—1　　　　　　　香港相关行业个人信息保护实务守则

事项/行业	主要实务守则/指引
生物特征信息	《收集及使用生物辨识信息指引》（2015 年 7 月）
儿童私隐	《经互联网收集及使用个人信息：以儿童为对象的信息使用者注意事项》（2015 年 12 月）
信贷信息	《个人信贷信息实务守则》（1998 年 2 月，现行版本为 2013 年 1 月修订）
企业管制	《私隐管理系统最佳行事方式指引》（2014 年 2 月）
查阅信息要求	《信息使用者如何妥善处理改正信息要求》（2012 年 12 月） 《信息使用者如何妥善处理查阅信息要求及收取查阅信息要求费用》（2012 年 6 月） 《如何行使个人信息（私隐）条例赋予你的查阅个人信息权利》（2011 年 9 月） 《信息使用者指引第 2 号——处理查阅信息要求及改正信息要求》（1997 年 1 月）
信息外泄事故	《信息外泄事故的处理及通报指引》（2015 年 10 月）
直接促销	《直接促销新指引》（2013 年 1 月）
竞选活动	《竞选活动指引》（2015 年 8 月）
医护信息	《电子健康记录互通系统与你的个人信息隐私（10 个保障隐私贴士）》（2016 年 2 月） 《〈个人信息（私隐）条例〉与电子健康记录互通系统（医护提供者及医护专业人员注意事项）》（2016 年 2 月）
身份证	《身份证号码及其他身份代号实务守则》（1997 年 12 月）
人力资源	《雇主及人力资源管理者指引》（2001 年 6 月） 《人力资源管理实务守则》（2000 年 9 月）
不同行业的信息	《银行业界妥善处理客户个人信息指引》（2014 年 10 月） 《妥善处理客户个人信息：给保险业界的指引》（2012 年 11 月） 《物业管理指引》（2011 年 8 月） 《个人信息私隐：移动电话服务供应商指引》（2000 年 8 月）

事项/行业	主要实务守则/指引
信息及通讯科技	《经互联网收集及使用个人信息：以儿童为对象的信息使用者注意事项》（2015年12月） 《开发流通应用程序最佳行事方式指引》（2015年10月） 《保障私隐——明智使用智能电话》（2015年7月） 《云端运算》（2015年7月） 《使用便捷式储存装置指引》（2014年7月） 《经互联网收集及使用个人信息：给信息使用者的指引》（2014年4月） 《个人信息的删除与匿名化指引》（2014年4月） 《网上行为追踪》（2014年4月） 《明智使用电脑及互联网》（2014年4月） 《保障个人信息私隐：移动应用程序开发商及其委托人须知》（2012年11月）
监察	《笔录电视监察及使用航拍机指引》（2015年3月） 《保障个人信息私隐指引：雇主监察雇员工作活动须知》（2015年10月）
收集个人信息声明及私隐政策声明	《拟备收集个人信息声明及私隐政策声明指引》（2013年7月）
公共领域	《使用从公共领域取得的个人信息指引》（2013年8月）
跨境信息转移	《保障个人信息：跨境信息转移指引》（2014年12月）

从表 7-1 中可以看出，实务守则主要用以规范容易发生侵害个人信息的领域，并且其是针对某一事项或领域在实践中的个人信息保护的需求而制定的，因此实务守则本身具有很强的灵活性和指导意义。一般而言，作为指引性文件的实务守则本身不具有法律上的强制力。《条例》第13条"在根据本条例进行的法律程序中使用核准实务守则"第1款明确规定："凡任何信息使用者不依循核准实务守则的条文，此事本身不令他可在民事或刑事法律程序中被起诉，但如在根据本条例进行的法律程序中，信息使用者被指称为违反本条例下的规定，而在指称中的违反行为发生时，已有

关于该项规定的核准实务守则，则第（2）款①须就该等法律程序在该等守则方面具有效力。"因此，信息使用者不会因直接违反守则而遭受不利的法律效果，例外情况则是当相关部门认为信息使用者的行为违反《条例》，且该行为不能依据实务守则以外的方式得到遵守，则该实务守则具有证明力。

（四）基本概念

《条例》在第一部分"导言"中对《条例》中的相关概念做了界定，明确了个人信息、信息使用者、信息主体等的含义，这也是对《条例》的规范对象、适用范围及相关条文进行理解的基础。

首先，在个人信息（Personal Data）定义上，特指符合以下说明的任何信息：直接或间接与一名在世的个人有关的；从该信息直接或间接地确定有关的个人的身份是切实可行的；以及该信息的存在形式令予以查阅及处理均是切实可行的。

这一概念有两点值得注意：第一，"在世的个人"，其界定了受《条例》保障的主体应当是存活于世的个人，并且否定了法人具有个人信息的可能性。第二，强调从信息确定个人以及查阅、处理均是"切实可行的"，根据《条例》规定，切实可行（Practicable）指合理地切实可行。

从上述概念中可知，香港地区对于个人信息的认定也采纳了"识别"的标准。日常生活中经常使用的个人信息包括个人姓名、电话号码、传真号码、地址、性别、年龄、职业、婚姻状况、薪金及财政状况、宗教信仰、国籍、相片、身份证号码、医疗记录及受雇记录，当中包括工作表现评核等信息。在《收集及使用生物辨识信息指引》中，隐私专员对于"识别"做了相关论述，其指出："生物辨识数据包括个人先天的生理信息②及后天

---

① 《条例》第13条第（2）款规定：凡有人指称本条例下的某规定遭违反，指明当局觉得与该规定有关的实务守则的条文，可在有关的根据本条例进行的法律程序中获接纳为证据；如证明在关键时间有不依循该守则任何条文的情况，而该指明当局觉得该守则的任何条文与它为确证违反该规定的情况须予证明的事项有关，则在没有证据证明该规定就该事项而言已以依循该条文以外的方式获遵守的情况下，该事项须视为已获证明。

② 例如，DNA样本、指纹、手掌静脉、手形、虹膜、视网膜及面部图像。大多数生理数据是不能更改的。

形成的行为数据①"。因此，生物辨识数据是直接与个人有关的。一般人只凭观看指纹影像或以其图像数据②来确定某人的身份，未必是合理地切实可行；但当生物辨识数据与另一数据库的个人信息连接后，便可识别个别人士（《条例》称为"信息主体"）的身份。鉴于本指引的用途及上述原因，生物辨识数据亦会被视为条例下的个人信息，因而凡收集及/或使用生物辨识数据的个体都属于条例下的信息使用者。另外，在曹原水诉行政上诉委员会（Tso Yuen Shui v. Administrative Appeals Board）一案中，杨（Yeung J.）法官就什么是"查阅是切实可行的"提出以下例子：如果个人信息的原始信息需要一台特定的解码器才可以查阅，而该解码器仅为信息使用人所持有，那么这些原始信息从严格意义上来说并不属于《条例》中的"个人信息"。③

而信息（Data）指在任何文件中信息的任何陈述（包括意见表达），并包括个人身份标识符。而个人身份标识符（Personal Identifier）指：由信息使用者为其作业而编配予一名个人；以及就该信息使用者而言，能识辨该名个人的身份而不虞混淆的标识符，但用以识辨该名个人的该人的姓名，则不包括在内。

此外，文件（Document）的定义中，除包括书面文件外，还包括包含视觉影像以外的数据的记录碟、记录带或其他器件，而所包含的数据能够在有或没有其他设备的辅助下，从该记录碟、记录带或器件重现；以及包含视觉影像的胶卷、记录带或其他器件，而所包含的影像能够在有或没有其他设备的辅助下，从该胶卷、记录带或器件重现。

这一定义指出了不论记录当时信息的是何种载体，但它必须能够被重现，这就排除了口述与记忆作为信息的可能性。同时也指明，个人信息并不限于书面个人信息，除书面文件外，其他方式的个人信息例如储存在录音带及录像带的个人信息，亦须受《条例》的管限。

---

① 例如，笔迹、打字节奏、步态及声音数据。行为信息可由有关人士有意识或潜意识地改变。

② 图像数据为形容指纹的主要特征类型及位置的数据（例如纹线端点、转向、合并等）。

③ 张金成，廖永威. 香港个人信息隐私保护之经验——兼论我国个人信息保护法之制定［J］. 河北法学，2008.

就个人信息而言，信息使用者（Data User）指独自或连同其他人或与其他人共同控制该信息的收集、持有、处理或使用的人。即使个人信息处理程序外判，信息使用者亦须为承办商的错失负上法律责任。另外，信息主体（Data Subject），就个人信息而言，指属该信息的当事人的个人。最后，有关人士（Relevant Person），就个人（不论如何描述该名个人）而言：如该名个人是未成年人，指对该未成年人负有作为父母亲的责任的人；如该名个人无能力处理其本身事务，指由法庭委任以处理该等事务的人；如该名个人属《精神健康条例》（第 136 章）第 2 条所指的精神上无行为能力，则指获委任担任该名个人的监护人的人，或在该名个人的监护转归社会福利署署长或任何其他人，或该监护人的职能由社会福利署署长或任何其他人执行的情况下，则为社会福利署署长或其他人。

对于订明同意的含义，根据《条例》第 2（3）款的规定：凡根据本条例任何作为可经某人（不论如何描述该人）的订明同意而作出，该同意：（1）指该人自愿给予的明示同意；（2）不包括已藉向获给予同意的人送达书面通知而予以撤回的任何同意（但不损害在该通知送达前的任何时间依据该同意所作出的所有作为）。

（五）六项保障信息原则

为保护个人信息，《条例》在附表 1 中规定了六项保障信息原则，所有负责处理个人信息的人士（信息使用者）须依从《条例》核心的六项保障信息原则，该六项原则涵盖了个人信息的整个生命周期。《条例》第 4 条对六项保障信息原则的效力做了规定：信息使用者不得作出违反任何保障信息原则的作为或从事违反任何该等原则的行为，但如该作为或行为（视属何情况而定）是根据本条例规定须作出或进行或准许作出或进行的，则属例外。同时，专员发出的各项实务守则多是围绕这六项原则的具体适用问题制定的，而实践中不管是专员的决定还是行政上诉委员会和法庭的裁决，也多引用六项原则进行论述和裁判，这也体现了保障信息原则的重要性。因此，以下将结合实务守则的内容及部分案例对六项原则的内涵进行分析。

1. 收集个人信息的目的及方式（Collection Purpose and Means）

该项原则条款共分为三款，分别规定了收集信息的目的、方法及收集信息时应当告知当事人的事项。

第一款对收集信息的目的做了规定，该规定由两项要求组成：第一，收集个人信息是为了直接与将会使用该信息的信息使用者的职能或活动有关的合法目的；信息的收集对该目的是必需的或直接与该目的有关，并且收集的信息足够但不超乎适度。

例如，香港个人信息（私隐）专员公署网站上刊登了一则个案简述①，根据一家公司在其查询中所述，为给予职员方便，该公司的人事部一直以来均让公司职员选择将保险索偿申请表交到人事部，再由人事部职员将这些表格转交予保险公司，过程中不会查阅或收集表格上的信息。然而，为监控公司投保额的使用情况，人事部现希望在收到这些表格后查阅及记录当中的信息，该公司遂向公署查询有关做法会否涉及违反《个人信息（私隐）条例》下的规定。公署回复为："根据《条例》附表1的保障信息第1（1）原则订明，信息使用者在收集个人信息时，必须为了直接与其职能或活动有关的合法目的而收集，而信息的收集对该目的是必须或直接与该目的有关的。就该目的而言，信息属足够但不超乎适度。由于保险索偿申请表往往载有敏感的个人信息，若该公司落实新安排并在过程中查阅及记录了这些表格上与上述目的无关的个人信息，则有关的做法便可能构成违反第1（1）原则的规定。为谨慎起见，本署认为该公司向保险公司查询其投保额的使用情况及相关统计数字已可达到其监控目的，故不一定需要查阅及记录表格上的信息。"

第二款规定了收集信息的方法，即应当以合法且在有关个案的所有情况下均属公平的方法收集信息。该款的内容过于抽象，因此专员通过发出《实务守则》的方式予以细化。例如，在《保障个人信息私隐指引：雇主监察雇员工作活动须知》第二部分"评估雇员监察的需要及其对个人信息私隐的影响"就为雇主在决定是否监察雇员时提供了3A评估程序，即风险评

---

① 人事部查阅职员经公司向保险公司递交的保险赔偿申请表［EB/OL］. ［2015 - 12 - 03］. 香港个人信息（私隐）专员公署网站，https：//www. pcpd. org. hk/sc _ chi/enforcement/case _ notes/ casenotes _ 2. php？ id = 2014E05&content _ type = &content _ nature = &msg _ id2 = 408.

估（Assessment）、代替选择（Alternatives）及尽责管理（Accountability）的三方考虑。评估的目的是协助雇主从众多选择中，经考虑其需管理的风险及活动后，决定雇员监察是否最佳的可行方法。风险评估指在顾及其业务职能或活动的相关合法目的时，评估雇主需要管理的风险及从进行雇员监察活动所能达到的益处。代替选择指雇主应考虑其他替代方法，采取同样具有相似成本效益但私隐侵犯程度较低的可行方法。尽责管理指雇主有责任采用并实施一套符合保障个人信息私隐原则的管理方法，妥善处理从雇员监察活动收集的个人信息。专员认为："这些建议，精要地述明公平收集个人信息的理念，以及《条例》中保障信息原则第 1（2）条的有关规定①。"

又如，专员于 2015 年 7 月 21 日发出了《调查报告：利用匿名招聘广告不公平收集个人信息》②，其认为："匿名招聘广告违反了收集个人信息的公平原则，即《条例》附表 1 的保障信息第 1（2）原则。"匿名招聘广告（以下简称"匿名广告"）是指无法从中得知雇主的身份或代表雇主的招聘代理的名称的广告。刊登匿名招聘广告直接要求求职者提供个人信息，会造成不公平收集个人信息，是《条例》所不容许的做法。此外，求职者本应可以查阅及改正其向雇主提供的个人信息。然而，倘求职者向身份不明的招聘广告刊登者提供个人信息，便将不能有效地行使其查阅及更正数据的权利。匿名广告可以被用作为不良手法以收集个人信息做直接促销，更甚的是用诈骗活动，令有关人士蒙受自扰或财务上的损失。同时，《人力资源管理实务守则》第 2.3.3 段明确规定："如雇主直接刊登或透过代理人刊登职位空缺广告，而从中要求求职者递交个人信息，则必须提供求职者可识辨雇主或代理人的身份的途径。"

第三款着重强调了信息处理者收集信息前应当告知信息主体若干信息

① 保障个人信息私隐指引：雇主监察雇员工作活动须知 ［EB/OL］.［2016 - 03 - 20］. 香港个人信息（私隐）专员公署网站，https：//www. pcpd. org. hk//sc _ chi/resources _ centre/publications/files/Monitoring _ and _ Personal _ Data _ Privacy _ At _ Work _ revision _ Chi _ 20151103. pdf.
② 调查报告：利用匿名招聘广告不公平收集个人信息 ［EB/OL］.［2016 - 03 - 22］. 香港个人信息（私隐）专员公署网站，https：//www. pcpd. org. hk/sc _ chi/enforcement/commissioners _ findings/investigation _ reports/files/R15 _ 8107 _ c. pdf.

内容及程序。这一条款是上述第二款的细化，具体规定了三个方面内容：第一，信息使用者必须明确或暗喻的告知信息主体，他是有义务提供该信息或是可自愿提供，若有义务提供时，还应当告知不提供的后果；第二，信息使用者应将收集此信息的目的及是否会将此信息转移明确告知信息主体；第三，在信息首次被用于收集的目的时，还应当明确告知信息主体其具有查阅和更改信息的权利，及此权利针对的个人的地址和联系方式。以上三个方面中，第二项、第三项相较于第一项而言，信息使用者必须以明确的方式告知信息主体应当知道的内容，不允许以暗喻的方式进行。

隐私专员在《拟备收集个人信息声明及私隐政策声明指引》①中指出，虽然《条例》没有规定要作出书面通知，但为了提高透明度及避免双方可能产生误会，良好的行事方式是以书面向信息主体提供必要的信息。因此，专员对信息使用者制定《收集个人信息声明》做了详细规定。为依从第1（3）原则，信息使用者在直接向信息主体收集个人信息之时或之前，应向该信息主体提供《收集个人信息声明》，例如，信息主体在申请服务时需要提供其个人信息，在这些情况中，《收集个人信息声明》通常见于申请表中，或在收集个人信息的柜台（例如医院登记处）的显眼位置张贴告示。《收集个人信息声明》应包括以下信息：收集目的的声明、个人是否有责任或可自愿提供其个人信息声明、可能转移信息声明、直接促销、查阅及改正信息权利及联络详情声明、处理查阅或改正要求的联络人的告示等。同时，专员提出了针对《收集个人信息声明》的良好行事方式建议，包括：收集目的声明不应过于含糊及范围太广，《收集个人信息声明》的语言及展示方式应简洁易明，就特定的收集目的应使用特定的《收集个人信息声明》，保安措施声明，信息使用者可在收集个人信息的网上表格中提供其《私隐政策声明》的超链接等。

2. 个人信息的准确性及保留期间（Accuracy and Retention）

这一原则包含两个方面的内容：个人信息的准确性和个人信息的保留

---

① 载于香港个人信息（私隐）专员公署网站，网址链接：https：//www. pcpd. org. hk//tc _ chi/resources _ centre/publications/files/GN _ picspps _ c. pdf，最后访问日期，2016 年 3 月 22 日。

期间。

对于个人信息的准确性要求，《条例》规定信息使用者须采取"切实可行的步骤"确保信息的准确性，若有"合理理由"相信该信息不准确，则不得使用该信息或应当删除该信息。

例如，《个人信贷信息实务守则》① 在"信贷提供者向追讨欠款公司提供个人信贷信息"部分的第 2.18 款中规定："信贷提供者应只在核对数据的准确性后，才向追讨欠款公司提供个人信贷信息。如拖欠金额其后全部或部分清还，或是与该人达成任何债务安排计划，或如信贷提供者发觉已向追讨欠款公司提供的数据有任何不准确的地方，而信贷提供者合理地相信有关信息正由该公司所保存，信贷提供者应在合理地切实可行的情况下，尽快将该等事实通知有关的追讨欠款公司。"如信贷提供者在向追讨欠款公司提供数据前并无核对该等数据的准确性，或在发觉信息不准确时没有通知该公司，则根据条例第 13（2）条，会引致违反保障信息第 2（1）原则的推定。

在与上述规定相关的一个个案中②，投诉人曾向银行借款，他在搬迁后已将新地址通知银行。他后来拖欠还款，银行于是聘请收账公司向他追收欠款，并将他的个人信息（包括他的新旧地址）交给收账公司。收账公司将催缴欠款通知书寄往投诉人的上述两个地址，因而令居于投诉人旧址的人获悉他欠债。公署调查后发现银行在接获投诉人的迁址通知后，一直用新地址与投诉人通讯，银行因而无理由认为仍可用旧地址与投诉人联络。私隐专员对此个案的意见为："银行视投诉人的旧地址为通讯地址，并利用该地址向投诉人追收欠债，此举已违反了保障信息第 2（1）（b）原则的规定。该原则订明必须采取所有切实可行的步骤，以确保不使用或删除不准确的信息。继公署进行调查后，除原有的借款申请书上所载的地址外，银行同意从所有记录中删除投诉人的旧地址。此外，银行亦指示收账公司自

① 载于香港个人信息（私隐）专员公署网站，网址链接：https：//www. pcpd. org. hk//tc _ chi/resources _ centre/publications/files/CCDCode _ 2013 _ c. pdf，最后访问日期：2016 年 3 月 21 日。

② 有关保障信息第 2 原则：个人信息的准确性及保留期间的个案简述［EB/OL］. ［2016 - 03 - 26］. 香港个人信息（私隐）专员公署网站，https：//www. pcpd. org. hk/sc _ chi/enforcement/ case _ notes/casenotes _ 2. php？id = 1997C02&content _ type = 0&content _ nature = 0&msg _ id2 = 95.

该公司的记录中删除投诉人的所有信息。在此个案的情况下，银行有理由保留投诉人填写在原有借款申请书的旧地址。不过，保障信息第2（1）原则订明不得使用不准确的信息，除非有关信息的准确性再次得到证实。"

对于个人信息的保留期间，《条例》规定信息使用者须采取所有切实可行的步骤，以确保个人信息的保存时间不超过用于某一目的所需的时间；同时，《条例》第26条对"删除不再需要的个人信息"做了规定。但是，这两项内容均未对保留期限做具体的限制，这是因为实践中信息使用的目的多样，应当区分对待。

例如，《个人信贷信息实务守则》在"信贷数据机构所保留的个人信贷信息"一项中，即区分"账户一般数据或按揭账户一般数据的保留""显示有重要欠账的账户还款信息的保留""无显示有重要欠账的账户还款信息的保留""账户结束后应个人要求删除信息""其他个人信贷数据的保留"以及"豁免数据的保留"几类而规定了不同的保留时限。如信贷数据机构在其数据库内保留任何账户还款数据超越对应条文所准予的保留期限，除另有规定外，则会引致违反保障信息第2（2）原则的推定。

在另一个个案中①，投诉人投诉一家银行在他获解除破产很久仍保留其破产信息。在跟进此投诉的过程中，专员发现该银行的做法是保留客户的破产信息99年。破产管理署署长会定期向该银行提供破产信息，以进行调查及扣押破产者的资产。专员展开调查后，该银行把保留时间缩短至由结束客户的账户日期起计的15年，并列举多个理由解释，包括：该等破产信息能让银行向客户或政府机构提供参考信息，如就综合社会保障援助、移民及签证等申请提供证明信件；该等破产信息亦可让银行恰当地评估客户的信贷风险等；并且该银行提述《时效条例》（第347章）第32条关于不涉人身伤害的疏忽诉讼的时限为15年，以试图解释其建议修订保留该等破产数据期至15年是合理的。专员认为该银行提出的理由不合理，故拒绝接纳。专员认为破产信息不应被保留超过8年，因为破产人士通常在破产开始

① 恒生银行保留客户的破产期过长［EB/OL］.［2015-12-03］.香港个人信息（私隐）专员公署网站，https：//www.pcpd.org.hk/sc_chi/files/enforcement/R11_6121_c.pdf.

起计的 4~8 年后获解除破产令。因此，该银行保留有关信息的做法超过所需的时间，因而违反了第 2（2）原则及《条例》第 26（1）条①。该银行其后修订其政策，不会保留客户的破产信息超过 8 年（由宣布破产日起计）。

个人信息的准确性及保留期间原则除了约束信息使用者自己处理信息的行为，若信息使用者寻找信息处理者代自己处理个人信息，则信息使用者还附有监督和督促信息处理者遵守上述原则的义务。若信息使用者发现信息存在不准确的行为，则应该通知信息处理者并命其予以更改；如信息不应当保存，则应通过合同或者其他方式，确保信息处理者不会超期保存个人信息。这样的规定强化了信息使用者作为信息使用受益人的责任，有利于明确信息转移后相关责任的归属。

3. 个人信息的使用（Use）

该项原则主要涉及两个方面的内容：第一，为新目的而使用信息；第二，无行为能力人的信息使用。

第三原则第一款明确规定"如无有关的信息主体的订明同意，个人信息不得用于新目的"。并且，该条第四款对"新目的"（New Purpose）做了界定，即"就使用个人信息而言，指下列目的以外的任何目的：（a）在收集该数据时拟将该数据用于的目的；或（b）直接与（a）段提述的目的有关的目的。"《条例》以排除的方式对新目的进行了定义，通过扩大新目的的范围进而对个人信息提供更加严格的保护。

我们可以从专员制定的《银行业界妥善处理客户个人信息指引》中了解该原则的具体适用。专员指出，如果银行拟在集团内部共享客户的个人信息，其除应当告知客户拟进行的任何信息共用的情况外，同时应当不更改数据的使用目的或共享非必要的信息。其指出，根据第 3 原则规定，客户的个人信息只可用于原本收集信息的目的或直接有关的目的。值得注意的是银行在收集客户个人信息时向其提供的《收集个人信息声明》，并不是断

① 《条例》第 26（1）条规定：删除不再需要的个人信息：凡信息使用者持有的个人信息是用于某目的（包括与该目的有直接关系的），但已不再为该等目的而属有需要的，则除在以下情况外，该信息使用者须采取所有切实可行步骤删除该信息：（a）该等删除根据任何法律是被禁止的；或（b）不删除该信息是符合公众利益（包括历史方面的利益）的。

定银行原先收集该个人信息的目的及是否有违第 3 原则的唯一考虑因素，其他考虑因素包括例如交易的性质及收集信息的情况。除非已取得订明同意，银行在集团内共享该数据应限于收集数据的目的或直接有关的目的，包括向客户提供银行服务，并基于"有需要知道"及"有需要使用"的原则。此外，在考虑到共享数据的目的，被共享的数据应属足够但不超乎适度。共享非必要的信息可构成违反第 3 原则的规定。

另外，在"披露客户的个人信息予执法机构及财经规管者"一项中，香港规定，银行应小心处理执法机构或财经规管者提出的披露客户个人信息的要求。如有关披露不符合原本的收集数据目的或直接有关，除了符合条例第Ⅷ部分与第 3 原则有关的豁免可披露外，其他情况必须得到客户的订明同意。如向执法机构或财经规管者披露客户的个人数据不是符合原本的收集数据目的或直接有关，及没有豁免适用或可被援引，银行是不应作出披露的，除非事前已取得有关客户的订明同意。订明同意必须由客户明确及自愿地作出，并应清楚及具体地涵盖有关披露。银行亦应注意，专员并不接受"捆绑式同意"作为《条例》所指的订明同意。"捆绑式同意"的例子如下：信息使用者透过服务申请表收集客户的个人信息，但该服务申请表的设计是令客户不能拒绝该信息使用者将其个人信息用于与提供予客户的服务无关的目的。

在"披露账户记录于警方作纪律调查"的案件中，一家银行收到警方一封信件，要求该银行提供一名警务人员（投诉人）的账户信息。该信内容为：警务人员现正进行一项纪律调查，涉及某人士（即投诉人）的财务状况。为协助我们调查，希望贵银行能提供该人士特定时期内的账户记录。本人证明所要求的信息是为了纪律研讯所需，这是获《个人信息（私隐）条例》第 58（1）（d）及（2）条所豁免的。该银行没有向警方进一步询问便将载有投诉人个人信息的账户信息给予警方。专员认为该银行原本收集有关信息的目的并不包括向警方作出有关披露，而且该银行如此使用投诉人的个人信息亦不在投诉人的合理预期之内。在调查期间，警方向专员解释，要求的账户信息是关于对投诉人涉嫌涉及严重财务困境的纪律调查，这可能涉及违反《警察通例》第 6 章（行为及纪律）第 8 段。不过，根据

所得信息，信息不足以令专员信纳投诉人的情况是严重至条例第58（1）
（d）条所指的"严重不当的行为"。此外，专员认为该银行不能只依赖警方
的信件而令银行信纳有关披露是符合第58（1）（d）条所述情况及相信不
披露有关信息会相当可能损害警方的调查。因此，专员认为该银行向警方
披露有关信息是违反了第3原则。

另外，《条例》在2012年的修订中增加了关于无民事行为能力者（未
成年人、无能力处理本身事务的人、精神上无行为能力的人）的信息使用。
条例规定只有在满足三项要件的前提下，信息主体的有关人士可代表信息
主体同意进行信息处理，其要件包括：信息主体是未成年人、无法处理自
身事务或是精神病人；无法理解信息处理的目的及作出决定；信息主体的
有关人士认为处理其信息的目的有利于当事人。该规定增加了对于无民事
行为能力人的保护强度。同时，隐私专员于2015年12月发出了《经互联网
收集及使用个人信息：以儿童为对象的信息使用者注意事项》，对以儿童为
产品或服务对象的网上平台（包括网站、讨论区、移动应用程序等）营运
者的行为提供指引。

4. 个人信息的保安（Security）

信息使用者须采取所有切实可行的步骤，以确保由信息使用者持有的
个人信息（包括采用不能切实可行地予以查阅或处理的形式的信息）受保
障而不受未获准许的或意外的查阅、处理、删除、丧失或使用所影响。尤
其须考虑以下因素：该信息的种类及如该等事情发生便能做成的损害；储
存该信息的地点；储存该信息的设备所包含（不论是借自动化方法或其他
方法）的保安措施；为确保能查阅该信息的人的良好操守、审慎态度及办
事能力而采取的措施；为确保在保安良好的情况下传送该信息而采取的措
施。如信息使用者聘用（不论是在香港或香港以外聘用）信息处理者，以
代该信息使用者处理个人信息，该信息使用者须采取合约规范方法或其他
方法，以防止转移予该信息处理者作处理的个人信息未获准许或意外地被
查阅、处理、删除、丧失或使用。

例如，隐私专员在《收集及使用生物辨识信息指引》中对"信息的保
安"做了规定："鉴于生物辨识信息为敏感的信息，信息使用者应在合理地

切实可行的情况下实施有效的保安措施，防止生物辨识信息库受破坏及盗用。有效保安措施的例子如下：小心及定期评核储存及处理生物辨识信息的信息科技系统，以确保已采取足够有效的保安及私隐保障措施；在储存或传送生物辨识信息时，把信息加密；只让获授权人士在'有需要知道'的情况下查阅该信息库；同时，信息库必须以强密码（例如由字母、数字及/或符号组成）保护，并记录所有查阅/登入情况。"

5. 信息须在一般情况下可提供（Openness）

信息使用者须采取所有切实可行的步骤，以确保任何人：能确定信息使用者在个人信息方面的政策及实务；能获告知信息使用者所持有的个人信息的种类；能获告知信息使用者持有的个人信息是为或将会为什么主要目的而使用的。

专员在《拟备收集个人信息声明及私隐政策声明指引》中对信息使用者如何制定《私隐政策声明》提供了详细的指引。《私隐政策声明》（或相等文件）一般用以述明信息使用者在处理个人信息方面的私隐政策及实务。香港规定，尽管《条例》没有规定《私隐政策声明》的形式或展示方式，但良好的行事方式是制定书面的《私隐政策声明》，以便有效地传达信息使用者的信息管理政策及实务。为符合第5原则有关公开及透明的规定，如信息使用者控制个人信息的收集、持有、处理或使用，在任何时候均需要有《私隐政策声明》。《私隐政策声明》通常涵盖较广阔的范围，除了《收集个人信息声明》的一些要素外，亦包括其他与私隐相关的政策及实务，例如信息保留政策、信息保安措施、信息外泄的处理、在网站使用特别工具（如cookies）等。

《私隐政策声明》的具体细节应当包括：（1）《私隐政策声明》应在何时及如何提供：不论信息使用者是在现实世界或网络世界（例如透过cookies），或直接或间接向信息主体收集其个人信息，均应以易于查阅的方式提供《私隐政策声明》。（2）《私隐政策声明》应包括的信息：第一，政策声明：述明信息使用者在保障个人私隐权益方面，为向其提供信息的个人所作出的整体承担。第二，实务声明：应述明信息使用者所持有的个人信息的种类及有关信息的使用目的。所收集的个人信息种类应视乎信息使用者的实际运作需要。这些信息可包括身份识别信息、联络信息、财务信息（入息/储蓄/付款等）、兴趣、喜好（语言、网页版面等）、流动装置的位置信息、浏览器信息、互联网协议（IP）地址等。至于有关信息的常用目的则包括为交付货物/服务、管理账户、处理订单、便利浏览网站、编制网站使用方面的整体统计数字等。同时，专员要求《私隐政策声明》应对如下内容作出规定：向未成年人收集个人信息、在个人不知情的情况下收集他们的信息、个人信息的保留、敏感个人信息的处理、个人信息的披露、保障措施、外判安排、透明度查阅及改正信息等。专员同时指出，《私隐政策声明》的语言及展示方式应简洁易明并应分层式展示。

6. 查阅个人信息（Data Access and Correction）

"查阅个人信息"赋予了信息主体两项权利：个人信息查阅权与个人信息改正权。

个人信息查阅权是指个人信息主体能够在合理的时间内，不用支付超乎适度的费用，并以合理方式查阅存在形式清楚易明的个人信息。《条例》明确规定信息主体享有提出"查阅信息要求"的重要权利[①]，这项权利可以让个人知悉某个信息使用者是否持有他的个人信息，以及索取一份该等信息的副本。在《条例》下，如信息主体认为该等个人信息不准确，他有权进一步向有关信息使用者提出改正信息的要求。妥善处理查阅信息要求的机构信息使用者可展现他们尊重客户的个人信息隐私，从而获取客户的信任。相反地，如果信息使用者在没有合理辩解的情况下不依从《条例》的规定处理查阅信息的要求，可构成罪行，一经定罪，可被判处罚款。

个人提出查阅信息要求的一些常见例子包括病人要求索取他们的医疗记录的副本，雇员要求雇主提供与雇用有关的记录的副本，例如工作表现评核报告，以及信贷申请者要求索取他们的信贷报告副本。私隐专员于1999年12月1日首次发出查阅信息要求表格，并分别于2008年4月1日、

---

① 根据《条例》第18条规定：任何个人或代表一名个人的有关人士可提出内容如下的要求：（a）要求信息使用者告知他该用户是否持有该名个人属其信息主体的个人信息；（b）如该信息使用者持有该信息，要求该用户提供一份该信息的副本。另外，保障信息第6原则对此也做了规定。

2010年9月1日对表格做了修订，供提出查阅信息要求的市民使用。如果提出查阅要求的个人或有关人士符合查阅条件的，信息使用者须在收到由当事人提出的查阅信息要求后的40日内，以《条例》规定的方式，依从该项要求；如果不符合查阅条件，信息使用者应当或可以拒绝查阅并说明理由。一般来说，有关的信息使用者可收取与依从查阅信息要求直接有关及必需的费用，但所收费用不得"超乎限度"。

个人信息改正权则是指一名个人或代表一名个人的有关人士以中文或英文提出的书面要求，要求某个信息使用者改正该名个人的个人信息，而该信息使用者已在依从早前的查阅信息要求时向该名个人提供该信息的副本。改正信息要求的例子包括消费者要求改正其信贷报告内的个人信贷信息，以及雇员要求改正其雇主持有的与雇用有关的信息等。信息主体在信息使用者依从其所提出的查阅信息要求后，可进一步向有关信息使用者提出改正信息要求。负责任的机构信息使用者在建立、保存、使用或分发载有可识别身份的个人信息的记录时，必须确保有关个人信息在使用于目标用途的可靠性。事实上，如无合理辩解的情况下不依从《条例》的规定处理改正信息要求，可构成罪行，一经定罪，可被判处罚款。如信息使用者信纳改正信息要求所关乎的个人信息属不准确，在收到该项要求后的40日内，须对该信息作出所需的改正；如不符合改正条件，则信息使用者应当或可以拒绝改正并在收到该项要求后的40日内书面说明具体原因。

专员在发出的《信息使用者如何妥善处理查阅信息要求及收取查阅信息要求费用》《信息使用者如何妥善处理改正信息要求》等指引中对于查阅、改正信息的主体、范围、程序等内容做了明确的要求。

（六）《条例》对包括政府在内的公营部门的适用

《条例》第3条"适用范围"规定：本条例对政府具有约束力。同时，根据个人资料（私隐）专员公署网站上的说明，《条例》适用于私营机构及公营部门，包括政府部门在内；私隐专员有权对以上两个方面的信息使用者进行调查。对此，《条例》第8条"专员的职能及权力"中即规定，专员有权进行视察，包括对属政府部门或法定法团的信息使用者所使用的任何个人信息系统的视察。从上述规定可以看出，收集、使用个人信息的公营部门也属于《条例》定义的信息使用者的范畴,其收集、使用个人信息的行为也须遵从《条例》的各项规定。

我们可以从香港地区部分政府部门公布的《私隐政策》来看《条例》对其的约束情况,见表 7 - 2。

表 7 - 2　　　　　　　　香港部分政府部门《私隐政策》的内容

法律适用	香港警务处①	香港廉政公署②
	《个人资料(私隐)条例》	《个人资料(私隐)条例》
持有的个人资料的种类	行动记录、交通记录、罪案调查及杂项查询档案、牌照记录、指模及犯罪记录当中由有关人士提供或警方收集的个人资料,在职及前任人员与雇用有关的记录当中的人事记录。	在执法工作、防止贪污、倡廉教育与争取公众支持方面,由个别人士向廉署提供或由廉署收集载有个人资料的记录;与雇用有关方面由职员提供或由廉署收集载有个人资料的记录。
使用个人资料的目的	执行《警队条例》(第 232 章)第 10 条委予警队的职责;执行法律委予警队的其他职责;警队的行政管理;及与雇用有关的目的。	执行香港法例第 204 章《廉政公署条例》、香港法例第 201 章《防止贿赂条例》、香港法例第 554 章《选举(舞弊及非法行为)条例》的法定职责;执行法律委予廉署的其他职责;及进行与雇用有关的程序。
执行方式	警务处助理处长(支援)获委为警队资料及公开资料统筹主任,负责督导及确保人员依从《条例》;各警署或警务单位均已指定一名单位资料事务主任,负责处理及统筹与条例有关事宜。	管理及行政总参事指定为廉署保障个人资料(私隐)主任,负责监管及确保廉署依从《条例》的规定。
个人权利	个人可通过公示方式提出查阅/改正资料要求。	个人可通过公示方式提出查阅/改正资料要求。

---

① 香港警务处. 个人资料私隐政策声明 [EB/OL]. [2017 - 01 - 02]. 香港警务处网站,http://www.police.gov.hk/ppp_sc/11_useful_info/privacy.html.

② 香港廉政公署. 廉政公署私隐政策 [EB/OL]. [2017 - 01 - 02]. 香港廉政公署网站,http://sc.icac.org.hk/TuniS/www.icac.org.hk/tc/privacy_policy/index.html.

从表 7 - 2 可以看出，政府部门遵从《条例》的规定制定其私隐政策，其处理个人信息的行为也需遵循《条例》特别是六项保障信息原则的规定，同时个人仍有权主张对于个人信息的查阅、改正权。

基于政府职能的特殊性，《条例》也规定了豁免事项，主要包括：

1. 关于香港的保安等（第 57 条）。第一，凡是个人信息是为保障关于香港的保安、防卫或国际关系的目的而由政府或代政府持有，则如第 6 保障信息原则及第 18（1）（b）条的条文适用于该信息，便相当可能会导致损害这些目的的实现，则这些信息不受该等条文的限制［第 57 条第（1）款］。第二，凡是个人信息是为第 57 条第（1）款规定的目的而使用，且第 3 保障信息原则的适用相当可能会导致损害这些目的的实现，则这些信息不受第 3 保障信息原则的限制［第 57 条第（2）款］。就免责情形的适用，可由行政长官或政务司司长决定，而一份由行政长官或政务司司长签署并证明需有或曾在任何时间需有该项豁免的证明书，即为该事实的证据；同时，行政长官或政务司司长可在证明书中，就该证明书所涉及的个人信息及为该证明书所指明的理由，指示专员不得进行视察或调查，而在此情况下，专员须遵从该项指示。

2. 罪行等（第 58 条）。第一，如果是为防止罪行等目的、事项而持有个人信息，且《条例》第 6 保障信息原则及第 18（1）（b）条的适用相当可能会损害所提述的任何事宜；或该等条文适用于该信息便相当可能会直接或间接识辨属该信息源的人的身份，则第 6 保障信息原则及第 18（1）（b）条不适用。这些目的、事项包括：（a）罪行的防止或侦测；（b）犯罪者的拘捕、检控或拘留；任何税项的评定或收取；任何人所做的不合法或严重不当的行为，或不诚实的行为或舞弊行为的防止、排除或纠正（包括惩处）；（e）防止或排除因任何人轻率的业务经营手法或活动，或任何人所作的不合法或严重不当的行为，或不诚实的行为或舞弊行为，而引致的重大经济损失，等等［第 58 条第（1）款］。第二，凡是个人资料是为第 58 条第（1）款所述的目的而使用（不论该资料是否为该等目的而持有），且第 3 保障信息原则的适用相当可能会损害该款所述的任何事宜，则该信息获豁免而不受第 3 保障信息原则的管限（第 58 条第 2 款）。

3.《截取通讯及监察条例》所指的受保护成果及有关记录［第58（A）条］。《截取通讯及监察条例》规管特区执法机关进行截取通讯和秘密监察的行动。根据《条例》规定，如果个人信息系统是由信息使用者为收集、持有、处理或使用属受保护成果或有关记录的个人信息或包含于受保护成果或有关记录内的个人信息的目的而使用的，则该个人信息系统在它被如此使用的范围内获豁免，不受条例的约束；属于受保护成果或有关记录的个人资料或包含于受保护成果或有关记录内的个人资料获豁免，不受条例的约束。

另外，香港就公开政府持有的资料制定有《公开资料守则》及《公开资料守则诠释及应用指引》。《公开资料守则》界定拟提供资料的范畴，列出按惯例或因应要求提供资料的方式，并订明尽快发放资料的程序，其授权和规定公务员除特别理由外，按惯例或因应要求提供资料。其中，"个人隐私"即为"特别理由"之一。根据规定，与任何人（包括已故人士）有关的资料（除了向资料所述的当事人或其他合适人士披露外），除非：（a）披露这些资料符合收集资料的目的，或（b）资料所述的当事人或其他合适人士已同意披露资料，或（c）法例许可披露资料，或（d）披露资料的公众利益超过可能造成的伤害或损害。从这一规定可以看出，政府信息公开仍需以保障信息主体的个人隐私为前提，这与《条例》的规定是相一致的。

二、香港地区个人信息（私隐）监管与执法

（一）个人信息（私隐）专员及职能

为了保障《条例》得以顺利实施，《条例》在第二部分"执行"［第5条至第11（A）条］中设置了个人信息（私隐）专员一职，并对相关事项做了规定。

《条例》第5条"个人信息（私隐）专员职位的设立等"中规定"为本条例的施行，设立一名为'个人信息私隐专员'的职位。专员为有永久延续的单一法团"。个人信息（私隐）专员公署事实上是以专员为核心所组建的个人信息（私隐）保障机构，真正的法团是专员而非公署。作为法团

的专员并非政府的某一职能部门。第五条规定"专员不得视为政府的雇员或代理人，亦不得视为享有政府的地位豁免权及特权"。但是专员必须被当作《防止贿赂条例》中所指的公职人员，以确保其能够受到足够的监督。

《条例》第八条对专员的职能及权力做了规定，主要可归纳为：一是进行关于个人信息（私隐）保护的推广和教育活动；二是制定实务守则；三是对包括政府部门在内的任何信息使用者进行视察；四是对信息科技的发展进行研究；五是就个人信息（私隐）工作开展对外联络及合作。上述内容虽然仅限于与个人信息（私隐）保护工作相关的范围，但工作的性质包含了教育、执法、科研甚至是某种程度的对外交流，可见其涉及事项的广泛性。

（二）个人信息（私隐）专员公署的地位

《条例》中并没有关于成立香港个人信息（私隐）专员公署的条文依据，也没有出现"公署"二字。但是，《条例》第九条规定了专员可以雇用他认为合适的人，包括用雇用以外的方式聘用他认为合适的从事技术工作的专业人士，专员可以决定他们的薪资，发放退休金并提供其他的福利。这一授权使得专员能够雇用到合适的雇员帮助其完成职务，也为成立香港个人信息（私隐）专员公署提供了法律依据和现实条件。《条例》第 5 条规定"专员为永久延续的单一法团及须具有并且可使用印章，且须可起诉及可被起诉"。专员应当为自己的行为负责，并应当在行为不当或违法时成为行政上诉委员会的答辩人或者法院的被告。根据个人信息（私隐）专员公署的官方网站上的介绍，个人信息（私隐）专员公署"是一个独立法定机构，负责监察香港法例第 486 章《个人信息（私隐）条例》的施行"。但实际上，在行政上诉委员会的裁决书中，答辩人却依然是专员，这表明专员一职是法定机关，专员公署仅仅是专员的办事机构，在法律上专员公署并不具有独立法定机构的法律地位。

根据香港个人信息（私隐）专员公署网站说明，公署的政策纲要为：致力推广、监察及监管，促使各界人士遵从《条例》，确保市民的个人信息（私隐）得到保障。其主要目标包括：在执法上，调查投诉个案，具效率及持平地解决个案；专业而有效率地回应查询；接纳符合审批条件的法律协助申请，让个人信息（私隐）受侵犯的申索人士获得补偿。在监察及监管合规上，促使机构履行保障个人信息的责任和采纳良好的保障私隐行事方式。在推广上，让公众认识在《条例》下享有信息主体的权利，以及如何行使有关权利；公营、私营机构皆认识在法例下信息使用者的责任，并付诸实行；让公众和公营、私营机构都认识公署的角色及可提供的支持。在机构管治上，通过奉行具透明度和问责性的原则，达致高水平的管治。①

另外，《条例》第 11 条设立了"个人信息（私隐）咨询委员会"以向专员提供意见，咨询委员会由专员担任主席；成员由政制及内地事务局局长委任 4～8 名其他人士，任期两年，但公务员不得多于 1 名；政制及内地事务局副秘书长或首席助理任委员会秘书长。

（三）罪行及补偿

关于信息使用者违反《条例》规定所需承担的责任以及信息主体的救济权利主要规定在《条例》的第九部分及分散在其他条款中，其内容主要为：

1. 执行通知

根据《条例》第 50 条规定："如果专员在完成一项调查后，认为有关信息使用者正在或已经违反本条例之下的规定，专员可向该信息使用者送达书面通知，指示该信息使用者纠正该项违反，以及（如果适当的话）防止该项违反在发生。"因此，违反保障信息原则并不直接构成刑事罪行，唯私隐专员可发出执行通知，指令违反的人士/机构采取补救措施。

另外，2012 年修订后的《条例》对于专员的权力做了扩张性规定，最显著的表现为专员对制裁违反《条例》的行为拥有了更多的发送执行通知的权力以及更重的惩罚措施。根据原《条例》，私隐专员可向信息使用者送达执行通知，但是如违反行为已停止，并且没有足够证据证明违反行为很可能会重复发生，专员是不能送达执行通知的，修订后的《条例》准许专员送达执行通知，不论违反行为是否会持续或重复发生（第 50 条）。并且，

---

① 载于香港个人信息（私隐）专员公署网站，网址链接：https：//www.pcpd.org.hk/sc_chi/about_pcpd/our_role/what_we_do/what_we_do.html，最后访问日期：2016 年 3 月 23 日。

在《条例》修订之前，信息使用者在指定时间内遵从执行通知后，可立刻重犯同样的违规行为，而不会构成犯罪。专员在这种情况下，只能向信息使用者发出另一执行通知。根据修订后的《条例》，如故意重复违反规定，即属犯罪。刑罚与违反执行通知的首次定罪相同，即可处罚款 5 万港元及监禁 2 年；如属持续罪行，可处每日罚款 1000 港元［第 50A（3）条］。修订后的《条例》亦规定再次及屡次违反执行通知处以较重刑罚，即罚款 10 万港元及监禁 2 年；如属持续罪行，可处每日罚款 2000 港元［第 50A（1）（b）条］。就《条例》下的罪行提出检控的时限，由该罪行发生当日后起计 6 个月内延长至 2 年内（第 64B 条）。《条例》的这些修订均有利于完善执行通知制度。

2. 刑事处罚

不遵守执行通知属于刑事罪行，一经定罪，可被判处最高罚款 5 万港元及监禁 2 年。香港作为普通法系的一支，其奉行执法权与处罚权相分离的原则，即公署不能直接处罚信息使用者的行为，若该行为违反《条例》则应当由法院判决是否入罪。换言之，信息使用者被处罚不是因为违反《条例》中的保障信息原则，而是违反专员发出的执行通知。因此，私隐专员发送通知的权限范围决定了以此为依据的处罚权范围。

3. 索赔

若有人认为其个人信息（私隐）受侵犯而蒙受损失，包括情感伤害，可根据《条例》向相关的信息使用者申索，以弥补损失。特别指出的是，《条例》修订时增加了专员可向受屈的信息主体提供法律协助的规定，以便信息主体在因信息使用者违反条例下的规定而蒙受损害时向有关信息使用者申索赔偿。给予协助的形式包括提供意见及在法律诉讼中代表受屈人士（第 66B 条）。

4. 犯罪行为

《条例》把某些活动刑事化，包括误用或不当使用个人信息以作直接促销用途（第 VIA 部分）；不依从查阅个人信息要求（第 19 条）；未获信息使用者授权而披露取自其持有的个人信息（第 64 条）；等等。

（四）豁免事项

《条例》中亦有若干特订豁免事项，可免受《条例》管限。这些豁免事项旨在为日常生活提供方便，以及维护社会及公众利益。其中一方面的豁免事项与消闲目的或家居用途的个人信息有关。这方面的事项通常获得豁免，不受《条例》管限。

《条例》的豁免安排包括：一是家居或消闲目的。为家居或消闲目的而持有的个人信息可获全面豁免。二是雇用或特定程序相关。与雇用事宜及特定程序有关的个人信息，可免受查阅信息原则所管限。举例来说，一些在《条例》生效日期前持有的个人信息，可免受当事人查阅规定所管限，直至 2002 年。三是公共安全与其他。若查阅信息原则及使用信息原则应用于相关的个人信息，相当可能会损及：保安、防卫和国际关系，防止或侦查罪行，评估或征收税项，新闻活动，健康，法律程序，专业尽职审查，存档，处理危急情况等（未尽录），相关信息可获豁免。

三、网络技术发展的冲击及应对

网络技术的发展对于个人信息保护的挑战是世界各国均须面对的问题。在互联网环境下，参与主体众多，信息传播速度快、传播范围广且可开放共享，个人信息被收集、利用的可能性大大增加，信息一旦被公开、泄露，造成的损害后果也更难以控制。随着大数据技术的应用和发展，数据挖掘技术使得信息的二次利用正在成为信息开发利用的主要方式，与此同时，个人信息保护的规则更难以落到实处，滥用个人信息的侵权行为不断加剧。除此之外，云计算、移动应用程序等相关技术的发展都使得个人信息保护面临新的挑战。

有鉴于此，香港发布了一系列的指引以应对网络技术的发展对个人信息保护带来的挑战。以下就相关指引中的重点内容进行介绍。

（一）对互联网渠道个人信息的指引

为保护个人信息在互联网环境下的安全并规范信息使用者收集、使用个人信息的行为，香港于 2011 年 12 月发出了《经互联网收集及使用个人信息：给信息使用者的指引》。其中主要明确了六项保障信息原则在互联网环境下的运用，旨在协助信息使用者（就个人信息而言，指独自或联通其他人或与其他人共同控制该信息的收集、持有、处理或使用的人）了解经互联网收集、展示或传输个人信息时，应如何依从《条例》的规定。其主要内容如下。

保障信息第1原则的运用。该部分对包括收集的个人信息应足够但不超乎适度、合法及公平收集、经互联网收集个人信息等内容做了规定。例如，专员对收集个人信息的机构的身份的披露进行了规定，"机构在互联网收集个人信息时，有时除了其网址或电邮地址外，亦没有显示其他联络信息，而网址或电邮地址通常不会展露该机构的真正身份。可能亦不符合保障信息第1（2）原则的规定。机构除了提供其网址及/或电邮地址外，应清楚披露其名称、所在地址及联络电话及/或传真号码，让信息主体以可靠的途径与机构联络。机构可将相关信息放于其网页中的'关于我们'及/或'联络我们'一栏"。而在"经互联网收集个人信息"一项中，专员提出如下要求：在网上提供收集个人信息声明、清楚列明必须或可以自愿填写的项目、使用cookies及网上行为追踪的要求等。

在保障信息第2原则的规定下，专员对在互联网环境下个人信息的准确性、个人信息的保留期以及聘用信息处理者均做了规定。例如，针对"个人信息的准确性"要求，香港规定："虽然经网页收集的个人信息的准确性亦不是经常可予核实，但是仍须采取适当及可行的步骤，检查所收集的个人信息是否准确。例如，为了确保其后的信息会被送至正确地址，可能需要'双重确认'（即向所获提供的电邮地址发出核实电邮讯息，确认有关地址已被正确地输入）。如网上核实不可能，则可能需要经非网上途径进行核实。"

根据保障信息第3原则，专员提出在经互联网展示个人信息时，信息使用者应当在收集时说明个人信息会被展示，展示时应隐去个人信息，并限制使用目的。

根据保障信息第4原则，专员对信息使用者在储存及传输个人信息的安保方面提出如下要求：由上而下及"保障隐私，全面贯彻"；风险评估；制定处理个人信息的政策；考虑使用科技保安措施（例如把传送中的个人信息加密以防止未获授权的截取或查阅）；提供隐私警告讯息；避免使用已知的个人信息做认证用途；在工作地方推广关注隐私的文化；信息外泄事故的处理。

根据保障信息第 5 原则，专员要求信息使用者应当公开机构的个人信息（私隐）政策，其要求：私隐政策声明应易于查阅；清楚列明私隐政策。例如，私隐政策声明应把机构所持有的个人信息种类及个人信息的主要适用目的告知用户。此外，该声明可载有其他有关个人信息（私隐）的信息，例如机构以 cookies（如有）追踪访客、机构的直接促销政策，以及个人信息的保安和保留政策。

根据保障信息第 6 原则，个人有查阅及改正机构持有他们的个人信息。不论机构是在网上或其他途径收集或持有个人信息，在处理方面亦无分别。

关于直接促销活动，机构如果利用个人信息做直接促销，则必须遵守《条例》有关直接促销活动的规定。

（二）对应用程序的监管指引

《开发移动应用程序最佳行事方式指引》（以下简称《指引》）旨在为从事开发移动应用程序（APP）的人士（包括委托他人开发程序的人士）提供全面及按部就班的实用指引。该《指引》概述在开发程序时须注意的范畴，以达到尊重客户的个人信息私隐，从而赢得他们的信任。由于中小企业可能没有足够资源以完全理解其就个人信息私隐保障的法律责任，及自行制定详细的程序开发指引，因此，该《指引》是特别为中小企业提供支持而编制的。《指引》特别为程序开发商、委托他人开发程序或决定程序用途的人士（程序开发商），及向程序开发商提供附加功能代码的人士（例如广告网络或分析工具提供者）而设。

移动应用程序拟读取的信息包括装置的独特识别码、定位位置、记住的流动电话号码、联络人/通讯录、行事历/提示、储存的相片/短片/录音、SMS/MMS/电邮讯息、通话记录、浏览记录、储存的程式名称/账户名称、储存的账户（任何类别）信息。香港规定，对于上述信息是否属于个人信息，视乎当这些信息连同其他已获得的信息（如适用）能否识别一个人的身份。如你收集了一群人的信息，而有些信息可以用来识别部分（但不是所有）个别人士，你仍算已收集了个人信息。例如，若你收集程序用户的电邮地址，当中部分电邮地址中的账号及域名或许可用以确认某人，而其他地址或许不能做此用途，但总括来说，你仍算已收集了个人信息。若你处理的信息属《条例》所定义的个人信息，你的机构及程序必须遵从《条例》的规定，包括《条例》附表 1 所列的六项保障信息原则。

该《指引》对于在开发移动应用程序中如何符合《条例》及六项保障信息原则、如何贯彻私隐的设计以及最佳行使方式等均做了详细规定。以下就需贯彻的私隐设计及最佳的行事方式作重点介绍。

在开发一个产品或程序的整个过程中应采纳"贯彻私隐的设计"以充分考虑保障私隐的需要。香港规定，在开发程序方面，主要考虑的范畴如下：

第一，减少信息。收集最少量的个人信息（特别是具敏感性的个人信息），是达致"贯彻私隐的设计"的关键。若你的程序不会读取或收集流动装置的个人信息或任何信息，你便无须担心《条例》中有关收集信息是否合理、程序保障信息及处理查阅及改正信息要求的事宜。若你必须读取流动装置的信息或向程序用户收集信息，应考虑收集一般信息而无须收集精细的信息（例如收集粗略而不是精细的位置、收集年龄而不是收集出生日期）能否达致相同目的。一般来说，你读取/收集/使用的个人信息越少，你要担心的也越少。

第二，避免引起诧异。一般人未必喜欢突如其来的事，故你应公开及坦白地告知用户你会读取/使用什么信息（包括储存于流动装置或向用户收集的信息），并让他们适当时有权选择拒绝。如你把流动装置的信息与从别处取得的其他信息结合，用于另一目的，你应考虑这目的是否会被一个一般非技术性用户预期。你亦应评估如此使用信息对用户可能会带来什么不利影响，并消除/减低有关影响。

第三，减低风险。如信息会被传输及/或储存，就需有足够保护（即采取加密处理及读取控制），以确保没有未经准许的查阅、披露或使用。此外，如对信息作出另类使用（包括在自己业务上或与第三者分享及/或在用户不知情下与从别处取得的其他信息结合起来），有关使用必须与原本目的有直接关系，否则须取得有关用户的明确同意。

第四，信任与尊重。即使你认为你的程序所读取/收集的信息不属个人信息，但告知程序用户你的程序会读取/收集什么信息可赢取他们的信任。在流动程序开发方面，这点尤其重要，因为流动装置载有很多私人信息，程序用户自然十分关心其数据会否在他们不知情下被收集及使用。

对此香港提出的最佳行事方式的建议包括：一是只在必要时读取/收集/使用信息；二是只有在必要时才传输/上载信息；三是只有在必要时，才把信息储存/保留在流动装置以外的地方；四是只在适当情况才把程序用户的信息与从别处取得同一用户的其他信息结合/串联起来（例如当用户以社交网站账户登入你的程序，你便可以把程序提供/收集的信息与从别处取得有关该社交网站账户的其他信息结合/串联）；五是只在适当情况才在企业内或与其他人士分享收集的信息；六是在利用信息建立个人信息档案要具透明度；七是你使用目标客户的个人信息进行直接促销前必须取得对方同意；八是你的《收集个人信息声明》及《私隐政策声明》应具透明度；九是你应从程序用户的私隐期望角度考虑程序的设计；十是使用、包含或供应第三方的程序研发工具时要具透明度。同时，专员在每一项建议下均提出了具体的行事建议，以使开发移动应用程序的整个过程均符合保障个人信息的规则。

（三）对网上行为追踪的监管

网站营运者、拥有者经常会收集用户与其网站进行网上活动的信息，可能被收集及记录的信息包括用户身份、显示偏好及/或语言偏好、曾到访的网页、购买的物品及行为的交易。所收集的行为信息是否构成个人信息，必须按个别情况而定。如从所收集的行为追踪信息直接或间接确定该人的身份是合理地切实可行的（例如，有关信息包含独有的识别符，如账户名称或号码），则有关信息很可能会被视为条例下的"个人信息"。如所收集的信息并不包含独有的识别符，机构必须小心评估，在整体使用这些信息时能否直接或间接地识别某个人。机构应留意其经常收集多项复杂的非独有识别符，这些识别符经结合后，可能注意确定一个人的身份。

机构应采取的措施包括：一是遵从法例要求地收集个人信息。如机构在其网站进行网上追踪时，涉及收集网站用户的个人信息，它们必须遵从《条例》的规定，包括有关收集、持有及使用个人信息的六项保障信息原则。二是在不确定法例是否适用的情况下，建议采用公平及具透明度的行事方式。即使机构不能确定其为广告宣传/推销目而收集的行为信息是否构成"个人信息"，亦应采取公平及具透明度的行事方式，以提高客户对其网上活动的信任。这些行事方式包括：告知用户正收集或追踪什么类型的信息、收集有关信息的目的、如何收集有关信息（包括采用什么工具）、有关信息会否转移予第三人（如会，第三方的类别及转移的目的），收集的信息会否与其他信息合并以追踪/辨别该用户的喜好，以及会保留有关信息多久；告知用户是否有任何第三方正在收集或追踪他们的行为信息；尊重用户提出的"不接受追踪"选择（尤其当追踪行为是由第三方进行），或向用户提供拒绝追踪的途径，并告知他们拒绝的后果；如无法拒绝在使用网站时被追踪，应解释为何无法这样做，以便让网站用户决定是否继续使用该网站，等等。

当使用 cookies 收集用户在网上行为的信息，信息使用者应额外采取下述的最佳行事方式：为 cookies 文件预设合理的时限，如适用时，把 cookies 的内容加密；除非机构能为网站用户提供解除或拒绝此等 cookies 的选择，否则不要采用如闪存/僵尸/超级小型文本文件的技术，因为这些 cookies 不会理会浏览器对 cookies 的设定。

此外，非为宣传/推销而进行网上追踪的建议行事方式。即使并非为了广告宣传/推销而进行网上追踪，机构亦应考虑在适当时采取公平及具透明度的行事方式。

（四）对直接促销的监管规定

《条例》在 2012 年修订时增加了关于直接促销的规定，该部分的修订极大提高了香港地区个人信息的保护程度。另外，专员于 2013 年 1 月发出了《直接促销新指引》，该指引与条例第ⅥA 部分实施日期（2013 年 4 月 25 日）同日生效。

根据《条例》规定，直接促销（Direct Marketing）指通过直接促销方法，要约提供货品、设施或服务，或为该等货品、设施或服务可予提供而进行广告宣传；或为慈善、文化、公益、康体、政治或其他目的的索求捐赠或贡献。其中，直接促销方法（Direct Marketing Means）指：借邮件、图文传真、电子邮件或其他形式的传讯，向指名特定人士送交信息或货品；或以特定人士为致电对象的电话通话。

《条例》关于直接促销的修订与 2010 年发生的香港"八达通"公司出售个人信息事件有很大关系。八达通集团拥有庞大的服务供货商及八达通读卡器网络，向香港市民提供全面的智能卡收费系统。与此同时，集团利用其庞大的客户数据库，与参与商户合作，进行直接促销及推行客户忠诚计划。2005 年 11 月，"八达通"公司启动"日日赏"计划，公众通过使用已登记的"八达通"卡进行消费可获得一定的折扣或服务，相应地，进行登记须公众提供个人信息。"八达通"公司采用这种方式收集了超过 240 万人的个人信息。之后，该公司为获利目的，在未经信息主体同意的情况下，将此信息传送给包括香港卡片保护计划公司（Card Protection Plan Limited，CPP）在内的多个商业合作伙伴做直接促销之用，并且在 4 年内获利 4400 万港元。

根据 2010 年 10 月 18 日公布的调查报告，"八达通"公司的客户优惠计划收集个人信息的目的是合法的，但是在收集和使用客户个人信息过程中违反了香港《个人信息（私隐）条例》内的保障信息私隐原则。"八达通"方面以认证客户身份的目的收集了"超乎适度"的个人信息，包括身份证号码、护照号码、出生年月等，其实完全可以仅收取电话号码、住址等侵犯隐私程度较低的信息；没有采取合理切实的举措确保已告知申请者其信息可能被转移给第三方，通过收集声明的条款使得"酌情权"完全由"八达通"方面掌握；为了金钱收益而与合作商户共用客户的个人信息，实际上就是"售卖个人信息"，未在面向客户的收集信息声明内交代清楚并经客户同意①。

---

① 调查报告：《由八达通奖赏有限公司营运的"八达通日日赏计划"之收集及使用会员个人信息》，报告编号：R10 - 9866，载于香港个人信息（私隐）专员公署网站，网址链接：https：// www. pcpd. org. hk/sc ＿ chi/files/enforcement/R10 ＿9866 ＿ c. pdf，最后访问日期：2016 年 3 月 25 日。

该案对《条例》的修改产生了重要影响，在 2011 年 4 月香港政府发布的《检讨〈个人信息（私隐）条例〉的进一步公众讨论报告》中即指出："近期某些企业转移大量顾客的个人信息予他人作直接促销用途，而没有明确具体地通知顾客转移信息的目的及受让人的身份，也未有征求顾客同意，引起社会各界广泛关注。就此，我们建议在《私隐条例》中，对拟把将收集的个人信息在直接促销中使用（在《私隐条例》下，其定义包括'转移'）的信息使用者增订具体规定。我们亦建议信息使用者提供选择，让信息主体可选择不同意（即拒绝机制）使用（包括转移）其个人信息作任何一种拟作的直接促销活动，或转移予任何一类的受让人。"[1]

《条例》在"在直接促销中使用个人信息及提供个人信息以供用于直接促销"部分，做了如下针对性的规定。

一是信息使用者将个人信息用于直接促销前须采取指明行动，告知信息主体。如信息使用者拟把信息主体的个人信息用于直接促销，或提供予他人以供用于直接促销，应告知信息主体若干订明信息，并提供回应途径，供信息主体表示是否反对拟进行的使用或提供。如信息使用者拟在直接促销中为本身目的而使用信息主体的个人信息，可以口头或书面方式向信息主体提供订明信息。不过，如果向另一信息使用者提供个人信息（无论是为得益与否），则须以书面向该信息主体提供订明信息。订明信息包括拟使用或提供的个人信息的种类、该信息拟用作促销什么类别的促销标的，以及（如适用的话）拟向其提供这些信息作直接促销的人士的类别。如该信息是拟为得益而提供的，信息使用者必须告知信息主体该信息是拟如此提供的。信息使用者须以易于阅读及理解的方式呈示订明信息。

二是生效日期前的个人信息的不溯及既往安排。若信息使用者在新规定生效前，曾根据原《条例》的规定把信息主体的个人信息用于直接促销，则新规管机制下要求信息使用者通知信息主体其个人信息会被用于直接促

---

① 载于香港个人信息（私隐）专员公署网站，网址链接：https://www.pcpd.org.hk/sc_chi/data_privacy_law/amendments_2012/files/Report_on_FPD_tc.pdf，最后访问日期：2016 年 3 月 25 日。

销的规定，便不适用。如信息使用者在新条文生效日期前曾在关于某类别促销标的之直接促销中使用信息主体的任何个人信息，则这项不溯及既往的安排适用于新条文生效日期当日或之后继续在关乎同一类别的促销标的之直接促销中使用信息主体的任何个人信息。

三是如未获信息主体同意或表示不反对，信息使用者不得将个人信息用于直接促销，或提供予他人做直接促销。如信息使用者已向信息主体提供订明信息及回应途径，并收到信息主体回复表示同意或不反对，信息使用者才可以将信息主体的个人信息用于直接促销，或提供予他人做直接促销。如信息使用者拟在直接促销中为本身目的而使用信息主体的个人信息，并以口头或书面方式向信息主体提供订明信息，则信息主体亦可相应地以口头或书面方式向信息使用者表示同意或不反对。如回复是以口头方式作出，则信息使用者在把个人信息用于直接促销之前，须在收到该回复的日期起计 14 天内，向信息主体作出书面确认，许可种类的个人信息，以及许可类别的促销标的。如信息使用者向他人提供信息主体的个人信息（无论是为得益与否），则须在提供信息前，收到信息主体的书面回复表示同意或不反对信息使用者的做法。

四是信息使用者须在首次使用个人信息于直接促销时通知信息主体。信息使用者在首次个人信息于直接促销时，须通知信息主体他有拒绝信息使用者继续使用他的个人信息于直接促销的权利。根据修订后的《条例》，违反规定的最高刑罚由罚款 1 万港元提高至 50 万港元及监禁 3 年。

五是信息主体可要求信息使用者停止在直接促销中使用其个人信息或提供其个人信息予他人做直接促销。信息使用者必须依从由信息主体随时提出的停止使用其个人信息于直接促销的要求。信息主体可随时要求信息使用者停止提供其个人信息予他人做直接促销，及通知获如此提供信息主体个人信息的任何人，停止在直接促销中使用该信息，而信息使用者必须依从有关要求。

六是在豁免上，若某些机构向信息主体要约提供社会或医护服务（或就该些服务进行广告宣传）可获豁免而不受新规定管限，除非是为得益而提供个人信息予他人做直接促销。

七是在刑罚上，任何违反新规管机制下的规定即属犯罪。如违反行为
涉及为得益而提供个人信息，最高刑罚是罚款 100 万港元及监禁 5 年［第
35J（5）（a）、35K（4）（a）及 35L（6）（a）条］。至于其他违反行为，
最高刑罚是罚款 50 万港元及监禁 3 年［第 35C（5）、35E（4）、35F（3）、
35G（4）、35J（5）（b）、35K（4）（b）、35L（6）及（7）条］。

（五）对公共领域个人信息的监管

透过不同途径，诸如公共登记册、公共搜寻器或公共名册，可以从公
共领域查阅及取得他人的个人信息。信息使用者可借此汇集某目标人士的
个人信息。例如，市场研究公司利用从共同电话簿取得的个人信息进行市
场调研及发表报告；商业机构为客户提供从不同的公开信息来源汇集的个
人信息。香港规定，社会上存在误解，以为可以毫无限制地为任何目的再
次使用和披露公众可查阅的个人信息，事实上，这些个人信息同样受《条
例》的保障，并没有获得《条例》一概的豁免而不受规管。针对这一现
象，专员发出了《使用从公共领域取得的个人信息指引》①，旨在协助信
息使用者收集和使用存在于公共领域的个人信息时，如何依从《条例》的
规定。

香港规定，信息使用者收集及使用公共领域的个人信息时，必须遵从
《条例》的规定，尤其是保障数据收集合法和同意原则（第三原则）。保障
数据收集合法原则规定，收集个人信息的方法必须合法及在有关个案的情
况下属公平。保障信息同意原则明确，如无有关数据当事人的订明同意，
个人信息不得使用于"新目的"。"新目的"就使用个人信息而言，是指其
目的有别于原本收集数据的目的或直接有关的目的。"订明同意"指信息主
体自愿给予及不曾以书面撤回的明示同意。"使用"一词，就个人信息而
言，包括披露及转移该数据。

根据法庭判例，保障信息第三原则的规范"是针对滥用个人信息，有

---

① 载于香港个人信息（私隐）专员公署网站，网址链接：https：//www. pcpd. org. hk//tc＿
chi/resources＿centre/publications/files/GN＿public＿domain＿c. pdf，最后访问日期：2016 年 3 月
21 日。

关个人信息已在别处刊登或可供公众查阅并不重要。这与《条例》保障个人信息的目标是完全一致的。"① 若信息使用者拟使用取自公共领域的个人信息作直接促销活动，必须依从《条例》相关的规定及取得数据当事人的同意。

对于如何使用从公共领域取得的个人信息，香港主要提出了如下要求：一是以合法及公平的方法收集个人信息。将个人信息存放于公共领域的信息使用者，可订明这些个人信息供查阅及使用的条件或施加限制，如限制查阅人士的类别和使用目的。查阅人士从公共领域收集个人信息时，若罔顾这些说明和限制，可能违反保障数据原则。二是使用个人信息上，使用取自公共领域的个人信息时，必须留意：该等信息存放于公共领域的原来使用目的；信息使用者限制其持有的个人信息被再次使用（如有）；信息主体在个人信息私隐方面的合理期望，影响个人私隐期望的因素包括：个人信息的敏感性，蒙受实际损害的风险如身份盗窃、金钱损失、骚扰、情感伤害，把个人信息用作商业用途，结合、重整及/或配对来自不同公开来源的个人信息以致用途改变及作出对信息主体不正确的推论等。因此，即使信息主体的个人信息存在于公共领域，也并不表示信息主体已同意其个人信息可被毫无限制地使用于任何目的。

---

① 参阅朱芬龄法官在 Re Hui Kee Chun, CACV 4/2012 一案的判决书第 52 段。该案件关于在网站刊登一名教育机构职员的全名、职衔及雇主名称，以及对话录音的链接。